U0574922

康有为国学人物研究

Study on the Characters of Kang Youwei's Chinese Studies

魏义霞 著

人民出版社

国家社科基金后期资助项目
出版说明

后期资助项目是国家社科基金设立的一类重要项目，旨在鼓励广大社科研究者潜心治学，支持基础研究多出优秀成果。它是经过严格评审，从接近完成的科研成果中遴选立项的。为扩大后期资助项目的影响，更好地推动学术发展，促进成果转化，全国哲学社会科学工作办公室按照“统一设计、统一标识、统一版式、形成系列”的总体要求，组织出版国家社科基金后期资助项目成果。

全国哲学社会科学工作办公室

目　　录

第一章　导　言 …… 1

第二章　管　子 …… 13
　第一节　倾慕推崇 …… 13
　第二节　思想诠释 …… 16
　第三节　管子的尴尬与康有为的困惑 …… 19

第三章　杨　朱 …… 25
　第一节　身份归属 …… 25
　第二节　思想解读 …… 28
　第三节　态度评价 …… 32
　第四节　诠释范式 …… 39

第四章　列　子 …… 45
　第一节　身份归属 …… 45
　第二节　思想内容 …… 50
　第三节　近代视界 …… 53

第五章　公孙龙 …… 59
　第一节　名家者流 …… 59
　第二节　“墨子后学” …… 62
　第三节　“传孔子坚白” …… 68
　第四节　身份迷失与近代视界 …… 71

第六章　董仲舒 …… 82
　第一节　身份定位 …… 82
　第二节　思想阐发 …… 88

第三节 有头无尾之董仲舒 …… 109

第七章 刘 歆 …… 130
第一节 致命错误 …… 130
第二节 贻害无穷 …… 142
第三节 排斥歆学 …… 147
第四节 反面教材 …… 154

第八章 韩 愈 …… 164
第一节 传承谱系 …… 164
第二节 态度评价 …… 170
第三节 贬黜原因 …… 176
第四节 康氏范式 …… 183

第九章 周敦颐 …… 187
第一节 学术源流 …… 187
第二节 思想解读 …… 193
第三节 地位认定 …… 199
第四节 态度评价 …… 205

第十章 张 载 …… 216
第一节 关注视界 …… 216
第二节 思想阐发 …… 221
第三节 态度评价 …… 228

第十一章 二 程 …… 236
第一节 审视维度 …… 236
第二节 学术源流 …… 241
第三节 思想阐发 …… 251
第四节 评价定位 …… 259

第十二章 王守仁 …… 268
第一节 思想来源与孔门学脉 …… 268
第二节 王学的弟子与传播 …… 272

第三节　王学的定位和评价 …… 281

第十三章　老子与墨子 …… 287
第一节　学术归属和命运 …… 287
第二节　思想内容和特点 …… 292
第三节　总体评价和地位 …… 299
第四节　康有为视域中的老、墨关系与孔教观 …… 309

第十四章　孟子与荀子 …… 315
第一节　渐行渐远的命运轨迹 …… 315
第二节　不惮其烦的思想比较 …… 324
第三节　比较的内容和标准 …… 338
第四节　比较的维度和意义 …… 347

第十五章　朱熹与陆九渊 …… 353
第一节　思想渊源和传承谱系 …… 353
第二节　学术地位和思想异同 …… 357
第三节　朱陆之争及其评价 …… 362
第四节　朱陆比较及其得失 …… 365

第十六章　孔子与释迦 …… 370
第一节　孔子与释迦相似颇多 …… 370
第二节　孔教与佛教圆融无碍 …… 380
第三节　“惟佛与孔子相反” …… 392
第四节　孔佛关系的困惑及争议 …… 404

第十七章　结　语 …… 409

主要参考文献 …… 429
后　记 …… 432

第一章　导　　言

说到康有为的身份，人们最先想到的是叱咤风云的政治家、戊戌变法的领袖。问题的关键是，他不仅是政治家，而且是思想家、学问家。更为重要的是，康有为的政治主张奠基在学术研究之上，戊戌维新之前十多年的研究不仅为他的政治主张提供了注脚，而且引领了中国近代哲学后续的发展方向。就康有为的学术研究来说，与其说他是著名的哲学家，不如说他是公羊学巨擘。这意味着康有为的国学研究至关重要，对于他本人来说起步早，并且影响着他后来的政治思想。就康有为的国学研究来说，除了由对中国固有之学、诸子百家关系和先秦、汉唐、宋元明清时期的宏观透视构成的国学理念之外，还包括国学人物和国学经典研究。对于近代国学，学术界又称之为诸子学复兴，并且关注其与乾嘉学派的一脉相承。事实上，即使都称之为诸子学复兴的话，那么，近代国学与乾嘉学派也不可同日而语。就诸子学之之来说，乾嘉学派的诸子学之子具体指与经对应的子书，近代诸子学是先秦诸子之子。这就是说，乾嘉学派注重文本，按照经史子集的分类在经与之中侧重子书。近代国学关注人物，在国学研究中不仅解读经史子集各类典籍，而且关注国学人物。例如，墨家或墨学是乾嘉学派和近代国学共同关注的话题，二者的研究重点迥异其趣。一言以蔽之，乾嘉学派关注《墨子》其书，热衷于对《墨子》的考证、注疏和辨伪。近代哲学家则同时关注墨子其人，故而对墨子后学尤其是墨子与孔子、老子等人的关系津津乐道。在这个前提下尚须进一步看到，乾嘉学派大都是学问家，做学问是为了规避政治风险。正如龚自珍在诗中所云："避席畏闻文字狱，著书都为稻粱谋。"他们的诸子学研究可以视为远离政治的产物。恰好相反，近代国学家是学问家，更是思想家。这使他们对经典的解读多于考证，即便是恪守古文经学立场的章炳麟也不例外。与此同时，近代国学家是关注社会问题的政治家，他们的学术思想包括国学思想在内都可以视为近代启蒙思想的一部分。正是由于这个原因，近代哲学家的国学研究并非专门的学问，而是服务于迫在眉睫的救亡图存与如火如荼的思想启蒙。这使他们的国学研究理念在先，对于国学人物和国学经典的研究是服务于国学理念的，并且围绕着国学理念展开。甚至可以说，国学理念直接决定了国学研究。康有为的国学研究带有近代国学的先天烙印和历史特征，同时又拥有自己的特殊情况和鲜明特色。具体地说，他关注国学人物，国学人物研究在国学研究中发挥了不容忽视的重要作用。原因在于，康有为的国学理念是“百家皆孔子之学”，致使国学理念与国学人物相互印证。这意味着康有为的国学理念通过国学人物之间的关系呈现出来，孔子与老子、墨子之间的关系以及国学人物的身份归属和传承谱系成为不可或缺乃至至关重要的内容。有鉴于此，康有为不仅提及诸多国学人物，而且关注国学人物的身份归属和传承谱系。这些大致框定了他的国学研究的主体内容，同时也使他的国学研究从宗旨到内容都个性鲜明。正是由于这个原因，国学人物研究不仅对于康有为本人的国学研究至关重要，而且凸显了康有为国学以及其他思想的独特性。剖析康有为国学思想的缘起、内容和宗旨，既有助于深刻把握康有为的国学研究，又有助于直观感受国学人物研究对于康有为国学研究举足轻重的意义和价值。

一、缘　　起

作为中国近代最早的国学家之一，康有为推出了一系列的国学研究。众所周知，1901 年，梁启超在《中国史叙论》中首次使用国粹概念来指称中国学术，国学一词则通过邓实、章炳麟等人的宣传在 1905、1906 年成为流行语。事实上，中国近代的国学研究远远早于此，在对国学的称谓上亦不限于国粹、国学等概念。对于这一点，康有为的国学思想便是明证。

据现有资料显示，康有为的第一篇文字写于 1882 年，是《南海朱先生墓表》。墓表的主人——“朱先生”指岭南大儒朱次琦，是康有为的老师。尽管《南海朱先生墓表》算不上纯粹的学术论作而是墓表，然而，由于墓表主人朱次琦是一代鸿儒，阐扬其学术思想是墓表的主体内容。也正是在对朱次琦思想的概括中，康有为表达了自己的学术思想。例如，他在墓表中这样写道：

> 治血气，治觉知，治形体，推以治天下；人之觉知、血气、形体，通治之术。古人先圣之道，有在于是。八达六辟，罔不罗络。其治法章所在，曰《诗》、《书》，曰《礼》、《乐》、《易》、《春秋》。后人圣孔氏，奉袚饰之以为教，尊之曰“经”，演之曰“史”，积其法曰“掌故”，撢其精曰“义理”，行之远曰“文词”，以法古人道治也。圣人殁而学术裂，儒说纷而大道歧，有宋朱子出，实统圣人之道，恢廓光复，日晶星丽。然而心学树一敌，考据一盗，窃易朱子之绪孽，而侧戈逞攻，□干窃大之统，招党属徒，大嚣而横呼，巨子□哗，随流而靡亡，风俗殆至嘉、道而极矣。①

① 《南海朱先生墓表》，《康有为全集》（第一集），中国人民大学出版社 2007 年版，第 1 页。

阅读这些文字可以肯定,此时的康有为已经对中国学术形成了自己的观点。这就是说,他的国学理念初步形成,最大的特点是,以国学人物支撑国学理念,流露出明显的儒家情结,在经典推崇以六经。值得注意的是,康有为在这里将六经视为“古人先圣”所作,而非后来的“‘六经’皆孔子作”;在人物的选择上不是首推孟子、董仲舒而是推重朱熹。一句“有宋朱子出,实统圣人之道,恢廓光复,日晶星丽”将他此时对朱熹的情有独钟表达得淋漓尽致,也流露出康有为这一时期的思想未脱朱次琦尊朱之窠臼。

从康有为撰写墓表的时间算起,到 1895 年的“公车上书”历时十三年,距离 1898 年的“百日维新”更是长达十六年之久。这就是说,在全面投入变法维新的政治运动之前,康有为曾经拥有一段相对平静而集中的学术研究时间。据他本人在《我史》等自传中披露,在这段难得的时间里,康有为推出了《新学伪经考》《孔子改制考》《春秋董氏学》等学术著作,构思了《大同书》《诸天讲》等多部重要著作的雏形。同样是在这段时间里,康有为收徒讲学,在传播自己的国学思想的同时,培养了一大批人才,也为变法维新提供了理论准备。十三年乃至十六年平静而集中的研究时间对于面对突如其来的鸦片战争、甲午战争而仓促上阵的近代哲学家来说,是难得的,甚至是奢侈的。这一点在严复听闻甲午海战失败、《马关条约》签订而匆忙走向戊戌启蒙的历史前台的映衬下看得更加清楚。

总的说来,康有为在戊戌维新之前的学术研究具有两个特点:第一,康有为的学术研究与收徒授学同时进行,不仅培养了一大批弟子,而且由于弟子的记录留下了大量的教学笔记。由康有为的不同弟子记录下来的《康南海先生讲学记》《万木草堂口说》《南海师承记》《万木草堂讲义》等既真实地保留了康有为讲学的内容,又完整地再现了康有为的学术思想、政治主张以及康有为的国学思想形成的过程,因而成为研究康有为戊戌维新之前思想形成和演变的珍贵资料。第二,康有为此时的讲学内容和著述有一个共同主题,那就是:考辨中国本土文化的“学术源流”。《新学伪经考》《孔子改制考》重点在于考辨先秦学术状况,讲述内容侧重先秦学术尤其是孔子与老子、墨子等人的关系,故而多以“学术源流”为主题。

中国本土文化即中国固有之学,也就是近代意义上的国学。这表明,康有为在戊戌维新之前热衷于考辨中国本土文化的“学术源流”,也就是进行国学研究。系统而深入的国学研究使康有为成为近代国学大家。对于这一点,学术界给予康有为的公羊学大师的称谓已经胜于一切雄辩。更为重要的是,侧重“学术源流”使他的国学研究聚焦先秦,并且以孔子为灵魂而注重以先秦诸子为代表的国学人物研究。

集皆纳入视野，一面对四者予以区别，断言“经、史、子有理，集无理”①。康有为的国学研究是近代国学思想的一部分，带有近代国学与生俱来的时代烙印和特征，突出表现便是国学理念、国学人物和国学经典相互作用，缺一不可：国学理念处于基础和核心地位，决定了他对国学人物、国学经典的侧重取舍，也决定了他对不同人物、经典的思想诠释和态度评价；反过来，对不同时期的人物和经典的身份归属、思想诠释和态度评价组成了康有为的国学研究，也印证了他的国学理念。

在承认康有为的国学思想带有近代国学的共同特征的前提下尚须看到，康有为的国学研究尤其是国学理念拥有自己的独特性，那就是通过国学人物——以孔子为中心和灵魂体现出来，显露了国学人物的举足轻重。至此可见，康有为的国学研究与政治主张密不可分，质言之是为变法维新的政治诉求服务的。国学理念对于康有为的国学研究之所以至关重要与国学研究对于康有为之所以至关重要是一个问题，那就是康有为是有学问的政治家，而不是纯粹的学问家。综观康有为的思想可以发现，他的政治主张和哲学思想均离不开国学思想——准确地说，都奠基在他的国学理念之上，其中最明显的证据便是都是以孔子的名义发出的。依据康有为的说法，政治上的变法维新是孔子的主张，哲学上的尚仁、主乐、进化和大同等都是孔子的追求等等。鉴于这种情况，了解康有为的国学研究尤其是国学理念有助于全面把握他的政治主张和哲学观点——甚至可以说，不理解康有为的国学思想特别是国学理念有别于其他近代哲学家的独特之处，也就无法从根本上理解他的政治主张和哲学思想的渊源出处与理论特色。例如，在政治上，康有为变法维新的武器是公羊三世说，并且明言这种托古改制是从孔子那里来的。康有为坚持孔子托古，并且声明托古改制是一切创教者都运用的手段，即使是释迦牟尼也是如此。这用康有为本人的话说便是：“以佛之聪明，尚托于七佛。安有七佛之事哉？孔子之托古，亦此意耳”②；孔子作六经，目的只有一个，那就是“托古”——这用康有为本人的话说便是：“‘六经’皆孔子所托。”③再如，在哲学上，康有为主张仁是世界本原——“仁为义理之极，蔑以加矣”④，人的本性在

① 《万木草堂讲义·书目》，《康有为全集》（第二集），中国人民大学出版社 2007 年版，第 302 页。

② 《万木草堂口说·孔子改制》，《康有为全集》（第二集），中国人民大学出版社 2007 年版，第 151 页。

③ 《南海康先生讲学记·春秋》，《康有为全集》（第二集），中国人民大学出版社 2007 年版，第 114 页。

④ 《万木草堂讲义·七月初三夜讲源流》，《康有为全集》（第二集），中国人民大学出版社 2007 年版，第 281 页。

于“求乐免苦”，并且对大同社会梦萦魂牵，而这一切在他看来都是孔子的主张或微言大义。为此，康有为极力渲染孔子对乐的追求，并且不止一次地通过孔子与墨子的比较凸显这一点。下仅举其一斑：

孔子极讲乐。墨子不讲乐。①

孔子最讲乐学，故墨子特非之。②

对于集公羊学家、政治家和哲学家于一身的康有为来说，先有公羊学家，后有托古改制的政治家和创建仁学、大声疾呼“求乐免苦”的哲学家。从时间上看，在戊戌维新之前，康有为已经形成了“百家皆孔子之学”的国学理念，这决定了他的国学理念与国学人物研究互为表里——国学理念借助国学人物表现出来，国学人物（孔子）甚至决定了国学理念。《新学伪经考》《孔子改制考》是康有为国学思想形成的著作，既代表了他的国学理念，又通过国学人物表现出来。这两部著作在把孔子塑造成托古改制的祖师爷的同时，也为他以孔子的名义、借助公羊三世说为变法维新摇旗呐喊提供了理论准备。至于康有为的哲学建构和论证不是像冯友兰、金岳霖等人那样通过《新理学》为首的“贞元六书”或《论道》《知识论》等哲学著作完成的，而是凭借一系列的国学研究——准确地说，是在国学理念与国学人物即孔子的相互印证中通过众多的国学人物共同呈现出来的。换言之，如果说冯友兰尤其是金岳霖等人凭借系统的哲学体系成为哲学家的话，那么，康有为则凭借对中国哲学即国学的研究成为哲学家。对于康有为来说，哲学史家与哲学家互为表里，迥异于金岳霖等人凭借思维反思成就哲学家。正是由于这个原因，国学研究不惟为康有为的政治主张、哲学思想提供了基础和论证，甚至本身就是其中的一部分。这就是说，没有戊戌维新之前的国学研究，康有为或许可以提出自己的政治主张和哲学思想。可以肯定的是，即使他提出的是相同的政治主张，表达和论证也可能完全是另一种样式。

就康有为的国学研究而言，如果说国学理念在戊戌维新之前已经形成的话，那么，国学研究则一直延续到戊戌维新之后。在不同时期，他的国学理念略有差异，对国学研究的三个方面各有侧重，以《孟子微》《论语注》《中庸注》《礼运注》为代表的经典发微大多最终完成于戊戌变法之后，对诸子

① 《万木草堂讲义·中庸》，《康有为全集》（第二集），中国人民大学出版社 2007 年版，第 294 页。

② 《万木草堂口说·孔子改制》，《康有为全集》（第二集），中国人民大学出版社 2007 年版，第 151 页。

百家关系的整合、对以先秦诸子为代表的国学人物的身份认定则完成于戊戌变法之前。换言之,康有为对包括先秦诸子在内的国学人物的研究主要集中在戊戌变法之前,之后即使有所涉及也不再是关注热点。这一现象表明了人物研究对于康有为国学研究的基础性地位,似乎暗示了人物研究比经典研究对于他的国学研究来说更具有优先性。一个不争的事实是,康有为是以对不同国学人物的好恶为标准来选择国学经典的。

三、宗　旨

人物研究对于康有为的国学研究以及全部思想来说之所以是必须的,乃至是至关重要的,并且集中在戊戌变法之前,是有原因的,质言之,都可以归结为他呼吁立孔教为国教的需要。正如作为中国固有之学的近代国学是相对于外来之学而言的,以西学这个他者凸显中学这个我者是近代国学与生俱来的神圣使命和时代特质一样,近代国学是中华民族进行自我认同、文化认同和身份认同的一部分。康有为的国学研究也不例外,他本人对于这一点具有清醒的认识。也正是由于这个原因,康有为的国学研究从一开始就不是盲目的,也不可能完全出于纯粹的学术兴趣。在这方面,与所有近代国学一样,康有为的国学研究秉持救亡图存的初衷,以凝聚民族精神、提升民族自信心和文化自信为己任。针对西方列强的文化入侵和耶教(基督教)在华引起的教案迭起,康有为认识到了宗教信仰以及文化自信的作用,并且针锋相对地提出了以教治教的救亡路线。在他那里,以教治教的具体办法是立孔教为国教,以中国的孔子与西方的耶稣分庭抗礼。而要做到这一切,第一步便是提升孔子的地位,彰显孔子的权威。而要提升孔子的权威,便要用"事实"说话,先要证明孔子在中国文化视域内对于诸子的绝对权威。基于这一思路,他的国学研究以孔子这个中心和教主展开,将包括先秦诸子在内的众多国学人物编排在孔子这个教主的麾下也随之成为当务之急。这样一来,康有为的国学研究便围绕着救亡图存的政治斗争和现实需要展开,更好地服务于立孔教为国教的宗旨。

抛开实践操作和社会环境等客观条件,仅就思想前提来说,立孔教为国教需要两个必要条件:第一,证明孔子的思想是宗教,"百家皆孔子之学"中的孔子之学就是孔教。第二,证明孔子是中国本土文化的最高权威,足以作为中国文化的象征。如果说康有为对于第一个问题的解决是通过教学相混的方式进行的,教学相混意味着孔学对于他来说就等于孔教的话,那么,康有为对于第二个问题的解决则是通过考辨诸子百家的源流关系,将以先秦诸子为代表的众多人物都说成是孔子后学的方式进行的。与此相印证,康有为的国学人物研究具有一个共同的宗旨:服务于立孔教为国教的政治斗争和现实需要,同时所有的国学人物尤其是先秦诸子也都拥有一个共同的身份,那就是:孔子后学。

在“百家皆孔子之学”的前提下,康有为一面以与孔子的嫡庶关系审视从先秦、汉唐到宋元明清等各个时期的众多人物,一面通过对这些国学人物的身份归属、思想诠释共同展示孔教在不同时期的传播情况和传承轨迹。例如,董仲舒、朱熹被称为教主,旨在证明两汉和元明清是孔教天下:称董仲舒为教主的意义在于,以汉武帝为开端,从西汉到东汉都是孔教的天下——“自武章终后汉,四百年治术、言议皆出于董子”;称朱熹为教主的意义在于,从元明到清代都是孔教的天下——“由元、明以来,五百年治术、言语皆出于朱子”。在康有为的视界中,董仲舒和朱熹的价值是正面的,使孔教被独尊,共同证明了孔教是国教。刘歆、韩愈等人对于孔教的价值则是负面的,两人以及宋明理学家对孔教的破坏表明,从孔子亲授弟子开始,有子与曾子就分孔学为两派。不幸的是,孔学的两派之分愈演愈烈,在战国时期分裂为泾渭分明的高低之学,孟子和荀子成为孔门的“二伯”——孟子以仁为主,传承孔子的大同之学;荀子以礼为主,传承孔子的小康之学。从刘歆、韩愈到宋明理学家都是荀子后学,他们所传承的并非孔子大道即大同之学而是作为孔子小康之学的荀学。总之,借助众多国学人物之间的关系,康有为解释了为何孔教高于西方的耶教、中国反倒落后挨打。对于这一尖锐问题,他的基本思路是,将之归结为孔教被败坏——外部有老教、墨教和佛教与之争教,使孔教的传播屡屡受挫;内部有曾子、荀子、刘歆、韩愈和宋明理学家的破坏,使孔子大道屡屡“割地”。“割地”是康有为术语,意为使孔教在内容上狭隘化,特别是大同之学被遮蔽、鬼神等宗教方面的内容被删除等。两相比较,康有为对孔教遭受的内部破坏更为痛心疾首。这不仅是因为作为孔子后学从内部对孔教的篡改更有欺骗性,而且是因为由于小康之学取代大同之学,由孟子、董仲舒一脉相传的孔子的大同之学和微言大义闇而不发,并且最终导致中国的落后挨打以及外国人对于孔教不是宗教、中国无宗教的误解。经过康有为如此这番分析,结论不言而喻:不是孔教导致中国的积贫积弱,而是对孔教的败坏使中国沦落到如此境地。更为重要的是,对于康有为来说,找到了问题的症结,也就等于找到了解决问题的方案。针对上述分析和结论,他提出的对策是,发明孔子的微言大义,恢复孔教的真教旨。沿着这个思路,立孔教为国教势在必行。

可以看到,康有为视界中的众多国学人物以孔教为号召形成了复杂而多维的关系网,也使众多国学人物在他那里拥有了不同的地位和等级:孔子是教主，其他人是孔子后学。战国时诸子纷纷创教，就是为了与孔子争教。诸子之中，老子、墨子资格最老，老教、墨教与孔子争教最甚。孔子后学中，又分为功臣与败类两大阵营。从孔教的功臣方面说，康有为提出过“十哲”“二伯”“孔子之后一人”“教主”和“小教王”等不同称号：“十哲”指颜子、曾子、有子、子游、子夏、子张、子思、孟子、荀子和董仲舒。据康有为的弟子披露：“康先生论十哲当以颜子、曾子、有子、子游、子夏、子张、子思、孟子、荀子、董子居首，盖孔门论功不论德也。”①“二伯”指孟子和荀子。康有为声称：“战国孟子、荀子为孔子二伯。”②“孔子之后一人”指董仲舒。这用康有为本人的话说便是：“董子之精深博大，得孔子大教之本，绝诸子之学，为传道之宗，盖自孔子之后一人哉！”③“教主”除了孔子和康有为本人之外，只有董仲舒和朱熹二人。对此，康有为如是说：“由元、明以来，五百年治术、言语皆出于朱子，盖朱子为教主也。自武章终后汉，四百年治术、言议皆出于董子，盖董子为教主也。”④“小教王”指朱熹。正如康有为所言：“朱子，孔子后学一小教王。”⑤从“十哲”“二伯”“孔子之后一人”到“教主”“小教主”，形象地展示了拥有这些称号的主人对于孔教的贡献和在孔教中的地位。从孔教的败类方面说，康有为认定刘歆、韩愈罪大恶极：刘歆提出六经是周公所作，将孔子从神明圣王降低为先师。韩愈的道统说在孔子之前列出了尧、舜、禹、汤、文、武、周公，极大地降低了孔子的地位。与此同时，韩愈还冒言“轲之死不得其传”，否定了孔教是中国薪火相传的国教。总之，如果说刘歆、韩愈从内部败坏孔教的话，那么，孟子、董仲舒则是孔门功臣，用不同方式传承了孔子的大同之学：孟子发现了孔子大道寄寓在《春秋》之中，董仲舒的贡献在于破解了《春秋》隐藏的孔子微言大义的密码，通过三世三统、托古改制解读《春秋》，并且“发仁最精”。康有为对不同国学人物在孔教中的地位认定有一些事实依据，有些则是他本人的想象。因此，康有为国学视界中的人物除了事实上的位置之外，更多的则是康有为所给予他们的态度和评价。并且，随着国学理念及孔教内涵的变化，他对不同国学人物的态度和评价发生变化乃至前后大相径庭。例如，对于荀子、朱熹，康有

① 《南海师承记·讲孟荀列传》，《康有为全集》（第二集），中国人民大学出版社 2007 年版，第 229 页。

② 《康南海先生讲学记·古今学术源流》，《康有为全集》（第二集），中国人民大学出版社 2007 年版，第 112 页。

③ 《春秋董氏学》卷七，《康有为全集》（第二集），中国人民大学出版社 2007 年版，第 416 页。

④ 《春秋董氏学》卷七，《康有为全集》（第二集），中国人民大学出版社 2007 年版，第 416 页。

⑤ 《万木草堂讲义·七月初三夜讲源流》，《康有为全集》（第二集），中国人民大学出版社 2007 年版，第 288 页。

为先尊后贬。对于庄子,他先是肯定其为孔门正学,后来将之逐出孔门。

人物比较在康有为的国学人物研究中占有重要一席,无论他对国学人物的比较是有心的还是无意的,宗旨只有一个——从不同角度凸显孔子大道的本末远近大小精粗无所不赅,仁智兼备,大同小康圆融无碍。例如,康有为对老子与墨子的比较旨在证明,孔子中庸,过犹不及;诸子反中庸,或者过,或者不及——老子过,墨子不及;孔子仁智兼修,老子、墨子则顾此失彼——老子智而不仁,故而坏心术;墨子仁而不智,故而苦人生;孔子仁义并举,老子不仁,墨子"甚仁"——一个不及,一个过。"不爱者谓之不仁,过爱者谓之不义。"①再如,康有为的孟子与荀子比较旨在证明,三世三统是孔子托古改制的核心,甚至是孔子所作的六经的共同主题。正因为如此,三世可以并行不悖,孔子身处据乱世,心系小康世(升平世),遥想大同世(太平世)。在孔子后学中,孟子的思想从《春秋》而来,以仁为主,传承孔子的大同之学;荀子的思想从《礼》而来,以礼为主,传承孔子的小康之学。至此,孔子大道由在孔子亲授弟子处的不同侧重,被彻底地一分为二;之后,伴随着刘歆、韩愈和宋明理学家的推波助澜——只传小康、不传大同,大同与小康势同水火,作为荀学之一小支而最终导致孔子大同之学的湮没。

众多人物的审视维度和由此构成的复杂关系网先天预设了康有为视界中的国学人物不可能是平等或并列的关系:就地位而言,分教主与诸子;就身份而言,分教内与教外;就态度而言,分褒扬与贬损。就康有为对国学人物的地位界定、身份归属与态度评价的比较来说,态度评价的具体情况颇为复杂,又分为多种情形:一如既往地褒,如孟子和董仲舒;始终如一地贬,如刘歆和韩愈;先褒后贬,如荀子、朱熹等人;先贬后褒,如陆九渊、王守仁等人;没有明显褒贬,如列子、惠施和公孙龙等人。为了表达的方便或避免引起不必要的麻烦,本研究不是对康有为视界中的众多国学人物进行地位或价值上的排序,而是以人物的生卒时间为序,分个案与比较两个层次探究、展示康有为的国学人物研究。

康有为的国学人物研究秉持增强文化自信的立言宗旨,凝聚民族精神、为中华民族寻找统一的精神家园不仅决定了康有为对中国本土文化的"学术源流"兴趣盎然,而且预示着他对"学术源流"的考辨侧重以先秦诸子为主的国学人物。如果说康有为对国学人物的关注以先秦时期为重心的话,那么,先秦七子(孔子在康有为的视界中不是子而是教主、神明圣王,在此

① 《万木草堂口说·孔子改制》,《康有为全集》(第二集),中国人民大学出版社 2007 年版,第 148 页。

姑且采用学术界通常的用法)则无疑是重心之重心。由于此前进行过康有为先秦七子的研究,出于避免“重复”的考虑,先秦七子不再作为本研究的重心或重点。尽管如此,一个不争的事实是,先秦七子属于国学人物的范畴,并且是康有为着力研究的国学人物。从这个角度看,完全把先秦七子排除在外,对于康有为的国学人物研究无疑是不完整的,有缺憾的。出于“完整”的考虑,本研究加入了老子与墨子、孟子与荀子、孔子与释迦(由于释迦不属于国学人物,故将此章后置)比较,旨在借此展示康有为对孔子、老子、墨子、孟子和荀子的研究。进行了这样的处理之后,先秦七子尚剩下庄子和韩非没有得以集中展示。对于这两人,康有为的比较不多,没有通过比较的方式出现;如果像管子等人那样以独立篇章出现,又难免喧宾夺主之嫌——毕竟庄子、韩非的分量在先秦七子中无论地位还是影响均不能排在老子、墨子、孟子和荀子等人之上;更何况康有为视界中的孔子是教主,对孟子、荀子的关注也远远多于庄子和韩非。由于以上种种原因,考虑到整体布局,对于庄子和韩非,只好忍痛割爱了。两人虽然在具体内容中有所涉及甚至多处出现,但是,庄子和韩非最终没有出现在本书目录中。结合康有为国学思想尤其是国学人物研究的实际情况,作为综合考量的结果,本研究以先秦和宋明时期的人物为主,同时选定汉唐时期的董仲舒、刘歆和韩愈作为独立篇章。这种安排大致反映了康有为对不同时期的国学人物的不同侧重,也基本上涵盖了他对不同国学人物的不同态度和评价。

第二章　管　　子

康有为在戊戌维新之前的十多年间拥有一段相对平静的学术研究时间，专注于考辨中国本土文化的“学术源流”。在此过程中，他将目光聚焦在先秦时期，在阐发先秦诸子思想的同时，对先秦诸子的身份地位和学派归属予以厘定。管子是被康有为关注的先秦诸子之一。可以看到，一方面，康有为对管子的态度是明确的、肯定的，管子的思想被他多次提及并给予赞扬。另一方面，康有为对于管子的身份定位和学派归属是模糊乃至暧昧的，致使管子的身份一直悬而未决。管子的尴尬处境反映了康有为的矛盾心态，归根结底与他考辨中国本土文化的“学术源流”旨在论证“百家皆孔子之学”的立言宗旨密切相关。有鉴于此，在康有为那里，管子的尴尬可以说是必然的，因而具有典型意义。

第一节　倾慕推崇

在康有为论述、提及的众多先秦诸子中，管子是为数不多的一再得到赞扬而没有被攻击、批判的人。这实属难得。管子受到的“优待”通过与康有为对其他先秦诸子的态度比较可以看得更加清楚、明白和直观：老子、墨子是康有为攻击的主要对象，老子更是成为他屡屡批判的靶子。作为孔子后学的荀子在与孟子一起被康有为誉为战国孔门“二伯”的同时备受诟病，最终被边缘化。在康有为那里，庄子得孔子“择人而传”的大同之道，却一再被批评，最终被逐出孔门之外。至于老学嫡传——申不害、韩非遭到的痛斥和贬损更是登峰造极，“最大之蠹”的定位将康有为对韩非的愤怒之情表达到了极致。与此形成强烈对比的是，翻遍康有为的著述，很难找到菲薄管子的言论。

康有为对管子的好感溢于言表，对《管子》在文辞方面的卓尔不凡更是不吝溢美之词。例如，对于《管子》文章、用词的优美，他不禁一而再、再而三地发出了赞叹：

> 周、秦诸子宜读。各子书，虽《老子》、《管子》亦皆战国书，……《吕氏春秋》、《淮南子》为杂家，诸家之理存焉，尤可穷究。子家皆文章极

美,学者因性之所近,熟读而自得之。①

《淮南》、《吕览》、《管子》、《周书》,字眼伟丽。②

《管子》甚纯朴。③

正由于对《管子》"文章""字眼"的叹服,当有人向康有为请教"为文"时,康有为立即推荐了《管子》。他在回信中如是说:"其(指"为文"一事——引者注)本在积理,次在积词。积理有得于书传,有得于阅历,积词则用周、汉之词也。简要最上之法,取《庄子·齐物》篇、《管子·侈靡》篇、《荀子·解蔽篇》熟读而察之,见其布局、结构、运笔而学之。它若《素问》之峭,《楚骚》之浓,《考工记》、《战国策》皆可采其腴,下及《史记》、《汉书》,旁采秦碑,熟浸之,上法《诗》、《书》、《易》、《礼》之奇奥。如是则自有境界,若春云出岫,秋壑生花。至若山海之雄奇,则视人心境矣。"④在这里,康有为一共提到了13部书,作为"简要最上之法"的只有《庄子》、《管子》和《荀子》,将《管子》的《侈靡》篇与《庄子》的《齐物论》篇和《荀子》的《解蔽》篇相提并论,对《管子》的喜爱和膜拜之情可见一斑。不仅如此,与对《管子》地位的提升息息相通,康有为建议对《管子》要"熟读而察之",从中发现"布局、结构、运笔"之妙;并相信掌握这些并加以学习和效仿,便能够在"为文"时纵横捭阖,妙笔生花,挥洒自如。

更为重要的是,康有为折服管子的"文章""字眼",并且推崇管子的思想。这在康有为那里是不多见的。通过管子与韩愈的比较,可以更直观地窥见康有为对管子的情有独钟。众所周知,唐代大儒——韩愈是著名的思想家、文学家,无论是思想还是文采都堪称一流,因而被列为"唐宋八大家"之首。韩愈主张"文以明道",开"以文为诗"之风,他的诗文是合一的。尽管如此,康有为却对韩愈的思想不以为然,对韩愈的文风和文学成就也嗤之以鼻。据康有为本人在自传中回忆:"先生(指康有为的老师——朱次琦——引者注)堪称韩昌黎之文,因取韩、柳集读而学之,亦遂肖焉。时读子书,知道术,因面请于先生,谓昌黎道术浅薄,以至宋、明、国朝文学大家巨名,探其实际,皆空疏无有。窃谓言道当如庄、荀,言治当如管、韩,即《素

① 《桂学答问》,《康有为全集》(第二集),中国人民大学出版社2007年版,第21页。

② 《万木草堂口说·经策》,《康有为全集》(第二集),中国人民大学出版社2007年版,第193页。

③ 《万木草堂讲义·讲文源流》,《康有为全集》(第二集),中国人民大学出版社2007年版,第298页。

④ 《答某君书》,《康有为全集》(第七集),中国人民大学出版社2007年版,第228页。

问》言医，亦成一体。若如昌黎不过为工于抑扬演灏，但能言耳，于道无与。即《原道》亦极肤浅，而浪有大名。千年来文家颉颃作势自负，实无有知道者。”[①]据此可知，康有为一面抨击韩愈，一面推崇管子，尤其是青睐管子在治道方面的思想。更有甚者，为了管子，康有为不惜背弃师说。

康有为的弟子——张伯桢的说法与康有为的回忆相印证，并且将攻击韩愈而心仪管子说成是促使康有为思想发生转变、尽弃师说后而转向佛学的契机。对此，张伯桢在《南海康先生传》中如是说：“光绪丁丑、戊寅二年，……时朱先生（指朱次琦——引者注）极推尊韩昌黎，先师（指康有为、下同——引者注）谓：‘昌黎道术浅薄无实际。言道当如庄、荀，言法当如管、韩，即《素问》言医亦成一体。若如昌黎，不过工为文耳，于道无与，《原道》尤极肤浅。’朱先生素方严，责为猖狂，即同学亦暗讥之。是年冬，先师乃尽弃其所学，闭户静坐，忽觉天地万物皆我一体。自以为圣人可学而至，则欣然笑；一念及苍生困苦，则又流涕痛哭。更思有亲不事，何以学为？即欲束装归庐墓上。心潮起伏，歌哭无端，自云思想变迁从此始。先师云：此《楞严》所谓‘飞魔入心，求道迫切’，未有皈依之时多如此。”[②]

问题到此并没有结束，康有为对管子的崇拜在他关于大同社会合祀偶像的选择中更直观而生动地体现出来。对于大同之人的精神崇拜，他作如是遐想：“前古之教主圣哲，亦以大同之公理品其得失高下，而合祠以崇敬之，亦有限制焉，凡其有功于人类、波及于人世大群者乃得列。若其仅有功于一国者，则虽若管仲、诸葛亮之才，摈而不得与也；若乐毅、王猛、耶律楚材、俾士麦者，则在民贼之列，当刻名而攻之，抑不足算矣。若汉武帝、光武、唐太宗，皆有文明之影响波及亚洲，与拿破仑之大倡民权为有功后世者也。自诸教主外，若老子、张道陵、周、程、朱、张、王、余、真、王阳明、袁了凡，皆有影响于世界者也。日本之亲鸾，耶教之玛丁路得，亦创新都者也。印度若羯摩、富兰那、玛努与佛及九十六道与诸杂教之祖，欧、美则近世创新诸哲，若科仑布、倍根、佛兰诗士，凡有功于民者皆可尊之。”[③]康有为遴选出来的大同社会合祀的教主圣哲，从中国到日本、印度、欧美，范围遍布世界，总人数统统加起来也不过区区22人。其中，中国人除了汉武帝、光武帝和唐太宗之外，便是包括老子在内的11人，管子并不在其中。尽管如此，有两点尚需进一步加以澄清：第一，在康有为眼中，“有功于一国”者仅管仲、诸葛亮两

① 《我史》，《康有为全集》（第五集），中国人民大学出版社2007年版，第62页。

② 《南海康先生传》，《康有为全集》（第十二集），中国人民大学出版社2007年版，第473页。

③ 《大同书》，中州古籍出版社1998年版，第336页。

人。第二，就先秦诸子而言，被康有为念念不忘的仅有管子和老子两人而已。综合两方面的情况可以得出结论，管子无论是与诸葛亮一起成为“有功于一国”的人才——中国仅此两位，还是作为与老子一起被肯定的两位先秦人物之一，其荣耀都已经不证自明。如果再联想到曾几何时被康有为顶礼膜拜并奉为教主的孔子此时由于孔教被废除——“至于是时，孔子三世之说已尽行。……盖病已除矣，无所用药；岸已登矣，筏亦当舍”①，已经退出了历史舞台，管子可谓是虽败犹荣——即使是没有在大同社会被合祀，也无损于他的地位和荣耀。

第二节 思想诠释

康有为对管子的好感和崇拜与管子的思想——至少是康有为认定的管子思想密不可分，这一点在他的自传中已经露出端倪。康有为之所以对韩愈怒不可遏，大加鞭挞，不止是因为韩愈“道术浅薄”“极肤浅”，只不过是“浪有大名”而已，更重要的是韩愈不明大道，并且以文害道。由此反观，康有为心仪管子，是因为管子言治，裨益于救亡图存，管子的思想对于中国近代的振衰疗弱具有现实意义。对于这一点，康有为下面的这段话是最好的注脚：“王、霸之辨，辨于其心而已。其心肫肫于为民，而导之以富强者，王道也；其心规规于为私，而导之以富强者，霸术也。吾惟哀生民之多艰，故破常操，坏方隅，孜孜焉起而言治，以不忍人之心，行不忍人之政，虽尧、禹之心，不过是也。所以不能不假权术者，以习俗甚深，言议甚多，不能无轻重开塞以倾耸而利导之。若人心既服，风俗既成，则当熙熙皞皞，以久导化之。为之君、相，只以为吾民无所利焉，此非迂儒所能识也。昔武侯治蜀，有取于管子、韩非，岂非以治国所当有事耶？且圣人岂能无开塞之术哉！”②这就是说，为民是判断王道与霸道的标准，导之富强的初衷是王道的试金石。循着这个思路，康有为进一步指出，哀民之多艰而导之以富强就是王道，尧舜圣君治理国家莫过于此。这表明，管子的治术有补于王道，诸葛亮凭借管子的思想治理蜀国即是明证。基于这种认识，康有为对管子的好感、推崇顺理成章，同时也可以想见他对管子思想的阐发侧重治术、治道——准确地说，以法治为中心展开。

事实正是如此，康有为在论及管子的思想时，对其法治方面的内容多有

① 《大同书》，中州古籍出版社 1998 年版，第 365 页。

② 《康子内外篇》，《康有为全集》（第一集），中国人民大学出版社 2007 年版，第 97 页。

论及。于是,康有为一而再、再而三地断言:

> 管、韩言法,《内经》言医,孟、荀言儒,庄、列言道。①
>
> 言治当如管、韩,即《素问》言医,亦成一体。②
>
> 《管》、《韩》言法,《内经》言医,《孟》、《荀》言儒,《庄》、《列》言道。③

此外,康有为还注意到了管子其他方面的思想。例如,他指出:“孟子、荀子、管子皆以心物对举,可知物指外物。”④在康有为看来,管子与孟子、荀子一样心物并举,并且所讲的物都是指外物。这是康有为对管子哲学思想的揭示,并且点明了管子与孟子、荀子哲学的相似性。

尤其值得一提的是,康有为对管子的鬼神思想表现出极大的热情,借此申明自己的宗教主张,以期为孔子的宗教思想正名。正是在这个意义上,他反复声称:

> 或有谓宗教必言神道,佛、耶、回皆言神,故得为宗教;孔子不言神道,不为宗教。此等论说尤奇愚。试问今人之识有“教”之一字者,从何来?秦、汉以前,经、传言教者,不可胜数。是岂亦佛、回、耶乎?信如斯说,佛、回、耶未入中国前,然则中国数千年为无教之国耶?岂徒自贬,亦自诬甚矣!夫教之为道多矣,有以神道为教者,有以人道为教者,有合人、神为教者。要教之为义,皆在使人去恶而为善而已,但其用法不同。圣者皆是医王,并明权实而双用之。古者民愚,阴冥之中事事物物皆以为鬼神,圣者因其所明而怵之,则有所畏而不为恶,有所慕而易向善。故太古之教,必多明鬼;而佛、耶、回乃因旧说,为天堂地狱以诱民。今读佛典言地狱者,尚为之震栗。而常人循行城隍庙廊之地狱,亦多有所动而改过者。欧亚之人,俗皆略同,此耶、回所以成教宗而能大行。在中世愚俗,其有益于人心风俗,岂浅鲜也!管子曰:不明鬼神,则

① 《南海师承记·讲文体》,《康有为全集》(第二集),中国人民大学出版社 2007 年版,第 241 页。

② 《我史》,《康有为全集》(第五集),中国人民大学出版社 2007 年版,第 62 页。

③ 《万木草堂口说·骈文》,《康有为全集》(第二集),中国人民大学出版社 2007 年版,第 198 页。

④ 《南海师承记·讲格物》,《康有为全集》(第二集),中国人民大学出版社 2007 年版,第 246 页。

陋民不悟。孔子亦言:圣人以神道设教,百众以畏,万民以服。今六经言鬼神者甚多,肃祭祀者尤严,或托天以明赏罚,甚者于古来日、月、食、社、稷五祀亦不废之,此神道设教之法也。①

中国开明最早,以孔子早扫神权,故后儒承风,为无鬼之论。然在孔子之意,以生当乱世,人性未善,不能不假借鬼神以怵之,仍而不绝。如管子所谓:不明鬼神,则陋民不悟也。故庄子称孔子曰:古之人其备乎! 配神明,亦通四辟,无不在,以神道为教。是孔子何尝不兼容并包?但不欲以此深惑愚民,若异氏之术自取尊崇耳。今多谓孔子不言天神、灵魂、死后者,皆误因《论语》之一二言,如"子不语神怪"、"远鬼神"等说。则《易》曰:精气为物,游魂为变。故知鬼神之情状。群嵩悽怆,天地之精,乃取而祀之。经说固已无限,即以《大学》言,开端即曰"在明明德",岂非灵魂? 而《中庸》始则曰"天命",终则曰"上天之载,无声无臭,至矣!"此又何言?②

在这里,康有为认定管子所讲的"不明鬼神,则陋民不悟"(《管子·牧民》)与孔子言鬼神而神道设教同一旨趣。甚至可以说,与记载孔子言行的《论语》相比,管子显然深得孔子大道的精髓。尽管由孔子亲授弟子和再传弟子编纂的《论语》记载了孔子的言行,却不了解孔子的思想旨趣。康有为举出的例子是,《论语》中一再说"子不语怪、力、乱、神"(《论语·述而》),"敬鬼神而远之"(《论语·雍也》)等等。正是这样的记载误导了人们对孔子大道的理解,尤其是宋明理学家冒言孔子不言鬼神,将鬼神方面的内容从孔子大道中剔除,使孔教"割地"(康有为术语,意为使孔学的内容狭隘化)。康有为强调,孔子后学的这些做法造成了致命的后果。由于冒言孔教不言鬼神,给他人甚至是外国人否认孔子思想是宗教,否认中国有宗教提供了口实。由此看来,即使不是孔子后学,至少管子与孔子同调,在对鬼神的看法上远远胜过孔门弟子。更何况从上下文的语境和气场来看,康有为讲这两段话是为了反对人们说孔子不言鬼神,目的是证明孔子的思想是宗教。康有为在其中提到管子,显然是作为孔子言鬼神的证据出现的。当然,这一切的前提是,管子的思想属于孔学,故而像孔子那样言鬼神。

① 《意大利游记》,《康有为全集》(第七集),中国人民大学出版社 2007 年版,第 374—375 页。

② 《英国监布烈住大学华文总教习斋路士会见记》,《康有为全集》(第八集),中国人民大学出版社 2007 年版,第 34—35 页。

与对管子的孔学归属相一致，康有为有时将管子与孔子、儒家思想联系在一起。下仅举其一斑：

> 一部《易经》，专讲中和。孟子言忍性，则性不尽善可知。子路闻过最喜，为善最勇，的当得“雷霆走精锐，冰雪净聪明”二句。孔子最贵有耻，故诗人言：人而无耻，不死何为？子贡问士，告以“行己有耻”，即管子亦以礼义廉耻为四维。①
>
> 《洪范》：思曰睿。《管子》谓：思之思之，鬼神来告之。《中庸》言：慎思之。《诗》：思无邪。《孟子》：思则得之。②

按照康有为的说法，孔子最贵有耻，孔子教诲子贡的“行已有耻”（《论语·子路》）就是管子所讲的“礼义廉耻，国之四维；四维不张，国乃灭亡”（《管子·牧民》）。康有为同时指出，孔门贵思，管子的“思之思之，鬼神来告之”（《管子·内业》）便在其中。如此说来，讲究礼义廉耻和贵思成为管子思想的题中应有之义，证明了管子思想与孔子的一致性。

第三节　管子的尴尬与康有为的困惑

上述内容显示，管子在康有为那里有时与孔子、孟子和荀子等人一起出现，管子的思想也多次与儒家相提并论。从这个意义上说，管子应该属于孔学。尽管如此，在大多数情况下，康有为还是将管子与法家人物——商鞅、申不害和韩非等人联系在一起，甚至对管子与韩非的思想相提并论。从这个意义上说，管子应该与韩非的归属一样，属于老学。至此，管子在康有为那里遭遇了身份和归属的尴尬，究竟属于孔学还是老学成了问题。值得注意的是，康有为对于韩非是有明确定位的，那就是：韩非是老子后学，并且是老学嫡传。与对待韩非的态度截然不同，康有为虽然让管子频频亮相，却对管子的身份归属语焉不详——既没有因为将管子与孔子以及儒家人物联系在一起，而明确地肯定管子属于孔学；也没有因为管子与韩非屡次并提，而明确指出管子属于老学。

从生存时间上看，管子在孔子、老子之前，不便成为两人的后学。到

① 《南海师承记·讲周子通书》，《康有为全集》（第二集），中国人民大学出版社 2007 年版，第 233 页。

② 《南海师承记·续讲正蒙及通书》，《康有为全集》（第二集），中国人民大学出版社 2007 年版，第 234 页。

了康有为那里，问题并不那么简单或明了。众所周知，管子字仲，名夷吾，谥号敬，又称管敬仲，是春秋初期的政治家，孔子、老子则是春秋末期的人。从年代上看，无论将管子归入孔子后学还是老子后学都不合适，都会因为“时光倒流”产生时代错位而出现错误。问题的关键是，这些在康有为那里却是不成问题的问题。尽管管子（前723—前645）与孔子（前551—前479）相差将近二百年，然而，对于康有为来说，年龄不是问题。他的“诀窍”是：将先秦诸子的生存时间后移，说成是战国时期的人以突出孔子在时间上的优先性。这是康有为惯用的伎俩，与孔子同为春秋末期的老子和春秋战国之交的墨子到了康有为那里统统都成了与孟子同时的战国人，当然也被无一例外地归入孔子后学。秘密在于，康有为明确肯定老子和墨子都是战国人，理由是：老子是作《道德经》的老子，即“老子《道德经》是战国时老子所纂”①；墨子与孟子等人是一辈，“墨子为子夏后辈。杨、墨、老，孟子一辈”②。康有为对管子生卒年代的考量，亦可作如是观。循着这个思路，管子完全可以作为孔子后学，当然亦不排除成为老子后学的可能性。更何况孔学、老学在康有为那里拥有相对宽泛的内涵，并不单单指孔子、老子创立的学派即儒家或道家。这就是说，退而言之，即使时间不在孔子、老子之后，不能成为两人的后学，也不妨碍管子思想的孔学或老学归属。

问题恰恰在于，即使如此，在康有为那里，管子的身份始终只能是一个谜，因为他对管子的归属由始至终都是模糊不清的。试看康有为的这段话：“虽《老子》、《管子》亦皆战国书，在孔子后，皆孔子后学。说虽相反，然以反比例明正比例，因四方而更可得中心。诸子皆改制，正可明孔子之改制也。”③这段话一面将《管子》与《老子》并提，指出管子的学说与孔子相反，在改孔子制上与纷纷创教的战国诸子别无二致；一面肯定《管子》是“孔子后学”。尤为值得一提的是，尽管在这段话中出现的是《管子》之书而非管子之人，然而，这段话同样将康有为对管子学术归属和表达的模糊、矛盾推向了极致。这是因为，康有为并没有对管子与《管子》的时间予以区分，也没有指出《管子》并非管子所作，而为后人假托。更加值得深思的是，此处的“孔子后学”没有确诂，完全可以对此从不同角度去解读，彼此之间的意

---

① 《康南海先生讲学记·道家》，《康有为全集》（第二集），中国人民大学出版社2007年版，第116页。

② 《万木草堂口说·诸子》，《康有为全集》（第二集），中国人民大学出版社2007年版，第178页。

③ 《桂学答问》，《康有为全集》（第二集），中国人民大学出版社2007年版，第21页。

思却大相径庭乃至完全相反：第一种解释是由于时间上"在孔子后"，故曰"孔子后学"；由于"孔子后学"之"后"只是时间之谓，并不代表学术传承。因此，管子的思想与孔子之间并无源流上的传承或因果关系——在这种情况下，管子即使为"孔子后学"，也不排除其思想与孔子学说"相反"。第二种解释是，与老子一样作为战国人的管子，不仅在时间上晚于孔子，而且作为孔子后学传承了孔子的思想，因为康有为宣称"'六经'皆孔子作，百家皆孔子之学"①——在这种情况下，管子改孔子制，也"正可明孔子之改制"。吊诡的是，从康有为一贯的思想、主张来看，这两种解释都是成立的。而这两种解释之间是矛盾的，因而是不能同时成立的。更为致命的是，这个矛盾不在于解释者，而是根源于康有为本人关于孔子与诸子尤其是孔子与老子关系的矛盾看法和表述。这意味着康有为对于管子身份的矛盾归属与生俱来。

综合考察康有为对管子的思想解读和身份表述可以得出两个基本认识：第一，康有为对待管子没有像对待另一位法家先驱——子产那样归为孔子之学，以证明西方的民主政治、经济制度原本就是孔子思想的题中应有之义。对于子产，康有为曾经如是说："政治之学最美者，莫如吾《六经》也。尝考泰西所以强者，皆暗合吾经义者也。泰西自强之本，在教民、养民、保民、通民气、同民乐。……其保民也，商人所在，皆有兵船保护之。商货有所失，则于敌国索之，则韩起买环，子产归之，且与商人有誓，诈虞之约是也。"②第二，康有为也没有像对待他频繁并提的"管、韩言法"的韩非那样毅然决然地将管子推给老子——恰好相反，他有时试图拉近管子与孔子之间的距离。如上所述，康有为不止一次地将管子与孔子的思想直接联系在一起，以此证明孔子言鬼神，孔子的思想是宗教。

诚然，在其他场合，康有为给了管子"明确"的学派归属，那就是：将管子与商鞅、申不害和韩非一起归为"法家"。于是，他宣称："同是法家，管子心最公，重民也；商君次之；至申、韩，直视民命如草芥。"③问题的症结恰恰在于：在康有为那里，"法家"是不存在的，因为法家不是独立的学派。这就是说，康有为尽管使用了"法家"这个字眼，然而，法家却不是与孔学、老学或墨学并列的；这便意味着即使是康有为将管子明确地归入了"法家"，实

① 《万木草堂口说·学术源流》，《康有为全集》（第二集），中国人民大学出版社2007年版，第145页。

② 《日本书目志》卷五，《康有为全集》（第三集），中国人民大学出版社2007年版，第328页。

③ 《康南海先生讲学记·古今学术源流》，《康有为全集》（第二集），中国人民大学出版社2007年版，第108页。

质上还是让人不知所云,说来说去,管子还是等于没有归属。更有甚者,康有为也没有认定全部法家都是老学——子产被归为孔学就是明证。此外,与管子同为法家的除了申不害和韩非,还有同样作为法家先驱的商鞅,而商鞅也像申不害、韩非那样被康有为归到了老学之中。他断言:“尉缭、鬼谷、商君,皆老子学。”①由于康有为并没有将所有法家都归为老学,便不能由康有为“明确”地说管子是法家而推出管子是老子后学或属于老学。至此,在康有为那里,管子并没有因为被说成是“法家”而归属于法家,甚至不能因为是法家而拥有明确的归属。恰恰相反,无论是法家的尴尬处境还是法家人物与孔学、老学错综复杂的关系都增加了管子身份的复杂性和不确定性。从这个意义上说,康有为越是对管子的学派予以归属,就越是增加了管子身份的悬疑性和不确定性。

进而言之,康有为对法家先驱的不同归属与法家在他的思想体系中不是独立学派具有一定联系:既然法家不是独立学派,便不能让法家人物单独组成一派。在这方面,正如上述引文所示,即使是组成一派——“同是法家”,到头来还是由于没有学派而只好将他们或归入孔学,或归入老学。尽管如此,这并不是问题的本质所在。可以假设,如果仅仅由于这一个原因的话,那么,所有的法家人物都应该被归入同一学派之中,而不是像康有为所做的那样:将法家人物或归为孔学,或者归为老学。之所以如此,这里隐藏着更为深层的原因,暴露出康有为对法家的矛盾心理:一方面,近代是崇尚法治的时代,康有为并不绝对地排斥法。恰好相反,他对法表现出极大的兴趣和热情。例如,康有为从日本转译的西学书目中即有“法律门”,这从《日本书目志》的目录中即可见其一斑。除此之外,康有为强调法与治密不可分,肯定孔子言法,同时指出《春秋》就是孔子言法的代表作。与商鞅一样重法的子产、吴起和李悝等人也被康有为义无反顾地归在了孔学之中。在这个意义上,康有为承认“管、韩言法”,肯定管子与韩非的思想一样以法为主,并无敌意。另一方面,康有为将法与刑术相提并论,认为二者都是不仁的表现。沿着这个思路,他一面将大部分法家人物归为老学,一面对精于术的申不害和韩非极为仇恨,将两人说成是老学中不仁的极端代表。这样一来,康有为便在对管子的归属上陷自己于两难境地:一方面,由于对法的消极理解,他不便明确地将“言法”之管子归入孔子之学——因为孔教以仁为宗旨,与法之严酷、不仁截然对立。另一方面,出于对管子的好感乃至倾慕,

---

① 《万木草堂口说·学术源流》,《康有为全集》(第二集),中国人民大学出版社2007年版,第144页。

康有为即使是在将管子和韩非皆归入“法家”时,也对两人分别对待——一面强调管子之心最公正,民主爱民;一面强调不可对管子与韩非同等对待,因为韩非视民命如草芥。正是由于这个原因,康有为没有像对待申不害或韩非那样,将管子归入以不仁为宗旨的老学。矛盾终归是矛盾,结果是,管子的身份在康有为那里始终悬而未决。

问题到此并没有结束,身份的悬而未决在某种程度上决定了康有为对管子以及《管子》的多重评价。正如无法摆脱对于管子其人的矛盾一样,康有为对于《管子》一书的态度也是矛盾的:一方面,他凸显《管子》与《周礼》的关系:“《管子》为《周礼》所自出。”[①]康有为对《管子》与《周礼》相提并论,等于肯定了《管子》的价值,并且给予了《管子》极高的地位。与此相一致,康有为多维度地挖掘《管子》的内容,并且力图使之与近代的新知识、新学科相对接。下仅举其一斑:

> 纵横即今之使臣也。《管子·大康》、《中康》、《小康》多言使臣。[②]
>
> 古人左图右书,图与书并重。……《管子》亦著地图之篇,其最古者也。[③]

另一方面,康有为断言:“《管》、《晏》皆伪书。”[④]这极大地消解了《管子》的价值,并且与前一种说法相牴牾。下面这句话把《管子》与罪大恶极的刘歆联系在一起,在流露出康有为对待《管子》的矛盾态度的同时,从一个侧面揭示了《管子》与《周礼》的另一层关系:“刘歆伪《周礼》,出《管子》、《大戴礼》。”[⑤]

总而言之,康有为对管子的阐发是考辨中国本土文化“学术源流”的一部分,与他对孔子、老子关系的认定一脉相承,并且服务于“百家皆孔子之学”的立言宗旨和最终目标。从整个近代哲学来说,康有为视界中的管子

---

① 《南海康先生讲学记·古今学术源流》,《康有为全集》(第二集),中国人民大学出版社2007年版,第109页。

② 《康南海先生讲学记·纵横家》,《康有为全集》(第二集),中国人民大学出版社2007年版,第118页。

③ 《南海师承记·讲图书》,《康有为全集》(第二集),中国人民大学出版社2007年版,第229页。

④ 《万木草堂口说·学术源流》,《康有为全集》(第二集),中国人民大学出版社2007年版,第143页。

⑤ 《万木草堂讲义·百官公卿表》,《康有为全集》(第二集),中国人民大学出版社2007年版,第303页。

带有近代早期阶段的显著特征,是管子在近代的最早亮相。这主要表现在:康有为对管子的解读无论是与韩非等法家人物相提并论一起出现,还是与孔子、孟子和荀子等儒家人物联系在一起,都是在中国本土文化的视域内进行的,与严复、梁启超等其他近代哲学家将管子与西方思想和人物相互诠释呈现出明显差异。

第三章 杨 朱

在对中国本土文化“学术源流”的考辨中,康有为将杨朱纳入了视野,并且引起了近代哲学家对杨朱的高度关注乃至推崇。杨朱是康有为关注的先秦诸子之一,康有为对杨朱的关注无论对于康有为本人还是与其他同时代哲学家相比都较为特殊:对于康有为所关注的国学人物来说,与庄子、公孙龙等人在康有为哲学中的遭遇相比,杨朱的身份归属较为明确,拥有唯一而确定的身份而不是像庄子、公孙龙等人那样拥有四、五种的身份;与荀子、朱熹等人相比,康有为对杨朱的态度也较为一致,而不是像对待荀子、朱熹那样经历由褒到贬的大起大落。对于中国近代哲学来说,康有为对杨朱的关注视角和态度评价颇为独特,与同时代哲学家迥异其趣。有鉴于此,透过康有为视界中的杨朱,既可以直观感受康有为的杨朱观和中学观,又可以以杨朱为个案领略先秦诸子以及中国本土文化在近代哲学中的命运。

第一节 身份归属

康有为对先秦诸子以及国学人物的关注有一个共同特征,那就是:聚焦身份归属和学术谱系。当然,他对杨朱的关注也不例外,也使对杨朱的身份归属成为康有为的杨朱观的组成部分。

一、老子弟子

可以肯定的是,与对待大多数国学人物的做法如出一辙,康有为对杨朱的学术身份和归属津津乐道。对此,他不止一次地断言:

> 杨子,老子之弟子,即杨子居。①
>
> 杨朱,老子弟子,见《庄子》。②

---

① 《万木草堂讲义·七月初三夜讲源流》,《康有为全集》(第二集),中国人民大学出版社2007年版,第283页。

② 《万木草堂口说·诸子》,《康有为全集》(第二集),中国人民大学出版社2007年版,第178页。

在这里,康有为在肯定杨朱即杨子居的前提下,明确提出杨朱是老子弟子。不仅如此,综合考察康有为的思想可以发现,老子弟子是康有为对杨朱学术身份和归属的基本认定,也是他的一贯观点。

康有为给予杨朱的学术身份是确定的,致使老子弟子成为杨朱唯一而确定的身份。这就是说,在将杨朱说成是老子弟子的同时,康有为并没有将杨朱又说成是孔子或墨子弟子——即使康有为这样做也不令人感到意外,因为他对庄子、公孙龙等人进行身份归属便是如此。换言之,给予一个国学人物确定而不变的学术身份和归属在康有为那里并不是必然的,甚至并不多见。对于这一点,拿杨朱与康有为提及的其他国学人物进行比较则可以看得更加清楚、明白:第一,在康有为所厘定的国学人物的学术身份和归属中,与包括老子、墨子等人在内的先秦诸子的身份相比较,杨朱的学术身份和归属显得格外单一。就老子来说,除了是创立老教、与孔子争教的教主之外,还是孔子后学。这意味着老子拥有两个学术身份,一个作为教主,一个归属于孔子。就墨子来说,情况更为复杂,在拥有与老子类似的这两种身份之外,还多了一个先学孔教而后叛教的过程。至于庄子、列子和公孙龙等人,则拥有至少四种以上的身份归属。由此反观杨朱在康有为视界中的身份归属,单一得有些令人不敢相信。第二,与管子、子产和邹衍等人身份的扑朔迷离相比,杨朱的身份归属显得异常明确而干脆。

二、老学的不同派别

在康有为的视界中,杨朱是老子后学是确定无疑的,并且大致框定了杨朱之学的内容。尽管如此,如果停留于老子后学,尚不足以确定杨朱的学术身份和地位,而必须在此基础上进一步具体刻画杨朱在老学中的准确位置,因为老学的不同流派之间内容相去甚远。

康有为承认孔学、墨学盛行天下,用他的描述便是:孔子弟子三千,徒侣六万。墨子弟子众多,争教最盛。在这个前提下,康有为特意强调,就后学的流派纷繁而言,老学为最,不同的流派传承了老子的不同思想。鉴于这种情况,康有为断言杨朱是老子弟子只能肯定杨朱思想的源头在老子,与老子的思想之间具有渊源关系,却不能准确把握杨朱传承了老子哪方面的思想以及杨朱之学有别于老学其他流派的思想特质是什么,当然也无法明确标注杨朱在老学中的具体位置。正是由于这个原因,只有在肯定杨朱是老子弟子的前提下,进一步明确杨朱属于老子后学中的哪一派,才能精准勾勒杨朱的学术身份以及在老学中的具体位置,从而准确把握杨朱的思想。

综观康有为的思想可以发现,尽管对杨朱是老子弟子言之凿凿、坚信不疑，然而，说到杨朱究竟属于老学中的哪一派，康有为的说法却前后不一，相互牴牾。下仅举其一斑：

> 老子后学，流派甚繁：庄、列主上清虚。杨朱讲求纵欲。田骈、慎到，《庄子·天下篇》言之，其学大抵主因申、韩二家，专言权术。关尹、尹文，专事养魄。①
>
> 老学，苏、张（指苏秦、张仪——引者注）、鬼谷一派，申、韩一派，杨朱一派，庄、列一派，关尹、尹文一派。②
>
> 老子之学，苏、张、鬼谷为一派，申、韩为一派，杨朱、庄、列为一派。③
>
> 老子分三派，杨子、列子、庄子，上经开之。④
>
> 老子之学，分为二派：清虚一派，杨朱之徒也，弊犹浅；刻薄一派，申、韩之徒也。⑤

康有为的这些议论共同显示，与断言杨朱是老子弟子的信誓旦旦形成强烈对比，他对于杨朱究竟属于老学中的哪一派举棋不定，因而提出过多种不同观点。梳理康有为的各种观点，可以得出如下认识：第一，康有为对老子学派的划分并不确定，甚至有些混乱；仅就上述引文来看，就有五派（如第一段引文所示）、四派（如第二段引文所示）、三派（如第三、第四段引文所示）和二派（如第五段引文所示）之说。这表明，对于老学的流派，康有为就有四种不同的划分。尽管如此，康有为并没有忘记为杨朱在老学中保留一席之地。可以看到，在康有为有关老子后学的四种不同说法中，无论对老子学派如何进行划分，都有杨朱现身其中。这表明了杨朱对于老学的不可或缺，也从一个侧面印证了康有为对于杨朱是老子弟子的确信不疑。这一点看似平常，实则不然。拿历史上一再与老子并提的庄子来说，康有为并不能

① 《万木草堂口说·诸子》，《康有为全集》（第二集），中国人民大学出版社2007年版，第177页。

② 《万木草堂口说·诸子（三）》，《康有为学术文化随笔》，中国青年出版社1999年版，第29页。

③ 《万木草堂口说·诸子》，《康有为全集》（第二集），中国人民大学出版社2007年版，第180页。

④ 《万木草堂讲义·七月初三夜讲源流》，《康有为全集》（第二集），中国人民大学出版社2007年版，第283页。

⑤ 《康南海先生讲学记·古今学术源流》，《康有为全集》（第二集），中国人民大学出版社2007年版，第108页。

做到这一步。例如,在康有为对于老学的两派划分中,并没有庄子的影子(如第五段引文所示)。第二,康有为对老子后学的划分势必影响对杨朱在老学中的地位确证,致使杨朱在老学中的地位由于康有为对老学的认识不一致而引起混乱。当然,伴随着康有为对老学流派的五派、四派、三派和二派之分,身处不同流派中的杨朱无论地位还是思想都彼此之间相去甚远。更有甚者,即使是对老子派别的看法一致,康有为对于杨朱的定位也天差地别。例如,第三、第四段引文显示,康有为均将老学划分为三派,杨朱在其中的位置却大相径庭:在第三段引文中,康有为让杨朱和庄子、列子同属一派,分别与苏秦张仪、鬼谷和申不害韩非相对立;在第四段引文中,康有为让杨朱"独挑大梁",而原本与杨朱一派的庄子和列子各自成为与杨朱对立的一派,而由这三人代表的三派共同组成了老学。尤为值得一提的是,除了将老学划分为三派的第三段引文之外,康有为对老学派别的划分均让杨朱独自担纲一派。康有为给予杨朱的这种"独挑大梁"的现象在康有为给予其他老子后学的对待中是罕见的。通过杨朱与上述引文中老子后学各派人物的对比可以明显感受到这一点,也反过来证明了康有为给予杨朱在老学中的地位非同一般。

对于康有为来说,确定了杨朱是老子后学的身份归属,也就大致框定了杨朱思想的主旨;在"流派甚繁"的老学流派中找到了杨朱之学的具体位置,也就明确了杨朱有别于其他老子后学的思想特征,因而更能接近、还原杨朱思想的特质。在这个前提下,康有为进一步揭示了杨朱思想的主要内容和理论特质。

第二节 思想解读

总的说来,康有为始终没有对杨朱进行系统或专题研究,这意味着他对杨朱思想内容的具体诠释、深入解读或专门表述不多。尽管如此,有一点是可以肯定的,那就是:康有为确信,杨学属于老学,并沿着这个思路解读杨朱思想。正是在这个意义上,康有为反复断言:

> 杨子即老学之一。①
> 杨子即老学。②

① 《万木草堂口说·学术源流(七)》,《康有为学术文化随笔》,中国青年出版社1999年版,第13页。

② 《万木草堂口说·学术源流》,《康有为全集》(第二集),中国人民大学出版社2007年版,第144页。

在康有为的视界中，杨朱的思想既不出老子范围，又在对老子思想的发挥中形成了自己的鲜明个性和特征。这就是说，尽管杨朱与老子的思想一脉相承，然而，杨朱之学具有自己的主体内容，并且形成了有别于老学其他流派的主旨和特色。

一、同于老学的大宗旨

属于老学是康有为对杨朱思想的基本认定，也先天地框定了杨学的大宗旨。杨朱之所以被康有为义无反顾地认定为老子后学，就是因为在立教宗旨这个大是大非的问题上，杨朱站在了老子一边。

康有为强调，教与教之所以不同，取决于诸教之间各不相同的立教宗旨。在这方面，老教的立教宗旨是不仁，孔教和墨教则以仁为立教宗旨。这表明，老教在宗旨上与孔教、墨教势不两立。对此，他一而再、再而三地宣称：

> 诸教皆有立教之根本。老子本以天地为不仁，以万物为刍狗，此老子立教之本。故列、杨传清虚之学，则专以自私。申、韩传刑名之学，则专以残贼。其根本然也。孔子本天，以天为仁人，受命于天，取仁于天。凡天施、天时、天数、天道、天志，皆归之于天。故《尸子》谓：孔子贵仁。孔子立教宗旨在此。①
>
> 其（指老子之学即老教——引者注）与儒教异处，在仁与暴，私与公。儒教最仁，老教最暴。故儒教专言德，老教专言力。儒教最公，老教最私。儒教专言民，老教专言国。言力言国，故重刑法，而战国之祸烈矣。清虚一派，盛行于晋，流于六朝，清谈黄老，高说元妙。刻薄一派，即刑也，流毒至今日，重君权、薄民命，以法绳人，故泰西言中国最残暴。②
>
> 儒与杨、墨，其道为三，而老氏为我，儒、墨救世，则虽三而实为二焉。故在战国，儒、墨最盛，而老氏逊之，以其俱救世也。……盖救世之道同，而儒顺墨逆，故墨归于儒，老氏与儒相反，故后世反有存也。③

---

① 《春秋董氏学》卷六，《康有为全集》（第二集），中国人民大学出版社 2007 年版，第 375 页。

② 《康南海先生讲学记·古今学术源流》，《康有为全集》（第二集），中国人民大学出版社 2007 年版，第 108 页。

③ 《孔子改制考》卷十七，《康有为全集》（第三集），中国人民大学出版社 2007 年版，第 206 页。

康有为的上述议论都在揭示老子的不仁宗旨，立论的角度迥然相异：第一段议论旨在说明，老子以不仁为宗旨，作为老子后学皆不能逃出不仁之窠臼——在这个意义上，杨朱与同样作为老子后学的列子、申不害和韩非等人是一样的。第二段议论旨在强调，不仁与仁不共戴天，立教宗旨的不仁与仁导致老教与儒教的势不两立。这表现在治国理民上便是暴与仁、私与公。循着这个逻辑，杨朱的思想中先天带有暴与私的学术基因。第三段议论旨在说明，老教之不仁与为我、纵欲密切相关，正如孔教、墨教之仁与不忍、救世密不可分一样。不仅如此，由于杨朱之学势力强大，杨学代表老学与儒、墨争教而成三足鼎立之势。正因为如此，康有为用“杨”而不是“老”与儒、墨相对应。

值得一提的是，鉴于老子后学“流派甚繁”，为了凸显老学宗旨，康有为特意在繁多的老子后学中指定了老学嫡传，指出申不害是老学的正宗传人。这用康有为本人的话说便是：“老子传申子为的派。”①尽管如此，康有为在这里选择的代表老学出现的不是申不害而是杨朱，并且以杨朱之学凸显老学（老教）与儒学（儒教）和墨学（墨教）在立教宗旨上的不共戴天。这表明，在康有为看来，杨朱思想最能体现老学的特质和宗旨，当然也最能与儒、墨争教。仅凭这一点就可以断言，康有为认定杨朱在老子后学中的地位盖过了申不害，功劳亦不可低估。或许是意识到了老学嫡传——申不害与杨朱之间的巨大张力，康有为有意无意地拉近杨朱与申不害的关系。例如，康有为对韩非之学的说明便流露出这一思想端倪：“韩非有《解老》、《喻老》之篇，是老氏学，故太史公以之与老子同传。此为杨氏学。杨朱为老子弟子，即老氏学。故韩非兼收老、杨之学者。秦始愚民，韩非以老学行之，遂至今日。然则统论诸子为害之大，莫若韩非；关系之重，亦莫若韩非矣。”②康有为认为，韩非是最大之蠹，并且与申不害之间是一派。在这个前提下，康有为进一步彰显韩非与杨朱的关系，同时肯定“杨朱为老子弟子，即老氏学”。康有为的这个做法可谓一箭双雕——既通过韩非拉近了杨朱与申不害之间的关系，又借助韩非表达了对杨朱的深恶痛绝。

二、纵欲为我之小宗旨

在肯定杨朱之学属于老学，秉持老子不仁宗旨的前提下，康有为进一步追究杨朱思想的宗旨，并且得出了如下结论：“废而任之，究之于尽，是杨学宗旨。”③

---

① 《万木草堂讲义·七月初三夜讲源流》，《康有为全集》（第二集），中国人民大学出版社2007年版，第283页。

② 《孔子改制考》卷五，《康有为全集》（第三集），中国人民大学出版社2007年版，第60—61页。

③ 《万木草堂口说·列子》，《康有为全集》（第二集），中国人民大学出版社2007年版，第207页。

康有为之所以不厌其烦地从不同角度对老子后学进行流派分野,不仅是因为老子后学流派众多,而且是因为各个流派之间传承有别,在不仁的大宗旨之下意趣各异。作为老子后学,各个派别均以不仁为宗旨;在这个前提下,各派的具体主张迥然相异,由此形成了各自的小宗旨。具体到杨朱,他所代表的有别于老学其他派别的宗旨和主张便是“废而任之,究之于尽”以及由此而来的及时行乐。于是,康有为反复宣称:

> 《列子》云:安知死于此,不复生于彼乎?即佛氏轮回之说,佛极与杨朱相反。①
>
> 佛氏尽弃其身,专养其魂,与杨朱相反。②

依据康有为的上述议论,佛教宣扬生死轮回,不生不灭。杨朱则与佛教恰好相反,于是有人生不过百年之论。这是杨朱主张及时行乐的理论基础和思想前提。佛教视肉体为累赘(“尽弃其身”),专门养魂,追求精神快乐。杨朱与佛教恰好相反,一味追求物质快乐。与上述思想相一致,康有为一再声称,杨朱纵欲。关于杨朱之纵欲,除了上面提到的对老学的五派划分中所说的“杨朱讲求纵欲”之外,康有为还发出了如下断语:“杨子纵欲之乐知,纵欲之苦不知。”③

在康有为的视界中,纵欲与为我具有某种不可分割的内在关联。因此,与他对杨朱纵欲的解读相伴而生的,便是突出杨朱的为我思想。在康有为看来,如果说老子的不忍已经隐藏乃至包含自私、为我等等思想之端倪的话,那么,将老子的这一思想端倪发挥到极致的则是杨朱:第一,康有为明言申不害是老子嫡传,那是就能忍而桎梏百姓而言的。第二,康有为有时将杨朱、庄子和列子归为一派,称为“清虚一派”,主要指虚谈玄理,不热心世事。尽管如此,在大多数情况下,老学的“清虚一派”之中只有杨朱一人出现。这就是说,康有为认为杨朱属于老学的“清虚一派”是坚定不移的,对于庄子、列子等人是否属于这一派则摇摆不定。可以看到,一方面,康有为曾经批评庄子不热心世事。这方面的例子不一而足:

---

① 《万木草堂口说·诸子》,《康有为全集》(第二集),中国人民大学出版社 2007 年版,第 180 页。

② 《万木草堂口说·诸子》,《康有为全集》(第二集),中国人民大学出版社 2007 年版,第 179 页。

③ 《万木草堂讲义·七月初三夜讲源流》,《康有为全集》(第二集),中国人民大学出版社 2007 年版,第 284 页。

庄子智极，心热极，特不欲办事。①

庄子内、外俱有，而内学过，聪明太高，不肯下手耳。②

另一方面，康有为也发出过庄子为办事之师的论断，这方面的例子同样不是个案："庄子学问主人情物理，多治世之学也。"③"庄子昌经营天下，乃热人，非冷人，后来能办事，皆用庄子之学。"④由此可见，对于庄子是否为我，康有为的观点前后不一，乃至相互矛盾，这一点与对杨朱思想的认定相去甚远。正是由于这个原因，康有为专门将杨朱提出来作为我的代表，并且以杨朱的思想为代表突出老教与儒教、墨教在立教宗旨上的对立。他写道："老子谓：天地不仁，以万物为刍狗。圣人不仁，以百姓为刍狗。于人不仁，故只为我而已，纵欲而已。苟可以为我纵欲，则一切不顾，无人亦无国，故孟子以为无君。"⑤康有为在此提到的因为"无人亦无国"被孟子攻击为"无君"的就是杨朱之为我纵欲。更有甚者，鉴于杨朱将纵欲为我发挥到了登峰造极的地步，并且贻害匪浅，康有为将杨朱之为我与老子之阴谋相提并论。例如，在游历欧洲的途中，康有为曾经写下了这样的感言："人所同愿同好者，则人乐奉之从之。人皆乐从，故其教行之至速且大也。凡老氏之阴谋，杨朱之为我，及今世自由之说，皆一出而大行。"⑥

第三节 态度评价

康有为对于杨朱的思想认识和态度评价是始终如一的，并没有像对待其他国学人物那样出现前后判若两人的反差或矛盾——康有为对包括老子、墨子在内的众多先秦诸子却皆是如此。在康有为那里，属于老学既大致框定了杨学的内容，又先天地决定了对杨朱及杨学的评价。康有为对杨朱的态度评价是在杨朱是老子后学的前提下发出的，既在大方向上与他对老

① 《万木草堂口说·诸子》，《康有为全集》（第二集），中国人民大学出版社 2007 年版，第 180 页。

② 《万木草堂口说·学术源流》，《康有为全集》（第二集），中国人民大学出版社 2007 年版，第 144 页。

③ 《南海师承记·讲孟荀列传》，《康有为全集》（第二集），中国人民大学出版社 2007 年版，第 229 页。

④ 《万木草堂口说·诸子》，《康有为全集》（第二集），中国人民大学出版社 2007 年版，第 177 页。

⑤ 《孟子微》，《康有为全集》（第五集），中国人民大学出版社 2007 年版，第 493 页。

⑥ 《德国游记》，《康有为全集》（第七集），中国人民大学出版社 2007 年版，第 409 页。

子的态度评价相关,又在具体细节上呈现出明显的不同之处。就对老子与杨朱的不同态度而言,康有为对老子的态度是矛盾的,既对老子养生方面的思想心怀好感,又对老子以不仁为宗旨、与孔子争教深恶痛绝。康有为对杨朱的态度是始终如一的,无论将杨朱归为老学中的哪一派,都将杨朱视为老学中消极的一派,也就是以杨朱代表老学中的反面。正是因为这个原因,杨朱与同样作为老子后学的庄子、列子形成明显的反差。康有为的下面说法似乎印证了这一点:"杨朱得老子之粗,庄子得老子之精。杨子言养身,庄子言养魂。"①这就是说,康有为承认杨朱的思想与庄子一样出于老子,然而,他却认定杨朱只得老学之粗,与得老学之精的庄子不可同日而语。按照康有为的说法,庄子和杨朱都从老子那里传承了养生思想,然而,两人的养生思想却沿着两个不同的方向展开:杨朱养身,庄子养魂。正因为杨朱在养生的过程中专养身,所以,纵欲、无我成为杨朱思想的主要内容和特征。

综观康有为的思想可以发现,如果说他对老子的评价尚且能够"一分为二"的话,那么,他对杨朱则完全倾向一边。具体地说,康有为对杨朱的评价都是反面的,不仅绝少认同或赞誉之辞,而且连中性的评价亦极罕见。可以看到,尽管具体场合、原因或理由各不相同,然而,康有为却总是——也总能不失时机地对杨朱予以大力鞭挞则是相同的。

一、不及之代表

在定性上,康有为将杨朱的思想归于异教,从判教的高度剥夺了杨朱之学存在的正当性和合法性。

按照康有为的说法,孔教尚中庸,诸子反中庸。战国时诸子纷纷创教,就是为了反对孔子的中庸之教。在这其中,就包括杨朱。不仅如此,鉴于杨朱之学的偏于一隅和势力的嚣张强大,康有为习惯于将杨朱与墨子作为中庸的两个极端视为批判的靶子。正是在这个意义上,康有为不止一次地断言:

> 过之者,墨子也。不及者,老子、杨子诸子也。专指异教言。②
>
> 中者,孔子制度皆是,杨、墨皆不中。庸言之信,庸行之谨,所谓庸。③

---

① 《康南海先生讲学记·古今学术源流》,《康有为全集》(第二集),中国人民大学出版社2007年版,第109页。

② 《万木草堂口说·中庸》,《康有为全集》(第二集),中国人民大学出版社2007年版,第167页。

③ 《万木草堂口说·中庸》,《康有为全集》(第二集),中国人民大学出版社2007年版,第171页。

在康有为看来,孔子尚中庸,孔子的一切制度言行皆道中庸。中庸的对立面是过或者不及之两端。战国诸子或者过,或者不及,所创之教均属于异教。值得注意的是,康有为在这里提到的反面典型只有三人,除了墨子和老子,就是杨朱。更有甚者,在第二段议论中,没有了老子而只剩下了杨朱与墨子。在这个前提下,杨朱与墨子分别代表与中庸势不两立的不及与过之两个极端:杨朱是不及的典型,墨子则是过的典型。

尚须进一步澄清的是,将杨朱与墨子相提并论对于康有为来说并非个案,而是一种"常态"。正因为如此,这样的议论在康有为那里俯拾即是:

> 荀称老、墨,孟称杨、墨。①
>
> 《列子》所得,皆乐天知命,退一步法。然能知命,而不求诸用,此真墨子所非者。此杨、墨所极相反欤?②
>
> 尊命为孔子大义,此则杨与之同,而墨"非命"。盖杨主无为,托命自然;墨主有为,故力征经营。力命抑死,则杨、墨同,而异于儒者,亦与儒氏同也。③

进而言之,康有为之所以三番五次地将杨朱与墨子联系在一起,具有比较之意。问题的关键是,通过对杨朱与墨子的比较,康有为得出的结论却差若云泥——有时突出杨朱与墨子思想之异——前面提到的过与不及如此,此处的第二段议论也是在这个维度立论的;有时突出杨朱与墨子思想之同,此处第三段议论即是如此。稍加留意即可发现一个饶有趣味的现象,那就是:无论康有为认定杨朱与墨子思想是异是同,后面往往都跟着一个儒家。这种情况的出现绝非偶然,而是从一个侧面暴露出康有为的理论初衷。这就是说,康有为比较杨朱与墨子思想之异同不是为了比较而比较,甚至不是为了比较杨朱与墨子的思想本身,而是为了借助比较从不同角度突出孔子之中庸的至善至美。对于这一点,康有为下面的这段话提供了最佳注脚:"虽《老子》、《管子》亦皆战国书,在孔子后,皆孔子后学。说虽相反,然以反

---

① 《万木草堂口说·诸子》,《康有为全集》(第二集),中国人民大学出版社 2007 年版,第 178 页。

② 《万木草堂口说·诸子》,《康有为全集》(第二集),中国人民大学出版社 2007 年版,第 176 页。

③ 《万木草堂口说·列子》,《康有为全集》(第二集),中国人民大学出版社 2007 年版,第 207 页。

比例明正比例，因四方而更可得中心。诸子皆改制，正可明孔子之改制也。”①显而易见，在从反面凸显孔教之中庸的维度上，康有为批评杨朱之学是异教，代表了“不及”之一端。

二、盈天下之言与孔子争教

在作用上，康有为最不能容忍的是杨朱与孔子争教——特别是在与孔子争教的过程中异军突起，以至于杨朱之言盈天下。

与雅斯贝尔斯的“轴心时代”理念相巧合，康有为透过印度、希腊、波斯和中国同时出现的文化繁荣，将“二千余年至周末”视为人类文明的喷发期。于是，他这样写道：

> 大地之运，草昧既开，二千余年至周末时，而文明日兴，民智日辟。在印度，则有婆罗门九十六道。凡地教、水教、火教、风教、方教、时教、声教、色教、因教、明教、能教、所教、执教，其后为四大教，自优波尼沙土时，则弭曼萨作法诠义，知识诠义，发声常住之说。吠檀多、商羯磨发宇宙心理，轮回解脱之说。至僧佉为数论师，发神我结合，重习轮回之说。尼夜耶发精神活动，解脱苦乐，业因正知之说。时论师为明身体之活动，轮回之解脱说。吠陀发轮回说。迦那陀为卫世师，发原子之入会，因缘之关系，同异性和合之说。摩拏发精神报应，轮回解脱之说。耆那则与佛尤近。数论、时论、尼犍、耆那，佛氏号四大外道而辟之，若孟子之辟杨、墨矣。耆那教至今犹在印度，其徒二十五万人，若佛教几绝无人，但不传教入中土，故人不知之，此犹孔子一统，而老学犹存矣。希腊、波斯，则有祚乐阿士对之教，必亦诸子并出。是时诸子杂出，立说者二十余人，自腓利细底首传印度四《韦陀》，波斯祚乐阿士对反腓尼基之学，其说主一神生而有一动一静，而生五行，颇同吾太极生两仪之说。兑剌士继之，首创三百六十五日为年，以水为万物之本，犹中土天一生水之义也。其弟子阿那吉满大创言月无光，为日所照，以万物自有根本，隐而不露，无穷无尽。巴拉国拉士主诚意省身，修威仪，信轮回，并教男女以天文地理，动植之物皆出于数。仁诺注内士善诗，独尊上帝，以为人心皆同，故日以周游劝教为事。把门义兑以人物皆生于暖气，人智分有定无定二者。阿那基内美士创黄黑道，以气为万物之本。希拉基督士亦以气为物本，而根于火，以变化生物皆出于火，其理至精矣，非

① 《桂学答问》，《康有为全集》（第二集），中国人民大学出版社 2007 年版，第 21 页。

> 世诈伪,高尚不仕。阿那哥拉士为索格底之师,以万物皆有元质,无终始而有聚散,至无而会至有,至小而成至大,然元质尚有主宰之者。敌恶知内士以万物皆有吸拒,以物生于气,气生于魂,魂出于活,活出于灵明。恩比多吉立士则明地水火风四元,而主仁明轮回。敌魔基督士发天地皆虚,一切惟心之说。百罗发有疑无信之教。地傲皆内士以苦行名于世,若陈仲子。爱比去路以纵身欲穷天理,若杨朱。仁诺主明理行善,安命守道,与朱子近。及索格底出,则为道德之宗。其弟子伯拉多,再传亚利士滔图,皆守其说。而亚利士滔图兼及物理学,而攻诡辨之教,怀疑之教,与孟子略同矣。①

近代哲学拥有前所未有的全球多元的历史背景和文化视野,康有为的国学研究和哲学建构也不例外。他的这番长篇大论即立足于全球文化视域,梳理、比较由印度、希腊、波斯和中国组成的世界文明,进而总结出一个共同规律,那就是:不论在何处何时,传教过程从本质上说都是一个与异教争教的过程。正如佛教与婆罗门九十六外道以及四大外道争教,古希腊、波斯诸子争教一样,与这些文明并时而出的中国学术亦处于争教之中。在这个前提下,康有为将杨朱之学的盛行视为与孔子争教的一部分,并将孟子对杨朱、墨子思想的抨击置于全球争教的宏大背景之下予以审视。康有为的这个说法在使杨朱和墨子成为与孔子争教的最大敌人的前提下,也预示着具有孔教情结的康有为将批判的矛头指向了杨朱。

沿着这个思路,对于杨朱之学的盛行,康有为进行了两方面的工作:一是对孟子力辟杨朱的护教行为大力表彰,一是对杨朱的争教行为大加挞伐。于是,康有为连篇累牍地断言:

> 战国与孔子争教盛者,老、墨二家,孟子不攻老,因当时杨学盛行,攻其弟子即攻其师也。②
>
> 然在孟子之时,老、墨言盈天下,则其昌大之速至矣。韩昌黎疑孟子之距杨、墨,以为非二师之道本,然未考创教之由也。③
>
> 是时诸子并兴,而儒与杨、墨三教最大,学者互相出入。兼爱甚,则厌而思静,故必归杨。为我甚,则天良时发,故归于儒。有教无类,来者

---

① 《孟子微》,《康有为全集》(第五集),中国人民大学出版社 2007 年版,第 493—494 页。

② 《万木草堂口说·诸子》,《康有为全集》(第二集),中国人民大学出版社 2007 年版,第 176 页。

③ 《孟子微》,《康有为全集》(第五集),中国人民大学出版社 2007 年版,第 493 页。

不拒，不必问所从来。其道广大，乃可以化异道而归一，其或门墙自高，责其既往，适以自隘其教而已，故孟子非之。①

康有为将孔教的传播、传承过程演绎为争教过程，其中包括孔教内部孟子与荀子、朱熹与陆九渊争教和孔教外部老子、墨子与孔子争教。在他看来，争教对于教之传播不可或缺，同时也是原则问题，因而不可小觑。这意味着康有为指出杨朱与孔子争教并不限于事实上的陈述，本身就包含对杨朱的评价。事实上，正是认定杨朱与孔子争教奠定了康有为对杨朱的负面评价和否定态度，"杨朱之言盈天下"更是决定了他将批判的矛头对准了杨朱。

三、导致人心之坏

在观念上，康有为指责杨朱明哲保身，造成了不良的社会风气。

中国近代是救亡图存的时代，亟需道义担当、舍生忘死的牺牲精神。康有为反复标榜孔子、墨子以仁为立教宗旨，就是赞扬两人的救世精神，旨在以孔席不暖、墨突不黔为榜样激发中国人关心国家大事，热心公共事业。借此，号召中国人将个人与国家的命运联系在一起，自觉投入到救亡图存的运动之中。康有为的这种期待与他对杨朱思想的解读显然格格不入，甚至背道而驰。康有为指出，杨朱恪守为我，导致自私自利，明哲保身。由于贪生怕死，"荡绝廉耻"，因而视他人痛苦于不顾，对国家存亡漠然处之。正是在这个意义上，康有为写道："吾尝谓，老、杨之学为中国之大祸，虽有硕学高行之人，但为谨默之行，保身之谋。坐视君父之难而不顾，坐视宗亲师友之难而不恤，坐视国亡种灭而从容，自图富贵，偷生畏死，荡绝廉耻，有所少损，皆不敢近，此其为杨朱之贻毒，未有若是之甚矣。"②

除此之外，康有为还从其他角度抨击杨朱对社会风气的败坏。例如，《列子·杨朱》篇将名视为身外之物，发出了"死则腐骨"的议论："万物所异者生也，所同者死也。生则有贤愚、贵贱，是所异也；死则有臭腐消灭，是所同也。虽然，贤愚、贵贱，非所能也，臭腐、消灭，亦非所能也。故生非所生，死非所死，贤非所贤，愚非所愚，贵非所贵，贱非所贱。然而万物齐生齐死，齐贤齐愚，齐贵齐贱。十年亦死，百年亦死，仁圣亦死，凶愚亦死。生则尧舜，死则腐骨；生则桀纣，死则腐骨。腐骨一矣，孰知其异？且趣当生，奚遑死后？"（《列子·杨朱》）据此，康有为断言杨朱与老子"攻名"，并且大力抨

① 《孟子微》，《康有为全集》（第五集），中国人民大学出版社 2007 年版，第 498 页。

② 《孟子微》，《康有为全集》（第五集），中国人民大学出版社 2007 年版，第 497—498 页。

击“攻名”的危害。于是,康有为对杨朱以及老子发出了如下声讨:“老、杨皆以攻名为义,妨其自然也。然彼欲人不争而去其名,不知人不争名而争利,其争更甚,其术亦浅矣哉。”[①]康有为认为,“求乐免苦”是人的本性,人所求之乐中就包括名之乐。名不仅是快乐的组成部分,而且是荣誉感的不竭源泉,因而成为激发人之自信心、自尊心的有效途径。基于这种认识,康有为强调,孔子重名,并由此对杨朱的“攻名”行为表示强烈不满。康有为特别指出,如果不争名而只争利的话,那么,后果则更可怕。他的逻辑很简单,人生不过名利二字,如果不争名的话,势必导致争利。既然是这样,与其争利,不如争名。更何况由于不争名,杨朱之学与老子之学一样导致人心之坏,并且造成国人对中国亡国灭种的漠不关心。正是基于这一认识,康有为将杨朱之学与老子之学一起说成是“中国之大祸”。

四、造成恶劣后果

在后果上,康有为从不同角度指责杨朱之学为害匪浅,尤其是对纵欲的恶劣后果予以集中谴责和批判。对此,康有为发出了如下断言:

> 李斯之亡二世,杨广之亡隋,皆杨朱纵欲之说开之也。[②]
>
> 送死不舍珠玉,不服文绣,不陈牺牲,不设明器,此虽非圣人慎终之道,然尚是异端有道术之言。秦始皇用其纵欲,而骊山枯骨,尚累数万人,此违杨氏之旨矣。[③]

如上所述,康有为反复申明杨朱纵欲,致使纵欲成为杨朱之学的主体内容和主要特质。在康有为看来,杨朱主张纵欲的结果便是穷奢极欲,害人害己。当治国理政者穷奢极欲时,将会导致更大也更为可怕的后果。这种后果对于百姓来说是灾难,对于国家来说还可能导致亡国。于是,祸国殃民便成为康有为对杨朱之学造成后果的集中谴责。依据康有为的揭露和剖析,无论秦国的劳民伤财、二世而亡还是隋炀帝的穷奢极欲、身辱国亡都是杨朱之学惹的祸。

---

① 《万木草堂口说·列子》,《康有为全集》(第二集),中国人民大学出版社2007年版,第207页。

② 《万木草堂口说·列子》,《康有为全集》(第二集),中国人民大学出版社2007年版,第207页。

③ 《万木草堂口说·列子》,《康有为全集》(第二集),中国人民大学出版社2007年版,第207页。

第四节 诠释范式

上述内容显示,康有为视界中的杨朱天马行空,纵横捭阖。从表面上看,林林总总,不得要领;从本质上看,则秉持一定之规。深入剖析不难发现,康有为对于杨朱思想的解读无论立场还是方法都极具特色:就立场而言,康有为的杨朱观既是他本人的老学观的一部分,又是他本人的孔教观的一部分。这表明,康有为对杨朱的身份归属和态度评价归根结底取决于立孔教为国教的孔教观。就方法而言,康有为对于杨朱思想的解读秉持今文经学的立场和传统,在发挥微言大义的名义下,一味根据自己的立言宗旨和论证需要对杨朱进行自由发挥,导致对杨朱思想的过度诠释。正是由于这个原因,康有为视界中的杨朱既带有近代哲学的共同特征和时代烙印,又个性鲜明、极富特色。

一、全球多元的历史背景

康有为对杨朱的提及和关注视野开阔,拥有前所未有的全球视野、文化多元的历史背景和文化语境。

审视康有为视界中的杨朱,给人最直观、最突出的印象是,他将杨朱置于全球多元文化的视域之内,并且直接将杨朱的思想与西方哲学家相提并论。例如,康有为不止一次地声称:

> 重生不重死,西人亦近杨朱。①
> 爱比去路以纵身欲穷天理,若杨朱。②

康有为的这两段议论出自不同时期,也拥有不同语境:第一,从时间上看,第一段议论出自戊戌变法之前,代表了他的早期思想;第二段议论出自《孟子微》,代表了他的中期思想。第二,从视角上看,第一段议论是从宏观的角度立论的,在肯定西方哲学重生不重死的前提下,声称杨朱之学与西学相近。这印证了康有为对杨朱之学"偷生畏死"的评价。第二段议论是从微观的角度立论的,指出伊壁鸠鲁("爱比去路")的思想与杨朱若合符节。

① 《万木草堂口说·诸子》,《康有为全集》(第二集),中国人民大学出版社 2007 年版,第 179 页。

② 《孟子微》,《康有为全集》(第五集),中国人民大学出版社 2007 年版,第 494 页。

伊壁鸠鲁是古希腊哲学家，追求快乐，被康有为说成是“以纵身欲穷天理”，进而比喻为中国的杨朱。康有为的这两段议论从抽象与具体两个维度共同凸显了杨朱思想的为我、纵欲，与他对于杨朱思想的解读一脉相承。借此可以发现，康有为由始至终都认定杨朱为我、纵欲。事实上，这也是他对杨朱的评价始终如一的前提。更为重要的是，无论何时何地，康有为对杨朱的审视和解读都不限于中国文化的视域，而是热衷于将杨朱置于全球多元的文化视域之下进行比较、分析。这是杨朱在古代哲学中前所未有的新现象，也为康有为视界中的杨朱打上了鲜明的近代烙印和时代特征。

二、公羊家言的思想解读

康有为对杨朱思想的解读和评价极富康氏色彩，质言之便是不注重文本解读或事实依据，一切皆以自由发挥为主旨。

杨朱亦称杨子、杨子居、杨子生或阳子、阳生，战国初期思想家，魏国人，属道家学派。杨朱的思想在历史上有一定影响，据说，战国时期的楚国隐者詹何和魏国思想家子华子都发挥了杨朱的为我思想。杨朱并无著作流传于世，《列子》中有《杨朱》篇，被公认为系后人伪造。康有为则反其道而行之，将《杨朱》篇视为杨朱思想的真实再现。他宣称：“杨朱之学只有《列子》略存之，然推老学可得其概。”①康有为一贯对列子和《列子》兴趣盎然，即使抱病也对《列子》爱不释手。例如，康有为在自传中写道：

> 二十九日，连日病风咳，兼发热，为学无序。奈何奈何！是日看《列子》“天瑞”、“黄帝”、“杨朱”三篇。②

即使不细究此处的“二十九日”是哪年哪月的“二十九日”，仅从“为学无序”，已经“连日病风咳，兼发热”仍对《列子》的《天瑞》、《黄帝》和《杨朱》诸篇看不厌倦即可体会到康有为对《列子》一书的青睐有加。与对《列子》的推崇和认定息息相关，康有为对杨朱的身份归属和思想解读有一部分来源于《列子·杨朱》篇。下面这段话也印证了康有为将《列子·杨朱》篇视为杨朱思想的真实反映：“管夷吾、晏平仲相去且百年，不当同论养生，且所言皆杨氏之学，当是托言。战国诸子，多如此。”③管夷吾、晏平仲是《列

① 《孟子微》，《康有为全集》（第五集），中国人民大学出版社 2007 年版，第 493 页。

② 《我史》，《康有为全集》（第五集），中国人民大学出版社 2007 年版，第 67—68 页。

③ 《万木草堂口说·列子》，《康有为全集》（第二集），中国人民大学出版社 2007 年版，第 207 页。

子·杨朱》篇中树立的“肆情纵欲”的典型,康有为却将两人都推给了杨朱之学。这既印证了康有为对杨朱之学纵欲、为我的判断,也从一个侧面表明康有为根据《列子》的《列子·杨朱》篇来把握、评价杨朱的思想。

杨朱的思想散见于《孟子》、《庄子》、《韩非子》、《吕氏春秋》和《淮南子》等多种古代典籍之中。其实,对于杨朱的思想,大凡记载杨朱的古代典籍都有概括。现摘录如下:

杨子取为我。拔一毛利天下,不为也。(《孟子·尽心上》)
杨氏为我,是无君也。(《孟子·滕文公下》)
不以天下大利易其胫一毛,……轻物重生之士。(《韩非子·显学》)
阳生贵己。(《吕氏春秋·不二》)
全性葆真,不以物累形,杨子之所立也。(《淮南子·氾论训》)

尤当提及的是,对寓言情有独钟的《庄子》更是以寓言的形式讲述了杨朱的三则轶事:

阳子居见老聃,曰:“有人于此,向疾强梁,物彻疏明,学道不倦。如是者,可比明王乎?”老聃曰:“是于生人也,胥易技系,劳形怵心者也。且也虎豹之文来田,猿狙之便执斄之狗来藉。如是者,可比明王乎?”阳子居蹴然曰:“敢问明王之治。”老聃曰:“明王之治:功盖天下而似不自己,化贷万物而民弗恃。有莫举名,使物自喜。立乎不测,而游于无有者也。”(《庄子·应帝王》)

阳子居南之沛,老聃西游于秦。邀于郊,至于梁而遇老子。老子中道仰天而叹曰:“始以汝为可教,今不可也。”阳子居不答。至舍,进盥漱巾栉,脱屦户外,膝行而前,曰:“向者弟子欲请夫子,夫子行不闲,是以不敢;今闲矣,请问其过。”老子曰:“而睢睢盱盱,而谁与居!大白若辱,盛德若不足。”阳子居蹴然变容曰:“敬闻命矣!”其往也,舍者迎将其家,公执席,妻执巾栉,舍者避席,炀者避灶。其反也,舍者与之争席矣!(《庄子·寓言》)

阳子之宋,宿于逆旅。逆旅者有妾二人,其一人美,其一人恶,恶者贵而美者贱。阳子问其故,逆旅小子对曰:“其美者自美,吾不知其美也;其恶者自恶,吾不知其恶也。”阳子曰:“弟子记之!行贤而去自贤之行,安往而不爱哉!”(《庄子·山木》)

通过对比可以发现,康有为对杨朱思想的解读、诠释和态度评价与古代典籍的相关记载差距甚大。

与此同时,康有为对于杨朱的关注留下的大多是只言片语,而没有具体解释或深入分析,难免让人不知所云。例如,他曾经说:"《列子·得门篇》有杨朱学问。杨子甚大人。"①由于没有上下文,康有为的这句话表达的意思不清楚,甚至让人倍感困惑:第一,康有为一再对杨朱极尽蔑视、贬损之能事,一句"甚大人"之评价令人颇感意外。第二,就康有为作为判断的依据——《列子·得门篇》而言,亦让人不知从何而来,因为今本《列子》并无此篇。

进而言之,康有为之所以在解读、诠释杨朱思想的过程中热衷于自由发挥,归根结底服务于立孔教为国教的立言宗旨。围绕着这一立言宗旨,康有为在将杨朱归于老学的前提下,沿着老子与孔子的思想在立教宗旨上势不两立的思路厘定、评价杨朱的思想。由于断言"百家皆孔子之学",康有为推崇孔子而打压老子,杨朱便成为肩负这一使命的康有为极力打压的对象。康有为对杨朱生存时间的认定淋漓尽致地反映出他的这一心态:

> 杨朱、子思同时。②
> 老子之弟子杨朱,生当孟子时,可知孔子在老子之先。③
> 杨、墨、老,孟子一辈。④

杨朱生于战国初期,与孔子之孙——子思的生存时间不远。康有为明明知道这一点,因而有第一段引文的"杨朱、子思同时"之说。耐人寻味的是,即便如此,康有为却将杨朱说成是与战国中期的孟子同时,如第二、第三段引文所示。康有为之所以将杨朱出现的时间后移,是为了证明孔子在时间上具有老子无法比拟的优先性。这用康有为本人的话说便是,"可知孔子在老子之先"。如果说第二段引文以弟子时间证明孔子在老子之前尚且属于间接论证的话,那么,第三段引文则由第二段引文的间接论证转向直接论证,采取的办法便是将春秋时期与孔子大致同时的老子的生存时间后移,

① 《万木草堂讲义·七月初三夜讲源流》,《康有为全集》(第二集),中国人民大学出版社2007年版,第283页。

② 《万木草堂口说·学术源流》,《康有为全集》(第二集),中国人民大学出版社2007年版,第143页。

③ 《万木草堂口说·学术源流》,《康有为全集》(第二集),中国人民大学出版社2007年版,第142页。

④ 《万木草堂口说·诸子》,《康有为全集》(第二集),中国人民大学出版社2007年版,第178页。

移至与战国中期的孟子同时。这样一来,老子便与杨朱、墨子和孟子等人的生存时间相当,以至于与作为孔子私淑弟子的孟子同属一辈。康有为的这个做法等于明确将老子置于孔子的再传弟子之列。当然,出生于春秋战国之际的墨子也与和孔子同时的老子遭遇了同样的命运;所不同的是,康有为借助作为老子后学的杨朱的存在坐实了对老子生存时间的后移。

三、态度决绝的负面评价

诚然,无论全球多元的文化视域还是注重微言大义的自由发挥都不是康有为视界中的杨朱所独有的,而是康有为审视先秦诸子乃至全部国学人物的共性。正因为如此,康有为对许多国学人物如法炮制——从先秦时期的管子、列子、惠施、公孙龙到汉唐时期的董仲舒、韩愈再到宋明时期的朱熹、陆九渊和王守仁等无不如此。尽管如此,所不同的是,康有为对管子、列子和公孙龙等人的评价毁誉参半,对陆九渊和王守仁则赞誉有加,唯独对杨朱态度决绝。这使杨朱成为康有为眼中的异类加败类,只能与申不害、韩非为徒。

杨朱在魏晋之前的古代文献中时常出现,尤其是《孟子》的一句"杨朱、墨翟之言盈天下,天下之言不归杨则归墨"(《孟子·滕文公下》)道尽了杨朱之学在当时传播的巨大影响和盛况。尽管如此,在从魏晋直到近代的近两千年间,杨朱一直被湮没在历史的长河中,很少被人问津。从这个意义上说,康有为对杨朱的提及使杨朱走进了近代哲学的视野,对于引领近现代哲学家对杨朱的关注具有开创之功。换言之,尽管康有为对杨朱极尽鞭挞之能事,然而,他对杨朱的品评甚至攻击本身就已经将杨朱带进了近代哲学的视野,并且引起其他近代哲学家对杨朱的兴趣和关注。此后,无论严复还是梁启超都对杨朱兴趣盎然,评价也逐渐提升。

出于立孔教为国教的特殊立场和需要,康有为对杨朱持否定态度。与康有为的态度相去霄壤,严复一面对庄子极度膜拜,一面断言杨朱就是庄子。梁启超将杨朱视为哲学大家,甚至让杨朱在老学中的地位胜过了庄子。不仅如此,梁启超扬言中国的衰微与杨朱之学的不彰有关,如果人人都像杨朱那样以拔一毛利天下而不为的精神捍卫自己的权利的话,那么,中国也就有药可救了。五四新文化运动者——蔡元培重谈杨朱即庄子的话题,表现出对杨朱的注重。更有甚者,现代新儒家冯友兰公然将杨朱抬到了老子、庄子之上,明确奉杨朱为道家之开山。从单纯的学术观点来看,无论严复、梁启超还是蔡元培、冯友兰的观点都存在有待商榷之处。一个明显的证据是,杨朱与庄子并同非一人。除此之外,道家由老子开山已经成为学术界的共识。与此同时,梁启超将杨朱之为我与捍卫权利混为一谈,难免牵强附会之嫌。如此等等,不一而足。问题的关键是,借助严复、梁启超以及蔡元培、冯友兰的观点反观康有为的思想,可以更直观地感受到康有为审视杨朱的独特初衷和视角。如果由此窥一斑而见全豹,则可以进一步领悟康有为的孔学观和国学观。这是因为,康有为从来都没有就杨朱而言杨朱,对杨朱的提及和关注也不是出于对杨朱本人的兴趣。可以肯定的是,康有为将杨朱置于整个先秦诸子百家之中给予审视和解读,他的杨朱观不仅隶属于他的国学观和孔学观,而且服务于立孔教为国教的立言宗旨。

第四章　列　　子

康有为在考辨中国本土文化“学术源流”的过程中，将列子带入了近代哲学的视野。在“百日维新”之前的授徒讲学中，康有为多次提到了列子其人，也讲到了《列子》其书。总的说来，康有为既有对列子和《列子》的推重，又有对《列子》的研读。例如，他在日记中披露：“二十九日，连日病风咳，兼发热，为学无序。奈何奈何！是日看《列子》‘天瑞’、‘黄帝’、‘杨朱’三篇。”①据此可知，钻研也好，消遣也罢，即使连日发病，已经无法“为学”，却不能阻挡康有为对《列子》的阅读。寥寥数笔，康有为对《列子》的爱不释手便跃然纸上。康有为对列子和《列子》的关注既是出于考辨中国本土文化的“学术源流”的需要，又与他对《列子》的喜爱和对列子思想的挖掘具有一定的因果关系。

第一节　身份归属

康有为对列子的身份归属兴趣盎然，并在对列子身份归属的考辨中提出了多种观点。

一、老子后学

康有为热衷于考辨中国本土文化的“学术源流”，对列子的关注可以视为考辨“学术源流”的一部分。大致说来，康有为对列子的关注从身份归属与思想解读两个维度展开。这使康有为视界中的列子既包括身份归属，又包括思想阐发。就康有为给予列子的诸多身份归属来说，最接近学界共识的观点是，列子是老子后学。

总的说来，老子后学是康有为关于列子身份归属最为常见也最为重要的观点，因而，他对于这方面的说法颇多。下仅举其一斑：

> 老子后学两派：一派清虚，庄、列是也；一派治国，申、韩是也。②

① 《我史》，《康有为全集》（第五集），中国人民大学出版社 2007 年版，第 68 页。

② 《康南海先生讲学记·古今学术源流》，《康有为全集》（第二集），中国人民大学出版社 2007 年版，第 105 页。

老子分三派，杨子、列子、庄子，上经开之。①

老子之学，苏、张、鬼谷为一派，申、韩为一派，杨朱、庄、列为一派。②

老子后学，流派甚繁：庄、列主上清虚。杨朱讲求纵欲。田骈、慎到，《庄子·天下篇》言之，其学大抵主因申、韩二家，专言权术。关尹、尹文，专事养魄。③

老学，苏、张（指苏秦、张仪——引者注）、鬼谷一派，申、韩一派，杨朱一派，庄、列一派，关尹、尹文一派。④

这些议论共同显示，康有为一而再、再而三地断言列子是老子后学，似乎表明他对列子的老子后学身份或列子思想属于老学坚定不移。进一步分析却不难发现，尽管康有为的上述议论肯定列子属于老学是一致的，然而，对列子在老学中的定位却说法不一。这表明，康有为对于在老学中如何安排列子的问题犹豫不决，给予列子在老学中的具体地位并不确定。进而言之，与其说这是由于康有为摆不正列子在老学中的具体位置，毋宁说源自他对老学流派的不同认定。可以看到，康有为对于老学流派具有不同划分，正是随着老学的二派、三派、四派和五派等不同划分，列子在其中的具体位置随之发生变化，因而变得不确定起来。于是，列子在老子后学中便有了三种不同的身份，分别是：与庄子一派（第一、第四、第五段引文所示）、独立一派（第二段引文所示）、与杨朱和庄子一派（第三段引文所示）。

进一步梳理康有为对列子是老子后学的身份归属和在老学中的地位确证可以得出三点认识：第一，在康有为对老学流派的不同划分中，与列子同派的人物是变化的——可以说，与列子不同派别的人物也是变化的。第二，伴随着同一阵营的人物变化，列子的思想亦完全不同。在仅有的两段（第一、第四段引文所示）附带思想内容的说明中，康有为都将列子的思想指向“清虚”。第三，康有为习惯于突出列子与庄子的密切关系。除了列子独立一派（如第二段引文所示）之外，只要康有为将列子与他人合派，即为庄子。

① 《万木草堂讲义·七月初三夜讲源流》，《康有为全集》（第二集），中国人民大学出版社2007年版，第283页。

② 《万木草堂口说·诸子（四）》，《康有为全集》（第二集），中国人民大学出版社2007年版，第180页。

③ 《万木草堂口说·诸子》，《康有为全集》（第二集），中国人民大学出版社2007年版，第177页。

④ 《万木草堂口说·诸子（三）》，《康有为学术文化随笔》，中国青年出版社1999年版，第29页。

这又可以具体细分为两种不同的情形:老子的这一派中只有列子和庄子两个人(如第一、第四、第五段引文所示),一派中除了列子和庄子,还有杨朱(如第三段引文所示)。这些情况共同表明,康有为对列子在老子后学中的具体身份的定位受制于他对老学流派的划分,其中的一个规律是:列子在归属于老子后学时,与庄子的关系不仅最为密切,而且最为复杂。

二、孔子后学

康有为对于列子的身份归属与他视界中的大多数国学人物一样,并非只有一种身份。具体地说,除了老子后学之外,康有为有时将列子归为孔子后学。

康有为在将列子归于孔子后学时,不忘指出列子思想夹杂老学。这种观点是康有为较为一贯的观点。因此,下面的说法在他那里并非个案:

> 庄、列多言至理,能知天地之大,且多与西人之说合,当为孔子后学,但兼老学耳。①
>
> 庄、列多言至理,能知天地之大,当为孔子后学,微有老学耳。②

上述议论显示,康有为虽然承认列子的思想与老子之间具有传承关系,但是,他强调,从思想主旨上看,列子属于孔子后学,列子的思想只是"兼老学"乃至"微有老学"而已。在将列子归入孔子后学的这个前提下,康有为对列子"兼老学"或"微有老学"的具体表述呈现出明显差异:第一段议论承认列子的思想属于孔学同时又"兼老学",第二段议论强调列子的思想属于孔子后学而只不过是"微有老学"而已。在列子属于孔子后学而"兼老学"的视界中,康有为的说法有两点值得注意:第一,与属于老子后学的情形相类似,列子始终与庄子如影随形。第二,列子的思想内容发生转变,不再是与庄子一样属于老子后学时的清虚。从中可见,康有为将列子作为老子后学与归为孔子后学时,对列子思想的解读大不相同。具体地说,与在将列子归入老学时认定列子的思想"清虚"迥异其趣,康有为将作为孔子后学而兼老学的列子的思想说成是"言至理",并在这个前提下断言列子的思想与西学相合。

---

① 《万木草堂口说·诸子(二)》,《康有为学术文化随笔》,中国青年出版社1999年版,第25页。

② 《万木草堂口说·诸子》,《康有为全集》(第二集),中国人民大学出版社2007年版,第177页。

除此之外，康有为有时完全抛开老子，将列子彻底归到孔子的麾下。正是在这个意义上，康有为断言："列子亦是孔子后学，其《力命篇》发之最明。"①一目了然，康有为的这个说法没有提及列子与老子的关系，从而使列子拥有了单一的学术归属——孔子后学。康有为提出这个观点，依据是《列子·力命》篇。正因为如此，康有为肯定列子属于孔子后学便意味着改变了列子从属于老子后学或兼老学时的思想内容，将命说成是列子的主要思想。反过来，康有为之所以将列子完全归到孔子的麾下，依据是列子与孔子一样讲命——当然，在他看来，列子所讲的命源头在孔子。

三、中国之佛

上述内容显示，列子在康有为那里的身份并不确定，而是拥有了老子后学、孔子后学而兼老学与孔子后学三种不同的身份。列子所拥有的这三种身份各不相同，所对应的思想也迥然相异。尽管如此，康有为给予列子的这三种身份有一个共同点，那就是：无论属于老子后学还是孔子后学，列子都非独立创教。与这三种观点相去甚远，康有为关于列子的身份还提出了第四种观点："列子者，中国之佛也。"②这个说法表达了两层意思：第一，列子的思想是佛学，至少思想主旨在于佛学，列子之学就是中国的佛学。第二，作为中国之佛的开山，列子独立创教。值得注意的是，关于列子与佛的关系，康有为还下过如此断语："驺子（即邹衍——引者注）之意，或与列子同得于佛典，未可知。"③依据康有为这个分析，既然列子与邹衍一样有得于佛学，便是以佛学为思想渊源。从这个角度看，列子并非独立创教，而是在中国传承了天竺而来的佛教。由于列子所传并非中国之教所固有，故而称列子为"中国之佛"亦非不可。即便作如是解，列子的身份归属亦不再属于前面所说的老子后学或孔子后学则是可以肯定的。

面对康有为对列子的身份归属，尚须进一步澄清的是，尽管康有为对列子的兴趣终身不辍，然而，他对列子的身份归属则集中在早期即戊戌变法之前的授徒讲学时期。因此，康有为对列子不同的身份归属大致是在同一时期发出的，并不存在历时性的嬗变过程。概括地说，康有为对列子身份的归属摇摆在孔子与老子之间，缠绕着孔子与老子的关系问题。对于康有为在

① 《孟子微》，《康有为全集》（第五集），中国人民大学出版社 2007 年版，第 434 页。

② 《万木草堂口说·诸子（三）》，《康有为学术文化随笔》，中国青年出版社 1999 年版，第 29 页。

③ 《南海师承记·讲孟荀列传》，《康有为全集》（第二集），中国人民大学出版社 2007 年版，第 228 页。

孔子与老子之间对列子进行身份归属可以从两个不同的角度来理解：第一，康有为将孔子奉为中国本土文化的源头，并且在这个前提下断言“百家皆孔子之学”，进而将老子说成是孔子后学。对于这一点，康有为言之凿凿，论证也随之从不同维度展开。可以看到，他一面指出老子的思想从孔子所作的《易》而来，传承了孔子晚年所作的高级之学；一面强调老子对孔子易学的传承只讲阴而不讲阳，最终只得孔学之“一端”“一体”。从康有为认定老子是孔子后学的维度看，他将列子说成是老子后学与说成是孔子后学之间似乎并不矛盾，可以理解为孔子——老子——列子的薪火相传，至于列子在身份或思想上兼孔老也有了逻辑上的可能性乃至正当性。第二，康有为对孔子与老子关系的界定本身就是不确定的，甚至可以说是矛盾的。其中，最直观的表现便是，除了孔子后学之外，康有为还给了老子另一个身份，那就是：独立创教者。在独立创教的维度上，老子与孔子的地位是并列的，思想则是对立的。对此，康有为归纳为老子以不仁为宗旨，孔子则以仁为宗旨。在这种情况下，康有为给予列子身份归属的矛盾便立刻暴露出来，因为无论老子与孔子地位的并列还是宗旨的相反都意味着列子既然已经属于老子后学便不可能再属于孔子后学，从而瓦解了孔子——老子——列子思想一脉相承的可能性。更为致命的是，康有为是在肯定战国时诸子纷纷创教，并且旨在改孔子之教的前提下肯定老子独立创教的。沿着这个思路，康有为一面将老子、墨子说成是战国诸子中的“最老辈”，一面或者将列子归入与孔子争教的老子后学，或者直接将列子归入纷纷创教的战国诸子之中。于是才有了康有为关于列子的第四种身份归属，即独立创教者。在这个视界中，作为独立创教者，列子身份的变化引起了列子与老子、孔子的关系变化，也颠覆了康有为关于列子属于老子后学、孔子后学和列子兼孔老等说法。就列子与老子的关系而言，列子独立创教表明，他不隶属于老子而是独立于老子。这就是说，列子与老子是并列关系，与老子一样独立创教，两人的思想之间并不存在像列子属于老子后学那样的继承关系。就列子与孔子的关系而言，与战国诸子的创教别无二致，列子创教表明他独立于孔子——在这一点上，与独立于老子一样。所不同的是，战国诸子之所以纷纷创教，就是为了改孔子之教——在这一点上，列子独立创教表明，他的思想与孔子相反。换言之，列子不仅不是孔子后学，而且是孔子之教的反对者——在这一点上，列子与其他的战国诸子如出一辙。

分析至此不难发现，康有为对列子的身份归属难以自圆其说，而这一切的根源都与他对孔子与老子关系的矛盾界定密切相关。具体地说，康有为一会宣称老子是孔子后学，一会又宣称老子独立创教。这样一来，老子与孔子的关系便出现了一会从属、一会并列的矛盾。进一步探究可以看到,这并不是问题的实质所在。问题的实质在于,一切矛盾的根源都来自康有为的双重动机以及由此引发的对孔子身份的矛盾界定:一方面,为了提升孔子的权威,康有为将诸子百家都说成是孔子后学——从这个意义上说,诸子百家的思想作为对孔子的传承,皆与孔子思想相同,或者说,诸子百家的思想同出一源,甚至是一致的。另一方面,尽管康有为提倡的孔教为中国本土文化代言,然而,他的思想母版无疑是儒家的。基于儒家立场,康有为极力彰显孔子、孟子和董仲舒代表的儒家思想的正统性,一再辨疏、凸显孔子与老子、墨子思想的差异乃至分歧、对立。

更有甚者,为了突出儒家与道家、墨家的思想对立,康有为指出,以老子、墨子为首的战国诸子纷纷创教就是为了改孔子之教——从这个意义上说,儒家与道家、墨家等非儒思想有别,孔子的思想与老子、墨子大不相同乃至势不两立。此时,孔子在本质上已经成为儒家的代言人。正是由于这个原因,康有为大声疾呼的立孔教为国教从根本上说也就是立儒教为国教。由此可见,康有为对孔子的定位充满张力,名义上为囊括诸子百家的全部中国本土文化——孔教代言,实质上却为儒家代言。在康有为那里,孔子是包括儒家、道家和墨家在内的全部中国文化的源头,正是作为源头的孔子的双重身份导致了康有为对包括老子、墨子以及列子在内的所有先秦诸子身份的矛盾归属。从这个意义上说,先秦诸子身份的矛盾归属是必然的。可以看到,除了孟子、荀子等儒家人物之外,康有为给予先秦诸子的身份归属都是矛盾的。因此,在他那里,身份归属的矛盾并不限于老子、墨子,当然也并不限于列子。可以看到,在身份的矛盾归属上,从老子、墨子到管子、庄子、惠施、公孙龙和邹衍,康有为提到的所有非儒的先秦诸子无一例外。

第二节 思想内容

在康有为的视界中,列子的身份归属与思想内容具有内在联系。这意味着他给予列子不同的身份归属也就大致框定了列子思想的基本内容。甚至可以说,康有为对列子的身份归属已经包含着对列子思想的解读。不仅如此,康有为有时是依据列子的思想主张划定列子的身份归属的。尽管如此,这并不意味着康有为对于列子的身份归属可以囊括列子的所有思想。

一、对列子思想的专门解读

康有为在很多场合抛开了列子的身份归属，专门解读列子的思想。正是在这个意义上，康有为连篇累牍地宣称：

老子本以天地为不仁，以万物为刍狗，此老子立教之本。故列、杨传清虚之学，则专以自私。申、韩传刑名之学，则专以残贼。其根本然也。①

当春秋、战国时，诸子并出，各自改制立法。如棘子成之尚质，原壤之旷生死、母死而歌，子桑伯子之任天、不衣冠而处，直躬之证父攘羊，丈人、接舆、沮溺、微生亩之石隐，关尹、田骈、慎到、环渊、彭咸、列御寇之清虚，李克、商君、韩非、申不害、尸佼之治术刑法，子华、詹何之道术，驺衍、驺忌、驺奭之谈天、炙毂、雕龙，宋牼之寡欲为人，子莫之执中，陈仲子、许行之苦行平等。②

老、庄、列、佛，山水词章，晋之风流。③

庄子……言不动之学，与《列子·天瑞篇》同，有《徐无鬼篇》。④

列子义理，间有出庄子之外。⑤

孔子立命，实为中人起见。（合观墨子“非命”，列子“力命”，可知孔子言“命”。）⑥

尊命为孔子大义，此则杨与之同，而墨“非命”。盖杨主无为，托命自然；墨主有为，故力征经营。力命抑死，则杨、墨同，而异于儒者，亦与儒氏同也。⑦

宋儒有从佛者，则以幻为性。有从儒者，以气相通为性。列子之鲍焦亦发挥同类之说。⑧

---

① 《春秋董氏学》卷六，《康有为全集》（第二集），中国人民大学出版社 2007 年版，第 375 页。

② 《孟子微》，《康有为全集》（第五集），中国人民大学出版社 2007 年版，第 493 页。

③ 《万木草堂口说·学术源流》，《康有为全集》（第二集），中国人民大学出版社 2007 年版，第 138 页。

④ 《万木草堂口说·诸子》，《康有为全集》（第二集），中国人民大学出版社 2007 年版，第 177 页。

⑤ 《康南海先生讲学记·古今学术源流》，《康有为全集》（第二集），中国人民大学出版社 2007 年版，第 109 页。

⑥ 《康南海先生讲学记·墨家》，《康有为全集》（第二集），中国人民大学出版社 2007 年版，第 117 页。

⑦ 《万木草堂口说·列子》，《康有为全集》（第二集），中国人民大学出版社 2007 年版，第 207 页。

⑧ 《南海师承记·续讲正蒙及通书》，《康有为全集》（第二集），中国人民大学出版社 2007 年版，第 233—234 页。

透过康有为的上述议论可以发现,一方面,他的这些观点是在不同时期、不同场合发出的,不惟不成体系,反而显得凌乱、枝蔓。另一方面,这些议论共同显示,康有为关注列子的思想。归纳起来,康有为对列子思想的阐释集中在五个方面:第一,康有为认定列子的思想崇尚清虚,如第一、第二段议论所示。第二,康有为肯定列子的思想属于玄学,带有魏晋风气,如第三段议论所示。第三,康有为看到了列子讲义理,如第四、第五段议论所示。第四,康有为认定讲命,如第六、第七段议论所示。第五,康有为凸显列子思想的佛学特征,如第八段议论所示。进一步深入剖析康有为对列子思想的解读不难看出,讲清虚、魏晋玄学等思想的列子与老子的关系更近,讲义理、命等思想的列子与孔子的关系更近,讲佛则凸显了列子"中国之佛"的身份。

二、列子的思想解读与身份归属

深入剖析康有为对列子思想的解读和阐发,可以得出三点认识:第一,康有为对列子思想的解读提及的话题颇多,却只限于蜻蜓点水而没有深入阐发。第二,列子思想的丰富性与康有为视界中的列子身份的复杂性相映成趣。尽管康有为对列子的思想阐发星星点点、只言片语,然而,他却从不同角度审视列子的思想,全方位、多维度地呈现了列子思想的丰富性。第三,康有为对列子思想的解读与对列子身份的归属既具有内在关联,又不完全相同。可以肯定的是,康有为对列子思想的挖掘——无论清虚、讲命还是与庄子思想密切相关都可以在他对列子的身份归属中找到印证。当然,列子的这些思想内容也反过来印证、支持了他对列子的身份归属。在这个前提下尚须进一步澄清的是,康有为对列子思想的诠释与给予列子的身份归属之间存在一定张力,二者之间并不能够一一对应,有时甚至出入较大。例如,就康有为上面对列子思想的解读来说,其中的第一、第二段议论对列子思想内容的认定完全一致——都认定列子主清虚,对于列子的身份归属却大相径庭:第一段议论将列子归为老子后学,第二段议论则肯定列子独立创教。康有为对于列子的这两种身份归属意味着在他看来列子的清虚思想具有不同的来源:依据他的第一段议论,列子的清虚思想本为传承老子的思想,依据他的第二段议论则属于列子自己的原创。更为重要的是,康有为后面的六段议论(从第三段到第八段议论)完全抛开了列子的身份归属,只关注列子的思想本身。这从一个侧面表明,康有为对列子兴味淋漓,关注列子并不完全出于考辨中国本土文化的"学术源流"即追溯列子身份归属的需要——即使抛开考辨"学术源流"的需要而不关注列子的身份归属,康有为依然对列子的思想津津乐道。

进而言之,如果说康有为视界中的列子分为身份归属与思想阐发两个部分的话,那么,这两个部分对于康有为的意义则大不相同。原因在于,康有为之所以乐此不疲地考辨中国本土文化的"学术源流",归根结底是为了服务于立孔教为国教的政治斗争和现实需要。受制于这一根本目标和立言宗旨,康有为对列子的身份归属是考辨"学术源流"的一部分,故而带有极强的目的性乃至功利性。如果说康有为对列子的身份归属带有明显的目的性乃至功利性的话,那么,他对列子的思想阐发则带有某种超功利的性质,更多地取决于康有为本人的学术兴趣和情感好恶。这解释了为什么康有为在宣布孔教"当舍"之后并没有抛弃列子,反而让列子出现在《大同书》等中后期思想中的原因。甚至可以说,除了热衷于身份归属之外,喜好思想内容使列子在康有为那里既备受关注,又没有因为康有为思想的嬗变而遭受贬损。正是这一点,使列子拥有了与被康有为先褒后贬的荀子、朱熹等其他国学人物大相径庭的命运轨迹。

第三节　近代视界

与对列子的津津乐道一脉相承,更与对《列子》的爱不释手密切相关,康有为对《列子》并不限于解读,而是上升到了更高的层面。对于康有为来说,《列子》是经典,具有不证自明的公信力和权威性,完全可以在引经据典时为己所用。有鉴于此,在康有为那里,对《列子》加以利用,援引《列子》为自己的观点提供辩护也就顺理成章了。

一、对杨朱思想的阐发

说到康有为对《列子》的利用,首当其冲的便是凭借《列子》对杨朱思想的阐发。与对《列子》的倍加关注如出一辙,康有为对杨朱兴趣盎然。事实上,康有为不仅连篇累牍地勾勒杨朱的身份归属和传承谱系,而且不厌其烦地从不同角度解读、诠释杨朱的思想。值得注意的是,康有为对杨朱思想的解读主要依据《列子》而来,因为他肯定杨朱思想存于《列子》之中。对此,康有为解释说:"杨朱之学只有《列子》略存之,然推老学可得其概。老子谓:天地不仁,以万物为刍狗。圣人不仁,以百姓为刍狗。于人不仁,故只为我而已,纵欲而已。苟可以为我纵欲,则一切不顾,无人亦无国,故孟子以为无君。"①由

① 《孟子微》,《康有为全集》(第五集),中国人民大学出版社 2007 年版,第 493 页。

此可见,康有为认为,《列子》是解读杨朱思想最基本的文本,并依据《列子》得出了杨朱是老子后学、传老子不仁思想的结论。

问题到此并没有结束,正是以《列子》为文本,康有为挖掘出了杨朱的诸多思想。下仅举其一斑:

> 李斯之亡二世,杨广之亡隋,皆杨朱纵欲之说开之也。①
>
> 送死不舍珠玉,不服文绣,不陈牺牲,不设明器,此虽非圣人慎终之道,然尚是异端有道术之言。秦始皇用其纵欲,而骊山枯骨,尚累数万人,此违杨氏之旨矣。②
>
> 老、杨皆以攻名为义,妨其自然也。然彼欲人不争而去其名,不知人不争名而争利,其争更甚,其术亦浅矣哉。③
>
> 管夷吾、晏平仲相去且百年,不当同论养生,且所言皆杨氏之学,当是托言。战国诸子,皆多如此。④
>
> 废而任之,究之于尽,是杨学宗旨。⑤

这些都是康有为在万木草堂讲学、讲到《列子》的内容时发出的论断。透过上述这些议论可以看到,康有为对杨朱的阐发从纵欲(如第一、第二段议论所示)到攻名(如第三段议论所示)的思想主张依据《列子》而来,所揭示的杨学的管夷吾、晏平仲的传承内容和"废而任之"的立言宗旨也都在《列子》中找到了依据。

在康有为依据《列子》阐扬杨朱思想的过程中,《列子》还为他提出的杨朱与墨子思想相反的观点提供了证据。依据康有为的说法,孔子中庸,诸子反中庸。因此,诸子或者过,或者不及。在这方面,老子、杨朱过,墨子不及。这样一来,杨朱与墨子的思想作为两个极端表面上截然对立,《列子》则从杨朱乐天知命的角度证明了这一点。康有为曾经断言:"列子所得,皆乐天

① 《万木草堂口说·列子》,《康有为全集》(第二集),中国人民大学出版社2007年版,第207页。

② 《万木草堂口说·列子》,《康有为全集》(第二集),中国人民大学出版社2007年版,第207页。

③ 《万木草堂口说·列子》,《康有为全集》(第二集),中国人民大学出版社2007年版,第207页。

④ 《万木草堂口说·列子》,《康有为全集》(第二集),中国人民大学出版社2007年版,第207页。

⑤ 《万木草堂口说·列子》,《康有为全集》(第二集),中国人民大学出版社2007年版,第207页。

知命,退一步法。然能知命,而不求诸用,此真墨子所非者。此杨、墨所极相反者欤?"①在他看来,列子乐天知命,不仅坚信命的存在,而且知命乐命。这使杨朱与墨子的主张相反,因为墨子主张非命而不是乐命。

二、为自己提供辩护

很显然,康有为将《列子》奉为经典,最根本的目的不是诠释杨朱的思想,而是给自己的观点提供辩护。

康有为为了立孔教为国教奔走呼号,而立孔教为国教的理论前提是孔子是中国的教主。对于这一石破天惊的发现,康有为搬来了《列子》作为奥援。对此,康有为写道:

> 三代以上茫昧无稽,《列子》所谓"若觉若梦若存若亡"也。"虞、夏之文",舍"六经"无从考信,韩非言:尧、舜不复生,将谁使定儒、墨之诚?可见"六经"中先王之行事,皆孔子托之,以明其改作之义。②

在这里,康有为并没有直接证明孔子是教主,甚至没有按照他的一贯做法直接宣称"百家皆孔子之学",而是断言六经中先王之事皆为孔子所托。而正是以六经为切入点,康有为开始了针对孔子的造神运动。具体地说,为了提升孔子的权威,康有为宣称:"'六经'皆孔子作,百家皆孔子之学。"③这就是说,中国的文化开于孔子,中国文化的原典——《诗》、《书》、《礼》、《乐》、《春秋》和《周易》都是孔子所作,先秦诸子的思想都依据六经而来,因而都是孔子后学,诸子百家都可以归结为孔子之学一家。这套说辞对于孔子是教主意义重大,《列子》的价值在于证明了孔子之前的中国不存在文明。具体地说,为了将中国的文化全部都归功于孔子,康有为淡化乃至抹杀孔子之前的文明教化,甚至将夏、商、西周三代的存在都说成是"茫昧无稽"的,依据则是《列子》的"若觉若梦若存若亡"之语。循着《列子》记载的三代以上"若觉若梦若存若亡"的逻辑,康有为进而得出了既然三代并非信史,也就谈不上三代有六经的存在的结论。在此基础上,他进一步宣称,六

① 《万木草堂口说·诸子》,《康有为全集》(第二集),中国人民大学出版社2007年版,第176页。

② 《孔子改制考》卷十一,《康有为全集》(第三集),中国人民大学出版社2007年版,第147页。

③ 《万木草堂口说·学术源流》,《康有为全集》(第二集),中国人民大学出版社2007年版,第145页。

经皆孔子所作，目的是为了托古改制。对于康有为来说，“百家皆孔子之学”是孔子是教主的主要证据，这一切的前提是六经皆孔子所作。《列子》对于证明三代并非信史在其中功不可没，在逻辑上、时间上为六经皆出自孔子之手提供了可能。

除此之外，康有为认为元是世界本原，天地与万物和人一样同本于元；并将这说成是孔子思想的题中应有之义，由此断言孔子以元统天。天地与万物、人一样本于元气意味着天地不惟不是本原，并且极为“微小”。为了证明天地极微小，康有为拿出的证据是《列子》所说的“天地空中之细物”。于是，康有为断言：

> 《易》称“大哉乾元”，乃统天，天地之本皆运于气。《列子》谓：天地空中之细物。《素问》谓：天为大气举之。何休谓：元者，气也。《易纬》谓：太初为气之始。《春秋纬》：太一含元，布精乃生阴阳。《易》：太极生两仪。孔子之道运本于元，以统天地，故谓为万物本，终始天地。孔子本所从来以发育万物，穷极混茫，如繁果之本于一核，萌芽未启，如群鸡之本于一卵，元黄已具。而核、卵之本尚有本焉，属万物而贯于一，合诸始而源其大，无臭无声，至精至奥。①

不得不提的是，康有为具有浓郁而执著的神仙情结，列子在他的神仙思想中无疑占有重要位置。不仅如此，康有为对大同社会梦萦魂牵，追求长生久视的道教在他设想的大同社会大行其道。因此，每当描述理想境界，康有为都不禁联想到列子所在的仙山。正是在这个意义上，康有为不止一次地写道：

> 且孔子之神圣，为人道之进化，岂止大同而已哉！庄子建德之国，列子甔甀之山，凡至人之所思，固不可测矣，而况孔子乎？圣人之治，如大医然，但因病而发药耳，病无穷而方亦无穷，大同小康，不过神人之一二方哉。②
>
> 孔子之太平世，佛之莲花世界，列子之甔甀山，达尔文之乌托邦，实境而非空想焉。③

---

① 《春秋董氏学》卷六，《康有为全集》（第二集），中国人民大学出版社 2007 年版，第 372—373 页。

② 《礼运注》叙，《康有为全集》（第五集），中国人民大学出版社 2007 年版，第 554 页。

③ 《大同书》，中州古籍出版社 1998 年版，第 106 页。

进而言之,康有为在对大同社会的畅想中无一例外地提到了列子,与对《列子·黄帝》篇描写“太平景象”的认识密不可分。这是因为,康有为认为太平世就是大同世,同时也印证了康有为对于大同理想的建构除了凸显佛学、儒学情结之外,还贯穿着神仙意趣和道教主题。

上述内容显示,康有为一面对列子津津乐道,一面对《列子》兴趣盎然。众所周知,在先秦诸子中,最为神秘的人物非列子莫属。老子尽管共有三人且不知所终,却不至于像列子那样甚至连其人究竟是有是无都无法确定。有人说列子在中国历史上确有其人,有人说列子只不过是传说中的人物而已,也有人更愿意相信列子是擅长描写寓言的庄子笔下的人物。列子的神秘增加了《列子》的神秘,关于列子其人与《列子》其书的关系历来都众说纷纭,莫衷一是。面对各种争议和悬念,康有为的表现有些出人预料——既没有争辩列子是否确有其人以及列子是人是仙,也没有考证《列子》是否是列子所作以及《列子》的作者是谁。或许在康有为的意识中,列子是真实存在的,《列子》就是列子所作,列子与《列子》的关系正如老子与《老子》、墨子与《墨子》、孟子与《孟子》、庄子与《庄子》、荀子与《荀子》以及韩非与《韩非子》的关系一样不言而喻。对于这一点,康有为对《列子》思想的挖掘似乎提供了注脚或证明。可以看到,康有为对《列子》思想的解读与对列子思想的发掘相互印证,致使二者的思想高度契合。可以作为佐证的是,康有为视界中的列子与庄子关系密切,列子与《列子》的关系可以以庄子与《庄子》的关系作为参照。在康有为那里,列子与庄子的关系如影随形、《列子》与《庄子》的内容相互观照。无论《庄子》的内篇是庄子所作还是内篇、外篇和作为杂篇的《天下》篇都是庄子所作,一个不争的事实是,《庄子》与庄子的密切关系是毋庸置疑的。列子与《列子》的关系在康有为那里亦应作如是观。

康有为始终对列子报以极大热情,对《列子》的解读和评价尤为引人注目,甚至超出了对《公孙龙子》代表的先秦子书的关注。一个最明显的例子是,与对列子的关注相比有过之而无不及,康有为对公孙龙高度关注,并且反复探讨公孙龙的身份归属和传承谱系。令人奇怪的是,康有为并没有对被公认为是公孙龙的著作——《公孙龙子》予以提及,更遑论像对待《列子》那样对《公孙龙子》进行讲解、研读了。由此反观康有为对是否为列子所作尚争议不断的《列子》的爱不释手和讲述解读,可以直观感受到康有为对列子以及《列子》的格外青睐。正是对《列子》的讲解、解读使列子在康有为那里拥有了惠施、公孙龙和邹衍等众多先秦诸子无法比拟的荣耀。康有为对列子的兴趣盎然出于多方面的原因,除了热衷于勾勒列子的身份归属和传承谱系、对列子与庄子的密切关系表现出超乎寻常的热情之外,还有一个重要原因，那就是：确信列子确有其人，并将《列子》归入列子名下。由此爱屋及乌，康有为便由于对《列子》的喜爱而心仪列子。

综上所述，在近代哲学家中，康有为对列子的解读和阐发是最全面、最深入的。《列子》共8篇，康有为提到了其中的7篇——从《天瑞》、《黄帝》、《杨朱》、《周穆王》、《力命》、《仲尼》到《汤问》篇都被康有为一一提及，就差一个《说符》篇。饶有趣味的是，康有为对《列子》一书的解读在少了一个《说符》篇的同时，多加了一个《得门》篇。缘何如此，不得其解。与对《列子》的爱不释手相一致，康有为对《列子》一书烂熟于心，书中的很多句子更是被他反复诠释、深入解读。同样毋庸讳言，与对众多先秦诸子的态度和评价别无二致，康有为对列子的评价存在矛盾之处。例如，在借助列子之言否认三代的真实存在时，康有为是赞叹列子之言的。与这一态度判若两人，康有为借口列子"多假托"，故而对列子所言采取存疑态度。这用康有为本人的话说便是："仙道、庄、列之辞，多假托，不足信之，此择存之。"①

① 《民功篇》，《康有为全集》（第一集），中国人民大学出版社2007年版，第75页。

第五章　公　孙　龙

在考辨中国本土文化“学术源流”的过程中，康有为将公孙龙纳入了视野。总的说来，与对公孙龙思想的关注、挖掘和诠释相比，他显然对公孙龙的身份归属和传承谱系更感兴趣。如果说康有为视界中的公孙龙以身份归属为主的话，那么，他在对公孙龙思想传承的梳理中则使公孙龙拥有了名家、墨家、儒家以及孔子后学等多种身份。康有为给予公孙龙的各种身份归属之间不能自洽，不仅各种说法相互抵牾，而且引发了公孙龙与墨子、孔子关系的诸多矛盾。康有为对公孙龙的审视和评价隐藏着对先秦诸子关系的认识，尤其是将对以孔子与墨子关系为代表的先秦诸子关系的矛盾认识推向了极致。有鉴于此，康有为视界中的公孙龙并非只限于对公孙龙本人的认识，也并不只关乎公孙龙一人在近代的命运。解读康有为视界中的公孙龙，有助于领悟康有为的名家观、墨家观，同时也有助于直观把握他的儒家观和孔学观。

第一节　名 家 者 流

在身份归属上，康有为将公孙龙归于名家，认为公孙龙与惠施一样属于“名家者流”。正是在这个意义上，康有为不止一次地发出了如下论断：

> 白圭似墨子，尚质而不尚文者。而公孙龙、惠子名家者流，尚文而不尚质者也。孔穿为孔子六世孙，亦儒家者。然而白圭、惠子相攻甚力，以其一文一质，宗旨不同，所以交讥。此皆不该不遍一曲之士也。孔子云：文质彬彬，然后君子。二子不知孔子改制文质相因之义，故交攻如是。①
>
> 考周末诸子并起创教，析言破律，名实混淆。孔子恶其害道，改制亟以正名为先。《春秋》正名分，《王制》诛乱作，咸著斯旨。于是，荀子《正名》，董子《深察名号》，皆发明孔子大义，而惠施、公孙龙辈始不得

① 《孔子改制考》卷五，《康有为全集》（第三集），中国人民大学出版社 2007 年版，第 64 页。

以倍谲诡辨之言惑乱天下。盖二千年之治，皆孔子名学治之也。①

这两段议论共同显示，康有为在这里将公孙龙归为名家，而他做出这一判定的前提是：名家与墨家、儒家相互独立，三家的关系是并列的，主张各不相同。显而易见，在康有为判定公孙龙属于名家的维度上，公孙龙既非墨子后学不属于墨家，亦非孔子后学不属于儒家。

一、尚文而归入名家

依据康有为的说法，名家与墨家、儒家宗旨各异，公孙龙秉持名家宗旨，故而归于名家。

在康有为看来，墨家尚质，名家尚文——二者的宗旨各不相同，所以才有和墨子观点相似的白圭与和公孙龙一样同属名家的惠施之间的相互攻击。至于儒家，则文质兼备、相得益彰。因此，孔子既反对“质胜文”，又反对“文胜质”。具体地说，孔子既不像墨家那样“尚质而不尚文”，也不像名家那样“尚文而不尚质”。“质胜文则野，文胜质则史。文质彬彬，然后君子”（《论语·雍也》）表明孔子“文质相因”，最能代表儒家的文质兼备。分析至此，或文或质或文质彬彬成为名家、墨家与儒家的区别。在这个分析中，公孙龙被归到尚文之名家，在“尚文而不尚质”上与惠施如出一辙。这用康有为本人的话说便是，“公孙龙、惠子名家者流，尚文而不尚质者也”。

需要注意的是，康有为在对公孙龙进行这一身份归属的过程中提到了孔穿，并且明言孔穿“亦儒家者”。尽管康有为所说的“亦”指什么令人不知所云，然而，肯定孔穿属于与墨子、白圭代表的墨家和以惠施、公孙龙代表的名家泾渭分明的尚文且尚质的儒家却是确定无疑的。说到孔穿，不能不提的是他对公孙龙的诘难。众所周知，公孙龙，字子秉，战国末期赵国人，是平原君的门客。孔穿是战国末期鲁国人，孔子六世后代。孔穿最有名的行为是从鲁国来到赵国，在平原君那里针对“白马非马”向公孙龙发出诘难，与公孙龙在赵国的平原君处辨析“白马非马”、“臧三耳”等命题。对于孔穿与公孙龙之间的辩论，平原君的评价是，孔穿“理胜于辞”，公孙龙“辞胜于理”（《孔丛子·公孙龙》）。由此可见，孔穿的长处在于思想内容，公孙龙的长处在于逻辑形式。尽管孔穿与公孙龙孰是孰非属于学术公案，然而，一个不争的事实是，孔穿亦与公孙龙尚文不同。这套用康有为的文质范式便是，孔穿以质胜，而公孙龙以文胜。令人不解的是，康有为在论证中提到了孔穿，

---

① 《孔子改制考》卷十三，《康有为全集》（第三集），中国人民大学出版社 2007 年版，第 160 页。

也提到了公孙龙,并且提到了辩论(“交讯”)之事,却始终没有提及两人的交锋。恰好相反,康有为通过白圭与惠施的辩论突出墨家与名家一尚质、一尚文的偏颇,以此彰显孔子的文质彬彬。尽管康有为没有明确孔穿的主张,然而,从他判定孔穿“亦儒家者”来看,孔穿应属于文质俱尚之列。由此反观,“尚文而不尚质者”的公孙龙应该与墨家一样,属于不该不遍,偏于一隅。所不同的是,墨家尚质,而公孙龙尚文,故而属于名家。一言以蔽之,康有为应该是从文质关系的角度划定了公孙龙的身份归属,在断言名家尚文而不尚质的前提下,将公孙龙归入了与尚质而不尚文的墨家、文质相因的儒家对立的名家之中。

二、“讲坚白”而属于名家

康有为在将公孙龙归为名家时,提出了自己的理由或依据,那就是:“公孙龙子讲坚白,名学也。”①由此看来,康有为是依据公孙龙关注、辨析坚白关系而将之归入名家的。这意味着坚白问题是公孙龙思想的主要内容,名实论是名家的中心话题。上面两段引文尽管分别从尚文、正名的角度立论,却共同指向了这一点。至此为止,康有为的分析从文质关系与名实关系两个维度共同论证了公孙龙的名家归属,并借此阐发了名家与墨家、儒家之间的关系。大致说来,无论康有为对公孙龙的身份归属还是对名家以及名家与墨家关系的理解与学术界的通常看法之间都没有本质区别。对于康有为关于公孙龙的身份归属来说,文质是抽象的,可以指思想的形式与内容,也可以指人格的外在修养与内在修养。相对于第一段议论,康有为的第二段议论则更为具体,侧重从名实关系的角度立论,当然也印证了公孙龙的尚质指注重逻辑形式而混淆思想内容。在这个视界中,康有为直接将公孙龙的思想与孔子的正名联系起来,以此凸显儒家与墨家的对立。依据康有为的解读和分析,孔子之所以提出为政必须从正名开始——“必也正名乎”(《论语·子路》),出于对名实关系的重视和名实相符的期待。《春秋》正名分,就是为了纠正当时的名实混淆。对于孔子的正名思想来说,身为儒家的荀子、董仲舒发挥了孔子正名思想的大义,作为名家的公孙龙则与惠施等人一样“以倍谲诡辨之言惑乱天下”。在这个视界中,公孙龙属于名家。依据康有为的分析,尽管公孙龙对名实关系津津乐道,然而,公孙龙对名实关系的看法却有悖正名原则——“以倍谲诡辨之言惑乱天下”,作为孔子后学

① 《万木草堂口说·春秋繁露》,《康有为全集》(第二集),中国人民大学出版社 2007 年版,第 203 页。

的荀子等人力图杜绝的正是公孙龙这种人的行为。至此可见,康有为的第二段议论像第一段一样将公孙龙归为名家,同时凸显公孙龙所属名家与儒家在名实关系上的对立——名家名实混淆,发端于孔子正名的儒家坚持名实相符的原则,正名分。

第二节 "墨子后学"

在康有为的视界中,公孙龙属于名家是确定无疑的。在这个前提下尚须进一步看到,名家并非康有为给予公孙龙的唯一身份,当然也不是公孙龙的主要身份或最后归宿。在大多数情况下,康有为将公孙龙归入墨家,说成是墨子后学。如果说康有为关于公孙龙属于名家的观点属于老生常谈的话,那么,从将公孙龙说成是墨子后学开始,他对公孙龙的身份归属便离学术界的普遍看法越来越远。

墨子后学是康有为给予公孙龙的基本认定,也由此成为他对公孙龙最主要的身份确证和学术归属。墨子后学是康有为关于公孙龙身份归属和学术传承的主要观点,他关于这方面的说法很多。可以看到,康有为不仅明确将公孙龙视为墨子后学,而且言之凿凿。下仅举其一斑:

> 公孙龙为墨子后学。①
> 公孙龙为墨子弟子,以坚白鸣者,故亦言兼爱。②

据此可知,康有为之所以肯定公孙龙是墨子后学,有两个主要证据:一是"坚白鸣",一是"言兼爱"。其中,"坚白鸣"语出《庄子》,书中的庄子对惠施曰:"天选子之形,子以坚白鸣。"(《庄子·德充符》)此处的"坚白鸣"是庄子对惠施的讽刺,具体指惠施在口若悬河的夸夸其谈中对坚白关系进行诡辩,从而混淆了坚白之间的关系。有鉴于此,对于"坚白鸣"可以从广狭两个不同角度来理解:从狭义上说,属于惠施的个人观点;从广义上说,属于热衷于名实之辩的名家思想。康有为显然是从后一个角度即在宽泛的意义上立论的。此处的"亦言兼爱"颇值得玩味,特别应该进一步予以深思的是"言兼爱"之前的"故亦"二字。这是因为,句中的"故亦"二字从逻辑上

① 《万木草堂口说·学术源流》,《康有为全集》(第二集),中国人民大学出版社 2007 年版,第 145 页。

② 《孔子改制考》卷五,《康有为全集》(第三集),中国人民大学出版社 2007 年版,第 64 页。

看既可以承接公孙龙为墨子弟子,也可以承接“以坚白鸣者”,而这两种承接方式表达的意思却大不相同:如果属于第一种情形也就是承前的“以坚白鸣者”的话,那么,“故亦言兼爱”则可以理解为,那个以“坚白鸣”著称于世的公孙龙其实也是墨子弟子;因为墨子讲兼爱,所以公孙龙也(跟着墨子)讲兼爱。如果属于第二种情形也就是承接(公孙龙)“以坚白鸣者”的话,那么,“故亦言兼爱”则可以理解为,公孙龙是墨子弟子,讲坚白,所以也讲兼爱。显而易见,这两种情形所要表达的意思迥然相异,不可同日而语:第一种情形下的公孙龙尽管是墨子弟子,然而,这并不排斥他别有所学——对于这一点,“以坚白鸣者”即是明证。有鉴于此,坚白不属于墨子思想,并且与兼爱没有因果关系或者直接的内在联系。只是说原本讲坚白的公孙龙到了墨子那里也跟着讲起兼爱来了。换言之,公孙龙虽然同时(“亦”)讲坚白与兼爱,但是,他所讲的坚白与兼爱之间没有直接关系,甚至不是同一人所传。第二种情形是说,作为墨子弟子,公孙龙既讲坚白,又讲兼爱——当然,公孙龙所讲的坚白和兼爱则是墨子所传。不仅如此,坚白与兼爱之间具有逻辑上的因果关系,所以公孙龙才坚白鸣,“故亦”言兼爱之说。在这两种情形下,公孙龙与墨子思想的密切度相差悬殊,直接导致对公孙龙是墨子后学的不同界定。问题的关键是,不惟康有为的这句话表达不清晰,即使综观康有为的整个思想,对于这两种情形同样是既无法排除,亦无法确证。尽管如此,可以肯定的是,“亦”,也也。“公孙龙为墨子弟子,以坚白鸣者,故亦言兼爱”中的“亦”可以理解为既言坚白,又言兼爱。这就是说,当康有为宣布公孙龙属于墨子后学时,便意味着公孙龙的思想以坚白和兼爱为主要内容。

一、“以坚白鸣”

康有为将公孙龙归入墨子后学,提出的理由是公孙龙讲坚白。

在康有为看来,坚白异同之论渊源于《墨子》的《大取》、《小取》篇。这用他本人的话说便是:“坚白异同之论,《墨子·大取·小取》篇开之。”[①]沿着这个思路,公孙龙既然对坚白异同之论乐此不疲,故而属于墨子后学无疑。“公孙龙子,专谈‘坚白异同’之论。”[②]由此可见,康有为将公孙龙归为墨子后学,与他对墨子的思想内容和墨家的学派分野的认识密不可分。

① 《万木草堂口说·诸子(二)》,《康有为学术文化随笔》,中国青年出版社1999年版,第26页。

② 《康南海先生讲学记·名家》,《康有为全集》(第二集),中国人民大学出版社2007年版,第117页。

具体地说，康有为肯定墨子讲名学，这拉近了墨家与名家之间的关系。循着所有名家都是墨子后学的逻辑，公孙龙当然也不例外地属于墨家。在这方面，公孙龙的情况与邓析、惠施等人相似。于是，康有为反复宣称：

> 公孙龙、惠施、邓析皆墨子之学。①
>
> 《庄子·天下篇》有苦获、邓陵、南北墨、别墨之号。盖儒、墨争教，势力均敌，互相颉颃，而墨子以苦人之道，卒败于孔子，固由后学之不及，亦其道有以致此也。②

进而言之，康有为断言名家是墨子后学、别派，主要证据是《墨子》的《大取》、《小取》等篇开启了“坚白之谈”，作为名家代表的公孙龙与邓析、惠施一样酣畅淋漓地发挥了这一主旨，而他们的思想都源自《墨子》的《经上》和《经下》篇。必须说明的是，康有为尽管没有将公孙龙或名家说成是“别墨”，然而，他关于公孙龙等名家思想滥觞于《墨子》的《大取》、《小取》、《经上》和《经下》诸篇的说法类似于学术界对“别墨”的认定。

至此可见，康有为断言名家皆以《墨子》的《大取》、《小取》、《经上》和《经下》诸篇为基本文本，名家的思想源于墨子，进而将包括公孙龙在内的名家的代表人物都归入墨家。这是就名家与墨家的关系立论的，在这个维度上，名家出于《墨经》，所有名家都不出墨子之学。因为公孙龙是名家，所以与邓析、惠施等人的身份归属和学术谱系一样属于墨子后学。显而易见，康有为给予公孙龙的这个身份归属是从抽象的角度立论的，或者说是逻辑推理而非经验证明。除此之外，康有为还从经验的维度具体证明了公孙龙是墨子后学。对于这一点，康有为拿出的证据是《墨子》的《经上》和《经下》。为此，他特意强调：“公孙龙，名家之学，本于墨子《经上》、《经下》。”③

稍加留意即可发现，康有为在将公孙龙归入墨子后学时，具体表达大不相同。这可以大致划分为两种情形：一种情形是将公孙龙与邓析、惠施一起立论的，另一种情形是单独进行的。后一种情形表明，康有为在将公孙龙归入墨子后学时，对公孙龙身份的具体确证与他对其他名家如邓析、惠施等人

---

① 《万木草堂口说·诸子》，《康有为全集》（第二集），中国人民大学出版社 2007 年版，第 180 页。

② 《孔子改制考》卷十四，《康有为全集》（第三集），中国人民大学出版社 2007 年版，第 175 页。

③ 《孔子改制考》卷六，《康有为全集》（第三集），中国人民大学出版社 2007 年版，第 67 页。

的认定有别。康有为的这一做法既是对公孙龙的特别观照,又使作为墨子后学的公孙龙具有了两个迥异于邓析、惠施的特别之处:第一,地位显赫。尽管康有为确信名家从《墨子》的《大取》、《小取》、《经上》和《经下》诸篇而来,属于墨子后学,然而,他并没有声称名学在墨家中占有显赫地位,正如没有肯定名家的思想是墨学中的"显学"一样。恰好相反,康有为援引《庄子·天下》篇的观点,肯定墨子后学流派众多,可以分为苦获、邓陵子、南北墨家和别墨;同时从墨子与孔子争教的角度对这些流派置以微词。与整个名家在墨学中的边缘化呈现出巨大反差,康有为极力提升公孙龙在墨学中的地位,甚至将坚白同异思想皆归于公孙龙一人,并由此将公孙龙誉为"墨子之大宗"。正是在这个意义上,康有为宣称:"坚白同异之说,则公孙龙亦墨子之大宗也。"①这个说法提升了公孙龙在墨学中的地位,也拉开了公孙龙与在康有为的视界中同样既作为名家又属于墨子后学的邓析、惠施等人之间的距离。第二,"亦言兼爱"。在断言公孙龙是墨子后学时,康有为除了拿出坚白异同观点作为证据之外,还拿出了另一条证据——兼爱。如果说坚白异同是名家的主题,对于公孙龙与邓析、惠施是相同的话,那么,兼爱则是邓析和惠施所没有的。有鉴于此,康有为有关公孙龙"亦言兼爱"的说法既使公孙龙与惠施、邓析等人在思想传承上具有了明显区别,又使公孙龙在墨子那里拥有了名学和"兼爱"两条传承线索。正是凭借这两点,公孙龙拥有了邓析、惠施在墨学中无法比拟的身份和地位,与两人的思想也随之渐行渐远。

问题到此并没有结束,康有为有时将公孙龙视为"墨子余派"。例如,他声称:"公孙龙子习于名家,为墨子余派。"②"墨子余派"的说法等于否定了公孙龙在墨学中的正统地位,甚至与公孙龙在墨学中的显赫地位截然对立乃至相互矛盾。据此可知,康有为判定公孙龙是"墨子余派"的理由是,公孙龙"习于名家"。面对康有为的这个说法,有两个问题亟待进一步澄清:第一,公孙龙是"墨子之大宗"与"墨子余派"之间怎么可能同时成立?对于"大宗"与"余派"分别是在什么角度立论的,康有为并没有进行具体说明,因而使公孙龙摇摆在墨家的"大宗"与"余派"之间。第二,康有为判定公孙龙为"墨子余派"之前的"习于名家"是说明公孙龙的身份还是揭示公孙龙的思想?如果侧重公孙龙的身份的话,那么,此处之名家应为独立的一

① 《孔子改制考》卷六,《康有为全集》(第三集),中国人民大学出版社 2007 年版,第 66 页。

② 《孔子改制考》卷十四,《康有为全集》(第三集),中国人民大学出版社 2007 年版,第 174 页。

派,故而与墨家分离。既然如此,名家也就不可能再像康有为一贯认定的那样是墨学中的一派。在这个视界中,名家与墨家是各自独立的,也可以说是互不相干的。在这个前提下,康有为既肯定公孙龙属于名家,又确信公孙龙为墨子后学,唯一可能的逻辑是:由于公孙龙思想驳杂而不纯,故而称其为墨子的"余派"而非"嫡传"。

二、"言兼爱"

康有为肯定公孙龙是墨子后学,理由是公孙龙讲兼爱。其间的逻辑是,兼爱是墨子学说的标识,公孙龙标榜兼爱,当是墨子后学。正是在这个意义上,他断言:"公孙龙言兼爱,当为墨学无疑。"①

"言兼爱"是康有为对公孙龙思想言论的基本判断,也使兼爱与坚白一样成为公孙龙思想的两大支柱之一。在前面提到的议论中,康有为一面断言公孙龙讲坚白,一面强调公孙龙同时讲兼爱("亦言兼爱")。在这里,康有为抛开坚白,专门指出公孙龙讲兼爱,并且由此斩钉截铁地将公孙龙归入墨学。为了突出这一点,康有为特意使用了"无疑"二字,肯定公孙龙"当为墨学无疑"。

如果说康有为依据公孙龙讲坚白将之归入墨家与将公孙龙直接归入名家在对公孙龙思想内容的认定上别无二致,也从一个侧面表明了墨家与名家在他那里具有渊源关系的话,那么,康有为认定公孙龙讲兼爱而将之归入墨家则是作为名家的公孙龙所没有涉及的。可以作为佐证的是,康有为从未提过名家的其他成员如邓析、惠施等人的兼爱思想。由此可见,凸显公孙龙兼爱方面的思想是康有为将公孙龙归入墨子后学时独有的,对作为名家、儒家的公孙龙都没有提及这方面的思想内容。由此可见,兼爱对于康有为判定公孙龙的墨子后学身份尤其是在墨学中的地位至关重要,也从一个侧面揭示了与公孙龙一样属于名家的邓析、惠施被康有为归入墨学却没有将两人说成是"大宗"的原因。

事实上,康有为在肯定公孙龙属于名家、儒家时从不提及提兼爱思想,甚至从不正面肯定公孙龙之兼爱与孔子之间的渊源关系。与对公孙龙之兼爱思想的态度截然不同,康有为承认墨子之兼爱与孔子之间的关系,并且强调墨子之兼爱直接源于孔子的"泛爱众"一语。相比之下,康有为即使在肯定孔子、墨子都讲仁的前提下,也刻意回避公孙龙之兼爱与孔子之仁之间的关系,而是直接将公孙龙归为墨子后学,以此凸显公孙龙之兼爱与墨子之间

---

① 《孔子改制考》卷六,《康有为全集》(第三集),中国人民大学出版社 2007 年版,第 67 页。

的继承关系。对于公孙龙之兼爱与墨子、孔子之仁的关系,康有为有过一段侧面表述。其言曰:"史公叙《孟荀列传》,详于孟子,以孟子能得大旨,开口便辟惠王之言利也。然荀子以儒辟墨,其功最大,史公叙之太略。史公于《孟荀列传》叙墨子正忽略,以当时墨子大行,不辞而辟之也。……战国时,救时之略惟仁者最要,居今日亦然。墨子《上经》、《下经》从光学、算学、重学起。后世以儒用将,自诸葛始,淳于髡及杂家之流专用操纵之术,东坡作《荀卿传》归罪于李斯,其说亦非。公孙龙乃墨子学徒。……战国专行商君之术,以杀人为主,赖有孔子、墨子以补救之耳。"①由此可见,康有为既盛赞司马迁在《史记》的《孟子荀卿列传》(《孟荀列传》)中详于孟子,又不满意司马迁略于荀子。他提出的理由是,孟子得孔学真传,应该详于孟子;对于荀子,也应该详叙,因为荀子"以儒辟墨,其功最大"。这就是说,荀子以儒辟墨的行为是对的,对于孔教的功劳无人能及。对此,司马迁应大书特书,而他却"叙之太略"。在这个前提下,康有为极力表彰司马迁对于墨子的叙述"正忽略"的做法,原因是当时墨学盛行,与孔子争教。司马迁详于儒而略于墨,力挺孔教而力辟墨教,故而值得肯定。透过康有为对司马迁的褒贬不难发现,儒墨在他那里处于争教的对立态势之中。在这方面,他认为墨子与孔子争教,由于墨教势力极盛,对孔教的争教"显而大"。进而言之,墨教之所以成为孔教的最大威胁,除了传教极悍之外,最主要的原因便是墨子所讲的仁。康有为指出,孔子和墨子立教都以仁为宗旨,对仁的理解却大相径庭。一言以蔽之,墨子所讲的兼爱就是仁,从渊源上说源自《论语》中孔子的"泛爱众"一语。

康有为在孔子、墨子皆以仁为宗旨的前提下,将公孙龙归于墨子而不是归于孔子。这一做法是有深意的,旨在凸显公孙龙作为墨子后学亦与仁有关:一方面,康有为指出,面对战国时期的群雄逐鹿、残酷厮杀,孔子和墨子都以仁为宗旨,力图以仁救世。从这个意义上说,两人的立教宗旨相同,与以不仁为宗旨而"坏心术"的老子不共戴天。另一方面,康有为强调,孔子与墨子之仁差若云泥,根本区别在于:孔子之仁主乐,以孝悌为本;墨子之仁"非乐",不讲差等,偏执于兼爱。对仁的不同界定和理解导致孔子与墨子在救世方法上迥异其趣:孔子讲中庸,仁智并用;墨子则不及,只讲仁而不讲智,并且在讲仁时不注重因时因地因人制宜而差等,最终将仁蜕变为兼爱。这样一来,墨子尽管心眼好却做了坏事,让天下觳觫——由"甚仁"始,到头

① 《南海师承记·讲孟荀列传》,《康有为全集》(第二集),中国人民大学出版社 2007 年版,第 229 页。

来却事与愿违,以苦人生终。从这个意义上说,墨子所讲的兼爱尽管属于仁,却不可与孔子之仁相互混淆。在这个原则问题上,讲兼爱的公孙龙显然站在了墨子一方,由于主张兼爱而被康有为认定为“墨子学徒”。更有甚者,如果说康有为对墨子之兼爱尚且一分为二——一面肯定其源于孔子的“泛爱众”,一面抨击其爱之方式错误的话,那么,康有为对公孙龙之兼爱则完全持否定态度。可以看到,与对墨子之兼爱的不满有过之而无不及,康有为极力拒斥公孙龙的兼爱思想。一个明显的证据是,康有为即使在肯定公孙龙是孔子后学时,也绝口不谈公孙龙之兼爱与孔子之仁之间的传承关系。这从一个侧面表明,康有为对于公孙龙的兼爱思想是不认可的。其中的一个细节是,对于墨子所讲的兼爱,康有为有时尚称之为仁,肯定其在名称上与孔子以仁为宗旨无异。面对公孙龙所讲的兼爱,康有为却从来不以仁概括其学说或肯定其讲仁。

在对公孙龙的身份归属上,康有为提及最多——同时也矛盾最多、张力最大的是公孙龙与墨子以及各家之间的关系问题。这是因为,康有为关于公孙龙是墨子后学的说法既牵涉公孙龙在墨家内部地位的认定问题,又牵涉墨家在外部与名家、儒家的关系问题。

第三节 “传孔子坚白”

如上所述,在对公孙龙的身份归属上,康有为提出了属于名家与属于墨家两种不同的观点。其中,“坚白”既是康有为将公孙龙归为名家的证据,又是他将公孙龙归于墨家的证据。问题到此并没有结束,康有为同时又将公孙龙说成了孔子后学,所凭借的证据同样是“坚白”。

一、坚白与正名

在追溯、勾勒孔子之后儒家的传播状况和内部分野时,康有为曾经这样写道:“夫孔子之后,七十弟子各述所闻以为教,枝派繁多。以荀子、韩非子所记,儒家大宗,有颜氏之儒,有子思之儒,有孟氏之儒,有孙氏之儒,有仲弓之儒,有乐正氏之儒;其他澹台率弟子三百人渡江,田子方、庄周传子贡之学,商瞿传《易》,公孙龙传坚白。而儒家尚有宓子、景子、世硕、公孙尼子及难墨子之董无心等,皆为孔门之大宗。自颜子为孔子具体,子贡传孔子性与天道,子木传孔子阴阳,子游传孔子大同,子思传孔子中庸,公孙龙传孔子坚白。子张则高才奇伟,《大戴记·将军文子篇》孔子以比颜子者,子弓则荀子以比仲尼者。自颜子学说无可考外,今以《庄子》考子贡之学,以《易》说考子木、商瞿之学,以《礼运》考子游之学,以《中庸》考子思之学,以《春秋》考孟子之学,以正名考公孙龙之学,以荀子考子弓之学,其精深瑰博,穷极人物,本末、大小、精粗无乎不在,何其伟也!”①这段话颇长,提及的人物众多,公孙龙亦在其中。在这个视界中,康有为以人物之众、支派之多印证了孔子思想之博大和儒学传播之兴盛,公孙龙代表了“坚白”一派,因而无疑属于儒家。

有了康有为关于公孙龙属于名家、墨家的说法,再看他关于公孙龙属于儒家的说法,不禁令人十分诧异。尽管如此,康有为在这里对于公孙龙的儒家归属却言之凿凿、确定不移。在这方面,给人留下深刻印象的是,康有为在论述中三次提到了公孙龙。而公孙龙之所以在出镜率上与颜子(颜渊)、子思和荀子比肩,仅次于孔子,是因为公孙龙传坚白并且传得好,以至于完全可以“以正名考公孙龙之学”。这表明,公孙龙属于儒家,并且在孔子众多弟子中表现出色,故而成为出镜最高的孔门后学。就传承内容来说,康有为肯定公孙龙传坚白。如上所述,坚白是康有为对公孙龙思想内容的首要认定,前面因为坚白将公孙龙归入名家、墨家,在此却由于坚白而将公孙龙归到了儒家。在这里,对于传坚白之公孙龙属于儒家,康有为的证明分两步走:第一步,特意在“坚白”前面加上了“孔子”,以此强调坚白原本是孔子思想——或者说,公孙龙所讲的坚白是对孔子思想的传承。这用康有为本人的话说便是:“公孙龙传孔子坚白”。这个说法肯定坚白是公孙龙思想的基本内容,令人颇感意外的是,康有为在此既没有将坚白说成是名家之专利,也没有强调坚白滥觞于墨子,而是将之归到了孔子的名下。第二步,在将坚白归于孔子名下的基础上,康有为将坚白与正名相提并论——甚至与孔子的正名等量齐观,得出了可以“以正名考公孙龙之学”的结论。康有为此处所讲的正名不是名家的思想,也不是墨家的思想,而是儒家发端于孔子“必也正名乎”的思想。循着这个逻辑,正因为公孙龙所讲的坚白是孔子正名思想的一部分,所以,才能够达到“以正名考公孙龙之学”以及凭此与“以《庄子》考子贡之学,以《易》说考子木、商瞿之学,以《礼运》考子游之学,以《中庸》考子思之学,以《春秋》考孟子之学”和“以荀子考子弓之学”一起共同证明孔子大道博大精深、无所不包的目的。尤当注意的是,康有为在此尽管提及的孔子后学众多,然而,他却让公孙龙出现三次,公孙龙对于儒家以及孔子学说的重要性由此可见一斑。

---

① 《论语注》序,《康有为全集》(第六集),中国人民大学出版社2007年版,第377页。

二、具体的儒家而非孔学

分析至此有必要进一步澄清的是，康有为将公孙龙归入孔子后学不是在“百家皆孔子之学”的宽泛意义上立论的，而是在以孔子为儒学即儒家代言的维度上立论的。与此相一致，他在这里提到的人物都在儒家之列——从颜渊、子贡、子游、子张和仲弓到子思、孟子和荀子，不是孔子的亲授弟子，就是儒学大师。至于田子方，康有为认为是子夏的学生，庄子则是田子方的弟子，两人自然也就是儒门后学。换言之，即使康有为曾经给予庄子多种身份，此处的庄子则无疑是孔子后学。有鉴于此，与这段文字的主旨——追溯儒学的传播盛况和出现人物相印证，现身其中的公孙龙属于与墨家、名家对立的作为百家之一的儒家而非囊括诸子百家的孔学。

考察康有为对公孙龙属于儒家的论证可以发现，康有为对于公孙龙所讲的坚白与兼爱态度迥然不同。具体地说，康有为不仅明确肯定公孙龙之坚白传于孔子，而且对之予以高度评价。这样一来，康有为对公孙龙之正名便有了两种截然不同的归属和评价。试比较下面两段话：

> 孔子正名，墨子有意翻之，故《大取》、《小取》篇，开坚白之谈，公孙龙、惠施、邓析更畅其旨，务以口辨反之。①
>
> 圣人之治天下，先正名，墨子《大取》、《小取》，公孙龙子“坚白”之说，皆正名之义。②

康有为的这两段议论都肯定正名是孔子思想，对公孙龙与孔子正名思想的关系界定和评价却截然相反：依据第一段议论，孔子正名，墨子反叛之，作《大取》、《小取》，开辟坚白之说。这就是说，坚白之说是作为对正名的篡改出现的，公孙龙就大发坚白之旨，最终成为孔子正名的对立面——“反”。依据第二段说法，圣人治天下都要正名，孔子如此，墨子也如此。无论是墨子的《大取》、《小取》还是公孙龙的坚白之说都是正名。显而易见，第一段议论认定公孙龙的坚白之说与孔子相反，第二段则认定其与孔子相同；随之而来的是，康有为对两种视界中的坚白的评价大不相同：第一段抨击，第二段盛赞——称为“圣人之治天下”。

---

① 《万木草堂口说·诸子》，《康有为全集》（第二集），中国人民大学出版社2007年版，第176页。

② 《万木草堂口说·春秋繁露》，《康有为全集》（第二集），中国人民大学出版社2007年版，第188页。

当然,康有为对于公孙龙坚白之说的矛盾认识并没有停留于此,而是进一步引发了孔子与墨子关系的矛盾。饶有趣味的是,康有为关于公孙龙坚白的两段话均提到了墨子。与此同时,稍加留意即可发现,康有为这两段相互矛盾的话出自同一时期,都是他万木草堂讲学的内容。窥一斑而见全豹,康有为对于公孙龙的身份界定和思想归属的矛盾由此便可想而知了。

第四节　身份迷失与近代视界

上述内容显示,康有为对公孙龙的关注不是着力思想解读或诠释,而是注重身份确证和归属。这种切入视角和关注维度使康有为视界中的公孙龙别具一格,面目一新;也在引发诸多矛盾的同时,陷入不可避免的理论误区。

一、身份归属的迷失混乱

康有为对公孙龙的关注热衷于身份归属,而他给予公孙龙的身份归属都是不确定的。结果是,致使公孙龙在康有为那里拥有了名家、墨子大宗、主名家而兼墨家和儒家四种不同的身份。

首先,考察康有为的思想可以发现,给予一个人多重身份归属符合他的一贯作风。从这个意义上说,公孙龙在康有为视界中的身份迷失和错位并不令人感到意外。在他的视界中,公孙龙拥有了名家、墨家和儒家三种身份;由于作为墨子后学又分为嫡派("大宗")与枝蔓("余派")两种情形,以至于公孙龙的身份至少有四种之多。稍加分析即可发现,康有为对公孙龙的四种身份归属彼此之间相互抵牾。由于各种身份不能互洽,因而不能同时成立,甚至每一种身份都不可以深究。

就康有为关于公孙龙属"名家者流"的说法而言,从表面上看具体而确定,从实质上看却十分吊诡。原因在于,在他那里,压根就不存在所谓的名家!在这方面,康有为将公孙龙归为名家与将管子归为法家的道理是一样的——充其量只是一个"名号"或"头衔"而已,并无实质性的意义。换言之,康有为虽然断言公孙龙属于名家,在"名分"上给了公孙龙一个归属,但是,由于名家在他的思想中压根就不存在,所以,康有为关于公孙龙属于名家的说法让人如坠五里雾中,也让公孙龙到头来等于没有归属。

就康有为关于公孙龙属于墨家的说法而言,本身就无法自圆其说。其中,最核心的问题体现在两个方面:第一,对墨家内部来说,康有为摆正不了公孙龙在墨子后学中的位置——一会说公孙龙是墨学"大宗",凸显公孙龙在墨学中的显赫地位;一会又说公孙龙是墨学"余派",将公孙龙边缘化。

这样一来,公孙龙在墨子后学中的地位彼此之间相去霄壤,两种说法孰是孰非也随之变成了问题。第二,对墨家外部来说,康有为无法协调作为墨家与儒家的公孙龙与墨子、孔子之间的关系。

就康有为关于公孙龙属于儒家的说法而言,证据是公孙龙讲坚白,得孔子正名思想之精髓,坚白也由此成为作为儒家的公孙龙思想的主要内容乃至唯一内容。由于坚白一直是康有为认定公孙龙属名家的主要证据——同时是他将包括公孙龙在内的名家归为墨家的主要根据,当康有为依据坚白而将公孙龙归入儒家时,不可避免地引发儒家与名家、墨家之间复杂而矛盾的关系问题。不仅如此,坚白也是康有为认定公孙龙是墨子后学的基本证据,并且将作为墨学的公孙龙的坚白与正名联系起来,指出墨子反叛孔子之教,衍生出了公孙龙等人的坚白之论,而这些人与荀子、董仲舒等孔门中人从正面发挥孔子的正名思想截然相反。这样一来,康有为对于公孙龙之坚白与孔子之正名之间的关系便提出了两种势不两立的说法:一种是与孔子正名对立,另一种则是得孔子正名真传。

问题的复杂性在于,除了上述三种情形之外,公孙龙在康有为那里还有一个先秦诸子共有的身份,即孔子后学。当康有为将公孙龙归入孔学时,又引发了孔子与墨子之间的矛盾关系——因为在某些场合,康有为将墨子、公孙龙同时归入孔学——这意味着公孙龙并不是作为墨子后学的身份在孔学中出现的。

康有为的上述做法不由让人对公孙龙的身份迷惑起来——如果说康有为热衷于辨梳公孙龙的身份归属的话,那么,他的考辨不惟没有澄清事实,反而使公孙龙的身份更加悬疑起来。既然如此,便不得不对康有为对公孙龙身份的考辨进行考辨。

其次,对于康有为视界中的公孙龙来说,身份迷失不是偶然的,而是带有某种必然性,因为背后隐藏着康有为对诸子百家的混乱认识。

康有为对公孙龙的身份定位和学术归属并非仅限于对公孙龙一个人的审视和看法,背后隐藏着对孔子与墨子关系的认定,因而与对诸子百家关系的认识和整个先秦学术的整合息息相关。就诸子百家的关系而言,康有为有一个经典概括:"'六经'皆孔子作,百家皆孔子之学。"①这表明,诸子百家在他那里都可以归结为孔子之学一家,孔子后学是所有先秦诸子的共同身份和学术归属。公孙龙如此,墨子也不例外——在这个视界中,公孙龙与

① 《万木草堂口说·学术源流》,《康有为全集》(第二集),中国人民大学出版社2007年版,第145页。

墨子平起平坐,两人之间不存在学术身份上的隶属关系或思想上的传承关系。必须提及的是,在"百家皆孔子之学"的维度上,孔子后学的身份作为对先秦诸子百家的整合,更多的是表明了先秦学术的整体概貌和诸子百家的共同身份,因而不足以标识康有为对于先秦诸子以及所有国学人物的具体身份归属或诸子百家之间的区别。换言之,从"百家皆孔子之学"中引申出来的孔子后学的身份是抽象的,也是共同的——因而是相对的。正因为如此,在属于孔子后学这一点上,公孙龙、墨子与其他先秦诸子完全相同。这意味着必须在属于孔子后学这个大背景或大前提下进行更为具体而深入的勾勒,才能识别康有为给予先秦诸子以及国学人物的身份归属和传承谱系。在这一点上,康有为对于公孙龙的身份归属同样概莫能外。

沿着这一思路深入探究可以发现,康有为一面将先秦诸子皆归入孔子之学,一面对他们分别对待,以此证明先秦诸子各自传承了孔子的不同学说,在孔学中拥有不同的地位。在此过程中,康有为在肯定所有先秦诸子皆属于孔子后学的前提下,一面指出战国时诸子纷纷创教,以攻孔子教;一面强调诸子与孔子争教以老子、墨子资格最老——其中,老子争教"隐而久",墨子争教"显而大"。如此一来,原本被康有为归为孔子之学一家的诸子百家便又被他分别归入了孔学(孔教)、老学(老教)和墨学(墨教)三家。在三家争教的视界中,康有为往往凸显公孙龙与墨子思想的继承关系,习惯于将公孙龙归为与孔子争教的墨家。对于这个说法,他拿出的具体证据便是坚白和兼爱。当然,按照康有为的说法,正如墨子之坚白滥觞于孔子之正名一样,墨子之兼爱脱胎于《论语》记载的孔子的"泛爱众"一语。这样一来,如果说公孙龙之坚白、兼爱直接传于墨子的话,那么,墨子的思想则发端于孔子。据此,可以梳理出孔子——墨子——公孙龙思想的一脉相承。一方面,在孔子——墨子——公孙龙组成的这一传承谱系中,康有为断言公孙龙是墨子后学,其中就隐含着与孔子的深层联系。另一方面,公孙龙与孔子的关系是间接的,与作为"百家皆孔子之学"视域中的孔子后学的身份不可同日而语:第一,就直接传承来说,公孙龙与墨子的关系更近,而不是像"百家皆孔子之学"那样直隶于孔子。第二,就整体评价来说,康有为往往强调墨子反孔子之教,而公孙龙恰恰站在了墨子一边。"百家皆孔子之学"维度中的公孙龙对孔子思想的继承没有经过墨子的叛孔子之教,也就不存在与孔子思想的对立或反叛,当然也不需要墨子作为连接公孙龙与孔子的中介。

再次,在考辨、讲述中国本土文化的"学术源流"时,康有为在三个不同的逻辑层次上运用了不同的概念:第一逻辑层次的概念是囊括诸子百家的孔子之学,第二逻辑层次的概念是孔学、老学和墨学,第三逻辑层次的概念则是儒家、墨家、道家、名家、阴阳家和法家等等。这就是说，除了使用孔学、老学和墨学概念，使原本皆属于孔子之学一家的先秦诸子分别归属于孔学、老学和墨学三家之外，康有为还使用了更为具体的儒家（儒教）、道家、墨家、名家、阴阳家和法家等概念用以梳理、勾勒先秦诸子的具体身份和学术归属。从逻辑上看，这三个不同的层次对先秦诸子的审视视域由大到小，依次呈现出宏观、中观和微观的不同视野。从内容上看，三层结构并不自洽，彼此之间相互牴牾。具体到康有为对公孙龙的身份归属来看，由于出现在三个不同的逻辑层次之中，公孙龙的多个身份归属之间相互矛盾在所难免：在第一个逻辑层次上，公孙龙的身份是孔子后学，也就是与所有先秦诸子一样毫无悬念地被康有为归入孔子之学。尽管这一归属隐藏着矛盾，然而，孤立地看，将公孙龙归入“百家皆孔子之学”维度上的孔学没有矛盾，甚至是唯一答案。在第二个逻辑层次上，康有为对公孙龙身份归属的矛盾立即凸显出来，直接呈现为或归于孔学或归于墨学——而这一逻辑层次上的两家在康有为看来是相互争教的。在第三个逻辑层次上，康有为对公孙龙身份归属的矛盾更加直接——或者将公孙龙归入名家，或者将公孙龙归入儒家。

分析至此可以得出结论，康有为对公孙龙的审视从名家、墨家和孔子后学等不同维度展开，而三者在康有为那里并不是并列的，外延具有大小之分。大致说来，可以简单地归结为包含关系——孔学包含墨学（墨家），墨家包含名家。在这个由大到小的序列中，作为名家的公孙龙仍然属于墨子后学。对于这一点，康有为声称名家滥觞于《墨子》的《大取》、《小取》、《经上》和《经下》诸篇，并且将邓析、惠施等名家人物与公孙龙一起说成是墨子后学便是明证。可以作为佐证的是，康有为视界中与公孙龙相提并论、如影随形的是名家的另一位主要代表——惠施。

进而言之，如果说康有为对公孙龙身份的矛盾归属源自他以三个不同的逻辑层次审视先秦诸子，由此导致的矛盾是所有先秦诸子的共同“宿命”的话，那么，康有为对公孙龙的身份归属则由于公孙龙与墨子的关系加大了问题的复杂性和微妙性，致使公孙龙的身份紊乱十分突出，也极具代表性。康有为对公孙龙身份的矛盾认识除了因为在与孔子、墨子的关系中厘定身份，进而由于关系的变动而导致矛盾之外，同时也与康有为对公孙龙思想的认识和挖掘大有关联。这就是说，康有为对公孙龙身份归属的模糊不清乃至矛盾百出与他没有从源头上认清公孙龙的思想渊源之间具有一定的因果关系。公孙龙既远承春秋末期“操两可之说，设无穷之辞”的邓析，又崇尚善于察士辨类之说的尹文。这表明，公孙龙的思想与邓析、尹文密切相关。可以肯定的是，综合考察康有为对公孙龙的身份归属和学术谱系的勾勒，不见他曾经提及尹文;尽管康有为提到了邓析,并将邓析与公孙龙一起归入墨家或名家,然而,他却对公孙龙与邓析之间的思想渊源三缄其口乃至讳莫如深。众所周知,邓析(约前545—前501)是春秋时期的郑国大夫,先秦名家、法家的共同先驱,同时也是名辩思潮的开拓者。邓析"操两可之说,设无穷之辞"开展辩论活动,教人掌握辩讼技术和议政方法。正是由于这个原因,邓析被奉为讼师(刀笔吏)的祖师爷。尤当提及的是,邓析的"两可"之说对惠施、公孙龙都有极大影响。令人奇怪的是,康有为并没有提及邓析对公孙龙的影响,甚至并没有将邓析、尹文作为公孙龙的重要关系人。恰好相反,与邓析、尹文相比,康有为提及更多的是公孙龙与孔子、墨子和惠施的关系,尤其是一再凸显公孙龙与墨子、孔子思想的传承关系。这意味着康有为既没有客观勾勒公孙龙思想的传承谱系,也不能准确把握公孙龙的身份归属和思想内容。

二、思想解读的缺乏深入

就对公孙龙思想的阐发、剖析而言,康有为对于公孙龙思想的探究不系统、不深入,甚至缺少应有的全面了解和客观解读。

由于秉持今文经学立场,康有为对公孙龙的热情集中在发挥微言大义,而不注重对公孙龙相关文本的考证、研读。一个不争的事实是,与对公孙龙反复提及甚至津津乐道形成强烈对比的是,康有为从未提及公孙龙的著作《公孙龙子》,甚至没有提及其他古代文献对公孙龙的记载。事实上,康有为对公孙龙的解读谈不上对文本的精读、细读或探究,甚至缺少最基本的文本支持,故而极为主观、随意和大胆——既将发挥微言大义的过度诠释运用到了极致,又难免由于缺少文本的支持而有失真或不准确之处。例如,对于公孙龙思想的基本内容或关注热点,康有为断言:"公孙龙子,专谈'坚白异同'之论。"①很显然,此处的"坚白异同"之论应该包括坚白与异同两部分。按照通常的理解,"坚白"又称离坚白,"异同"又称合同异。就名家尤其是其内部的分派来说,离坚白是公孙龙的观点,合同异则是惠施的观点。正因为如此,康有为关于公孙龙"专谈'坚白异同'之论"的说法存在三个主要问题:第一,康有为将离坚白与合同异一股脑地都给了公孙龙而对惠施只字未提,让人怀疑康有为没有辨清公孙龙与惠施的观点,当然也没有把握名家内部各派观点之间的区别。第二,离坚白与合同异是两种截然不同的逻辑方

① 《康南海先生讲学记·名家》,《康有为全集》(第二集),中国人民大学出版社2007年版,第117页。

法和致思方向,由此形成了名家内部泾渭分明的两派之分。在康有为本人的表述中,仅坚白就可以又分为两派:“墨子另有坚、白二派,观《大取》、《小取》可知。”①既然坚与白属于两派,传墨子坚白的公孙龙如何可能兼而传之,康有为并没有对此予以任何解释或具体说明。更为尖锐的问题是,既然康有为已经将坚白在墨子那里分为两派了,又何来公孙龙“专谈‘坚白异同’之论”！第三,既然康有为已经将坚白与异同分为两派——甚至其中的“坚白”又细分为“坚、白二派”,那么,他所讲的“专谈‘坚白异同’之论”只能表明公孙龙的关注焦点,而不能代表公孙龙的思想主张——究竟是侧重坚白异同之异还是侧重其间之同不得而知。这样一来,公孙龙与惠施之间的思想差异也就隐退了。

据史料记载,公孙龙秉持“坚白石相离”之说,因而被视为离坚白一派的代表。这就是说,凸显坚白之离是公孙龙的观点,也是公孙龙与同为名家的惠施的不同之处。如果像康有为那样只是大而化之地认定公孙龙讲坚白或者“专谈‘坚白异同’之论”的话,那么,便不能准确把握公孙龙的主张。这就是说,讲坚白和异同是所有名家的共同点,必须在这个前提下进一步明确是分着讲——“离”还是合着讲——“合”,才能清晰刻画公孙龙具体代表名家的哪一派。正因为如此,康有为仅仅停留在公孙龙“讲坚白异同”上有失模糊和笼统。可以作为佐证的是,就公孙龙的思想传承来说,上承尹文和邓析。与此形成强烈反差的是,在康有为那里与公孙龙一起出现最多的则是惠施。这说明了两个问题:第一,在公孙龙的关系人中,康有为凸显惠施而淡化邓析特别是隐退了尹文。第二,在公孙龙与惠施的如影随形中,康有为彰显两人思想之同而罕言彼此思想之异。不仅如此,就具体内容和辩论主题来说,公孙龙的坚白之论是通过坚白相离的“离”论证出来的,“白马非马”不仅使公孙龙将坚白相离的论辩原则和致思方向发挥到了极致,而且使公孙龙以此名扬天下。这就是说,“白马非马”是公孙龙的主要观点和标志命题,对于了解公孙龙的思想、学说不可或缺。正是由于这个原因,从鲁国来到赵国诘难公孙龙的孔穿选择了“白马非马”作为论题,与公孙龙辩论坚白的关系问题。针对孔穿的诘难,公孙龙以“白马非马”作答,并以此认定孔穿“知难白马之非马,不知所以难之说,以此,犹知好士之名而不知察士之类”(《公孙龙子·迹府》)。与“白马非马”对于公孙龙思想的至关重要形成强烈对比的是,康有为非但没有在坚白之前加一“离”字以明确公孙

① 《康南海先生讲学记·古今学术源流》,《康有为全集》(第二集),中国人民大学出版社2007年版,第110页。

龙在坚白异同问题上持何种立场和观点,更是从未提及“白马非马”。康有为对待公孙龙的这种做法,可谓是三纸无“马”。这也导致了康有为对公孙龙思想的解读三纸无“龙”。

康有为提到的公孙龙的另一个主要思想是兼爱,这有一定依据。公孙龙不仅关注实名问题——也就是康有为所说的讲坚白异同;而且关注当时的诸侯征伐,主张偃兵——这就是康有为所说的兼爱。在诸侯之间的征伐问题上,公孙龙既有言语,又有行动:第一,面对诸侯国之间的兼并战争,公孙龙在理论上予以尖锐批评,指责当时的各个诸侯国徒有偃兵之名而无偃兵之实。第二,为了消弭诸侯国之间的战争,公孙龙将他的偃兵理想付诸行动,曾经先后以兼爱游说赵惠王,以偃兵游说燕昭王。面对康有为关于公孙龙“亦言兼爱”的说法,有待进一步思考的是,公孙龙主张消弭诸侯国之间的战争是否做实了其为墨子后学?这背后隐藏的问题是,兼爱是墨家专有的主张还是战国时期的多家主张?

三、态度评价的矛盾百出

就对公孙龙的评价而言,康有为的观点前后矛盾。

康有为对先秦诸子乃至所有国学人物的评价不尽相同甚至截然相反,有一点却是一致的,那就是:与其说他的评价以这些人物的思想为依据,不如说以他对这些人物与孔子关系的认定为圭臬。这既决定了康有为对国学人物的评价奠定在对这些人物的身份归属和传承谱系的认定之上,又决定了他对这些人物的态度归根结底取决于对这些人物在孔子后学中地位的认定。一言以蔽之,康有为的评价不是以包括这些人物思想在内的客观事实为依据,而是以他给予的这些人物的身份认定和学术归属为依据。具体到公孙龙可以发现,在康有为将名家归入墨家并肯定公孙龙讲正名时,公孙龙包括墨子与孔子之间的关系存在巨大张力和反差,由此而来的便是他对公孙龙差若云泥的态度评价:一方面,当康有为旨在强调墨子反孔子之教时,公孙龙作为墨子后学站在了孔子的对立面,故而成为被康有为极力贬损的对象。这用康有为本人的话说便是:“孔子正名,墨子有意翻之,故《大取》、《小取》篇,开坚白之谈,公孙龙、惠施、邓析更畅其旨,务以口辨反之。”①另一方面,当康有为不凸显墨子反叛孔子之教而侧重墨子是孔子后学时,对待传墨子坚白(正名)的公孙龙便没有了敌意或蔑视。当然,在更大的视野

① 《万木草堂口说·诸子》,《康有为全集》(第二集),中国人民大学出版社 2007 年版,第 176 页。

上,康有为肯定诸子百家皆孔子后学,公孙龙亦属于孔子后学。由此又进一步演绎出康有为对属于墨子后学与直接属于孔子后学的公孙龙的不同评价——在属于墨子后学时,指出公孙龙传承墨子的坚白、兼爱观点,而这些思想则与孔子的正名、亲亲之仁相背;在抛开墨子而直接属于孔子即儒学时,公孙龙则成了直接传承孔子坚白思想的代表,甚至成为弘扬孔子正名学说之嫡派。康有为对公孙龙的这些评价让人对公孙龙思想的是非优劣陷于困惑,甚至连公孙龙的思想究竟从哪里来的这个基本问题也变得扑朔迷离起来。

由于漠视公孙龙的基本主张和观点,康有为对公孙龙的身份归属和态度评价不能奠定在客观事实之上,由于缺乏客观依据难免带有主观性、臆断性。康有为对待公孙龙的做法实在不是学术研究的做派,甚至可以说,犯了学术研究的大忌。而这不是康有为所在乎的。对于康有为来说,公孙龙的思想在事实上究竟如何并不重要,重要的是以公孙龙为噱头,论证他自己想表达的思想。有鉴于此,综合考察康有为视界中的公孙龙,可以得出两个基本认识:第一,就方法而言,印证了康有为今文经学家的本色。康有为始终秉持发挥微言大义的公羊学立场,对待公孙龙也不例外。第二,就初衷而言,康有为对公孙龙的关注、提及与其说是对公孙龙本人感兴趣,毋宁说是醉翁之意不在"龙"。在康有为那里,利用公孙龙,考辨中国本土文化的"学术源流",辨析孔子与墨子代表的诸子百家的关系才是最终目的所在。就公孙龙对于康有为的意义来说,不在事实之真,而在价值之善。正因为如此,康有为对公孙龙的关注——包括身份归属和学术认定在内取决于对孔子与墨子关系的看法以及对诸子百家关系的认定,不仅以对墨子态度的变化为晴雨表,而且随着墨学与孔学以及百家关系的变化而变化。既然如此,康有为视界中的公孙龙出现身份错位乃至混乱、迷失也就不难理解甚至是预料之中的事了。

四、研究范式的康氏做派

与其说康有为是学问家,不如说他是思想家;与其说康有为对包括公孙龙在内的国学人物的解读属于国学观的一部分,毋宁说属于孔学观的一部分。正是由于这个原因,他对公孙龙的审视和解读并非聚焦公孙龙本身,而是服务于树立孔子权威、阐发孔学要义的需要。这既解释了他对公孙龙身份归属的迷失,又延续了他对公孙龙思想解读的特质诉求。而这一切既是康有为视界中的公孙龙拥有了与其他国学人物的相似对待,又决定了康有为解读公孙龙的康氏范式。

与对公孙龙的思想缺乏深入研究和集中阐发密切相关乃至互为表里，康有为关于公孙龙的有些议论既无前言也无后语，由于缺乏应有的特定内容或具体语境而让人不知所云。例如，他说道："欧洲学派似公孙龙。"①康有为对先秦诸子的解读具有全球多元的文化视野和学术视域，对于公孙龙的审视和解读也不例外。将公孙龙置于全球多元的历史背景和文化语境下予以审视可以开拓视野，有助于对公孙龙思想的创新性解读。问题在于，由于没有具体所指，康有为突兀的只言片语让人不知从何说起，一句"欧洲学派似公孙龙"让人更是感到一头雾水。

更有甚者，康有为下面的说法不仅含义模糊，而且还牵涉出更大的问题："公孙龙子论性至精，与世硕子同。"②由于没有具体语境，康有为此处所讲公孙龙论性的具体内容是什么不得而知，更遑论公孙龙所论之性"至精"在哪以及与世硕"同"在何处了。问题远不止这些。由于战国时期有两位公孙子，一位是战国末期的公孙龙，一位是战国初期的公孙尼子。康有为发出"公孙龙子论性至精，与世硕子同"的论断难免张冠李戴之嫌，让人怀疑他是否将两位公孙子也就是公孙龙与公孙尼子弄混了。巧合的是，战国初期的公孙尼子是孔子再传弟子，并且关注人性问题。据史料记载："宓子贱、漆雕开、公孙尼子之徒亦论性，与世子相出入，皆言性有善有恶。"（《论衡·本性》）王充不仅指出公孙尼子论性，主张人性有善有恶；而且直接提到了世硕（世子），与康有为在"论性"的问题上将公孙龙与世硕相提并论相一致。更为重要的是，公孙尼子在人性问题上主张人性有善有恶，这一点与康有为在万木草堂时期发出公孙龙"论性至精"之时赞同告子、庄子的人性论，在告子的人性可善可恶、庄子的"性者，生之质，未有善恶"、王充的性善恶混中反对孟子或荀子偏执于人性之善恶一端相印证。分析至此，各方面的情况共同形成了一个证据链，似乎有充分的理由相信，康有为将公孙龙与公孙尼子弄混了，或者说误两人为一人。

令人纠结的是，如果就此断言康有为缺少基本常识，不知道公孙龙与公孙尼子是两个人或者混淆了两人的思想，又似乎过于武断。这是因为，康有为在描述儒学传播的时候，同时提到了公孙尼子和公孙龙，并让两人各自传承了孔子的不同学说。这就是前面提到的康有为那段话："夫孔子之后，……公孙龙传坚白。而儒家尚有宓子、景子、世硕、公孙尼子及难墨子之

① 《万木草堂口说·春秋繁露》，《康有为全集》（第二集），中国人民大学出版社 2007 年版，第 203 页。

② 《南海康先生讲学记·儒家》，《康有为全集》（第二集），中国人民大学出版社 2007 年版，第 116 页。

董无心等,皆为孔门之大宗。……公孙龙传孔子坚白。……以正名考公孙龙之学,……何其伟也!”①在这个视界中,公孙尼子与宓子、景子和世硕一起出现,意味着公孙尼子得孔子人性之传;公孙龙则作为坚白传人,传承孔子的正名思想。如此说来,公孙尼子与公孙龙对于孔子学说各有所传,并且各自在孔学中占有重要一席——公孙尼子是“孔门大宗”,公孙龙则出现三次。鉴于公孙尼子与公孙龙的同时现身以及两人对于孔学的至关重要,按理说康有为不至于将两人弄混,更不能误认为是同一人。退一步说,即使康有为在此确实没有将公孙龙与公孙尼子弄混,也不能确定康有为声称“公孙龙子论性至精,与世硕子同”时没有将两位公孙子弄混。之所以做出如此断语,原因在于:公孙尼子与公孙龙同时出现的这段话出于《论语注》,距离康有为在万木草堂讲学时发出“公孙龙子论性至精,与世硕子同”,已经过去了十年的时间。在这十年期间,康有为由一介布衣而收徒讲学到领导戊戌变法的庙堂大臣再到流亡海外的失意政客,无论身份还是思想都前后判若两人。这就是说,并不能排除康有为的认识发生了变化,纠正了从前的错误亦未可知。相似的说法,还有上面提到的公孙龙“专谈‘坚白异同’之论”的问题。正因为如此,无论如何理解“公孙龙子”问题都不可否认,对于康有为视界中的公孙龙,这种硬伤绝非个案,也并非都像“公孙尼子”那样有可解释的余地。

对于学术研究而言,文本解读和思想诠释是必须的,因为解读文本、了解思想是身份归属和态度评价的基础。就康有为视界中的公孙龙来说,因为缺乏对公孙龙思想的基本把握和了解,康有为对公孙龙的身份归属和态度评价漏洞百出、相互矛盾。当然,不了解公孙龙的思想并不意味着康有为没有时间了解或者认知水平不够,而是他原本就不打算探究。奥秘在于,淡化思想乃至让公孙龙的思想不在场,康有为才能完全把握主动权,对公孙龙的身份归属和态度评价才拥有更大的空间和自由。尽管康有为对公孙龙的身份归属或态度评价相互矛盾,然而,这一切对于康有为来说并不重要,重要的是他让公孙龙在不同场合完成了自己的使命。尽管从学术研究的角度看,康有为对公孙龙的阐发意义不大,然而,他在对公孙龙的身份予以审视的过程中,触及到了名家与墨家、儒家之间的关系,特别是始终关注公孙龙与墨子、孔子之间的关系。康有为对公孙龙的津津乐道使公孙龙走进了近代哲学的视野,名家与墨家的关系也随之成为近代哲学家共同关注的热点话题。谭嗣同侧重墨子与孔子的关系——肯定两者都讲仁,孔子之仁和墨

① 《论语注》序,《康有为全集》(第六集),中国人民大学出版社 2007 年版,第 377 页。

子之兼爱都是仁之大宗。梁启超、章炳麟从不同维度辨梳孔子与墨子以及老子之间的关系。特别是梁启超，一面对墨子倾注了极大热情，尤其是对包括逻辑学在内的思想进行集中挖掘和诠释，一面对公孙龙漠然处之——这些都反衬了康有为视界中的公孙龙的独特性。康有为提及的公孙龙与欧洲学派的相似问题更是其他近代哲学家绝口不提的。

第六章 董 仲 舒

康有为尽管热衷于对包括先秦诸子在内的众多国学人物予以身份归属和思想解读,然而,他却对汉唐时期的人物论及不多,评价当然也不高,董仲舒则不能不说是一个例外。与对先秦、宋明时期的国学人物的关注、提及相比,康有为对汉唐人物的提及数量极为有限,基本上集中在董仲舒、司马迁、刘歆和韩愈四个人;在四人之中,董仲舒即使算不上被提及次数最多者,也是获得评价最高者之一。与对董仲舒的至高评价密切相关,康有为在1893—1897年间作《春秋董氏学》,借助《春秋繁露》集中对董仲舒的思想予以解读和发微,旨在借助董仲舒的思想,以公羊学的致思方向和传承谱系阐发孔子思想的微言大义。综观近代哲学可以发现,无论康有为对董仲舒思想和《春秋繁露》的集中诠释还是至高评价都可谓独此一家。也正是由于这个原因,康有为对董仲舒和《春秋繁露》思想的诠释变得意味深长且意义非凡。解读康有为视界中的董仲舒,既有助于了解董仲舒在近代哲学中的命运,又有助于直观体悟康有为有别于同时代哲学家的理论特质和价值旨趣。

第一节 身 份 定 位

康有为审视、评价国学人物遵循一个统一而不变的原则,那就是:英雄全凭出身。正因为如此,康有为对国学人物的审视、解读侧重身份归属和传承谱系,并以身份归属和传承谱系厘定他提及的众多国学人物的学术地位,进而予以臧否评价。一方面,从不惮其烦地辨析、厘定身份归属的角度看,康有为视界中的董仲舒属于例外——相对于对董仲舒思想的全面挖掘、深入发挥乃至过度诠释来说,康有为对董仲舒身份归属的探究、追溯显得单薄。另一方面,康有为对国学人物的关注有一个惯例,即试图通过学术传承界定其身份归属,勾勒其传承谱系,由此厘定其学术地位。康有为对董仲舒亦如法炮制——从这个意义上说,康有为视界中的董仲舒带有鲜明的康氏范式。

一、董仲舒与荀子

或许是董仲舒的大儒身份毋庸置疑,康有为对董仲舒身份归属的审视并不像对待大多数国学人物那样反复辨明身份归属,而是侧重思想来源。在对董仲舒思想渊源的追溯中,康有为凸显董仲舒与荀子之间的关系。正是在这个意义上,康有为一而再、再而三地断言:

> 读《深察名号篇》,知董子传荀子之学,不传孟子之学。①
>
> 今一切名物皆孔子正之,故曰:名不正,则言不顺。言不顺,则事不成。《荀子》有《正名篇》,与董子相表里也。今欧人论理学出于此。②
>
> 《荀子》:性者,本始质朴也,即天质之朴也。伪者,文理隆盛也,即王教之化也。故刘向谓:仲舒作书美荀卿也。然无其质,则王教不能化,乃孟子之说,则辨名虽殊,而要归则一也。③

通过对董仲舒包括语言学、逻辑学("论理学")和人性论等诸多领域思想的考察,康有为得出了董仲舒传荀子之学而不传孟子之学的结论。康有为之所以下如此断语,所依据的文本是《春秋繁露》的《深察名号》篇和《荀子》的《正名》《性恶》诸篇。《春秋繁露·深察名号》篇集中反映了董仲舒对圣人发天意而制名号的论证,康有为将此篇与《荀子》的《正名》篇相提并论,目的是从正名的角度论证董仲舒与荀子思想的渊源关系。具体地说,康有为认为孔子的正名思想是逻辑学,《荀子·正名》《春秋繁露·深察名号》两篇便是对孔子逻辑学的传承和发挥。值得注意的是,在人性论方面,康有为尽管承认董仲舒的人性、教化思想因袭了孟子的思想,然而,从总体上说,他却肯定董仲舒的人性论与荀子一脉相承,并且搬来了刘向为自己的观点进行辩护。

康有为突出孟子、荀子在孔子后学中的地位,将两人比喻为孔门之龙树、保罗,进而誉为孔学战国时期的"二伯"。在肯定孟子、荀子是孔门"二伯"的前提下,康有为将董仲舒的思想与两人直接联系起来。这表明,董仲舒是孔子后学。问题的关键是,康有为极力拔高董仲舒在孔学中的地位,甚至不惜通过打压孟子、荀子而突出董仲舒在孔门中的显赫地位。下仅举其一斑:

---

① 《万木草堂口说·春秋繁露》,《康有为全集》(第二集),中国人民大学出版社 2007 年版,第 188 页。

② 《春秋董氏学》卷六,《康有为全集》(第二集),中国人民大学出版社 2007 年版,第 398 页。

③ 《春秋董氏学》卷六,《康有为全集》(第二集),中国人民大学出版社 2007 年版,第 386 页。

《繁露》传先师口说,尊于荀、孟。①

董子微言大义,过于孟、荀。②

董子传微言过于孟子,传大义过于荀子。③

依据康有为的说法,孔子的思想从传播的角度看分为口说与文本,口说传承微言大义,"择人而传",是孔子的高级之学;文本"日以教人",是孔子的低级之学。孟子传承微言大义,荀子则以传承文本为主。在这里,康有为抛开了孟子而声称只有董仲舒传口说。这意味着只有董仲舒传承了孔子的微言大义,也从传承孔子思想的角度既坐实了董仲舒的孔子后学身份,又使董仲舒的地位得以空前提升。在这个前提下,康有为断言董仲舒"尊于""过于"孟子和荀子也就不言而喻了。

问题到此并没有结束,沿着董仲舒胜于孟子和荀子的思路,康有为进一步宣称:"孔子微言大义,至董子始敢发挥,汉朝孔学已一统,人皆知尊孔子也。"④依据这个说法,孔子的微言大义直到西汉时期董仲舒才开始被发挥出来,包括孟子、荀子在内的董仲舒之前的孔子后学都不谙孔子的微言大义。更为重要的是,董仲舒不仅率先对孔子的微言大义进行发挥,而且由于方向正确而收到最佳效果——使孔学在西汉得以一统,从此人人皆知尊奉孔子(为教主)。

与此同时,康有为宣称:"汉之义理者董仲舒。"⑤这就是说,汉代在义理之学方面,首推董仲舒。在此基础上,康有为宣称,与在微言大义方面的情形一样,董仲舒在义理之学方面超过了孟子和荀子。这用康有为本人的话说便是:"董子穷理过于荀子,荀子过于孟子。"⑥

至此可见,一方面,康有为凸显董仲舒与荀子思想的渊源关系,致使董仲舒与荀子而不是孟子关系更为密切。另一方面,与其说董仲舒传承了荀

① 《万木草堂口说·春秋繁露》,《康有为全集》(第二集),中国人民大学出版社2007年版,第187页。

② 《万木草堂口说·春秋繁露》,《康有为全集》(第二集),中国人民大学出版社2007年版,第188页。

③ 《万木草堂口说·春秋繁露》,《康有为全集》(第二集),中国人民大学出版社2007年版,第204页。

④ 《万木草堂口说·春秋繁露》,《康有为全集》(第二集),中国人民大学出版社2007年版,第188页。

⑤ 《万木草堂口说·论文》,《康有为全集》(第二集),中国人民大学出版社2007年版,第197页。

⑥ 《万木草堂口说·春秋繁露》,《康有为全集》(第二集),中国人民大学出版社2007年版,第188页。

子的思想,不如说董仲舒高于荀子以及孟子更为恰当。对于这一点,康有为将董仲舒誉为孔子之后一人提供了最佳注脚。

二、董仲舒与孔子亲授弟子

基于董仲舒胜过孔子“二伯”——孟子和荀子的认识,康有为对董仲舒推崇备至。在这方面,康有为对董仲舒顶礼膜拜甚至略过了孟子和荀子,让董仲舒直接与孔子对接。例如,康有为断言:“文王之文传诸孔子,孔子之文传诸董仲舒。”①康有为肯定董仲舒传孔子之文不仅让董仲舒的思想具有了至高无上的权威性和正当性,而且预示了董仲舒在孔子后学中的地位和对孔学的贡献高于孟子和荀子。在康有为那里,肯定董仲舒直接传承孔子之文与提高董仲舒的身份地位互为表里,对于康有为解读、评价董仲舒的思想至关重要。正因为如此,康有为十分在意董仲舒传孔子之文,连篇累牍地提及这一点并极力加以渲染。下仅举其一斑:

> 《论衡》曰:文王之文,传于孔子;孔子之文,传于仲舒。则《春秋》微言大义,多在《公羊》,而不在《穀梁》也。②
>
> 《论衡》谓文王之文传于孔子,孔子之文传仲舒。③
>
> 善乎王仲任之言曰:文王之文,传于孔子。孔子之文,传于仲舒。④
>
> 王仲任曰:孔子之文,传于仲舒。鸣呼!使董子而愚人也则可,使董子而少有知也则是,岂不可留意乎!⑤
>
> 王充《论衡》:殷变夏,周变殷,春秋变周。文王之文传诸孔子,孔子之文传诸董仲舒。⑥

上述议论显示,康有为略过孟子、荀子,直接让董仲舒与孔子对接。这在提升董仲舒地位的同时,也意味着董仲舒最谙孔子大道。其中的潜台词是,凭借董仲舒可以窥见孔子的微言大义。这道出了康有为急于通过董仲

① 《南海师承记·王鲁例》,《康有为全集》(第二集),中国人民大学出版社 2007 年版,第 261 页。

② 《桂学答问》,《康有为全集》(第二集),中国人民大学出版社 2007 年版,第 18 页。

③ 《万木草堂口说·春秋繁露》,《康有为全集》(第二集),中国人民大学出版社 2007 年版,第 189 页。

④ 《春秋董氏学》自序,《康有为全集》(第二集),中国人民大学出版社 2007 年版,第 307 页。

⑤ 《春秋董氏学》卷五,《康有为全集》(第二集),中国人民大学出版社 2007 年版,第 365 页。

⑥ 《南海康先生讲学记·王鲁例》,《康有为全集》(第二集),中国人民大学出版社 2007 年版,第 122 页。

舒的《春秋繁露》、借助对董仲舒思想的诠释而发掘孔子微言大义的原因。对于孔子的微言大义究竟是什么，第五段议论亮出了谜底——“殷变夏，周变殷，春秋变周”。这就是说，借助董仲舒的思想，康有为将孔子的微言大义诠释为以公羊三世说为依托的托古改制。

事实上，康有为不仅肯定董仲舒的思想直接渊源于孔子，深谙孔子思想的微言大义，而且通过董仲舒直接传承作为孔子亲授弟子（“七十子”）及其后学的口说解释了董仲舒能得《春秋》微言大义的原因。对此，康有为解释说：

> 董子醇儒，为公羊学，而所称《春秋》非常异义，多出公羊外，与胡毋生（疑为胡母生之误——引者注）之传于何休全合，与穀梁家之刘向亦合，与孟子合。董子岂杜撰者哉？何君亦岂及此哉？盖皆七十子后学口传于孔子，故自然相合尔。其传《春秋》改制当新王继周之义，乃见孔子为教主之证。尤要者，据乱、升平、太平三世之义，幸赖董、何传之，口说之未绝，今得一线之仅明者此乎？今治大地升平、太平之世，孔子之道犹能范围之。若无董、何口说之传，则布于诸经，率多据乱之义，孔子之道不能通于新世矣。……学《春秋》者，尤当知董子《繁露》、何休注多为孔子口说，七十子后学辗转传之，虽有微误，而宗庙百官之美富，可见大端。当一一理会尊重发明之。否则，虽抱《公》、《穀》传文，其于《春秋》，犹欲入而闭之门耳。①

在这里，康有为虽然肯定董仲舒对于“七十子后学辗转传之”，但是，他却强调由于“七十子”受孔子亲炙，得天独厚地拥有亲闻孔子口说的条件。尽管“辗转传之”，董仲舒还是由于“七十子后学”而得孔子口说。这既肯定了董仲舒传承孔子口说，擅于发挥微言大义；又借助孔子亲授弟子及其后学的特殊关系，并以他们为中介将董仲舒的思想与孔子直接联系起来。

康有为将董仲舒与七十子勾连起来，引发了两个后果：第一，略过了孟子、荀子，凸显了董仲舒在孔学中无法比拟的地位。当然，这也为康有为宣布董仲舒“超孟轶荀”提供了佐证。稍加留意即可发现，这个说法在董仲舒与孔子后学的直接传承中略过了孟子和荀子，也从一个侧面解释了董仲舒之所以“超孟轶荀”的原因。第二，既证明了董仲舒思想是孔学嫡传，又从

① 《春秋笔削大义微言考》发凡，《康有为全集》（第六集），中国人民大学出版社 2007 年版，第 6—7 页。

一个侧面解释了董仲舒由于传承口说而得孔子微言大义。在这方面，董仲舒的发挥皆是《春秋》的非常异义，甚至多出于《春秋公羊传》之外。而他看中的是董仲舒所秉持的注重发挥微言大义的公羊学立场和解读《春秋》的范式。在康有为看来，董仲舒的公羊学既与胡毋生传于何休之公羊学、刘向之穀梁学相合，又远远超过了后者。董仲舒的地位决定了他发微《春秋》微言大义的《春秋繁露》异常重要。康有为甚至强调，对于孔学来说，董仲舒发微《春秋》的《春秋繁露》不可或缺，至关重要，地位远远在《春秋公羊传》《春秋穀梁传》之上。若想洞察孔子的微言大义，如果不读《春秋繁露》的话，那么，无论读《春秋公羊传》还是《春秋穀梁传》都等于闭门而入；只有凭借《春秋繁露》登堂入室，才可能窥见孔教的宗庙之美、百官之富。至此，康有为将对董仲舒的推崇表达得无以复加。

值得提及的是，对于董仲舒与"七十子"以及后学之间的关联，康有为强调董仲舒高于"七十子"。于是，康有为说道："孔门如曾子、子夏、子游、子服、景伯，于小敛之东西方，立嫡之或子或孙，各持一义，尚未能折衷。至于董子，尽闻三统，尽得文质变通之故，可以待后王而致太平，岂徒可止礼家之讼哉？其单词片义，皆穷极元始，得圣人之意，盖皆先师口说之传，非江都所能知也，不过荟萃多，而折衷当耳。"①按照康有为的说法，孔子的思想本末远近大小精粗无所不包，孔子的亲授弟子各自继承了孔子某一方面的思想，充其量只是各传一义而已。董仲舒却既能够凭借孔子弟子得孔子口说之传，又善于折中，故而能得孔子之全。

上述内容显示，康有为对董仲舒传承谱系的勾勒实质上演绎为对董仲舒身份的提升和张扬，无论他对董仲舒与荀子以及孟子还是与七十子关系的诠释都是如此。这些既奠定了康有为挖掘董仲舒思想的前提方向，又奠定了他对董仲舒的地位认定和态度评价。值得一提的是，康有为对董仲舒的后学以及思想传承涉及不多。就现有资料来看，康有为明确提到的董仲舒后学只有一位，那就是司马迁。这用康有为本人的话说便是："太史公（前 145 或前 135—？），董生（前 179—前 104）嫡传。"②司马迁是康有为选择的力辟异端的楷模，让司马迁作为董仲舒嫡传既提升了董仲舒的身价，又坐实了司马迁作《史记》是为了推崇孔子，从而为康有为以《史记》为自己的诸多言论进行辩护提供了方便，可谓一举两得。

---

① 《春秋董氏学》卷三，《康有为全集》（第二集），中国人民大学出版社 2007 年版，第 330—331 页。

② 《孔子改制考》卷十一，《康有为全集》（第三集），中国人民大学出版社 2007 年版，第 142 页。

第二节 思想阐发

鉴于对董仲舒的推崇和借助《春秋》发挥孔子微言大义的需要,康有为在戊戌变法之前的十多年间一面在授徒讲学中讲授董仲舒的《春秋繁露》,一面作《春秋董氏学》。在此过程中,他以《春秋繁露》为文本,通过对《春秋繁露》的重新编排专门对董仲舒的思想予以解读和诠释。

一、《春秋》发微

康有为对董仲舒佩服得五体投地,原因是多方面的。其中的一条重要原因便是,董仲舒对《春秋》微言大义的发微。无论康有为对孔子的推崇定位还是思想解读都依据六经,并在这个前提下凸显《春秋》对于六经的提纲挈领。在确定了《春秋》在六经中的首要地位之后,康有为以《春秋》而不是以《论语》解读、阐发孔子以及孔学的思想。不仅如此,康有为秉持今文经学的立场解读、诠释《春秋》,秉持公羊学的范式发掘《春秋》的微言大义。而这正是凭借对董仲舒思想的发微所完成的。

康有为的这段话道出了《春秋》对于孔子思想的至关重要,又揭示了推崇董仲舒的原因。现摘录如下:"《春秋》,旧名。《墨子》云:百国《春秋》。公羊云:不修《春秋》。《楚语》:教之《春秋》。是今十一篇孔子作,公羊、穀梁所传,胡母生、董子所传本是也。《春秋》为孔子作,古今更无异论。但伪古学出,力攻改制,并铲削笔削之义,以为赴告策书,孔子据而书之,而善恶自见。杜预倡之,朱子尤主之。若此,则圣人为一誊录书手,何得谓之作乎?今特辨此。言作《春秋》者不胜录,略引数条以成例尔。"①综观康有为的思想可以发现,他对董仲舒思想的所有阐发以及对董仲舒的态度评价归根结底都离不开董仲舒对孔子所作《春秋》的发微。一言以蔽之,如果说康有为声称六经以《春秋》为至贵奠定了《春秋》在孔子所作六经中的首屈一指的地位的话,那么,董仲舒秉持公羊学的范式解读《春秋》便奠定了康有为对董仲舒的至高评价。于是,康有为声称:"书必有序,以发明其意。序或自作,或同时人作,或后学作。《春秋》言微,孔子未能自序,赖后学发明之。后学明于《春秋》者,莫如董子。"②这就是说,书赖序发明意旨,书之序不啻了解书之深意的有效途径。书之序可以是作者自序,可以是与作者同时代

---

① 《孔子改制考》卷十,《康有为全集》(第三集),中国人民大学出版社 2007 年版,第 137 页。

② 《春秋董氏学》卷一,《康有为全集》(第二集),中国人民大学出版社 2007 年版,第 310 页。

的人作序,也可以是后人所序。序之作者、年代不同,抒发、阐明书之意趣要义的初衷和功能则是相同的。董仲舒的《春秋繁露》就是《春秋》之序,要解读《春秋》,舍《春秋繁露》之外别无他途。

与对董仲舒地位和作用的极力拔高相一致,康有为既利用《春秋》拉近董仲舒与孔子之间的关系,又肯定董仲舒作《春秋繁露》发掘孔子的微言大义。原因在于,《春秋》寓含微言大义,孔子本人却没有自己作序申明这一点。这既给后人了解《春秋》深意带来了困难,也使后人对《春秋》的发明变得急切而重要起来。在此基础上,康有为强调,在孔子后学对《春秋》的发明中,董仲舒是最好的。更为重要的是,正因为董仲舒对《春秋》的发微得当,人们才由此深知《春秋》寓含着孔子托古改制的微言大义。康有为断言:"《春秋》之学,皆有口说相传,故深知孔子托古改制之义。"①董仲舒恰恰从孔子亲授弟子("七十子")那里得到口说,进而从中领悟到了孔学托古改制、三世三统的微言大义。

进而言之,康有为之所以让董仲舒在孔子的众多后学中脱颖而出,成为其中的翘楚,理由是,董仲舒畅达孔子大道之主旨,对《春秋》的解读深中孔教之肯綮。董仲舒做到这一切的突破点在于对《春秋》的拨云见日,也就是从托古改制的角度发挥孔子的微言大义。对此,康有为不止一次地解释说:

> "三世"为孔子非常大义,托之《春秋》以明之。所传闻世为据乱,所闻世托升平,所见世托太平。乱世者,文教未明也。升平者,渐有文教,小康也。太平者,大同之世,远近大小如一,文教全备也。大义多属小康,微言多属太平。为孔子学,当分二类,乃可得之。此为《春秋》第一大义。②

> 孔子之作"六经",其书虽殊,其道则未尝不同条共贯也。其折衷则在《春秋》。故曰:志在《春秋》。《春秋》为改制之书,包括天人,而礼尤其改制之著者。故通乎《春秋》,而礼在所不言矣。孔子之文传于仲舒,孔子之礼亦在仲舒。……若其为《春秋》之大宗,今学之正传,熟而贯之,足以证伪礼者,犹其余事矣。今摘《繁露》之言礼者,条缀于篇,以备欲通孔子之礼者考焉。虽无威仪之详目,其大端盖略具矣。③

---

① 《孔子改制考》卷十一,《康有为全集》(第三集),中国人民大学出版社 2007 年版,第 142 页。

② 《春秋董氏学》卷二,《康有为全集》(第二集),中国人民大学出版社 2007 年版,第 324 页。

③ 《春秋董氏学》卷三,《康有为全集》(第二集),中国人民大学出版社 2007 年版,第 330—331 页。

依据康有为的剖析，孔子所作六经尽管内容各殊，却折衷于《春秋》。这决定了《春秋》是六经之至贵，同时也是成为解读六经的金钥匙。董仲舒领悟到了这一点，进而以《春秋》窥探孔子大道，因而使孔子思想同条共贯，一以贯之。正是由于这个原因，董仲舒对《春秋》的解读既有助于抓住孔子思想一以贯之的宗旨，又有助于把握孔子大道的精髓。更为重要的是，董仲舒在以《春秋》阐发孔子思想的过程中，准确领悟了《春秋》的第一要义，那就是托古改制的三世说。在康有为看来，"《春秋》为改制之书，包括天人，而礼尤其改制之著者"。董仲舒能通天人，故而深谙礼之大义。透过《春秋繁露》可以发现，董仲舒借助《春秋》对孔子思想的发挥微言大义俱全，礼例兼备。这用康有为本人的话说便是："《繁露》有大义，有微言，有礼，有例。"①

康有为将对董仲舒的顶礼膜拜和对《春秋繁露》的情有独钟表达得淋漓尽致，这一点通过康有为对董仲舒与朱熹的比较直观地呈现出来。康有为对朱熹倍加推崇，在1885年作的《教学通义》中便有《尊朱》一篇，这使朱熹成为康有为最早作文予以表彰的国学人物。他在《尊朱》中称赞朱熹的思想博大精深，并鉴于朱熹对孔教的贡献而将朱熹誉为孔教的"小教王"。在这个前提下应该看到，为了凸显董仲舒得孔子思想之全，康有为不惜以朱熹为反面教材，通过朱熹对《礼》的偏于一隅反衬董仲舒得孔子大道。对此，康有为解释说，朱熹虽然热衷于对《礼》进行注疏，但是，朱熹并不谙天人之学。结果可想而知，朱熹对孔子所作六经的解读"专解人事"而不能像董仲舒那样"通天人"，最终只得"孔子一半"。正是在这个意义上，康有为反复强调：

> 董子解经，能通天人。朱子专解人事，故朱子只得孔子一半。②
>
> 朱子谓《春秋》不可解，夫不知改制之义，安能解哉？……故《春秋》专为改制而作。然何邵公虽存此说，亦难征信，幸有董子之说，发明此义，俾《大孔会典》、《大孔通孔》、《大孔律例》于二千年之后，犹得著其崖略。董子醇儒，岂能诞谬。若是，非口传圣说，何得有此非常异义耶？此真《春秋》之金锁匙，得之可以入《春秋》者。夫《春秋》微言暗绝久矣，今忽使孔子创教大义如日中天，皆赖此推出。然则此篇为群

① 《万木草堂口说·春秋繁露》，《康有为全集》（第二集），中国人民大学出版社2007年版，第204页。

② 《万木草堂口说·春秋繁露》，《康有为全集》（第二集），中国人民大学出版社2007年版，第204页。

书之瑰宝,过于天球河图亿万无量数矣。①

对于康有为来说,《春秋》是六经的金钥匙,董仲舒则找到了破解《春秋》的金钥匙。《春秋繁露》便是董仲舒对《春秋》的发微。分析至此,康有为得出结论:《春秋》寓含孔子的微言大义,孟子是发现这一秘密的人,董仲舒则是解开《春秋》微言大义密码的人。相对于知道秘密的存在,解开秘密更为重要。正因为如此,破解《春秋》密码的《春秋繁露》胜过了包括《孟子》在内的"天球河图亿万无量数"书,是"群书之瑰宝"。基于这种认识,康有为对孔子思想的正面发微往往从《春秋繁露》开始,《春秋繁露》也因此成为康有为最早解读的国学经典之一。

例如,康有为以《春秋》解读孔子,秉持公羊学的传承谱系。《春秋繁露》则被他奉为解读《春秋》的经典。康有为一而再、再而三地断言:

《春秋公羊》之学,董子及胡母生传之。董子之学,见于《繁露》,胡母生之说,传于何休。故欲通《公羊》者,读何休之注、董子之《春秋繁露》。(吾有《春秋董氏学》。)有义、有例、有礼,要皆孔子所改之制。分而求之,则《公羊》可通,而《春秋》亦可通矣。陈立《公羊义疏》,间有伪经,而征引繁博,可看。(此书见《续皇清经解》。)刘氏逢禄、凌氏曙说《公羊》诸书,可看。(见《皇清经解》。)②

《公羊》经、传并何注四本,(桂林有刻本。)《春秋繁露》四本,若聪敏之士,得传授而提要钩元,数日可通改制之大义。或不得传授,或天资稍滞,能虚心讲求,精思熟读,亦不待一月,俱可通贯。提出孔子改制为主,字字句句以此求之,自有悟彻之日。若于孔子微言大义有所通入,则把柄在手,天下古今群书,皆可破矣。岂非其道至约,其功至宏乎?③

专言《公羊》、《繁露》者,乃就至约至易言之,仍当广通孔门诸学以为证佐。《穀梁》同传大义,当与《公羊》分别求之。有同经同义者,有同经异义者,有异经同义者,有异于《公羊传》而同于何注者,其异虽多,若不泥其文,而单举其义,则无不同也。④

① 《春秋董氏学》卷五,《康有为全集》(第二集),中国人民大学出版社2007年版,第365页。
② 《桂学答问》,《康有为全集》(第二集),中国人民大学出版社2007年版,第18页。
③ 《桂学答问》,《康有为全集》(第二集),中国人民大学出版社2007年版,第19页。
④ 《桂学答问》,《康有为全集》(第二集),中国人民大学出版社2007年版,第19页。

在这里,康有为提升《春秋繁露》的地位,将之列为孔门的必读书;并在此基础上提出了具体的读法,那就是:将《春秋繁露》置于《春秋》公羊学的谱系中,围绕着对孔子微言大义的阐发进行解读。康有为相信,将《春秋繁露》《春秋公羊传》同读,熟读深思贯通,可通孔子改制大义。如此提纲挈领,纲举目张,天下群书可破。正是在这个意义上,康有为将《春秋繁露》誉为解读托古改制的关键——“把柄”。既然如此,《春秋繁露》对于《春秋》以及孔教的重要性便不言而喻,解读《春秋繁露》也成为孔门的法宝。因此,康有为将《春秋繁露》与其他孔门典籍联系起来,或者与《春秋繁露》相提并论,或者与《春秋繁露》相互印证——既凸显了《春秋繁露》的重要性,又列出了孔门的读书单。于是,康有为接着说道:

> 孔学之聚讼者,不在心性,而在礼制。《白虎通》为十四博士荟萃之说,字字如珠,与《繁露》可谓孔门真传秘本。赖有此以见孔学,当细读。①
>
> 《大戴礼记》当与《小戴礼记》同读,皆孔门口说,至精深也。《尚书大传》、《韩诗外传》亦皆孔门口说,与《繁露》、《白虎通》同重。②

事实上,康有为不仅极力彰显《春秋繁露》对于《春秋》以及孔子大义无可比拟的重要性,而且道出了其中的原因。对此,他解释说:“孔子所以为圣人,以其改制,而曲成万物、范围万世也。其心为不忍人之仁,其制为不忍人之政。仁道本于孝弟,则定为人伦。仁术始于井田,则推为王政。孟子发孔子之道最精,而大率发明此义,盖本末精粗举矣。《春秋》所以宜独尊者,为孔子改制之迹在也。《公羊》、《繁露》所以宜专信者,为孔子改制之说在也。能通《春秋》之制,则‘六经’之说莫不同条而共贯,而孔子之大道可明矣。《春秋》成文数万,其旨数千,皆大义也。汉人传经,皆通大义,非琐屑训诂名物也。故两汉四百年,君臣上下制度议论,皆出《公羊》,以《史记》、《汉书》逐条求之可知也。苟能明孔子改制之微言大义,则周、秦诸子谈道之是非出入,秦、汉以来二千年之义理制度所本,从违之得失,以及外夷之治乱强弱,天人之故,皆能别白而昭晰之。振其纲而求其条目,循其干而理其枝叶,其道至约,而其功至宏矣。”③由此可见,孔子作为圣人改制以范围百

---

① 《桂学答问》,《康有为全集》(第二集),中国人民大学出版社 2007 年版,第 19 页。

② 《桂学答问》,《康有为全集》(第二集),中国人民大学出版社 2007 年版,第 20 页。

③ 《桂学答问》,《康有为全集》(第二集),中国人民大学出版社 2007 年版,第 18—19 页。

世，为了救人民于水火。孔子之心为不忍人之心，孔子之政为不忍人之政。这是孔子大道，孟子发挥最精。在这个前提下，上要“专信”《春秋公羊传》和《春秋繁露》，是因为《春秋》“为孔子改制之迹”，而《春秋繁露》则“为孔子改制之说”。因此，只有信凭《春秋繁露》从托古改制的角度解读《春秋》才能将孔子所作的六经整合为一个整体，从而洞察孔子深意和孔学大道。基于这种认识，康有为对《春秋繁露》奉若神明，也使托古改制成为《春秋繁露》的宗旨和主题。这使康有为对《春秋繁露》的解读独辟蹊径，也决定了他对董仲舒的情有独钟。

二、以元统天

在中国近代哲学家中，康有为对元的推崇独树一帜。学术界对于何为康有为哲学的本原以及元、天、气、仁在康有为哲学中的关系存有争议，那是因为康有为没有对元、天、气的关系进行辨梳。不可否认的是，康有为既推崇天、气、仁，又推崇元。康有为对元的推崇深受董仲舒的影响。康有为所讲的以元统天，就是借助对董仲舒思想的阐发完成的。尽管董仲舒并无此意，然而，董仲舒的思想无疑是康有为这一思想的主要来源。

康有为认为，元即本原之义。以《易》为代表，孔子强调以元统天。这既意味着元是孔子之道的根本所在，又表明了董仲舒从元开始探讨三世三统对孔子发微的至关重要。对此，康有为多次指出：

> 康有为曰：莫惑乎“仲尼没而微言绝，七十子丧而大义乖”（语出《汉书·艺文志》，班固著，根据刘歆的《七略》增删而成）之言也。孔子虽没，既传于弟子矣，则微言何能绝乎？七十子虽丧，既递传于后学矣，则大义何能乖乎？孔子弟子后学徒侣六万，充塞弥满天下，并传其口说，诵其大义，昭昭乎揭日月而行也。至于汉初，诸老师犹传授荟萃，其全者莫如《春秋》家。明于《春秋》者，莫如董子。自元气阴阳之本、天人性命之故、三统三纲之义、仁义中和之德、治化养生之法，皆穷极元始、探本混茫。孔子制作之本源、次第，藉是可窥见之。如视远筒浑仪而睹列星，晶莹光怪，棋列而布分也。如绘大树，根本干支，分条布叶，郁荣华实，可得而理也。孔子之道本，暗曶湮断久矣，虽孟、荀命世亚圣，犹未能发宣。江都（董仲舒曾任江都易王刘非的宰相10年——引者注）虽醇儒，岂能逾孟越荀哉？有道者，高下大小，分寸不相越。苟非孔子之口口相传，董子岂能有是乎？此真孔子微言大义之所寄也。今紬精举要，俾孔子之道如日中天。岂敢谓尽露大道？抑大圣制作本

> 始,条理宗庙百官,有可瞻仰云尔。①
>
> 《易》称"大哉乾元",乃统天,天地之本皆运于气。……何休谓:元者,气也。《易纬》谓:太初为气之始。《春秋纬》:太一含元,布精乃生阴阳。《易》:太极生两仪。孔子之道运本于元,以统天地,故谓为万物本,终始天地。孔子本所从来以发育万物,穷极混茫,如繁果之本于一核,萌芽未启,如群鸡之本于一卵,元黄已具。而核、卵之本尚有本焉,属万物而贯于一,合诸始而源其大,无臭无声,至精至奥,不得董子发明,孔子之道本殆坠于地矣。②

由此可见,康有为之所以对刘歆怒不可遏,原因之一是刘歆否认了董仲舒对孔子微言大义的阐发。具体地说,刘歆的错误在于没有看到董仲舒对孔子微言大义的传承——由于没有认识到元的作用,不能窥见孔子所有思想的本始。事实上,董仲舒通过口说传承了孔子的微言,故而洞察孔子思想的大义。质言之,孔子的微言大义便是三世三统,而这一切都以元为起始。反过来,只有抓住了这个起点,从以元统天的思路把握孔子的思想,才能理解孔子制作宗旨,从而观瞻孔庙之富丽华美。

康有为强调,孔子创教,以三待变通。这是孔教要义,也是洞彻孔子创教的关键。不幸的是,从孔子的亲授弟子("七十子")到孟子、荀子都对于三世三统偏于一隅,故而纷争日起。只有董仲舒"尽闻三统",这就是所谓的"孔子之文传之仲舒"。于是,康有为断言:"孔子创义,皆有三数以待变通。医者制方,犹能预制数方以待病之变,圣人是大医王而不能乎?三统、三世皆孔子绝大之义,每一世中皆有三统。此三统者,小康之时,升平之世也。太平之世别有三统,此篇略说,其详不可得闻也。后世礼家聚讼固有伪古之纷乱,而今学中亦多异同,如子服、景伯、子游争立子、立孙、立弟,《公羊》、《穀梁》争妾母认子贵、不以子贵,《檀弓》争葬之别合,曾子、子夏争殡之东西,孟子、公羊爵之三等、五等,禄之三品、二品,皆今学而不同,后师笃守必致互攻。岂知皆为孔子之三统,门人各得其一说,故生互歧。故通三统之义,而经无异义矣。自七十子以来,各尊所闻,难有统一之者,虽孟、荀犹滞于方隅。惟董子乃尽闻三统,所谓孔子之文传之仲舒也。"③

进而言之,在康有为看来,董仲舒之所以能够走出"七十子"以及孟子、

---

① 《春秋董氏学》卷六,《康有为全集》(第二集),中国人民大学出版社 2007 年版,第 372 页。

② 《春秋董氏学》卷六,《康有为全集》(第二集),中国人民大学出版社 2007 年版,第 372—373 页。

③ 《春秋董氏学》卷五,《康有为全集》(第二集),中国人民大学出版社 2007 年版,第 370 页。

荀子的误区而不再偏于一隅，是因为对元的推崇，从根本上说是由于领悟到了孔子以元统天。万物有始必有终，一为数之始，孔子将万物统之元，故立一。《论语》中的"闻一以知十"讲的就是这个意思。不仅如此，孔子的这个观点与华严宗不谋而合。这用康有为本人的话说便是："《论语》曰：闻一以知十。一为数始，十为数终。物生而有象，象而后有滋，滋而后有数。凡物皆有大统，一为之始。必有条理，十为之终。一之与十，终而复始，道尽是矣。华严说法，必以十真暗合也。孔子系万物而统之元，以立其一。又散元以为天地、阴阳、五行与人，以之共十，而后万物生焉。此孔子大道之统也。十端之义，后世不闻矣，夫则孔子之道毁矣。（天之为道，广微高远，不可得而测。而圣人以与人并列为一端。皆元统之，乃极奇之论。真与佛氏之三十三天与人并为轮回等。盖圣心广微，含运太元，则天地乃为元中细物，亦与人同耳。）"①依据康有为的剖析，元之所以对孔子的思想至关重要，是因为有了元不仅可以领悟孔子的"闻一以知十"，而且可以领悟孔子的"大道之统"。从以元统天到天道人道皆统摄于元，从中可以窥见孔子既"系万物而统之元，以立其一"，又"散元以为天地、阴阳、五行与人，以之共十，而后万物生焉"。至此，康有为点明了元与天地、阴阳、五行之间的关系，接下来便由元进一步推演出董仲舒对阴阳五行的发挥。

康有为反复强调，《春秋》为孔子托古改制所作。对此，他曾经如是说："盖《春秋》为孔子改制所托，升平、太平并陈，有非常异义可怪之论。"②康有为认定《春秋》为孔子托古改制而作的主要证据是，孔子托《春秋》"第一字"，将"一"改为"元"。对此，康有为声称："盖天地之本皆运于气，孔子以天地为空中细物，况天子乎？故推本于元以统乎天，为万物本。终始天地，本所从来，穷极混茫，如一核而含枝叶之体、一卵而具元黄之象；而核卵之始，又有本焉，无臭无声，至大至奥。孔子发此大理，托之《春秋》第一字，故改'一'为'元'焉。此第一义也。老子所谓道、婆罗门所谓大梵天王、耶教所谓耶和华近之，而不如言元统天之精也。"③依据康有为的训诂，元与道、大梵天王和耶和华同义，而无论道、大梵天王还是耶和华却都不如"言元统天"精微。这是因为，元具有本原、主宰之义，孔子改"一"为"元"含有深意，既有彰显元始之义，又有推崇一统之义。正是在这个意义上，康有为进而断

---

① 《春秋董氏学》卷六，《康有为全集》（第二集），中国人民大学出版社 2007 年版，第 373 页。

② 《春秋笔削大义微言考》发凡，《康有为全集》（第六集），中国人民大学出版社 2007 年版，第 5 页。

③ 《春秋笔削大义微言考》，《康有为全集》（第六集），中国人民大学出版社 2007 年版，第 10 页。

言:“自董子发明《春秋》一统之义,自是惟帝者得建元。然今地球各国又纷纷矣,不独考说繁难,物理无不宜于一者,各国将何所从?故归之于教主。孔子凡言王者,非谓其位也。王,往也。天下不往,则为独夫;天下归往,则为王者。《庄子·天下篇》论墨子:其道大觳,使人忧,使人悲,反天下之心,天下不堪。离于天下,其去王也远矣。言民畏苦而不归之,墨子不能王天下。《春秋》经世先王之志,以天下归王孔子,故谓孔子为王也。”①读到这里,康有为的意图昭然若揭:正如董仲舒发挥孔子之元而以元统天实现了孔教的一统一样,康有为推崇元具有政治上一统之义。这一点正如他所说,董仲舒发明《春秋》的一统之义,惟帝可以建元。尽管如此,当时的世界各国战乱频仍,不得一统。天下将何去何从?康有为的期待是,以孔子为王,天下归诸孔教。

三、以阴阳五行阐发人副天数

康有为认为,《易》为孔子所作,在内容上讲天道,而“一阴一阳谓之道”。这表明,孔子既讲阴又讲阳,注重阴阳之道。老子的思想从孔子所作的《易》而来,《易》是孔子晚年所作,代表了孔子的高级之学。传《易》决定了老子在孔子后学中资格最老,只讲阴而不讲阳决定了老子充其量只传孔子思想的“一端”“一体”。与老子有别,董仲舒深谙孔子的阴阳之道,对《易》的传承阴阳兼备,并从阴阳之道的角度界定天与万物的关系,以阴阳、五行阐释万物的由来以及人类社会的治理。正是由于这个原因,阴阳五行之道成为董仲舒的重要思想,也成为《春秋董氏学》的重要内容。于是,康有为一而再、再而三地声称:

> 一之与十,就始终言之。若就一物而言,一必有两。《易》云:太极生两仪。孔子原本天道,知物必有两,故以阴阳括天下之物,理未有能出其外者。就一身言之,面背为阴阳。就一木言之,枝干为阴阳。就光言之,明暗为阴阳。就色言之,黑白为阴阳。就音言之,清浊为阴阳。就气言之,冷热为阴阳。就质言之,流凝为阴阳。就形言之,方圆为阴阳。推此仁义、公私、经权、常变,以观天下之物,无一不具阴阳者,不独男女、牝牡、雌雄、正负、奇耦也。孔子穷极物理,以为创教之本,故系《易》立卦,不始太极,而始乾坤,阴阳之义也。元与太极、太一不可得

① 《春秋笔削大义微言考》,《康有为全集》(第六集),中国人民大学出版社2007年版,第11页。

而见也，其可见、可论者，必为二矣。故言阴阳而不言太极。周子谓：太极动而生阳，动极而静，静极而生阴。动静互根，专主天地车轮终而复始之义。不知生物之始，一形一滋，阴阳并时而著。所谓天道之常，一阴一阳。凡物必有合也，有合为横，互根为从，周子尚未知之也。波斯古教之圣祚乐阿士对亦以物物有阴阳，其与孔子暗合者乎？然圣人穷理之精，立教之本，可以见矣。①

《穀梁》曰：夫物非阴不生，非阳不生，非天不生，三合然后生。故谓母之子也可，天之子也可。尊者取尊称，卑者取卑称。与董子义同，当是孔子口说，特创此义。人人为天所生，人人皆为天之子。但圣人姑别其名称，独以王者为天之子，而庶人为母之子，其实人人皆为天之子。孔子虑人以天为父，则不事其父，故曰：天者，万物之祖也。父者，子之天也；天者，父之天也。则以天为祖矣，所以存父子之伦也。②

明阴阳、出入、实虚，辨五行、本末、顺逆、小大、广狭，志仁道义，予夺生杀。当四时置吏以能，若五行。任德远刑，若阴阳。孔子穷天人之本，为王政之施，此其根核矣。③

康有为不仅突出董仲舒注重阴阳五行，而且从阴阳的角度解读董仲舒的人性论。在对待人性问题上，康有为既肯定董仲舒的人性思想从孟子、荀子的思想而来，又肯定董仲舒从一阴一阳的角度论证人性。对此，康有为解释说：

董仲舒览孙（指荀子，因为荀子又名孙卿——引者注）、孟之书，作情性之说曰：天之大经，一阴一阳。人之大经，一情一性。性生于阳，情生于阴，阴气鄙，阳气仁。曰性善者，是见其阳也。谓恶者，是见其阴者也。若仲舒之言，谓孟子见其阳，孙卿见其阴也。处二家各有见，可也。不处人情性，情性有善有恶，未也。夫人性情同生于阴阳，其生于阴阳，有渥有泊。玉生于石，有纯有驳，情性于阴阳，安能纯善？仲舒之言，未能得实。刘子政曰：性，生而然者也，在于身而不发。情，接于物而然者也，出形于外。形外则谓之阳，不发者则谓之阴。夫子政之言，谓性在身而不发。情接于物，形出于外，故谓之阳。性不发，不与物接，故谓之

① 《春秋董氏学》卷六，《康有为全集》（第二集），中国人民大学出版社2007年版，第374页。
② 《春秋董氏学》卷六，《康有为全集》（第二集），中国人民大学出版社2007年版，第375页。
③ 《春秋董氏学》卷六，《康有为全集》（第二集），中国人民大学出版社2007年版，第381页。

阴。夫如子政之言,乃谓情为阳,性为阴也。不据本所生起,苟以形出与不发见定阴阳也。必以形出为阳,性亦与物接,造次必于是,颠沛必于是。恻隐不忍,不忍人之气也。卑谦辞让,性之发也。有与接会,故恻隐卑谦,形出于外。谓性在内不与物接,恐非其实。不论性之善恶,徒议外内阴阳,理难以知。且从子政之言,以性为阴,情为阳,夫人禀情,竟有善恶不也?自孟子以下至刘子政,鸿儒博生,闻见多矣。然而论情性,竟无定是。唯世硕、公孙尼子之徒,颇得其正。由此言之,事易知,道难论也。丰文茂记,繁如荣华,诙谐剧谈,甘如饴蜜,未必得实。实者人性有善有恶,犹人才有高有下也。高不可下,下不可高。谓性无善恶,是谓人才无高下也。禀性受命,同一实也。故命有贵贱,性有善恶。谓性无善恶,是谓人命无贵贱也。九州田土之性,善恶不均,故有黄赤黑之别,上中下之差。水潦不同,故有清浊之流,东西南北之趋。人禀天地之性,怀五常之气,或仁或义,性术乖也。动作趋翔,或重或轻,性识诡也。面色或白或黑,身形或长或短,至老极死不可变易,天性然也。余固以孟轲言人性善者,有中人以上者也。孙卿言人性恶者,中人以下者也。杨雄言人性善恶混者,中人也。若反经合道,则可以为教,尽性之理,则未也。①

依据康有为的分析,董仲舒认为,阴阳是天之大经,性情是人之大经。天是人之本,人之性发于天之阴阳,人之性情生于阴阳。沿着这个思路,康有为赞同董仲舒以善恶言性,这一点通过刘向与董仲舒的比较更直观地呈现出来。刘向与董仲舒一样言性情,并且以阴阳言性情。所不同的是,刘向将性归于阴,理由是性与生俱来,不与物接,故而没有形于外。情与物接,发之于外。对此,康有为并不认同,在以不忍、辞让证明性发之于外的同时,抨击刘向的性情说"不论性之善恶,徒议外内阴阳"。与此同时,康有为强调,有善有恶是人性之实,正如人才有高低、人命有贵贱一样。在对人性的认定上,孟子道性善只看到了中人以上之性,扬雄言人性善恶混则只看到了中人之性。分析至此,康有为得出结论,从孟子到刘向,言性者不乏其人,只有世硕和公孙尼子"论性情""颇得其正"。

循着通常的逻辑,既然康有为认为人之性分为上中下三等,正如土地分为赤黑黄三色一样,那么,他就应该认同董仲舒的人性论。原因在于,董仲舒不仅像他揭示得那样以阴阳、善恶解释人性,而且依据阴阳、善恶将人性

---

① 《孟子微》,《康有为全集》(第五集),中国人民大学出版社 2007 年版,第 429 页。

划分为三个品级即圣人之性、斗筲之性和中民之性。事实并非如此,原由是康有为并不赞同董仲舒对人性之善的界定,而是指责董仲舒对性善的理解拘泥于名。对此,康有为论证并解释说:

董子固主性善者,然董子以为善质不能谓之善,必至善乃可谓善,此乃泥其名耳。《春秋繁露·深察名号篇》:或曰:性有善端,心有善质,尚安非善?应之曰:非也。茧有丝而茧非丝也,卵有雏而卵非雏也。比类率然,有何疑焉?天生民有六经,言性者不当异。然其或曰性也善,或曰性未善,则所谓善者各异意也。性有善端,动之爱父母,善于禽兽,则谓之善,此孟子之言。循三纲五纪,通八端之理,忠信而博爱,敦厚而好礼,乃可谓善,此圣人之善也。是故孔子曰:善人吾不得而见之,得见有恒者斯可矣!由是观之,圣人之所谓善,亦未易当也,非善于禽兽则谓之善也。使动其端善于禽兽则谓之善,善奚为弗见也?夫善于禽兽之未得为善也,犹知于草木而不得名知,于万民之性善于禽兽而不得名善。知之名乃取诸圣,圣人之所命,天下以为正。正朝夕者视北辰,正嫌疑者视圣人,圣人以无王之世、不教之名民,莫能当善。善之难当如此,而谓万民之性皆能当之,过矣。质于禽兽之性,则万民之性善矣。质于人道之善,则民性弗及也。万民之性善于禽兽者,许之。圣人之所谓善者,勿许。吾质于命性者,异孟子。孟子下质于禽兽之所为,故曰性已善。吾上质于圣人之所为善,故谓性未善。善过性,圣人过善。春秋大元,故谨于正名。名非所始,如之何谓未善已善也。孔子曰:名不正则言不顺。今谓性已善,不几于无教而如其自然,又不顺于为政之道矣。且名者性之实,实者性之质,质无教之时,何遽能善?善如米,性如禾。禾虽出米,而禾未可谓米也。性虽出善,而性未可谓善也。米与善,人之继天而成于外也,非在天所为之内也。天所为,有所至而止。止之内谓之天,止之外谓之王教。王教在性外,而性不得不遂,故曰性有善质,而未能为善也。岂敢美辞,其实然也。天之所为,止于茧麻与禾。以麻为布,以茧为丝,以米为饭,以性为善,此皆圣人所继天而进也,非情性质朴之能至也,故不可谓性。正朝夕者视北辰,正嫌疑者视圣人,圣人之所名,天下以为正。今按圣人之言中,本无性善名,而有善人吾不得见之矣。使万民之性皆已能善,善人者何为不见也?观孔子言此之意,以为善难当甚,而孟子以为万民性皆能当,过矣。圣人之性不可以名性,斗筲之性又不可以名性,名性,中民之性。中民之性如茧如卵,卵待复二十日而后能为雏,茧待缫以涫汤而后能为丝,性待渐于教训而后能为善。善,教诲之所然也,非质朴之所能致也,故不谓性。性者,宜知名矣,无所待而起,生而所自有也。善而所自有,则教诲已非性也。是以米出于粟,而粟不可谓米。玉出于璞,而璞不可谓玉。善出于性,而性不可谓善。其比多在物者为然,在性者以为不然,何不通于类也?卵之性未能作雏也,茧之性未能作丝也,麻之性未能为缕也,粟之性未能为米也。《春秋》别物之理以正其名,名物必各因其真。真其义也,真其情也,乃以为名。名殒石则后其五,退飞则先其六,此皆其真也。圣人于言无所苟而已矣。性者,天质之朴也。善者,王教之化也。无其质,则王教不能化。无其王教,则质朴不能善。质而不以善性,其名不正,故不受也。董子之正名固是,但善亦有等,至善可名为善,则善质亦可名为善,但有精粗之分,而可名为善则一也。①

康有为认为,善具有等级和差异,就等级而言,善有至善与善质之分,亦有精与粗之别。董仲舒认为,圣人之性和斗筲之性不可名性,名性只针对中民之性。因为中民之性如茧如卵,茧待缫而后为丝,卵待孵而后能为雏,正如中民待教化而后能为善一样。对此,康有为批评说,董仲舒不懂得"善过性,圣人过善"的道理,因而没有认识到能善与善人之间的区别。性有善端,正如禾可米、茧可丝一样。尽管如此,这并不意味着人性就是善,性与善之间要有一个教化的过程。这解释了为什么孟子说人性善,而孔子曰"善人吾不得而见之,得见有恒者斯可矣"。

基于上述认识,康有为进而将董仲舒的人性论与告子的人性论相提并论。告子宣称:"告子曰:"性,犹杞柳也;义,犹桮棬也。以人性为仁义,犹以杞柳为杯棬。"(《孟子·告子上》)在康有为看来,告子将人性比喻为杞柳、将义比喻为杯棬与董仲舒将性比喻为卵、禾、茧,将善比喻为雏、米和丝如出一辙。原因在于,善出于人性,这证明了善恶在人性之中,而不能证明人性都是善。正是在这个意义上,康有为断言:

告子第一说:性犹杞柳,义犹杯棬。以人性为仁义,犹以杞柳为杯棬。即董子性如茧如卵,卵待复而为雏,茧待缫而为丝,性待教而为善之说。又曰:性比于禾,善比于米。米出禾中,而禾未可全为米也。善生性中,而性未可全为善也。善与米,人之所继天而成于外,非在天所为之内也。天之所为,有所至而止。止之内,谓之天性,止之外,谓之人

① 《孟子微》,《康有为全集》(第五集),中国人民大学出版社2007年版,第427—428页。

事，谓之王教。王教在性外，而性不得不遂。故曰性有善质，而未能为善也。性者，天质之朴也。善者，王教之化也。无其质，则王教不能化。无其王教，则质朴不能善。荀子曰：性者，本始质朴。伪者，文理隆盛。与告子说合。盖无杞柳之质若水者，则不能为杯棬矣。孟子曰：乃若其情，可以为善，犹乃若杞柳之质，可以为杯棬。然则，告子、荀子、董子与孟子，实无丝毫之不合，特辨名有殊，而要归则一也。乃若其情，可以为善。即董子所谓"善质"。夫董子曰"善质"，既不能去其善之名，又何争于孟子哉？至王教之化，《大学》所谓"止于至善"。物有等差，善亦有等差也。孟子以善质为善，亦可行也。杞柳为杯棬之说，孟子亦不能折之。但在顺而扩充，不在逆而戕贼耳。盖仁义乃人性之固有自然，……告子之说，在不识仁义，故孟子是以为祸仁义。若其言性，仍非大误，但譬况不若性禾善米之更精耳。孔子"道不远人，远人不可为道"，故孟子之言性，全在率性而扩充之。如火之由一星而燎原，水之由涓滴而江河，此乃孟子独得之要，而特提妙诀以度天下者，此其所与告子、荀子、董子用檃括克制之道异也。①

依据康有为的分析和诠释，善出于性固然不假，然而，这并不意味着性本然就善，正如米出于禾一样。从性到善正如从禾到米一样并非出于天然，而是经历了一个人为也就是后天教化的过程。"性者，天质之朴也。善者，王教之化也。"天性之质与王教之化相得益彰，缺一不可。从这个意义上说，董仲舒与告子、孟子和荀子的观点别无二致，只是名词有别而已。在此基础上，康有为强调，说到人性的真实情况，则要肯定其善，这就是董仲舒所讲的"善质"。董仲舒既然承认"善质"，也就不能否认人性之善，在本质上与孟子主张性善无异。说到王教之化，是因为善有等差，王教旨在将人引向"至善"。在通往"至善"之途上，孟子的性善说侧重顺性，董仲舒与告子、荀子一样注重"檃括克制"。就比喻而言，告子的杞柳杯棬之喻不如董仲舒的禾米之喻更为精妙。

在康有为的视界中，董仲舒还有一个让包括孟子、荀子以及朱熹、王守仁等众多孔学大家望尘莫及之处，那就是对《易》的传承。当然，康有为给予《易》在孔子思想中的独特地位和对于孔教的至关重要也彰显了董仲舒的功德无限。具体地说，康有为反复强调，《易》对于孔子的思想不可或缺，是孔子晚年所作，属于孔子的高级之学。孔子本人对《易》格外看中，并不

① 《孟子微》，《康有为全集》（第五集），中国人民大学出版社2007年版，第430—431页。

轻易传人而是“择人而传”。《易》对于孔子的意义非凡,对于孔教更是不可或缺:第一,《易》讲天道,《春秋》等专讲人道。《易》的存在表明,孔子之道尽管侧重人道,却同时讲“性与天道”。这就是说,《易》与《春秋》一起共同证明了孔子的思想本末远近大小精粗无所不包。第二,《易》有“精气为物,游魂为变”(《周易·系辞上》)等语,足以证明孔子关注鬼神、死后之事。这就是说,《易》证明孔子的思想是宗教,因为关注鬼神、死后之事是康有为判断宗教的标准。换言之,《易》作为讲灵魂界之书,为孔子争得了宗教家之名。如果说第一点表明了孔子思想的博大精深,印证了“百家皆孔子之学”的话,那么,第二点则证明了孔子是宗教家,孔教与佛教、耶教一样是宗教。以上两点相互印证,表明孔子是教主。康有为将救亡图存的希望寄托于孔教,主张通过保教(孔教)来保国保种,因而大声疾呼立孔教为国教。而这一切的前提则是孔子是宗教家,孔教是中国的国教。明白了这一点,便不难理解《易》在孔教中的不可或缺乃至非凡意义了。在以《易》证明孔子是宗教家的前提下,康有为一面批评孟子不传《易》,荀子罕传《易》;一面指出传孔子之《易》的老子只得孔学之“一体”,将孔子的一阴一阳之道蜕变成了只讲阴而不讲阳的阴教。与对包括孟子在内的孔子后学的批判形成鲜明对比的是,康有为不仅肯定董仲舒传《易》,而且对董仲舒的易学大加赞赏。于是,康有为断言:“《易》大明终始。董子出于阳,入于阴。生于阳,死于阴。皆以日月为终始。”[①]这就是说,与孟子、荀子对《易》的不传、罕传相比,董仲舒深知孔子大道在《易》。与老子等人对《易》的传授只讲阴相比,董仲舒兼阴阳,明终始,颇得孔子真传。

至此可见,康有为视界中的董仲舒不仅破解了孔子主人道之《春秋》的微言大义的密码,同时深谙孔子讲天道、兼阴阳、明终始之《易》。这意味着无论孔子的人道还是天道皆赖董仲舒得以传承。难怪康有为对董仲舒顶礼膜拜、誉之为“孔子之后一人”了。

四、“发仁最精”

康有为指出,仁是孔子思想的立言宗旨,孔子的所有思想、主张都围绕着仁展开。沿着这个思路,他甚至断言:“该孔子学问只一仁字。”[②]在这个前提下,康有为称赞董仲舒对孔子之仁的阐发最为精微,仁对孔子思想的重

---

① 《万木草堂口说·学术源流》,《康有为全集》(第二集),中国人民大学出版社 2007 年版,第 146 页。

② 《南海师承记·讲孝弟任恤宣教同体饥溺》,《康有为全集》(第二集),中国人民大学出版社 2007 年版,第 250 页。

要性在一定意义上也预示了“发仁最精”的董仲舒在孔学中的重要性。

首先,康有为认为,诸教皆有立教的根本,孔教也不例外。具体地说,孔子以仁立教,仁就是孔子立教的根本。

康有为连篇累牍地声称,孔子的立教宗旨是仁,仁对于孔学至关重要。可以看到,他有关这方面的说法俯拾即是。下仅举其一斑:

> 诸教皆有立教之根本。老子本以天地为不仁,以万物为刍狗,此老子立教之本。故列、杨传清虚之学,则专以自私。申、韩传刑名之学,则专以残贼。其根本然也。孔子本天,以天为仁人,受命于天,取仁于天。凡天施、天时、天数、天道、天志,皆归之于天。故《尸子》谓:孔子贵仁。孔子立教宗旨在此。①
>
> 凡圣人立教必有根本,老子以天地为不仁,孔子以天地为仁,此宗旨之异处。取仁于天,而仁此为道本。故《孟子》曰:道二,仁与不仁而已矣。凡百条理从此出矣。仁莫先父子,故谓尧、舜之道,孝弟而已。是以制三年丧而作《孝经》,仁莫大于爱民,所谓“孝子不匮,永锡尔类”。是以制井田而作《春秋》,《中庸》所谓“经天下之大经”,(郑注《春秋》也。)“立天下之大本”也。(郑注《孝经》也。)至山川、草木、昆虫、鸟兽莫不一统。太平之世,大小、远近若一。大同之治,不独亲其亲,子其子,老有所终,壮有所用,鳏寡孤独废疾者有养,则仁参天矣。后世不通孔子大道之原,自隘其道,自私为我,已遁为老学,而尚托于孔子之道,诬孔子哉!②
>
> 孔子之教,其宗旨在仁,故《论语》有“依于仁”一条。《吕氏春秋》言孔子贵仁。自老子始倡不仁之学,故其《道德经》中,天地不仁,以万物为刍狗。圣人不仁,以万姓为刍狗。其教旨与孔子大相反。故向来中国教旨只仁与不仁而已。孔教尚仁,故贵德贱刑。老子主不仁,故后学申、韩之徒贵刑贱德。……为老子之学者全是能忍,能忍便是不仁。孔子谓仁为天心从春生起,老子言天地不仁从冬杀起,生杀亦天地自然之理。西人考之,一百分中,生人直九十四分,死人直六分,生人远多于杀人,孔教则胜于老子矣。③

---

① 《春秋董氏学》卷六,《康有为全集》(第二集),中国人民大学出版社 2007 年版,第 375 页。

② 《春秋董氏学》卷六,《康有为全集》(第二集),中国人民大学出版社 2007 年版,第 389 页。

③ 《南海师承记 · 讲仁字》,《康有为全集》(第二集),中国人民大学出版社 2007 年版,第 227—228 页。

问题到此并没有结束，鉴于仁对于孔教的至关重要，康有为从中引申出两个问题：第一，仁是判断孔教与其他各教的标准。孔教之所以与老教势不两立，缘于在立教宗旨上仁与不仁的不共戴天。第二，对孔子之仁的发微是判断孔子后学对于孔学贡献大小的标准，当然也是衡量其在孔学中地位的依据。

其次，康有为肯定董仲舒对仁的解说、发微“极好”“最精”，故而对董仲舒的仁学赞不绝口。正是在这个意义上，康有为不止一次地断言：

> 董子《必仁且智篇》说仁字极好。①
>
> 董子发仁最精。②

由此可见，康有为在彰显仁对于孔学至关重要的前提下，强调董仲舒对仁的解说“极好”、对仁的发微“最精”。既然如此，康有为无论如何拔高董仲舒的地位也都顺理成章了。如果说对仁的关注、发挥使董仲舒与孟子一样成为孔学正传的话，那么，一个“极”字再加一个“最”字则使董仲舒的地位盖过了孟子以及其他孔子后学。对于这个问题，康有为提供了诸多作证：

> 孔子本仁。盖孔子之道无定，但以仁民为主，而各因其时世以施之，至其穷则又变。《中庸》：如四时之错行，如日月之代明。万物并育而不相害，道并行而不相悖。《易》曰：通其变，使民不倦。又曰：观其会通，以行其典礼。孔子譬如医生，多备数方，以待病变而服之，无一定之法也。惟其先后之序，因时出之。孔子生于乱世，故《春秋》为拨乱而作。……每变一世，则愈进于仁；仁必去其抑压之力，令人人自立而平等，故曰升平。至太平，则人人平等，人人自立，远近大小若一，仁之至也。③
>
> 《春秋》三世之法，与《礼运》小康、大同之义同，真孔子学之骨髓也。孔子当乱世之时，故为据乱、小康之制多，于大同太平则曰：丘未之

---

① 《南海师承记·讲孝弟任恤宣教同体饥溺》，《康有为全集》（第二集），中国人民大学出版社2007年版，第250页。

② 《南海师承记·讲仁字》，《康有为全集》（第二集），中国人民大学出版社2007年版，第227页。

③ 《春秋笔削大义微言考》，《康有为全集》（第六集），中国人民大学出版社2007年版，第16—17页。

逮也，而有志焉。可见孔子之志，实在大同太平，其据乱、小康之制不得已耳。①

既著《伪经考》而别其真赝，又著《改制考》而发明圣作，因推公、穀、董、何之口说，而知微言大义之所存。又考不修《春秋》之原文，而知笔削改本之所托。先圣太平之大道，隐而复明，闇而复彰。……喟然曰：昔孔子厄陈、蔡，作《春秋》；今《春秋》灭于伪《左》，孔道晦于中国，太平绝于人望，岌岌殆哉！吾虽当厄，恐予身不存，先圣太平之大道不著。不揣孤陋，再写旧闻。因旧传凡得一十一卷，岂有所明？亦庶几孔子太平之仁术、大同之公理不坠于地，中国得奉以进化，大地得增其文明。亦后之君子所不罪欤？其诸君子亦乐道之耶？②

上述内容显示，康有为从发微《春秋》、以元统天、以阴阳五行阐发人副天数与发掘仁学最精四个维度对董仲舒的思想进行了解读和诠释。尽管这几个方面从不同维度展开，然而，深入剖析不难发现一个意味深长的现象，那就是：康有为认定董仲舒这几个方面的思想皆出于孔子，并且无一例外地强调这几个方面对孔学非同一般。这印证了康有为声称董仲舒传孔子正学甚至是“孔子之后一人”的认定。更为重要的是，康有为揭示的董仲舒的思想正是他本人的主张。从这个意义上说，康有为的主张是借助孔子的名义发出的，对孔子思想的诠释则是借助董仲舒进行的。对于这一点，康有为的下面这段话提供了注脚：“臣考古先圣人，莫大于孔子，而系《易》著穷变通久之义，《论语》有‘夏时殷辂’之文。盖损益三代，变通宜民，道主日新，不开泥古，孔子之所以为圣实在是。故汉以前儒者，皆称孔子为改制纯儒，董仲舒尤累言之。改者变也，制者法也，盖谓孔子为变法之圣人也。自后世大义不明，视孔子为拘守古法之人，视六经为先王陈迹之作。于是守旧之习深入人心，至今为梗；既乖先圣垂教之意，尤窒国家维新之机。臣故博征往籍，发明孔子变法大义，使守旧者无所藉口，庶于变法自强，能正其本。”③

据此可见，康有为一面声称孔子拥有独立无二的绝对权威——“考古先圣人，莫大于孔子”，一面强调孔子的圣明在于变法维新。对此，孔子系

① 《春秋笔削大义微言考》，《康有为全集》（第六集），中国人民大学出版社 2007 年版，第 18 页。

② 《春秋笔削大义微言考》自序，《康有为全集》（第六集），中国人民大学出版社 2007 年版，第 4 页。

③ 《恭谢天恩并陈编纂群书以助变法请及时发愤速筹全局折》，《康有为全集》（第四集），中国人民大学出版社 2007 年版，第 385—386 页。

《易》凸显“穷变通久之义”以及《论语》记载的“夏时殷辂”之文都是明证。这些对于孔子至关重要，是孔子之所以成为圣人之所在。正是由于这个原因，在刘歆破坏之前的“汉以前儒者”都将孔子奉为托古改制的圣人——这其中的代表便是董仲舒。

康有为强调，改制就是变法，其中，“改者变也，制者法也”。孔子是改制圣人，也就是说孔子是变法圣人。后世偏离了孔子正途，他则力图“博征往籍，发明孔子变法大义”。康有为特意声明，自己之所以这样做，就是为了服务于变法维新。这用他本人的话说便是：

> 孔子作《春秋》改制之说，虽杂见他书，而最精详可信据者莫如此篇（指《春秋繁露·三代改制》篇——引者注）。称《春秋》当新王者凡五，称变周之制，以周为王者之后，与王降为风、周道亡于幽、厉同义。故以春秋继周为一代，至于亲周、故宋、王鲁，三统之说亦著焉，皆为《公羊》大义。其他绌虞、绌夏、五帝、九皇、六十四民，皆听孔子所推。姓姚、姓姒、姓子、姓姬，皆听孔子所象。白黑、方圆、异同、世及，皆为孔子所制。虽名三代，实出一家，特广为条理以待后人之行，故有再、三、四、五、九之复。博厚配地，高明配天，游入其中，乃知宗庙之美，百官之富，别有世界，推之不穷。邵子谓：日、月、星、辰齐照耀，皇、王、帝、霸大铺舒。惟孔子乃有之。董子为第一醇儒，安能妄述无稽之谬说？此盖孔门口说相传非常异义，不敢笔之于书。故虽《公羊》未敢骤著其说。至董生时，时世殊易，乃敢著于竹帛。故《论衡》谓孔子之文传于仲舒也。苟非出自醇实如董生者，虽有此说，亦不敢信之矣。幸董生此篇犹传，足以证明孔子改制大义。①

透过这段话可以想象，康有为提倡变法维新的心情有多急切，董仲舒对于他来说就有多重要。当然，这也意味着他对董仲舒思想的阐发始终围绕着变法维新的根本目标和理论初衷展开。由此可见，康有为先是将孔子塑造成托古改制的祖师爷，接着便假托孔子的名义申明他本人变法维新的主张和诉求。问题的关键是，孔子究竟是复古还是变法，《论语》早有明确记载。例如，孔子自我标榜“我非生而知之者，好古敏以求之者也”（《论语·述而》）、“述而不作，信而好古，窃比于我老彭”（《论语·述而》）、“殷因于夏礼，所损益可知也。周因于殷礼，所损益可知也。其或继周者，虽百世可

① 《孔子改制考》卷九，《康有为全集》（第三集），中国人民大学出版社2007年版，第114页。

知也”(《论语·为政》),如此等等,不一而足。将历史上的孔子特别是《论语》中明确记载的孔子打造成勇于变法、乐于创新的楷模,难度是相当大的。如何经过论证让人相信孔子力主变法维新,成为摆在康有为面前而无法回避的问题。对此,康有为的论证以六经皆孔子作、《春秋》以六经为至贵为切入点,以《春秋》证明孔子力图变法维新。对于这套论证,康有为提交的证据是《春秋公羊传》,推荐的主要证人便是董仲舒。也正是由于这个原因,康有为对董仲舒的解读突出以公羊学解《春秋》,更为重要的是极力表彰董仲舒肯定《春秋》在孔子所作的六经中的至高地位,并且将《春秋》定位为孔子托古改制之作。

将《春秋》奉为解读孔子思想的主要经典是康有为的一贯的做法和主张,在他以《春秋》发掘、阐明孔子思想微言大义的《春秋笔削大义微言考》中更是将这一做法推向了极致。对于这一点,康有为在《春秋笔削大义微言考》的“自序”和“发凡”中表达得淋漓尽致。现摘录如下:

> 于《春秋》之中,有鲁《春秋》之史文,有齐桓、晋文之事,有孔子之义,惟义乃为孔子所制作。然则求孔子之道于《春秋》之义,其不误乎?董子,群儒首也。汉世去孔子不远,用《春秋》之义以拨乱改制,惟董子开之。凡汉世学官师师所传,惟公、穀二家,实皆孔门弟子、后学口说。然则求《春秋》之义于公、穀、董、何及刘向之说,其不谬乎?《春秋经》多无传无说,凡无传者一千零八条,无说者七百零五条,其遗落不闻者,盖已多矣。据今二家口说所存者,虽掇什一于千百,微言大义,粲然具在,浩然闳深,虽其指数千,不尽可窥。然综其指归,亦庶几得其门而入焉。①
>
> 然孟子者,去孔子不远,得《春秋》之传,应比后儒可信也。其言春秋学而述孔子之自言,则曰“其事则齐桓、晋文,其文则史,其义则丘窃取之”。盖不取其文与事,而独取其义。其义何在乎?《公羊》曰:制《春秋》之义以俟后圣。……前有孟子、公羊,后有董子、刘向,两汉诸儒,证据繁确,至为可信。若不信诸儒,则不信孟子可也。若以孟子可信,学《春秋》者,第一当知孔子所作《春秋》为《春秋之义》,别为一书,而非今《春秋》会盟征伐一万六千四百四十六字史文之书也。独抱今会盟征伐一万六千四百四十六字之书,则为抱古鲁史,而非抱孔子之遗

① 《春秋笔削大义微言考》自序,《康有为全集》(第六集),中国人民大学出版社 2007 年版,第 3 页。

> 经矣。买椟还珠,得筌忘鱼,史存则经亡矣。凡《史记》、《汉书》引《春秋》义者,可条证焉!①
>
> 盖《春秋》为孔子改制所托,升平、太平并陈,有非常异义可怪之论,故口授而不书见,七十子传之后学。……故不知《春秋》传在口说者,孔子之微言大义皆已灭绝。②
>
> 董子醇儒,为公羊学,而所称《春秋》非常异义,多出公羊外,与胡毋生之传于何休全合,与穀梁家之刘向亦合,与孟子合。董子岂杜撰者哉?何君亦岂及此哉?盖皆七十子后学口传于孔子,故自然相合尔。其传《春秋》改制当新王继周之义,乃见孔子为教主之证。尤要者,据乱、升平、太平三世之义,幸赖董、何传之,口说之未绝,今得一线之仅明者此乎?今治大地升平、太平之世,孔子之道犹能范围之。若无董、何口说之传,则布于诸经,率多据乱之义,孔子之道不能通于新世矣。……学《春秋》者,尤当知董子《繁露》、何休注多为孔子口说,七十子后学辗转传之,虽有微误,而宗庙百官之美富,可见大端。当一一理会尊重发明之。否则,虽抱《公》、《穀》传文,其于《春秋》,犹欲入而闭之门耳。③

深入思考康有为的上述说法可以发现,他认定董仲舒将《春秋》定位为孔子为变法维新而托古改制所作,并就此将董仲舒推向了孔子后学无人能及的位置。这印证了康有为将董仲舒誉为"孔子之后一人"的定位和评价,也从一个侧面暴露出康有为之所以推崇董仲舒、之所以借助董仲舒的《春秋繁露》发掘孔子的微言大义,最终目的是从《春秋》入手,借孔子之口伸张自己的政治诉求的秘密。正是出于这一动机,康有为对《春秋》奉若神明,而他的《春秋笔削微言大义考》又名《春秋笔削大义微言考》并不是最早对《春秋》的发微。早在1897年,康有为就完成了《春秋董氏学》。《春秋董氏学》是康有为最早发掘《春秋》微言大义的著作,出现的时间不仅证明了康有为对董仲舒的推崇,而且表明了康有为将董仲舒的思想奉为《春秋》的正解确诂。这正如康有为在《春秋董氏学》中所言:"《春秋》一书,皆孔子明改

---

① 《春秋笔削大义微言考》发凡,《康有为全集》(第六集),中国人民大学出版社2007年版,第5页。

② 《春秋笔削大义微言考》发凡,《康有为全集》(第六集),中国人民大学出版社2007年版,第5页。

③ 《春秋笔削大义微言考》发凡,《康有为全集》(第六集),中国人民大学出版社2007年版,第6—7页。

制之事。故孟子谓:《春秋》,天子之事也。曰作新王,曰变周之制。同时王也,而以为王者之后。杞公也,而降为伯。滕子也,而升为侯。此皆非常异义,万不可解之事。而董子数数言之,《说苑》所谓周道不亡,《春秋》不作,《淮南子》所谓《春秋》变周,与何邵公、太史公说皆同。此云略说,则皆口说之流传,且更有其详,此不过其略云尔。《春秋》虽为孔子所托,而运之三代,夏、殷无征,遍见《礼运》、《中庸》、《论语》。此夏、殷、周之制,安所从来?盖五复、九复,亦孔子所托而已。制则或文或质,法则或阴或阳,姓则或子或女,法则或天或地,形则或圆或方或长,统则或白或赤或黑。虽有异同,然皆推算之法,故知出自一手。盖圣人胸有造化,知天命之无常,虑时势之多变,故预立三统以待变。通达之百王,推之九复,范围无外,非圣人之精思睿虑,其孰能为之?"①

尚须提及的是,《春秋董氏学》作于1893—1897年间,1895年的"公车上书"就在这个期间之内。这似乎说明了一个问题:康有为忙于论证变法维新的正当性、合理性,急于寻找证据,于是才搬来了董仲舒以及他的《春秋繁露》。换言之,康有为效仿孔子托古改制,而董仲舒就是他找来的"托"。这既解释了缘何《春秋董氏学》早出,又大致框定了康有为对董仲舒思想的解读。有了这一切,也就可以更好地理解康有为对董仲舒思想的解读和诠释,当然也就可以推想他对董仲舒的定位和评价了。

第三节　有头无尾之董仲舒

无论将董仲舒置于康有为关注的国学人物还是近代哲学家对董仲舒的解读中予以考察,都可以感受到董仲舒在康有为那里的礼遇。这就是说,康有为给予董仲舒的格外青睐乃至情有独钟是独特的,在近代哲学中更是独树一帜。

一、盖世之功——"董子为教主"

康有为之所以给予董仲舒至高评价,并且率先对董仲舒的《春秋繁露》予以解读和诠释,缘于他立孔教为国教的需要而对董仲舒地位和贡献的认定。

首先,康有为肯定董仲舒对孔子仁学的解说"极好",明确将董仲舒誉

① 《春秋董氏学》卷五,《康有为全集》(第二集),中国人民大学出版社2007年版,第369—370页。

为“孔子之后一人”、“汉代第一纯儒”。

“孔子之后一人”是康有为对董仲舒的认定和评价。为了证明这一点，他多次强调董仲舒超过被他本人誉为孔门“二伯”的孟子和荀子。正是在这个意义上，康有为一再宣称：

> 董子之精深博大，得孔子大教之本，绝诸子之学，为传道之宗，盖自孔子之后一人哉！①
>
> 然大贤如孟、荀，为孔门龙象，求得孔子立制之本，如《繁露》之微言奥义不可得焉。董生道不高于孟、荀，何以得此？然则是皆孔子口说之所传，而非董子之为之也。善乎王仲任之言曰：文王之文，传于孔子。孔子之文，传于仲舒。故所发言轶荀超孟，实为儒学群书之所无。若微董生，安从复窥孔子之大道哉！②

按照康有为的说法，董仲舒对于孔子大道的贡献超越了孟子和荀子，因为董仲舒发现了孔子托古改制之本。这使董仲舒对孔子微言大义的传承无人能及，即使是具有孔门龙树、保罗之誉的孟子、荀子也不例外。由于董仲舒将对孔子包括托古改制在内的微言大义的发明寓于《春秋繁露》之中，致使《春秋繁露》成为儒学群书之贵，以至于连《孟子》、《荀子》都望尘莫及。沿着这个思路，康有为得出结论，轻视董仲舒，便无法窥见孔子大道。

为了证明这一点，康有为特意以作为六经之首的《春秋》为依据，详细说明、论证了董仲舒的作用。对此，康有为断言：“《春秋》文成数万，其旨数千。今《春秋》经文万九千字，皆会盟征伐之言，诛乱臣贼子，黜诸侯，贬大夫，尊王攘夷。寥寥数旨外，安所得数千之旨哉？孟子曰：其事则齐桓、晋文，其文则史，其义则丘窃取之。以孟子之说，《春秋》重义，不重经文矣。凡传记称引《诗》、《书》，皆引经文，独至《春秋》，则汉人所称皆引《春秋》之义，不引经文，此是古今学者一非常怪事。……原《春秋》所以绝灭，而孔子之道所以不著，岂不在是哉！董子为《春秋》宗，所发新王改制之非常异义及诸微言大义，皆出经文外，又出《公羊》外，然而以孟、荀命世亚圣，犹未传之，而董子乃知之。又公羊家不道《穀梁》，故邵公作《穀梁废疾》。而董子说多与之同，又与何氏所传胡母生义例同。此无他，皆七十子后学，师师相传之口说也。公羊家早出于战国，（《公羊》不出于汉时，别有考。）犹有讳

① 《春秋董氏学》卷七，《康有为全集》（第二集），中国人民大学出版社 2007 年版，第 416 页。

② 《春秋董氏学》自序，《康有为全集》（第二集），中国人民大学出版社 2007 年版，第 307 页。

避，不敢宣露，至董子乃敢尽发之。"①康有为的这段议论主要表达了四个主要观点：第一，将《春秋》奉为解读孔子思想的金钥匙。第二，孔子之道"不著"，症结在于原《春秋》的绝灭。第三，董仲舒以《春秋》为宗解读孔子思想。难能可贵的是，董仲舒对《春秋》的发挥在《春秋》经文之外，甚至在《春秋公羊传》之外，故而得孔子托古改制等微言大义。第四，康有为强调，董仲舒对《春秋》的阐发皆是孔子正宗，并且传承有序，依据孔子亲授弟子的记录而来。这意味着董仲舒对《春秋》的传承不仅具有正当性，而且具有权威性。基于这一理解，康有为极力抬高董仲舒在孔学中的地位和作用，致使董仲舒在孔学中的地位无人可以望其项背，故而成为"孔后第一人"——也就是康有为所说的"盖自孔子之后一人哉"。

进而言之，康有为声称董仲舒为"孔子之后第一人"，便意味着肯定董仲舒的贡献超过了所有的孔子后学，其中当然包括孟子和荀子。事实正是如此，康有为强调，董仲舒之所以能够超孟轶荀，是因为董仲舒之功劳盖过了孟子和荀子。具体地说，董仲舒传经胜过荀子，传微言大义胜过孟子。既然如此，将董仲舒之书（《春秋繁露》）与《孟子》、《荀子》一起列为孔学的入门书也就顺理成章了。于是，康有为写道：

> 为学之始，先以一二月求通孔子之大义为主。"五经"、"四书"固所自熟，将《公羊》、《繁露》、《白虎通》、《孟子》、《荀子》、《大戴记》、《韩诗外传》、《尚书大传》及"三史"（指《史记》、《汉书》和《后汉书》——引者注）《儒林传》、汉人经说，讲求而贯通之。是月也，但兼看《小学》及《宋元学案》以为清心寡欲之助。诸书既通，则可分类并致，周、秦、西汉子说可毕，"三史"亦通，《说文》、地图亦有所入，考订、议论、目录之书粗涉，词章亦以暇讽诵，外国要书及天文、地理亦讲贯毕。及半年以后，浩然沛然，旁薄有得，各经说，各史学，群书百家，皆可探讨，期年而小成，有基可立矣。②

这是康有为早年为学者胪列的书目单，这一书单的独特之处在于：让《春秋繁露》与四书五经为首的儒家经典、以《史记》、《汉书》、《后汉书》为首的史书和《小学》、《说文》以及《宋元学案》等一起出现。事实上，在康有

① 《春秋董氏学》卷四，《康有为全集》（第二集），中国人民大学出版社 2007 年版，第 356—357 页。

② 《桂学答问》，《康有为全集》（第二集），中国人民大学出版社 2007 年版，第 24 页。

为那里，与对董仲舒的至高评价相一致，《春秋繁露》的地位远远超过了一般的子书。可以看到，他将《春秋繁露》抬到了经书的高度，故而将之与《春秋公羊传》、《周礼》、《论语》、《孟子》和《荀子》一起奉为孔门经典。这正如康有为在自传中所说："孔子定说，以《春秋公羊》、《董氏繁露》、《礼王制》、《论语》、《孟子》、《荀子》为主。"①正因为如此，康有为将《春秋繁露》奉为儒学宝典，与《春秋繁露》一起出现的是作为六经之至贵的《春秋》、作为六经的《礼》、作为十三经的《春秋公羊传》以及作为四书的《论语》、《孟子》等。由此，康有为对《春秋繁露》的推崇可见一斑，也从一个侧面将他对董仲舒的顶礼膜拜表达得淋漓尽致。

康有为视界中的孔子后学人数众多，并为彰显这一点而借鉴《吕氏春秋》的表述方式将孔子后学的数量说成是弟子三千，徒侣六万。众多弟子表明了孔子无与伦比的至高地位和孔教的巨大影响，问题也接踵而至：如何确立乃至彰显众多孔子后学的不同地位？为此，康有为提出了孔门"十哲"之论，并且让董仲舒位列其中："康先生论十哲当以颜子、曾子、有子、子游、子夏、子张、子思、孟子、荀子、董子居首，盖孔门论功不论德也。"②董仲舒之所以能够在众多弟子中脱颖而出、荣获"十哲"称号，是康有为依据"论功不论德"的标准和原则万里挑一的遴选结果。如此说来，既然董仲舒入选"十哲"凭借的是对于孔学的功劳，那么，可以推断康有为给予董仲舒在孔学中的地位取决于他对董仲舒的审视和评价，与对董仲舒思想的解读和发挥密不可分。事实上，正是通过对董仲舒思想的解读和诠释，康有为证明了董仲舒对于孔教的功高盖世。

其次，为了凸显董仲舒在孔学中举足轻重的地位，康有为甚至将董仲舒誉为孔教的"教主"。

康有为认为，董仲舒对于捍卫孔教的正统地位功不可没，对于光明孔子大道尤其是孔学一统天下立下了无人能及的汗马功劳。于是，康有为宣称：

> 后世之道术不明，统绪不著者，皆韩愈粗疏灭裂之罪也。愈之言道也，自孔子后千年，举孟子、荀子，而以杨雄虱其间。又谓"轲死不得其传"焉。宋儒绍述其说，遂若千余年无闻道者。信若斯言，则是孔子大教已灭绝，岂复能光于今日哉？夫《吕氏春秋》、《韩非》作于战国之末

---

① 《我史》，《康有为全集》（第五集），中国人民大学出版社 2007 年版，第 82 页。

② 《南海师承记·讲孟荀列传》，《康有为全集》（第二集），中国人民大学出版社 2007 年版，第 229 页。

日，孟子已殁，而吕氏称孔子弟子充满天下，弥塞天下，皆以仁义之道教化于天下。《韩非》称儒分为八，有孟氏之儒，有颜氏、子夏氏、子张氏、漆雕氏、仲良氏、孙氏、乐正氏之儒，不特孟氏有传，七家亦皆有传焉。至于汉世，博士传"五经"之口说，皆孔门大义微言，而董子尤集其大成。刘向以为伊、吕无以加。《论衡》所谓：孔子之文传于仲舒。《春秋纬》谓：乱我书者董仲舒。乱者，治也。天人策言，道出于天，正谊不谋利，明道不计功，朱子极推其醇粹。而韩愈乃不知之，而敢断然谓孟子死而不传。呜呼！何其妄也。若杨雄于君国则以美新，投阁于经学，则为歆伪欺绐。徒以《法言》摹仿《论语》，美言可市，乃舍江都而与兰陵并愈。拟人既不于伦，宝康匏而弃周鼎。呜呼！何其妄也。夫孔子之大道在《春秋》，两汉之治以《春秋》，自君臣士大夫政事、法律、言议，皆以《公羊》为法，至今律犹从之。（吾有《今律出〈春秋〉考》。）公羊博士之传遍天下，云礽百万，皆出江都，呜呼，盛矣！……自武章终后汉，四百年治术、言议皆出于董子，盖董子为教主也。二子之盛，虽孟、荀莫得比隆。朱子生绝学之后，道出于向壁，尊"四书"而轻"六经"，孔子末法无由一统，仅如西蜀之偏安而已。董子接先秦老师之绪，尽得口说，《公》、《穀》之外，兼通"五经"，盖孔子之大道在是。虽书不尽言，言不尽意，圣人全体不可得而见，而董子之精深博大，得孔子大教之本，绝诸子之学，为传道之宗，盖自孔子之后一人哉！因属门人王觉任搜其后学，表其传授，俾后世于孔门统绪流别得详焉。①

依据这个分析，在孔教的流传中，董仲舒和朱熹功劳最大，两人也因而被"论功不论德"的康有为誉为孔教的教主。在这个前提下，康有为强调，相比之下，董仲舒的贡献比朱熹更大，并因此誉董仲舒为"孔子之后一人"，给予了董仲舒除孔子之外的最高荣誉。

"孔子之后一人"是一个整体评价，既包括对孔子思想的传承、发挥，又包括对孔教的传播。因此，"自孔子之后一人"意味着从总体上看董仲舒在孔学后学中位列首位。这大体包括两方面的含义：第一，董仲舒的地位是孟子、荀子无法比拟的，因为两人只限于对孔子思想的传承，董仲舒却使孔学一统天下，开创了西汉以《春秋》治世的局面。第二，董仲舒的思想是朱熹望尘莫及的，因为董仲舒既以公羊学光大了孔学，又因为正途而没有让孔子的思想"割地"。对于康有为对董仲舒与朱熹的定位可以从两个不同的方

---

① 《春秋董氏学》卷七，《康有为全集》（第二集），中国人民大学出版社 2007 年版，第 416 页。

向去理解：一方面，康有为对董仲舒、朱熹都称为教主，两人是康有为除了对孔子和自己之外赐封的仅有二位孔教教主。因此，在孔教教主的意义上可以说，康有为给予了董仲舒、朱熹相同的地位，甚至将“小教王”的称谓送给了朱熹而令董仲舒在朱熹面前相形见绌。另一方面，康有为指出，董仲舒接续孔学圣道，而朱熹则偏于一隅。具体地说，由于尊四书而轻六经，朱熹得孔子之末法，就像三国时期的蜀国那样偏于一隅。令朱熹望尘莫及的是，董仲舒承接先秦诸子，通过孔子亲授弟子而尽得口说。康有为甚至声称，董仲舒得孔子口说之集大成，西汉时五经博士所传口说皆出自董仲舒。如果说孔子大道在《春秋》，《春秋公羊传》是孔门正传的话，那么，董仲舒则不仅深谙《春秋》大义，而且兼通《春秋》之公羊学和穀梁学。正是由于这个原因，董仲舒兼通五经，故而得孔学之全。也是由于这个原因，得孔子大道的董仲舒的思想博大精深，同时得孔教之本。基于上述认识，康有为得出结论，董仲舒在孔学中的地位可谓是“孔子之后一人”。鉴于董仲舒在孔子后学中首屈一指的地位，康有为强调，了解董仲舒是理解孔教流派的关键。韩愈的错误就是没有看到董仲舒在孔教传播过程中首屈一指的地位和作用，而冒言孔子大道到“轲死不得其传”。鉴于上述情况，康有为声称，自己与弟子搜罗董仲舒的后学，既是为了表彰董仲舒传播孔教的功劳，又是为了借此澄明孔教的传承谱系和流派。

至此可见，康有为之所以给予董仲舒至高评价，理由是董仲舒对于孔教的贡献无人能及。这除了董仲舒使孔学一统天下之外，还包括董仲舒对孔子的定位和对孔子思想的阐发。一言以蔽之，董仲舒将孔子奉为教主。康有为认为，孔子是教主，这是千真万确的。从历史上看，对于孔子是“神明圣王”一事，从孟子到庄子都有明言。尽管如此，后世对于孔子托古改制则无人洞察。因此，孔子是改制教主全赖董仲舒的发明。康有为进一步总结说，借助口说发挥孔子的微言大义，直指孔学宗旨皆是董仲舒有别于其他人的独特贡献。董仲舒的这些贡献对于孔教至关重要，也奠定了董仲舒本人在孔教中无与伦比的地位。这用康有为本人的话说便是：“董生更以孔子作新王，变周制，以殷、周为王者之后。大言炎炎，直著宗旨。孔门微言口说，于是大著。孔子为改制教主，赖董生大明。”①

如果说中国的政治一统始于秦始皇、完成于秦代的建立的话，那么，中国的文化一统则始于汉武帝、完成于西汉。这就是说，汉武帝的文化一统以儒家学说为主旨，采纳的是董仲舒提出的“罢黜百家、独尊儒术”的策略。

---

① 《孔子改制考》卷八，《康有为全集》（第三集），中国人民大学出版社 2007 年版，第 103 页。

西汉的文化一统实质上是儒学的独尊,而董仲舒在其中发挥了至关重要乃至举足轻重的作用。从这个意义上说,康有为对董仲舒地位的彰显并不过分,断言董仲舒开创了孔学的国教时代并非完全没有依据。既然如此,康有为将董仲舒界定为孔教的教主也就水到渠成了。

二、历史地位

在近代哲学家中,率先对董仲舒的历史贡献予以高度评价的无疑首推康有为。康有为之所以一再拔高董仲舒的地位,不仅在于董仲舒对孔子微言大义的诠释和发挥,而且在于董仲舒对孔子的膜拜和定位。在康有为看来,董仲舒的功劳是将孔子定位为“素王”,这一定位最契合孔子的身份和地位。

“素王”指有帝王之德而无帝王之位的人。《淮南子》盛赞孔子文武双全,却“专行教道,以成素王”(《淮南子·主术》)。这是文献中第一次将孔子与“素王”直接联系起来。之后,《汉书》引述董仲舒对孔子的评价,声称董仲舒尊孔子为“素王”:“孔子作《春秋》,先正王而系万事,见素王之文焉。”(《汉书·董仲舒传》)耐人寻味的是,康有为没有提及《淮南子》的“素王”说,而是对《汉书》的记载加以演绎和发挥。康有为如此作是含有深意的,一个“极”字更加凸显了董仲舒对孔子的推崇和定位。依据康有为的说法,董仲舒的贡献之一是尊孔子为“素王”,给予了孔子精准定位。对此,康有为的下面这段议论提供了佐证:“孔子、尧、舜,后世疑其差等。王阳明有‘尧、舜万镒,孔子九千镒’说,固为大谬。朱子谓孔子贤于尧、舜,在事功似矣。然不知孔子改制,治定百世,乃为功德无量。不然,区区删述,仅比老、彭,宰我不诚阿好哉!”①尧、舜都是中国的圣人,既有德,又有位。两人建立了传说中的唐虞盛世,被归入三皇五帝。唐虞指唐尧和虞舜,两人与黄帝(或太昊、少昊)、颛顼、帝喾一起被奉为五帝。依据康有为的说法,孔子虽然无位而不能得位行权,但是,孔子与尧舜好有一比。沿着这个思路,康有为坚决反对在尧、舜与孔子之间分出高低,更是批评王守仁关于“尧、舜万镒,孔子九千镒”的观点“大谬”。

令康有为大为光火的王守仁的“尧、舜万镒,孔子九千镒”之说,源出《传习录》中的两段记载。现摘录如下:

> 圣人之所以为圣,只是其心纯乎天理,而无人欲之杂。犹精金之所以为精,但以其成色足而无铜铅之杂也。人到纯乎天理方是圣,金到足

① 《孔子改制考》卷九,《康有为全集》(第三集),中国人民大学出版社 2007 年版,第 116 页。

色方是精。然圣人之才力，亦是大小不同，犹金之分两有轻重。尧、舜犹万镒，文王、孔子有九千镒，禹、汤、武王犹七千镒，伯夷、伊尹犹四五千镒：才力不同而纯乎天理则同，皆可谓之圣人；犹分两虽不同，而足色则同，皆可谓之精金。①

德章曰："闻先生以精金喻圣，以分两喻圣人之分量，以锻炼喻学者之工夫，最为深切。惟谓尧、舜为万镒，孔子为九千镒，疑未安。"先生曰："此又是躯壳上起念，故替圣人争分两。若不从躯壳上起念，即尧、舜万镒不为多，孔子九千镒不为少；尧、舜万镒只是孔子的，孔子九千镒只是尧、舜的，原无彼我。所以谓之圣，只论精一，不论多寡。只要此心纯乎天理处同，便同谓之圣。若是力量气魄，如何尽同得！后儒只在分两上较量，所以流入功利。若除去了比较分两的心，各人尽着自己力量精神，只在此心纯天理上用功，即人人自有，个个圆成，便能大以成大，小以成小，不假外慕，无不具足。此便是实实落落明善诚身的事。后儒不明圣学，不知就自己心地良知良能上体认扩充，却去求知其所不知，求能其所不能，一味只是希高慕大；不知自己是桀、纣心地，动辄要做尧、舜事业，如何做得！终年碌碌，至于老死，竟不知成就了个甚么，可哀也已！"②

王守仁对"致良知"念兹在兹，甚至不惜将功名、著述等方面的内容从判断圣人的标准中删除。他声称"只是其心纯乎天理"便是圣人，因为"人到纯乎天理方是圣"。因此，孔子与尧、舜都是圣人。在这个前提下，王守仁强调，圣人与圣人之间的才力有别，故有尧舜万镒、孔子九千镒之说，同时强调不可"只在分两上较量"。尽管如此，康有为依然对王守仁让孔子屈尊尧、舜之下的做法耿耿于怀。在孔子与尧、舜的地位高低上，康有为赞同朱熹关于孔子在事功方面胜于尧、舜的观点。与此同时，他批评朱熹没有看到孔子托古改制、模范百世的无量功德。显而易见，康有为认为朱熹对孔子的评价不精准，给予孔子的地位不到位。在康有为看来，与朱熹、王守仁相比，董仲舒称孔子为"素王"最为贴切。

三、审视范式

综观康有为视界中的董仲舒可以看到，董仲舒是康有为最早集中阐发、推崇备至的国学人物，却不是自始至终都被纳入视野的国学人物。一个明

① 《王阳明全集卷一・传习录上》，《王阳明全集》，上海古籍出版社1992年版，第27页。

② 《王阳明全集卷一・传习录上》，《王阳明全集》，上海古籍出版社1992年版，第31页。

显的例子是,康有为对董仲舒的崇拜时间早,并且主要集中在戊戌变法之前的早期阶段。大致说来,董仲舒是康有为早期推崇的主要国学人物之一,在康有为戊戌变法之后的思想中便逐渐被边缘化,在《大同书》代表的中期思想中尤其是在以《诸天讲》为代表的后期思想中则不见了踪影。经过董仲舒与康有为视界中的其他国学人物的比较,可以发现康有为给予董仲舒的两个有别于其他国学人物的不同对待和显著特征,无论态度还是地位都极为特殊。

首先,康有为对国学人物的选择侧重和态度评价处于变化之中,庄子、荀子和朱熹等人在康有为那里都经历了一个先褒后贬、由尊到黜的过程。与此形成强烈对比的是,康有为对董仲舒只有崇拜推崇而没有抨击鞭挞。这种情况在康有为那里是极为罕见的,从一个侧面反映了董仲舒在康有为视界中的特殊性。

就地位来说,康有为给予董仲舒的地位足以让包括孟子、荀子和朱熹等人在内的绝大多数的孔子后学黯然失色,在孔子后学中的贡献甚至无人比肩。就董仲舒获得的荣誉称号来说,孔教之教主与朱熹分享,后来朱熹被淘汰出局。综合分析、考量康有为的思想不难发现,一方面,他眼中的孔教教主和集大成者除了孔子本人之外,只有两人:一位是董仲舒,一位是朱熹。这就是说,在康有为勾勒的孔教的传播过程中,董仲舒和朱熹功不可没,堪称教主。换言之,康有为认定朱熹是教主,同时也将董仲舒誉为教主。另一方面,通过朱熹与董仲舒的比较,康有为对两人区别对待,直观流露出对董仲舒与朱熹的不同态度和评价。康有为强调,不可将朱熹与董仲舒的地位等量齐观,并且阐明了两个理由:第一,董仲舒与朱熹对孔学的继承、阐扬大相径庭。董仲舒"得孔子大教之本,绝诸子之学,为传道之宗";而朱熹却得孔子大道之一端,犹如"西蜀之偏安"。第二,朱熹与董仲舒面对的处境相差悬殊。董仲舒不染佛老,朱熹则近老入佛。这意味着康有为认定董仲舒的思想是孔门正统。对于朱熹,康有为则既承认他是孔子后学却又批判他的思想属于"另一种学问"。更为重要的是,只有董仲舒擅于发挥孔子的微言大义,最终成为"孔子之后一人"。朱熹生于荀子、刘歆之后,充其量不过是荀子、刘歆之一小支。再加之朱熹坐而论道,轻视六经而关注四书,故而与孔子大道渐行渐远。值得注意的是,康有为一再肯定朱熹思想的博大精深,然而,当朱熹遭遇董仲舒时,情况却急转直下:康有为一面声称董仲舒的思想精深博大,一面抨击朱熹偏于一隅。分析至此,董仲舒的地位足以令朱熹相形见绌,康有为对董仲舒的顶礼膜拜由此可见一斑。由此,董仲舒成为除了孔子之外的唯一教主。除此之外,康有为认为,孟子、荀子是孔门战国时期的"二伯",董仲舒超孟逸荀。这意味着无论孟子还是荀子在董仲舒面前都自叹弗如。被称为"二伯"时的荀子尚且如此,至于与朱熹一样被视为从内部败坏孔教的罪魁祸首,荀子与董仲舒只能是相去霄壤了。

耐人寻味的是,康有为给予董仲舒的地位不可谓不高,却没能够善始善终。这是因为,在戊戌变法之后,康有为便不再推崇董仲舒。于是,虎头蛇尾成为董仲舒在康有为思想中的命运轨迹。

其次,康有为关注董仲舒的时间点较为特殊,对董仲舒的审视、解读更为特殊。这是因为,康有为对国学人物的解读和审视有一个共同特点,那就是:关注身份归属和传承谱系。对于董仲舒,康有为的重点不是厘清身份确证或传承谱系,而是专注思想本身。事实上,康有为对董仲舒的思想兴趣盎然,对董仲舒的思想解读、地位认定和态度评价都围绕着《春秋繁露》展开。正是由于这个原因,康有为成为最早发掘《春秋繁露》,并且给予《春秋繁露》最高评价的近代哲学家。

在肯定《春秋繁露》兼备大义与微言、礼与例的前提下,康有为强调书中的不同篇章各有侧重。例如,他提到了《春秋繁露》的许多篇名,并对各篇内容予以阐发。在此过程中,康有为注意到:"《王道》、《观德》、《玉英》、《楚庄王》数篇,多言例。"①除此之外,他还对《春秋繁露》的篇名予以审视,并且得出了这样的结论:"《繁露》篇目,多用三字,与《纬书》合。"②翻阅《春秋繁露》一目了然,仅从目录上即可发现并非如康有为所说。就康有为提到的《春秋繁露》的篇名来说,从《王道》《观德》《玉英》到《人副天数》(康有为写作《天副人数》)《深察名号》《必仁且智》《循天之道》都是证明。

除了对《春秋繁露》全书的整体透视和宏观把握之外,康有为还对书中的各篇进行专门概括。这方面的例子同样俯拾即是,下仅举其一斑:

> 《繁露·天副人数篇》("天副人数"应为"人副天数"之误,《人副天数》是《春秋繁露》第五十六篇的篇名、下同——引者注)言人甚详,与物相同。③

---

① 《万木草堂口说·春秋繁露》,《康有为全集》(第二集),中国人民大学出版社 2007 年版,第 203 页。

② 《万木草堂口说·春秋繁露》,《康有为全集》(第二集),中国人民大学出版社 2007 年版,第 206 页。

③ 《万木草堂口说·学术源流》,《康有为全集》(第二集),中国人民大学出版社 2007 年版,第 147 页。

《人副天数篇》，言人甚详，与物相同。①

《循天之道篇》甚有精思。②

上述内容显示，康有为从不同方面呈现了董仲舒的思想。总的说来，康有为对董仲舒思想的解读、评价与他对董仲舒学术身份的归属和传承谱系的勾勒相印证。深入思考康有为对董仲舒思想的解读，可以归纳为两个显著特征：第一，彰显董仲舒对孔子思想的薪火相传，强调董仲舒的思想得孔学真传。与此相一致，康有为对董仲舒思想的阐发与对孔子思想的阐发密切相关，甚至可以说始终围绕着阐发孔子的微言大义这一主旨展开。第二，正如康有为对孔子思想的诠释以作为六经之金钥匙的《春秋》为第一经典一样，康有为对董仲舒思想的阐发由始至终都围绕着对《春秋》三世三统的诠释展开，这也是他对《春秋繁露》情有独钟的根本原因。前者服务于康有为立孔教为国教的理论初衷，后者迎合了思想启蒙的时代主题。

再次，康有为对董仲舒的兴趣、阐发秉持一贯的立言宗旨和学术立场，服务于立孔教为国教的国学理念和变法维新的政治需要。因此，探究康有为推崇董仲舒的深层动机和良苦用心，既有助于深刻体悟他的国学观、儒学观和孔教观，又有助于直观感受康有为的学术研究与政治诉求的互为表里、相得益彰。也正是由于这个原因，康有为是以思想家的眼光而不是以学问家的眼光审视董仲舒的地位的，对董仲舒思想的解读当然也是如此。与其说康有为着力还原、呈现董仲舒的思想，不如说执着于大胆阐发以至于过度诠释更为恰当。当然，面对康有为视界中的董仲舒，在肯定其创新的同时，对于其中公羊家言的过度诠释要有一个清醒而客观的认识和态度。

提起康有为对董仲舒思想的阐发或对《春秋繁露》的研究，就不能不提《春秋董氏学》。康有为于 1893—1897 年之间作《春秋董氏学》，虽然是编撰而非思想发挥或诠释，但是，《春秋董氏学》表明了康有为对董仲舒思想的系统梳理和集中阐发。正因为如此，《春秋董氏学》无论对于康有为的早期思想还是对于董仲舒在近代哲学中的命运而言都意义非凡：第一，就康有为来说，对许多国学人物的思想解读并不凭借文本。例如，无论康有为对公孙龙的身份归属还是思想解读都没有提及《公孙龙子》。康有为之所以对《春秋繁露》乐此不疲，除了对《春秋》的推崇，还在于认可董仲舒以公羊学

---

① 《万木草堂口说·春秋繁露》，《康有为全集》（第二集），中国人民大学出版社 2007 年版，第 204 页。

② 《万木草堂口说·春秋繁露》，《康有为全集》（第二集），中国人民大学出版社 2007 年版，第 188 页。

范式解读《春秋》。第二,就康有为与近代哲学家的比较来说,翻检近代哲学可以看到,董仲舒在其他近代哲学家那里不受重视,甚至不在场。康有为对董仲舒的高度关注、推崇备至在近代哲学家中独树一帜,与同时代的其他哲学家形成强烈反差。这个反差折射出康有为与其他近代哲学家对国学人物的不同遴选,背后隐藏着天差地别的国学观、文化观和儒学观。具体地说,康有为、谭嗣同将诸子百家整合为孔学一家,故而推崇孔子;康有为以孔子为儒家代言,故而对作为儒家代表并且传承《春秋》的孟子和董仲舒格外青睐。严复和章炳麟推崇道家,因而并不关注董仲舒。谭嗣同虽然推崇孔子并且与康有为一样将诸子百家归结为孔学一家,但是,他并不像康有为那样具有儒家情结而是排斥儒学("后儒"),因而对董仲舒敬而远之。

与服务于立孔教为国教的学术立场和变法维新的政治需要一脉相承,康有为视界中的董仲舒是在各种关系中存在的。大致说来,康有为视界中的董仲舒除了以孔子为核心牵涉董仲舒与作为孔子后学的亲授弟子、孟子和荀子的关系之外,从横向来看,康有为关注董仲舒与刘歆的关系。在康有为的视界中,两人是作为一正一反的教材出现的。甚至可以说,康有为对董仲舒的思想阐发和态度评价与对刘歆的思想阐发和态度评价截然相反:康有为以发明被湮灭的孔子大义为己任,《新学伪经考》与《春秋董氏学》沿着两个不同的方向展开。众所周知,1891 年康有为作《新学伪经考》,旨在揭露古文经是伪经,并将刘歆说成是篡改经书的千古罪人。这是反着说,旨在以刘歆作为反面教材为孔教拨云见日;1897 年康有为完成《孔子改制考》,这是正着说,着重从正面阐发孔子托古改制的微言大义。两部著作之所以引起学术界的大飓风、大地震效应,是因为书中的观点石破天惊,甚至可以说冒天下之大不韪。因此,为自己的观点提供辩护成为康有为的当务之急,他的奥援之一则是董仲舒和《春秋繁露》。这也是《春秋董氏学》作于 1893—1897 年间,成为康有为早期著作的主要原因。既然刘歆代表的新学——古文经学是伪学、古文经是伪经,那么,什么是正学、是真经?康有为的回答是:董仲舒代表的今文经学是正学,《春秋》是真经。接下来的问题是,既然孔子托古改制,并将托古改制的密码隐藏在《春秋》之中,那么,为什么几千年来无人知晓?孔子改制的秘密如何知见?改制的方式究竟如何?康有为答曰:董仲舒在《春秋繁露》中揭示了其中的秘密,解答了这些问题。至此可见,正如声称孔子托古改制一样,孔子是康有为的"托"——在这方面,董仲舒也不例外——借董仲舒之口发出自己的声音,是康有为推崇董仲舒、借助《春秋繁露》解读董仲舒思想实则表述自己思想的目的所在。

四、继承转化

明白了康有为的初衷和目的便不难发现，正如董仲舒以今文经学的家法对《春秋》予以尽情发挥和过度诠释一样，康有为以如此家法对董仲舒的思想以及《春秋繁露》如法炮制。这意味着康有为对董仲舒的思想既有继承，又有转化。可以肯定的是，与其说康有为沿袭、秉持今文经学的传统对董仲舒的思想予以阐发，不如说他借董仲舒之名，借助《春秋繁露》伸张了自己的政治主张、哲学理念和价值意趣。

康有为的思想与董仲舒之间既存在着一定程度的继承关系，也呈现出区别明显。

以哲学思想为例，董仲舒奉天为本原，康有为则借董仲舒的名义奉元为本原。诚然，董仲舒重视元，并且使元成为一个重要概念。董仲舒重元与《春秋》有关，《春秋》第一句话是"元年春正月公即位"。正是在发微《春秋》的过程中，董仲舒由"元年春正月公即位"而贵元重始。更为重要的是，尽管董仲舒重元，然而，他所讲的元具体指元年之元，也就是君主年号顺序的第一年即开始。有鉴于此，元在董仲舒那里充其量只是时间上的称谓，即使勉强算得上一个政治学概念，也绝非哲学概念，故而与宇宙论、本体论无涉。董仲舒看中的则是元年即新主从政之始对于王道的初始意义，故而对元进行了夸大。董仲舒是第一个对元予以深入阐发的哲学家，主要是赋予元以政治学意蕴。他以始训元，致使元等同于具有开始、起始或开端等时间含义的始，并进而宣称元就是王道之始。由此可见，董仲舒尽管重视元，却只限于政治领域。沿着这个思路，董仲舒强调，孔子改制为元年的所谓始不过是重视王道之始。在哲学上，董仲舒继承了孔子、孟子和荀子等先秦儒家的尊天传统，将天视为宇宙中的最高主宰，断言"天者百神之大君也"。在此基础上，董仲舒将对天的尊崇贯彻到人性论、政治论等各个领域，提出了"人副天数"的命题，同时声称天为人之曾祖父，君主是天之子。天有阴阳，天生人有贪仁之性。由此，董仲舒从人性的角度将人划分为三品，并据此在治国理民上主张仁主刑辅。在这个前提下，他大声疾呼尊天、奉天。尽管如此，董仲舒并没有对天与元的关系进行具体或详细探究，既没有将元归入天之统辖范围，也没有视元为天之所生。这些共同证明，董仲舒哲学的本原是天。

与董仲舒有别，康有为使元拥有了宇宙本原或万物主宰之义，因而将元变成了一个哲学概念。更为重要的是，康有为在阐发董仲舒的思想时，明确提出天与人同源于元。对此，康有为解释并论证说：

> 盖天地之本皆运于气，孔子以天地为空中细物，况天子乎？故推本于元以统乎天，为万物本。终始天地，本所从来，穷极混茫，如一核而含枝叶之体、一卵而具元黄之象；而核卵之始，又有本焉，无臭无声，至大至奥。孔子发此大理，托之《春秋》第一字，故改“一”为“元”焉。此第一义也。老子所谓道、婆罗门所谓大梵天王、耶教所谓耶和华近之，而不如言元统天之精也。①

康有为在此主要申明了三个观点：第一，孔子改“一”为“元”，寄托了托古改制的微言大义。第二，以元统天表明，元是本原，既是万物之本，又是天之本。第三，在天地本原的维度上，元既与道、大梵天王和耶和华同义，又比后者精微。基于这种理解，康有为借助董仲舒对孔子思想的阐发将元奉为世界本原，进而声称天与人都归于元。于是，他断言：“岂知元为万物之本，人与天同本，于元犹波涛与沤同起于海，人与天实同起也。然天地自元而分别为有形象之物矣。人之性命虽变化于天道，实不知几经百千万变化而来，其神气之本，由于元。溯其未分，则在天地之前矣。人之所以最贵而先天者，在参天地为十端，在此也。精奥之论，盖孔子口说，至董生发之深博，与华严性海同。幸出自董生，若出自后儒，则以为勦佛氏之说矣。（尝窃愤儒生只能割地，佛言魂，耶言天，皆孔子所固有，不必因其同而自绝也。理本大同，哲人同具，否则人有宫室、饮食，而吾亦将绝食露处矣。）”②据此可知，康有为声称，天与人都归于元是孔子口说，董仲舒发挥了孔子这方面的思想。深入剖析可以发现，康有为的观点与董仲舒之间的差距是巨大的。一言以蔽之，董仲舒的哲学本原是天，康有为的哲学本原则是元。

当然，作为康有为解读国学人物的通病，他对董仲舒的思想解读以及关注难免有头无尾——这一点与康有为本人孔教观的转变一脉相承。与此同时，康有为对董仲舒的思想解读有时却让人摸不着头脑。例如，康有为指出：“王阳明：先知而后行。程子曰：未能知说甚行。后人多异之，岂知先发于董子哉！欲舍行为，舍知何所下手？此天然之理也。见祸福远，知利害早，见始知终，立之无废，智之条理最博而深矣。”③众所周知，知行关系并非董仲舒关注的热门话题，康有为却断言董仲舒与二程和王守仁一样主张知

① 《春秋笔削大义微言考》，《康有为全集》（第六集），中国人民大学出版社 2007 年版，第 10 页。

② 《春秋董氏学》卷六，《康有为全集》（第二集），中国人民大学出版社 2007 年版，第 373—374 页。

③ 《春秋董氏学》卷六，《康有为全集》（第二集），中国人民大学出版社 2007 年版，第 393 页。

先行后,因而不知从何说起。尤为值得一提的是,王守仁以知行并进、不分前后的"知行合一"著称于世,康有为却断言王守仁主张"先知而后行",更是令人匪夷所思。

二、以公羊学解读《春秋》

康有为之所以推崇孔子,主要目的和手段便是将孔子打造成托古改制的祖师爷,借助孔子的权威为变法维新提供理论辩护。正因为如此,康有为选择了以《春秋》而不是以《论语》作为第一经典来解读孔子的思想,并且青睐擅长发挥微言大义、注重经世致用的今文经学。在这方面,董仲舒以公羊学解读《春秋》的致思方向和价值旨趣符合康有为的政治诉求,董仲舒的公羊学尤其是对《春秋》三世三统的发挥让康有为如获至宝。

康有为指出,孔子在汉唐尤其是在汉代的影响得益于《春秋》,因而与《春秋》的传承密切相关。具体地说,康有为所讲的汉唐学与《春秋》的密不可分,主要指《春秋》对汉唐哲学的影响。这既印证了康有为提出的孔子所作六经以《春秋》为至贵,又证明了传孔子《春秋》并且深谙《春秋》微言大义的董仲舒在汉唐学中的显赫地位和决定影响。在康有为看来,孔子后学中解读《春秋》者不乏其人,只有董仲舒对《春秋》的解读深中肯綮,体悟到了孔子思想的精髓和奥义。于是,康有为写道:"书必有序,以发明其意。序或自作,或同时人作,或后学作《春秋》言微,孔子未能自序,赖后学发明之。后学明于《春秋》者,莫如董子。"①鉴于《春秋》对于六经的首屈一指和对于孔学的提纲挈领,康有为给予了董仲舒多高的礼遇也都可以理解了。

康有为认为,《春秋》对汉唐学的影响包括微言大义与制度——或者说,孔子之文与孔子之礼两个方面。事实上,康有为对孔学与汉唐学关系的追溯基本上是循着这两条线索展开的。按照他的说法,董仲舒对孔子之道无所不传,对《春秋》的阐发也包括微言与礼制两个方面。对此,康有为连篇累牍地声称:

> 故《春秋》专为改制而作。然何邵公虽存此说,亦难征信,幸有董子之说,发明此义,俾《大孔会典》、《大孔通孔》、《大孔律例》于二千年之后,犹得著其崖略。董子醇儒,岂能诞谬。若是,非口传圣说,何得有此非常异义耶?此真《春秋》之金锁匙,得之可以入《春秋》者。夫《春秋》微言暗绝久矣,今忽使孔子创教大义如日中天,皆赖此推出。然则

① 《春秋董氏学》卷一,《康有为全集》(第二集),中国人民大学出版社 2007 年版,第 310 页。

此篇为群书之瑰宝,过于天球河图亿万无量数矣。王仲任曰:孔子之文,传于仲舒。呜呼!使董子而愚人也则可,使董子而少有知也则是,岂不可留意乎!①

孔子之作"六经",其书虽殊,其道则未尝不同条共贯也。其折衷则在《春秋》。故曰:志在《春秋》。《春秋》为改制之书,包括天人,而礼尤其改制之著者。故通乎《春秋》,而礼在所不言矣。孔子之文传于仲舒,孔子之礼亦在仲舒。孔门如曾子、子夏、子游、子服、景伯,于小敛之东西方,立嫡之或子或孙,各持一义,尚未能折衷。至于董子,尽闻三统,尽得文质变通之故,可以待后王而致太平,岂徒可止礼家之讼哉?其单词片义,皆穷极元始,得圣人之意,盖皆先师口说之传,非江都所能知也,不过荟萃多,而折衷当耳。若其为《春秋》之大宗,今学之正传,熟而贯之,足以证伪礼者,犹其余事矣。②

孔子创义,皆有三数以待变通。医者制方,犹能预制数方以待病之变,圣人是大医王而不能乎?三统、三世皆孔子绝大之义,每一世中皆有三统。此三统者,小康之时,升平之世也。太平之世别有三统,此篇略说,其详不可得闻也。后世礼家聚讼固有伪古之纷乱,而今学中亦多异同,如子服、景伯、子游争立子、立孙、立弟,《公羊》、《穀梁》争妾母认子贵、不以子贵,《檀弓》争葬之别合,曾子、子夏争殡之东西,孟子、公羊爵之三等、五等,禄之三品、二品,皆今学而不同,后师笃守必致互攻。岂知皆为孔子之三统,门人各得其一说,故生互歧。故通三统之义,而经无异义矣。自七十子以来,各尊所闻,难有统一之者,虽孟、荀犹滞于方隅。惟董子乃尽闻三统,所谓孔子之文传之仲舒也。③

依据康有为的分析,董仲舒对《春秋》的解读和传承是沿着微言与礼制两个方面进行的,故而能够尽显孔子的三统三世之义。对《春秋》的这一解读表明,董仲舒没有像孔子后学那样对孔学各执一端,而是得孔子大义和孔学之全。正是由于这个原因,董仲舒结束了自孔子亲授弟子以来——即使是孟子、荀子也不能幸免的对孔子大道"滞于一隅",并且由于各得一隅而聚讼纷纭的局面。

基于这种认识,康有为对董仲舒的《春秋繁露》奉若神明。例如,康有

① 《春秋董氏学》卷五,《康有为全集》(第二集),中国人民大学出版社 2007 年版,第 365 页。

② 《春秋董氏学》卷三,《康有为全集》(第二集),中国人民大学出版社 2007 年版,第 330—331 页。

③ 《春秋董氏学》卷五,《康有为全集》(第二集),中国人民大学出版社 2007 年版,第 370 页。

为在将六经都说成是孔子所作,并在此基础上强调《春秋》是六经之至贵,因而将《春秋》奉为解读六经和孔子思想的金钥匙。在这个前提下,他甚至强调,如果说《春秋》是解开六经的金钥匙的话,那么,董仲舒对《春秋》的解读即《春秋繁露》则是解开《春秋》的金钥匙。沿着这个思路,康有为得出了如下结论:"《春秋公羊》之学,董子及胡母生传之。董子之学,见于《繁露》,胡母生之说,传于何休。故欲通《公羊》者,读何休之注、董子之《春秋繁露》。(吾有《春秋董氏学》。)有义、有例、有礼,要皆孔子所改之制。分而求之,则《公羊》可通,而《春秋》亦可通矣。"①

至此可见,对于康有为来说,无论《春秋》对于六经的至关重要还是《春秋繁露》对于《春秋》的至关重要都指向了董仲舒以公羊学的范式解读《春秋》对于孔学的至关重要,无论《春秋繁露》对于解读《春秋》和孔子微言大义的不可或缺还是董仲舒开创的孔学一统局面都使董仲舒在孔学中的地位首屈一指。与此相一致,康有为在考察孔学与汉唐哲学关系的过程中,极力推崇董仲舒,明确指出"董子穷理过于荀子,荀子过于孟子"②。正是沿着这个思路,康有为将董仲舒誉为孔子之后的第一人和汉代的"第一纯儒"。

康有为认为,孔学在西汉的一统大业,政治上依靠汉武帝的支持,思想上得益于董仲舒对孔子身份的精准定位和对孔子微言大义的正确发微。相比较之下,后者的作用更为重要,康有为对此也更为重视。对于其中的原因,他不止一次地解释说:

> 董生更以孔子作新王,变周制,以殷、周为王者之后。大言炎炎,直著宗旨。孔门微言口说,于是大著。孔子为改制教主,赖董生大明。③
>
> 及读《繁露》,则孔子改制变周,以《春秋》当新王,王鲁绌杞,以夏、殷、周为主统,如探家人筐箧,日道不休。董子何所乐而诞谩是?董子岂愚而不知辩是?然而董子举以告天下则是,岂不可用心哉!吾以董子学推之今学家说而莫不同。以董子说推之周、秦之书而无不同。若其探本天元,著达阴阳,明人物生生之始,推圣人制作之源,扬纲纪,白性命,本仁谊,贯天人,本数末度,莫不兼运。信乎明于《春秋》为群儒宗也。④

① 《桂学答问》,《康有为全集》(第二集),中国人民大学出版社 2007 年版,第 18 页。

② 《万木草堂口说·春秋繁露》,《康有为全集》(第二集),中国人民大学出版社 2007 年版,第 188 页。

③ 《孔子改制考》卷八,《康有为全集》(第三集),中国人民大学出版社 2007 年版,第 103 页。

④ 《春秋董氏学》自序,《康有为全集》(第二集),中国人民大学出版社 2007 年版,第 307 页。

依据康有为的解释,董仲舒对孔学的贡献集中体现在两个方面:第一,对孔子的精准定位。康有为指出,董仲舒认识到了孔子"作新王,变周制",并由此将孔子定位为托古改制的教主,而不是将孔子仅仅视为教育家、思想家或哲学家。第二,破解孔子寄寓在《春秋》中的微言大义的密码。康有为指出,董仲舒基于对孔子是托古改制教主的精准定位解读孔子的思想,体悟到孔子思想的精髓在于微言大义。正是沿着这个思路解读《春秋》,董仲舒才能够最终破译孔子托古改制的微言大义。这表明,董仲舒是孔子后学中最能领悟孔子思想精髓的人,董仲舒的思想是孔学正传。因此,董仲舒的思想被汉武帝采纳以及汉代的"独尊儒术"不仅是孔学在汉代的传承和延续,而且是康有为认可的孔学的理想状态。

基于上述认识,康有为盛赞董仲舒为"孔子之后一人""汉世第一纯儒"。在此基础上,他进而号召人们学孔子从《春秋》开始,在上择孟子的同时,下择董仲舒。于是,康有为一再声称:

> 学《春秋》当从何人?有左氏者,有公羊、穀梁者,有以"三传"束高阁,独抱遗经究终始者,果谁氏之从也?曰:上折之于孟子,下折之于董子可乎。……董子为汉世第一纯儒,而有"孔子改制,《春秋》当新王"之说。《论衡》曰:文王之文,传于孔子;孔子之文,传于仲舒。则《春秋》微言大义,多在《公羊》,而不在《穀梁》也。①
>
> 明于《春秋》者,莫如董子。自元气阴阳之本、天人性命之故、三统三纲之义、仁义中和之德、治化养生之法,皆穷极元始、探本混茫。孔子制作之本源、次第,藉是可窥见之。如视远筒浑仪而睹列星,晶莹光怪,棋列而布分也。如绘大树,根本干支,分条布叶,郁荣华实,可得而理也。孔子之道本,暗曶湮断久矣,虽孟、荀命世亚圣,犹未能发宣。江都虽醇儒,岂能逾孟越荀哉?有道者,高下大小,分寸不相越。苟非孔子之口口相传,董子岂能有是乎?此真孔子微言大义之所寄也。今紬精举要,俾孔子之道如日中天。岂敢谓尽露大道?抑大圣制作本始,条理宗庙百官,有可瞻仰云尔。②

在康有为那里,"纯儒"是至高评价,董仲舒为"纯儒"便意味着他的思想被认可。查遍康有为勾勒的秦后的孔学史可以发现,宋明理学家没有被

① 《桂学答问》,《康有为全集》(第二集),中国人民大学出版社2007年版,第18页。

② 《春秋董氏学》卷六,《康有为全集》(第二集),中国人民大学出版社2007年版,第372页。

康有为冠以纯儒的,汉儒中被康有为誉为纯儒的仅有两位:一位是"第一纯儒"董仲舒,另一位便是王充。通过这个前提下尚须澄清的是,康有为尽管将董仲舒、王充都冠以"纯儒"(有时又写作"醇儒"),然而,他却对两人区别对待:第一,对于王充,康有为并没有予以过多关注或思想阐释,而只限于王充对董仲舒的肯定,即"文王之文,传于孔子。孔子之文,传于仲舒"。第二,就两汉来说,康有为称赞并且多次提及的孔子后学只有两位,除了董仲舒之外,便是司马迁,其中并没有王充的位置。康有为之所以称赞司马迁,是因为他认定司马迁是孔子后学,在力辟老学、墨学而方式弘扬孔学,而这一切都是通过《史记》完成的。鉴于司马迁的贡献和对《史记》的推崇备至,康有为将《史记》与《汉书》一起作为解读《春秋公羊传》的基本文本。于是,他写道:"《公羊》、《繁露》所以宜专信者,为孔子改制之说在也。能通《春秋》之制,则'六经'之说莫不同条而共贯,而孔子之大道可明矣。《春秋》成文数万,其旨数千,皆大义也。汉人传经,皆通大义,非琐屑训诂名物也。故两汉四百年,君臣上下制度议论,皆出《公羊》,以《史记》、《汉书》逐条求之可知也。苟能明孔子改制之微言大义,则周、秦诸子谈道之是非出入,秦、汉以来二千年之义理制度所本,从违之得失,以及外夷之治乱强弱,天人之故,皆能别白而昭晰之。"①由此可见,如果说董仲舒、司马迁和王充是康有为推崇的汉代乃至整个汉唐时期的主要人物的话,那么,康有为给予董仲舒的至高地位则是司马迁和王充无法比拟的。

值得注意的是,康有为给予董仲舒的至高地位和评价与其说通过与司马迁、王充等人的比较反映出来,不如说通过他对刘歆的打击反映出来。事实上,康有为对董仲舒的褒扬与对刘歆的贬损恰成对立态势,他抨击刘歆的理由在某种程度上即是推崇董仲舒的理由。

通过对汉唐学的审视,康有为得出结论:孔学对汉代的影响是广泛的,故而后学众多;在孔子这一时期的后学中,既有正确阐发孔子之道的董仲舒以及何休、司马迁等人,也有对孔子思想的歪曲和篡改者,依据《春秋左传》解读孔子、并以此攻击董仲舒公羊学的刘歆便是后者其中的典型代表。有鉴于此,康有为对董仲舒的顶礼膜拜意味着对刘歆的深恶痛绝。为此,康有为不仅作《新学伪经考》对刘歆予以批判,而且在复原孔教的过程中排斥以刘歆为代表的汉儒。对于刘歆的错误以及对孔教造成的巨大危害,康有为揭露说:

---

① 《桂学答问》,《康有为全集》(第二集),中国人民大学出版社 2007 年版,第 18—19 页。

> 自刘歆以《左氏》破《公羊》，以古文伪传记攻今学之口说，以周公易孔子，以述易作，于是，孔子遂仅为后世博学高行之人，而非复为改制立法之教主圣王，只为师统而不为君统。诋素王为怪谬，或且以为僭窃。尽以其权归之人主。于是，天下议事者引律而不引经，尊势而不尊道。其道不尊，其威不重，而教主微；教主既微，生民不严不化，益顽益愚。皆去孔子素王之故。异哉！王义之误惑不明数千载也！夫王者之正名出于孔氏。何谓之王？一画贯三才谓之"王"，天下归往谓之"王"。天下不归往，民皆散而去之，谓之"匹夫"。以势力把持其民谓之"霸"，残贼民者谓之"民贼"。夫王不王，专视民之聚散向背名之，非谓其黄屋左纛，威权无上也。后世有天下者称帝，以王封其臣子，则有亲王、郡王等名。六朝则滥及善书，渎及奴隶，皆为王。若将就世俗通达之论识言之，则王者人臣之一爵，更何足以重孔子？亦何足以为僭异哉？然今中国圆颅方趾者四万万，其执民权者二十余朝，问人归往孔子乎？抑归往嬴政、杨广乎？既天下义理、制度皆从孔子，天下执经、释菜、俎豆、莘莘皆不归往嬴政、杨广，而归往大成之殿、阙里之堂，共尊孔子。孔子有归往之实，即有王之实，有王之实而有王之名，乃其固然。然大圣不得已而行权，犹谦逊曰假其位号，托之先王，托之鲁君，为寓王为素王云尔。故夫孔子以元统天，天犹在孔子所统之内，于无量数天之中而有一地，于地上无量国中而为一王，其于孔子曾何足数！但考其当时，则事实同称，征以后世，则文宣有号，察其实义，则天下归往，审其通名，则人臣之爵，而上昧神圣行权偶托之文法，下忘天下归往同上之徽称，于素王则攻以僭悖之义，于民贼私其牙爪，则许以贯三才之名，何其舛哉！①

其实，《公羊传》《穀梁传》《左传》都是对《春秋》的注疏、解释，故而具有《春秋》三传之称。从这个意义上说，传播今文经和古文经都不脱儒家的经学范围。这借用康有为的话语结构或表达方式便是都属于孔学，董仲舒的今文经学和刘歆的古文经学都证明了孔学对汉代的影响。问题的关键是，康有为似乎并不这样看，因为他推崇今文经而贬黜古文经。并且，在对今文经与古文经的不同对待中，康有为一面对董仲舒佩服得五体投地，一面对刘歆极尽贬损之能事。可以看到，与对刘歆不遗余力地打压形成强烈对比，康有为一再对董仲舒的贡献、地位予以夸大和拔高。沿着这个思路，康

① 《孔子改制考》卷八，《康有为全集》（第三集），中国人民大学出版社2007年版，第101页。

有为发出了如下断语："然大贤如孟、荀，为孔门龙象，求得孔子立制之本，如《繁露》之微言奥义不可得焉。董生道不高于孟、荀，何以得此？然则是皆孔子口说之所传，而非董子之为之也。善乎王仲任之言曰：文王之文，传于孔子。孔子之文，传于仲舒。故所发言轶荀超孟，实为儒学群书之所无。若微董生，安从复窥孔子之大道哉！"①康有为在这里明言声称，轻视董仲舒，便无法窥见孔子大道。这应了他对于董仲舒是"孔子之后一人"的判断，也使董仲舒的地位超越了其他孔子后学，《春秋繁露》的地位甚至超过了其他孔门经典。康有为这样做，是因为他认定董仲舒的思想不仅证明了孔学的辉煌，而且是孔学正宗。

对于康有为与董仲舒以及孔子的关系，章炳麟有过一段经典表达，对于理解康有为的做法颇具启发意义。现摘录如下："盖尝论之，孔子之在周末，与夷、惠等夷耳。孟、荀之徒，曷尝不竭情称颂，然皆以为百世之英，人伦之杰，与尧、舜、文、武伯仲，未尝侪之圜丘清庙之伦也。及燕、齐怪迂之士兴于东海，说经者多以巫道相糅，故《洪范》旧志之一篇耳，犹相与抵掌树颊，广为紬绎，伏生开其源，仲舒衍其流，是时汉廷适用少君、文成、五利之徒，而仲舒亦以推验火灾，救旱止雨，与之校胜，以经典为巫师豫记之流，而更曲傅《春秋》，云为汉氏制诰，以媚人主而棼政纪。昏主不达，以为孔子果玄帝之子，真人尸解之伦，谶纬蜂起，怪说布彰，曾不须臾而巫蛊之祸作，则仲舒为之前导也。自尔或以天变灾异，宰相赐死，亲藩废黜，巫道乱法，鬼事干政，尽汉一代，其政事皆兼循神道。夫仲舒之托于孔子，犹宫崇、张道陵之托于老聃。今之倡孔教者，又规摹仲舒而为之矣。"②章炳麟认为，孔子为教主与董仲舒之间具有某种内在关联。而康有为的做法无疑是对董仲舒的效仿。

值得注意的是，康有为给予董仲舒的崇高地位和至高评价借助与汉儒的比较直观体现出来。质言之，与其说通过与司马迁、王充等人的比较从反面反映出来，不如说通过与刘歆比较从方面反映出来。事实上，康有为对董仲舒的褒扬与对刘歆的贬损恰成对立态势，这意味着康有为抨击刘歆的理由在某种程度上即是推崇董仲舒的理由。

---

① 《春秋董氏学》自序，《康有为全集》(第二集)，中国人民大学出版社 2007 年版，第 307 页。

② 《驳建立孔教议》，《章太炎政论选集》(下册)，中华书局 1977 年版，第 690 页。

第七章 刘　歆

提起康有为，给人印象最深的是对孔子的推崇备至与对刘歆的深恶痛绝。综观康有为的所有论作可以发现，以人物作为批判的靶子著书立说予以驳难的惟有《新学伪经考》。《新学伪经考》中的"新学"即歆学，也就是刘歆之学。从《新学伪经考》的书名即可一目了然，刘歆在康有为视界中是重点人物，足以作为反面教材，所以才被康有为当作批判的靶子。事实上，出现在康有为视界中的刘歆无一不以反面形象示人，自始至终都予以极力鞭挞也成为康有为对待刘歆的基本做法和态度。就康有为对国学人物的态度而言，刘歆的待遇非同寻常，因为只有抨击而无赞誉乃至肯定在康有为那里并不多见。可以看到，即使是对被他批判为最大之蠹的韩非，康有为也肯定《韩非子》一书的价值，尤其对其中的《显学》篇给予较高评价。康有为对怒不可遏的韩非有过肯定，对墨子、荀子和朱熹等人毁誉参半，唯独认为刘歆一无是处，恨不得一棍子打死。对待刘歆的学术性体现了康有为的特殊立场，背后隐藏着深刻而复杂的原因。正因为如此，反观康有为视界中的刘歆，不仅有助于体悟康有为对古文经学以及汉唐哲学的态度评价，而且有助于理解他的孔教观和国学观。

第一节　致命错误

综观康有为的思想可以发现，刘歆是最早被提到的国学人物之一。从被康有为纳入视野开始，刘歆就遭到他的极力鞭挞。换言之，康有为提起刘歆之日，也就是对刘歆展开猛烈批判之时。事实上，康有为对刘歆的抵制带有某种必然性，因为他认定刘歆犯了不可饶恕的致命错误，给中国造成了无法挽回的巨大灾难。

一、剥夺孔子的教主资格

康有为指出，刘歆给孔教以及中国造成了无法弥补的致命后果，而这一切都源于刘歆对孔子的认识而破坏了孔子大道。具体地说，刘歆否认六经为孔子作，也就等于否定了孔子的教主资格。对此，康有为揭露并解释说：

若我国以儒治国垂数千年,笃生教主,不假异地,此乃大地之所无,而吾国文明之最光远有耀者也。况孔子去世卿,去奴隶,而开二千年一统平等自由之治;定同姓不婚,而人民数万万冠于大地,功莫盛焉。其改制为教主兼该三世,自据乱、升平、太平莫不备具。一世之中又有三统、三正,以待变通,故曰上下无常不可为典要,惟变所适。其称"文王既没,文不在兹",以文为主,尚进化也。《诗》始文王之君主以寓据乱,《书》首尧、舜之民主以示升平,《易》称见群龙无首天下治也以示太平。明堂之制上圆下方,三十六牖,七十二户,则各国之王宫议院正同之。衣长后衽,尚白尚黑,建子建丑,则今欧洲各国行焉。试问谁能于数千年前范围欧土之制乎?今兹经说泥古而不能进化,皆刘歆伪说为之,伪《左传》以夺《公羊》,而微言大义绝。不然,则我六朝时已进升平世矣。太平大同之道,今欧美尚去之万里,而何自弃其妙道大教乎?妄人寡识,以己国一日之弱而惊于欧人一日之强,乃欲尽弃其学而学焉,于我国所弃除之诸子旧说出之,欧人则珍之,而乃轻其东家邱(据《孔子家语》载,这是鲁人对孔子的鄙称——引者注),至有谓中国无教主。敢谓孔子乃哲学家、政治家、教育家,非教主者,审若是,然则中国无教乎?于是媚外风行,群盲推波,乃至大学堂编官书亦公然采兹谬说,渐且有议谒圣不行拜跪礼者,渐且有自称西历几世纪者。无识无耻,谬妄颠愚,举国若狂,甘为奴隶。噫!何吾国人之少弱即不自立,愚顽忘耻若是之甚也!①

依据康有为的说法,与其说孔子是哲学家、政治家或教育家,不如说孔子是宗教家。孔子不仅创立了孔教,而且是中国的教主。沿着这个思路,康有为将孔子称为"神明圣王""素王"等。康有为强调,教主是孔子最重要的身份,这一身份无论对于中国还是对于孔子都至关重要:对于中国来说,孔子的教主身份表明,中国拥有数千年以儒治国的传统,中华文明最为光远荣耀,冠绝全球;对于孔子来说,教主表明孔子托古改制,"开二千年一统平等自由之治"。

康有为进而指出,世人以哲学家、政治家或教育家称孔子,偏偏不以教主事孔子,因而使中国沦为无教之国。这种做法既使中国人丧失了民族自豪感和自信心,也使中国丧失了精神信仰和民族凝聚力。由此,耶教乘虚而

① 《欧美学校图记 英恶士弗大学校图记》,《康有为全集》(第八集),中国人民大学出版社2007年版,第125—126页。

入,中国人纷纷信奉耶教,从而导致信仰危机、身份迷失和文化迷惘。而这一切的罪魁祸首便是刘歆,因为刘歆是使孔子地位下降的始作俑者。依据康有为的分析,正是刘歆使孔子从万人爱戴的教主沦落为备受嘲弄的"东家邱",从而失去了教主的地位。这一切都祸起刘歆伪篡经书,以《左传》取代《春秋公羊传》,导致孔子微言大义的歇绝。对此,康有为解释说,无论孔子的教主地位还是孔教的微言大义都体现在六经中,由于"'六经'皆孔子作,百家皆孔子之学",孔子当仁不让地成为中国的教主。换言之,"'六经'皆孔子作"与"百家皆孔子之学"一样证明了孔子的绝对权威和至高地位。相比较而言,"'六经'皆孔子作"更为根本。这是因为,有了六经皆是孔子所作,才有了包括老子、墨子在内的先秦诸子皆传孔子所作的六经而来,于是都成为孔子后学;有了先秦诸子对孔子所作的六经的不同选择和传承发挥,于是才有了诸子思想的泾渭分明,最终演绎出先秦时期的百家争鸣。在此基础上,康有为指出,刘歆伪造经书,将六经说成是周公所作。这样一来,由于在孔子之上多了一个周公,孔子的地位和权威大打折扣——最直接的表现是,孔子从创教的"神明圣王"下降为传播古代典籍的先师。

更有甚者,由于刘歆将六经归功于周公,便在经典上否定了孔子成为中国教主的资格。正是在这个意义上,康有为宣称:"夫大地教主,未有不托神道以令人尊信者。时地为之,若不假神道而能为教主者,惟有孔子,真文明世之教主,大地所无也。及刘歆起,伪作古文经,托于周公,于是以六经为非孔子所作,但为述者。唐世遂尊周公为先圣,抑孔子为先师,于是仅以孔子为纯德懿行之圣人,而不知为教主矣。近人遂妄称孔子为哲学、政治、教育家,妄言诞称,皆缘是起,遂令中国诞育大教主而失之,岂不痛哉?臣今所编撰,特发明孔子为改制教主,六经皆孔子所作,俾国人知教主,共尊信之。"①依据这个说法,当今之世称孔子为哲学家、政治家和教育家而不称孔子为教主祸起刘歆,早在刘歆伪造古文经、托于周公之时,就已经埋下了祸根。对于这一点,唐代尊周公为先圣、抑孔子为先师便是明证。事实上,唐代时孔子为"纯德懿行之圣人"就表明孔子已经不再是教主了。循着上述逻辑,通过揭露刘歆伪篡经书,还六经真面目成为康有为试图恢复孔子教主地位的关键。这既决定了他对刘歆的深恶痛绝,又预示了他提升孔子权威、恢复孔教地位的过程。对于后者,从反面看也就是谴责、揭露和抨击刘歆的过程。

---

① 《请尊孔圣为国教立教部教会以孔子纪年而废淫祀折》,《康有为全集》(第四集),中国人民大学出版社 2007 年版,第 97—98 页。

二、伪篡经典

康有为指出,古文经是伪经,篡伪古文经者便是刘歆。刘歆伪造经典导致伪经的流行,以至于中国几千年传诵的经典都是刘歆染指的伪经。基于这种认识,康有为试图借助对经书的逐一辨伪,揭露、印证刘歆伪造经书的罪行,同时点明还原真经的方向。

1.《春秋》

尽管《周礼》是今文经学与古文经学争议的焦点,然而,对于康有为来说,不是《周礼》而是作为六经金钥匙的《春秋》对于孔子的地位更具有决定性的意义。有鉴于此,康有为对《春秋》的考辨、解读用力最著,对刘歆给《春秋》造成的破坏更加耿耿于怀。

《春秋》是古代最早的编年体史书,从西周起就有太史记载国家大事,按照立法先有春秋、后分冬夏而归国史为春秋。从这个意义上说,各国都有自己的"春秋"即国史。鲁国有鲁春秋,齐国则有齐春秋。现存《春秋》从鲁隐公到鲁哀公,历十二代君主,基本上可视为鲁国的国史。康有为正是利用这一点,借助"春秋"将古代文献归于孔子麾下,借此将孔子打造成中国的教主。于是,他声称:"《春秋》,旧名。《墨子》云:百国《春秋》。公羊云:不修《春秋》。《楚语》:教之《春秋》。是今十一篇孔子作,公羊、穀梁所传,胡母生、董子所传本是也。《春秋》为孔子作,古今更无异论。但伪古学出,力攻改制,并铲削笔削之义,以为赴告策书,孔子据而书之,而善恶自见。杜预倡之,朱子尤主之。若此,则圣人为一誊录书手,何得谓之作乎?今特辨此。言作《春秋》者不胜录,略引数条以成例尔。"①在这里,康有为坦言,《春秋》是旧名,不惟《春秋公羊传》,《墨子》《楚辞》皆引《春秋》,"《墨子》云:百国《春秋》"印证了各国皆有《春秋》以及《春秋》的版本众多。在这个前提下,康有为有意无意地弥合各国《春秋》与孔子所作《春秋》的区别,进而声称《春秋》为孔子所作,古今并无异议,分歧仅在于对《春秋》版本的传承。他强调,作为今文经学——《春秋公羊传》《春秋穀梁传》的《春秋》是胡母生、董仲舒所传,这才是正版。这一版的独特意义和价值在于,隐藏着孔子大道,而《春秋公羊传》的贡献恰恰就体现在从三世三统、托古改制的角度解读《春秋》,注重发挥《春秋》的微言大义。不幸的是,由于古文经学的出现,一切都发生改变。胡母生、董仲舒传承的正版的《春秋》就此歇绝,流传下来的只是刘歆伪造的古文经的版本。

---

① 《孔子改制考》卷十,《康有为全集》(第三集),中国人民大学出版社 2007 年版,第 137 页。

针对这种情况,康有为以《新学伪经考》为开端,推出了一系列著作,力求恢复孔子的三世三统之学,光大孔门的大同之学。这用康有为本人的话说便是:“然则虽知孔子之教,当知《春秋》三世之义,当知《礼运》大同之说。欲知《礼运》大同之说,当求西汉今文五经之说,而黜东汉以来伪古文五经之说,进而求之六纬。吾有《伪经考》、《孔子改制考》、《春秋笔削微言大义考》、《论语注》、《中庸注》、《孟子微》,皆发此义。庶几孔教可兴,大同之治可睹。”①值得注意的是,康有为在此直指古文经学败坏了《春秋》大义,点名批判的是杜预和朱熹而没有提到刘歆。尽管如此,刘歆对此难辞其咎。原因在于,康有为认为伪造经书、提倡古文经学而抵制今文经学的始作俑者是刘歆,其他人包括朱熹在内都是步刘歆的后尘或受刘歆的蛊惑,这也成为康有为早在 1891 年就推出《新学伪经考》并将批判的矛头对准刘歆的原因。不仅如此,康有为的下面这段话从另一个角度印证了这一点:“始作伪乱圣制者自刘歆,布行伪经篡孔统者成于郑玄。阅二千年岁、月、日、时之绵暖,聚百、千、万、亿衿缨之问学,统二十朝王者礼乐制度之崇严,咸奉伪经为圣法,诵读尊信,奉持施行,违者以非圣无法论,亦无一人敢违者,亦无一人敢疑者。于是夺孔子之经以与周公,而抑孔子为传;于是扫孔子改制之圣法,……且后世之大祸,曰任奄寺,广女色,人主奢纵,权臣篡盗,是尝累毒生民、覆宗社者矣,古无有是,而皆自刘歆开之。是上为圣经之篡贼,下为国家之鸩毒者也。”②

在康有为看来,刘歆以古文经学篡改《春秋》的版本,造成了《春秋》版本的混乱。更为严重的是,后世沿着刘歆古文经学的思路解读《春秋》,湮没了其中的微言大义,最终也背离了《春秋》的原义。对于《春秋》,康有为的解读不惮其烦,核心观点便是托古改制、三世三统。例如,康有为一再断言:

> 《春秋》托始于据乱世,中而升平世,进而太平世。③
> 孔子因道不行作《春秋》。④

这就是说,《春秋》是孔子的救世之作,寓含孔子托古改制的微言大义,

---

① 《长安讲演录》,《康有为全集》(第十一集),中国人民大学出版社 2007 年版,第 285 页。
② 《新学伪经考》,《康有为全集》(第一集),中国人民大学出版社 2007 年版,第 355 页。
③ 《南海师承记·张三世例》,《康有为全集》(第二集),中国人民大学出版社 2007 年版,第 262 页。
④ 《南海师承记·通三统》,《康有为全集》(第二集),中国人民大学出版社 2007 年版,第 263 页。

隐藏着孔子由据乱世到升平世再到太平世即大同世的三世三统思想。刘歆却伪造经书,力攻托古改制之说,铲除《春秋》笔削的微言大义。如此一来,孔子成为“誊写书手”。刘歆的做法既贬损了孔子,又亵渎了《春秋》。这是康有为不能容忍的。他一面作《新学伪经考》,揭露刘歆对经书的伪篡;一面作《孔子改制考》,旁征博引以证明《春秋》的托古改制之义。

2.《易》

康有为揭露,伪篡《易》,将之归功于周公是刘歆所为。有鉴于此,他反复辨明《易》之作者和源流,以此证明《易》之文出自孔子。在将《易》说成是孔子所作的同时,康有为反复揭露刘歆对《易》的伪篡。

对于《易》之作者,康有为的观点是,《易》之画出自伏羲和文王,《易》之文则出自孔子。对于《易》之源流、真伪和传承,康有为如是说:

> 故《易》之卦爻始画于牺、文,《易》之辞全出于孔子。十翼之名,史迁父受《易》于杨何未之闻,殆出于刘歆之说。①
>
> 《易》画于伏羲,卦于文王,彖、爻、象、文言、系辞于孔子,道通天人,兼义理、象数而为之。自《史记》、《法言》、《论衡》,皆以《易》作于三圣,而周公不预焉。其称为《周易》,以为周公作者,皆刘歆伪古文之说也。②
>
> 孔子之传《易》也,自商、瞿、田、何至施、孟、梁丘、京、焦,汉时立于学官,多推卦气,此孔子之正传也。其说卦得于宣帝时河内女子,序卦、杂卦则发现于伪古文家之费氏易,此皆刘歆之伪撰也。③
>
> 朱子生于刘歆之后,未能祛其豊部也。至于河图洛书,则陈抟种放李之才,邵雍之传,则出于道家《参同契》,而朱子从之,亦误也。然朱子之言义理,其中正粹然,过于辅嗣也,虽非孔子之全,其切于人事,亦足为后世法矣。④

康有为对《易》之源流的追溯与他对其他问题的看法一样前后之间并不完全一致,大致说来,围绕着三个问题展开:第一,将《易》归功于孔子。在承认《易》画于伏羲、卦于文王的前提下,康有为强调《易》之彖、爻、象、文言、系辞皆出于孔子。这与康有为一贯宣称的包括《易》在内的六经都是孔

① 《孔子改制考》卷十,《康有为全集》(第三集),中国人民大学出版社2007年版,第137页。
② 《〈易经遵朱〉序》,《康有为全集》(第十一集),中国人民大学出版社2007年版,第309页。
③ 《〈易经遵朱〉序》,《康有为全集》(第十一集),中国人民大学出版社2007年版,第309页。
④ 《〈易经遵朱〉序》,《康有为全集》(第十一集),中国人民大学出版社2007年版,第309页。

子所作相印证。第二,利用西汉经典印证《易》出于伏羲、文王和孔子"三圣"而与周公无关。康有为指出,将周公凌驾于孔子之上是刘歆所为,将《易》说成是周公所作是从刘歆伪造古文经开始的。第三,勾勒了从伏羲、文王到孔子再到孔子后学的完整的易学谱系。"自商、瞿、田、何至施、孟、梁丘、京、焦",康有为视界中的《易》传承有序,并且始终将易学的传统谱系框定在儒家经学的范围之内。在将这一谱系视为孔学正传的同时,康有为强调河内女子以及刘歆所传是伪造的伪经。一目了然,在对《易》学传承的勾勒中,康有为极力贬损道家、道教之传。经过康有为的如此勾勒,《易》成为纯粹的儒学经典。

进而言之,康有为之所以极力肯定《易》为孔子所作,是为了证明孔子是宗教家,而孔子的宗教家身份无论对于孔教的成立还是立孔教为国教都至关重要。有鉴于此,为了将《易》为孔子所作坐实,康有为竭尽全力地从多方面进行论证。其中,揭露刘歆对《易》的伪篡是他证明《易》为孔子所作的主要证据,也是他对刘歆致命错误的曝光。例如,康有为曾经写道:"盖《易》之八卦,画自包牺;六十四卦,重自文王。今文家司马迁、杨雄皆无异说。故全《易·彖》、《象》、《系辞》、《文言》皆孔子所作,其《说卦》为河内女子所得,乃后出。《序卦》、《杂卦》为刘歆所伪附,见吾《伪经考》。盖孔子以道阴阳、极天人、穷未来之数,发灵魂之变者,其道奥深。孔子方当撰著,极深研几,恐寿命不永,而是书未成,或虽成而未尽美善,故撰著累易其稿,至于韦编三绝。而发假年之叹,以期《易》之彬彬也。刘歆既以《左传》篡孔子之《春秋》,又造伪说,谓《彖辞》作于文王,《象辞》作于周公,孔子仅为《十翼》。故改曰学《易》,以明《易》非孔子所作,抑以无大过,以明孔子之为后学。盖欲篡孔子之《易》,窜改《论语》,傅会《史记》,以证成之。幸有鲁读及《史记》今文犹存,犹得以证其伪乱。俾大圣作《易》之事,如日中天也。"①康有为坚称,《易》之《彖》《象》《系辞》《文言》都是孔子所作,并从两个不同方向证明了这一点:第一,司马迁、扬雄无异说。第二,《论语》《史记》中有证据。《论语》《史记》中出现了有关《易》的如下记载:

> 子曰:"加我数年,五十以学《易》,可以无大过矣。"(《论语·述而》)
> 读《易》,韦编三绝。(《史记·孔子世家》)

① 《论语注》,《康有为全集》(第六集),中国人民大学出版社2007年版,第429页。

依据上述记载，康有为分析并发挥说，《易》是孔子讲天道之书，道理深奥，为了尽善尽美而累易其稿，固有“韦编三绝”之说；由于期待《易》之彬彬，孔子才有“假我数年”之叹。值得注意的是，康有为一面坚称《易》为孔子所作，一面揭露刘歆对《易》的伪篡。康有为揭露说，《序卦》《杂卦》出自刘歆之手，并且，刘歆以《左传》篡改了孔子所作的《春秋》，沿着古文经学的思路认定《彖辞》是文王所作，《象辞》是周公所作，孔子只作《十翼》。如此说来，刘歆的罪行不惟是篡改了孔子所作的《易》，并且篡改了《论语》和《春秋》。刘歆的所有做法有一个共同目的，那就是：在孔子之上树立了周公的权威。

3.《礼》

康有为对《礼》予以辨明，旨在揭露刘歆伪造《周礼》。对于《礼》，康有为宣称：“《礼》旧名。三代列国旧制，见予所著《旧制考》。今十七篇，孔子作，高堂生传本是也，即今《仪礼》。今文十七篇皆完好，为孔子完文，前汉皆名为《礼》，无名《仪礼》，亦无名《士礼》者。自刘歆伪作《周官》，自以为《经礼》，而抑孔子十七篇为《仪礼》，又伪天子巡狩等礼三十九篇，今目为《逸礼》，而抑《仪礼》为《士礼》。”[①]礼有三礼，即《周礼》《仪礼》《礼记》。康有为肯定《礼》是旧名，却反对《礼》为三代所有。对此，他的观点是，《礼》十七篇均出自孔子之手。《礼》即《仪礼》，只有今文十七篇的《仪礼》才是《礼》。换言之，只有孔子所作的才是真正的《礼》。对于这个观点，康有为的证据是，西汉皆名为《礼》，并没有《仪礼》或《士礼》之名。自从刘歆伪作《周官》自以为《经礼》，才有了《仪礼》之名。这足以证明，《仪礼》是刘歆为了假托周公伪造《周官》才出现的，目的是为了抑制孔子。康有为总结说，“抑《仪礼》为《士礼》”是刘歆伪造经书的手段，目的是通过《周礼》提升周公的地位。正因为如此，康有为将《仪礼》称为《礼》，排斥《周礼》，甚至拒绝《周礼》之名。总的说来，下面说法在康有为那里纯属个案：“王安石为人，甚有气节，甚有毅力，甚有血性。当时创行新法，条理颇备，然其得力在《周官》，故流毒鲜。至害苍生，且以八股取士，沦落人才，皆刘歆丰蔀，而谬妄至此。”[②]他在这里尽管不忘抨击刘歆“谬妄至此”，却在赞扬王安石的同时肯定其“得力在《周官》”。这是康有为难得的对《周礼》即他所称谓的《周官》的正面评价。

---

① 《孔子改制考》卷十，《康有为全集》(第三集)，中国人民大学出版社 2007 年版，第 130 页。

② 《康南海先生讲学记·古今学术源流》，《康有为全集》(第二集)，中国人民大学出版社 2007 年版，第 108 页。

众所周知,今文经学与古文经学之争的焦点有两个:一是周公与孔子的关系,一是《周礼》之真伪。这两点都与孔子的地位密切相关,承认《周礼》为周公所作便等于承认了周公对于孔子的权威性。正是由于这个原因,康有为坚决反对周公作《礼》即《周官》之说。可以看到,康有为不仅杜绝以《周礼》之名称谓《周官》,而且毅然决然地肯定《周官》是刘歆伪造的。对此,他不止一次地揭露说:

> 刘歆伪《周礼》,出《管子》、《大戴礼》。①
> 朱子谓《周礼》为周公作,亦为刘歆所蒙。②

上述内容显示,伪造经典是刘歆最大的罪行,在康有为看来,刘歆伪篡经典的证据和做法便是以古文经取代今文经。康有为以拨乱反正,揭露、揭开刘歆伪乱经书的真相为己任,故而将刘歆树立为头号敌人。《新学伪经考》便是这一目标的产物。这正如康有为在书中所言:"夫始于盗篡者,终于即真;始称伪朝者,后为正统。……习非成是之后,丹黄乱色,甘辛变味。孤鸣而正易之,吾亦知其难也。然提圣法于既坠,明'六经'于闇曶,刘歆之伪不黜,孔子之道之著,吾虽孤微,乌可以已!窃怪二千年来,通人大儒,肩背相望,而咸为瞀惑,无一人焉,发奸露覆,雪先圣之沉冤,出诸儒于云雾者,岂圣制赫闇有所待邪?……冀以起亡经,翼圣制,其于孔氏之道,庶几御侮云尔。"③

《周礼》是今文经学与古文经学争议的焦点,康有为深知这一点,故而将刘歆伪篡经典的揭露集中在《周礼》上。对此,他一而再、再而三地揭露说:

> 至《周官经》六篇,则自西汉前未之见,《史记·儒林传》、《河间献王传》无之。其说与《公》、《穀》、《孟子》、《王制》、今文博士皆相反,……盖刘歆所伪撰也。歆欲附成莽业而为此书,其伪群经,乃以证《周官》者。故歆之伪学,此书为首。④

① 《万木草堂讲义·百官公卿表》,《康有为全集》(第二集),中国人民大学出版社 2007 年版,第 303 页。
② 《南海师承记·讲宋元学派》,《康有为全集》(第二集),中国人民大学出版社 2007 年版,第 255 页。
③ 《新学伪经考》,《康有为全集》(第一集),中国人民大学出版社 2007 年版,第 355 页。
④ 《新学伪经考·汉书艺文志辨伪第三上》,《康有为全集》(第一集),中国人民大学出版社 2007 年版,第 393 页。

> 歆之精神全在《周官》，其伪作《古文书》、《毛诗》、《逸礼》、《尔雅》，咸以辅翼之。①
>
> 盖歆为伪经，无事不力与今学相反，总集其成，则存《周官》。今学全出于孔子，古学皆托于周公，盖阳以周公居摄佐莽之篡，而阴以周公抑孔子之学，此歆之罪不容诛者也。②

为了彻底驳倒古文经学，康有为揭露古文经的出处，从源头处质疑古文经的正当性和权威性。于是，他写道：

> 夫"古学"所以得名者，以诸经之出于孔壁，写以古文也。夫孔壁既虚，古文亦赝，伪而已矣，何"古"之云？后汉之时，学分今、古，既托于孔壁，自以古为尊，此新歆所以售其欺伪者也。今罪人斯得，旧案肃清，必也正名，无使乱实。歆既饰经佐篡，身为"新"臣，则经为"新学"，名义之正，复何辞焉！后世汉、宋互争，门户水火，自此视之，凡后世所指目为"汉学"者，皆贾、马、许、郑之学，乃"新学"，非"汉学"也；即宋人所尊述之经，乃多伪经，非孔子之经也。③

康有为擅长利用人们耳熟能详的事实为自己的观点提供辩护，古文经出自孔壁便是如此。例如，古文经学得名于古文经，而古文经出自孔壁，用汉代之前的古文写成。康有为正是利用了这一点，称孔壁为虚，并从孔壁是虚进一步推出古文为赝，再由古文经为赝推出古文经出自西汉末年刘歆的伪造。经过康有为的这番论证和推演，既然古文经是假，那么，古文经学便无从谈起。

沿着这个思路，康有为进一步指出，由于刘歆的影响，东汉时的经学已经没有了今文经学与古文经学之分，古文经学是受刘歆欺伪所致。由此说来，所谓古文经学恰恰是新学，即刘歆为了辅助王莽篡权而伪造的新学。刘歆篡经之后，中国学术沦落为新学，不惟汉代的"贾、马、许、郑之学"都是新学，即使包括朱熹在内的宋儒所尊述的经典也大多出于刘歆伪篡的伪经，而不是孔子所作的真经。正是在这个意义上，康有为甚至断言"宋学不出歆

---

① 《新学伪经考·汉书艺文志辨伪第三上》，《康有为全集》（第一集），中国人民大学出版社2007年版，第395页。

② 《新学伪经考·汉书艺文志辨伪第三上》，《康有为全集》（第一集），中国人民大学出版社2007年版，第394页。

③ 《新学伪经考》，《康有为全集》（第一集），中国人民大学出版社2007年版，第356页。

学之一小支”。于是,才有了梁启超在《南海康先生传》中有关康有为为了排斥宋学而排斥刘歆之学的揭露和评价。

在康有为看来,伪造经书、篡伪经典表明了刘歆的最大罪恶,既是刘歆的犯罪手段,也为中国造成了巨大的灾难后果。被刘歆伪篡的并不限于六经,但凡古文经皆是刘歆伪造,甚至被康有为奉若神明的“三史”也不能幸免。正因为如此,他在引导学生读《汉书》时,也不忘提醒人们注意刘歆对《汉书》的染指,于是才有了这样的回答:“《汉书》虽为刘歆伪撰,而考汉时事,舍此不得。”①

三、背离孔子大道

康有为指出,刘歆伪造的古文经湮没了孔子的微言大义,故而背离了孔子大道。其中最直接的危害是,孔子的大同之学由此闇而不发,致使中国几千年所传孔学皆小康之学。依据康有为的说法,孔子的思想集中反映在他所作的六经中,刘歆对六经的篡伪以假乱真,让人难以窥见孔子思想的本义。对此,康有为如是说:“吾中国二千年来,凡汉、唐、宋、明,不别其治乱兴衰,总总皆小康之世也。凡中国二千年儒先所言,自荀卿、刘歆、朱子之说,所言不别其真伪、精粗、美恶,总总皆小康之道也。其故则以群经诸传所发明,皆三代之道,亦不离乎小康故也。”②康有为反复声称,孔子的微言大义隐藏在《春秋》中,《春秋》寓含孔子托古改制的微言大义。这意味着只有从三世三统的角度解读《春秋》,才能窥见孔子大道。偏执于古文经学的刘歆不谙其中的奥秘,造成对孔子三世三统的遮蔽,并由此导致对孔教的误读。从刘歆篡伪经书开始,无论汉唐还是宋明时期,无论治世还是乱世,从东汉到近代的中国,几千年所行皆小康之道而非大同之学。循着这个逻辑,康有为指责刘歆与荀子、朱熹一样专传孔子的小康之学,并妨碍了孔子大同之道的流行。

康有为进一步揭露说,刘歆之所以酿成如此弥天大祸,造成孔子大同之学的闇而不发,是因为遵循古文经法解读孔子所作的包括《春秋》在内的六经,最大的误区在于不谙孔子的三世三统之义。于是,康有为声称:“若不通孔子三统、三世之义者,慎勿着笔也。盖不通三统、三世之义而论经,则开口即错,其极亦为刘歆、朱子之学而已,非偏谬则陋隘,不能包容宇宙,通变宜民,非止阻塞进化,晦盲大道,则为人所轻亦宜。”③

---

① 《桂学答问》,《康有为全集》(第二集),中国人民大学出版社2007年版,第21页。

② 《礼运注》叙,《康有为全集》(第五集),中国人民大学出版社2007年版,第553页。

③ 《欧美学校图记　英恶士弗大学校图记》,《康有为全集》(第八集),中国人民大学出版社2007年版,第120页。

康有为一面反复强调孔子大道远近本末大小精粗无所不包，一面指责作为孔子后学的曾子、荀子、刘歆和朱熹等人一再使孔子大道“割地”（康有为术语，指使孔学的内容和范围狭隘化）。相比较而言，康有为认定刘歆的罪行尤为不容宽恕。原因在于，如果说曾子、荀子等人尚只是侧重修身而传承孔子的小康之学，由此忽视了孔子的大同之学的话，那么，刘歆则由于伪造古文经而将周公置于孔子之上，由此从根本上颠覆了孔子的地位而陷孔教于万劫不复的境地。从动机上看，前者可谓无心之失，后者则属有意之举。从后果上看，前者只是遮蔽了孔子思想的一部分，后者则是对孔之思想的全盘颠倒。正是由于这个原因，康有为对于刘歆的所作所为痛心疾首。他断言：“自变乱于汉歆，佛、老于魏晋六朝，词章于唐，心性于宋、明，于是先王教学之大，六通四辟，小大粗精，无乎不在者，废坠亡灭二千年乎！无人得先王学术之全，治教之密，不独无登峰造极者，既登麓而造趾者，盖已寡矣。”①

四、导致中国在近代的衰微

依据康有为的说法，孔子主张三世进化，心系大同，早于西方二千年提出自由、平等和民主思想。刘歆从孔教内部败坏孔子思想，不惟妨碍了董仲舒开创的孔教一统的大好局面，而且由于孔子自由、平等和大同思想的湮没使近代中国陷入落后挨打的境地。

在康有为的视界中，六经皆孔子所作，地位、内容各不相同。《春秋》之所以对于六经提纲挈领，是因为三世三统尽在其中。因此，《春秋》是解读孔教的金钥匙，今文经是解读孔教的不二法门。刘歆篡改经典，提倡古文经，从内部败坏了孔教，与老子、韩非以及墨子等人从外部对孔教的败坏一起使孔教陷入万劫不复的深渊。对此，康有为解释说：“汉世家行孔学，君臣士庶，劬躬从化，《春秋》之义，深入人心。拨乱之道既昌，若推行至于隋、唐，应进化至升平之世。至今千载，中国可先大地而太平矣。不幸当秦、汉时，外则老子、韩非所传刑名法术、君尊臣卑之说，既大行于历朝，民贼得隐操其术以愚制吾民；内则新莽之时刘歆创造伪经，改《国语》为《左传》，以大攻《公》、《穀》，贾逵、郑玄赞之。自晋之后，伪古学大行，《公》、《穀》不得立学官，而大义乖；董、何无人传师说，而微言绝。甚且束阁三传，而抱究鲁史为遗经；废置于学，而嗤点《春秋》为‘断烂朝报’。此又变中之变，而《春秋》扫地绝矣！于是三世之说不诵于人间，太平之种永绝于中国；公理不

① 《教学通义·尊朱》，《康有为全集》（第一集），中国人民大学出版社 2007 年版，第 45 页。

明，仁术不昌，文明不进。”①按照康有为的说法，由于董仲舒的发明与汉武帝的扶持，孔教在西汉时一统天下，出现了“家行孔学”、《春秋》大义深入人心的大好局面。若能依此推演下去，中国在隋唐时期就应该进入升平世，到了近代便可能已经对大同世（太平世）捷足先登。不幸的是，西汉的孔学盛况只是昙花一现。究其原因，刘歆难辞其咎：从外部说，老子、韩非与孔子争教；从内部说，刘歆伪造经书败坏了孔教。刘歆改《国语》为《左传》，并以《左传》大力攻击《公羊传》和《穀梁传》。之后的贾逵、郑玄紧随其后，由此造成自晋代开始，伪古文经大行。这样一来，《公羊传》《穀梁传》被排斥于学宫之外，离孔子大道渐行渐远；董仲舒、何休的公羊学后继无人，孔子的微言大义闇而不发。更有甚者，“春秋三传”都被束之高阁，而以鲁国史为遗经，甚至斥责《春秋》“断烂朝报”。此一风气愈演愈烈，最终使《春秋》斯文扫地，《公羊传》《穀梁传》就此歇绝。随之而来的是，作为孔子微言大义的三世说不诵于人间，太平世也永绝于中国。这是导致中国公理不明、仁义不昌的根源，由此造成的文明不进致使中国陷入落后挨打、任人宰割的境地。

上述内容显示，康有为认为，由于刘歆的破坏，给孔教和中国造成了致命后果，因而将刘歆视为孔教的头号敌人。作为康有为深恶痛绝的头号敌人，刘歆遭到康有为的猛烈抨击和极力鞭挞也就可以理解了。

第二节　贻害无穷

在康有为看来，刘歆罪大恶极，却没有人发觉。更为致命的是，刘歆伪造经书之后，古文经学盛行。正因为刘歆的古文经学产生了巨大影响，贻害无穷，因而给孔子思想和孔教带来了巨大破坏和误导，也给中国造成了致命危害。

一、“凡二千年经学……为刘歆之伪学”

康有为指出，西汉和东汉都盛行孔学，三国时期开始行刘歆之学，之后则一直是刘歆之学的天下。正是在这个意义上，康有为一而再、再而三地宣称：

① 《春秋笔削大义微言考》自序，《康有为全集》（第六集），中国人民大学出版社 2007 年版，第 4 页。

两汉行孔学，三国、六朝行刘歆伪古学。①

凡二千年经说，自魏晋至唐，为刘歆之伪学；自宋至明，为向壁之虚学。②

终汉之学，则孔子。终六朝之学，则刘歆。终明之学，则朱子。古今三大变焉。③

在康有为的视界中，西是时孔学最风光、最辉煌的时代，因为在董仲舒、汉武帝的共同努力下，孔学终于一统天下成为国教。令人忍无可忍的是，由于刘歆的篡伪，从魏晋之时开始盛行刘歆的伪孔学也就是古文经学。这种风气一直延续到隋唐，直到宋明时期，又演变为向壁虚学。基于这种分析，康有为得出了两个结论：第一，从孔子到刘歆，再到朱熹，代表了孔学的三大样式。其中，宋学与刘歆之学一脉相承——可以说宋学是刘歆之学的一小支，也可以说刘歆带坏了宋学。于是，康有为不厌其烦地声称：

宋时一代刘歆坏之。④

歆乱经后，于是人趋训诂，后人变老、庄，变佛，全说虚理。⑤

顾亭林、黄梨洲多言义理，亦明儒流派。戴氏东原提倡训诂学，至段玉裁、王高邮专以小学说经。俞荫甫亦王、段一派。皆刘歆《尔雅》、许叔重《说文》之误也。⑥

按照康有为的说法，刘歆以古文经篡伪孔学，注重考证、注疏，此风到宋明理学家那里愈演愈烈，成为坐而论道的虚玄之理。基于这种认识，他对孔学与刘歆之学以及步刘歆后尘的宋明理学家区别对待，甚至断言“宋儒只得孔子一二”。这用康有为本人的话说便是：“五百年来，义理则出朱子，制度则

① 《万木草堂口说·学术源流》，《康有为全集》（第二集），中国人民大学出版社 2007 年版，第 139 页。

② 《桂学答问》，《康有为全集》（第二集），中国人民大学出版社 2007 年版，第 20 页。

③ 《万木草堂口说·学术源流》，《康有为全集》（第二集），中国人民大学出版社 2007 年版，第 145 页。

④ 《万木草堂讲义·七月初三夜讲源流》，《康有为全集》（第二集），中国人民大学出版社 2007 年版，第 287 页。

⑤ 《万木草堂口说·荀子》，《康有为全集》（第二集），中国人民大学出版社 2007 年版，第 182 页。

⑥ 《康南海先生讲学记·古今学术源流》，《康有为全集》（第二集），中国人民大学出版社 2007 年版，第 109 页。

不然,朱子少言制度。考据家如奴婢,史学家如掌史,宋儒只得孔子一二。"①

二、力攻公羊学

康有为是今文经学家,秉持今文经学的学术立场和传承谱系。在这个意义上,他力辟古文经学而推崇今文经学。康有为是公羊学大师,在秉持公羊学的前提下恪守公羊学与谷梁学之分。对于康有为来说,刘歆的影响不仅在于以古文经学打击今文经学,而且在于妨碍了公羊学的大行其道尤其是断送了董仲舒公羊学开创的孔学一统的大好局面。正是由于这个原因,戊戌变法之前,康有为一面作《新学伪经考》揭露刘歆篡伪经典、败坏孔学,一面作《春秋董氏学》弘扬董仲舒对《春秋》的发明;前者从反面为孔教拨云见日,后者从正面显露孔学真相。这正如康有为在《春秋董氏学》中所言:"即刘歆作伪,力攻《公羊》,亦称为群儒首。朱子论三代下人物,独推董生为醇儒。其传师说最详,其去先秦不远,然则欲学《公羊》者,舍董生安归?"②在康有为的视界中,刘歆是作为董仲舒的对立面出现的。由此不难想象,康有为将董仲舒誉为孔门第一功臣之日,也就是将刘歆打入孔门第一大敌之时。

一言以蔽之,如果说董仲舒的功劳在于对《春秋》的正确解读的话,那么,刘歆的罪过则在于对《春秋》的误导。对此,康有为论证并解释说:

> 今《春秋》经文万九千字,皆会盟征伐之言,诛乱臣贼子,黜诸侯,贬大夫,尊王攘夷。寥寥数旨外,安所得数千之旨哉?孟子曰:其事则齐桓、晋文,其文则史,其义则丘窃取之。以孟子之说,《春秋》重义,不重经文矣。凡传记称引《诗》、《书》,皆引经文,独至《春秋》,则汉人所称皆引《春秋》之义,不引经文,此是古今学者一非常怪事。而二千年来乃未尝留意,阁束传文,独抱遗经。岂知遗经者,其文则史,于孔子之义无与。买椟还珠,而欲求通经,以得孔子大道,岂非南辕而北其辙,入沙漠而不求乡导,涉大海而不求舟师,其迷罔而思反,固也。于是悍者斥为断烂之报,废之学官。虚者不能解,则阁置不道,以四书别标宗旨。然而《春秋》亡,孔子道没矣。《汉书·艺文志》,刘歆之作也,曰:孔子褒贬当世大人威权有势力者,不敢笔之于书,口授弟子。盖《春秋》之

---

① 《万木草堂口说·学术源流》,《康有为全集》(第二集),中国人民大学出版社 2007 年版,第 146 页。

② 《春秋董氏学》自序,《康有为全集》(第二集),中国人民大学出版社 2007 年版,第 307 页。

义，不在经文，而在口说，虽作伪之人不能易其辞。其今学相传者勿论也。（详《春秋义在口说不在经文考》。）自刘歆创伪古文，乃谓信口说而背传记，务攻二《传》师说，以行其伪古之学，于是口说遂微。原《春秋》所以绝灭，而孔子之道所以不著，岂不在是哉！董子为《春秋》宗，所发新王改制之非常异义及诸微言大义，皆出经文外，又出《公羊》外，然而以孟、荀命世亚圣，犹未传之，而董子乃知之。又公羊家不道《穀梁》，故邵公作《穀梁废疾》。而董子说多与之同，又与何氏所传胡母生义例同。此无他，皆七十子后学，师师相传之口说也。公羊家早出于战国，（《公羊》不出于汉时，别有考。）犹有讳避，不敢宣露，至董子乃敢尽发之。其《春秋》口说，别有专书。①

进而言之，刘歆在康有为那里之所以始终与董仲舒成对出现，原因是多方面的。择其要者，大端有二：第一，董仲舒是正面榜样，刘歆则是反面教材。第二，刘歆对孔教的破坏直接表现为对董仲舒之公羊学的破坏。在这方面，康有为反复揭露说，正是刘歆直接造成了董仲舒地位的下降，由于将董仲舒形成的孔学一统的大好局面一笔勾销，否定了孔教的国教。于是，康有为宣称：

康有为曰：莫惑乎"仲尼没而微言绝，七十子丧而大义乖"（语出《汉书·艺文志》，班固著，根据刘歆的《七略》增删而成）之言也。孔子虽没，既传于弟子矣，则微言何能绝乎？七十子虽丧，既递传于后学矣，则大义何能乖乎？孔子弟子后学徒侣六万，充塞弥满天下，并传其口说，诵其大义，昭昭乎揭日月而行也。至于汉初，诸老师犹传授荟萃，其全者莫如《春秋》家。明于《春秋》者，莫如董子。自元气阴阳之本、天人性命之故、三统三纲之义、仁义中和之德、治化养生之法，皆穷极元始、探本混茫。孔子制作之本源、次第，藉是可窥见之。如视远筒浑仪而睹列星，晶莹光怪，棋列而布分也。如绘大树，根本干支，分条布叶，郁荣华实，可得而理也。孔子之道本，暗曶湮断久矣，虽孟、荀命世亚圣，犹未能发宣。江都（董仲舒曾任江都易王刘非的宰相10年——引者注）虽醇儒，岂能逾孟越荀哉？有道者，高下大小，分寸不相越。苟非孔子之口口相传，董子岂能有是乎？此真孔子微言大义之所寄也。

① 《春秋董氏学》卷四，《康有为全集》（第二集），中国人民大学出版社2007年版，第356—357页。

今紬精举要,俾孔子之道如日中天。岂敢谓尽露大道?抑大圣制作本始,条理宗庙百官,有可瞻仰云尔。①

事实上,康有为对刘歆的罪行曾经有过一段经典概括,既揭露了刘歆的错误所在,又揭示了康有为认定刘歆罪大恶极的秘密。现摘录如下:"自刘歆以《左氏》破《公羊》,以古文伪传记攻今学之口说,以周公易孔子,以述易作,于是,孔子遂仅为后世博学高行之人,而非复为改制立法之教主圣王,只为师统而不为君统。诋素王为怪谬,或且以为僭窃。尽以其权归之人主。于是,天下议事者引律而不引经,尊势而不尊道。其道不尊,其威不重,而教主微;教主既微,生民不严不化,益顽益愚。皆去孔子素王之故。异哉!王义之误惑不明数千载也!"②

在这里,康有为将刘歆的罪行归结为四个方面:第一,"以《左氏》破《公羊》"。康有为认为,《春秋公羊传》是孔子正学,孟子、董仲舒是孔学这方面的正传。刘歆推崇《左传》,以《左传》攻击《春秋公羊传》,在经典文本上误导了后人,也使后儒陷入了歧途。第二,"以古文伪传记攻今学之口说"。康有为指出,孔子的微言大义在于口说,刘歆推崇的《左传》是古文经学,《春秋公羊传》是今文经学,且属于"择人而传"的口说。刘歆以传记攻击口说,断送了窥见孔子微言大义的正途,更是将宋明理学家代表的后儒引向歧途。第三,"以周公易孔子"。康有为指出,孔子是创教改制的教主、圣王,刘歆却在孔子前面加上了周公。正是由于刘歆让周公与孔子争席,孔子的地位急骤下降,从"神明圣王"下降为传播古代典籍的先师。正是从这时起,孔子的教主身份被埋没,不再被奉为创教的"素王"。第四,"以述易作"。康有为不惮其烦地强调,"'六经'皆孔子作",刘歆却说六经是孔子对周公的传述。在康有为看来,刘歆的说法简直是天大的笑话,因为三代并无信史,六经中的"先王"都是孔子所托。事实上,自从有了孔子才有六经,孔子作六经恰恰印证了托古改制的教主身份。于是,康有为写道:"三代以上茫昧无稽,《列子》所谓'若觉若梦若存若亡'也。'虞、夏之文',舍'六经'无从考信。韩非言:尧、舜不复生,将谁使定儒、墨之诚?可见'六经'中先王之行事,皆孔子托之,以明其改作之义。《诗》、《书》虽缺句,疑刘歆伪窜。"③

① 《春秋董氏学》卷六,《康有为全集》(第二集),中国人民大学出版社2007年版,第372页。
② 《孔子改制考》卷八,《康有为全集》(第三集),中国人民大学出版社2007年版,第101页。
③ 《孔子改制考》卷十一,《康有为全集》(第三集),中国人民大学出版社2007年版,第147页。

康有为进一步总结说，刘歆的上述做法贻害无穷，给孔子、孔教和中国带来了难以挽回的巨大灾难：第一，对于孔子来说，从“改制立法之教主圣王”下降为“博学高行之人”。第二，对于孔教来说，由于孔子的“素王”称号被剥夺，孔教只有学统、师统而丧失了君统、道统。这种局面进一步导致孔子、孔教与政治的剥离，最直接的表现便是天下议事只引律而不引经。在康有为看来，这样做的后果极其严重，既导致人主权重，又造成百姓愚顽。第三，对于中国来说，丧失了太平大同之乐，而陷于二千年的暴政之中。康有为解释说：“夫两汉君臣、儒生，尊从《春秋》拨乱之制而杂以霸术，犹未尽行也。圣制萌芽，新歆遽出，伪《左》盛行，古文篡乱。于是削移孔子之经而为周公，降孔子之圣王而为先师，公羊之学废，改制之义湮，三世之说微，太平之治，大同之乐，暗而不明，郁而不发。我华我夏，杂以魏、晋、隋、唐佛老词章之学，乱以氐、羌、突厥、契丹、蒙古之风，非惟不识太平，并求汉人拨乱之义亦乖剌而不可得，而中国之民遂二千年被暴主、夷狄之酷政，耗矣哀哉！”①

基于对刘歆罪行的揭露，康有为对刘歆深恶痛绝，斥之为破坏孔教的罪魁祸首也就在情理之中了。

对于康有为来说，刘歆的影响有多大，对孔教造成的危害也就有多可怕。鉴于刘歆的所作所为及其影响，排斥刘歆之学成为康有为提倡孔教的主要内容和手段。

第三节 排斥歆学

鉴于刘歆对孔教造成的巨大危害，康有为不遗余力地排斥刘歆之学。可以看到，康有为对刘歆之学的排斥与对孔教的提倡是同时进行的，故而从不同维度展开，同时牵涉诸多重大问题。

一、辨析古文与今文

在康有为看来，古文经与今文经之争最直观地表现在文字上，排斥刘歆之学必须从排斥古文经学入手，而他对古文经学的抵制则从辨析古文与今文入手。对此，康有为的总体看法是：

> 文字之始，莫不生于象形。物有无形者，不能穷也，故以指事继之。理有凭虚，无事可指者，以会意尽之。若谐声、假借，其后起者也。转

① 《孔子改制考》序，《康有为全集》（第三集），中国人民大学出版社2007年版，第3页。

注，则刘歆创例，古者无之。①

古文为刘歆伪造，杂采钟鼎为之。（余有《新学伪经考》辨之已详。）《水经注》称：临淄人有发齐胡公之铜棺，其前和隐起为文，惟三字古文，余同今书。子思称"今天下书同文"，盖今隶书，即《苍颉篇》中字。盖齐、鲁间文字，孔子用之，后学行焉，遂定于一。若钟鼎所采，自是春秋、战国时各国书体，故诡形奇制，与《苍颉篇》不同也。许慎《说文·叙》谓：诸侯力政，不统于王，言语异声，文字异形。……但以之乱经，则非孔子文字，不能不辨。②

文字之流变，皆因自然，非有人造之也。……然当其时、地相接，则转变之渐可考焉。文字亦然。《志》称：《史籀篇》者，周时史官教学童书也，与孔氏壁中古文异体。则非歆之伪体，为周时真字断断也。子思作《中庸》，犹曰：今天下书同文。则是自春秋至战国，绝无异体异制，凡史载笔，士载言，藏天子之府，载诸侯之策，皆籀书也，其体则今之《石鼓》及《说文》所存籀文是也。子思云然，则孔子之书"六经"，藏之于孔子之堂，分写于齐、鲁之儒皆是。③

康有为强调，中国文字属于象形文字，有象形然后有会意，之后才是谐声、假借。至于转注，则是刘歆伪造的。其实，人所共知的仓颉造字就是指今文，也就是子思所说的"今天下书同文"之文字。由此可见，在康有为看来，今文与古文泾渭分明，并非是中国文字演变的不同阶段，而是代表了真与假两种不同的文字。其中，自春秋至战国，大凡国之正史、士之载言无不用今文，这证明了只有今文才是正文。

二、抵制古文经学注重的小学

在中国文化中，如果说今文与古文作为中国文字发展的不同阶段代表了两种不同的字体的话，那么，今文经（今文经学）与古文经（古文经学）则代表了两种不同的治学方式。一言以蔽之，古文经学热衷于小学，今文经学侧重大学。由此不难想象，从辨析今文与古文开始，康有为通过提倡今文、

① 《广艺舟双楫·原书第一》，《康有为全集》（第一集），中国人民大学出版社2007年版，第252页。

② 《广艺舟双楫·原书第一》，《康有为全集》（第一集），中国人民大学出版社2007年版，第253页。

③ 《新学伪经考·汉书艺文志辨伪第三下》，《康有为全集》（第一集），中国人民大学出版社2007年版，第409页。

抨击古文而抵制小学。大致说来,今文经学追求义理,注重阐发纬书的微言大义;古文经学注重文字,执着于对经书文字的训诂、注疏和考据。这表明,今文经学与古文经学拥有各自不同的治学范式,秉持不同的学术传统。为了彻底抵制古文经学,康有为抵制训诂、注疏、考证等读经方法和传承范式,因而对与训诂、注疏和考证密不可分的小学嗤之以鼻。

依据康有为的说法,中国文字始于象形,由象形而后有会意。既然谐声、假借都是后起者,至于转注古文没有,那么,可以肯定,古文是刘歆所创,用古文写就的古文经便是刘歆伪造的。具体地说,古文直到西汉末年才出现,是刘歆伪造的,主要办法是杂采钟鼎。进而言之,钟鼎文属于春秋、战国时期各国的书体,"诡形奇制",与《仓颉篇》中的文字大不相同。只有今文隶书,也就是《仓颉篇》中的文字。这种文字行于齐鲁之间,孔子用之,后学行之,于是被定为统一文字。这便是子思所讲的"今天下书同文"之文字。分析至此,康有为进而强调,刘歆不惟创立古文,并以古文乱经。孔子所作的六经都是用今文所写,刘歆伪造的古文并非周代"真字"。这就是说,刘歆所使用的文字并非孔子使用的文字,故而不能不辨。

康有为进而揭露说,刘歆伪造古文、编造古文经后,六经本义尽失,作为六经之首的《春秋》更是深受其害。对此,康有为不止一次地揭露并分析说:

> 自刘歆伪古文一出,经学大失,《春秋》尤甚。原孔子"六经",大《易》阐天道,《春秋》阐人道。刘歆之《左氏》,不过叙事矣,极谬,宜王安石拟为"断烂朝报",朱子谓"实有不可解处"。①
>
> 《论语》、《学记》、《经解》、《庄子》、《史记》叙"六经"皆不他及,诚以孔子所笔削,虽《论语》、《孝经》不能上列,况其他乎?小学者,文史之余业,训诂之末技,岂与"六经"大道并哉!"六艺"之末而附以"小学",伪《尔雅》、《小雅》、《古今字》本亦小学,而附入《孝经》,此刘歆提倡训诂,抑乱圣道,伪作古文之深意也。②

深入剖析康有为的上述两段议论可以发现,他借此阐明了两个问题:第一,《论语》《学记》《经解》《庄子》《史记》各种典籍记叙六经皆不涉及其他

① 《康南海先生讲学记·古今学术源流》,《康有为全集》(第二集),中国人民大学出版社2007年版,第107页。

② 《新学伪经考·汉书艺文志辨伪第三下》,《康有为全集》(第一集),中国人民大学出版社2007年版,第407页。

典籍，即使是《论语》《孝经》亦不能与六经相提并论。至于小学，不过是“文史之余业，训诂之末技”，岂能与六经并行？在六艺之末附以小学，始于刘歆，而刘歆之所以这样做无非是出于提倡训诂之学的需要。第二，伪《尔雅》《小雅》《古今字》都属于小学，刘歆将它们附入《孝经》，根本目的是“抑乱圣道”。这实际上正是刘歆伪造古文以及古文经的深意所在。分析至此，康有为既排斥了古文经学的传承方式，又印证了古文经的荒谬不经；既从根本上抨击了古文经推崇的小学，又从反面提升了今文经学的地位和价值。

事实上，康有为不仅恪守今文与古文的区别，而且极力打压古文，甚至断言古文字都是刘歆、扬雄所伪造的。这用康有为本人的话说便是：“古文者，皆刘歆、扬雄二人所伪。”①由于痛拒古文经学而拒斥古文，康有为的“恨”屋及乌将对刘歆的敌视乃至深恶痛绝暴露得淋漓尽致。

三、指责刘歆抨击纬书

康有为反复强调，孔子的微言大义于口说，并且肯定纬书记载了孔子的口说。在这个前提下，康有为认定刘歆抨击纬书，阻碍了人们对孔子微言大义的领悟和发明。

康有为连篇累牍地断言，孔子的思想分为文本与口说，并且对这两种不同的传承方式区别对待。在此基础上，康有为一面声称纬就是口说，一面推崇纬书(《六纬》《七经纬》)。于是，他一而再、再而三地声称：

> 孔子有经亦有纬，纬是口说，多礼学，而以发明天道为主。②
>
> 孔子有经，亦有纬。纬者，说微言也。纬书虽有礼学，而以发明天道为主。③
>
> 纬即口说，当时未著竹帛。④

依据康有为的说法，孔子的思想具有两种截然不同的传播途径和流传

① 《南海康先生讲学记·书》，《康有为全集》(第二集)，中国人民大学出版社2007年版，第113页。

② 《康南海先生讲学记·古今学术源流》，《康有为全集》(第二集)，中国人民大学出版社2007年版，第105页。

③ 《万木草堂口说·学术源流》，《康有为全集》(第二集)，中国人民大学出版社2007年版，第135页。

④ 《万木草堂口说·学术源流》，《康有为全集》(第二集)，中国人民大学出版社2007年版，第144页。

方式：一种著于竹帛，是经；一种只限于口说，是纬。康有为特意指出，尽管纬并没有像经那样著于竹帛，然而，纬在某种程度上比经更重要。原因在于，纬以发明天道为主，寄寓孔子的微言大义。换言之，经是公开的，纬是秘密的。如果说经作为孔子"日以教人"的教材表明孔子有教无类的话，那么，纬则作为孔子"择人而传"的大道表明孔子对所传内容的看中。从这个意义上说，经属于孔子的普通之学，纬才标志着孔子的高级之学。经过康有为的论证和解释，纬书具有了正当性、权威性，甚至胜过了经的地位和价值。

在申明了纬书无与伦比的价值和意义之后，康有为进而指出，纬以《六纬》《七经纬》为要，作为口说代表了孔子的高级之学，因为其中隐藏着孔子的微言大义。正是在这个意义上，康有为三番五次地宣称：

> 《庄子·天运篇》：孔子繙"十二经"，以见老子。即"六经"、"六纬"。孔子口说多在纬。①
>
> 《六纬》，孔子穷极天人之书。②
>
> 《七经纬》宜读，纬皆孔门口说，中多非常异义。③

康有为指出，纬代表了孔子的口说，孔子视若珍宝而"择人而传"的微言大义大多都保留在口说中。这既决定了纬在解读孔子思想中的不可或缺，又决定了纬在孔学经典中的至关重要。在这个前提下，康有为强调，汉儒所传孔学都是口说，孔学的一统与注重口说密不可分。在对中国学术史、儒学史的审视和勾勒中，康有为对西汉格外看中和推崇，因为"罢黜百家，独尊儒术"在他看来是孔教的一统天下，也为他所讲的孔教是中国的国教提供了最好证明。是谁葬送了董仲舒开创的高光时代？孔教在西汉的辉煌缘何不再？康有为认定这一切都祸起萧墙，从内部败坏孔教和刘歆便是罪魁祸首。这用康有为本人的话说便是：

> 刘歆作识谶攻纬，后人乃并攻之，而孔门口说亡矣。④

---

① 《万木草堂口说·孔子改制》，《康有为全集》（第二集），中国人民大学出版社 2007 年版，第 148 页。

② 《万木草堂口说·学术源流》，《康有为全集》（第二集），中国人民大学出版社 2007 年版，第 145 页。

③ 《桂学答问》，《康有为全集》（第二集），中国人民大学出版社 2007 年版，第 20 页。

④ 《桂学答问》，《康有为全集》（第二集），中国人民大学出版社 2007 年版，第 20—21 页。

> 汉儒皆口说，歆力攻之，故移书《让太常博士书》云：信口说而背传记，是未师而未往古也。①

在康有为看来，西汉末年的刘歆不遗余力地攻击谶纬，力排口说，由此造成了孔子地位的急转直下。正是在刘歆的蛊惑和带动下，众人对谶纬群起而攻之。于是，孔子的口说随之消亡，孔子的地位急剧下降，孔子的思想也闇而不发。分析至此可以推测，康有为认定纬书对于孔子思想的意义有多大，就认定刘歆的错误有多大；康有为认定董仲舒开创的孔教一统有多辉煌，就认定刘歆的罪行有多可怕。

康有为认为，刘歆拒斥谶纬是有目的，那就是：厌恶微言大义而推崇训诂之学。对此，康有为提出的证据是：

> 刘歆最恶微言之学，故于董、眭、夏侯、京、翼、李皆有贬词。②
>
> 刘歆以前皆大义，刘歆伪以后出训诂。③

对于康有为来说，刘歆罪大恶极，而刘歆之所以对以董仲舒为首的汉儒都含有微词，因为"汉儒皆口说"；由于刘歆对口说的排斥不遗余力，在刘歆的影响下，孔学的命运发生巨大转变。康有为甚至声称，对于孔学的传承来说，刘歆便是分水岭：刘歆之前传大义，刘歆之后训诂出现。

四、谴责刘歆将孔子创立之儒列入九流

在康有为的视界中，刘歆不谙孔子思想的精髓，对孔教乃至中国造成了无法挽回的巨大损失；并且，没有领悟儒家与百家的不同地位，因而不解先秦诸子以及百家之间的关系。具体地说，刘歆削弱了孔子的创教之义，因而无法洞察作为国教的孔教与作为教名的"儒"之间的关系，最终将"儒"归入九流之列。

康有为具有儒家情结，奋力呼吁立儒教为国教。与此同时，他声称"百家皆孔子之学"，进而以孔教对抗耶教。这使儒学即孔子创立的儒家与囊

---

① 《万木草堂口说·春秋繁露》，《康有为全集》（第二集），中国人民大学出版社 2007 年版，第 187 页。

② 《万木草堂口说·袁稿》，《康有为全集》（第二集），中国人民大学出版社 2007 年版，第 203 页。

③ 《万木草堂讲义·七月初三夜讲源流》，《康有为全集》（第二集），中国人民大学出版社 2007 年版，第 285 页。

括诸子百家的孔教即孔子之教之间的关系变得复杂起来。康有为认为,刘歆的错误恰恰在于,没有看到孔子创立的"儒"的特殊意义,结果是将"儒"与"老"、"墨"等量齐观。

对于孔子与"儒"以及孔教之间的关系,康有为如是说:"儒为孔子创教之名。春秋时,诸子皆改制创教,老子之名为道,与孔子之名为儒、墨子之名为墨同。墨子则即以墨为教名。故教名儒教,行名儒行,从儒之人名儒者,犹从墨之人名墨者。群书以儒、墨并称者,不可胜数。《韩非子·显学篇》曰:世之显学,儒、墨也。儒之所至,孔丘也;墨之所至,墨翟也。自孔子之死也,有子张氏之儒,有子思之儒,有颜氏之儒,有孟氏之儒,有漆雕氏之儒,有仲良氏之儒,有孙氏之儒,有乐正氏之儒。自墨子之死也,有相里氏之墨,有相夫氏之墨,有邓陵氏之墨。故孔、墨之后,儒分为八,墨分为三。可知儒为孔子创教至明。《庄子》:郑人缓也为儒,其弟为墨。如为僧为道之义,此言从教之人亦至明。故墨子《非儒篇》专攻孔子。墨子亦称尧、舜、禹、汤、文、武者,而儒教为孔子所创。刘歆欲篡孔子之圣统,假托周公,而灭孔子改制创教之迹,乃列儒于九流,以儒与师并列,称为以道得民。自此,儒名若尊,而为教名反没矣。"①在这里,通过厘辨"儒"与孔子创教的关系,康有为阐明了"儒"与道尤其是"儒"与"墨"之间的区别,从中揭露了刘歆对孔教造成的误导和破坏。这主要包括以下四个方面:第一,春秋之时,诸子皆改制创教,孔子、老子和墨子分别创立了孔教、老教和墨教。在这个意义上,孔子所创之教名曰孔教,与老子所创之教曰老教、墨子所创之教曰墨教别无二致。由于各人所创之教不同,教名迥然相异:孔子之教名曰儒,老子之教名曰道,墨子之教名曰墨。第二,孔子创教既然名曰儒,便以儒命名。这使儒拥有了教之名,教名曰儒教,行为曰儒行,信徒曰儒者,如此等等,不一而足。第三,为儒与为僧、为道一样指从教之义,对于这一点,《墨子》《庄子》等先秦经典便是明证。第四,到了西汉末年,刘歆为了篡改孔子圣统,便假托周公。为了削灭孔子创教圣迹,刘歆便列孔子创教之儒于九流。这样一来,"儒"与师并列,从学统上看,"儒"名若尊;从道统上看,孔教之名反倒被埋没了。分析至此,结论不言而喻,将"儒"列入九流剥夺孔子的教主之名的是刘歆,刘歆此举为祸匪浅。

立孔教为国教既是康有为拯救中国的纲领方案,也浓缩了他的政治诉求。在康有为的视界中,如果说孔子的教主地位预示了孔子创立的"儒"的特殊地位的话,那么,儒有别于"老"、"墨"的不同地位反过来彰显了孔子作

① 《论语注》,《康有为全集》(第六集),中国人民大学出版社 2007 年版,第 419 页。

为教主的权威。总之,儒的地位与孔子的地位相得益彰、相互成就。在这个前提下,康有为谴责刘歆将“儒”归入百家之流,也就等于认定刘歆剥夺儒的特殊性、权威性进而否定了孔子是教主以及孔教的国教之名。既然如此,也就不难理解康有为对刘歆将“儒”列入九流的揭露尤其是对刘歆此行的深恶痛绝了。

第四节 反面教材

康有为是哲学家、公羊学家,同时也是政治家、思想家。大多数中国人对康有为的认知往往聚焦叱咤风云的政治家、戊戌变法的领袖而不是构建仁学的哲学家。正因为如此,无论就康有为对于中国近代的贡献还是他的思想的影响力而言,托古改制、君主立宪的政治主张和诉求都远远超过他的其他方面的主张。问题的关键是,康有为的政治主张打着孔子的旗号进行,这决定了他的政治诉求是借助对孔子思想的解读和发挥展开的。正是由于这个原因,作为公羊学家的康有为离不开阐发以孔子为灵魂的国学人物思想的国学家。如果说立孔教为国教是康有为的救亡纲领的话,那么,他的这一纲领则与托古改制、三世三统一样离不开对孔子思想的借题发挥和对孔子地位的提升。不仅如此,康有为是学问家,更是思想家。同样的道理,他对自由、平等、博爱、民主和进化等近代价值理念的提倡是借助孔子之名发出的,因而有别于以西学家的面目示人的严复。既然如此,对于康有为来说,既要提升孔子的权威而将孔教说成是国教,又要解释先于西方三千年提倡进化的孔子、早于西方几千年实现自由、平等的中国缘何在近代沦落为如此境地?面对这种情形,康有为的思想建构从正反两个维度展开:在正面论证上,树立、凸显孔子的绝对权威,不遗余力地证明孔教是中国的国教,自由、平等、博爱、民主和进化等近代价值理念都是孔子思想的题中应有之义,孔教高于西方的耶教。在反面论证上,连篇累牍地强调由于内部与外部的争教,孔教的传播和光大一波三折,尤其是孔教内部的争教更是使孔子的微言大义、大同学说闇而不发。如果说有子、孟子和董仲舒等人是孔子的正宗传人的话,那么,曾子、荀子、刘歆等人和以朱熹为代表的宋明理学家都使孔学偏于一隅。稍加留意即可发现,康有为的国学人物组成了一个关系网,关系网的中心是孔子,从外部看,与孔子争教的是老子、墨子等人;从内部看,从孔子的亲授弟子开始,孔子后学以及孔教就被分裂为泾渭分明乃至势不两立的两个派别:一派是孟子、董仲舒等功莫大焉者,他们是康有为树立的正面典型;

一派是曾子、荀子、宋明理学家尤其是刘歆、韩愈等罪不可恕者,他们是康有为树立的反面典型。正面典型是用来提倡的,在康有为从正面阐发孔教时;反面典型是用来批判的,在康有为从反面论证孔教时。如果说康有为曾子、荀子和朱熹代表的宋明理学家有批判也有肯定的话,那么,康有为对待刘歆则只有猛烈批判而绝无赞誉褒奖。换言之,如果说康有为的思想是以孔教的名义发出的话,那么,康有为对孔子思想的解读、发挥离不开借助孟子、董仲舒阐发的微言大义,更不能没有作为反面教材的刘歆。这解释了缘何《新学伪经考》成为康有为的第一部重要著作,也从一个侧面证明了刘歆在康有为阐发孔教过程中发挥了教材级别的作用——由于至关重要,故而不可或缺。

一、关系网中的反面呈现

在康有为的视界中,刘歆既然是作为反面教材出现的,那么,他便要作为被批判的靶子随时出现。这意味着凡是康有为在论证孔子的思想遇到障碍时,刘歆都会作为替罪羊出现。例如,如果有人对孔子以及孔教发出诘难:既然孔教是中国的国教,那么,孔教以及孔子就应该为中国近代的贫弱衰微、落后挨打难辞其咎。康有为反驳曰:不能怪罪孔子,其实,孔子也是受害者,因为刘歆败坏了孔教。如果没有刘歆之学妨碍孔子大道的话,中国早就已经进入升平世了。再如,康有为试图借助公羊学的经世致用宣传变法思想,便要打压古文经。于是,他搬来刘歆,提出刘歆创立古文,并以古文伪篡经书。康有为这方面的论断比比皆是,下仅举其一斑:

> 古人左图右书,图与书并重。……《管子》亦著地图之篇,其最古者也。……至刘歆伪《汉志》始扫图学,独余王宏《兵志》一图,甚可惜也。①
>
> 《尔雅》,刘歆所点窜。②

值得注意的是,在对刘歆的审视中,康有为牵涉到了刘歆的学术师承关系。大致说来,康有为恪守刘歆与其父——刘向之间的今古文经之争。这

① 《南海师承记·讲图书》,《康有为全集》(第二集),中国人民大学出版社 2007 年版,第 229 页。

② 《南海师承记·讲宋学》,《康有为全集》(第二集),中国人民大学出版社 2007 年版,第 254 页。

便是："刘向作《穀梁》，刘歆作《左传》，父子有今古文之争。"①与此同时，康有为拉近刘歆与郑玄之间的距离，将两人之间的关系比喻为佛教的达摩与六祖。正是在这个意义上，康有为不止一次地断言：

> 达摩如儒之刘歆，六祖如郑康成。②
> 六祖比之郑康成，达摩比之刘歆。③

与对刘歆与郑玄师承关系的凸显互为表里，康有为借助郑玄之学的集大成反观刘歆之学的巨大影响和对孔教的致命破坏。于是，康有为反复宣称：

> 辅成古学，篡今学之大统者，则全在郑康成一人。……郑学既行，后世乃咸奉刘歆之伪经，而孔子之学亡。故康成者，刘歆之功臣，孔门之罪人也。④
>
> 今文学与名节之风，至东汉大盛。汉末郑康成始集今古之大成，加以高才硕学之徒侣最多，故郑学大行而今文寝息。至晋永嘉而今文遂绝。名节自曹操荡扫于先，至何晏、王弼尚清谈，而王衍之徒唱和之，而名节遂绝。⑤

康有为指出，刘歆对经书的篡伪在使古文经盛行的同时，也使古文经学压倒乃至取缔了隐藏孔子微言大义和大同思想的今文经学。正是由于这个原因，刘歆之学不仅妨碍了孔学大道的盛行，而且降低了孔子的地位。这用康有为本人的话说便是："始作伪乱圣制者自刘歆，……于是夺孔子之经以与周公，而抑孔子为传；于是扫孔子改制之圣法。"⑥与此同时，康有为认为，

---

① 《康南海先生讲学记·古今学术源流》，《康有为全集》（第二集），中国人民大学出版社2007年版，第112页。

② 《万木草堂口说·学术源流》，《康有为全集》（第二集），中国人民大学出版社2007年版，第144页。

③ 《万木草堂口说·学术源流》，《康有为全集》（第二集），中国人民大学出版社2007年版，第146页。

④ 《新学伪经考》，《康有为全集》（第一集），中国人民大学出版社2007年版，第451—453页。

⑤ 《康南海先生讲学记·古今学术源流》，《康有为全集》（第二集），中国人民大学出版社2007年版，第106页。

⑥ 《新学伪经考·叙目》，《康有为全集》（第一集），中国人民大学出版社2007年版，第355页。

刘歆带坏了汉代风气。在此之后,名节之风也荡然无存。

在将刘歆归入"敌人"之流、从孔教败类的角度编织刘歆关系网的同时,康有为从孔教正宗的角度编织刘歆的关系网。于是,康有为一面极力凸显刘歆与他们的沆瀣一气,一面彰显刘歆与孟子、董仲舒等人的不共戴天。其中,最有代表性的则非刘歆与董仲舒的关系莫属。稍加留意即可发现,康有为突出刘歆与董仲舒的对立之势,对刘歆的贬损与对董仲舒的褒扬恰成对立态势。通过对汉唐学的审视,康有为得出结论:孔学对汉代的影响是广泛的,故而后学众多;在孔子这一时期的后学中,既有正确阐发孔子之道的董仲舒以及何休、司马迁和王充等人,也有对孔子思想的歪曲和篡改者,刘歆和韩愈便属于此类。特别是刘歆,造成的后果是最为致命的。原因在于,刘歆依据《春秋左传》解读孔子思想,并以此攻击董仲舒的公羊学,一手葬送了孔学一统的时代。基于这种认识,康有为对刘歆深恶痛绝,不仅作《新学伪经考》对刘歆予以批判,而且在复原孔教的过程中排斥刘歆之学。

对于刘歆的错误以及对孔教造成的巨大危害,康有为有过集中揭露和批判。现摘录如下:

> 自刘歆以《左氏》破《公羊》,以古文伪传记攻今学之口说,以周公易孔子,以述易作,于是,孔子遂仅为后世博学高行之人,而非复为改制立法之教主圣王,只为师统而不为君统。诋素王为怪谬,或且以为僭窃。尽以其权归之人主。于是,天下议事者引律而不引经,尊势而不尊道。其道不尊,其威不重,而教主微;教主既微,生民不严不化,益顽益愚。皆去孔子素王之故。异哉!王义之误惑不明数千载也!夫王者之正名出于孔氏。何谓之王?一画贯三才谓之"王",天下归往谓之"王"。天下不归往,民皆散而去之,谓之"匹夫"。以势力把持其民谓之"霸",残贼民者谓之"民贼"。夫王不王,专视民之聚散向背名之,非谓其黄屋左纛,威权无上也。后世有天下者称帝,以王封其臣子,则有亲王、郡王等名。六朝则滥及善书,渎及奴隶,皆为王。若将就世俗通达之论识言之,则王者人臣之一爵,更何足以重孔子?亦何足以为僭异哉?然今中国圆颅方趾者四万万,其执民权者二十余朝,问人归往孔子乎?抑归往嬴政、杨广乎?既天下义理、制度皆从孔子,天下执经、释菜、俎豆、莘莘皆不归往嬴政、杨广,而归往大成之殿、阙里之堂,共尊孔子。孔子有归往之实,即有王之实,有王之实而有王之名,乃其固然。然大圣不得已而行权,犹谦逊曰假其位号,托之先王,托之鲁君,为寓王为素王云尔。故夫孔子以元统天,天犹在孔子所统之内,于无量数天之中而有

> 一地，于地上无量国中而为一王，其于孔子曾何足数！但考其当时，则事实同称，征以后世，则文宣有号，察其实义，则天下归往，审其通名，则人臣之爵，而上昧神圣行权偶托之文法，下忘天下归往同上之徽称，于素王则攻以僭悖之义，于民贼私其牙爪，则许以贯三才之名，何其舛哉！①

一目了然，康有为对刘歆的指责从以《左传》破坏《春秋公羊传》切入。事实上，《春秋公羊传》与《春秋穀梁传》、《左传》都是对《春秋》的解读和传承，故而具有《春秋》三传之称。从这个意义上说，传播今文经和古文经都不脱儒家的经学范围。这借用康有为的话语结构或表达方式便是都属于孔学，都证明了孔学的影响。问题的关键是，康有为似乎并不这样看，因为他推崇今文经，更因为康有为推崇今文经的主要方式和手段便是打压、贬低古文经。正因为如此，康有为对今文经与古文经区别对待。在此基础上，他一面对董仲舒佩服得五体投地，一面对刘歆极尽贬损之能事。可以看到，与对刘歆不遗余力地打压形成强烈对比，康有为一再对董仲舒予以拔高。奥秘在于，董仲舒秉持今文经学的立场，他的公羊学不仅证明了孔学的辉煌，而且是孔学正宗。基于这一认识，康有为发出了如下断语："然大贤如孟、荀，为孔门龙象，求得孔子立制之本，如《繁露》之微言奥义不可得焉。董生道不高于孟、荀，何以得此？然则是皆孔子口说之所传，而非董子之为之也。善乎王仲任之言曰：文王之文，传于孔子。孔子之文，传于仲舒。故所发言轶荀超孟，实为儒学群书之所无。若微董生，安从复窥孔子之大道哉！"②基于对董仲舒的极力拔高，康有为明确断言，轻视董仲舒，便无法窥见孔子大道。这应了康有为关于董仲舒是"孔子之后一人"的判断，表明董仲舒的地位超越了其他孔子后学，同时也使《春秋繁露》的地位甚至超过了其他孔门经典。

康有为认为，刘歆对中国学术的影响是空前的。在刘歆之前的西汉，经学皆是今文。这用康有为本人的话说便是："西汉以前，经学皆是今文。言《诗》，于鲁则申培公，于齐则辕固生，于燕则韩太傅，是谓齐、鲁、韩三家。言《尚书》，自济南伏生。言《礼》，自鲁高堂生。言《易》，自菑川田生。言《春秋》，于齐、鲁自胡母生，于赵自董仲舒。以上皆今文之学。以后董仲舒之《繁露》，刘向之治《穀梁》，皆西汉以前经师传授之本。"③依据康有为的

---

① 《孔子改制考》卷八，《康有为全集》（第三集），中国人民大学出版社 2007 年版，第 101 页。

② 《春秋董氏学》自序，《康有为全集》（第二集），中国人民大学出版社 2007 年版，第 307 页。

③ 《康南海先生讲学记 · 古今学术源流》，《康有为全集》（第二集），中国人民大学出版社 2007 年版，第 107 页。

说法，刘歆之前，经学传承的都是流传有序的今文经。即使到了西汉也是这样，从董仲舒的《春秋繁露》到刘歆之父——刘向对《春秋穀梁传》的解读无一例外。刘歆的出现改变了今文经在西汉盛行的局面，由此一发而不可收拾，经学每况愈下，孔学的高光时期不再。正是在这个意义上，康有为写道："后世之道术不明，统绪不著者，皆韩愈粗疏灭裂之罪也。愈之言道也，自孔子后千年，举孟子、荀子，而以杨雄厕其间。又谓'轲死不得其传'焉。……呜呼！何其妄也。若杨雄于君国则以美新，投阁于经学，则为歆伪欺绐。徒以《法言》摹仿《论语》，美言可市，乃舍江都而与兰陵并愈。拟人既不于伦，宝康匏而弃周鼎。呜呼！何其妄也。"①在康有为看来，如果说统绪混乱、周公与孔子争席是韩愈的罪过的话，那么，刘歆对于这一切则罪责难逃。正是由于刘歆湮没了今文经学，东汉时期的扬雄便受刘歆欺骗而偏离了正道，到了唐代才有韩愈与孔学正学的渐行渐远。

二、作传者的浓墨重彩

康有为认定，刘歆与孔子不共戴天，故而对刘歆痛恨至极、溢于言表。正是由于这个原因，凡是为康有为作传者，都以浓墨重彩凸显康有为对刘歆的极尽声讨之能事。可以看到，康有为的弟子在为他作传时都将排斥刘歆之学说成是康有为提倡孔教的主要手段。对于这一点，从梁启超的《南海康先生传》到陆乃翔、陆敦骙的《南海先生传》再到张伯桢的《南海康先生传》无一例外。

最早为康有为作传的梁启超提出康有为以发明孔教为己任，并在这个前提下将康有为发明孔教的过程概括为三个阶段。在此基础上，梁启超强调，康有为发明孔教的两个阶段都将矛头指向了刘歆。梁启超这样写道：

> 其（指康有为——引者注）从事于孔教复原也，不可不先排斥俗学而明辨之，以拨云雾而见青天。于是其料简之次第，凡分三段阶：
>
> 第一　排斥宋学，以其仅言孔子修己之学，不明孔子救世之学也。
>
> 第二　排斥歆学（刘歆之学），以其作伪，诬孔子，误后世也。
>
> 第三　排斥荀学（荀卿之学），以其仅传孔子小康之统，不传孔子大同之统也。②

① 《春秋董氏学》卷七，《康有为全集》（第二集），中国人民大学出版社 2007 年版，第 416 页。

② 《南海康先生传》，《梁启超全集》（第一册），北京出版社 1999 年版，第 486—487 页。

无论康有为本人是否如此,在梁启超的印象中,康有为对刘歆的痛恨可见一斑。

诚然,康有为具有儒学情结,许多重要主张都以孔子的名义发出。可以看到,康有为无论哲学上的仁学建构、求乐免苦还是政治上的托古改制、三世三统都是如此。这大概就是梁启超所讲的康有为"从事于孔教复原"。与此同时,康有为对孔教的提倡、阐扬的确以刘歆作为反面教材,因为康有为声称孔子的微言大义、大同学说"闇而不发"是由于刘歆伪篡了孔子所作的经典,于是作《新学伪经考》揭露刘歆的罪行,阐明、发扬孔子大道。这大概就是梁启超所讲的康有为"排斥歆学(刘歆之学)"。不仅如此,康有为认定刘歆传承了荀子思想的一部分,荀子则是传承了孔子之礼以及由此而来的小康之学。这大概就是梁启超所讲的康有为"排斥荀学(荀卿之学)"。除此之外,康有为指出,宋明理学家接续了刘歆的衣钵,充其量只不过是歆学之一小支而已。这大概就是梁启超所讲的康有为"排斥宋学"。

陆乃翔、陆敦骙对康有为排斥刘歆之学的指认同样集中在为康有为所作的传中,对康有为思想的概括与梁启超大体相同。这就是说,陆乃翔、陆敦骙在将康有为的孔教思想划分为三个阶段的前提下,进而将其中的第二、第三两个阶段与刘歆联系起来,以此证明康有为是在反驳刘歆的思想、肃清刘歆流毒的过程中发扬孔教的。对此,两人如是说:

> 二曰:刘歆作伪之古文经,魏晋以后用之。
>
> 《诗》、《书》、《礼》、《乐》、《易》、《春秋》六经,皆孔子所作,以改制立法治天下者。《诗》、《书》、《礼》、《乐》,则因旧文而删定之,是为今文,前汉诸儒传者是也。刘歆乃伪造古文,托之周公,增改六经,改乱孔子《春秋》之说,而以秦、汉之制窜入经中。凡王者作威专制,用奴隶及阉人百官,皆供奉一君之说是也。乃谓孔子仅述先圣,非改制之教王,而《公》、《穀》废,口说亡,而微言大义与之偕亡矣。孔子作《春秋》也,立三世义,每一世中又有据乱、升平、太平,三世为九世,重之为八十一世,以至于无穷,皆视其时而行之。曰据乱世,专制政体也;曰升平世,立宪政体也;曰太平世,共和政体也。至太平时,则内外大小如一。《易》曰"见群龙无首,吉"、"乾元用九,天下治"也。无君并无大统领,众人公举,太平之至也。自刘歆之学行,于是二千年不知孔子升平、太平之义,而进化之路绝矣。
>
> 三曰:朱子之理学,宋、元、明千年以来从之。
>
> 朱子生更后,为刘歆之学所蔽,则于君臣夫妇之法,加之益严;为曾

子《论语》所困,故修身更苦,而礼乐歌舞及人道养生致乐之事悉为扫除。则孔子之大道,遂为偏安割据,而无所余几矣。今人但以《论语》为孔子学,此朱子之说;岂知六经皆孔子作,而《论语》仅弟子所记之言行,不足见孔子耶!①

深入剖析陆乃翔、陆敦骙对康有为思想的解读和诠释不难发现,两人对康有为排斥刘歆的论证似乎比梁启超更进了一步。这是因为,在两人看来,并不限于梁启超所讲的康有为的孔教思想——因为在康有为那里,所有观点和思想的提出都是为了反驳、破除刘歆之学。这用陆乃翔、陆敦骙本人的话说便是:“先生(指康有为——引者注)又发明今文经说,作《新学伪经考》、《孔子改制考》,明孔子为改制之教主,空文之素王,如去世爵、奴隶而平族级,开学校、选举而登秀民,抑君权、禁专制而定宪法,戒同姓为婚而中国人种遂至繁。于是刘歆二千年伪乱之学说破矣。”②《新学伪经考》初版于1891年,是康有为早期思想的代表作。《孔子改制考》作于1892年,初版于1898年。陆乃翔、陆敦骙以《新学伪经考》和《孔子改制考》为例揭示、阐发康有为的思想似乎在说,康有为的著述从一开始就是针对刘歆的——当然,并不限于孔教方面,康有为的所有思想都将矛头指向了刘歆。

无独有偶,张伯桢在为康有为作传时,沿袭了前面两传对康有为抨击刘歆大书特书的传统,并且拓展了新的角度。可以看到,张伯桢之传具有一个明显的特点,那就是:简要介绍了康有为的著述。在介绍康有为的《中庸注》和《春秋笔削大义微言考》时,张伯桢专门提到了刘歆。对此,张伯桢如是说:

又《中庸注》一卷。先师以为,孔子之教论莫精于《中庸》一篇。……孔子之道大矣,荡荡如天,民难名之,惟圣孙子思亲传大道,具知圣统。其云“昭明圣祖之德”,犹述作孔子之行状云尔。子思既趋庭捧手,兼传有子、子游之统,备知盛德至道之全体,原于天命,发为人道,本于至诚之性,发为大教之化,穷鬼神万物之微,著三世三统之变,其粗则在人伦言行政治之迹,其精出于上天无声无臭之表。而所以行之后世,为人不可离者,则以其不高不卑,不偏不蔽,务因其宜而得人道之中,不怪不空,不滞不固,务令可行而为人道之用。尚恐法久生弊,又豫为三重之道,因时举措,通变宜民。惟其错行代明,故可并行不悖。既

① 《南海先生传》,《康有为全集》(第十二集),中国人民大学出版社2007年版,第458。

② 《南海先生传》,《康有为全集》(第十二集),中国人民大学出版社2007年版,第458。

曲成万物而不遗，又久历百世而寡过。因使孔子之教，广大配天地，光明并日月，仁育覆后世、充全球。以去圣久远，伪谬滋炽。如刘歆之派，既务攻今学而乱改制之经，于是大义微言湮矣。宋、明以来，言者虽多，则又皆向壁虚造，仅知存诚明善之一旨，而遂割弃孔子大统之地，僻陋偏安于一隅。后进承流守旧，画地自甘，不知孔子三重之道，通变因时、并行不悖之妙，气弊水浅，不足以容民畜众，则群生将困，而不得被其泽。圣道不明，为害滋大。①

又《春秋笔削大义微言考》十一卷。先师以为，孔子之道，其本在仁，其理在公，其法在平，其制在文，其体在各明名分，其用在与时进化。……故其科指所明，在张三世。其三世所立，身则行乎据乱，故条理较多；而心写乎太平，乃意思所注。虽权实异法，实因时推迁，故曰孔子圣之时者也。若其广张万法，不持乎一德，不限乎一国，不成乎一世，盖浃乎天人矣。汉世家行孔学，君臣士庶，劬躬从化，《春秋》之义，深入人心。拨乱之道既昌，若推行至于隋、唐，应进化至升平之世，至今千载，中国可先大地而太平矣。不幸当秦、汉时，外则老子、韩非所传刑名法术、君尊臣卑之说，既大行于历朝，民贼得隐操其术以愚制吾民；内则新莽之时，刘歆创造伪经，改《国语》为《左传》，以大攻《公》、《穀》，贾逵、郑玄赞之。自晋之后，伪古学大行，《公》、《穀》不得立学官，而大义乖；董、何无人传师说，而微言绝。②

虽然张伯桢与梁启超、陆乃翔和陆敦骙的角度迥然相异，但是，他得出的结论却与后者如出一辙：康有为通过反驳刘歆阐明自己的思想和发挥孔教。并不限于《新学伪经考》，康有为的著述都将刘歆作为反面教材，对孔子重要观点的阐发都是如此。康有为对孔子论教最精的《中庸》的注释——《中庸注》如此，对孔子最重要的著作《春秋》的诠释——《春秋笔削大义微言考》当然也不例外。

基于对刘歆错误和后果的评判，康有为对于当时的学术发出了如下号召："今日之害，于学者先曰训诂，此刘歆之学派。用使学者碎义逃难，穷老尽气于小学，童年执艺，白首无成。必扫除之，使知孔子大义之学，而后学乃有用。孔子大义之学，全在今学。"③由此可见，康有为将尽弃刘歆之古文经

---

① 《南海康先生传》，《康有为全集》（第十二集），中国人民大学出版社 2007 年版，第 494 页。

② 《南海康先生传》，《康有为全集》（第十二集），中国人民大学出版社 2007 年版，第 496 页。

③ 《与朱一新论学书牍》，《康有为全集》（第一集），中国人民大学出版社 2007 年版，第 317 页。

学作为振兴中国学术、恢复孔子大义的不二法门，也从一个侧面将对刘歆的敌对、仇恨推向了极致。

康有为对大多数国学人物的态度评价都是变化的，对有些人物的态度评价前后之间甚至判若两人——荀子、朱熹在康有为思想中的命运都是如此。诚然，康有为对有些国学人物的态度前后之间变化不大，如孔子、孟子和庄子等。尽管如此，那代表了始终如一的推崇或好感而不是批判乃至深恶痛绝。可以看到，像对待刘歆这样由始至终怒不可遏的情况极为罕见，因为康有为即使是对待韩愈也经历了短暂的早期推崇阶段。深入探究可以发现，康有为对刘歆的批判和抵制并非偶然，背后隐藏着某种必然性。上述内容共同显示，康有为秉持今文经学的立场，刘歆则接续了古文经的衣钵。在康有为看来，今文经学与古文经学势不两立，由此引发的对于孔子的不同态度和对孔子思想的不同解读更是直指中国近代波谲云诡的政治斗争。这些对于为立孔教为国教奔走呼号的康有为来说是原则问题，以刘歆为靶子通过批判古文经学而拨开迷雾、进而从反面提升孔子的地位、呈现孔教的教旨便成为康有为贯穿早中期思想的逻辑主线和思想主题。也正是由于这个原因，康有为对刘歆的关注与对孔教的提倡一样从早期一直持续到中期，并且对刘歆一直持全盘否定的态度。

第八章 韩　愈

康有为在讲学和著述中反复提到韩愈,致使韩愈成为出现在康有为乃至近代哲学视界中的为数不多的汉唐人物。相比之下,康有为提及的先秦人物数量大得惊人,对汉唐时期的人物提及不多,对唐代人物的提及更少,韩愈则无疑是康有为最为关注的唐代人物。康有为对韩愈的关注和审视包括诗文与道术(文学与思想)两个维度,对两个维度中的韩愈分别对待,评价相差悬殊。总的说来,康有为对韩愈的态度呈现出先褒后贬的态势。这一态度转变直观地再现了康有为的心路历程,也使康有为视界中的韩愈变得意义非凡起来。借助康有为对韩愈的解读,既可以直观感受韩愈在近代哲学中的命运以及康有为思想嬗变的原因,又可以深切体悟康有为的价值诉求以及有别于其他近代哲学家的不同之处。

第一节 传承谱系

在近代哲学家中,说到关注、提及国学人物的数量之多,除了梁启超,便是康有为。与梁启超不同的是,康有为对国学人物的关注热衷于追溯身份归属,勾勒传承谱系。这是康有为审视、解读国学人物的一大特色,也与梁启超侧重对国学人物的思想阐发形成了鲜明对比。康有为对韩愈如法炮制,致使韩愈在康有为的视界中带有明显的康氏范式。可以看到,与对韩愈的思想解读相比,康有为更为关注韩愈的传承谱系。

一、韩愈与文中子

康有为追溯了韩愈的思想源头,肯定韩愈之学出于文中子。正是在这个意义上,康有为不止一次地断言:

> 昌黎学出于文中子,为散文之源流。[①]
>
> 昌黎学出于文中子,为古文之源流。[②]

---

① 《万木草堂口说 · 学术源流》,《康有为全集》(第二集),中国人民大学出版社 2007 年版,第 136 页。

② 《南海康先生讲学记 · 古今学术源流》,《康有为全集》(第二集),中国人民大学出版社 2007 年版,第 107 页。

上述议论显示，康有为在讲“学术源流”时反复彰显韩愈与文中子思想的渊源关系。对韩愈与文中子思想一脉相承的认定既是康有为对韩愈传承谱系的审视和勾勒，又决定了他对韩愈的定性和评价。

文中子即隋代哲学家——王通(584—617)。除了曾经模仿六经作《续书》、《续诗》之外，王通还模仿《论语》作《中说》。《中说》又名《文中子》，王通因而被私谥为文中子，文中子的称谓便缘此而来。王通虽然具有融合儒释道的思想倾向，但是，他的思想以儒家为主却是确凿无疑的。这一点从王通的著述中便可一目了然。康有为贬低《论语》而尊崇《春秋》，这先天地决定了他对王通模仿《论语》而来的《中说》的贬损态度，也注定了康有为对王通的儒学思想是不认可的。可以作为佐证的是，康有为每当肯定韩愈出于王通，都不忘加上一句解释——或者“为散文之源流”，或者“为古文之源流”，总之绝口不提儒学。由此不难想象，康有为肯定韩愈之学出于王通，是从诗文的维度立论的，同时也意味着韩愈的思想来源不正——至少在思想即康有为所讲的“道术”方面如此。

二、韩愈与柳宗元

在借助隋朝的王通说明了韩愈思想的“前世”之后，康有为讲到了韩愈思想的“今生”，较为详细地描述了韩愈在其所处的唐代的存在状况。

韩愈(768—824)是唐代人，康有为关注韩愈在唐代的状况，并且肯定韩愈之文集唐代之大成。正是在这个意义上，康有为声称：“唐四杰(当指初唐四杰即王勃、杨炯、卢照邻和骆宾王——引者注)以后甚难解，由骈极而变为散。散文，陈伯玉(即陈子昂，伯玉是陈子昂的字——引者注)为第一。至昌黎(即韩愈，因为韩愈自称郡望昌黎，故被称为韩昌黎或昌黎先生——引者注)集其大成，而风气异矣无不备。但义理甚浅，学诸家所长。”①

在肯定韩愈在散文方面集唐代之大成的前提下，康有为反复突出柳宗元对韩愈的追随。于是，他不止一次地说道：

> 独昌黎大倡古文，当时未知之从也。从之者柳宗元及其弟子数人而已。②

① 《万木草堂讲义·讲文源流》，《康有为全集》(第二集)，中国人民大学出版社2007年版，第299页。

② 《万木草堂口说·文章源流》，《康有为全集》(第二集)，中国人民大学出版社2007年版，第194页。

> 柳开刻《昌黎文集》,无人买,当时有少年儒问之,送一套,可知其文不行。①

由此可见,康有为注意到了韩愈思想在当时的冷遇,一面指出韩愈倡导古文运动应者寥寥,一面指出韩愈之文在当时无人问津。这渲染了柳宗元传刻《昌黎文集》的难能可贵,也拉近了柳宗元与韩愈之间的关系。在这个前提下,康有为极力凸显柳宗元对韩愈的追随和支持——韩愈倡导古文运动应者寥寥中就有柳宗元,最先将韩愈之文刻集出版的还是柳宗元。这既拉近了韩愈与柳宗元之间的距离,又预示了两人的思想传承以及相同之处。当然,康有为在彰显韩愈与柳宗元密切关系和思想相近的同时,也对两人进行了比较,从中可见韩愈与柳宗元的区别。下仅举其一斑:

> 扬子云、柳子厚善于摹仿相如,昌黎善于创造。②
>
> 柳子厚学《国语》,昌黎学经学、《礼记》。③

康有为的上述两段议论从不同维度展开,也从不同视野呈现了韩愈与柳宗元的思想特质和学术意趣。具体地说,第一段议论从文学的角度立论,指出韩愈、柳宗元的文章风格大异,具体原因和表现在于,韩愈擅于创造,柳宗元则与扬雄一样擅于模仿。第二段议论从思想来源的角度立论,指出韩愈、柳宗元的思想依据不同经典文本而来,柳宗元学《国语》,韩愈学经学,尤为重视《礼记》。柳宗元和韩愈不仅是文学家,而且是思想家,都有自己的代表作。例如,柳宗元作《非国语》,韩愈作《读墨子》、《读荀子》和《读仪礼》等。正因为如此,康有为发出了柳宗元"学《国学》"、韩愈则学《礼记》的论断。至于柳宗元明明"非"《国语》、韩愈明明作《读仪礼》,为什么康有为却偏偏由柳宗元对《国语》之非推导出"学《国语》"、由韩愈作《读仪礼》推导出韩愈学《礼记》,则不得而知。

众所周知,柳宗元与韩愈一样是"唐宋八大家"之一,两人一起发动、领导古文运动,史称"韩柳古文运动"。从这个意义上说,对于韩愈在唐代的

---

① 《万木草堂讲义·讲文源流》,《康有为全集》(第二集),中国人民大学出版社 2007 年版,第 299 页。

② 《万木草堂口说·文章源流》,《康有为全集》(第二集),中国人民大学出版社 2007 年版,第 194 页。

③ 《万木草堂口说·骈文》,《康有为全集》(第二集),中国人民大学出版社 2007 年版,第 198 页。

情况，康有为极力彰显韩愈与柳宗元之间的关系无可厚非，可以说是必然的，当然也是正常的。不正常的是，康有为反复提到韩愈倡导古文运动，并借此拉近韩愈与柳宗元之间的距离，同时刻意淡化乃至回避韩愈与其他人之间的关系。例如，康有为反复强调，韩愈的思想与作为“唐宋八大家”之一的柳宗元之间一脉相承，柳宗元热衷于追随韩愈。问题的关键是，追溯韩愈者并非柳宗元一人，柳宗元也并非与韩愈思想最密切或最相似者。无论从师承关系还是从思想相近来说，韩愈与李翱都比与柳宗元的关系更为密切。尽管如此，康有为却对柳宗元之外包括李翱在内的其他人只字未提，只关注韩愈与柳宗元一人之间的关系。康有为的这个说法乍看起来是不通情理，细想之下便会发现：他可能是为了凸显韩愈文学家的身份，因而始终侧重从文学的角度勾勒韩愈思想的传承谱系。在这方面，康有为对韩愈思想出于王通时凸显“散文”、“古文”如此，对韩愈在唐代是集大成者的认定和与柳宗元关系密切的说明也不例外。

三、韩愈与宋代学术

在对后世的追踪中，康有为指出，韩愈开出宋学。正是在这个意义上，康有为反复宣称：

> 开宋一代之风，韩昌黎始。①
> 宋学皆自韩愈开之。②

这就是说，康有为多次发出了宋学自韩愈开出的论断，肯定宋代风气由韩愈开其端。事实上，除了上述议论之外，康有为对于有宋之学不止一次地进行描述和勾勒，在其中反复提到韩愈。下面的例子在康有为的论述中绝非个案：

> 宋之学，始自欧阳修。激扬气节，始范高平。古文亦开于欧阳修，乃韩昌黎再传弟子。③

① 《万木草堂讲义・七月初三夜讲源流》，《康有为全集》（第二集），中国人民大学出版社2007年版，第287页。

② 《万木草堂口说・学术源流》，《康有为全集》（第二集），中国人民大学出版社2007年版，第138页。

③ 《南海康先生讲学记・古今学术源流》，《康有为全集》（第二集），中国人民大学出版社2007年版，第106页。

> 柳仲涂刻《昌黎集》。欧阳公得一《昌黎集》,穆子长传古文于尹洙,欧阳从尹洙受学,由欧阳公以下,能讲经学,东坡、荊公、曾子固等,能发明之。倡经学、词章者,欧阳公也。①

在这里,康有为从宋学始于欧阳修出发,借助欧阳修是韩愈后学,最终推导出宋学开于韩愈。值得注意的是,康有为得出这一结论,与凸显柳宗元对韩愈的追溯一脉相承。他的逻辑是,宋学自欧阳修始,而欧阳修之学源自柳宗元刻的《昌黎集》,欧阳修是韩愈的"再传弟子"。这就是说,康有为一再肯定韩愈开宋代风气,所凭借的证据便是:宋学始于欧阳修,而欧阳修借助柳宗元刻的《昌黎集》而师法韩愈——由于作为宋学开端的欧阳修是韩愈的"再传弟子",故而可以说宋学发端于韩愈。

上述内容显示,康有为反复宣称韩愈开出宋学,言之凿凿,语出有据。细下心来骤然发现,康有为说来说去,全部的证据就是欧阳修得到一本柳宗元刻的《昌黎集》。面对康有为仅凭欧阳修学柳宗元刻的《昌黎集》就断言欧阳修是韩愈的"再传弟子",并且仅凭此一点就推导出韩愈开宋学的结论,人们不禁要问:如果像康有为那样仅断言欧阳修是韩愈的"再传弟子",那么,韩愈的亲授弟子是谁?如果没有亲授弟子,"再传弟子"又从何而来?既然欧阳修凭借柳宗元刻的《昌黎集》都成了韩愈的"再传弟子",那么,刻《昌黎集》的柳宗元为什么没有被康有为明确指定为韩愈的弟子?如此说来,康有为仅仅根据欧阳修读了《昌黎集》就断言其为韩愈"再传弟子"太过牵强——难道说只有欧阳修一人读了柳宗元刻的《昌黎集》不成?如果这一点不成立,那么,康有为根据宋学始于欧阳修而推出韩愈开出宋学的结论便无法成立。

与此同时应该看到,除了欧阳修之外,康有为对于宋学之开端还有其他说法,其中最著名的便是宋学开于周敦颐。例如,他曾经发出了如下论断:"宋朝之学出于周子。"②此处之"周子"指作为"北宋五子"之一的周敦颐。这样一来,对于究竟谁是宋学的开端,康有为便提出了韩愈(或者说欧阳修)与周敦颐两种截然不同的观点。对于康有为关于宋学开端的这两种不同说法,可以作时间上的先后解——追溯到宋之前,滥觞于韩愈;具体到北宋,发端于周敦颐。深入剖析可以发现,这种解释在康有为那里既缺少事实

---

① 《万木草堂口说·学术源流》,《康有为全集》(第二集),中国人民大学出版社2007年版,第138页。

② 《南海师承记·讲性理》,《康有为全集》(第二集),中国人民大学出版社2007年版,第233页。

依据,又在逻辑上站不住脚。之所以如此,原因有二:第一,康有为由始至终都没有说过周敦颐是韩愈后学,甚至从来没有将周敦颐与韩愈联系在一起,反倒一再凸显周敦颐与陈抟以及老子等人之间的思想传承关系。第二,在对韩愈的思想直接开出宋学的具体解释和论证中,康有为举出的宋代人物是欧阳修、范仲淹而不是周敦颐,甚至不是与周敦颐关系密切的二程、张载等人。综合这两方面的情况可以得出一个初步认识,康有为眼中的宋学分为两个领域:一个是思想即义理领域,一个是文学即"文章"领域。

对于宋学分为两个领域,康有为本人的下面这段话提供了注脚:"故有宋一代,义理折衷于闽、洛,文章折衷于欧阳。"①此处之"义理"侧重思想,"文章"则侧重文学。依据这个说法,宋代的义理之学开于周敦颐,程朱一脉是其中的"显学";宋代的文章则开于韩愈,作为韩愈后学的欧阳修集其大成。对于宋学的义理一脉,康有为断言:"朱子之学得自程子,程子之学得自周子。"②对于宋学的文章一脉,康有为宣称:"昌黎文,范围有宋一代。"③与将欧阳修说成是韩愈的"再传弟子"相印证,对于宋代文风以及韩愈对于宋学的决定性影响,康有为解释说:"欧阳修少年学骈文,二十六得尹文,授《昌黎集》,然后变为散文,取试专以散文。"④至此,可以得出结论,康有为肯定韩愈开有宋之学,是从文章的角度立论的。与此相一致,他举出的例子是欧阳修、范仲淹以文学见长者而不是像"北宋五子"那样以思想见长者。

经过康有为的梳理和勾勒,韩愈上承隋代之王通,下启宋代之欧阳修,在唐代则是集大成者,并且与柳宗元关系密切。深入分析康有为对于韩愈传承谱系得出的这个结论,可以发现两个耐人寻味之处:第一,韩愈是唐代大儒,康有为却对韩愈的大儒身份未置一词。对此,人们不禁要问:康有为缘何对韩愈的大儒身份视而不见?更何况他本人具有浓郁的儒学情结,无论著述还是对国学人物的选择都偏袒儒学。第二,康有为反复凸显韩愈与柳宗元之间的思想传承,尤其是喜欢以柳宗元刻《昌黎集》为证据证明柳宗元对韩愈的追捧、追随,反倒对韩愈的著名弟子——李翱不予提及。康有为

---

① 《万木草堂口说·学术源流》,《康有为全集》(第二集),中国人民大学出版社 2007 年版,第 136 页。

② 《南海师承记·续讲正蒙及通书》,《康有为全集》(第二集),中国人民大学出版社 2007 年版,第 234 页。

③ 《万木草堂口说·文章源流》,《康有为全集》(第二集),中国人民大学出版社 2007 年版,第 194 页。

④ 《万木草堂讲义·讲文源流》,《康有为全集》(第二集),中国人民大学出版社 2007 年版,第 299 页。

的做法极易产生误导,也同样令人疑窦丛生:追随韩愈者是否只有柳宗元一人?或者说,柳宗元是否是韩愈唯一的追随者?答案显然是否定的。接下来的问题是,如果答案是否定的,那么,康有为的做法当属别有用心。康有为的别用之心究竟是什么,也不免令人疑惑不解。无论康有为的做法如何令人疑惑,可以肯定的是,他对韩愈传承谱系的勾勒大致框定了韩愈的学术身份和思想特征,也决定了他本人对韩愈功过是非的态度评价。

第二节 态 度 评 价

康有为对韩愈的态度和评价,颇为复杂,从不同视角切入结果大不相同:表面上看,既有肯定,又有否定,可谓毁誉参半。稍加分析即可发现,否定远远大于肯定——在道术方面,更是绝少肯定。

一、较 高 评 价

康有为曾经对唐代的学术状况进行审视和勾勒,并在这个背景下给予韩愈较高评价。例如,康有为一再宣称:

> 唐以诗赋取士,无一人通经学者,韩昌黎力矫浮靡,只成得一文章家,于经学无与,而已开宋学之义理焉。五代无一人言学,至宋,经学之兴,始于欧阳文忠。激扬气节,始范高平。散文亦开于欧阳文忠。欧阳文忠,乃昌黎再传弟子。①
>
> 隋、唐亦立"五经"博士,由此途进者,谓之"明经"。既立科目取士,以诗赋起自唐,故人皆习于词章,而通经渐少。故唐一代,无有能通经学者,然其读书甚博,且最重骈体,故一时读文史者正多,论名节则无矣。其人皆溺于科举,上下无复有言气节者。惟韩愈一人崛起,反骈体为古文,又能攻佛、老异端,作《原道》诸篇,于是风气渐趋于义理,且气节又高,故宋学由此而开焉。②

在这里,康有为从三个方面给予了韩愈肯定评价:第一,肯定韩愈在文学方面的贡献,主要表现是一扫前朝的骈文风气,倡导古文运动。这用康有

① 《万木草堂口说·学术源流》,《康有为全集》(第二集),中国人民大学出版社 2007 年版,第 136 页。

② 《南海康先生讲学记·古今学术源流》,《康有为全集》(第二集),中国人民大学出版社 2007 年版,第 106 页。

为本人的话说便是:"汉只有文,六朝只骈体,昌黎始倡古文。"①第二,肯定韩愈重经学,改变了隋唐以来溺于科举、习于辞章的空疏学风。这一点与康有为对韩愈擅长创造的评价可以互证。第三,肯定韩愈重气节,主要表现是辟佛老之异端,作《原道》诸文。康有为总结说,正是由于韩愈的这些努力,学术风气由辞章、骈文而渐趋义理,从此开出了宋学。与上述议论如出一辙,康有为声称:"唐朝专言词章,韩昌黎因文见道。"②

综合考察康有为的思想可以发现,他有关韩愈的学术思想即义理、经学方面的论述从两个不同的方向展开:第一,康有为肯定韩愈学经学,并由骈文而转向义理。这一点通过康有为对韩愈与柳宗元的比较直观地呈现出来,更通过肯定韩愈"因文见道"、学经学而辟佛老——特别是开出宋学之义理等共同凸显出来。第二,康有为对韩愈经学、义理的肯定是在断言整个唐朝"无一人通经学"、满朝皆沉溺于骈文的大背景下发出的。因此,从整体上说——或者说将韩愈置于中国学术的背景下,康有为并不认可韩愈的经学和道术。与此相印证,在肯定韩愈出于王通时,康有为漠视王通之经学,反复强调韩愈出于王通的立论维度是"散文之源流"、"古文之源流";在肯定韩愈开出宋学时,始终让韩愈与欧阳修、范仲淹等文学家为伍,而绝口不提韩愈与以思想(道术)见长的张载、二程或朱熹等宋明理学家的关系。更为重要的是,康有为对韩愈、李翱的道德论、人性论(性情论、复性说)等"道术"方面的观点更是讳莫如深。再结合康有为一再抨击韩愈"道术浅薄",极有可能是指这方面的内容。

二、大加鞭挞

康有为将韩愈之文学与思想截然分开,并在这个前提下对二者区别对待。可以看到,他一面肯定韩愈的文学成就,一面抨击韩愈的道术思想。

早年的康有为受老师——朱次琦(九江)的影响对韩愈怀有好感,对韩愈在诗文方面的成就更是推崇备至。有鉴于此,无论说到文还是诗,康有为均以韩愈为楷模。例如,康有为在《桂学答问》中不止一次地说道:

> 散文读《古文辞类纂》、《韩》、《柳集》,则有法度矣。若能读《全上

① 《万木草堂口说·文学》,《康有为全集》(第二集),中国人民大学出版社 2007 年版,第 196 页。

② 《万木草堂口说·学术源流》,《康有为全集》(第二集),中国人民大学出版社 2007 年版,第 146 页。

> 古三国六朝文》、《唐文粹》、《宋文鉴》、《元文类》、《明文海》，则源流毕贯。①
>
> 诗则导源《文选》，《唐宋诗醇》，所选极精，可全读。王、孟、韦、柳、李、杜、韩、白、苏、陆各大家集，均随性学之，而杜为宗。《杜诗镜铨》最佳，宜全读。②

一目了然，在散文方面，康有为称名道姓予以表彰的只有韩愈、柳宗元两个人而并非"唐宋八大家"，由此可见康有为对韩愈的格外青睐。在诗方面，康有为列出十家，虽然以杜甫为宗，但是，他仍然将韩愈位列其中。综合诗与文两方面的情况可以得出结论，对于韩愈的文学成就，康有为是认可的——甚至可以说是顶礼膜拜的。对于这一点，康有为评价韩愈"抑扬演灏"、"能言"等等都是明证。

鉴于对韩愈诗文的认可，康有为不止一次地倡议读韩愈文集(《韩昌黎集》)。下仅举其一斑：

> 《柳子厚》、《韩昌黎集》可以涉猎，不必精读。③
>
> 读《韩》、《柳集》以观其体裁，可矣。④

康有为对韩愈的关注尤其是肯定集中在其思想的早期阶段。不仅如此，这两段话申明了康有为的两个观点：第一，直观展示了康有为一贯的韩柳并提，即使是在向学生推荐书目时也是让韩愈与柳宗元文集如影随形。第二，从一个侧面展示了韩愈在康有为思想中的位置。与柳宗元的文集一样，康有为告诉学生，对于韩愈的文集不必细读，没有必要像对待《春秋》以及六经那样细读，而是涉猎即可。之所以涉猎，是为了"观其体裁"。依据这个说法，可以窥见康有为的两个思想动向：一是读韩愈文集不是在意义理而是在于文学；二是无论康有为给予韩非的地位还是思想侧重都与柳宗元别无二致。

问题的关键是，康有为最主要的身份不是文学家，而是大声疾呼立孔教

---

① 《桂学答问》，《康有为全集》(第二集)，中国人民大学出版社 2007 年版，第 24 页。

② 《桂学答问》，《康有为全集》(第二集)，中国人民大学出版社 2007 年版，第 24 页。

③ 《万木草堂口说·骈文》，《康有为全集》(第二集)，中国人民大学出版社 2007 年版，第 198 页。

④ 《万木草堂口说·骈文》，《康有为全集》(第二集)，中国人民大学出版社 2007 年版，第 198 页。

为国教的思想家。因此,文学与思想相比,他显然更在意思想。康有为是秉持这个思路和立场审视、解读和评价韩愈的。正是由于这个原因,一方面,康有为对韩愈的审视和解读不可能止步于诗文,而必然牵涉到思想(道义、义理)。另一方面,康有为对韩愈诗文与思想的态度评价差若云泥。一言以蔽之,康有为对韩愈的诗文顶礼膜拜,对韩愈思想的态度以批判为主。与对韩愈诗文的态度天差地别,对于韩愈的思想,康有为是不认可的,将韩愈作为批判的靶子。在康有为看来,说起对孔教的败坏,除了刘歆,即是韩愈。换句话说,放在孔教的视域内,韩愈是孔教的罪人而非功臣。正是由于这个原因,康有为视界中的韩愈在孟子、董仲舒等人的面前相形见绌,即使与荀子、朱熹等人相比也自叹弗如。依据康有为的揭露和分析,韩愈不得孔教真传,借助韩愈的思想不足以知孔子。正是在这个意义上,康有为宣称:

> 夫孔子之道至大,兼陈三世以待变通,诚无所不有,既不能执一端以窥之。日人以异域传儒书,始知韩、柳,继讲朱、王,其不足以知孔子,固未足异。然孔子既自言之曰:圣人以神道设教,而天下服。又曰:明命鬼神,以为黔首,则百众以畏,万民以服。故虽远鬼神而不语,以扫野蛮时代迷信过甚之风,亦存祭祀而畏天,以示照临上下左右之切尽,毁淫祀而仍隆敬祀典,立天地、山川、社稷、祖先之祀。《诗》、《书》所载,语必称天。“明明在上,赫赫在下。天难忱斯,不易维王。天位殷适,使不挟四方”。六语之中,称天者四。又曰:上帝临汝,无贰尔心。获罪于天,无所祷也。诸经所述,不可胜数,虽耶教尊天之切,又岂有过此?①

依据这个分析,韩愈不知孔子而善于作文,结果是,不仅带坏了宋儒,而且影响了日本人对孔教的理解。在这里,有一个细节值得注意,那就是:康有为强调,日本人作为在异域传播儒学者,以韩愈和柳宗元为始,而两人皆是文学家。这从一个侧面印证了康有为对韩愈“文以害道”的评价。换言之,韩愈既善诗文又不谙孔子大道,前者注定了他的影响,后者注定了他对孔教的歪曲;二者相互作用,给孔教带来的误导和破坏便是致命的。

三、由慕转黜

大致说来,康有为对韩愈的肯定与否定态度和评价不是在同一时期进

---

① 《英国监布烈住大学华文总教习斋路士会见记》,《康有为全集》(第八集),中国人民大学出版社 2007 年版,第 34 页。

行的，而是经历了一个嬗变过程。换言之，康有为对韩愈的态度呈现出先褒后贬的态势，或者说经历了由尊转黜的巨大转变。

早年的康有为喜欢阅读韩愈的文集，并且曾经有过对韩愈诗文心慕手追的阶段。康有为的老师——朱次琦追慕韩愈的文才，这引起了康有为对韩愈的兴趣，也在无形中带动了康有为对韩愈的推崇。后来，伴随着所读子书越来越多，康有为的兴趣由诗文转向道术，便开始觉得韩愈"道术浅薄"，对韩愈的态度也随之急转直下。对于这一点，康有为在自传中有明确记述："先生（指朱次琦——引者注）堪称韩昌黎之文，因取韩、柳集读而学之，亦遂肖焉。时读子书，知道术，因面请于先生，谓昌黎道术浅薄，以至宋、明、国朝文学大家巨名，探其实际，皆空疏无有。窃谓言道当如庄、荀，言治当如管、韩，即《素问》言医，亦成一体。若如昌黎不过为工于抑扬演灏，但能言耳，于道无与。即《原道》亦极肤浅，而浪有大名。千年来文家颉颃作势自负，实无有知道者。"①

康有为的弟子——张伯桢在为康有为作传时特意提到了康有为对待韩愈的态度转变，印证了康有为本人的说法。张伯桢这样写道：

> 光绪、戊寅二年，……时朱先生（朱次琦——引者注）极尊韩昌黎，先师（康有为——引者注）谓："昌黎道术浅薄无实际。言道当如庄、荀，言法当如管、韩，即《素问》言医亦成一体。若如昌黎，不过工为文耳，于道无与，《原道》尤极肤浅。"朱先生素方严，责为猖狂，即同学亦讥之。是年冬，先师乃尽弃其所学，闭户静坐，忽觉天地万物皆我一体。自以为圣人可学而至，则欣然笑；一念及苍生困苦，则又流涕痛哭。更思有亲不事，何以学为？即欲束装归庐墓上。心潮起伏，歌哭无端，自云思想变迁从此始。②

康有为本人与弟子的说法相互印证，共同指向了一个事实，那就是：康有为对韩愈的态度经历了一个巨大的转变过程。这一转变对于韩愈至关重要，对于康有为同样意义非凡。原因在于，康有为本人的思想转变以对韩愈的态度转变为契机，或者说二者之间互为表里。

值得注意的是，说到康有为对国学人物的态度逆转尤其是先褒后贬，不得不提荀子和朱熹。这是因为，康有为对荀子和朱熹的态度也经历了一个

---

① 《我史》，《康有为全集》（第五集），中国人民大学出版社 2007 年版，第 62 页。

② 《南海康先生传》，《康有为全集》（第十二集），中国人民大学出版社 2007 年版，第 473 页。

先褒后贬的过程，两人在康有为的思想中与韩愈的命运轨迹呈现出惊人的相似性。深入分析不难发现，荀子、朱熹与韩愈之间具有本质区别，因而不可同日而语：康有为早年褒扬荀子和朱熹，是因为认定两人得孔子之道，朱熹传承了荀子的衣钵，两人的思想代表了孔学不可或缺的一个派别或方面，那就是：孔子的礼学或曰小康之学。更为重要的是，康有为多次表扬荀子、朱熹力辟异端，特别是在护教和传教方面功不可没。例如，对于荀子，康有为明确肯定荀子传经最多，功劳最大，胜过了孟子。对于朱熹，康有为赞誉其思想博大精微，在孔教由于刘歆的破坏而一蹶不振的千余年后让孔教复明于世，进而使明清皆行朱子之学，并由此将朱熹奉为孔教的"小教王"。以康有为对荀子、朱熹的认定为参照，反观康有为对待韩愈的态度和评价不难发现，其中既没有肯定韩愈思想代表孔子大道的一个方面，也没有肯定韩愈护教、传教或发明孔教有功。更有甚者，即使对于韩愈力辟佛老的行为，康有为只是归于"言气节"而已。由此可以推见，即便是在早期阶段，康有为对韩愈的好感也只是局限于诗文方面。至于韩愈的思想，康有为始终是不认可的，前后期之间并无本质区别。如果说有区别的话，那么，其间的不同只是早期漠视、后期批判而已。有鉴于此，康有为并不像对待荀子、朱熹那样肯定韩愈是孔子后学，当然更没有像对待两人那样为韩愈在先秦诸子尤其是孔子亲授弟子中寻找理论源头，进而确定身份归属或寻找传承谱系。退而言之，即使不否认韩愈是孔子后学，康有为也没有肯定韩愈在孔学中的功绩，反而强调韩愈从内部败坏孔教——即使不像刘歆那样是败坏孔教的头号敌人，也对孔教的衰微难辞其咎。这就是说，从孔教——也就是康有为所讲的道术来看，韩愈始终没有进入康有为的法眼——康有为对于韩愈不惟是不屑的，甚至是反对的。

综观康有为的思想可以看到，在为立孔教为国教奔走呼号的路途中，他一面树立正面的典型，一面抨击反面的典型。就孔教的反面教材而言，如果说康有为恨之入骨的是刘歆的话，那么，紧挨着刘歆之后的便是韩愈。一方面，韩愈之所以排在刘歆之后，是因为康有为对刘歆只有否定而没有肯定，对韩愈则既有否定又有肯定。另一方面，康有为对韩愈的肯定与对荀子、朱熹等人的肯定属于两种不同的性质，故而不可对二者等量齐观。康有为对荀子、朱熹的肯定包括思想，这意味着两人传孔子大道——尽管偏于一隅，亦得孔学之"一端"、"一体"；韩愈则"道术浅薄"，更遑论深入到孔教大义了。尚须提及的一个细节是，综观康有为的思想可以总结出一个规律，大凡被他认定为孔子后学者都会在先秦诸子乃至孔子亲授弟子中为其找到传承源头，即便是对于并不完全赞同的宋明理学家亦是如此。对于韩愈，康有为没有提及先秦诸子,甚至在整个孔教的传承谱系中都没有将韩愈与他"钦点"的孔子后学直接联系在一起。这些共同表明,韩愈是不入康有为法眼的,康有为从来就没有正式地将韩愈视为他推崇的孔教中人。

第三节 贬 黜 原 因

韩愈是唐代大儒,并且被奉为"唐宋八大家"之首,无论在中国哲学史、儒学史还是文学史上都占有重要一席。问题在于,在康有为的视界中,韩愈尽管诗文俱佳,却"道术浅薄",而志在立孔教为国教的康有为所在意的就是思想,也就是他每每提及的"道术"。从这个意义上说,韩愈尽管"能言",却由于"于道无与",故而得不到康有为的高度认可。在康有为看来,能文助长了韩愈思想的传播,在使他的思想更有欺骗性、鼓动性的同时,也误导、蛊惑了人们的思想。在这方面,康有为将日本人对孔教的误解归咎于韩愈、朱熹便是明证。基于这种认识,康有为对韩愈大肆攻击,极尽贬损之能事。

一、黜荀的始作俑者

康有为认为,韩愈是荀子被黜的始作俑者,并对韩愈黜荀子的行为极为不满。

依据康有为的说法,孔子的思想本末远近大小精粗无所不包,既有以礼为主的小康之学,又有以仁为主的大同之学。荀子传《礼》,代表了孔子的小康之学。荀子传承的小康之学尽管是孔教的低级之学,却与孔子的大同之学并行不悖,对于孔学不可或缺。正是在这个意义上,康有为将传孔子小康之学的荀子与传孔子大同之学的孟子相提并论,并称为孔门战国时期的"二伯",一起誉为孔门的龙树、保罗。在这个前提下,康有为指出,在唐代之前,荀子与孟子齐名。司马迁等人都是对两人并称的,《孟子荀卿列传》还将孟子和荀子合传。荀子的地位在唐代发生逆转,而这一切都祸起韩愈,因为韩愈就是荀子在唐代地位骤降乃至被黜的始作俑者。康有为之所以下此断语,证据是韩愈作《读荀子》,文中评价荀子"大醇而小疵"。韩愈在文中写道:"及得荀氏书,于是又知有荀氏者也。考其辞,时若不醇粹;要其归,与孔子异者鲜矣。抑犹在轲杨(孟子、扬雄——引者注)之间乎?孔子删《诗》、《书》,笔削《春秋》,合于道者著之,离于道者黜之,故《诗》、《书》、《春秋》无疵。余欲削荀氏之不合者附于圣人之籍,亦孔子之志欤!孟氏,醇乎醇者也;荀与扬,大醇而小疵。"(《读荀子》)一目了然,韩愈对荀子的评价以肯定为主,耳熟能详。康有为却紧紧抓住其中的"大醇而小疵"加以演绎,断言由于荀子的抨击而使荀子的地位急转直下,最终造成了荀子被黜的局面。由此,康有为得出结论:“自唐皮日休、韩昌黎攻荀子,而荀子被黜。”①这就是说,由于韩愈和皮日休的攻击,荀子被黜。

在康有为看来,荀子被黜是一件大事,不只是关乎荀子的命运,关键是关乎对孔子思想的认识进而殃及孔教的命运。对于其中的原因,康有为解释说:

> 太史公以孟子、荀子同传,又称“孟子、荀卿之徒,以学显于当世”,自唐以前无不二子并称。至昌黎少抑之。宋人以荀子言性恶,乃始抑荀而独尊孟。……盖孟子重于心,荀子重于学。孟子近陆,荀子近朱,圣学原有此二派,不可偏废。而群经多传自荀子,其功尤大,……二子者,孔门之门者也,舍门而遽求见孔子,不可得也。二子当并读,……《孟子》人皆读之,今但加以讲求,则但读《荀子》,数日可了。②

按照康有为的说法,孟子、荀子在唐代以前并称,司马迁在《史记》中将两人同传代表了唐代以前的共识。到了近代,韩愈开始对荀子“少抑之”,荀子的地位以及荀子与孟子的关系由此发生根本性的变化。这种倾向愈演愈烈,直至到了宋儒那里而演变为贬黜荀子而独尊孟子。事实上,孟子、荀子分别代表了孔学的两个派别,两人的思想、地位都不可偏废,更何况荀子传经功劳最大。基于这种认识,康有为提议,学者不应该对《孟子》和《荀子》一起研读,以此窥见孔学大义。循着这个逻辑,康有为指出,韩愈黜荀引发的结果是将以礼为主的小康之学从孔教中删除,致使孔教内容日益狭隘,也就是康有为所说的使孔学“割地”。

至此可见,从理论初衷来看,康有为之所以对韩愈的行为极为不满,与其说是为荀子打抱不平,毋宁说是为孔子思想正本清源——原因在于,韩愈贬黜荀子而独尊孟子最终导致对原本无所不包的孔子大道的内容遮蔽。可以作为佐证的是,孟子、荀子并称是康有为早期的观点。在经历了思想转变之后,康有为开始一面提升孟子的地位,一面对荀子极力打压。正是由于这个原因,梁启超评价康有为“美孟而剧荀”,并在将康有为复原孔教的过程归结为排斥荀学、排斥歆学(刘歆之学)和排斥宋学三个阶段的基础上,进

---

① 《万木草堂口说·荀子》,《康有为全集》(第二集),中国人民大学出版社 2007 年版,第 184 页。

② 《南海师承记·学章》,《康有为全集》(第二集),中国人民大学出版社 2007 年版,第 213 页。

一步指出刘歆之学和宋学都只不过是荀学之一小支。这样一来,康有为复原孔教的三个阶段在本质上都将矛头指向了荀子。分析至此不难发现,康有为对荀子的攻击与韩愈相比有过之而无不及。这是因为,韩愈充其量只不过是在肯定孟子“醇乎醇者”的同时指出荀子“大醇而小疵”而已,康有为则一面赞誉孟子是孔学正传,一面指责荀子妨碍了孔子大同之学的传承,进而将排斥荀子之学说成是恢复孟子传承的孔学的必由之路。显而易见,康有为在尊孟黜荀上比韩愈走得更远。问题的关键是,即便是在这种情况下,康有为也没有称赞韩愈的行为。

二、尊孟的错误方式

对于康有为来说,即使抛开黜荀不谈,韩愈尊孟的方式同样是错误的,从而导致了更大的错误和更严重的后果。这一切都源于韩愈在追溯儒家的传道系统时夸大了孟子的地位,而冒言儒家道统由于“轲之死不得其传”。

众所周知,韩愈作《原道》追溯儒家的道统,并在文中如是说:“尧以是传之舜,舜以是传之禹,禹以是传之汤,汤以是传之文、武、周公,文、武、周公传之孔子,孔子传之孟轲。轲之死,不得其传焉。”(《原道》)韩愈的道统论旨在为儒家正名,借此使儒教与佛教分庭抗礼。《原道》在初衷上是捍卫儒学的,申明了韩愈的儒家立场。在康有为看来,恰恰相反,韩愈的这段话存在不可饶恕的致命错误,故而不可不辨。可以看到,康有为不仅对韩愈关于儒家道统的描述表示强烈抗议,而且申述了如下理由:

> 后世之道术不明,统绪不著者,皆韩愈粗疏灭裂之罪也。愈之言道也,自孔子后千年,举孟子、荀子,而以杨雄虱其间。又谓“轲死不得其传”焉。宋儒绍述其说,遂若千余年无闻道者。信若斯言,则是孔子大教已灭绝,岂复能光于今日哉?夫《吕氏春秋》、《韩非》作于战国之末日,孟子已殁,而吕氏称孔子弟子充满天下,弥塞天下,皆以仁义之道教化于天下。《韩非》称儒分为八,有孟氏之儒,有颜氏、子夏氏、子张氏、漆雕氏、仲良氏、孙氏、乐正氏之儒,不特孟氏有传,七家亦皆有传焉。至于汉世,博士传“五经”之口说,皆孔门大义微言,而董子尤集其大成。刘向以为伊、吕无以加。《论衡》所谓:孔子之文传于仲舒。《春秋纬》谓:乱我书者董仲舒。乱者,治也。天人策言,道出于天,正谊不谋利,明道不计功,朱子极推其醇粹。而韩愈乃不知之,而敢断然谓孟子死而不传。呜呼!何其妄也。若杨雄于君国则以美新,投阁于经学,则为歆伪欺绐。徒以《法言》摹仿《论语》,美言可市,乃舍江都而与兰陵

> 并愈。拟人既不于伦，宝康匏而弃周鼎。呜呼！何其妄也。夫孔子之大道在《春秋》，两汉之治以《春秋》，自君臣士大夫政事、法律、言议，皆以《公羊》为法，至今律犹从之。（吾有《今律出〈春秋〉考》。）公羊博士之传遍天下，云礽百万，皆出江都，呜呼，盛矣！由元、明以来，五百年治术、言语皆出于朱子，盖朱子为教主也。自武章终后汉，四百年治术、言议皆出于董子，盖董子为教主也。二子之盛，虽孟、荀莫得比隆。朱子生绝学之后，道出于向壁，尊"四书"而轻"六经"，孔子末法无由一统，仅如西蜀之偏安而已。董子接先秦老师之绪，尽得口说，《公》、《穀》之外，兼通"五经"，盖孔子之大道在是。虽书不尽言，言不尽意，圣人全体不可得而见，而董子之精深博大，得孔子大教之本，绝诸子之学，为传道之宗，盖自孔子之后一人哉！①

循着康有为的逻辑，韩愈没有认清孔教的传承谱系，由此带来的消极影响对于孔教的打击是致命的。这集中体现在以下三个方面：第一，康有为指出，在对孔教传承历史的追溯中，韩愈只举孟子和荀子，并以扬雄虱其间。这偏离了对孔教传承谱系的认识。韩愈的做法错误在于，夸大了扬雄的地位，而扬雄并不是孔门嫡传。具体地说，《春秋》寓含孔子的微言大义，扬雄抛弃《春秋》而推崇《论语》，不仅追随刘歆将《论语》奉为至高宝典，而且模仿《论语》作《法言》。在康有为看来，扬雄的做法无异于丢弃周鼎而以康匏为宝，更何况扬雄之经学是刘歆伪篡的伪经。这决定了扬雄之学弃董仲舒而投奔荀子，不脱小康之窠臼。第二，对于康有为来说，韩愈道统说的错误不只在于多了一个扬雄，同时在于少了一个董仲舒。韩愈追溯的传道系统中由于没有了董仲舒，也就造成对孔教的致命破坏，带来的一个直接后果便是否定了董仲舒开创的儒学一统的局面。具体地说，孔教在战国时蔚为大观，《韩非子》、《吕氏春秋》都记载了这一盛况。董仲舒集孔教之大成，成为"孔子之后一人"。忽略董仲舒不仅暴露出韩愈不谙孔教源流，而且导致孔教道统的"粗疏灭裂"。第三，康有为揭露说，韩愈的一句"轲之死不得其传"带来的后果是致命的，因为这句话否认的不仅仅是孔教在汉代的一统天下，还有孔教在中国的独尊和盛行。韩愈关于孔子之道由于"轲之死不得其传"的说法等于宣布孔教在孟子之后便成了绝学，也就等于否认了孔教是中国的国教。康有为之所以一而再、再而三地誉董仲舒、朱熹为"孔子之后一人"和"教主"，甚至将朱熹誉为"小教王"，就是因为两人为孔教赢得了天

① 《春秋董氏学》卷七，《康有为全集》（第二集），中国人民大学出版社2007年版，第416页。

下,也证明了孔教是中国的国教。由此反观韩愈的言论以及这些言论带来的消极影响,也就不难理解康有为对韩愈的怒不可遏了。更令康有为忍无可忍的是,韩愈是孔教中人,在传承儒家道统的名义下从内部败坏孔教。正是由于这个原因,康有为认定韩愈的言论更具有欺骗性,破坏力也更大。

稍加分析可以看到,康有为对韩愈不谙孔教源流的批判与韩愈对孟子的独尊有关。康有为一面尊孟抑荀,一面对董仲舒倍加推崇。就孟子与董仲舒的比较而言,康有为显然对董仲舒更为顶礼膜拜。这是因为,康有为认为,孔子的微言大义隐藏在《春秋》之中,孟子、董仲舒同传《春秋》而各有不同。一方面,孟子、董仲舒都以《春秋》为经典传承孔教,正是这一点使两人的思想成为孔门正宗,也使两人拥有了以《礼》为经典的荀子、以《论语》为经典的扬雄无可比拟的地位。另一方面,孟子、董仲舒对于《春秋》的解读贡献不同,由此奠定了两人在孔教中的不同地位。一言以蔽之,如果说孟子发现了《春秋》寓含孔子的微言大义这个天大秘密的话,那么,董仲舒则破解了《春秋》微言大义的密码。这意味着与孟子相比,董仲舒更能够把握孔子思想的精髓,故而深谙孔学的大义。例如,孔子的全部思想都可以归结为一个仁字,这用康有为本人的话说便是:“该孔子学问只一仁字。”在这个前提下,康有为声称,孟子传仁而有别于荀子传礼,这使孟子比荀子略胜一筹。尽管如此,孟子却不可与董仲舒比肩,因为董仲舒对孔子之仁的发微“最精”。基于这种认识,康有为得出结论,无论就解读经典还是传承微言大义而言,董仲舒都超孟轶荀。孟子、荀子和董仲舒三人之间的关系表明,既要尊孟子,又不可过分夸大孟子的作用,因为孟子之上还有一个董仲舒。韩愈显然是没有拿捏好这个度,并由于独尊孟子而忽略了董仲舒。沿着这一思路,康有为发出了韩愈道统论的两个致命误区:第一,由于对董仲舒的忽视,韩愈否定了孔教在汉代的独尊和一统,当然也背离了孔子大道。第二,由于“冒言轲之死而不得其传”,韩愈没有看到孔教在战国的盛行和在汉代的薪火相传。在这个维度上,如果说刘歆一手葬送了董仲舒开创的儒学一统的大好局面的话,那么,韩愈则将孔教在孟子之后的传教历史一笔勾销。在康有为看来,韩愈道统论的这两大误区合起来共同指向了同一个后果——完全否认孔教从先秦到唐代近千年的传教历史,当然也就取缔了孔教成为国教的资格。

三、宣称孔墨互用

韩愈还有一点令康有为大为光火,那就是:没有看到孔子与墨子的相互争教,反而宣称孔墨互用。

孔墨互用是韩愈的一贯主张，不想却被康有为视为诋毁乃至败坏孔教的把柄。除了在诗中表达孔墨互用的思想之外，韩愈在文中断言："孔子必用墨子，墨子必用孔子，不相用，不足为孔墨。"（《读墨子》）康有为之所以指责韩愈肯定孔墨互用，理由是韩愈没有认清儒家与墨家之间的争教关系。而争教是原则问题，教之传播从本质上看就是一个争教过程。有鉴于此，康有为对韩愈没有凸显孔墨争教却反而肯定孔墨互用耿耿于怀，故而不依不饶。于是，由于断言孔墨互用，韩愈不时被康有为拎出来鞭挞一番也就成了家常便饭。由此说来，韩愈可谓"一言获罪"，比上书力谏皇帝奉迎佛骨的下场还惨。这样的口诛笔伐在康有为那里绝非个案：

此《墨子》诸篇，皆墨子特创之义，即墨子所改之制也。……但总诸篇之旨，《节葬》、《非命》、《非乐》、《非儒》，皆显与孔子之学为敌。又其声名徒众与孔子相比，故述孔子者必力攻之。……若韩愈谓孔子必用墨子，墨子必用孔子，二家交攻，非二师之道本然，则謷言也。虽然，退之一文人之雄耳，安足责以大道之源流哉！①

墨翟倒戈如此，孟、荀安得不攘臂而争之？韩愈乃谓孔子必用墨子，墨子必用孔子，两家弟子相攻，非二师之道本然，真为妄言。退之于《非儒篇》，殆未用心乎？②

墨教之争儒显而大，《韩非子·显学篇》：天下之显学，孔、墨也。而儒分为八，墨分为三。《吕氏春秋》曰：孔、墨之弟子徒属弥满天下，充塞天下，皆以其道易于天下。其他书以孔墨、儒墨并称者，不可更仆数，此战国时传教争教之实事。但孔子之道大而得时，……后学宗之，遂成大教。然在孟子之时，老、墨言盈天下，则其昌大之速至矣。韩昌黎疑孟子之距杨、墨，以为非二师之道本，然未考创教之由也。观《墨子·非儒篇》之攻孔子，诟詈无所不至，则孟子之距之，岂为过哉？就老、墨二教比，墨子"非攻"、"尚同"，实有大同大平之义，与孔子同，胜于老、杨远矣。但倡此说于据乱世，教化未至，人道未立之时，未免太速。犹佛氏倡众生平等，不杀不淫之理于上古，亦不能行也。盖夏裘冬葛，既易其时以致病，其害政一也。凡"非攻"、"尚同"、"兼爱"之义，众生平等戒杀之心，固孔子之所有，但孔子无所不有，发现因时耳。③

---

① 《孔子改制考》卷三，《康有为全集》（第三集），中国人民大学出版社 2007 年版，第 23 页。

② 《孔子改制考》卷十五，《康有为全集》（第三集），中国人民大学出版社 2007 年版，第 186 页。

③ 《孟子微》，《康有为全集》（第五集），中国人民大学出版社 2007 年版，第 493 页。

这些议论共同显示,康有为对韩愈孔墨互用的观点耿耿于怀乃至怒不可遏,基于三个方面的原因。换言之,康有为对韩愈孔墨互用观点的抨击从三个不同维度或方面展开:第一,从墨子的观点来看,由于经历了先学孔子、后叛孔子之教的过程,墨子的所有主张都在向孔子挑战。对于这一点,《墨子》书中的《节葬》、《非命》、《非乐》和《非儒》诸篇都是明证。正是由于这个原因,凡是孔子后学("述孔子者")对墨子皆"力攻之"。令人大跌眼镜的是,韩愈却反其道而行之,说什么"孔子必用墨子,墨子必用孔子"。这表明,韩愈充其量只是"一文人之雄耳",不谙孔子的"大道之源流"明矣!第二,从儒墨两家的关系来看,由于墨子对孔子、孔教反戈一击,引起孔门之龙树、保罗——孟子和荀子等人对墨子的攻击。儒墨两家的弟子之所以相互攻击,根源在于,孔子与墨子的思想存在巨大差异乃至对立。在这方面,墨子曾经亲自上阵作《非儒》篇来攻击儒家。韩愈质疑孟子拒斥杨朱和墨子,难道是没有读过墨子的《非儒》篇吗?第三,从孔教的传播来看,孔教的传播过程是一个与异教争教的过程,老教、墨教便是从外部与孔教争教的劲敌。康有为特意强调,由于墨子以仁为宗旨,"非攻"、"尚同"主张含有大同之义,因此,墨子与孔子的主张相近,墨教在与孔教的争教中对孔教造成的破坏力比老教更大。一言以蔽之,如果说"老教之争儒隐而久"的话,那么,"墨教之争儒显而大"。无论《韩非子》还是《吕氏春秋》都对墨学的烜赫一时有所记载,也印证了墨教是孔教的头号敌人。在这种情形下,孟子力辟杨朱和墨子,护教精神可敬,传教功劳可嘉。由此反观韩愈对孟子的质疑,可见其"未考创教之由"。对此,康有为进一步解释说,墨子所讲的"非攻"、"尚同"和"兼爱"正如佛教所讲的众生平等、戒杀生一样,尽管皆是孔子思想的题中应有之义,却不能代表孔子思想的全部。韩愈的错误在于,只看到了墨子的主张为孔子所有的一面,却没有看到孔子思想为墨子所无的一面。具体地说,孔子的思想无所不包,从孔子的"泛爱众"而来并且"只得半部《春秋》"的墨子却偏于一隅,墨子的思想充其量只不过是得孔子大道之"一端"、"一体"而已。事实上,孔子的思想不仅有墨子所有,而且有墨子所无。正是由于这个原因,孔教能够冬裘夏葛,因时制宜;而不像墨子那样尽管"甚仁"却时之未至,强力而行,由于其道觳觫,最终导致苦人生的后果。

尚须提及的是,康有为的上述议论出自不同时期,其中的第一、第二段议论出于《孔子改制考》,该书写于1892年,反映了康有为戊戌变法前的思想。第三段引文出于《孟子微》,该书成于1902年,反映了康有为戊戌变法后的思想。稍加对比即可发现,虽然已经"跨世纪",康有为的思想也发生了巨大转变,但是,他对韩愈孔墨互用的观点依然愤慨至极,不能释怀。更有甚者，康有为对韩愈孔墨互用主张的愤懑不惟没有随着时间的流逝而消失或减弱，反而愈演愈烈——在戊戌变法之前尚为韩愈辩护，肯定韩愈为“文人之雄”，后来对韩愈则没有了辩护之词。

韩愈是唐代大儒，不仅作《原道》等文追溯儒家的传道系统，而且力辟佛老，捍卫儒家的正统地位。更为令人称道的是，为了阻止唐宪宗奉迎佛骨，韩愈不顾个人仕途甚至生命安危而上书力谏，最终因言获罪被贬谪。对于韩愈捍卫儒家正统的挺身而出和道义担当，康有为自然心知肚明，并且无法否认。或许正是由于这个原因，康有为承认韩愈是孔子后学，对于力辟佛教而力尊孟子有功。正是在这个意义上，康有为宣称：“歆乱经后，于是人趋训诂，后人变老、庄，变佛，全说虚理。至唐韩退之反求之吾儒，于是力尊孟子。”①康有为大声疾呼立孔教为国教，而他所提倡的孔教旨在为儒家代言。韩愈的儒家立场正迎合康有为的儒家情结。与此同时，康有为一再肯定孟子传孔子正学。从这个意义上说，韩愈力尊孟子正合其意。问题的关键在于，在康有为看来，韩愈尊孟子、挺孔教的立场、方向是对的，尊孟子的方法以及对孔教的认定却大错特错，可谓是成事不足败事有余。于是，韩愈被康有为指责为败坏孔教并带坏宋儒的罪人。

第四节　康氏范式

康有为对韩愈的关注和审视带有明显的康氏范式，淋漓尽致地展示了他对国学人物的解读方式和评判标准。因此，透过康有为视界中的韩愈，可以看到康有为的思想特质和意趣诉求。

一、大胆取舍

康有为视界中的韩愈与康有为关注的所有国学人物拥有相同的命运，那就是服务于他立孔教为国教的立言宗旨和政治需要。综观康有为视界中的韩愈，从传承谱系到态度评价再到贬黜原因，都可以证明这一点。

接下来的问题是，既然康有为对韩愈的审视、解读和评价都是为立孔教为国教服务的，那么，康有为便围绕着理论初衷对韩愈的思想进行取舍。就康有为对韩愈思想的解读而言，他由始至终都秉持一个原则，那就是：只说他想说的而不说他不想说的——或者说，只说对于他有用的、有利的而不说

① 《万木草堂口说·荀子》，《康有为全集》（第二集），中国人民大学出版社2007年版，第182页。

对于他没用的、不利的。一个明显的证据是，在对韩愈师承关系以及在唐代状况的描述中，康有为绝口不提李翱。李翱是唐代哲学家、文学家，曾经师从韩愈学古文。《新唐书·李翱传》称，李翱"辞致浑厚，见推当时"。李翱在当时的古文运动中已经自成一家，并且从韩愈学古文，后人常以韩李并称。仅凭从韩愈学古文和韩李并称就可以证明，李翱在韩愈思想的传承谱系中不可或缺，至少应该像柳宗元那样出现在康有为对于韩愈在唐代状况的描摹中。更为重要的是，作为韩愈的学生，李翱在思想上与韩愈具有师承关系，并且也比柳宗元更接近韩愈的思想。例如，李翱与韩愈的思想一脉相承，都传承儒家学统，并且将儒家的人性论由汉魏时代的性分品级推进到了唐代的性情品级阶段。在这方面，与韩愈一样，李翱认为性是情之本，情由性生，并将情界定为喜、怒、哀、乐、爱、恶、惧七情。与李翱相比，柳宗元与韩愈的关系无论从哪个角度看都疏远了很多：第一，就个人关系来看，柳宗元与刘禹锡交谊甚厚，人称刘柳。第二，就思想倾向来看，柳宗元与韩愈的哲学主张和理论好恶并无交集，却与刘禹锡在哲学上都秉持元气说，柳宗元有《天说》，刘禹锡有《天论》。需要说明的是，柳宗元尽管与韩愈一样倡导古文运动，并且同被列入"唐宋八大家"，然而，两人并非师承关系，也并无韩柳并称。令人百思不得其解甚至有些吊诡的是，康有为一面对韩李并称中的李翱与韩愈的关系讳莫如深，一面对柳宗元与韩愈的关系津津乐道。这是反常的，也是意味深长的。

二、抱有偏见

服务于立孔教为国教的立言宗旨决定了康有为对韩愈的解读难免出现大胆发挥乃至取舍过当，这一点与他解读其他国学人物的公羊家言如出一辙。问题的关键是，康有为对韩愈的思想并不限于大胆取舍，而是始终抱有偏见。

从行为上看，韩愈拥有浓郁而执着的儒学情结，时时刻刻从不同方向提升儒学的地位。从正面看，韩愈作《原道》，阐明儒学的道统说，极力弘扬孔孟之道。从反面看，韩愈反对儒学之外的思想，特别是对包括佛教在内的非儒学说发起猛烈攻击，作《论佛骨表》。这可谓是讨佛檄文，当然也从反面捍卫、维护儒家的正统地位。无论力辟佛老还是为了反对唐宪宗奉迎佛骨被贬都表明，韩愈坚守儒家立场，对儒家做出了不可否认的贡献。这用康有为评价孟子、荀子和朱熹的话说，便是护教有功。尽管如此，康有为却没有像对待孟子或荀子那样对韩愈力辟异端的护教行为予以表彰。

从思想上看，韩愈对孔子之仁予以阐发，并且最早将孔子之仁诠释为博爱。应该说，韩愈对仁的解读最契合康有为对仁之界定，因为康有为在赋予仁自由、平等、博爱内涵的同时，竭尽全力地彰显仁的博爱内涵。他一而再、再而三地断言：

> 博爱之谓仁。盖仁者日以施人民、济众生为事者。①
> 盖仁莫大于博爱。②
> 仁也以博爱为本。③

康有为肯定孔子的全部思想都可以归结为一个仁字，并认为孟子和董仲舒讲仁最精。康有为在此连篇累牍地以博爱释仁，就连他所说的“博爱之谓仁”（《原道》）都是援引韩愈的原话而来。耐人寻味的是，康有为不惟没有肯定韩愈对孔子之仁的阐发，反而一面力挺董仲舒之仁，一面批判韩愈之仁。更有甚者，康有为将韩愈所讲的仁与他贬为“最大之蠹”的韩非的思想相提并论。康有为声称：“董子《必仁且智篇》说仁字极好。博爱之谓仁。退之本于韩非。要之韩非必有所本也。”④

综上所述，中国近代是向西方寻找真理的时代，也是为中华民族寻找精神家园、重塑中华文化自信的时代。在这个特定的历史背景和文化语境之下，先秦哲学和先秦诸子成为近代哲学家的关注焦点，从康有为、严复、谭嗣同、梁启超到章炳麟都对先秦诸子津津乐道。与先秦诸子在近代哲学中的显赫、高光相比，汉唐时期的人物备受冷落，被近代哲学家推崇的更是寥寥无几。就韩愈在近代哲学中的命运而言，不惟没有像先秦诸子那样受到近代哲学家的高度关注和热捧，反而成为被鞭挞的对象。严复 1895 年发表《辟韩》，在文中直接将矛头指向韩愈。无独有偶，谭嗣同在《仁学》中也将韩愈作为口诛笔伐的对象。如此说来，康有为对韩愈的贬损是时代使然，符合近代的大气候。在这个前提下应该看到，康有为对韩愈的解读既有近代社会和政治环境造成的宏观原因，因而与近代哲学家的思想呈现出相同之处；又拥有自身独特的学术意趣和价值诉求，因而显示出与其他近代哲学家的明显差异。换言之，康有为对韩愈的解读个性鲜明，即使放在近代哲学的视界中亦显得不同寻常：第一，追溯传承谱系是康有为解读国学人物的独特

① 《论语注》，《康有为全集》（第六集），中国人民大学出版社 2007 年版，第 424 页。
② 《论语注》，《康有为全集》（第六集），中国人民大学出版社 2007 年版，第 492 页。
③ 《论语注》，《康有为全集》（第六集），中国人民大学出版社 2007 年版，第 394 页。
④ 《南海师承记·讲孝弟任恤宣教同体饥溺》，《康有为全集》（第二集），中国人民大学出版社 2007 年版，第 250 页。

范式和特殊爱好,对韩愈的审视当然概莫能外。有鉴于此,康有为视界中的韩愈在带有近代风尚的同时,被打上了鲜明的康氏标签。可以看到,无论严复还是谭嗣同均未对韩愈进行学术身份的归属或传承谱系的勾勒。与此形成强烈反差的是,康有为却对追溯韩愈的传承谱系乐此不疲,从王通代表的前世到柳宗元代表的现世再到欧阳修代表的后世,可谓厘定三生。第二,严复、谭嗣同对韩愈的批判聚焦君主专制,借助对韩愈君权思想的反驳,从批判君权神授入手展开民主启蒙。与两人的立言宗旨和理论侧重相去霄壤,康有为对韩愈的批判始终围绕着对孔教的败坏展开,与思想启蒙特别是民主启蒙无关。这既体现了康有为对韩愈的解读与其他近代哲学家的致思方向和价值旨趣相差悬殊,又印证了康有为对韩愈的关注与他本人对其他国学人物的解读一样受制于他的孔教观。既然如此,根据阐发孔教的需要,康有为对韩愈进行大胆发挥也就在预料之中了。

第九章 周 敦 颐

康有为提及的北宋人物众多，从胡瑗、孙复、邵雍、周敦颐、张载、二程、司马光、王安石、范仲淹到欧阳修、苏轼，众多人等都被康有为纳入视野，甚至成为他授徒讲学的主要内容。尽管如此，在北宋诸子中，康有为对周敦颐格外青睐，给予周敦颐的对待和地位远非其他北宋诸子可以望其项背。这不仅表现为康有为奉周敦颐为宋学开山，而且表现为康有为对周敦颐思想的多维解读和诠释。周敦颐在康有为视界中的重要性与对于康有为思想的重要性互为表里，也使康有为视界中的周敦颐变得重要而意义非凡起来。有鉴于此，探究康有为视界中的周敦颐既有助于领悟周敦颐在近代哲学中的命运，又有助于体悟康有为的宋明理学观。

第一节 学 术 源 流

如果说康有为国学人物研究的突出特点和特长是热衷于追溯、勾勒人物的身份归属和传承谱系的话，那么，他对周敦颐的审视和解读则提供了最佳例证。通过对周敦颐思想的理论来源和后学传承的勾勒，康有为考辨了周敦颐思想的"学术源流"。

首先，康有为对周敦颐思想的理论来源颇为关注，反复从不同角度对这一问题予以透视。归纳起来，康有为对周敦颐思想来源的透视从人物关系与经典文本两个不同的维度展开。

从人物关系上看，康有为极力彰显周敦颐与老子思想的渊源关系。对此，他一而再、再而三地断言：

> 周子之学，出于老子。①
>
> 周子颇得老学。②

---

① 《南海康先生讲学记·古今学术源流》，《康有为全集》（第二集），中国人民大学出版社2007年版，第111页。

② 《南海师承记·讲宋学》，《康有为全集》（第二集），中国人民大学出版社2007年版，第254页。

主静立人极句，周子最得力，……老氏亦然。①

康有为的上述观点是从不同角度立论的，最突出的一点是始终彰显周敦颐与老子思想的关系。对此，有两点尚须进一步澄清：第一，康有为强调，宋明理学近老，周敦颐是其中的典型。第二，甚至可以说，由于康有为认定周敦颐开出了宋学，周敦颐在康有为看来不啻为宋明理学"近老"的始作俑者。可以作为佐证的是，康有为在揭示与周敦颐一样同为"北宋五子"的邵雍、张载和二程的思想来源时，并没有像对待周敦颐那样刻意突出他们的思想与老学的渊源关系。

从经典文本上看，康有为反复强调，周敦颐的思想依据《中庸》《系辞》（《周易》）而来。于是，康有为连篇累牍地宣称：

周子之学由《中庸》、《系辞》出。②

周、程全从孔子《系辞》、《中庸》而出。③

周子从《中庸》、《系辞》发出《太极图说》。④

上述议论显示，康有为认为周敦颐的思想出自《中庸》《系辞》。这是他关于周敦颐思想来源的基本主张，并且从中引申出两个观点：第一，周敦颐和二程的思想都以《系辞》《中庸》为文本依据，这从文本的角度印证了他关于二程传周敦颐之学的观点。第二，对于被视为道教学统的《太极图说》，康有为亦作如是观。这印证了康有为对周敦颐孔门后学的学术归属。在肯定周敦颐的《太极图说》以《系辞》为经典依据的同时，康有为在《系辞》前面加上了《中庸》。他这样做含有深意，目的是凸显周敦颐思想的孔学渊源。事实上，为了最大程度地彰显周敦颐思想的孔学渊源，康有为可谓是煞费苦心，对《太极图说》来源的揭示将他的这一目的诉求推向了极致。由于《太极图说》具有道教学统，康有为一面对其与身为道教中人的陈抟等人的关系三缄其口，一面强调其孔学渊源。他的具体办法是，肯定《太极图说》

① 《南海师承记·讲宋学》，《康有为全集》（第二集），中国人民大学出版社2007年版，第253页。

② 《南海师承记·讲性理》，《康有为全集》（第二集），中国人民大学出版社2007年版，第233页。

③ 《万木草堂口说·学术源流》，《康有为全集》（第二集），中国人民大学出版社2007年版，第138页。

④ 《南海师承记·讲宋学》，《康有为全集》（第二集），中国人民大学出版社2007年版，第252页。

源于《系辞》时加上了“孔子《系辞》”凸显《易》之孔学谱系,并且加上了儒家经典——《中庸》。更为重要的是,即使是肯定周敦颐思想与老学的渊源关系,康有为也不忘同时指出其源自孔学经典。例如,前面提到的“周子之学,出于老子”,这句话的完整表达是:“周子之学,出于老子,然亦有出于《易》者。”①“出于老子”只是前半句,后半句是“然亦有出于《易》者”。从上下文的语气来看,句子中的“然”表示转折。这句话的意思是说,尽管周敦颐的思想出于老学,然而,也有出于《易》者。一目了然,这里的《易》不是老学之《易》,而是孔学之《易》。为了突出这一点,康有为以“然”表示转折之外,还用了一个“亦”字提供印证。亦,也也。康有为借助“亦”旨在说明,周敦颐的思想出于老子,同时也出于孔学之《易》。换言之,对于周敦颐的思想来说,老子与《易》分别属于两个不同的谱系。

深入剖析康有为关于周敦颐思想的文本依据是《中庸》《系辞》(《易》)的论证可以发现一个有趣的现象,那就是:即使对于周敦颐思想来自《系辞》,康有为也强调其出自孔门而非出自老学。康有为这样做具有自己的目的,这包括三个方面:第一,突出周敦颐思想的孔学基因,进而以周敦颐为首将宋明理学家归到孔学的麾下。第二,以《中庸》《系辞》为线索破解周敦颐思想的学术基因,通过出自孔门的《系辞》与毫无争议地属于孔门的《中庸》相互印证,坐实了周敦颐的孔子后学身份,这一点在康有为对周敦颐著作和思想的解读中表现得淋漓尽致。第三,作为周敦颐思想来源的《中庸》《系辞》,康有为更侧重《系辞》。与前两点相一致,康有为对周敦颐发端于“孔子《系辞》”的思想赞誉有加。例如,他说道:“《太极》、《通书》,识仁定性皆好,均出自《系辞》。”②

其次,康有为在追溯周敦颐思想的理论来源的基础上,进一步揭示了周敦颐思想的传承状况。在此过程中,康有为逐一厘清了周敦颐与宋学的关系。

从康有为肯定周敦颐开出宋学的角度看,宋明理学家包括北宋时期的邵雍、张载、二程在康有为看来都是周敦颐后学。从康有为的具体论证和侧重角度看,康有为讲得最多的是二程对周敦颐的传承。正是在这个意义上,康有为不惮其烦地声称:

---

① 《南海康先生讲学记·古今学术源流》,《康有为全集》(第二集),中国人民大学出版社2007年版,第111页。

② 《南海师承记·续讲正蒙及通书》,《康有为全集》(第二集),中国人民大学出版社2007年版,第233页。

二程皆周子门人。[①]
周子授学于程子,其说纷纷。[②]
程子纵非受业于周学,然传其学者也。[③]

由此可见,尽管康有为明知周敦颐与二程的师承关系存有异议,然而,他还是在这个前提下肯定二程之学出于周敦颐,并为此提交了两层证据:第一,在经典依据上,以《中庸》《系辞》拉近周敦颐与二程思想的关系。例如,康有为曾经说:"周、程全从孔子《系辞》、《中庸》而出。"[④]对于康有为的这句话,可以从两个完全不同的方向去解读:第一种解释是,周敦颐和二程的思想具有相同的文本依据,也就是都从《系辞》《中庸》而来。第二种解释是,周敦颐、二程的思想都以《系辞》《中庸》为基本经典,二程对《系辞》《中庸》的选择和解读受周敦颐的影响,甚至从周敦颐那里来。相比较而言,第二种解释更接近康有为的原意。对于康有为来说,既然肯定二程是周敦颐的门人,也就不排除周敦颐向二程传授《系辞》《中庸》的可能性。第二,在思想传承上,直接肯定二程传承了周敦颐之学。康有为开门见山地宣称:"程子之学得自周子。"[⑤]

值得注意的是,对于周敦颐并非康有为对二程思想来源和传承谱系的唯一说法,"周子授学于程子,其说纷纷"已经为此埋下了伏笔。事实上,康有为关于二程思想的来源还有其他说法,如二程之学出于胡瑗(安定,康有为称为胡愿)和范仲淹(高平)等。对此,康有为说道:"二程之学,出于胡安定,……安定亦出于高平。"[⑥]这段话肯定二程的思想源自胡瑗,同时指出胡瑗的思想来自范仲淹——在这个维度上,也可以说二程的思想与范仲淹具有渊源关系,只不过其间有一个中介,这个中介便是胡瑗。总的说来,对于二程思想在宋学中的源头,出于周敦颐是康有为的主要观点。

---

① 《南海康先生讲学记·古今学术源流》,《康有为全集》(第二集),中国人民大学出版社2007年版,第111页。

② 《万木草堂口说·学术源流》,《康有为全集》(第二集),中国人民大学出版社2007年版,第138页。

③ 《万木草堂口说·学术源流》,《康有为全集》(第二集),中国人民大学出版社2007年版,第138页。

④ 《万木草堂口说·学术源流》,《康有为全集》(第二集),中国人民大学出版社2007年版,第138页。

⑤ 《南海师承记·续讲正蒙及通书》,《康有为全集》(第二集),中国人民大学出版社2007年版,第234页。

⑥ 《南海康先生讲学记·古今学术源流》,《康有为全集》(第二集),中国人民大学出版社2007年版,第111页。

康有为对周敦颐与朱熹的关系极为关注，论述则颇为复杂。这是因为，康有为既像对待宋明理学家那样强调朱熹之学源自周敦颐，又特别关注两人思想的分歧。对于周敦颐与朱熹思想的渊源关系，康有为的论证有间接的也有直接的。具体地说，康有为认为，朱熹的思想来源于二程，二程的思想则来源于周敦颐。这用康有为本人的话说便是："朱子之学得自程子，程子之学得自周子。"①在这个视界中，二程是联结周敦颐与朱熹之学的津梁。康有为对朱熹与二程思想的一脉相承津津乐道，以二程为中介，康有为既肯定了朱熹传承周敦颐的思想，又反过来证明了二程之学出自周敦颐。除了以二程为中介、肯定朱熹通过二程传承周敦颐的衣钵之外，还有更加直接的说法，即"朱子之学从周子出"②。对于周敦颐与朱熹思想的分歧，康有为的关注更多，证据也更多。下仅举其一斑：

> 论理则养心，自是上着，然其弊每至放恣。周子主静立人极。又朱子主敬，自见两派。③
>
> 周子以静，朱子以敬。④
>
> "静"、"敬"二字，皆圣人大义。周子多言"静"，朱子多言"敬"，盖其避佛教之言"静"字，故不言"静"而言"敬"，不知佛学之"屯惺惺"即是"敬"字。要之，"静"、"敬"二字不能偏废。⑤

进一步分析康有为对周敦颐、朱熹分歧的揭示和解释可以看到，康有为肯定周敦颐讲性理，并在这个前提下审视周敦颐与朱熹思想的关系，最终推出了周敦颐主静、朱熹主敬的结论。康有为对两人思想关系的这个解读和诠释沿着一条逻辑主线展开，申明了两个具体观点：第一，周敦颐和朱熹都讲性理。第二，两人都由性理推出养心。康有为的比较和分析显示，讲性理和养心是周敦颐、朱熹思想的相同点，也印证了康有为认定朱熹的性理之学

---

① 《南海师承记·续讲正蒙及通书》，《康有为全集》（第二集），中国人民大学出版社 2007 年版，第 234 页。

② 《南海师承记·讲性理》，《康有为全集》（第二集），中国人民大学出版社 2007 年版，第 233 页。

③ 《南海师承记·讲明儒学案及国朝学案》，《康有为全集》（第二集），中国人民大学出版社 2007 年版，第 257 页。

④ 《万木草堂讲义·七月初三夜讲源流》，《康有为全集》（第二集），中国人民大学出版社 2007 年版，第 287 页。

⑤ 《康南海先生讲学记·古今学术源流》，《康有为全集》（第二集），中国人民大学出版社 2007 年版，第 111 页。

深受周敦颐的影响。只不过落实到具体的修养工夫上,康有为才有了周敦颐与朱熹一主静、一主敬,并且“自见两派”的说法。由此可见,康有为所讲的周敦颐与朱熹的静、敬之分是在肯定两人共同讲性理和养心的前提下发出的。这意味着周敦颐与朱熹思想的这个差异在康有为看来是大同中的小异。这就是说,周敦颐和朱熹都属于性理派,在性理派中又细分为主静派与主敬派。不仅如此,康有为特别强调,静与敬原本都是圣人大义,因而不可偏废。更何况康有为认为朱熹偏于敬是为了针砭佛教之静,言外之意是朱熹主敬另有原因——如果不是为了抵制佛教的话,朱熹或许像周敦颐一样主静。从这个意义上说,康有为视界中的周敦颐和朱熹不惟在擅长讲性理和养心方面如出一辙,即便是静与敬的修养工夫从根本上说也别无二致。

问题到此并没有结束,康有为沿着二程、朱熹是周敦颐后学的思路,将包括杨时(龟山)、罗从彦(仲素)和李侗(延平)在内的程朱理学派的人物都归入周门。于是,康有为写道:

> 夫自周子开主静立极之说,传之程子。龟山传道而南,常教人正心,须于喜、怒、哀、乐未发之际,体所谓中,既发之后得所谓和。罗仲素传龟山之学,亦以《中庸》进退之由,必自未发之中,以至于肫肫渊渊浩浩,故教李延平、朱韦齐令静中看喜、怒、哀、乐未发气象。延平常终日危坐,验未发时气象。故教朱子亦以此言为《中庸》之指要。朱子自幼从延平学,求未发之旨,未达。闻张钦夫得衡山胡氏学,往问之,亦未省。后沉思而自疑,取程氏书虚心读之,然后知情性之本然。然自叙如此,又谓:“中和”二字,道之体用,旧闻李先生论此最详,后来所见不同,遂不复致思。今乃知其为人深切,然恨不能尽记曲折。如云“人固有无喜、怒、哀、乐之时,然谓之未发,则不可言无主也”。又云“先言慎独,然后及中和”。当时既不领略,又不深思,遂成蹉跎,辜负此翁耳。其晚自悔如此。盖朱子说道理最恶儱侗,又参以程子主敬之说,以静为偏,不复理会。迨晚年深悔用功之疏,而信延平立教之无弊,盖经辗转折证,而后有此定论。①

康有为对周敦颐思想的理论来源和后学传播的勾勒在揭示周敦颐思想的传承谱系的同时,显示了周敦颐与众多人物的密切相关。如果说理论来源解释了周敦颐的思想从哪里来的,那么,后学师承则展示了周敦颐的思想

① 《中和说》,《康有为全集》(第一集),中国人民大学出版社 2007 年版,第 307 页。

到哪里去了。康有为对周敦颐的上述勾勒显示,周敦颐是在来源与后学的双重关系中存在和呈现的。对于康有为来说,理论来源证明了周敦颐的孔学身份,后学传承尤其是与众多宋代人物的关系则在一定程度上预示了周敦颐在宋学尤其是在北宋之学中首屈一指的地位。

第二节 思想解读

康有为对周敦颐思想的解读与对周敦颐思想来源的追溯一脉相承,并且与对周敦颐地位的界定息息相关。归纳起来,康有为对周敦颐的思想解读有两个显著特征:一是围绕着《通书》和《太极图说》即周敦颐的两部著作展开,一是强调周敦颐思想的孔门归属。如果说后者是惯例的话,那么,前者则属于个案。这是因为,康有为对大多数国学人物的思想诠释并不以这些人物的著作为基本依据。其中,最典型的例子是,康有为无论在审视公孙龙的学术身份还是在解读公孙龙的思想内容时,都未提及《公孙龙子》。在康有为那里,像解读周敦颐的思想那样以《通书》《太极图说》为依据展开并不多见。康有为对周敦颐的思想解读是在肯定周敦颐是孔子后学的前提下进行的,表明他对周敦颐的身份归属与对大多数国学人物的身份归属是一致的。"百家皆孔子之学"不仅宣布了孔子的绝对权威,而且将老子、墨子为首的先秦诸子都归入孔子麾下。康有为对秦后的董仲舒、司马迁、王充、刘歆、何休和宋明理学家的身份归属也不例外。从这个意义上说,康有为对周敦颐的思想解读可谓共性与个性并存。

首先,康有为对周敦颐思想的解读围绕着周敦颐的著作展开,以《通书》《太极图说》为依据,着重揭示周敦颐思想的理论来源和内容构成。

康有为对周敦颐的《通书》青睐有加,在早期讲学时便不止一次地专门讲到了《通书》。于是,在弟子记录下来的康有为的讲学内容中便留下了《讲周子通书》《续讲正蒙及通书》。正是在讲《通书》的过程中,康有为说道:"《通书》起于诚,止于静,为立人极宗旨,此篇亦为通宋学下手之原。"①在这里,他声称《通书》是"通宋学下手之原",给予了《通书》高度评价。这表明《通书》是解读宋学的钥匙,也意味着《通书》隐藏着宋学的学术基因和密码。康有为给予《通书》的定位和评价奠定在对《通书》内容的挖掘、理解之上,从文本的角度反映了康有为解读周敦颐思想的致思方向和学术意趣。

---

① 《南海师承记·讲周子通书》,《康有为全集》(第二集),中国人民大学出版社2007年版,第233页。

依据康有为的理解,《通书》有三个要点:诚、静、立人极。其中,诚是始点,静是工夫,立人极是最终境界。在续讲《通书》时,康有为对《通书》进行了如下概括:"以诚为祖,以无欲为宗,以几为用,以静为止,此《通书》之大旨也。"①借助对《通书》主旨的提揭,康有为大致框定了周敦颐思想的立言宗旨和主体内容,也从中引申出对周敦颐思想的评价。例如,康有为断言:"周子发挥几字最精。"②这是对《通书》而言的,或者说所依据的文本就是《通书》。

在聚焦《通书》的同时,康有为多次提到《太极图说》。在确信其为周敦颐所作的前提下,康有为进一步揭示了《太极图说》(康有为有时称之为《太极》)的内容。正是在这个意义上,他再三说道:

> 《太极图说》亦精,然或以为出于周子,或以为非出于周子。③
>
> 《太极》真周子所作。④
>
> "太极生两仪",即孔子"以元统天"之义。"二五之精妙合而凝"数语,此周子精绝之语,有非诸儒能轻易说出者。"主静立人极"句最精,盖人道与天道相反。⑤

上述议论显示,康有为对于《太极图说》阐发了三个观点:第一,《太极图说》是周敦颐所作。第二,《太极图说》的内容或精华主要在于"太极生两仪""二五之精妙合而凝""主静立人极"等语。第三,《太极图说》的内容极有价值——或者肯定"太极生两仪"就是孔子所讲的"以元统天",或者称赞"二五之精妙合而凝""主静立人极"等语"精绝""最精"。

审视康有为对周敦颐的思想解读可以看到,他对周敦颐青睐有加。这主要体现在三个方面:第一,康有为肯定孔子"以元统天",后儒中申明孔子此义的不过是周敦颐和董仲舒代表的极少数人。对于康有为来说,将周敦

① 《南海师承记·续讲正蒙及通书》,《康有为全集》(第二集),中国人民大学出版社 2007 年版,第 234 页。

② 《南海师承记·续讲正蒙及通书》,《康有为全集》(第二集),中国人民大学出版社 2007 年版,第 234 页。

③ 《南海师承记·讲周子通书》,《康有为全集》(第二集),中国人民大学出版社 2007 年版,第 232 页。

④ 《万木草堂口说·学术源流》,《康有为全集》(第二集),中国人民大学出版社 2007 年版,第 138 页。

⑤ 《南海康先生讲学记·古今学术源流》,《康有为全集》(第二集),中国人民大学出版社 2007 年版,第 111 页。

颐在《太极图说》中所讲的“太极生两仪”与孔子所讲的“以元统天”直接联系起来便意味着对周敦颐的哲学框架、致思方向的赞许。第二，康有为以“精绝”“最精”评价“二五之精妙合而凝”“主静立人极”诸语，不仅表明了对这些观点的认同，而且使周敦颐的地位骤然擢升。综观康有为对国学人物的评价不难发现，被冠以“精”者，最著名的是董仲舒“发仁字最精”，此外便是反复称赞周敦颐的思想“精绝”“最精”。第三，与对周敦颐思想“精绝”“最精”的盛赞相一致，康有为明确表示，周敦颐的“二五之精妙合而凝”数语并非“诸儒能轻易说出”，明白无误地肯定周敦颐的观点远远胜过了诸多后儒的思想。

康有为对周敦颐思想的解读从两个不同的方向展开，通过彼此的相互印证揭示、挖掘周敦颐的思想内容：一方面，以《通书》《太极图说》为线索，康有为在印证周敦颐思想来源的同时，进一步揭示周敦颐思想的内容。另一方面，从问题出发，在讲述某一问题涉及到周敦颐的思想时，遂援引他的著作作为证据。对于这一点，康有为有关宋儒喜欢讲性理的判定即是明证。下仅举其一斑：

> 六朝无人讲性理之学。诚极自然明，至诚之极可以前知，有体寂然不动，有用感而遂通。孔子言神字，穷极生死之故，极往知来，合仁义乃得为中和。《易》、《礼》讲中和，孔子讲聪明，《尧典》讲文明，《舜典》讲钦明，清明在躬，志气如神。周子的有道术，先讲诚，次讲几，次讲明。《太极》讲仁义中正，不及《通书》所讲。①
>
> 理以《易》为至，凡讲性理不出中字外，无学问断不能讲性理。……言圣人无欲自周子始。②

康有为的这两段议论都是在讲性理问题的过程中发出的，都在发掘、诠释周敦颐的性理思想时提到了《通书》和《太极图说》。其中，第一段议论显示，康有为认为，《太极图说》在讲性理方面不如《通书》，理由是《太极图说》“讲仁义中正，不及《通书》”。尽管如此，康有为下此断语的前提是，肯定《太极图说》与《通书》一样讲性理。依据康有为的解释，六朝时无人讲性理，宋学讲性理始于周敦颐。正是在这个意义上，康有为确信朱熹之学出于

① 《南海师承记·讲性理》，《康有为全集》（第二集），中国人民大学出版社2007年版，第233页。

② 《南海师承记·讲性理》，《康有为全集》（第二集），中国人民大学出版社2007年版，第233页。

周敦颐。与此同时,康有为强调,讲性理表明周敦颐的思想以诚、几为要义,并且以此为中心内容展开。这既证明了周敦颐对孔学的发挥,又使周敦颐的思想与《易》《礼》《书》(《尧典》《舜典》)息息相关。第二段议论显示,康有为强调周敦颐始言"圣人无欲",同样出于对《太极图说》的解读。由此,他得出结论:周敦颐讲"圣人无欲"是从性理出发的,并且从一个侧面印证了周敦颐的思想以孔子所作的《易》(《系辞》)为经典。

其次,在解读、诠释周敦颐思想的过程中,康有为反复援引孔门经典予以发挥,四书五经尽在其中。对于这一点,除了前面提到的引文之外,作为证据的还有康有为的下面这段话:"周子发挥几字最精。《易》言刚柔,尽天下之人不外刚柔。《洪范》:思曰睿。《管子》谓:思之思之,鬼神来告之。《中庸》言:慎思之。《诗》:思无邪。《孟子》:思则得之。孔子言'有欲',周子言'无欲',各名一是,均持之有故,言之成理。"①

进而言之,康有为之所以援引众多的孔门经典解读周敦颐的思想,目的是借此凸显周敦颐之学的孔学归属。正是出于这一目的,康有为在援引众多孔门经典与周敦颐思想进行互释的过程中,搬来了孔子、子贡和孟子也就是康有为认定的孔门正学为周敦颐辩护。这样的例子俯拾即是,下仅举其一斑:

> 孔门贵思,佛氏贵想。孔子言貌、言视听,佛氏言声色香味触发。聪明之人,其脑根必横发,睿知之人,其脑根必标举。大抵聪明人能断,睿知人能制作。学者最贵思,故孔子称君子有九思。《洪范》亦云:思曰睿。大凡读书而不能思者,即甚聪明,亦是粗才。程子云:能穷所以然之理,乃是第一等学人。周子云:不思则不能通微。皆提起思字,圣门之大义所在也。②
>
> 孔子最贵有耻,故诗人言:人而无耻,不死何为?子贡问士,告以"行己有耻",……学者全贵有志,事所未成而光辉所照,魄力所通,自了不可当矣。孔子特立名字,而周子言名胜耻也。此语为上等人说法,专讲实务,开宋朝学问者全在此。③

---

① 《南海师承记·续讲正蒙及通书》,《康有为全集》(第二集),中国人民大学出版社 2007 年版,第 234 页。

② 《南海师承记·讲周子通书》,《康有为全集》(第二集),中国人民大学出版社 2007 年版,第 233 页。

③ 《南海师承记·讲周子通书》,《康有为全集》(第二集),中国人民大学出版社 2007 年版,第 233 页。

第一段议论讲孔门贵思，除了提到孔子的“君子有九思”①，还提到了周敦颐的“不思则不能通微”。第二段议论认定孔门贵耻，列举的证据是子贡的“行己有耻”和周敦颐的“名胜耻”。其中的一个细节是，在提到“不思则不能通微”的时候，康有为解释说，这句话提到了孔子所贵的“思”字，并且同样不忘强调名是孔子“特立”，周敦颐的“名胜耻”是“为上等人说法，专讲务实”。在此基础上，康有为将宋朝学问归结于此，也充分表达了对周敦颐的推崇——当然，这些都反过来印证了周敦颐的孔学归属。

最能体现康有为极力彰显周敦颐孔学归属的是，他对《太极图说》的解读。众所周知，《太极图说》的作者一直存有异议，大部分学者将之认定为周敦颐传陈抟的《太极图》而来。陈抟则是五代时期的著名道士，显然并不属于康有为所讲的孔学范围。针对这种局面，为了凸显《太极图说》的孔学归属，康有为的诠释从两个不同的方向展开：第一，他采取的具体策略是顾左右而言他，一面明言《太极图说》的作者有异议，一面绝口不提周敦颐的《太极图说》与陈抟之间的关联。第二，在切断《太极图说》与陈抟代表的道教思想的传承关系的前提下，康有为不厌其烦地强调《太极图说》是对孔学的薪火相传。为此，康有为抛开陈抟的《太极图》而独辟蹊径，为《太极图说》找到了《中庸》这一公认的孔门经典。在强调《太极图说》传承《中庸》而来、以此彰显周敦颐思想的孔学归属的同时，康有为即使承认《太极图说》传承《系辞》(《易》)，也强调是对孔学的继承。于是，康有为说道：“孔子言神字，以鬼神造化处言，周子言神应故妙，仍未发得透。孟子言圣而不可知之，谓神颇能发出诚精，故明此句，发物理甚精，故孟子充实而有光辉之，谓大佛典言顶上有圆光，故大放光明，能照十方世界。周子一生学问全是谓之动，盖《太极图》(不是指陈抟的《太极图》而是指周敦颐的《太极图说》，康有为有时又简称为《太极》——引者注)本发之于天道人事，无时不动。但周子能以处动之境，而主静立人极。”②《易》是儒家、道家以及道教共同尊奉的经典。康有为正是利用了这一点，根据对不同人物身份归属的不同需要，对之进行不同定位。显而易见，康有为是从儒家经典的角度强调周敦颐的《太极图说》源自《易》即《系辞》的。这样一来，康有为既使《系辞》与《中庸》一样证明了周敦颐的孔学归属，又从发挥孔子思想的思路解读《太极图说》。

① 见《论语·季氏》：“孔子曰：‘君子有九思：视思明，听思聪，色思温，貌思恭，言思忠，事思敬，疑思问，忿思难，见得思义。’”

② 《南海师承记·讲周子通书》，《康有为全集》(第二集)，中国人民大学出版社 2007 年版，第 232 页。

更为重要的是，在康有为的视界中，周敦颐思想属于孔学，并且“深知孔子之学”。这不仅坐实了周敦颐孔子后学的身份，而且凸显了周敦颐在孔学中的重要地位。康有为强调，周敦颐依据的经典是《中庸》《系辞》(《易》)，对《中庸》《系辞》的把握深中肯綮，故而能够得到孔学精髓。对此，康有为一再断言：

> 《中庸》、《系辞》似出于子思手笔，周子《通书》实从此出也。《中庸》专发一诚字。周子言：诚者，圣人之本。大哉乾元，万物资始。诚之原也。此语极精。《易经》乾道变，各正性命（指语出《易传》的“乾道变化，各正性命”，此处少一“化”字——引者注），周子首章能拈出。周子言：纯粹，至善也。至善二字非圣人本意，得之与佛、与孟子。又言诚无为，几善恶，几字下得甚精。……周子诚实、光明、勇猛，诚一代大儒。周子言：寂而不动，诚也；感而遂通，神也。庄生所言孔子为神人，礼先乐后，亦是精粹之言。教众人要有欲，教学者要无欲，其道不同。《通书》止静与《太极》同。①
>
> 周子从《中庸》、《系辞》发出《太极图说》。②

依据康有为的说法，不止《通书》，周敦颐的另一部著作——《太极图说》也出于孔门经典——《中庸》《系辞》。难怪康有为坚信周敦颐不仅是孔子后学，而且“深知孔子之学”。

康有为断言《通书》从《中庸》《系辞》而来，并且提出了具体论证：第一，对于《通书》从《中庸》而来，康有为的前提是将《中庸》的主旨概括为一个诚字。循着这个逻辑，他认定《通书》讲诚。在这方面，《通书》讲“诚者，圣人之本。大哉乾元，万物资始，诚之原也”即是明证。第二，对于《通书》与《系辞》(《易》)的关系，康有为认为周敦颐拈出了“乾道变，各正性命”；同时指出周敦颐所讲的“纯粹，至善也”并非圣人本意，而是得之于佛学和孟子的思想。康有为认定周敦颐的思想得之于佛并不妨碍周敦颐在康有为眼中的孔学归属，因为康有为认为从孔子、孟子到六经以及《大学》《中庸》的思想都与佛学相契合。

《通书》融通儒释道，援引《易传》所讲的“乾道变化，各正性命”诠释

---

① 《南海师承记·续讲正蒙及通书》，《康有为全集》（第二集），中国人民大学出版社 2007 年版，第 234 页。

② 《南海师承记·讲宋学》，《康有为全集》（第二集），中国人民大学出版社 2007 年版，第 252 页。

《中庸》之诚,在从诚之源、立、正、用和位五个方面探究、诠释诚的基础上,由诚引申出几、德、无为、神、"无欲故静"等概念和思想,并且影响了张载、二程和朱熹等众多宋明理学家的易学观。或许由于这个原因,康有为对《通书》格外重视,不仅以此作为周敦颐开出宋学的证据,而且强调体悟宋学从《通书》入手。

对于周敦颐的《太极图说》,康有为归纳了两个要点:第一,《太极图说》与《通书》都主张止静。第二,《太极图说》以《中庸》《系辞》为经典依据。一言以蔽之,康有为肯定《太极图说》的孔学渊源,并循着这个思路解读其思想内容。

上述内容显示,康有为对周敦颐思想的解读和阐释围绕着两个中心展开:一是围绕着周敦颐的著作——《通书》《太极图说》展开,一是围绕着传孔子之学展开。深入思考康有为的做法便会发现许多意味深长之处。择其要者,大端有二:第一,康有为反复申明周敦颐得于老学。与对周敦颐思想来源的这一认定大相径庭,在解读、阐释周敦颐的思想时,康有为并没有沿着周敦颐对老子思想以及老学的继承展开,甚至并没有让周敦颐与老子的思想同时出现;反倒是连篇累牍地彰显周敦颐对孔学的发挥,并且一而再、再而三地将周敦颐与孔子以及孔学的思想联系在一起。可以看到,对周敦颐思想的解读和发挥回避老子而凸显孔学是康有为的一贯做法,他在讲《通书》《太极图说》时便反复援引孔子、孟子以及《易》《礼》《尚书》《中庸》等儒家经典予以互释和解说。第二,从康有为认定的周敦颐的思想来源上看,《易》《中庸》尤其是《中庸》是儒家经典,为孔学所专有而与老学无涉。《易》则为孔学与老学共享。康有为对周敦颐易学的说明侧重孔学——这一点与康有为对邵雍易学与老学以及与老子相关的王弼、魏伯阳和陈抟等人渊源关系的彰显截然相反。

第三节 地 位 认 定

康有为对周敦颐思想的来源传承和内容构成的阐发旨在厘清周敦颐思想的来龙去脉和主旨构成,也奠定了他对周敦颐学术身份和历史地位的认定。在这方面,如果说康有为将周敦颐与张载、二程和朱熹并称为"四先生"已经使周敦颐拥有了邵雍以及康有为有时称之为宋学开山的范仲淹、王安石等北宋诸儒望尘莫及的地位的话,那么,康有为将周敦颐奉为宋学开山则将张载、二程等人抛在了周敦颐之后,也使周敦颐的地位得以空前提升。

首先,在历时性上即从纵的方面来说,康有为习惯于以孔子学脉为视角审视周敦颐;在共时性上即从横的方面来说,康有为热衷于将周敦颐置于北宋以及两宋之学即宋学中与宋明理学家相提并论。

对于周敦颐的地位,康有为发出了如下论断:

> 周、程、朱、张、邵、司马数先生出,以下不能出其范围。①
> 周、程、朱、张、邵五先生,真能穷天人之理者。②
> 周、程、朱、张,二千年来未有及之也,其学为孔子传人。③

这三段议论都出自康有为的弟子对他讲学内容的记录,是康有为在讲述不同问题时发出的,并且都提到了周敦颐。其中,第一段议论旨在强调周敦颐的地位足以与邵雍、张载、二程、司马光和朱熹分庭抗礼,宋明学术不能超出这六个人④的思想范围。第二段议论旨在申明,周敦颐与邵雍、张载、二程和朱熹擅长"穷天人之理"。这与康有为将性理说成是周敦颐思想的内容息息相关,也印证了他关于宋明理学家特别擅长讲性理的论断。第三段议论着重指出,周敦颐与张载、二程和朱熹在孔学中的地位至关重要,以至于"两千年未有及之"。比较康有为的这三段议论不难发现,它们的共同点是称赞,称赞的人物变化不大,而涉及的人数则从六人到五人再到四人,在数量上越来越少。伴随着康有为称赞的人数越来越少,周敦颐的地位愈来愈高:跻身六人之列的司马光在擅长性理方面被淘汰出局,六人减少到五人;同样"真能穷天人之理"的邵雍在"为孔子传人"的四人中没有了一席之地,五人减少到四人。经过这番论证,康有为不仅肯定周敦颐在北宋之学中属于大家,而且认为即使将周敦颐放在两宋之学中进行考察,周敦颐同样当仁不让地成为宋学四大家。为了凸显这一点,康有为习惯于将周敦颐与张载、二程和朱熹相提并论,或者统称为宋学"四先生",或者统称为"四子"。

康有为将周敦颐和张载、二程、朱熹合称为"四先生"或"四子"是就两宋而论的。在此基础上,康有为极力彰显周敦颐在两宋四大家中的至高地

① 《南海康先生讲学记·古今学术源流》,《康有为全集》(第二集),中国人民大学出版社2007年版,第111页。

② 《万木草堂口说·学术源流》,《康有为全集》(第二集),中国人民大学出版社2007年版,第139页。

③ 《万木草堂口说·学术源流》,《康有为全集》(第二集),中国人民大学出版社2007年版,第138页。

④ 按照康有为的算法应该是五个人,因为二程作为程子代表一人。因此,康有为才有"周、程、朱、张、邵五先生"之说,他所讲的宋学"四先生"或"四子"都是这样算法。

位和特殊意义：第一，对于周敦颐与二程的关系，由于康有为一再肯定二程之学出于周敦颐，二程显然失去了与周敦颐分庭抗礼的资格。这样一来，宋学四大家中剩下的便是张载、朱熹和周敦颐三个人了。第二，康有为对张载多有赞誉，除了称赞张载的《正蒙》是宋学第一篇文字之外，还有下面这段表述："周、程、张、朱四先生，以横渠为奇伟。"①尽管肯定张载的思想"奇伟"，然而，这却并不代表康有为认为张载的地位比周敦颐高。即使抛开康有为晚年对周敦颐的情有独钟不论，仅就早年讲学时期的思想而言，康有为给予周敦颐的重视和评价都远远高于张载。第三，对于周敦颐与朱熹的关系，康有为在多数情况下认为周敦颐略胜一筹。例如，对于宋学四大家，康有为有过这样的表述："本朝各书院不立孔子，而立周、程、朱、张四子。周子境遇甚好，从容不迫，的是有道之士。然亦深知孔子之学，故规模博大，……朱子解《中庸》仍是空口说过，未曾打入实道处讲，惟周子能发明之。"②由此可见，一边是对周敦颐赞不绝口，一边是对朱熹提出批评——康有为对两人之优劣的评判一目了然。值得注意的是，此处对朱熹与周敦颐思想优劣的比较是以《中庸》切入的，不可将之视为康有为对两人思想进行的全面比较或评价。尽管如此，有一点是可以肯定的，那就是：康有为从未在对周敦颐与朱熹进行比较时揭露周敦颐之短。

深入剖析康有为的上述议论可以发现，尽管文字不多，康有为却提到了诸多人物和话头。千头万绪不离其宗，周敦颐是四大家中的佼佼者：第一，在提及四大家之后，康有为紧接着突出周敦颐的出类拔萃。第二，让周敦颐成为宋学四大家中的佼佼者还不够，康有为接下来肯定周敦颐"深知孔子之学"。这一点对于康有为来说至关重要，因为他秉持孔学立场并且以与孔子的关系以及在孔学中的地位臧否人物。有鉴于此，康有为肯定周敦颐"深知孔子之学"，也就等于宣布了周敦颐的正统地位。第三，康有为以宋明理学家推崇的经典——《中庸》为例，比较了周敦颐与朱熹对《中庸》的解读。在这个问题上，康有为一面批判朱熹对《中庸》的解读没有"打入实道"，无法逃脱"空口说过"之窠臼；一面称赞周敦颐能对《中庸》予以"发明"，一个"惟"字更是将康有为对周敦颐的推崇表达得淋漓尽致。重视《中庸》《大学》代表的四书而轻慢《春秋》为首的六经是康有为对宋明理学家的批判，并成为他谴责宋明理学背离孔子大道的证据。在这个前提下，康有为

---

① 《南海师承记·讲正蒙》，《康有为全集》（第二集），中国人民大学出版社2007年版，第232页。

② 《南海师承记·讲周子通书》，《康有为全集》（第二集），中国人民大学出版社2007年版，第232页。

没有像指责朱熹等宋儒那样抨击周敦颐关注《中庸》,这有些出人预料。康有为连篇累牍地指出周敦颐的思想出于《中庸》却没有对周敦颐提出批评,当然也没有指责周敦颐的思想狭隘。朱熹的思想尽管像周敦颐一样源自《中庸》却还有《大学》等诸多其他经典,以至于康有为称赞朱熹对四书五经都注过——“朱子不独遍注群经,即《楚词》、《参同契》等皆有注耳。文章、诗词皆工,画亦工”①。尽管如此,康有为却抓住朱熹的《中庸》不放,而没有批判周敦颐对《中庸》的传承。康有为一面惊叹周敦颐的思想“规模博大”,一面批评朱熹使孔子大道狭隘化。事实上,周敦颐同样像康有为痛加批判的朱熹那样犯下了不以《春秋》解读孔子思想的错误,对于被康有为说成是寓含孔子微言大义并且是六经之金钥匙的《春秋》并没有关注。对此,康有为却闭口不谈。康有为对周敦颐的偏袒可以从下面这段话中充分体现出来:“废《春秋》及《仪理》(《仪礼》——引者注)者,王荆公开之也。”②康有为在肯定“六经皆孔子作”的前提下将《春秋》奉为六经之至贵,批判宋明理学家的主要理由便是废《春秋》而重《中庸》。在此过程中,康有为一再声称宋学由周敦颐开出,反复强调周敦颐的思想从《中庸》那里出来。尽管如此,康有为并没有指责作为宋学开山的周敦颐重视四书而轻视六经或重视《中庸》而废除《春秋》,而是将废《春秋》之罪安在了王安石(荆公)的头上。只就《中庸》而言,康有为不惟没有责怪或抨击周敦颐,反而肯定只有周敦颐的解读深中肯綮。上述情况共同证明,在周敦颐、张载、二程和朱熹组成的两宋之学的四大家中,康有为格外垂青周敦颐。

其次,如果说康有为对于两宋之学强调周敦颐的特殊地位的话,那么,康有为对于北宋之学则极力突出周敦颐的首要地位。

为了彰显周敦颐在北宋之学中首屈一指的地位,康有为断言整个宋学都由周敦颐开出。对此,康有为反复论证并解释说:

宋朝学开于周子。……至于《通书》一篇,程子亦甚称之。大抵周子极清极远之人,惟大程子颇近之。《文中子》一书为阮逸伪撰。阮逸本之胡愿,胡愿本与周子同时,则《中说》一篇的出周子之学,故其规模极宏大。《通书》一篇,其自然处过于《正蒙》,诚之极自然勇猛,诚之极自然光明,诚之极自然智慧,诚之极自然慈悲。忠信二字施于学人,官

① 《万木草堂口说·学术源流》,《康有为全集》(第二集),中国人民大学出版社 2007 年版,第 144 页。

② 《康南海先生讲学记·古今学术源流》,《康有为全集》(第二集),中国人民大学出版社 2007 年版,第 109 页。

宦尤须紧要。周子好言有无二字,故陆子非之,张横渠尝云:言有无者,诸子之陋也。此说最精。诚则无事矣,此句最好。周子发挥几字,盖本于《系辞》。"几者动之,微吉凶之先见也"二句,周子全发挥诚字,亦从《系辞》、《中庸》出,通宋代学问皆然。①

宋朝之学出于周子,《文中子》一书皆出于周子,周子开宋、元、明千年学术。周子一生讲一个诚字,天地万物皆从诚字出,故《中庸》曰:不诚无物。孟子曰:我善养吾浩然之气。诚之所至也。周子多讲有无二字,恐入于老子之学,故陆子讥之。周子以诚为主,从几字出。周子之学由《中庸》、《系辞》出,其体谓之中,其用谓之庸,通乎中庸,谓之一贯。②

依据上述议论可知,康有为声称宋学由周敦颐开出是从不同角度立论的:第一,康有为肯定《文中子》出于周敦颐,从这个角度说,周敦颐不仅仅是开出了宋学,而是开出了宋元明清的千年学术。众所周知,王通的弟子私谥王通为文中子,康有为遂称王通为文中子。《文中子》又名《文中子中说》或《中说》,是王通讲学的记录。康有为在这里却别出心裁地将《文中子》说成是北宋阮逸伪撰,目的是将《文中子》出现的时间后移,进而纳入到周敦颐的思想谱系。康有为肯定阮逸出于胡瑗(康有为写作胡愿),胡瑗与周敦颐同时,进而将《文中子》说成是阮逸师承周敦颐的思想而来。第二,康有为提出宋学开于周敦颐主要依据是宋学奢谈性理,在经典上重视四书而轻视六经。依据他的说法,宋学的这一传统与周敦颐密切相关。具体地说,周敦颐专讲一个诚字,并且由讲诚讲到几、有无、无欲等等。在康有为看来,这些都是宋明理学家兴趣盎然的核心话题,并由此构成了宋明理学性理之学的主体内容。至于宋明理学家乐此不疲的《中庸》《系辞》(《易》)同样是周敦颐的学术之源。就康有为所讲的北宋诸子的四书传统而论,如果说张载侧重《大学》的话,那么,周敦颐则侧重《中庸》。

事实上,康有为不止一次地发出了宋学开于周敦颐的论断,并且言之凿凿地列举了诸多证据。这从一个侧面表明,康有为对周敦颐是宋学开山的认识是坚定不移的,彼此之间形成了一条证据链。对于这一点,康有为还有诸多其他说法和证据。例如:

① 《南海师承记·讲周子通书》,《康有为全集》(第二集),中国人民大学出版社 2007 年版,第 232 页。

② 《南海师承记·讲性理》,《康有为全集》(第二集),中国人民大学出版社 2007 年版,第 233 页。

孔子特立名字，而周子言名胜耻也。此语为上等人说法，专讲实务，开宋朝学问者全在此。①

研究《通书》当并研究《正蒙》，而后张子、周子两学派自见。②

尚须进一步澄清的是，除了认定周敦颐开出宋学之外，康有为还曾经提出过宋学开山的其他说法，其中最著名的是将韩愈视为宋学开山。正是在这个意义上，康有为一再断言：

开宋一代之风，韩昌黎始。③

宋学皆自韩愈开之。④

深入剖析可以发现，康有为关于韩愈是宋学开山的说法是从文学的角度立论的，故而强调韩愈之学出于作为"散文""古文"之源的王通。下仅举其一斑：

昌黎学出于文中子，为散文之源流。⑤

昌黎学出于文中子，为古文之源流。⑥

由此可见，康有为以韩愈为中介，彰显王通与宋学的渊源关系。这就是说，康有为多次发出了宋学自韩愈开出的论断，肯定宋代风气由韩愈开出的前提是韩愈思想接续王通而来。沿着这个思路，康有为指出，韩愈开出了柳宗元、欧阳修等文献家一脉。对于有宋之学，康有为反复进行了如下描述和勾勒：

---

① 《南海师承记·讲周子通书》，《康有为全集》（第二集），中国人民大学出版社2007年版，第233页。

② 《南海师承记·续讲正蒙及通书》，《康有为全集》（第二集），中国人民大学出版社2007年版，第234页。

③ 《万木草堂讲义·七月初三夜讲源流》，《康有为全集》（第二集），中国人民大学出版社2007年版，第287页。

④ 《万木草堂口说·学术源流》，《康有为全集》（第二集），中国人民大学出版社2007年版，第138页。

⑤ 《万木草堂口说·学术源流》，《康有为全集》（第二集），中国人民大学出版社2007年版，第136页。

⑥ 《南海康先生讲学记·古今学术源流》，《康有为全集》（第二集），中国人民大学出版社2007年版，第107页。

宋之学,始自欧阳修。激扬气节,始范高平。古文亦开于欧阳修,乃韩昌黎再传弟子。①

柳仲涂刻《昌黎集》。欧阳公得一《昌黎集》,穆子长传古文于尹洙,欧阳从尹洙受学,由欧阳公以下,能讲经学,东坡、荊公、曾子固等,能发明之。倡经学、词章者,欧阳公也。②

与韩愈开出宋学是从文学的角度立论不可同日而语,康有为对周敦颐是宋学开山的说法则是从思想的角度立论的。这直观地证明,周敦颐在北宋之学中拥有特殊地位和权威;反过来,康有为对宋学乃至整个宋明理学的认定都或多或少地可以在作为思想源头的周敦颐那里找到解释或说明。也正是由于这个原因,周敦颐成为解读康有为宋明理学观的钥匙,并因而拥有了其他宋明理学家无法比拟的意义和价值。

上述内容显示,尽管康有为肯定宋学由周敦颐开出,然而,他在宋学——特别是在北宋之学中为周敦颐找到的后学并不多。究其原因,大端有二:第一,康有为认为周敦颐擅于“创学”而不擅于“守学”。对于这一点,康有为对周敦颐的这个评价提供了佐证:“周子是创学之人,非守学之人。”③沿着这个思路不难想象,由于周敦颐没有将“守学”即传播思想放在重要位置,周敦颐的思想没有得到广泛传播,后学不多亦属正常。第二,康有为还有关于宋学开山的诸多说法,最常见的是韩愈、欧阳修和范仲淹等。他们与同样作为宋学开山的周敦颐争夺后学,在无形中削小了周敦颐后学的势力范围。在这个前提下,康有为一如既往地彰显周敦颐与孔学的关系,是为了借助周敦颐的思想属于孔子学问以及周敦颐宋学开山的身份将整个宋明理学纳入孔学之中。

第四节　态度评价

康有为对周敦颐思想的来源传承和内容构成的阐发旨在厘清周敦颐思想的来龙去脉和主旨,也奠定了他对周敦颐学术身份和历史地位的认定。

① 《南海康先生讲学记·古今学术源流》,《康有为全集》(第二集),中国人民大学出版社2007年版,第106页。

② 《万木草堂口说·学术源流》,《康有为全集》(第二集),中国人民大学出版社2007年版,第138页。

③ 《南海康先生讲学记·古今学术源流》,《康有为全集》(第二集),中国人民大学出版社2007年版,第111页。

在这方面,如果说康有为将周敦颐与张载、二程和朱熹并称为“四先生”已经使周敦颐拥有了邵雍以及康有为有时称之为宋学开山的范仲淹、王安石等北宋诸儒望尘莫及的地位的话,那么,康有为将周敦颐奉为宋学开山则将张载、二程等人抛在了周敦颐之后,也使周敦颐的地位得以空前提升。

首先,康有为早年即对周敦颐有所关注,对周敦颐的热衷则从戊戌维新之前的讲学著述时期就已经开始。

据现有资料,康有为最早提到周敦颐是在1885年,周敦颐同时出现在康有为这一年所作的《教学通义》中。

在《教学通义》中,康有为这样写道:

> 《乐记》自“人生而静”探起,即言节欲,其为大学始教,又无疑也。召公曰:节性惟日其迈。制节其性,所以扞格物欲也。孟子曰:其为人也多欲,虽有存焉者寡矣。其为人也寡欲,虽有不存焉者寡矣。《记》(指《礼记》——引者注)曰:欲不可纵。周子曰:圣人可学乎?曰:可。可者何?曰:一。一者何?曰:无欲。无欲,则静虚动直。然究性之欲所以生,由于感物而动。与其物感之后,而后节性制欲,不如于物来之先,预有以扞格之,使外物之繁,纷华之美,绝不少动于吾耳目,荡于吾心志。养其中者,清明纯净,绝无波澜,光莹精洁,绝无渣滓。守耳目如城,练血气如兵;拒物如贼,养心如将;浸之濡之,久之熟之,纯完坚固;然后清明在躬,志气如神。《大学》之始教者如此。然后教以“致知”,则中有主而不动,见闻虽杂,学识益开,冰雪既净聪明,雷霆自走精锐。然后教之“诚意、正心、修身、齐家”,势如破竹,自无所难。若本心未养,则外物易动,首投之物至知至之地,则知诱于外,无节于内,不能反中,天理灭矣。故多欲之人不能读书。即聪俊之士能博学强识,而见闻庞杂,嗜欲烦多,古今至夥,求其诚意、正心、修身、齐家,有若登天之难,几若殊途之事。而寡欲之人,有不动心之学者,即学问稍陋而多能治其身心,以任家国之事。朱子谓“杨亿、寇莱公、陈了翁养得心甚完固,可任天下事”是也。①

作《教学通义》时,康有为对《大学》推崇备至。因此,《教学通义》中收录了《大学》上下两篇。在讲《大学》始于格物的八条目时,康有为引经据典,提到了《乐记》的“人生而静”、《书·召诰》的“节性惟日其迈”,《礼记》的“欲不可纵”,此外便是孟子的“其为人也多欲,虽有存焉者寡矣。其为人

① 《教学通义·大学下》,《康有为全集》(第一集),中国人民大学出版社2007年版,第33页。

也寡欲，虽有不存焉者寡矣"和周敦颐的话。稍加留意即可发现，与儒家经典和"亚圣"——孟子同时出现的惟有周敦颐，康有为对周敦颐的青睐由此初露端倪。

在作于1886年的《康子内外篇》中，康有为声称："抱爱质多者，其于人也，岂所不爱，肫肫其仁，有莫释于其怀者焉，其弊也贪。抱恶质多者，其于物也，无所不恶，矫矫其义，有莫适其心者焉，其弊也激。其爱恶均而魂魄强者，中和之美质也。周子曰：柔善为慈、为顺、为巽，柔恶为懦弱、为无断、为邪佞。此偏于爱质多者也。刚善为义、为直、为断、为严毅、为干固，刚恶为猛、为隘、为强梁，此偏于恶质多者也。隐括之，揉化之，以变于中和，此则学之事也。"[①]这段话直接化周敦颐的《通书·师》而来，并且与《大学通义》中的议论一样赞同周敦颐的观点。更为重要的是，康有为在这里不仅赞同周敦颐对性的界定，而且认可周敦颐提出的无欲的养性方法和修养工夫。

至此可见，在19世纪80年代著书立说时，康有为总是想到周敦颐，对周敦颐的关注主要聚焦有关养性的无欲说。在20世纪90年代授徒讲学时，康有为保持了这一习惯，所涉猎的周敦颐思想的范围也越来越广：从文本上说，不再聚焦《通书》，而是将《太极图说》也纳入视野；从内容上说，除了养性、无欲等人性论和工夫论方面的内容，还涉及到诚、性理等本体论领域的内容。在戊戌变法失败逃亡海外之后，康有为依然没有忘记周敦颐。于是，周敦颐出现在他的中期思想中。对于这一点，《论语注》便是明证。康有为在书中写道："《易》首《乾》，为刚德，刚健中正，纯粹精。盖天以行健为至德，人以自强不息为至德，鼓动万物皆赖刚强之德，若弱，则为六极矣，故极贵之。申枨盖素有强直名者，其短在有嗜欲，则虽有刚德而嗜欲既发，则不觉柔屈，不得为刚矣。盖能胜物之谓刚，惟不屈于物，故直养浩气，可塞于天地之间；为物累之谓欲，物至化物，故掩抑短气，消沮于方寸之内。无论如何强直之人，一有嗜欲，气即馁败，神明消沮。故周子谓：圣人可学，在无欲。盖欲者纯魄，刚者纯魂，二者相反相成而日相争。若魂纯胜者，神明纯清，气自刚大；若魄纯胜者，嗜欲纯掩，气已奄奄；其魂魄互胜者，半欲半刚，则为中人。其魂魄相胜分数之多寡，以为其欲刚之多寡，即为人之高下也。"[②]不难发现，此时的康有为依然像早期那样聚焦周敦颐的无欲说，关注的热情则急骤减退。在后期思想中，康有为对周敦颐的热情急剧上升，作为康有为最后一部著作的《诸天讲》更是成为对周敦颐的致敬。

---

① 《康子内外篇》，《康有为全集》（第一集），中国人民大学出版社2007年版，第102页。

② 《论语注》，《康有为全集》（第六集），中国人民大学出版社2007年版，第410页。

其次,值得注意的是,康有为对宋明理学充满矛盾,一面将宋明理学家归为孔子后学,一面指出他们并非孔学嫡传。这用他本人的话说便是:“周、程、朱、张二千年来莫之能及也,其学为孔子传人,然尚非嫡派耳。”①从上述论证来看,康有为仿佛更侧重周敦颐对孔子大义的发挥,这一点与他对朱熹等人的批判大相径庭。例如,康有为指出宋学重视《中庸》,从这个角度说,周敦颐和朱熹都是如此。所不同的是,与肯定周敦颐对《中庸》的发挥“打入实处”以及《通书》《太极图说》深谙孔子大义迥异其趣,康有为多次批判朱熹对《中庸》以及《大学》的解读不得要领。有鉴于此,可以从两个维度把握康有为对周敦颐孔学身份的归属:一方面,康有为将周敦颐与张载、二程和朱熹一样既归为孔学又认为他不是孔学“嫡派”,这是从抽象的意义上或者说从宋明理学的共性角度立论的。另一方面,康有为反复彰显周敦颐的孔学归属,这是从具体的意义上或者说从周敦颐思想的个性角度立论的。

诚然,康有为并不完全赞同周敦颐的所有观点。例如,他曾经对周敦颐的太极动而生阳、动静互为其根等观点提出批评。对此,康有为解释说:“若就一物而言,一必有两。《易》云:太极生两仪。孔子原本天道,知物必有两,故以阴阳括天下之物,理未有能出其外者。就一身言之,面背为阴阳。就一木言之,枝干为阴阳。就光言之,明暗为阴阳。就色言之,黑白为阴阳。就音言之,清浊为阴阳。就气言之,冷热为阴阳。就质言之,流凝为阴阳。就形言之,方圆为阴阳。推此仁义、公私、经权、常变,以观天下之物,无一不具阴阳者,不独男女、牝牡、雌雄、正负、奇耦也。孔子穷极物理,以为创教之本,故系《易》立卦,不始太极,而始乾坤,阴阳之义也。元与太极、太一不可得而见也,其可见、可论者,必为二矣。故言阴阳而不言太极。周子谓:太极动而生阳,动极而静,静极而生阴。动静互根,专主天地车轮终而复始之义。不知生物之始,一形一滋,阴阳并时而著。所谓天道之常,一阴一阳。凡物必有合也,有合为横,互根为从(从即纵——引者注),周子尚未知之也。”②由此可见,康有为认为一物中有阴阳,这意味着阴阳同时存在于一物之中。从时间上看,阴阳和合,二者同时存在;从变化上看,阴阳互生而互为其根。阴阳既然同时存在,也就不存在太极动生阳、静生阴之说,阴阳的互为其根是从用而非体上立论的。沿着这个思路,康有为驳斥周敦颐在《太极图说》

① 《万木草堂口说·学术源流(四)》,《康有为学术文化随笔》,中国青年出版社1999年版,第9页。

② 《春秋董氏学》卷六,《康有为全集》(第二集),中国人民大学出版社2007年版,第374页。

中提出的“太极动而生阳，动极而静，静极而生阴，静极而复动……”的观点，揭露周敦颐的这个观点错在不明白阴阳“有合为横，互根为从”的道理。透过康有为对周敦颐这一观点的反驳可以直观体悟康有为对周敦颐思想的评价：第一，与康有为对其他人如曾子、荀子、刘歆、韩愈和朱熹等人的鞭挞相比，康有为对周敦颐观点的这个批评不足挂齿。第二，与对周敦颐的折服、青睐相比，康有为对周敦颐的微词或批评纯属个案，显得微乎其微。

再次，康有为对周敦颐的态度与对大多数国学人物——特别是宋明理学家有别，让周敦颐出现在自己的最后一部著作——《诸天讲》中更是显得极为难得。从这个意义上说，周敦颐与庄子在康有为那里的命运相似，庄子与周敦颐一样对《诸天讲》具有重要影响。

深入分析可以发现，周敦颐与庄子的命运相似绝非偶然。早在戊戌维新之前的讲学授徒之时，康有为就将周敦颐与庄子联系在一起，发出了如下论断：“周子境遇甚好，从容不迫，的是有道之士。然亦深知孔子之学，故规模博大，究其得道与庄子同。”[①]综观康有为的思想可以看到，被他誉为“规模博大”者除了孔子——康有为表述为远近本末大小精粗无所不包，就是周敦颐和庄子了。康有为说过朱熹思想博大精深，那是就朱熹勤奋好学、吸纳各种学说而言的。事实上，康有为反复指责的后儒、宋贤使孔学“割地”[②]，矛头直指朱熹。这就是说，康有为不惟从未像对待周敦颐那样称赞朱熹的思想规模博大，反而认为朱熹是使孔子无所不包的大道变得狭隘的罪魁祸首。对于康有为来说，周敦颐的思想不惟“规模博大”，而是找到了臻于快乐的法宝——“见大心泰”。康有为对周敦颐的“见大心泰”津津乐道，认为这是臻于快乐的不二法门。正因为如此，康有为在晚年放弃政治诉求而一心向往天游之时，又想到了思想“规模博大”的周敦颐和他的“见大心泰”。

事实上，康有为对诸多国学人物的关注都集中在戊戌变法之前的讲学著述时期，从告子、惠施、公孙龙、韩非、韩愈到司马光、王安石、范仲淹、欧阳修、苏东坡、曾巩、罗从彦、李侗、陆九渊、王守仁、顾炎武、黄宗羲和王夫之等人无不如此。能够延续到康有为戊戌维新之后的思想中已然不易，能够被写进《大同书》、在大同社会所尊崇的“神圣”中拥有一席之地更属难得。周敦颐在康有为那里便拥有这样的荣耀。对于大同社会崇尚的“神圣”，康有

① 《南海师承记·讲周子通书》，《康有为全集》（第二集），中国人民大学出版社 2007 年版，第 232 页。

② 康有为的术语，意思是使思想狭隘化。

为给出了如下解释:“然虽有神圣,尊之亦有限制,以免教主合一,人民复受其范围,则睿思不出而复愚矣。即前古之教主圣哲,亦以大同之公理品其得失高下,而合祠以崇敬之,亦有限制焉,凡其有功于人类、波及于人世大群者乃得列。若其仅有功于一国者,则虽若管仲、诸葛亮之才,摈而不得与也;若乐毅、王猛、耶律楚材、俾士麦者,则在民贼之列,当刻名而攻之,抑不足算矣。若汉武帝、光武、唐太宗,皆有文明之影响波及亚洲,与拿破仑之大倡民权为有功后世者也。自诸教主外,若老子、张道陵、周、程、朱、张、王、余、真、王阳明、袁了凡,皆有影响于世界者也。”①康有为的这个表彰是在宣布孔教“筏亦当舍”的前提下,并且经过了严格遴选的,只有被康有为认定为“有功于人类、波及于人世大群者”才有资格荣登榜单。再联想到孔子以及孔教此时的处境,更能感受康有为让周敦颐跻身“神圣”之列的格外青睐。

问题到此并没有结束,如果说周敦颐在《大同书》中尚且只是与张载、二程、真德秀、朱熹和王守仁等人享有同等的待遇的话,那么,到了作为康有为后期代表作的《诸天讲》中,周敦颐则独享青睐,令后者自叹弗如。在《诸天讲》中的出现证明了康有为对周敦颐的关注、推崇由始至终——在这一点上,周敦颐拥有除庄子外的大多数国学人物所没有的殊荣,同时也从一个侧面反映了康有为晚年思想对早期的某种复归。具体地说,《诸天讲》的主旨是畅想天游,追求游天之逍遥快乐。而此时的康有为之所以将臻于快乐之方锁定为天游而不再像从前那样依凭“男女平等各自独立”,就是因为周敦颐的“见大心泰”。由此,便不难想象周敦颐对《诸天讲》的影响以及在康有为晚期思想中的地位和作用了。

对于自己宣讲诸天、追求天游之乐,康有为如是说:“周子曰:见其大则心泰。吾之谈天也,欲为吾同胞天人发聋振聩,俾人人自知为天上人,知诸天之无量,人可乘为以太而天游,则天人之电道,与天上之极乐,自有在矣。夫谈天岂有尽乎?故久而未布。丙寅讲学于天游学院,诸门人咸请刻布此书,以便学者。虽惭简陋,亦足为见大心泰之助,以除人间之苦,则所获多矣。”②康有为坦言,自己宣讲诸天、对天游之乐梦萦魂牵是受到周敦颐见大而心泰的启发,《诸天讲》的目的就是引导人通过天游而“见大心泰”。由此可见,周敦颐的“见大心泰”给了康有为畅游诸天的灵感,并且成为《诸天讲》的宗旨。康有为的弟子——伍庄对《诸天讲》宗旨的揭示印证了这一点。伍庄在为《诸天讲》作序时如是说:

① 《大同书》,中州古籍出版社1998年版,第335—336页。

② 《诸天讲》自序,《康有为全集》(第十二集),中国人民大学出版社2007年版,第13页。

南海先生《诸天书》起草于二十八岁时，作《大同书》之后，四十年来秘之未刊。晚岁讲学歇浦之游存庐，时及诸天。……任公曰：《诸天书》多科学家言，而不尽为科学家言；庄子《逍遥游》不言科学，《诸天书》兼言科学，后人或不以《逍遥游》视之，而议先师科学之言为未完也。君勉曰：是何害！先师神游诸天，偶然游戏，草成是书，必执科学拘之，毋乃小乎？予深韪君勉之言。然予奔走去国，亦未暇校刊也。……先师之讲诸天，为除人间患苦，发周子"务大"之义，泰其心也，予之真乐也，不能执科学议之也。今之科学，再过千万年后，其幼稚必极可哂，倘执之以为实在，与哥白尼前信日行天上地不动何异哉？宇宙之大，离奇奥妙，断非现在区区科学所能尽也，岂可以是议《诸天书》？①

伍庄不能苟同他人从科学的角度对《诸天讲》予以定性，而是将之认定为求乐之书。依据伍庄的解读和分析，《诸天讲》秉承了周敦颐的"务大"之旨，通过发挥周敦颐的"见大心泰"而追求真乐。

值得一提的是，康有为对周敦颐"见大心泰"的关注由来已久，在"百日维新"之前的授徒讲学中便提到了这一观点。康有为讲道："凡立教之人，皆从天地生生之理起，周子文章亦渊懿，周子发挥出见大心泰。"②此时，康有为无暇对周敦颐的"见大心泰"予以特别关注和深入发挥，正如 1885 年左右形成《诸天讲》的雏形而没有紧接着写成此书一样。康有为着力对"见大心泰"进行系统诠释和利用，将这一主旨发挥到了极致是在作为晚年代表作的《诸天讲》中。因此，《诸天讲》既表明了康有为思想的一以贯之，那就是对求乐主旨的终身不辍；又体现了康有为晚期思想与早期思想的首尾呼应，主要表现为没有了戊戌维新前后思想启蒙的主题话语和时代呼唤，学术思想远离了政治性和功利性。

最后，康有为对周敦颐的格外推崇和偏袒通过周敦颐与邵雍在康有为思想中的比较可以看得更加清楚、明白。

诚然，康有为有过对邵雍的较高评价，如称道邵雍努力向学，对经、史、子、集皆有涉猎，并且精通数学等等。这用康有为本人的话说便是："邵子为学，朝经暮史，昼子夜集。……邵子精于数学，然亦不传于世。"③与这个

---

① 《诸天讲》序，《康有为全集》（第十二集），中国人民大学出版社 2007 年版，第 11 页。

② 《南海师承记·讲周子通书》，《康有为全集》（第二集），中国人民大学出版社 2007 年版，第 233 页。

③ 《万木草堂口说·学术源流》，《康有为全集》（第二集），中国人民大学出版社 2007 年版，第 139 页。

评价相一致，康有为给予邵雍一定的学术地位，多次将邵雍与周敦颐、张载、二程、司马光和朱熹等人联系在一起，乃至相提并论。正是在这个意义上，康有为不止一次地声称：

> 周、程、朱、张、邵、司马数先生出，以下不能出其范围。①
>
> 周、程、朱、张、邵五先生，真能穷天人之理者。②

至此，无论康有为将邵雍与"北宋五子"和司马光、朱熹并列，抑或抛开司马光、邵雍与周敦颐、张载、二程和朱熹并誉为"五先生"（康有为将二程统称为程子，算作一人，各有"五先生"之说，他所讲的宋学"四子""四先生"也是这种算法），都给了邵雍与周敦颐相同的地位。其中的一个细节值得注意，不知是有心还是无意，当邵雍与周敦颐、张载、二程和朱熹一起出现时，康有为总是让邵雍位居最后。由此进一步联想到宋学"四先生"中没有邵雍的位置，康有为的这个排列顺序似乎含有深意。在这两段议论中，康有为肯定邵雍与周敦颐一样"真能穷天人之理"，两人的思想内容和学术水平别无二致。问题的关键是，这仅是康有为视界中邵雍与周敦颐关系的一部分，另一部分是康有为给予两人的对待大不相同。于是，邵雍与周敦颐在康有为那里处处显示出不容忽视的差异。

其一，从思想渊源来看，康有为对邵雍思想的解读始终侧重易学而不顾其他。例如，邵雍阐《中庸》，康有为却不像对待周敦颐那样关注邵雍与《中庸》的思想渊源。这样一来，周敦颐、邵雍的思想渊源在康有为那里便出现了明显不同：周敦颐的思想从《中庸》《系辞》（《易》）而来，邵雍的思想却只是从《易》而来。康有为对邵雍思想《中庸》来源的遮蔽为他认定邵雍的思想单一乃至狭隘埋下了伏笔，与康有为评价周敦颐思想"规模博大""规模极宏大"天差地别。

其二，在诠释邵雍易学的过程中，康有为始终侧重邵雍之学出于老子，并且剑走偏锋而误入歧途。事实上，康有为关于这方面的议论比比皆是，下列说法绝非个案：

---

① 《南海康先生讲学记·古今学术源流》，《康有为全集》（第二集），中国人民大学出版社2007年版，第111页。

② 《万木草堂口说·学术源流》，《康有为全集》（第二集），中国人民大学出版社2007年版，第139页。

邵子数学，出于魏伯阳，皆老子之学。①

《易》与老氏同，但老言柔，而《易》言刚，……惟陈、邵言图书，则全老氏矣。②

邵子极端庄聪明之人。邵子之皇极（指《皇极经世》——引者注），或谓道人传之。③

至于河图洛书，则陈抟种放李之才，邵雍之传，则出于道家《参同契》。④

由此可见，康有为极力渲染邵雍易学与老子、魏伯阳、陈抟和邵雍之师——李之才等人的渊源关系，明确指出无论邵雍的《皇极经世》还是《先天图》都出自老学，或者出于道教，或者出于道家——总之，都与孔学无关。其中有两点尤为重要：第一，康有为指出邵雍易学"全老氏学"，也肯定周敦颐易学出于老子。所不同的是，康有为将邵雍的易学始终归于老学，对周敦颐却在承认出于老学的同时，强调他传"孔子《系辞》"。这样一来，邵雍思想"全是老学"，与周敦颐思想属于孔学大相径庭。第二，康有为每次论述邵雍的易学都不遗余力地彰显与道人陈抟的渊源关系，对于周敦颐的易学则绝口不提陈抟。更有甚者，对于作为周敦颐代表作的《太极图说》，大多数人认为是传陈抟《太极图》而来，康有为即使对《太极图说》亦依然强调其出于孔学（"孔子《系辞》"）而绝口不提陈抟。

基于对邵雍思想与老子、陈抟等道家、道教人物渊源关系的认定，康有为即使承认邵雍之学属于孔学，也反复强调邵雍思想并非正途，充其量只得孔学之"一端"而已。对此，康有为三番五次地明言：

邵子之学，处处加倍，八卦变为十六卦。邵子《易》学，孔子一端之学也。⑤

邵子数学，本于《先天》，《先天》本《九宫》，《九宫》出《易纬》，然究非圣学正派。⑥

---

① 《万木草堂口说·易》，《康有为全集》（第二集），中国人民大学出版社2007年版，第155页。

② 《万木草堂口说·易》，《康有为全集》（第二集），中国人民大学出版社2007年版，第155页。

③ 《万木草堂讲义·七月初三夜讲源流》，《康有为全集》（第二集），中国人民大学出版社2007年版，第287页。

④ 《〈易经遵朱〉序》，《康有为全集》（第十一集），中国人民大学出版社2007年版，第309页。

⑤ 《万木草堂口说·学术源流》，《康有为全集》（第二集），中国人民大学出版社2007年版，第139页。

⑥ 《万木草堂口说·学术源流》，《康有为全集》（第二集），中国人民大学出版社2007年版，第136页。

> 邵子之数学,本于“先天”,“先天”本于“九宫”,“九宫”即出于《易纬》,然究非经学正派。①

康有为对邵雍只得孔学“一端”、并非孔学“正派”的定位与对周敦颐“深知孔子之学”的称赞形成了强烈对比。

其三,康有为对邵雍在宋学中的地位与对周敦颐的认定相去霄壤。可以看到,康有为一面反复声称“宋学开于周子”,一面为张载、二程找到了传人。于是,康有为说道:“横渠之学折入程子,邵子之学中绝,故惟程学一统。”②如此一来,“北宋五子”除了邵雍的思想之外皆有所传,唯独邵雍后继无人。难怪康有为得出了“邵子之学中绝”的结论。与这一点互为表里,就历史地位来说,康有为将“周、程、朱、张”尊称为宋学“四先生”,并且都推选为大同社会尊崇的“神圣”,唯独没有邵雍。

综上所述,除了《讲周子通书》《续讲正蒙及通书》外,康有为没有对周敦颐思想的专门探讨或研究。因此,康有为提及、解读周敦颐的文字统统加起来也并不多,其中隐藏的信息量却极大。这既反映了康有为视界中的周敦颐极具价值,又彰显了探究康有为视界中的周敦颐的重要意义:第一,综观康有为对周敦颐思想的讲述可以看到,与其说他始终聚焦周敦颐的思想本身,不如说是在将周敦颐置于各种关系中予以审视。康有为为周敦颐编织了一张关系网,通过经纬交织在纵横两个维度共同展示、印证周敦颐的身份归属、思想主张和学术地位:从横的维度来说,康有为侧重周敦颐与宋学的关系;从纵的维度来说,康有为侧重周敦颐与孔学的关系。尽管他承认周敦颐得老学,然而,康有为着力展示的则是周敦颐的孔学归属以及与孔学而不是与老学的渊源关系。上述内容显示,康有为在讲解《通书》《太极图说》时除了反复强调周敦颐“深知孔子之学”之外,还不厌其烦地搬来了他认定为孔子正学的孟子和诸多儒学经典进行互释。第二,康有为对周敦颐孔学身份的凸显既服务于他的孔教观,又受制于他的儒学情结:就服务于孔教观而言,既然全部宋学都开于周敦颐,那么,周敦颐的身份归属则在某种程度上决定了整个宋明理学家的身份归属。只有将周敦颐纳入到孔学的传承谱系,才能加大孔学的力量,证明孔教是中国的国教。就受制于儒学情结而言,康有为所讲的孔教名义上囊括诸子百家即“百家皆孔子之学”,实则为

---

① 《南海康先生讲学记 · 古今学术源流》,《康有为全集》(第二集),中国人民大学出版社2007年版,第107页。

② 《南海师承记 · 讲宋学》,《康有为全集》(第二集),中国人民大学出版社2007年版,第253页。

儒学代言。鉴于对宋明理学融入非儒因素即近老入佛循墨的不满，康有为对周敦颐的思想并非全盘吸收，而是有所甄别、侧重和取舍，这一点又与他批评宋明理学不是孔学"嫡派"乃至是"另一种学问"相对应。第三，综合考察康有为的思想可以发现，他对周敦颐思想的诠释与其自身思想的建构息息相关。康有为在不同时期拥有不同身份，思想主张和学术侧重也随之迥然相异。例如，他早年是一介布衣，专注于讲学著述；1895—1898 年间是维新变法的领袖，致力于变法维新；戊戌变法失败逃亡海外之后是流亡政治家，关注中国与世界各国的政治教化；晚年远离政治，开办天游学院讲学。一方面，康有为在不同时期的思想主张和学术研究大相径庭，如早年热衷于考辨中国本土文化的"学术源流"，戊戌维新时期大力宣传西学，逃亡海外后对中国与西方为主的世界各国思想进行比较，晚年专注于天游之学等等。另一方面，周敦颐的思想影响着康有为的思想建构，康有为在不同时期对周敦颐思想的侧重解读也随之大不相同。例如，在早年考辨"学术源流"时期，为了论证"百家皆孔子之学"，康有为将周敦颐归为孔子后学。在晚年讲天游之学之时，康有为则侧重从道家的角度对周敦颐的思想予以诠释。

第十章 张 载

宋明理学家并没有受到近代哲学家的普遍关注，张载在近代哲学中的境遇与大多数宋明理学家相似。在近代哲学家中，对张载予以关注并且给予较高评价的只有两人，那便是：康有为和谭嗣同。其中，最早将张载纳入近代哲学视野，并且提及次数最多的则非康有为莫属。无论对于张载还是康有为本人而言，康有为对张载的关注都至关重要——既在某种程度上体现了选择国学人物的独特性，又对张载在近代的命运产生了重要影响。正因为如此，探究康有为的张载观不仅可以直观康有为对张载的审视、解读和评价，进而深刻把握康有为的宋明理学观，而且有助于直接体悟张载在近代哲学中的命运以及对近代哲学的影响。

第一节 关 注 视 界

康有为拥有独特的国学理念，他的国学研究不仅注重国学经典，而且注重国学人物。受制于独特的国学理念和变法维新的需要，康有为对国学人物的关注和解读最大特点是聚焦身份归属。正是由于这个原因，身份归属以及由此而来的传承谱系成为康有为解读国学人物的主要内容，对于康有为视界中的国学人物不可或缺。康有为之所以热衷于国学人物的身份归属和传承谱系，是为了考辨中国本土文化的“学术源流”，归根结底则在于为孔学正名。康有为对张载的审视既贯彻了这一理论初衷和逻辑进路，又带有某种特殊性。

一、张载与北宋之学

康有为将张载置于宋儒的视域之下，通过张载与北宋诸儒之间的关系以及在北宋、两宋之学中的地位细致刻画了张载的学术身份和思想传承。

对于张载的思想渊源，康有为在北宋之学中为他找到了范仲淹（文正，范仲淹谥号）。正是在这个意义上，康有为声称：“宋学皆自韩愈开之。柳仲涂刻《昌黎集》。欧阳公得一《昌黎集》，穆子长传古文于尹洙，欧阳从尹洙受学，由欧阳公以下，能讲经学，东坡、荊公、曾子固等，能发明之。倡经学、词章者，欧阳公也。倡义理、气节者，范文正也。张横渠好言兵，见文正，文正授以《中庸》,遂锐意穷理。”①

由此可见,康有为对张载思想源头的追溯主要是在北宋之中进行的,强调张载思想对范仲淹的直接传承。对于宋学,康有为曾经提出过韩愈、周敦颐等不同开山。在这里,康有为坚持韩愈开出了宋学,并在此基础上将宋学划分为经学、词章与义理、气节两大派:欧阳修、王安石、苏东坡和曾巩属于经学派或曰辞章派;范仲淹属于义理派或曰气节派——两相比较,前派具有绝对优势。在这个前提下,康有为将张载归为义理、气节一派,肯定张载传承了范仲淹的衣钵。这既为张载在宋学中找到了最直接的理论源头,又从义理、气节的角度大致框定了张载思想的内容和特质。就康有为在此提出的证据而言,主要有三个:一是兵法,二是《中庸》,三是穷理。这三方面基本上涵盖了康有为挖掘的张载思想的主要内容。

张载与范仲淹的思想具有交集,康有为认定张载之学出于范仲淹具有事实依据。其实,对于张载思想与范仲淹(高平)思想之间的渊源关系,明末清初的早期启蒙思想家——黄宗羲早就有过关注,并且下过如此定论:“高平一生粹然,而导横渠以入圣人之室,尤为有功。”(《宋元学案·序录》)从这个意义上说,对于张载,康有为多次关注他与范仲淹的师承关系,强调张载对范仲淹思想的薪火相传并无新意。与黄宗羲不同的是,康有为断言“宋朝学开于周子”,并由此关注张载与周敦颐思想的关系。问题的关键是,对于张载与范仲淹的关系,善于借题发挥的康有为正是抓住了范仲淹对张载的导入、引领之功,在揭示、梳理张载的思想来源和传承谱系的过程中,不仅关注张载对范仲淹的思想传承,而且以此为切入点凸显张载的礼学、兵学和理学。于是,康有为不止一次地讲道:

> 张横渠少以兵见,后受《中庸》而归理学。②
>
> 张横渠初以兵法学于高平,而高平以《中庸》教之,由是横渠之学亦出于高平。③

这就是说,张载的兵法学、义理学和《中庸》学都传承范仲淹的思想而

① 《万木草堂口说·学术源流》,《康有为全集》(第二集),中国人民大学出版社2007年版,第138页。

② 《万木草堂讲义·七月初三夜讲源流》,《康有为全集》(第二集),中国人民大学出版社2007年版,第287页。

③ 《南海康先生讲学记·古今学术源流》,《康有为全集》(第二集),中国人民大学出版社2007年版,第111页。

来。既然如此,说张载传承了范仲淹的衣钵并不为过。

与考辨“学术源流”的宗旨息息相关,康有为对国学人物的解读侧重身份归属和传承谱系,往往将他们的传承谱系一直追溯到先秦。在这方面,康有为对董仲舒、刘歆等汉代思想家的解读如此,对周敦颐、二程、朱熹、陆九渊和王守仁等宋明理学家的解读也不例外,分别追溯到了先秦,找到了颜子、曾子、孟子和荀子为理论源头。即使对待上述引文中提到的欧阳修、王安石、苏东坡和曾巩等与张载大致同时的北宋诸儒,康有为亦将他们的思想源头上溯到了唐代的韩愈。相比之下,康有为对张载思想渊源的揭示显得非同寻常,那就是:截断前世,只从宋学讲起。上述内容显示,康有为对张载学术来源的勾勒只关注与范仲淹的关系,对于作为张载之学源头的范仲淹的学术谱系和思想来源同样没有向前追溯。这一关注维度和审视视角既成为康有为张载观的独特之处,也在一定程度上奠定了对张载思想内容和特质的认定。

二、张 载 后 学

康有为不仅揭示了张载之学的源头——范仲淹,而且指明了张载思想的最后归宿。对于张载之学,康有为概括为一句话:“横渠之学折入程子,邵子之学中绝,故惟程学一统。”①在这里,康有为既明确了张载之学的去处,即归入程学;又披露了张载之学的转向,即由源头上承接范仲淹之学转变为流向上与二程之学相近。深入剖析不难发现,在康有为那里,张载之学“折入”二程之学并非偶然,而是具有多重原因,因而带有某种“必然性”:第一,从张载本身的思想来看,作为张载之学的源头——范仲淹本身也是二程之学的滥觞。康有为宣称:“二程之学,出于胡安定,高平聘为西席,教其诸子。安定亦出于高平。张横渠初以兵法学于高平,而高平以《中庸》教之,由是横渠之学亦出于高平。”②依据康有为的解读,虽然张载、二程与范仲淹的思想之间存在直接与间接的师承关系,但是,胡瑗作为中介不是切断而是连接了二程与范仲淹之学。换言之,张载与二程对范仲淹的继承只是直接与间接的方式之分,而不存在继承与否的本质之别。接下来的问题是,既然张载、二程之学出于一源,都带有范仲淹思想的学术基因,那么,他们的思想便拥有来源上的亲缘性,从逻辑上说便不排除彼此思想的相似性、相同性。

① 《南海师承记 · 讲宋学》,《康有为全集》(第二集),中国人民大学出版社 2007 年版,第253 页。

② 《南海康先生讲学记 · 古今学术源流》,《康有为全集》(第二集),中国人民大学出版社2007 年版,第 111 页。

如此说来,张载后学"折入"程学亦属顺理成章。第二,从张载后学的实际情况来看,对张载之学终身服膺的吕大临在张载死后投向二程,这为康有为断言"横渠之学折入程子"提供了真实案例和直接证据。

总的说来,康有为提及的张载后学不多,最为令人瞩目的便是北宋的吕大临和明清之际的王夫之。康有为多次提到了张载的礼学,并且揭示了张载礼学的来源,肯定其出于范仲淹。在此基础上,康有为进一步追溯了张载礼学的传承状况。这用康有为本人的话说便是:"吕泾阳颇言礼学,其在关中有张横渠之遗风,兼讲经世,故弟子多为有用。"①这表明,张载的礼学在关中具有一定的势力和影响。值得注意的是,吕大临(泾阳)早年师从张载,在张载死后转而师从二程。尽管如此,康有为并没有将吕大临视为二程的弟子,而是始终专注吕大临对张载思想的继承。窥其原因,大端有二:第一,程颐评价吕大临(字与叔)说,"与叔守横渠说甚固"(《宋元学案·吕范诸儒学案》)。鉴于吕大临对张载之学的坚守,康有为故有此说。第二,吕大临精通《仪礼》《周礼》《礼记》,并对三礼身体力行。与前一点相比,后一点更为重要。这是因为,康有为一再突出张载的礼学思想,吕大临对礼的情有独钟与康有为对张载礼学的凸显可以相互印证。对于康有为来说,吕大临和王夫之对于张载思想的传承至关重要:如果说吕大临关乎康有为对张载思想的厘定的话,那么,王夫之则关乎康有为最为关注的张载《正蒙》的命运。康有为将王夫之与张载的思想联系起来,肯定王夫之对张载思想的传承。这便是:"王船山发挥《正蒙》甚精。"②将"希张横渠之正学"作为墓志铭的王夫之对张载推崇备至,尤其对张载的《正蒙》情有独钟,特意作《张子正蒙注》对张载的气学进行发挥,最终成就了古代气学集大成者的地位和成就。康有为肯定王夫之对张载的《正蒙》进行发挥,并且发挥得极好——"甚精"。很显然,康有为并不侧重事实判断,而是侧重价值评判,对王夫之发挥《正蒙》给予高度评价。与重视结论而轻视论证相一致,康有为并没有具体指出王夫之以何种方式对《正蒙》进行发挥,更遑论具体说明王夫之对《正蒙》如何发挥了。尽管如此,康有为肯定王夫之传承了张载的思想、将王夫之归为张载思想的传承谱系则是毫无疑问的。

至此,康有为大致勾勒了张载思想的学术谱系,那就是:范仲淹——张载——吕大临——王夫之。一目了然,康有为的勾勒主要是在宋学中进行

① 《南海师承记·讲明儒学案及国朝学案》,《康有为全集》(第二集),中国人民大学出版社2007年版,第256页。

② 《南海师承记·续讲正蒙及通书》,《康有为全集》(第二集),中国人民大学出版社2007年版,第233页。

的,省略了之前的先秦和汉唐时期。尽管如此由于王夫之的存在,康有为还是让张载的思想“延续”到了明清之际:第一,从北宋到清初即王夫之之前的四五百年,未见一张载后学。这与张载之学“折入”程学参观似乎可以说,程朱之学可以视为张载之学的“隐形存在”,也可以说“折入程学”表明张载之学已经被程学“收编”,也就是不存在了。第二,康有为对于王夫之的提及难免“被动”之嫌。奥秘在于,无论王夫之作《张子正蒙注》还是将“希张横渠之正学”作为墓志铭都尽人皆知,无论如何不提王夫之对《正蒙》的发挥似乎都说不过去,甚至可能被人误解为无知。深入分析康有为的表述——“发挥《正蒙》甚精”,则极为耐人寻味。康有为没有使用“传”“解”等字眼,而是称之为“发挥”。对此,人们不禁要问:王夫之对张载《正蒙》如何发挥?发挥什么?康有为对此始终三缄其口。由此可以推想,王夫之的“发挥”可以与张载的思想相近相似,也可以与张载的思想相去甚远。

三、张载在宋学

相对于身份归属和传承谱系,康有为对张载在宋学中的位置更为关注,论述也随之增多。下仅举其一斑:

> 周、程、朱、张、邵、司马数先生出,以下不能出其范围。①
>
> 周、程、朱、张、邵五先生,真能穷天人之理者。②
>
> 周、程、朱、张,二千年来未有及之也,其学为孔子传人。③

这些议论共同表明,康有为对两宋思想家的赞誉从六先生(如第一段议论所示)到五先生(如第二段议论所示)再到四先生(如第三段议论所示),人数越来越少。尽管如此,张载始终跻身其中,而没有像司马光(在五先生中)或邵雍(在四先生中)那样被淘汰出局。这从一个侧面反映了康有为对张载的青睐,也从一个侧面反映出康有为认为张载在宋学中的地位不可撼动。有鉴于此,康有为将张载与周敦颐、二程和朱熹一起并称为“四

---

① 《南海康先生讲学记·古今学术源流》,《康有为全集》(第二集),中国人民大学出版社2007年版,第111页。

② 《万木草堂口说·学术源流》,《康有为全集》(第二集),中国人民大学出版社2007年版,第139页。

③ 《万木草堂口说·学术源流》,《康有为全集》(第二集),中国人民大学出版社2007年版,第138页。

子”，如“本朝各书院不立孔子，而立周、程、朱、张四子”①；并在“四子”中点明了张载思想的特点，即“周、程、张、朱四先生，以横渠为奇伟”②。由此可见，康有为将张载思想的特点概括为“奇伟”，这与康有为赞誉张载深思独得相一致。与对张载的这个评价相比有过之而无不及，康有为断言：“宋儒当以张横渠为第一。”③孤立地看康有为的这句话，张载应该居“四子”之首，似乎排在周敦颐、二程和朱熹之上。综合考察康有为的思想可以发现，他对周敦颐的态度评价和地位认定远比对张载的定位要高，早年对朱熹的顶礼膜拜更是让张载自叹弗如。鉴于这些情况，不可对“宋儒当以张横渠为第一”太过认真。尽管如此，不可否认的是，“宋儒当以张横渠为第一”在一定程度上反映了康有为对张载的垂青，也将康有为对张载的认可推向了极致。

第二节 思想阐发

康有为像对待大多数的国学人物一样，并没有专门研究张载的著作。由此不难想象，他对张载思想的阐发是零星的——从时间上看，康有为对张载思想的涉猎主要集中在戊戌变法之前，并且在大多数情况下是在讲述宋学或者讲解《正蒙》时发出的。尽管离专门阐发和系统研究相去甚远，然而，康有为对张载思想的提及和涉猎不仅直观反映了对张载思想的解读和诠释，而且从一个侧面呈现了他对国学人物的侧重和评价。

一、围绕《正蒙》展开

康有为对张载思想的解读和挖掘以《正蒙》为中心，或者说主要围绕着《正蒙》展开。正是由于这个原因，康有为对《正蒙》内容的挖掘也就是对张载思想的认定和解读，同时奠定了他对张载思想的评价和地位的认定。

对于《正蒙》，康有为反复讲道：

通宋代言义理，最精者《正蒙》一书，皆凿凿说出。朱子谓其中有

① 《南海师承记·讲周子通书》，《康有为全集》（第二集），中国人民大学出版社2007年版，第232页。

② 《南海师承记·讲正蒙》，《康有为全集》（第二集），中国人民大学出版社2007年版，第232页。

③ 《万木草堂讲义·七月初三夜讲源流》，《康有为全集》（第二集），中国人民大学出版社2007年版，第287页。

勉强的说,非也。……《正蒙·诚明篇》"诚明所知乃天德",王阳明良知之学本此。《诚明篇》"义命合一存乎理",即孔子《纬书》所谓正命也。黄百家以为横渠破荒之言,亦未知孔子之义也。《中庸》发诚字,言"不诚无物",物即果一样,不诚则不发生矣。学者如或浮华粉饰诈伪,直榄核一般耳。外观甚多,言不能发生,故君子以诚之为贵。横渠亦谓诚有是物,则有终有始。伪实不有,何终始之有?尽性然后知,生无所得,死无所丧,与心终无得亦无丧同。①

《正蒙》为宋儒第一篇文字,精深莫如《正蒙》,博大莫如《西铭》。……世之议张子者谓其近于墨氏兼爱,其云"民同胞,物同与",以为近于佛氏之爱物。就张子论之,其与墨子《兼爱》、《尚同》二篇相同者甚多,不必为其回护,然皆孔子所有也。张子未有言差等,故近于墨。墨子与孔子异者不在兼爱二字。孟子以兼爱攻墨子,尚未甚的。"天地之塞,吾其体"二语,张子发挥最精。佛氏颇有此境,然佛氏以影张子以理。宋儒有从佛者,则以幻为性。有从儒者,以气相通为性。……圣人之道必要可行,佛不能行,是以佛不如儒。佛号能仁,圣人言大生广生,佛言众生。程子谓:佛逆天。其说甚是。程子言天道,不如张子言天人。②

由此可见,康有为在早期讲学时,不止一次地讲到《正蒙》。众所周知,《正蒙》是张载的代表作,从这个意义上说,康有为依据《正蒙》解读、发挥张载的思想亦在情理之中——甚至可以说,依据《正蒙》解读张载的思想深中肯綮。事实上,康有为在讲学时先后两次讲到《正蒙》,于是就有了弟子记录下来的《讲正蒙》和《续讲正蒙及通书》。第一段议论出自《讲正蒙》,再现了康有为对《正蒙》内容的第一次揭示;第二段议论则出自《续讲正蒙及通书》,再现了康有为对《正蒙》内容的第二次揭示,并且是与周敦颐的《通书》并提的。

康有为第一次讲《正蒙》是从性理的角度切入的,通过《正蒙》与《中庸》互释,始终突出一个诚字。在他看来,前朝无人讲性理,讲义理始于宋代。宋明理学家都热衷于讲性理,其中,讲得最好的是张载,证据便是《正蒙》一书。由此可见,康有为将《正蒙》界定为讲义理之书,并借此将性理框

① 《南海师承记·讲正蒙》,《康有为全集》(第二集),中国人民大学出版社2007年版,第232页。

② 《南海师承记·续讲正蒙及通书》,《康有为全集》(第二集),中国人民大学出版社2007年版,第233—234页。

定为宋明学理的核心话题。在这个前提下，围绕着《正蒙》的义理之学，康有为着重阐明了五个问题：第一，通览《正蒙》一书，康有为对《正蒙·诚明》篇的“诚明所知乃天德”“义命合一存乎理”赞叹有加，肯定张载的这些议论讲义理最为精辟。第二，借助对《正蒙》的解读和概括，康有为得出结论，张载之说旨在讲诚字。《中庸》曰：“诚者物之终始，不诚无物。是故君子诚之为贵。”康有为发挥说，物就像果一样，果仁不诚则不能生发。张载在《正蒙·诚明》篇所讲的“诚有是物，则有终有始。伪实不有，何终始之有！故曰：“不诚无物”。……尽性然后知生无所得则死无所丧”就是对《中庸》之诚的最好诠释和发挥。第三，康有为肯定，语出《正蒙·诚明》篇的“诚明所知乃天德”是王守仁良知说的源头活水，表明了张载与王守仁思想的渊源关系。第四，康有为肯定《正蒙》是对《中庸》的发挥，并在对《中庸》的理解上站在了张载的一边而反对朱熹。在这个维度上，康有为提到了朱熹对张载的驳难，并且明确判断朱熹为非。第五，康有为肯定《正蒙·诚明》篇的“义命合一存乎理”语出有据，原本是孔子思想的题中应有之义。基于这种认识，康有为指出，黄百家认为张载此语为破天荒之言是错误的，因为这个判断在本质上否认了张载所言为孔学所有。

康有为第二次讲《正蒙》对其评价再度拔高，将《正蒙》誉为“宋儒第一篇文字”。所谓“第一篇文字”既可指在时间上是宋学之开篇，也可指在内容上是宋学之最好。从不同方向进行解释，彼此之间的意思相差十万八千里：如果指开篇的话，意为《正蒙》开启了宋学，张载由此成为宋学开山；如果指最好的话，意为《正蒙》鞭辟入里，说理透彻，思想深度或高度在宋儒中无人能望其项背。至于究竟何意，康有为没有明说，由此埋下了悬念。不过，结合康有为的一贯主张来看，似乎更接近后者。下如此断言，证据有二：从正面说，与康有为第一次讲《正蒙》时肯定其“言义理”“最精”相印证；从反面说，康有为并没有像对待周敦颐以及作为张载之学来源的范仲淹等人那样明确指出张载是宋学开山。

进而言之，康有为在续讲《正蒙》时，所牵涉的内容更加广泛。归纳起来，如下几点尤当注意：第一，康有为肯定张载的思想精深博大，评价没变，证据有别：第一次拿出的证据是《正蒙》，第二次拿出的证据则变成了《西铭》。事实上，后者的证据笼统地说亦与前者一样是《正蒙》，因为《西铭》出自《正蒙》的《乾称》篇。尽管如此，由大而化之的《正蒙》到作为其中一篇的《西铭》，可见康有为对《正蒙》或曰张载思想的认识有了更为具体的把握。第二，与第一次讲《正蒙》相比，康有为续讲时对《正蒙》篇章的选择发生了变化，开始着重关注《正蒙》的最后一篇——《正蒙·乾称》篇。准确地说，是语出《正蒙·乾称》篇的《西铭》。第三，以《西铭》的“民，吾同胞；物，吾与也”和“天地之塞，吾其体”为核心命题，康有为梳理了张载思想与墨子、佛学的关系。就张载与墨子思想的关系而言，康有为肯定《正蒙》——主要指出自《正蒙·乾称》篇的《西铭》与《墨子·兼爱》《墨子·尚同》二篇存在诸多相同之处。一方面，康有为承认张载讲“民胞物与”而不言差等，故而近墨。另一方面，康有为强调，张载所讲的“民，吾同胞，物，吾与也”和“天地之塞，吾其体”包括墨子的兼爱在内皆不出孔子思想的范围，而是孔学的题中应有之义。对此，康有为特意强调，墨子与孔子的区别不在兼爱，孟子以兼爱攻击墨子不得要领。第四，张载的思想与佛学相近，《西铭》的名句——“天地之塞，吾其体”与佛学境界别无二致。

康有为一讲、再讲《正蒙》流露出对《正蒙》的情有独钟——至少对张载著作的选择如此，这一点与他对张载《横渠易说》的不屑一顾相去霄壤。深入比较不难发现，康有为两次所讲凸显了《正蒙》的不同主题：第一次讲解重点突出《正蒙》的义理思想，侧重《正蒙·诚明》篇。第二次讲解《正蒙》是从天人关系的维度切入的，侧重《正蒙·乾称》篇。由于立论的角度不同，康有为在两次讲解《正蒙》的过程中所牵涉的经典和人物也随之大相径庭：第一次讲《正蒙》，康有为主要借助对《中庸》思想的提炼、阐发辨明张载与孔子、朱熹、王守仁和黄百家之间的思想交集。第二次讲《正蒙》时，康有为则将《正蒙》与《墨子》相比附，以对天人关系的解答为逻辑主线，评判张载与孔子、孟子、墨子和二程代表的宋儒以及佛学思想的复杂关系。这样一来，通过对《正蒙》的多重透视和解读，康有为将张载的思想置于纵横交错的关系网中，也将他审视、解读张载思想的多维性、变化性推向了极致。

二、牵涉诸多话题

康有为在围绕《正蒙》讲述张载思想的过程中，牵涉到诸多话题，淋漓尽致地展示了《正蒙》以及张载思想的多重意蕴和面向。

康有为在讲《正蒙》时提到了性理问题，并由此引发了诸多话题。现摘录如下：“通天下之理不外一交而已。君与臣交，兄与弟交，夫与妇交，朋与友交，人与物交。佛之四大六根，老于声色之欲，皆欲绝之，我孔子则节之而已。张子每说必天人合一，故言至于命，然后能成，已成物而不失其道。张子、程子说理皆从高大落想。荀子言性恶，气质之性也。程子言学至变化气质方是有功。张子言形而有气质之性善。反之，则天地之性存焉。既要变化善反，非性恶而何？宋儒窃荀子而反攻荀子，不细心读书故也。朱子谓气节之说起于张、程,极有功于圣门,有补于后学,而不知荀子已先言之也。"①由此可见,康有为反复强调的宋儒"言性理",是指宋明理学家对"性与天道"的探究。"性与天道"具体到张载便是"言天人",康有为将张载的主张归结为"天人合一"。这段议论选自康有为第一次讲《正蒙》,立论的依据是张载的《正蒙·诚明》篇。正是由于这个原因,有必要回顾一下张载在此篇中所伸张的对于性与天道的主张。他一而再、再而三地断言:

> 尽其性能尽人物之性,至于命者亦能至人物之命,莫不性诸道,命诸天。我体物未尝遗,物体我知其不遗也。至于命,然后能成己成物,不失其道。(《正蒙·诚明》)
>
> 性于人无不善,系其善反不善反而已。(《正蒙·诚明》)
>
> 形而后有气质之性,善反之则天地之性存焉。故气质之性,君子有弗性者焉。(《正蒙·诚明》)

与此同时,朱熹不仅自己讲变化气质,而且将变化气质的主张追溯到张载和二程。于是,朱熹发出了气质之说始于张载和二程的断语。据载:

> 道夫问:"气质之说,始于何人?"曰:"此起于张程。某以为极有功于圣门,有补于后学,读之使人深有感于张程,前此未曾有人说到此。……故张程之说立,则诸子之说泯矣。"(《朱子语类》卷四)

对于张载的性天之学以及与朱熹思想的关系,康有为从三个角度予以解读:第一,张载讲义理与二程一样"从高大落想",奠定在形而上学的背景之上。第二,张载所讲的"性于人无不善,系其善反不善反而已"偷袭了荀子的性恶论。逻辑很简单,如果人性无恶,也就不存在返于"天地之性"的问题。换言之,尽管张载肯定人性善,与荀子主张人性恶表面看来截然相反,然而,张载呼吁变化气质本身就意味着承认了人性有恶。循着这个逻辑,康有为指出,张载所讲的气质之性与二程的变化气质一样都与荀子的性恶论具有渊源关系,也证明了宋明理学家尽管攻击荀子,却在不知不觉中深受荀子思想的浸染。第三,康有为肯定朱熹所讲的气节之说源于张载、二程的变化气质,并对张载和二程的做法予以高度评价——"极有功于圣门,有

① 《南海师承记·讲正蒙》,《康有为全集》(第二集),中国人民大学出版社 2007 年版,第 232 页。

补于后学”。只可惜朱熹没有意识到这些并非是张载、二程的首创，而是食荀子牙惠，因为凡此种种，追本溯源都滥觞于荀子。

稍加留意即可发现，康有为对《正蒙》的解读牵涉张载与诸多国学人物的关系，除了宋明理学家和孔子、孟子以及墨子之外，最主要的便是荀子。不惟上述引文中多次出现荀子，康有为的下面这句话再次出现荀子，并且解释了张载之学与荀子的亲缘性：“横渠平日讲礼学。”[①]康有为认为，孔子的思想同时包括礼学和仁学，孔子后学却将之分为泾渭分明乃至势不两立的两派：其中，荀子一派主礼，孟子一派主仁。循着这个逻辑，张载讲礼学，故而与荀子的思想相近，甚至可以视为荀子代表的礼学一派在北宋时期的延续。正是由于这个原因，康有为将张载与荀子的思想直接联系起来。例如，康有为说道：“言治身，莫如《修身篇》。读《修身篇》，觉张子《东铭》浅矣。”[②]表面上看，康有为的这句话是对张载与荀子进行优劣比较和判断，实质上则是肯定张载与荀子的思想一脉相承。原因在于，由于肯定张载的思想与荀子一样从《礼》而来，康有为认定张载讲求礼学，注重修身，甚至不排除张载之礼学与荀子思想的渊源关系。康有为对张载与荀子关系的彰显与他多次指出宋儒承袭荀子的思想而不知相印证，也为康有为批评宋儒在六经中重《礼》而轻《春秋》提供了证据。

尚需进一步澄清的是，在解读张载的思想特别是论及张载的变化气质或人性问题时，康有为反复彰显张载与荀子思想的相似性，甚至揭露张载偷袭了荀子的思想。尽管如此，康有为并没有明确将荀子说成是张载思想的源头，这一点与康有为对朱熹思想源头的追溯不可同日而语。可以看到，在朱熹与陆九渊、王守仁的关系上，康有为一面指出朱熹以荀子的思想为理论来源，一面强调陆九渊、王守仁以孟子的思想为理论来源。一方面，康有为指出朱熹的双重人性论和变化气质的主张源出荀子，在这一点上，朱熹与张载相似。另一方面，康有为明确而坚定地将朱熹的思想置于由曾子而荀子而刘歆的传承谱系之中，在这一点上，朱熹与张载渐行渐远。康有为对待张载与朱熹不同源头的追溯所导致的后果是，张载在康有为那里既没有受到像朱熹那样的至高礼赞——如誉为“小教王”等，也没有遭遇像朱熹那样的鞭挞。

总的说来，康有为对《正蒙》的解读给人留下深刻印象的是，将之与周

① 《万木草堂讲义·七月初三夜讲源流》，《康有为全集》（第二集），中国人民大学出版社2007年版，第287页。

② 《万木草堂口说·荀子》，《康有为全集》（第二集），中国人民大学出版社2007年版，第186页。

敦颐的《通书》参观、互发，这一点从弟子记录的《续讲正蒙及通书》的标题上即可见其一斑。事实上，与对待张载的《正蒙》相似，康有为先后两次讲述周敦颐的《通书》。在第一次讲《通书》时，康有为就援引《正蒙》进行解读和诠释；在第二次讲《通书》时，康有为则开宗明义地指出研究《通书》不能撇开《正蒙》，而是要与《正蒙》一起研究。正是在这个意义上，康有为反复强调：

> 宋朝学开于周子。……《通书》一篇，其自然处过于《正蒙》，诚之极自然勇猛，诚之极自然光明，诚之极自然智慧，诚之极自然慈悲。……周子好言有无二字，……张横渠尝云：言有无者，诸子之陋也。此说最精。诚则无事矣，此句最好。①
>
> 研究《通书》当并研究《正蒙》，而后张子、周子两学派自见。②

据此可知，康有为之所以屡次将张载的《正蒙》与周敦颐的《通书》相提并论，乃至一并研究，主要出于如下考虑：第一，《正蒙》和《通书》一样从《中庸》而来，两者都讲诚。依据康有为的理解，《中庸》的内容归根结底都可以归结为一个诚字，张载、周敦颐的思想都从《中庸》而来。这使两人都讲诚，并且都讲诚讲得极好。在这方面，康有为指出，周敦颐讲诚"打入实处"，优于朱熹；张载对诚的阐释"凿凿说出"，有理有据，并且指出朱熹批评张载"勉强"，非也。第二，在康有为的视界中，周敦颐在《通书》中对《中庸》的阐发侧重有无，而张载在《正蒙》中对《中庸》的阐发侧重天人。《正蒙》与《通书》开启了解读《中庸》的两种不同思路，也使张载、周敦颐以及宋儒讲义理具有了不同的内容和样式。有鉴于此，康有为得出结论：将张载的《正蒙》与周敦颐的《通书》一并研究，可以窥见张载、周敦颐分别代表了两个学派——两人的思想同出一源即《中庸》，却又向不同方向展开。

综观康有为对张载思想的解读可以看到，从理论来源——准确地说，从依据文本上说侧重张载与《中庸》的关系。对于康有为侧重从《中庸》的角度解读张载思想的做法可以从两个层面去理解：第一，张载喜好《易》并深有所得，作《横渠易说》。不用深入研究即可发现，即便是康有为津津乐道的《正蒙》也与《易》息息相关。例如，《正蒙》中的《参两》《神化》等篇吸收

---

① 《南海师承记·讲周子通书》，《康有为全集》（第二集），中国人民大学出版社 2007 年版，第 232 页。

② 《南海师承记·续讲正蒙及通书》，《康有为全集》（第二集），中国人民大学出版社 2007 年版，第 234 页。

了《易》的思想要素,《大易》篇更是如此。意味深长的是,康有为并不理会这一点,而是不惮其烦地彰显张载思想与《中庸》的渊源关系。第二,重视四书而轻视六经,背离孔子大道是康有为对宋儒的基本认定。这与康有为对宋明理学重视《中庸》的评价相印证,也在某种程度上注定了康有为对张载的评价。康有为侧重张载对《中庸》的继承便是这一说法的最佳注脚,也从一个侧面预示了康有为对张载与周敦颐的不同侧重和评价。对于周敦颐,康有为既像对待张载那样肯定其思想以《中庸》为基本经典,又有别于张载而加上了作为孔学的《系辞》。康有为的下列说法就是从这个维度发出的:"周子从《中庸》、《系辞》发出《太极图说》。横渠从《中庸》发出《正蒙》。"①在康有为的这个视界中,是否以《系辞》为理论来源成为周敦颐与张载的学术分野。甚至可以说,正是出于"孔子《系辞》"决定了康有为对周敦颐的至高评价;反过来可以推想,没有了"孔子《系辞》"成为理论来源淡化、影响了康有为对张载的评价。康有为强调张载对《中庸》的发挥体现在《正蒙》一书,对《中庸》来源的强调与对《正蒙》的关注具有内在关联。对《中庸》来源的关注与对易学来源的漠视共同注定了康有为对张载的另一部著作——《横渠易说》的闭口不谈。对于张载的思想解读,《正蒙》是必要的,也是必需的,却不是充分的或唯一的。因此,康有为聚焦《正蒙》而不顾其他——包括《横渠易说》在内的其他思想或著作注定了对张载思想的阐发是不全面的,甚至由于过度偏袒而产生背离。结果是,不惟全面性、系统性大打折扣,就连公正性、客观性也难以保障。

第三节 态度评价

与康有为视界中的大多数国学人物的命运一样,张载在康有为那里给人头重脚轻之感。换言之,康有为对张载的关注和提及主要集中在讲学授徒时期,这意味着张载的在场只限于康有为的早期阶段。尽管康有为有过对张载思想的讲述,然而,那仅限于《讲正蒙》《续讲正蒙及通书》,充其量只是弟子对他讲学内容的记录而已。综观康有为的思想可以发现一个不争的事实,那就是:他由始至终都没有像对待孟子、董仲舒等人那样对张载思想进行系统解读和诠释。从根本上说,康有为是在宋儒的视域下审视张载的——无论对张载的思想解读还是态度评价都是如此。正是由于这个原

① 《南海师承记·讲宋学》,《康有为全集》(第二集),中国人民大学出版社2007年版,第252页。

因，康有为眼中的张载不可避免地带有宋儒与生俱来的“劣根性”；反之亦然，康有为对宋儒的评价和不满都可以在张载那里得到某种印证或者寻找到蛛丝马迹。

一、总体评价褒大于贬

就总体评价来说，康有为对于张载褒大于贬。这就是说，康有为对于张载尽管没有顶礼膜拜，亦无大加鞭挞，甚至连微词也不多见。

值得提及的是，康有为在早年对张载的赞誉甚高。例如，此时的康有为反复断言：

> 横渠之学深思独得。①
>
> 宋儒深造独得者，莫如张子《正蒙》之言聚散，即佛氏一切有为法，如梦幻泡影，如露亦如电之意。②

由此可见，康有为肯定张载的思想“深造独得”，《正蒙》更是在宋学中具有无与伦比的创新性。康有为称赞张载在宋学“四子”中最为“奇伟”，似乎可以与此参观。

后来，随着康有为学术重心的转移，张载与大多数国学人物一样淡出了康有为的视野。如果说康有为早年以宋学教授学者时，张载是其中的主要人物的话，那么，在戊戌维新之后的中期思想中，康有为不再聚焦先秦诸子和宋学，张载则与大多数宋明思想家以及国学人物一样被边缘化。张载在康有为中期的思想中偶尔出现，主要是在《孟子微》中。尽管如此，康有为却在《大同书》中为张载保留了一席之地，让张载荣登大同社会尊崇的“神圣”之列。对于大同社会所尊为何方“神圣”及其入选原则，康有为给出了这样的说明：“然虽有神圣，尊之亦有限制，以免教主合一，人民复受其范围，则睿思不出而复愚矣。即前古之教主圣哲，亦以大同之公理品其得失高下，而合祠以崇敬之，亦有限制焉，凡其有功于人类、波及于人世大群者乃得列。……自诸教主外，若老子、张道陵、周、程、朱、张、王、佘、真、王阳明、袁了凡，皆有影响于世界者也。日本之亲鸾，耶教之玛丁路得，亦创新都者也。印度若羯摩、富兰那、玛努与佛及九十六道与诸杂教之祖，欧、美则近世创新

① 《万木草堂口说·学术源流》，《康有为全集》（第二集），中国人民大学出版社2007年版，第138页。

② 《南海师承记·续讲正蒙及通书》，《康有为全集》（第二集），中国人民大学出版社2007年版，第234页。

诸哲,若科仑布、倍根、佛兰诗士,凡有功于民者皆可尊之。"①一目了然,大同社会尊崇的"神圣"是在世界范围内遴选出来的,选择的标准是波及"人类大群",也就是具有世界性的贡献和影响。如此说来,张载能够脱颖而出成为大同社会崇尚的"神圣",表明康有为肯定张载有功于人类,对于张载在整体上是认可的。尽管如此,康有为对张载的提及并没有坚持到最后,张载并没有像庄子尤其是与张载同为"北宋五子"的周敦颐那样出现在康有为以《诸天讲》为代表的晚期思想中。大致说来,康有为对张载的关注呈现出由强至弱的态势,即早期多次提及,中期边缘化,晚期淡出视野。这使张载的命运在康有为提及的宋儒中与二程、朱熹等人相似,与两头热而中间冷的周敦颐相差悬殊。

综合考察康有为对张载的评价,最经典的莫过于下面这段断语:"周、程、朱、张二千年来莫之能及也,其学为孔子传人,然尚非嫡派耳。"②这句话将康有为对张载毁誉参半、以褒为主——既称赞又不满的心理表达得淋漓尽致,并且契合康有为对张载的审视和解读:第一,康有为将张载与作为宋学"四先生""四子"的周敦颐、二程和朱熹相提并论,表明他对张载的总体评价和历史定位与后者大致相同。第二,康有为以与孔子思想的关系为坐标,将张载置于孔学系统中,肯定张载是孔子后学,张载属于孔学传人。第三,与对宋儒的定位相一致,康有为强调张载在孔学中并非嫡派。稍加思考即可发现,第一点既展示了康有为对张载的历史定位,又贯彻了他将张载与周敦颐、二程和朱熹并称为"四先生""四子"的一贯思路。第二点受制于康有为立孔教为国教的需要,张载与其他国学人物受到同样的对待。所不同的是,康有为肯定张载的思想"二千年来莫之能及"和张载是"孔子传人"既拉开了张载与其他国学人物之间的距离,又将张载拉回到了宋儒视界。第三点"尚非嫡派"的评价既表达了康有为对张载的不满,又在宋明思想家中凸显了张载以及与张载一起并称宋学"四先生"的周敦颐特别是二程、朱熹与陆九渊、王守仁的不同认定和评价。

二、具体问题上表现出不满

康有为对张载的最大不满与认定宋明理学家使孔教"割地"一脉相承,张载就在使孔学"割地"的行列之中。具体地说,康有为认为,孔子作为教

① 《大同书》,中州古籍出版社 1998 年版,第 335—336 页。

② 《万木草堂口说·学术源流(四)》,《康有为学术文化随笔》,中国青年出版社 1999 年版,第 9 页。

主言鬼神，而宋儒却将鬼神方面的内容从孔子大道中删除。这样做的后果极其严重，不仅使孔子大道的内容变得狭隘，康有为称之为“割地”；而且由于鬼神对于宗教的至关重要而影响到对孔子思想的定性，使孔子不得为教主，孔教随之被排除在宗教之列，中国也由此成为无教之国。在这个问题上，张载与二程、朱熹等人同道，对孔教犯下了同样的错误。由于在对孔子大道的理解上陷入误区，张载使孔教“割地”。对此，康有为解释说：“孔子曰：气也者，神之盛也。魂也者，鬼之盛也。合鬼与神，教之至也。因物之精制为之，极明命鬼神，以为黔首，则百众以畏，万民以服，孔子意也。佛氏专言鬼，耶氏专言神，孔子兼言鬼神，而盛称其德。惟程、朱以为天地之功用，张子以为二气之良能，由于阮瞻《无鬼论》来，于是鬼神道息，非孔子神道设教意也。”①在康有为看来，孔子将气界定为“神之盛”，将魂界定为“鬼之盛”，并由此合鬼神而立教。这足以证明，孔子所创之教不仅像其他宗教那样言鬼神，而且兼言鬼神，故而高于其他宗教的只言魄或只言魂。现在的问题是，作为孔子后学的张载以及朱熹等人不谙孔子大道，正如二程将鬼神理解为天地之功用一样，张载将鬼神界定为二气之良能。张载的观点从无鬼论而来，致使孔子所讲的鬼神之道歇息，并由此引发了致命的后果。

诚如康有为所言，鬼神问题是宋明理学家关注的话题之一，尤其是张载、朱熹等人都从自己的哲学体系出发申明了对鬼神的看法。在这方面，张载沿着气本论的思路将鬼神还原为阴阳之气的作用。于是，他连篇累牍地宣称：

> 鬼神者，二气之良能也。（《正蒙·太和》）
>
> 至之谓神，以其伸也；反之为鬼，以其归也。（《正蒙·动物》）
>
> 天道不穷，寒暑也；众动不穷，屈伸也。鬼神之实，不越二端而已矣。（《正蒙·太和》）

这就是说，世界万物的本原是气，鬼神也不例外。具体地说，鬼神都是气的作用，是气运动、变化的两种形式：由无形之太虚凝聚为有形之万物是神，万物消散复归为太虚是鬼。一言以蔽之，鬼神超不出气之阴阳变化。同样，鬼神是朱熹津津乐道的话题，以至于黎靖德编撰的《朱子语类》第三卷专门以鬼神为题辑要朱熹对鬼神的观点。总的说来，朱熹对鬼神的看法是他的理气论的一部分，着重从“气也者，生物之具也”的角度界定鬼神。由此，朱熹一而再、再而三地断言：

① 《中庸注》，《康有为全集》（第五集），中国人民大学出版社2007年版，第376页。

> 神,伸也;鬼,屈也。如风雨雷电初发时,神也;及至风止雨过,雷住电息,则鬼也。(《朱子语类》卷三)
>
> 鬼神不过阴阳消长而已。亭毒化育,风雨晦冥,皆是。在人则精是魄,魄者鬼之盛也;气是魂,魂者神之盛也。精气聚而为物,何物而无鬼神!(《朱子语类》卷三)
>
> 鬼神只是气。屈伸往来者,气也。(《朱子语类》卷三)

依据康有为的说法,“合鬼与神,教之至也”。言鬼神是宗教的必要条件,凡是宗教家都言鬼神。这就是说,言鬼神对于宗教至关重要、不可或缺,直接关系到对宗教的判断,肯定孔子言鬼神是判断孔子是宗教家的前提。在这个背景下,康有为强调,孔子不仅讲鬼神,而且养魂——准确地说,孔子兼养魂魄。佛教专讲鬼、耶教专讲魂。兼讲鬼神证明,孔教高于佛教和耶教。通过肯定孔子讲鬼神,康有为既为孔子赢得了教主的身份,又为孔教争得了佛教、耶教无法比拟的优越性和权威性。反过来可以推想,如果像张载以及朱熹等人那样将鬼神还原为气而消解鬼神的神秘性,进而声称孔子不言鬼神,也就等于否认了孔子的宗教家的资格。这样一来,孔子之教主身份便随之无从谈起,更遑论将孔教奉为中国的国教了。了解了言鬼神以及兼养魂魄对于孔子、孔教的至关重要,便可以想象康有为对张载以及二程、朱熹等人的做法是多么痛心疾首了。

尚须进一步澄清的是,康有为对张载“割地”的抨击具体指将鬼神方面的内容从孔教中删除,并且是与朱熹联结在一起的。深入分析康有为的说法可以得出两点认识:第一,在康有为的视界中,张载与二程、朱熹而不是与陆九渊、王守仁的关系更为密切。这与康有为声称张载之学“折入程子”息息相关,也预示了张载与朱熹一样侧重孔子之礼学,而与陆九渊、王守仁侧重孔子之仁学泾渭分明。可以作为佐证的是,康有为热衷于将张载以及朱熹的思想与荀子联系起来,这一点与康有为极力彰显陆九渊、王守仁对孟子思想的薪火相传形成强烈对比。第二,就对孔学的“割地”而言,康有为对朱熹的抨击远甚于张载。在康有为的口诛笔伐中,曾子、荀子、刘歆和朱熹对孔教的破坏罪不容赦,张载尚不构成罪大恶极。例如,康有为怒不可遏地指责曾子、荀子和朱熹只讲修身,在传孔子礼学的同时湮灭了孔子的仁学。于是,囿于小康之学,妨碍了孟子、董仲舒对孔子微言大义的阐发,使孔子的大同之道闇而不发等等成为他们的主要罪状。对于张载,康有为只是批评他将鬼神方面的内容从孔教中删除,因而使孔教“割地”。而说到使孔学“割地”,罪魁祸首是曾子、荀子、刘歆和朱熹,康有为从未单独谴责张载使孔学"割地",可谓网开一面。

三、在人性问题上对张载与朱熹的并提

康有为在讲人性问题时反复援引张载的观点,并且让张载与朱熹一起出现。在《孟子微》中,康有为不止一次地写道:

> 张横渠谓有气质之性,有义理之性。朱子谓性为人受于天之理,盖专用张子义理之性言之。今考之《书》曰:不虞天性。又曰:节性惟日其迈。《诗》曰:俾尔弥尔性。《易》曰:一阴一阳之谓道,继之者善也,成之者性也。《中庸》曰:天命之谓性,率性之谓道。又曰:尊德性。夫曰天性、德性、尊之、率之、弥之,皆就善而言。若非善者,岂可尊之、弥之、率之?其当节、当修、当继成之者,以性虽有善质,而非至善,即荀子之说"性者,本始质朴也。伪者,文理隆盛也"。质朴者,犹粗恶未精云耳。隆盛者,弥之、节之、率之,加以文明。然则,孟、荀大概皆同,但标名曰善曰恶。此盖诸子立义之常,犹云心无二耳,后人不善体会,遂生讼端。汉儒之议孟子,宋儒之斥荀子,亦非也。孔子曰:性相近,习相远。惟上智与下愚不移。①
>
> 无善无不善,即可以为善、可以为不善也,皆就中人之姿言之,说亦相近。有性善,有性不善,则孔子所谓上智下愚不移。……张子所谓有气质之性,有义理之性,盖兼理气言之。其善乎?然莫精于董子之言也。曰:天地之所生谓之性情,情亦性也。天两有阴阳之施,身亦两有贪仁之性。《白虎通》亦言之,此实精微之论。盖魂气之灵,则仁。体魄之气,则贪。魂魄即阴阳也。魂魄常相争,魂气清明则仁多,魄气强横则贪气多。使魂能制魄,则君子。使魄强挟魂,则小人。吾尝见狂疾之人,只知食色,不识母妻,是其魂尽去而魄犹存也。若神人者,肌肤若冰雪,清明在躬,不为魄累,故死而犹存,盖魄死而魂犹存也。若其魂魄之清浊、明闇、强弱、偏全,互相冲突牵制,以为其发用于是,人性万端,人品万汇。尝为人性表考之,分为万度,错综参伍,曲折万变。但昔人不直指魂魄,或言阴阳,或言性情,或言精气,皆以名不同而生惑。若其直义,则一而已。②

---

① 《孟子微》,《康有为全集》(第五集),中国人民大学出版社 2007 年版,第 429—430 页。

② 《孟子微》,《康有为全集》(第五集),中国人民大学出版社 2007 年版,第 430 页。

这两段议论均出自《孟子微》,代表了张载在康有为中期思想中的集中亮相。据此可知,康有为并不赞同张载的人性主张。值得注意的是,康有为本人对人性问题兴趣盎然,具体看法却屡经更张。大致说来,康有为早期信奉告子、庄子的自然人性论,主张"性者,生之质",无有善恶;后来转向人性多元,大体上认同王充、刘向和董仲舒等人的观点,同时强调无论孟子的性善说还是荀子的性恶论都只说对了一半;再后来则倾向于孟子的性善说,并用人性论为天赋人权论辩护。可以肯定的是,康有为在前两个阶段阐发人性问题时提到了诸多国学人物的观点,从告子、庄子、孟子、荀子、刘向、董仲舒到王充等人均被提及,却没有将张载以及朱熹的双重人性论作为关注焦点。总的说来,康有为对张载人性论的关注集中在《孟子微》代表的中期思想,并且对张载的人性主张含有微词。

与此同时,康有为每次提到张载的人性论都与朱熹勾连在一起。应该说,康有为的做法事出有因。这是因为,张载、朱熹是双重人性论的代表,分别从气本论、理本论出发探究人性问题。张载沿着气之整体与部分之分推出天地之性与气质之性,朱熹从理与理气相合出发推出天命之性与气质之性。在此基础上,张载、朱熹都认为天地之性、天命之性至善,气质之性则有善有不善,并且呼吁通过变化气质使人性复归于善。正是由于这个原因,康有为对张载与朱熹的人性论相提并论。就态度而言,此时的康有为倾向于孟子的性善说,并不认可两人的双重人性论尤其是气质之性有恶而变化气质的观点。按照康有为的说法,人性善,孟子与荀子关于人性的主张只是侧重不同而已,原本并无本质区别。张载讲义理之性(天地之性)、气质之性是兼理气言性所致,朱熹对人性的看法与张载如出一辙。在人性问题上,张载兼理气言人性不如董仲舒以阴阳切入人性,因为阴阳直接对应魂魄,与人的贪仁、性情关系更为密切。

就康有为在《孟子微》中对于张载的提及而言,存在两个有趣的现象:第一,康有为只将张载与朱熹联系在一起,而略过了二程。事实上,二程一面断言理即性,一面声称气即性,与张载、朱熹一样也提倡双重人性论。更何况在界定张载的学术传承和挖掘张载的思想内容时,康有为总是将张载与二程、朱熹联系在一起。第二,康有为不同意张载的双重人性论,主要因为张载与朱熹一样肯定气质之性有恶,并基于这一判定而提出了变化气质的主张。康有为此时已经皈依性善说,并以人性之善伸张人的天赋之权。由于坚决反对人性有恶,康有为自然反对张载关于气质之性有恶的说法;由于主张人之天赋之权不可侵犯,康有为坚决抵制张载关于气质之性有恶的说法以及由此引发的对人欲的限制。除此之外,康有为指出,张载以及朱熹呼吁变化气质陷入“兼理气”言人性的误区，从思想来源上说是受荀子性恶论的浸染。这与康有为反复强调宋明理学家深受荀子的影响而不知，因而一面偷袭荀子的思想、一面攻击荀子相印证，也为康有为将宋明理学视为荀学之一小支提供了注脚。

总而言之，康有为对张载的解读与他对待国学人物的做法一样既秉承今文经学的致思方向和诠释范式，又服务于中国近代特殊的政治诉求和现实需要。有鉴于此，康有为根据自身的需要对张载思想进行大胆取舍和过度诠释，致使他的张载观带有两个与生俱来的鲜明特征：第一，康有为对张载的解读不注重经典文本或思想还原，而始终以大胆发挥和过度诠释为主。例如，康有为不厌其烦地突出张载思想的《中庸》渊源，而这不仅不全面而且难免偏颇之嫌。张载说：“要见圣人，无如《论》《孟》为要。……古之学者便立天理，孔孟而后，其心不传，如荀扬皆不能知。”（《经学理窟·义理》）据此可知，即使重视四书，张载最为推重的也是《论语》《孟子》，而不是康有为每每提及的《中庸》。此外，张载还推崇《易》，并有《横渠易说》传世。康有为对张载思想的诠释并没有凸显《易》在张载思想中的重要地位，正如并未将《论语》《孟子》纳入视野一样。与对《孟子》的推崇备至互为表里，张载继承了孟子的“尽心”“养心”“求放心”思想，并提出了“大心”的口号，这些都流露出张载哲学的心学倾向。康有为一面连篇累牍地提及张载的礼学，一面对张载的心学三缄其口。与对张载心学的缄默相比，康有为对作为张载哲学根基的元气论更是不屑一顾。第二，康有为对张载思想的诠释根据自己所要探讨的问题即兴讲起，往往是点到为止，故而与系统阐发或深入研究相距甚远。对待张载，康有为对大多数国学人物的关注和解读概莫能外。原因在于，康有为不仅是学问家，而且是具有政治诉求的政治家。无论救亡图存的迫在眉睫还是思想启蒙的时代呼唤都决定了康有为的学术研究围绕着政治诉求和现实需要展开，有时甚至难免为了自己的最终目标或结论而剪裁事实。公羊学的研究范式在追求经世致用、让康有为的学术思想最大程度地为他的政治目标服务的同时，也为康有为国学人物研究的主观性乃至随意性推波助澜。就对张载的思想解读而言，康有为的选择充斥着主观随意性，并且存着普遍的过度诠释的现象。

第十一章　二　　程

二程在康有为提及的众多国学人物之列，康有为也由此成为最早将二程纳入近代哲学视野的哲学家。综观近代哲学可以发现，对二程提及最多的非康有为莫属，而他对二程的审视和提及大多数情况下是在关系中进行的。换言之，康有为并没有专门对二程的思想予以解读，更没有对二程进行系统研究，而是在考辨中国本土文化的"学术源流"、讲述宋学或者探究其他问题时涉及到了二程。这注定了康有为对二程的思想缺少最起码的解读和诠释，也使二程在康有为思想中的呈现缺乏系统性、完整性而始终作为零碎的"片段"出现。也正是由于这个原因，康有为的二程观浓缩了丰富的信息量，对于体悟康有为的宋明理学观以及国学观提供了有益资源。

第一节　审视维度

二程在康有为那里的境遇与大多数国学人物的情况类似，集中出现在康有为戊戌维新之前的早期思想中。在这个前提下尚须看到，相比较而言，二程的出现较早，在19世纪80年代就已经受到康有为的高度关注，因而比大多数国学人物出现得早。深入剖析可以发现，他不惟在不同时期对二程的关注程度相去霄壤，关注视角也大相径庭。即使是在早期，康有为对二程的关注视角也呈现出明显差异，并通过《教学通义》《康子内外篇》《中和说》直观反映出来。

一、《教学通义》

早在1885年的《教学通义》中，康有为就一而再、再而三地提到了二程。现摘录如下：

程子不细考古义，误从《白虎通》、《保傅》之说，以王子之学例施之士人。朱子误从之，其为《大学章句》序，曰：古者八岁而入小学，教之以洒扫、应对、进退之节，礼、乐、射、御、书、数之文。既与《内则》十五学乐、射、御，二十学礼之义不合。又云：及其十有五年，则自天子之元子众子，以至公卿、大夫、元子之适子，与凡民之俊秀皆入大学，而教之以穷理正心、修己治人之道。考后夔教胄，司乐教国子，皆曰乐德、乐言、乐舞，未闻格物、致知、诚意、正心、修身、齐家、治国、平天下，条目之精详，而八条皆为虚义。家、国、天下，既未有之物，身、心、知、意，非日课之功。而于后夔、司乐相传之教诵诗习乐，似以为粗器，而非关大道，无一言及之。则《大学》一篇，殆后儒论学之精言，而非先王学规之明制，微妙精深，尤非十五岁之童子所能肄业也。①

然则《大学》何书也？程子以为孔氏之遗书，近是也。先王创法立制，公卿世官，士庶世业，皆以粗迹实器相传。德义之精微，经纬之宏大，则惟卿士之贤者讲求辨析之，不遽以责天下之学子也。儒者不用于世，无官师可藉，故舍器而言道。又从学之士多英才，讲学日精，亦不能以寻常官学之科条为限。于是儒学规模阔大，条目精详，专为任道之学，此真王、公、卿、士、师、儒之大学。朱子曰：大学者，大人之学，固非童子所能。即古之大学，盖未能至于是矣。②

其争辨之至繁，莫如“格物”之训。……朱子用程子穷理之说曰：格，至也；物，犹事也。穷至事物之理，欲其所知无不尽也。夫至与穷异，事与理隔，始以至事代格物，继以穷理代至事，愈引愈远，渐忘本旨。不可解一也。③

据上述引文可知，康有为在解读《大学》时，再三援引二程的观点。此时的康有为提及二程，是因为在解读《大学》时援引二程的观点。这意味着康有为最早是将二程与《大学》联系在一起的。或者说，康有为将二程对《大学》的界定和解读作为一种主要观点拿来进行评说。这主要包括三个方面：第一，康有为不同意二程对《大学》的定性。二程将《大学》定位为王子之学，康有为揭露说，二程对《大学》的定性是被《白虎通》《保傅》误导所致，同时援引《内则》反驳二程的观点。第二，康有为基本上同意二程将《大学》视为孔门之书，并进一步借题发挥，得出了《大学》为“真王、公、卿、士、师、儒之大学”的结论。在此基础上，康有为反对朱熹将《大学》定义为“大人之学”。第三，康有为不认同二程将作为《大学》八条目的格物训释为穷理，批评二程对《大学》的这种注解渐忘本旨。

进一步分析康有为的上述观点，可以引申出两点认识：第一，中国哲学

① 《教学通义·大学上》，《康有为全集》（第一集），中国人民大学出版社2007年版，第31页。

② 《教学通义·大学上》，《康有为全集》（第一集），中国人民大学出版社2007年版，第31—32页。

③ 《教学通义·大学下》，《康有为全集》（第一集），中国人民大学出版社2007年版，第32页。

在不同时期依据的经典有所变化,与汉唐时期相比,宋元明清时期侧重四书,而每一位思想家对四书又有不同侧重。就作为理学奠基人的“北宋五子”来说,周敦颐、邵雍侧重《中庸》,张载侧重《孟子》,二程率先将《大学》《中庸》与《论语》《孟子》一起表彰。二程对《大学》的解读尤以格物、致知影响最大,格物、致知以及二者的关系成为贯穿整个宋元明清哲学史的核心话题。二程对格物、致知的解读影响了朱熹,朱熹不惟像二程那样对格物、致知津津乐道,而且沿着二程的思路对二者予以训解,这一点无论与王守仁还是与王夫之等人对格物、致知及其关系的训解比较都可以看得更加明显。有鉴于此,康有为早年推崇《大学》,反复援引二程有关《大学》的观点并且提到朱熹亦在情理之中。就对宋儒的认识来说,康有为反复强调宋儒重四书,这一传统肇始于北宋。二程为康有为对宋明学术的判断提供了注脚。众所周知,他一面彰显周敦颐与《周易》(《系辞》)《中庸》、张载与《中庸》的关系,一面在承认二程以及朱熹受周敦颐的影响重视《中庸》的同时,彰显二程与《大学》的关系。或许正是由于这个原因,康有为在解读《大学》时连篇累牍地提起二程。第二,康有为在援引二程有关《大学》的观点时总是让朱熹置身其中。不知是巧合还是有意,康有为的上述三段议论在援引二程的观点时无一例外地让朱熹同时出现。这既证明了二程与朱熹在康有为那里的形影不离、密切相关,又印证了朱熹重视《大学》与二程思想的一脉相承。事实上,康有为极力彰显二程与朱熹思想的密切关系,这一做法由来已久。如果说在 19 世纪 80 年代牵涉二程思想时已经初露端倪的话,那么,在 19 世纪 90 年代考辨二程的身份归属和传承谱系时则将这一致思方向推向了极致:在勾勒二程的思想传承时,以朱熹为后学;在追溯朱熹的理论来源时,以二程作为朱熹思想之宋学来源的主要代表。

二、《康子内外篇》

在作于 1886 年的《康子内外篇》中,康有为让二程再次现身。这一次,康有为所关注的不再是二程对《大学》的解读,而是二程有关人性的观点。康有为写道:“自人不知人生仅有爱恶之端,其爱恶存者名为性,其爱恶发者名为情,于是,异说纷纷矣。乃谓性有五,于仁、义之外,有礼、信、智焉。夫礼、信者,人事之不得不然,自其智为之,以顺仁、义者也。以礼、信为性,是不识性也。又谓情有七,于爱、恶之外,有喜、惧、哀、乐、欲焉。《白虎通》言六情,无欲,异《礼运》矣。夫喜、欲、乐、哀,皆爱之属也;惧、怒,皆恶之属也。有浅深常变而无别殊也。犹耳、目、鼻、口在首之中,指、掌、腕、臂在手之内,若以耳、目、口、鼻与首并提,指、掌、腕、臂与手偕论,则为不智也,奈之何言性、情者类此也！不知爱恶、仁义无异于是，天下以性情言善恶者纷纷矣。孟子言性善，荀子言性恶，杨子言善恶混，韩子强为之说曰三品，程、朱则以为性本善，其恶者情也，皆不知性情者也。程子曰：论性不言气不备。夫性者，气质所发，犹一子也，但于气质中别名之耳，安所谓不备哉？譬如附子性热，大黄性凉，气质之为之也。礼者，法制其药性。凉热有分数，制法亦有轻重，要宜于人而已，何所谓善恶耶？善乎孔子之言曰：性相近，习相远。言相近者，谓出于禽虫之外，凡为人者必相近也，不称善恶。至于习于善、习于恶，则人为之矣，故相远也。其言至矣。"①

大致说来，康有为的这段话主要阐明了四个基本观点，集中展示了康有为早期的人性主张：第一，人的爱恶之端与生俱来，构成了人性的内容。所谓人性即是指爱恶，有爱恶才有性之名，爱恶发之于外便是情。第二，由于不懂得人生仅有爱恶之端，离开爱恶便没有性情，由此导致有关人性观点的聚讼纷纭。事实上，人之性情皆本于善恶，是对善恶的不同称谓。爱恶未发名为性。于是，从性有五到情有七，各种说法纷至沓来。康有为总结说，从《礼记》《孟子》到《白虎通义》，各种有关人性的观点之间存在着深浅常变之分，却没有本质之别。这些观点从根本上说都不能洞彻爱恶与性情的关系，因而不能正确认识性情与仁义的关系，终归都陷入"以性情言爱恶"的误区。对此，被康有为点名批评的有孟子的性善说、荀子的性恶论、扬雄的性善恶混和韩愈的性情三品说，也有二程以及朱熹的性善情恶论。在这个视界中，康有为对二程与朱熹的人性论相提并论，认为程朱的人性论归根结底亦不脱"以性情言爱恶"之窠臼。善恶是二程审视、评价人性的基本维度，也是两人判断人性的唯一标准。二程一而再、再而三地宣称：

> 气有善不善，性则无不善也。人之所以不知善者，气昏而塞之耳。（《河南称氏遗书》卷二十一下）
>
> 人生气禀，理有善恶。……有自幼而善，有自幼而恶，是气禀自然也。（《河南称氏遗书》卷二十二上）
>
> 禀得至清之气者为圣人，禀得至浊之气者为恶人。（《河南称氏遗书》卷二十二上）

在康有为看来，二程的上述观点犯了"以性情言爱恶"的错误，故而始终将性与恶纠缠在一起。第三，康有为不赞同二程"以性情言爱恶"的致思

① 《康子内外篇》，《康有为全集》（第一集），中国人民大学出版社 2007 年版，第 101 页。

方向，更反对二程肯定人性有恶的具体主张。二程强调性要兼顾天地之性和气质之性，因为“论性，不论气，不备；论气，不论性，不明”（《河南程氏遗书》卷六）。由此可见，二程所讲的性恶是针对人的气质之性而言的。康有为对这一点极为关注，特意指出二程所讲的“论性，不论气，不备”（康有为写作“论性不言气不备”）是错误的，理由是性为气质所发，亦可谓性是气质别名，不可于气质之上或气质之外别求性。第四，康有为赞同孔子的“性相近也，习相远也”（《论语·阳货》）。既然人性指爱恶之端，那么，爱恶之端便与生俱来。“性相近”意为人都有爱恶之端，爱恶对于人无有不同；“习相远”则指后来的习染使人形成善恶分野，彼此之间渐行渐远。

三、《中和说》

在19世纪90年代初，康有为依然保持对二程的关注。这集中体现为《中和说》。《中和说》作于1891年，康有为在文中一而再、再而三地论及二程。康有为写道：

> 夫自周子开主静立极之说，传之程子。龟山传道而南，常教人正心，须于喜、怒、哀、乐未发之际，体所谓中，既发之后得所谓和。罗仲素传龟山之学，亦以《中庸》进退之由，必自未发之中，以至于肫肫渊渊浩浩，故教李延平、朱韦齐令静中看喜、怒、哀、乐未发气象。延平常终日危坐，验未发时气象。故教朱子亦以此言为《中庸》之指要。朱子自幼从延平学，求未发之旨，未达。闻张钦夫得衡山胡氏学，往问之，亦未省。后沉思而自疑，取程氏书虚心读之，然后知情性之本然。然自叙如此，又谓：“中和”二字，道之体用，旧闻李先生论此最详，后来所见不同，遂不复致思。今乃知其为人深切，然恨不能尽记曲折。……盖朱子说道理最恶儱侗，又参以程子主敬之说，以静为偏，不复理会。迨晚年深悔用功之疏，而信延平立教之无弊，盖经辗转折证，而后有此定论。朱子生平学力之浅深可见，而“中和”为圣学之本亦明矣。①

一目了然，二程在康有为的这段话中出现三次，康有为借此申明了三个问题：第一，周敦颐在发挥《中庸》《系辞》而作的《通书》中提出了“主静立人极”（康有为表述为“主静立极”）之说，并将这一思想传给了二程。这表明，二程是周敦颐的后学，并且传承了周敦颐的《中庸》思想。第二，作为二

---

① 《中和说》，《康有为全集》（第一集），中国人民大学出版社2007年版，第307页。

程门人的杨时(龟山)从喜怒哀乐未发、已发的角度解读《中庸》,并且带动了罗从彦(仲素)、李侗(延平)等人。朱熹师从李侗,沿着未发、已发的思路训诂中庸、解读《中庸》未达,中经张栻(钦夫)、胡宏等人的一再点拨终未能省。朱熹后来深思反省,细读二程之书,终知性情之本然。这表明,二程的性情之说对朱熹具有决定性影响,朱熹是二程的后学。第三,朱熹为人深切,剖析道理最恶笼统,故而注重修养践履。朱熹的践履工夫是对二程主敬工夫的薪火相传。

经过康有为的这番论证,二程之学在宋学中承上启下——以周敦颐的思想为源头,中经杨时、罗从彦和李侗的一脉相承,最终以朱熹集其大成。二程的这种作用和地位在康有为的这段议论中以对《中庸》的中和理解集中体现出来,也可以说《中庸》为二程在两宋之学中的承上启下提供了证明。

从《教学通义》《康子内外篇》到《中和说》,几乎囊括了康有为早年的论作。二程无一例外地参与其中,康有为对二程的关注由此可见一斑。稍加留意即可发现,康有为视界中的二程在大多数情况下是随同朱熹一起出现的,从一个侧面表明康有为早期对二程的津津乐道与对朱熹的顶礼膜拜密不可分。可以作为佐证的是,伴随着对朱熹态度的转变尤其是由推重朱熹而转向"独好陆王",康有为对二程的热情也随之锐减。戊戌维新之后,康有为对二程的态度再一次发生重大转变。康有为思想的这一次转变比上一次更为根本,具体表现为对二程提及的次数骤然减少,评价也随之降低。在代表中期思想的《中庸注》《孟子微》《论语注》中,康有为已经对二程失去了兴趣。

第二节　学术源流

康有为热切关注二程是在 19 世纪 80 年代,进入 19 世纪 90 年代,对二程的关注急剧减少。尽管如此,康有为在 19 世纪 90 年代的授徒讲学中还是经常提到二程,关注的角度也从先前的问题转向了"学术源流"。

一、学术源头和师承关系

与对大多数国学人物的提及和关注一样,康有为热衷于二程的思想来源和身份归属。对于这个问题,康有为说法纷纷,提出的观点花样迭出,不一而足。下仅举其一斑:

二程之学，出于胡安定，高平聘为西席，教其诸子。安定亦出于高平。①

安定亦文正所培植，二程出其门。②

周子授学于程子，其说纷纷。③

程子纵非受业于周学，然传其学者也。④

程子之学得自周子。⑤

二程皆周子门人。周子之学，出于老子，然亦有出于《易》者。⑥

由此可见，康有为在北宋之学中为二程找到了两重学术源头：一是胡瑗（安定，康有为称之为胡愿，如第一、第二段议论所示），一是周敦颐（如第三、第四、第五、第六段议论所示）。

对于二程与胡瑗的关系，康有为一面指出二程之学出于胡瑗，一面指出胡瑗之学出于范仲淹（高平、文正）。在这个意义上，也可以说二程之学出于范仲淹。综合分析康有为对二程宋学来源的追溯和勾勒可以发现，他对二程之学出于胡瑗坚定不移，与二程之学出于范仲淹的表达不可同日而语：第一，二程与胡媛是直接的师承关系，与范仲淹则只是由于胡瑗的关系而存在间接的师承关系。从这个意义上说，二程与范仲淹的关系有别于二程与周敦颐的直接继承关系。第二，即使是肯定二程对范仲淹的间接继承，康有为的表述也含糊其辞，始终没有明确二程究竟师承了范仲淹的何等思想。对于这一点，通过康有为对二程与张载、范仲淹关系的比较可以看得更加清楚、明白。康有为肯定范仲淹在义理、气节方面开宋学风气，在这个前提下声称张载师承范学，并且明确指出张载在《中庸》学、兵法学以及“穷理”方面得到范仲淹的亲炙。由此反观康有为对二程之学源自范仲淹的论述则始终未点明传承内容，明显有失笼统。就康有为视界中的二程之学的两个宋

---

① 《南海康先生讲学记·古今学术源流》，《康有为全集》（第二集），中国人民大学出版社2007年版，第111页。

② 《南海师承记·讲宋学》，《康有为全集》（第二集），中国人民大学出版社2007年版，第254页。

③ 《万木草堂口说·学术源流》，《康有为全集》（第二集），中国人民大学出版社2007年版，第138页。

④ 《万木草堂口说·学术源流》，《康有为全集》（第二集），中国人民大学出版社2007年版，第138页。

⑤ 《南海师承记·续讲正蒙及通书》，《康有为全集》（第二集），中国人民大学出版社2007年版，第234页。

⑥ 《南海康先生讲学记·古今学术源流》，《康有为全集》（第二集），中国人民大学出版社2007年版，第111页。

学渊源来说,康有为更为关注二程与周敦颐而不是与范仲淹甚至与胡瑗的师承关系(对于胡瑗,康有为虽然明确指出二程之学出自胡瑗,但是,他却同样未对所传内容予以具体解释或说明)。这不仅由于康有为再三强调周敦颐开出了宋学,二程亦在其中——在这方面,康有为也有过范仲淹、欧阳修(庐陵)以及韩愈开出宋学的说法,而且由于康有为对二程思想的解读与周敦颐的思想密切相关。正因为如此,他对于二程之学出于周敦颐的说法显得言之凿凿、语出有据,并且前后呼应,因而拥有了胡瑗以及范仲淹所没有的优越性。

对于二程与周敦颐的关系,康有为则在明知二程之学是否出于周敦颐存在分歧的前提下依然指出二程之学出于周敦颐,同时强调即使二程不是周敦颐的学生,也传周敦颐之学。归纳起来,对于康有为有关二程之学出于周敦颐的说法可以从以下三个方面来理解:第一,康有为反复声称宋学由周敦颐开出,作为宋学组成部分的二程之学自然概莫能外。如果说这是在抽象的意义上立论的话,那么,康有为的诸多说法如小程对周敦颐的折服、大程与周敦颐的相似等则更为具体,也在周敦颐开创的宋学中拉近了周敦颐与二程之学的距离。第二,康有为认为宋学推重《中庸》为首的四书,而二程的《中庸》乃至易学(《系辞》)则传承周敦颐而来。对此,康有为特意指出:"周、程全从孔子《系辞》、《中庸》而出。"①第三,更为重要的是,康有为指出,二程对朱熹的影响亦在于《中庸》。他宣称:"程子门人,皆以《中庸》为学,至朱子更尊《中庸》。"②从这个意义上说,周敦颐、二程和朱熹的思想一脉相承,《中庸》既证明了彼此思想的师承关系,又印证了所传内容。对于周敦颐、二程和朱熹之间的师承关系,康有为有过这样的说法:"朱子之学得自程子,程子之学得自周子。"③

二、在北宋之学中的地位

作为"北宋五子"的成员,二程是北宋人。为了精确刻画二程的地位,康有为专门对北宋之学进行审视,基于北宋之学的宏观背景发出了如下断语:

---

① 《万木草堂口说·学术源流》,《康有为全集》(第二集),中国人民大学出版社 2007 年版,第 138 页。

② 《万木草堂口说·中庸》,《康有为全集》(第二集),中国人民大学出版社 2007 年版,第 168 页。

③ 《南海师承记·续讲正蒙及通书》,《康有为全集》(第二集),中国人民大学出版社 2007 年版,第 234 页。

要之北宋之学发端自庐陵、高平,集成于(此处多一'于'字——引者注)程子。……当时王荆公、苏东坡另一学派。①

北宋之学,发于范、欧阳,成于程子。②

北宋时期,群星璀璨,大家云集。这让康有为有些眼花缭乱,特别是在厘定宋学开端时对于诸贤难以分出轩轾。表现在对北宋之学的梳理、审视上,康有为的说法彼此之间不能自洽,对宋学开山的说法更是矛盾重重,表述混乱。在这里,康有为认为北宋之学由欧阳修(庐陵)、范仲淹开其端,由二程集其大成。细数康有为的说法,从周敦颐、范仲淹、张载到欧阳修以至于唐代的韩愈都被说成是宋学之开山,唯独二程无此殊荣。不过,失之东隅收之桑榆。康有为把北宋之学的集大成者颁给了二程,一句"成于程子"既肯定了二程弟子众多的影响和势力,又在某种意义上暗合了二程思想擅于折中而高于诸贤。

值得注意的是,在康有为那里,二程之学属于宋学的一部分,而宋学则包括北宋和南宋之学。在两宋之学中,康有为喜欢将二程与周敦颐、张载和朱熹联系在一起,将他们统称为宋学"四先生"或"四子"。于是,他不止一次地说道:

周、程、张、朱四先生,以横渠为奇伟。③

本朝各书院不立孔子,而立周、程、朱、张四子。④

很明显,康有为突出周敦颐、张载、二程和朱熹在宋学中的地位和作用,于是才有"四先生""四子"之称谓。如果对作为宋学"四先生""四子"的周敦颐、张载、二程和朱熹之间的关系再进行细化分梳的话,那么,在宋学"四先生"或"四子"中,康有为更为彰显二程与朱熹的关系,此外便是二程、朱熹与周敦颐的师承关系。就康有为的侧重来说,与周敦颐、二程和朱熹之间的一脉相承相比,二程与张载的思想尽管有交集,即"横渠之学折入程子",然而,他们的思想分流各致:二程传周敦颐的《中庸》学而来,并三传至朱

① 《南海师承记·讲宋学》,《康有为全集》(第二集),中国人民大学出版社2007年版,第253页。

② 《万木草堂口说·学术源流》,《康有为全集》(第二集),中国人民大学出版社2007年版,第139页。

③ 《南海师承记·讲正蒙》,《康有为全集》(第二集),中国人民大学出版社2007年版,第232页。

④ 《南海师承记·讲周子通书》,《康有为全集》(第二集),中国人民大学出版社2007年版,第232页。

熹;张载传范仲淹的《中庸》学和兵法学而来,其后学则“折入”二程之学,在程学一统之后,便没有了下文。有鉴于此,康有为绝口不提张载思想在朱熹那里的传承或朱熹与张载之学的渊源关系。

三、传播轨迹

康有为十分关注二程思想的传承谱系,对于二程思想的传播状况表现出浓厚兴趣。于是,他一而再、再而三地断言:

> 今日之学,皆出程子。①
> 司马之学,尽入程门。②
> 横渠之学折入程子,邵子之学中绝,故惟程学一统。③
> 当时程子之道大行。诸经皆有论说,以程子为折中。④

依据康有为的说法,北宋之学以二程之学为归宿——或者出于二程之学,或者最终归入程学。他以司马光、张载为个案,具体证明了这一点。上述议论是在不同场合发出的,显得有些凌乱。稍加梳理可以得出三点认识:第一,张载之学归入程门是指张载的后学而非张载本人。康有为此处没有明说,综合他在其他场合的说法可以推断,康有为的具体证据是张载的弟子——吕大临等人在张载死后师承二程。第二,虽然指名道姓者不多,但是,康有为对二程之学的势力和影响极力夸大,“一统”“大行”之语将二程之学无可比拟的盛势渲染得淋漓尽致。第三,康有为有意无意地道出了二程之学盛行的原因,那就是:擅于“折中”和“守学”。对于这一点,无论张载后学“折入”程学还是二程对诸经的论说都是明证。对于二程擅于“守学”,康有为将之视为二程之学的特点,并由此比较了二程与周敦颐的区别:“周子是创学之人,非守学之人。”⑤康有为认为,在“北宋五子”中,二程的势力

① 《万木草堂讲义·七月初三夜讲源流》,《康有为全集》(第二集),中国人民大学出版社2007年版,第287页。

② 《万木草堂口说·学术源流》,《康有为全集》(第二集),中国人民大学出版社2007年版,第139页。

③ 《南海师承记·讲宋学》,《康有为全集》(第二集),中国人民大学出版社2007年版,第253页。

④ 《万木草堂讲义·七月初三夜讲源流》,《康有为全集》(第二集),中国人民大学出版社2007年版,第287页。

⑤ 《南海康先生讲学记·古今学术源流》,《康有为全集》(第二集),中国人民大学出版社2007年版,第111页。

和影响最大,学术传播最广。这用他本人的话说便是:"当时程门弟子遍天下。"①当然,康有为为二程找到了诸多后学,因而绝不限于欧阳修和作为张载后学的吕大临等人。

综观康有为对二程之学传播轨迹的追溯可以看到,游酢、杨时、谢良佐、罗从彦、朱熹和陆九渊等都是程门中人。其中,杨时、朱熹的影响极大地促进了二程之学的传播,也扩大了程门后学的阵营。如果说杨时对于二程之学在北宋的传播意义重大的话,那么,朱熹对于二程之学在南宋的传播则居功厥伟,甚至可以说改变了二程之学的命运。对于北宋之学的传承,康有为断言:"胡安定、杨龟山最有盛名。"②可以想象,极负盛名的杨时扩大了程学的影响,程门立雪更是对二程之学产生了极大的广告效应。就南宋之学来说,朱学的势力首屈一指,朱熹也由此被康有为誉为"小教王"。朱熹之学的影响极大地带动了二程之学。

就康有为对二程传承谱系的勾勒而言,如果说在思想来源上侧重二程与周敦颐的关系的话,那么,在思想传播上则侧重二程与朱熹的关系。对于后者,康有为不厌其烦地声称:

> 程子一传罗仲素,再传李延平,三传朱子。③
> 程子传至朱子,为一大宗。④
> 朱子之学得自程子。⑤
> 朱子待程子始集大成。⑥

由此可见,康有为在肯定二程之学传给了朱熹的基础上,进一步详细梳理了其间的传承谱系,那就是:二程—罗从彦(仲素)—李侗(延平)—朱熹。在这个系统中,从二程到朱熹传承有序,朱熹是二程的三传弟子,并且是程

① 《康南海先生讲学记·古今学术源流》,《康有为全集》(第二集),中国人民大学出版社2007年版,第112页。

② 《南海师承记·讲宋学》,《康有为全集》(第二集),中国人民大学出版社2007年版,第254页。

③ 《南海师承记·讲宋学》,《康有为全集》(第二集),中国人民大学出版社2007年版,第253页。

④ 《万木草堂口说·学术源流》,《康有为全集》(第二集),中国人民大学出版社2007年版,第139页。

⑤ 《南海师承记·续讲正蒙及通书》,《康有为全集》(第二集),中国人民大学出版社2007年版,第234页。

⑥ 《万木草堂讲义·七月初三夜讲源流》,《康有为全集》(第二集),中国人民大学出版社2007年版,第288页。

朱之学——同时也是程学的集大成者。在康有为那里，二程与朱熹的思想薪火相传，相得益彰：正如二程之学传至朱熹而为“一大宗”一样，二程的思想由于朱熹之学的地位和影响才得以光大。

与彰显二程与朱熹思想的一脉相承、密不可分互为表里，康有为有时程朱并提。下面即是一例：“北朝郑氏，南朝王氏，唐亦王氏，宋虽立异义，仍用王氏。程、朱出，主张程、朱，兼数学，本传主张汉《易》。”①一目了然，这句话是就易学的传承谱系而论的，并非康有为对二程与朱熹全部思想的论述。尽管如此，程朱并提在康有为的思想中并不限于易学，因而绝非个案。事实上，程朱并提是康有为的一贯做派，因而经常使用这一提法。例如，在批评当时的学术风气时，康有为如是说：“晋之清谈在老、庄，今之清谈在程、朱。”②可以肯定的是，程朱并提在某种程度上意味着康有为已经将二程之学（程学）与朱熹之学（朱学）视为一个整体了。事实正是如此，康有为一味地强调二程之学传于朱熹，朱熹集其大成，却从未对朱熹与二程的思想进行分疏。与此形成强烈对比的是，康有为一面指出朱熹的思想源自周敦颐，一面对两人关于敬、静的分歧予以彰显。由此再联想到康有为对大程与小程的区分，可以更直观地体会康有为在程朱并提的过程中始终对他们的思想差异未置一词的意味深长。

四、佛学印记

康有为在肯定二程思想来源驳杂的前提下，多次凸显二程与佛学思想的密切关系。诚然，就对宋明理学的整体评价而言，康有为揭露宋明理学家的思想近老入佛循墨，这意味着康有为肯定所有宋明理学家的思想都与佛学有染。在这个前提下尚须进一步澄清的是，康有为认为，具体到每一位思想家，康有为对他们的思想解读以及与老学、佛学和墨学的关系又有不同的侧重。依据康有为的揭露，近老的代表是周敦颐，循墨的代表是张载，入佛的代表则是二程。在康有为的视界中，所有宋明理学家的思想均深受佛学浸染，而二程思想的表现则最为突出和典型。正是在这个意义上，康有为一而再、再而三地宣称：

---

① 《万木草堂口说·易》，《康有为全集》（第二集），中国人民大学出版社 2007 年版，第 155 页。

② 《万木草堂口说·骈文》，《康有为全集》（第二集），中国人民大学出版社 2007 年版，第 199 页。

宋儒皆从佛书来。周子颇得老学,程子颇得佛学。[①]

程子说多出于佛,而朱子讳之,盖有见于程门游、杨、吕、谢之习佛学也。[②]

……陆子静之学,原从大程子得来,直接本心,得于佛学。[③]

康有为的上述议论是从不同角度切入的,共同指向了二程之学与佛学的关系。择其要者,大端有四:第一,康有为指出,宋明理学家的思想都带有佛学印记,因为他们的学说都吸纳了佛学的思想要素。尽管如此,具体到每一位思想家,受佛学影响的程度有深有浅,受佛学浸染最深、与佛学走得最近的则非二程莫属。对此,康有为以同样吸收佛学要素的周敦颐思想为例解释说,周敦颐与二程的思想虽然都带有宋儒近老入佛的共性,但是,他们对老学与佛学的侧重却大不相同。正是由于这一点,二程与周敦颐的学说呈现出不同的面向。一言以蔽之,如果说周敦颐的思想与老学更近的话,那么,二程之学则离佛学更近。周敦颐对老学颇有心得,而二程则对佛学造诣匪浅。这就是说,与断言宋明理学家入佛相一致,康有为指出宋明理学家都受佛学熏染。在这个前提下,他强调,相比较而言,周敦颐的思想更近于老学,而二程的思想则更近于佛学。第二,康有为指出,二程的学说大多脱胎于佛学。这既表明二程入佛在宋明理学家中最甚,也意味着二程对于佛学造诣颇深。第三,康有为强调,二程入佛之深影响到了他们的后学,作为"程门四先生"(语出《宋史》)的游酢、杨时、吕大临和谢良佐无不习佛。二程及其后学入佛如此之深,即使同样受佛学浸染的朱熹都避讳之。第四,康有为在肯定二程皆入佛的前提下,进一步指出大程在入佛方面比小程走得更远,并且直接带动了陆九渊。由此,入佛深浅尤其是与陆九渊之学的关系成为康有为视界中大程与小程思想的又一个差异。

总之,在康有为的视界中,入佛是宋明理学的基本特征,也可以说是宋明理学家的共性,而在这方面走得最远的则是二程。这就是说,在宋明思想家特别是在北宋之学中,二程之学受佛学浸染最深,对佛学也最有造诣。

---

① 《南海师承记·讲宋学》,《康有为全集》(第二集),中国人民大学出版社 2007 年版,第 254 页。

② 《康南海先生讲学记·古今学术源流》,《康有为全集》(第二集),中国人民大学出版社 2007 年版,第 111 页。

③ 《南海师承记·讲宋学》,《康有为全集》(第二集),中国人民大学出版社 2007 年版,第 253 页。

五、大程与小程

康有为意识到了大程与小程的不同以及两人思想的差异,并对此十分在意,因而多次从不同角度予以区分。

众所周知,二程包括两个人,具体指大程和小程。大程即程颢,人称"明道先生";小程即程颐,人称"伊川先生"。对于二程的关系,康有为有时侧重合,有时侧重分——无论合还是分,都做到了极致。

对于大程与小程,康有为在大多数情况下未作区分,习惯于将两人合称为"程子"而不是称为"二"程。更有甚者,康有为将二程视为一个不可分割的整体,在数量上算成了一个人——康有为所讲的宋学"四先生""四子"都是如此。将二程算作两个人,历史上均是如此。例如,二程弟子的记载或曰"明道先生语",或曰"伊川先生语",以示大程与小程之分;在不能确指的情况下,则标明"二先生语",明确大程与小程是两位先生。再如,与朱熹(1130—1200)大致同时而稍后的南宋理学家——魏了翁(1178—1237)在上奏皇帝的奏折中明确将二程算作两个人,这一点从两次奏折的标题上即可一目了然。魏了翁作《奏乞早定周程三先生谥议》,宋宁宗下诏,谥周敦颐为"元公",谥程颢为"纯公",谥程颐为"正公"。魏了翁还作《为周二程张四先生请谥奏》,同样将大程与小程算作两个人。奏折属于官方语言,使用的是正规的书面语言和称谓。黄宗羲、黄百家在编撰《宋元学案》时,将大程与小程的思想分开进行:前者名曰《明道学案》(上下),后者名曰《伊川学案》(上下)。在历史上已经约定俗成的情况下,康有为硬要将大程与小程两位先生说成是一位,将对二程思想的整合或一体化倾向表达得淋漓尽致。在合称时,康有为对大程和小程以及两人的思想笼统论之,冠以"程子""程学"或"程子之学"。

不知是物极必反还是另有原因,康有为有时又刻意对二程予以区分,分别称之为"大程子"与"小程子"。在对大程与小程分别论之的情况下,康有为试图对两人的思想予以区分。下面的说法都是在大程与小程分别论述的维度上立论的:

> 大程子圆,二程子方。[①]
>
> 大程子则从容中道,二程子则刚毅独立。[②]

---

① 《万木草堂讲义·七月初三夜讲源流》,《康有为全集》(第二集),中国人民大学出版社2007年版,第287页。

② 《南海康先生讲学记·古今学术源流》,《康有为全集》(第二集),中国人民大学出版社2007年版,第111页。

> 大程出仕，小程十八上书不用，归而教授。①

透过康有为的区分，大程与小程的形象逐渐分明起来，显露出不同的个性和神采：第一，就性格而言，大程圆通，灵活性强；小程方直，原则性强。第二，就处事而言，大程在接人待物中从容中道，小程对于事物的处理则刚毅独立。第三，大程、小程的人生经历迥然相异。大致说来，大程的一生主要在为官，小程则将精力投入到教授讲学之中。

康有为进而指出，大程、小程的不同性格和经历在思想上进一步显露出来，使两人的思想泾渭分明。对于这方面，康有为的议论颇多。现摘录如下：

> 明道近颜子，伊川近曾子。②
> 大抵周子极清极远之人，惟大程子颇近之。③
> ……陆子静之学，原从大程子得来。④
> 朱子之学得小程最多。⑤

如此看来，康有为为大程、小程分别找到了同道：一边是颜子—大程—陆九渊，一边是曾子—小程—朱熹。这从前世与后世上整体概括了大程与小程的理论来源和后学传播，既表明两人拥有各自的学术传统和传承谱系，又表明两人思想的内容和特质相去甚远：第一，按照康有为的说法，颜子、曾子传承了孔子的不同思想，颜子传仁，曾子传礼。大程与小程分别传承两人的衣钵，注定了两人的思想一个重仁、一个重礼——在这方面，大程的思想传给了陆九渊提供了佐证，小程传礼学。第二，康有为认为，孔子后学皆传孔子思想之"一端""一体"，唯独颜子得孔子思想之全（康有为称之为"具体"），曾子则是使孔学"割地"的始作俑者。由此可知，像颜子的大程思想

---

① 《南海师承记·讲宋学》，《康有为全集》（第二集），中国人民大学出版社 2007 年版，第 254 页。

② 《万木草堂口说·学术源流》，《康有为全集》（第二集），中国人民大学出版社 2007 年版，第 138 页。

③ 《南海师承记·讲周子通书》，《康有为全集》（第二集），中国人民大学出版社 2007 年版，第 232 页。

④ 《南海师承记·讲宋学》，《康有为全集》（第二集），中国人民大学出版社 2007 年版，第 253 页。

⑤ 《南海师承记·讲宋学》，《康有为全集》（第二集），中国人民大学出版社 2007 年版，第 254 页。

规模宏大,似曾子的小程则思想狭隘。对于二程之学(程学),康有为曾经发出了如下抨击:“程子之学,皆曾子学来,以谨守入头。”[①]很明显,康有为对二程之学源自曾子,以“笃信、谨守”为主的指责主要是针对小程而言的。第三,康有为一再指出周敦颐之学“规模宏大”,并在这个前提下肯定大程与周敦颐的思想类似。康有为一再指出曾子谨守,如“孔子之后,曾子、子夏分为二派,二子笃信、谨守,故传经最多”[②]。“近曾子”的小程注重修身,以朱熹思想为正传。基于这种认识,康有为得出结论,大程与颜子相近,小程与曾子相近。颜子、曾子不仅表明了大程、小程拥有各自不同的学术源头,而且彰显了两人思想的不同构成和特点。

上述内容显示,康有为对二程“学术源流”的探究从前世、今生与后世三个不同的角度展开,全方位、多维度地展示了二程思想的来龙去脉:就前世来说,一直追溯到先秦,在作为孔子亲授弟子的颜子、曾子那里分别为大程、小程寻找到了源头活水;就今生来说,在北宋之学中为二程寻找到胡瑗、范仲淹和周敦颐多重理论来源,并且侧重二程与周敦颐的师承关系和思想传承;就后世来说,则对二程与朱熹关系的彰显不遗余力。康有为关注二程之学的这三个面向进一步延续到对二程思想的阐发中,并且与后者相互印证。

第三节　思想阐发

与给予大多数国学人物以及宋儒的对待一样,康有为并没有专门研究二程的论作。就宋儒来说,对于周敦颐和张载,康有为尚且讲述过两人的著作,《讲周子通书》《讲正蒙》《续讲正蒙及通书》就是学生对康有为讲课内容的记录。对于朱熹,康有为曾经于 1885 年作《尊朱》一文,收录到《教学通义》中。《尊朱》文字不长,却是康有为第一篇以人物为内容的论作。对于二程,康有为不惟没有专门的研究论作,即使在讲宋学的过程中也没有专门讲过二程的著作。这预示了康有为对二程的思想既无集中解读,也无全面研究。总的说来,康有为是在讲《大学》《中庸》或宋学时涉及到二程的思想的。《大学》《中庸》与宋学在康有为视界中密不可分,因为他认定宋学的基本特征就是推崇《大学》《中庸》为首的四书而轻视《春秋》为首的六经。

① 《万木草堂讲义·七月初三夜讲源流》,《康有为全集》(第二集),中国人民大学出版社 2007 年版,第 287 页。

② 《康南海先生讲学记·论语》,《康有为全集》(第二集),中国人民大学出版社 2007 年版,第 115 页。

如果说讲宋学决定了康有为对二程思想的提及和诠释是在宋学的框架内进行的、受制于他对宋学的总体评价的话，那么，讲《大学》特别是《中庸》时提及二程则预示了康有为对二程的既受制于他对《大学》的评价，又受制于对宋学的评价。当然，这既为他抨击宋明理学家重四书提供了证据，又印证了康有为是在宋学中审视二程的思想的。至于康有为在讲述某一问题如《大学》中的格物、《中庸》中的中和以及人性等问题的过程中提及二程的观点，则属于即兴发挥。这些情况本身就注定了康有为对二程思想的阐发不惟不系统，甚至不能保证客观，而是根据自己的需要进行大胆取舍和过度诠释。

一、性　理

康有为指出宋朝之前无人言义理（有时又称“性理”“穷理”，主要指“性与天道”），讲义理从宋代开始。基于这一判断，康有为承认周敦颐、张载和二程皆讲义理，因为义理是宋明理学家津津乐道的话题。问题的关键是，二程与宋儒一样讲义理是一码事，二程讲义理讲得多少或者讲得好坏则是另一码事。对于这两个问题，康有为都有所触及。可他的回答却自相矛盾，不能自圆其说。

对于二程讲义理究竟讲得多还是讲得少，康有为给出的答案是：一会肯定讲得多，一会又认为讲得少。在某些情况下，康有为肯定二程讲义理，甚至发出了如下断语：“要之，二程之学，皆从‘穷理’出。”①依据这个说法，二程的学说都从“穷理”而来，二程讲义理讲得多，并且要求穷尽万物之理，故而多讲“穷理”。更为重要的是，康有为指出，二程所讲的“穷理”旨在“穷所以然之理”，并将之纳入到孔子“贵思”的视域下，肯定其为“孔门大义”。于是，康有为说道：“孔门贵思，佛氏贵想。孔子言貌、言视听，佛氏言声色香味触发。……学者最贵思，故孔子称君子有九思。……程子云：能穷所以然之理，乃是第一等学人。周子云：不思则不能通微。皆提起思字，圣门之大义所在也。”②在其他情形下，康有为又指出，二程讲义理不多，甚至讲得很少。这用他本人的话说便是：“程子穷理尚少。”③

① 《南海康先生讲学记·古今学术源流》，《康有为全集》（第二集），中国人民大学出版社2007年版，第111页。

② 《南海师承记·讲周子通书》，《康有为全集》（第二集），中国人民大学出版社2007年版，第233页。

③ 《万木草堂讲义·七月初三夜讲源流》，《康有为全集》（第二集），中国人民大学出版社2007年版，第287页。

对于二程讲义理讲得如何，康有为的说法同样陷入矛盾之中。在《桂学答问》中，他告诉学生读义理方面的书籍，并且给出了这样的建议："当读义理书。宋儒专言义理，《宋元学案》荟萃之，当熟读。《明儒学案》，言心学最精微，可细读。《国朝学案小识》可备源流。《二程全书》、《朱子大全集》、《朱子语类》可精考。《正谊堂全书》可涉猎。《近思录》为朱子选择，《小学》为做人样子，可熟读。《司马书仪》、《朱子家礼》皆近世礼所从出，宜参考。千年之学，皆出于朱子，故《语类》、《大全集》宜熟读。《学案》最博，可通源流，皆宜精熟。数书宜编为日课，与经史并读者。《小学》尤为入手始基也。"①康有为在这里没有肯定言义理从宋代开始，却强调"宋儒专言义理"。这意味着宋儒的思想以义理为核心话题和主体内容，甚至专门讲述义理。有鉴于此，记载宋儒的《宋元学案》简直就是言义理的大荟萃。康有为建议学生熟读之。《宋元学案》包括二程学案②。按照康有为的说法，若通义理，《宋元学案》《二程全书》《朱子全书》《朱子语类》都是必读书。循着一般的逻辑，将《宋元学案》特别是全面反映二程思想的《二程全书》作为义理方面的"教科书"表明，康有为对二程的义理之学是认可的。尽管如此，这只是问题的一个方面，问题的另一方面是，康有为将《宋元学案》尤其是《二程全书》纳入学生必读的"义理书"中，也有可能不是因为推崇，而是为了让二程充当"反面教材"。一个明显的证据是，康有为并不认可二程的性理之学，甚至多次对二程的义理之学展开批判。事实上，康有为既肯定宋儒讲义理，又在这个前提下强调二程不善于讲义理，并由此反复对二程的义理之学予以反驳。就康有为的论证来看，对二程义理之学的驳斥和批判主要集中在"性即理"。于是，康有为一而再、再而三地宣称：

性即理也，是程子之说，朱子采之，非是。③

朱子言"性即理也"，说本程子《四朝闻见录》，其弟子刘静春已讥之。性确有天理，如林木之有文理，然《中庸》言"率性"之谓，王充《论衡》"率，勉也"，自不能以善说性。④

---

① 《桂学答问》，《康有为全集》（第二集），中国人民大学出版社 2007 年版，第 22 页。

② 《明道学案》（上下）《伊川学案》上下，详见《黄宗羲全集》，浙江古籍出版社 2005 年版，第 649—792 页。

③ 《万木草堂口说·中庸》，《康有为全集》（第二集），中国人民大学出版社 2007 年版，第 169 页。

④ 《万木草堂口说·中庸》，《康有为全集》（第二集），中国人民大学出版社 2007 年版，第 174 页。

古人多言道，宋人多言理，但以理为性不可。①

透过这些议论可以看到，康有为对二程义理之学的反驳集中在三个方面：第一，反对二程以理言性甚至以理为性。第二，强调"性即理"是二程与朱熹的共同主张，这一主张的始作俑者是二程，朱熹蹈二程覆辙，结果与二程一样陷入荒谬。第三，与义理始于宋代相印证，康有为肯定宋儒多言理，在这个前提下，强调不可"以理为性"。换言之，康有为并不反对言义理，而是不同意二程对义理的界定和理解。在宋儒讲义理方面，康有为似乎更倾向于周敦颐的"主静立人极"和张载的"言天人"，而反对二程以及朱熹基于性即理而"以理为性"。对于这一点，康有为的下面两段话都可以作为证据：

宋朝学开于周子。……至于《通书》一篇，程子亦甚称之。……"几者动之，微吉凶之先见也"二句，周子全发挥诚字，亦从《系辞》、《中庸》出，通宋代学问皆然。②

"天地之塞，吾其体"二语，张子发挥最精。佛氏颇有此境，然佛氏以影张子以理。宋儒有从佛者，则以幻为性。有从儒者，以气相通为性。列子之鲍焦亦发挥同类之说。佛氏不能行于印度，不能灭婆罗门。西藏之僧亦食肉。圣人之道必要可行，佛不能行，是以佛不如儒。佛号能仁，圣人言大生广生，佛言众生。程子谓：佛逆天。其说甚是。程子言天道，不如张子言天人。③

总的说来，康有为对周敦颐、张载的义理之学啧啧称赞，而对二程的义理之学反复驳斥，对与二程相提并论的朱熹的义理之学也是如此。因此，康有为不仅热衷于程朱并提，而且对他们的义理之学一并论之。值得一提的是，康有为提到了朱熹对张载的批驳，而站到了张载的一边。康有为声称："通宋代言义理，最精者《正蒙》一书，皆凿凿说出。朱子谓其中有勉强的说，非也。"④在康有为的视界中，宋儒讲义理集中于《正蒙》一书。这表明，

---

① 《万木草堂口说·中庸》，《康有为全集》（第二集），中国人民大学出版社 2007 年版，第 174 页。

② 《南海师承记·讲周子通书》，《康有为全集》（第二集），中国人民大学出版社 2007 年版，第 232 页。

③ 《南海师承记·续讲正蒙及通书》，《康有为全集》（第二集），中国人民大学出版社 2007 年版，第 233—234 页。

④ 《南海师承记·讲正蒙》，《康有为全集》（第二集），中国人民大学出版社 2007 年版，第 232 页。

在张载与朱熹义理思想的比较中,康有为倾向于张载。对于张载、周敦颐与二程义理之学的关系,也可以作如是观。

二、中　　庸

二程与《中庸》渊源颇深,《中庸》从《礼记》中脱颖而出源于二程。《中庸》原为《礼记》的第三十一篇,二程将之独立出来。除此之外,二程还对中庸提出了自己的解读。二程认为:"不偏之谓中,不易之谓庸。""中者,天下之正道;庸者,天下之定理。"(《河南称氏遗书》卷七)朱熹赞同二程对《中庸》由章到述的转变,并对中庸界定说:"中庸者,不偏不倚,无过不及,而平常之理。"(《中庸章句》)在康有为看来,二程对《中庸》的解读不得要领,特别批评二程对中庸的注解不符合孔子的本义。对此,康有为不止一次地批评说:

> 释"中庸":不偏之谓中,不易之谓庸。程子之说非也。所谓中者,因当时诸教并立,知者之过,愚者不及,俱不得谓中。佛氏十方世界,遁入虚无,不得为庸。①
>
> 程子解"中庸"二字,未当于孔子之义。中者,孔子制度皆是,杨、墨皆不中。庸言之信,庸行之谨,所谓庸。②

一目了然,康有为与二程是循着不同思路对《中庸》以及中庸进行训诂、注解的。二程、朱熹的训诂较为契合《中庸》的原义,康有为的诠释则别出心裁。具体地说,康有为将中庸纳入到他的争教思想中,循着争教的思路和逻辑解读《中庸》,借助对中庸的注解来说明、论证孔子与战国诸子处于争教之中。按照康有为的说法,教之传播过程从根本上说就是一个争教过程,孔教、佛教、耶教(基督教)都概莫能外。就孔教的情形来说,战国诸子纷纷创教,就是为了与孔子争教。孔子大道善于变通,本末远近大小精粗无所不包,圆融无碍,并行不悖。战国之时,诸子纷纷创教,都偏于一隅,如耳、目、口、鼻而不能相通。孔子与诸子争教的本质就是中庸问题,可以概括为孔子中庸,诸子反中庸。孔子的制度皆中,以杨朱、墨子代表的诸子思想皆不中——总之,不是过就是不及。由此,康有为总结说,所谓中,并非二程所

---

① 《万木草堂口说·中庸》,《康有为全集》(第二集),中国人民大学出版社 2007 年版,第 174 页。

② 《万木草堂口说·中庸》,《康有为全集》(第二集),中国人民大学出版社 2007 年版,第 171 页。

注解的不偏不倚之谓,而是过与不及之中。争教的角度和思路使康有为沿着不同方向解读中庸,与二程以及朱熹的观点南辕北辙。这样一来,康有为不同意二程对中庸的训诂乃至展开批判也就不言而喻了。

与断言宋儒重以《中庸》以及《大学》为首的四书相印证,康有为对宋儒思想的解读侧重《中庸》。在重《中庸》上,不惟二程,周敦颐、张载都是如此。问题的关键是,康有为一面肯定周敦颐的思想出于《中庸》,一面称赞周敦颐对《中庸》的诠释"打入实处"。对于张载的《中庸》学,康有为也是认可的——虽然不像对待周敦颐的《中庸》思想那样极力推崇,至少是默许的。唯独对于二程的《中庸》学,康有为由始至终都坚决抵制。

三、变化气质

即使不熟稔中国哲学史,也会了解这样一个事实:双重人性论始于宋代,二程和张载是其中的代表,从理的角度言性则始于二程。二程一面声称理即性,一面断言气即性;由于肯定气质之性有恶,故而大声疾呼变化气质。康有为显然注意到了二程的这些观点,并且予以剖析和评价。下仅举其一斑:

> 程子谓:学至变化气质,方为有功。①
>
> 通天下之理不外一交而已。君与臣交,兄与弟交,夫与妇交,朋与友交,人与物交。佛之四大六根,老于声色之欲,皆欲绝之,我孔子则节之而已。……张子、程子说理皆从高大落想。荀子言性恶,气质之性也。程子言学至变化气质方是有功。张子言形而有气质之性善。反之,则天地之性存焉。既要变化善反,非性恶而何?宋儒窃荀子而反攻荀子,不细心读书故也。朱子谓气节之说起于张、程,极有功于圣门,有补于后学,而不知荀子已先言之也。②

在康有为看来,二程所讲的变化气质归根结底是处理理与欲的问题的。在这个问题上,有别于佛教的四大皆空或六根清净,迥异于老子的绝弃声色之欲,孔子主张节欲。二程以及张载的双重人性论肯定人人皆有先天的善性,是"从大处落想",既为人确立一个超凡入圣的目标,又要人通过变化气

① 《南海师承记·讲变化气质检摄威仪》,《康有为全集》(第二集),中国人民大学出版社2007年版,第248页。

② 《南海师承记·讲正蒙》,《康有为全集》(第二集),中国人民大学出版社2007年版,第232页。

质的不善而返回到至善。二程所讲的“学至变化气质，方为有功”，说的就是这个意思。

变化气质是二程、张载和朱熹津津乐道的话题，二程与张载、朱熹一样对变化气质乐在其中。一方面，朱熹沿着理本论的逻辑，循着理气相合的思路界定气质之性与天地之性的关系。他断言：“论天地之性，则专指理言；论气质之性，则以理与气杂而言之。未有此气，已有此性。气有不存，而性却常在。虽其方在气中，然气自是气，性自是性，亦不相夹杂。至论其遍体于物，无处不在，则又不论气之精粗，莫不有是理。”（《朱子语类》卷四）这表明，朱熹对双重人性论的界定和理解与二程以及张载并不相同。另一方面，朱熹对二程以及张载的变化气质之说拍案叫绝，赞誉甚高。于是，他不厌其烦地说道：

> 孟子之论，尽是说性善。至有不善，说是陷溺，是说其初无不善，后来方有不善耳。若如此，却似“论性不论气”，有些不备。却得程氏说出气质来接一接，便接得有首尾，一齐圆备了。（《朱子语类》卷四）
>
> 孟子言性，只说得本然底，论才亦然。荀子只见得不好底，扬子又见得半上半下底，韩子所言却是说得稍近。盖荀扬说既不是，韩子看来端的见有如此不同，故有三品之说。然惜其言之不尽，少得一个“气”字耳。程子曰：“论性不论气，不备；论气不论性，不明。”盖谓此也。（《朱子语类》卷四）
>
> 道夫问：“气质之说，始于何人？”曰：“此起于张程。某以为极有功于圣门，有补于后学，读之使人深有感于张程，前此未曾有人说到此。……故张程之说立，则诸子之说泯矣。”（《朱子语类》卷四）

对于二程变化气质之说与朱熹的关系，康有为的基本原则是彰显其同而漠视其异。具体地说，对于二程有关变化气质的主张，康有为从两个角度进行剖析：第一，朱熹认为变化气质之说起于张载和二程，并且称赞他们的这一学说“有功于圣门，有补于后学”，可见朱熹没有抓住问题的本质。这也暴露出朱熹不知道荀子早已提出了这个问题，所以才将变化气质的首倡者说成是张载和二程。第二，二程主张变化气质便意味着肯定气质、人性有恶，因为性恶才有变化之说。从这个意义上说，二程的人性论与荀子的性恶论一脉相承。

就康有为对二程思想的取舍和阐发而言，性理、中庸和变化气质是主要内容。除此之外，康有为还提及了二程思想的其他领域。例如，康有为在解读董仲舒的思想时，援引了二程的知行观。对此，他如是说："王阳明：先知而后行。程子曰：未能知说甚行。后人多异之，岂知先发于董子（指董仲舒——引者注）哉！欲舍行为，舍知何所下手？此天然之理也。见祸福远，知利害早，见始知终，立之无废，智之条理最博而深矣。"①在这里，康有为援引二程的"未能知说甚行"为知先行后进行辩护，与二程一起出现的还有王守仁。王守仁以"知行合一"著称于世，"知行合一"的基本含义之一便是知与行在时间上齐头并进、不分先后，旨在抵制以朱熹为代表的"先儒"提倡知先行后而将知行分作"两截"，由此造成了知与行的严重脱节。出乎意料的是，康有为没有基于自己知先行后的立场批判王守仁的"知行合一"，将王守仁置于自己的对立面，而是将王守仁作为自己的奥援，从而选择了与自己的观点相契合的"先知而后行"。依据康有为的这个选择，二程和王守仁在知行观上主张知先行后，属于同道。不仅如此，康有为强调，董仲舒早在二程、王守仁之前就提出了知先行后的观点。再如，康有为论及到了二程与王守仁的心学，并且发出了如下评价："王阳明之言心学，过于大程。"②如上所述，康有为注意到了大程与小程的区别和思想差异，并从不同角度反复予以辨明。与小程相比，大程的思想更倾向于心学。或许由于这个原因，康有为将陆九渊说成是大程的后学。康有为并没有明言王守仁的思想对二程的继承，也没有像对待陆九渊那样指出王守仁的心学受大程的影响，只是断言王守仁的心学超过了大程。尽管如此，可以肯定的是，康有为的推断需要一个理论前提，那就是：大程言心学。二程与朱熹的学说被称为程朱理学，这意味着二程都推崇理。大程同样对理（天理）推崇备至，声称"万理皆只是一个天理"（《河南称氏遗书》卷二上）。所不同的是，大程在推崇天理的同时，将天理内心化，主张"取诸身而已，一身以观天理"（《河南称氏外书》卷十一）。在此基础上，大程提出了"己便是尺度"的命题："大而化之，只是谓理与己一。其未化者，如人操尺度量物，用之尚不免有差；若至于化者，则己便是尺度，尺度便是己。"（《河南称氏遗书》卷十五）"己便是尺度，尺度便是己"表达了大程思想的心学意趣和取向，这一点与小程、朱熹呈现出明显不同。在这个意义上，无论康有为将陆九渊视为大程的后学还是对大程与王守仁的心学进行比较都是可以理解的。

尚须提及的是，由于缺乏系统阐发和论证，康有为对二程思想的解读大

---

① 《春秋董氏学》卷六，《康有为全集》（第二集），中国人民大学出版社2007年版，第393页。

② 《南海师承记·讲宋学》，《康有为全集》（第二集），中国人民大学出版社2007年版，第253页。

多只是只言片语，点到为止。由此带来的后果是，不惟缺乏应有的系统性、连贯性，而且遮蔽了二程思想的整体性、丰富性。由于没有具体语境和康有为对二程思想的整体研究作参照，康有为留下的只言片语有些显得突兀，不是令人如坠五里雾中，就是让人不知所云。例如，康有为说道："程子不称太极。"[①]由于没有上下文，康有为此处所说的"不称太极"究竟何意令人费解，易出歧义。对此，可以试着做如下解释：第一种解释，作为宋学开山的周敦颐讲太极，朱熹也讲太极。周敦颐是二程之学的源头，朱熹是二程之学的后学。作为二程思想之"头"的周敦颐和"尾"的朱熹都讲太极，唯独二程罕言太极。如此说来，二程的做法不是很奇怪吗！于是乎，康有为惊呼，二程"不称太极"。第二种解释是，康有为一面称赞周敦颐的"无极而太极"之语"甚精""精绝"，让论证"无极而太极"的《通书》成为宋代义理之学的开山，一面对二程的义理之学予以批评。在这个前提下，"不称太极"可以作为二程讲义理不多的一个注脚。很明显，这两种解释似乎都讲得通，彼此之间却存在巨大差异：第一种解释侧重事实，第二种解释侧重评价。至于哪一种解释接近康有为的本意，不得而知，甚至可能都与康有为的本意相去甚远亦未可知。

第四节　评价定位

就康有为视界中的二程来说，审视框架、学术源流和思想解读三位一体，相互印证，并且共同决定了康有为对二程的态度评价和历史定位。

一、态度评价

就态度评价而论，康有为基于孔教立场侧重从孔学的角度解读二程的学术归属和传承谱系，进而将二程安置在由曾子而荀子而朱熹一脉的传承谱系之中。沿着这个思路，康有为着重从两个角度对二程予以审视和评价。

首先，康有为指出，二程的思想属于曾子、荀子一脉，侧重守身。在这个维度上，二程的思想属于礼学一派，与子思、孟子代表的孔学之仁和大同之道背道而驰。这用康有为本人的话说便是："子思、孟子传子游、有子之学者也。程子以子思为曾子门人，盖王肃伪《家语》之误。今以《中庸》、《孟子》考之，其义闳深，曾子将死之言，尚在容貌辞气颜色之间，与荀子之礼学

---

① 《万木草堂口说·老子》，《康有为全集》（第二集），中国人民大学出版社2007年版，第176页。

同,其与子思、孟子异矣。”①尚须进一步澄清的是,康有为有时强调大程与得孔学“具体”(全面之义,与康有为批判的得孔学之“一体”“一端”相对应)的颜子相似,有时强调大程之心学传给了陆九渊。这不仅显示了大程与小程思想的差异,而且印证了大程思想包括仁学——大程提出仁者与天地万物为一体,将仁学推向了一个新高度和新境界,陆九渊、王守仁在康有为眼中就是孔子仁学的传人。

在这个前提下应该看到,在康有为那里,大程是在与小程的比较中呈现出近颜子等思想特色的,更何况他在大多数情形下并没有对大程与小程的思想予以区分。更为重要的是,康有为并没有提到大程对仁的阐发,也不否认大程与曾子思想的关系。康有为关于程学与曾子关系的论述是就包括大程和小程思想在内的二程之学即康有为所讲的程学而言的。这段引文中的“程子”如此,其他场合所讲的“程子”“程学”也是如此。有鉴于此,对于二程与曾子在康有为视界中的密切关系,只能说小程比大程更典型,或者说大程除了曾子之外尚有颜子余韵,而不可截然将大程归为颜子一派,而只将小程归入曾子一派。

其次,康有为勾勒的曾子—荀子—二程—朱熹的传承谱系注定了二程在宋明理学家中是使孔子思想“割地”的典型代表,主要证据便是二程将鬼神方面的内容从孔子思想中剔除。在这方面,二程与张载、朱熹的做法一样罪不容赦。

康有为写道:“孔子曰:气也者,神之盛也。魂也者,鬼之盛也。合鬼与神,教之至也。因物之精制为之,极明命鬼神,以为黔首,则百众以畏,万民以服,孔子意也。佛氏专言鬼,耶氏专言神,孔子兼言鬼神,而盛称其德。惟程、朱以为天地之功用,张子以为二气之良能,由于阮瞻《无鬼论》来,于是鬼神道息,非孔子神道设教意也。”②康有为之所以不惮其烦地强调孔子言鬼神,奥秘在于,言鬼神是他判断宗教的入门条件。基于宗教必言鬼神的认识,康有为强调孔子讲鬼神。他不仅将《易》说成是孔子所作,而且声称《易》讲天道,是专讲灵魂界之书(梁启超介绍康有为思想之语)。这里隐藏的逻辑是,只有肯定孔子言鬼神,才能有之后的孔子是教主、孔教是国教以及立孔教为国教等一系列主张。如果没有了孔子的言鬼神,一切都无从谈起。而在康有为看来,二程恰恰将对于作为宗教家的孔子至关重要、不可或缺的鬼神问题消解了。这不是一个小问题,而是关乎孔教的荣辱乃至存亡

① 《孟子微》,《康有为全集》(第五集),中国人民大学出版社 2007 年版,第 497 页。
② 《中庸注》,《康有为全集》(第五集),中国人民大学出版社 2007 年版,第 376 页。

的大问题。借此,可以想象康有为对二程的做法深恶痛绝,也可以从中窥见康有为对二程态度转变的原因。

在《论语注》中,康有为指责二程以及朱熹弄错了《大学》的作者,并且导致人们对《大学》的误解,最终使孔子的大同之道闇而不发。对于其中的原委,康有为具体解释说:

> 宜叶水心以曾子为未尝闻道也。今《曾子》十篇,皆兢兢守身之言,与此两章(指《礼·冠义》和《表记》——引者注)意义相合,必非诬说。盖曾子之真实心地,刻苦工夫,自为笃信好学者,然其所得品诣在善信之间,……终日省身寡过而已。其于充实光辉尚远,何况大化乎?……举老少而安怀,但知《孝经》守身,仅闻孔子万法之一端而已。盖曾子少孔子四十六岁,当孔子梦奠之年,仅二十七岁,当颜子没时,仅十五岁。故从游陈、蔡,皆不及与,受业未知何年。要其天资既鲁,侍教不久,所得不深,此诚无可如何者也。乃同学诸贤,各传教异国,或为卿相大夫。自颜子、伯牛、子路、宰我早卒,子贡居卫,子张居楚,子夏居西河,子游居吴,澹台游楚。其居洙、泗之故乡,因圣人之遗教,收吾党之狂简,嗣阙里之遗音,终身讲学,老寿九十者,惟有曾子,故弟子最多,在孔门灵光岿然,最为耆宿。后生之从儒教者,慕其盛名,以为孔子大宗,自皆归之。齐、鲁之间,学者率出其门,故后学独称曾子。《论语》于颜子尚名之,而于曾子称子,曾子之德望如此。天下闻曾子之教者,误以为孔子之道即如是。于是孔子之大道闇没而不彰,狭隘而不广,此孔教之不幸也。子思之学出于子游,荀子之言最可信据。王肃不知考,伪《家语》以为子思学于曾子。程、朱误信之,又附会为子思、孟子之正传,以《大学》为曾子之书,与《中庸》、《论语》、《孟子》名为四子。于是,曾子上列颜、思为四配,为孔道之正宗,而天下学者益尊之。于是,中国之言孔学者,仅在守身,而孔子重仁之大道,一切皆割弃,甚至朱子见《礼运》之大同且疑之矣。此则后儒轻说妄尊之罪,而于曾子无与也。①

在这里,康有为援引叶适(水心)之语指责曾子“未尝闻道”,并沿着这个方向尽情发挥,在将曾子塑造成使孔教狭隘化的始作俑者的基础上,彰显二程以及朱熹与曾子思想的内在勾连。归纳起来,康有为的论证从四个方面展开:第一,曾子自身根器浅陋,跟随孔子时间极短。这些都指向了曾子

---

① 《论语注》,《康有为全集》(第六集),中国人民大学出版社 2007 年版,第 437 页。

无缘洞察孔子大道。第二，曾子寿命最长，再加之孔子的其他亲授弟子在他国居住、游学或传教，只有曾子在孔弟子中留守洙泗之间。这使曾子拥有了得天独厚的机会，可以在孔学圣地齐鲁之间讲学授徒。各种原因和方便条件使曾子弟子最多，被尊为孔门耆宿。第三，将思想狭隘的曾子之学视为孔子正学是孔门的不幸，更大的不幸在于，高寿并且德高望重、后学众多的曾子得以编撰《论语》——在这方面，《论语》对于颜子尚且直呼其名为颜渊，唯独对曾子称子提供了佐证。以《论语》窥见孔子大道成为几千年的传统，曾子编撰的《论语》使人们离孔子大道渐行渐远。鉴于这种情形，康有为弃《论语》而投《春秋》：一面坚决抵制以《论语》作为进入孔子大道的门径，一面不遗余力地拔高《春秋》的地位。第四，鉴于曾子的盛名，二程和朱熹误从王肃之说而认为子思之学出自曾子，这与荀子所言子思之学出自子游相比可信度极低，纯属谬传。与王肃对曾子地位的拔高相比有过之而无不及，二程进一步将子思与孟子都说成是曾子之正传，将《大学》归功于曾子所作，并将《大学》与《中庸》《论语》《孟子》一起并称为四书（“四子”），奉若神明。在二程、朱熹的推崇下，曾子的地位骤然攀升，与颜子、子思和孟子一起被奉为四配，曾子的思想也由此被奉为孔学之正宗，日益受到天下的尊崇。

值得注意的是，在历数曾子的地位之尊以及由此导致的对孔学的误读之后，康有为曾经说，这一切归根结底不能怪罪曾子。原因在于，对于孔学造成的无法挽回的致命破坏“于曾子无与”，故而不应该归咎于曾子；而是应该追究后儒之罪，即“后儒轻说妄尊之罪”。很显然，在康有为所指的“后儒”中，矛头对准了二程和朱熹，王肃尚在其次。由此再联想到康有为对宋儒重四书而轻六经、宋元明清皆朱学世界而非孔学世界的诸多指责，更可以看出这一切与二程脱不了干系，甚至可以说，祸起二程。按照康有为的说法，二程以及朱熹的做法带来了一系列的后果，最严重的是，言孔学者偏执于守身，孔子之仁以及其他思想被割弃，大同思想更是闇而不发。正因为如此，朱熹见到《礼记·礼运》篇的“大道之行也，天下为公。……是谓大同”尚存疑之。

二、历史定位

就历史定位而论，与侧重在宋学的视域下解读二程的审视维度相印证，康有为对二程的历史定位基本上与对周敦颐、张载和朱熹即宋学“四先生”“四子”相一致，那就是：都奠定在对宋儒的总体评价之上。这方面的例子俯拾即是，康有为的下面议论显然都是在这个维度上立论的：

周、程、朱、张、邵、司马数先生出,以下不能出其范围。①

周、程、朱、张、邵五先生,真能穷天人之理者。②

周、程、朱、张,二千年来未有及之也,其学为孔子传人。③

由此可见,康有为充分肯定乃至高度评价二程在北宋以及两宋之学(宋学)中的地位,不仅断言二程与周敦颐、邵雍、张载、司马光和朱熹一样范围两宋之学,宋明思想超不出他们的范围;而且称赞二程与周敦颐、邵雍、张载和朱熹一样善于穷理,即"真能穷天人之理"。更为重要的是,康有为抛开邵雍和司马光,将二程与周敦颐、张载和朱熹相提并论,称赞他们的地位在二千年的历史上无人比肩。由于认定二程与周敦颐、张载和朱熹属于对孔学的一脉相传,康有为将他们一同归入孔子后学。值得注意的是,在将二程与周敦颐、张载和朱熹一同归入孔门的前提下,康有为强调他们的思想并非孔学嫡派。这用他本人的话说便是:"周、程、朱、张二千年来莫之能及也,其学为孔子传人,然尚非嫡派耳。"④

尽管康有为对二程的思想含有微词乃至多次驳斥,并且否认他们是孔学嫡派,然而,康有为还是在自己畅想的大同社会中为二程保留了一席之地。对于大同社会的尊崇对象,康有为如是说:"然虽有神圣,尊之亦有限制,以免教主合一,人民复受其范围,则睿思不出而复愚矣。即前古之教主圣哲,亦以大同之公理品其得失高下,而合祠以崇敬之,亦有限制焉,凡其有功于人类、波及于人世大群者乃得列。若其仅有功于一国者,则虽若管仲、诸葛亮之才,摈而不得与也;若乐毅、王猛、耶律楚材、俾士麦者,则在民贼之列,当刻名而攻之,抑不足算矣。若汉武帝、光武、唐太宗,皆有文明之影响波及亚洲,与拿破仑之大倡民权为有功后世者也。自诸教主外,若老子、张道陵、周、程、朱、张、王、佘、真、王阳明、袁了凡,皆有影响于世界者也。日本之亲鸾,耶教之玛丁路得,亦创新都者也。印度若羯摩、富兰那、玛努与佛及九十六道与诸杂教之祖,欧、美则近世创新诸哲,若科仑布、倍根、佛兰诗士,

---

① 《南海康先生讲学记·古今学术源流》,《康有为全集》(第二集),中国人民大学出版社2007年版,第111页。

② 《万木草堂口说·学术源流》,《康有为全集》(第二集),中国人民大学出版社2007年版,第139页。

③ 《万木草堂口说·学术源流》,《康有为全集》(第二集),中国人民大学出版社2007年版,第138页。

④ 《万木草堂口说·学术源流(四)》,《康有为学术文化随笔》,中国青年出版社1999年版,第9页。

凡有功于民者皆可尊之。”①由此可见,康有为将二程奉为共同尊崇的“神圣”,推荐给了未来的大同之人。康有为对孔教的奔走呼号具有强烈的政治意图乃至功利动机,援引梁启超的话说便是以孔教作为拯救中国的“第一著手”。由此可以想象,如果远离了救亡图存的时代呼唤或者淡化了政治诉求,康有为对孔教的热情将会急剧减退。因此,在搁置了救亡图存的现实需要之后,康有为设想,在未来的大同社会,人类已经由苦难世界登上了极乐世界,孔教也就完成了自己的历史使命。既然岸已登矣,孔教之筏亦当舍弃。循着这个逻辑,废弃了孔教,并非孔学嫡派也就不影响康有为对二程的评价了。事实似乎并不那么简单,一个简单而不争的事实是,大同社会尊崇的“神圣”数量有限,并且经过了严格的筛选,只有有功于人类者才能位列其中。透过康有为列出的“限量版”的“神圣”榜单,可以得出两点认识:第一,二程与周敦颐、张载和朱熹一同出现,延续了康有为将他们并誉为宋学“四先生”“四子”的思路和做派,同时表明康有为给予了二程与周敦颐、张载和朱熹一样的历史定位。第二,作为“北宋五子”的只有邵雍的名字没有出现在“神圣”榜单之上,由此可以推断,二程的地位或者说康有为对二程的历史定位比同为“北宋五子”的邵雍要高。

三、康氏范式

与对大多数国学人物和宋明思想家的提及一样,康有为并没有关于二程的系统论作。这决定了他对二程的关注和解读带有随机性、随意性,不惟是零星的,与系统研究和阐发相去甚远,甚至是凌乱的,前后矛盾的现象屡见不鲜。

可以看到,无论康有为对二程师承关系还是思想内容的侧重、取舍都带有明显的随意性。如果说随意性暴露出康有为对二程思想的解读不全面、不系统的话,那么,主观性则助长了他对二程思想的随意取舍、取便发挥。结果是,康有为的解读与其说还原了二程的思想原貌,毋宁说使二程的思想碎片化,有些内容则被遮蔽。例如,程颐作《颜所好何学论》,被收入《河南程氏文集》卷八的“杂著”之中②。当时的情形是,主掌太学的胡瑗以“颜子所好何学”为题,程颐应答,于是有了《颜所好何学论》。康有为明明注意到了这一点,于是说道:“程子十八岁作《颜所好何学论》,安定即拔为学长。”③《颜

① 《大同书》,中州古籍出版社 1998 年版,第 335—336 页。

② 《二程集》(上),中华书局 2004 年版,第 577—578 页。

③ 《南海师承记·讲宋学》,《康有为全集》(第二集),中国人民大学出版社 2007 年版,第 254 页。

所好何学论》是应景之作,亦可见当时只有十八岁的程颐对颜子的推崇和解读。面对这些,康有为不惟始终不提小程与颜子的关系,反而在区分大程与小程的过程中断言小程与曾子类似,大程与颜子类似。与此相一致,康有为一面将孔子的亲授弟子分为颜子与曾子两派,一面极力突出二程尤其是小程与曾子的关系。换言之,康有为在彰显孔子后学的两派之间势不两立的同时,将二程尤其是小程归入曾子一派。康有为反复从"谨守"的角度突出曾子思想的狭隘,并沿着这个思路将二程归入孔子后学中使孔学"割地"的行列。

进而言之,康有为提及二程的随意性、主观性背后隐藏着功利性、目的性,表面上看随机而为,即兴发挥,实质上却拥有不变的宗旨:从大的方面说,服务于对孔子的推崇和对孔教的阐发;从小的方面说,作为论证宋学的注脚。因此,康有为对二程的解读取舍和偏袒如此之大,从二程思想的本来面目来看离题甚远,从康有为的思想体系来看却顺理成章。换言之,康有为的许多观点孤立地看令人匪夷所思,放入他的思想中则不惟可以理解,深入思考则会发现含有深意。特殊目的和国学理念决定了康有为以"预定的结论"剪裁事实,二程与其他国学人物都是他剪裁的对象。康有为对小程与颜子关系的界定如此,对二程与张载关系的界定也不例外。康有为对二程思想的侧重、取舍与张载相比耐人寻味:无论双重人性论还是变化气质之说,二程的观点都与张载类似。从私人关系来说,张载是二程的表叔,双方思想相互影响。康有为对此置若罔闻,反倒极力彰显二程与周敦颐的师承关系。就后世来说,康有为凸显二程对朱熹的影响,而不提张载对朱熹的影响。事实上,在双重人性论、"理一分殊""一物两体"以及变化气质等诸多问题上,张载与朱熹的看法都极为相似,朱熹本人对张载的这些观点也不吝溢美之词。与对二程和朱熹之密切关系的反复三致意相去霄壤,康有为在张载后学中没有提到朱熹,在勾勒张载思想的传播时也没有提到朱熹。由此反观康有为对二程与朱熹思想的密切关系的极力彰显,可见其主观意向性非常明显。例如,康有为连篇累牍地指出二程以《中庸》为经典,源于周敦颐,并传给了朱熹。事实上,二程对于经典具有自己的选择和偏袒。这用他们本人的话说便是:"学者当以《论语》、《孟子》为本。《论语》、《孟子》既治,则六经可不治而明矣。"(《河南程氏遗书》卷二十五)一目了然,就四书来说,《论语》《孟子》而不是康有为念念不忘的《中庸》才是二程最为推崇的经典。如果套用康有为的话语方式,宋儒以四书抵制六经的话,那么,二程也是以《论语》《孟子》而不是以《中庸》抵制六经。对于这一点,二程声称"《论语》、《孟子》既治,则六经可不治而明矣”便是明证。既出乎预料又在预料之中的是,为了抵制宋明理学家重四书而轻六经尤其是重《中庸》《大学》而轻《春秋》的做法,康有为在侧重二程以及朱熹对《大学》的解读的同时,极力凸显二程以及朱熹思想的《中庸》学渊源。康有为的剪裁和侧重有失客观,至少难免以偏概全之嫌。不过,话又说回来了,康有为对二程以及朱熹的不满也不是完全没有道理,毕竟与六经分庭抗礼的四书的出现和地位的提升与二程、朱熹相关。众所周知,二程“表彰《大学》、《中庸》二篇,与《语》、《孟》并行”(《宋史·道学传·序》),朱熹则紧随二程之后,将《中庸》《大学》《论语》《孟子》并行,刊刻四书,作《四书集注》,并有《四书或问》。伴随着朱熹理学受到官方认可,四书以及朱熹的注疏成为科举考试的教科书。这些都极大地推动了四书的普及,致使四书的地位和影响远远超过了六经。

缺乏系统性、主观随意性是康有为解读国学人物以及宋明思想家的共性,呈现了他对待二程与其他国学人物的一致性。如果说这些尽显二程的“康氏”范式的话,那么,康有为对二程的关注也展示了二程独特的“程式风度”。后一点是康有为视界中的二程的独特之处,也使二程迥异于康有为视界中的其他国学人物乃至其他宋明人物:第一,在宋儒特别是在北宋诸儒中,康有为凸显二程之学的势力和影响。从他的表述来看,如果说周敦颐侧重开山、张载侧重“奇伟”的话,那么,二程则侧重“守学”。第二,康有为肯定北宋之学至二程之学而一统、最终皆归入程门。这个说法使二程之学成为北宋之学的集大成者。在这个前提下,康有为极力彰显朱熹对二程学统的接续——前者为后者成为“小教王”做了铺垫,宋元明清异化为朱学世界也印证了程学在后世的传播和对后世的影响。第三,在孔学的系统中,虽然为二程找到了颜子、曾子代表的孔子亲授弟子,但是,康有为偏偏对二程之学与曾子的密切相关乐此不疲。康有为尽管通过对大程与小程的区分强调小程的思想发端于曾子,并且传给了朱熹,然而,他在大多数情况下未做区分地声称朱熹传程子之学——反过来,康有为对朱熹使孔学“割地”的怒不可遏以及与曾子思想密切相关的凸显印证了二程与曾子的密切关系。再加之强调大程忙于做官,只有小程将主要精力投入到教学授徒之中,康有为始终侧重曾子—二程—朱熹的一脉相承,在整体上将二程之学归入孔子的礼学即小康之学的一脉。

综上所述,康有为视界中的二程是多维的,呈现出宏观、中观和微观等不同视界:宏观侧重孔学视域,中观侧重宋学视域,微观侧重程学视域。三个维度中的二程展示了二程的不同面向:宏观视界展示的是二程在孔学中的位置,传孔学之礼学;中观视界展示的是二程在宋学中的位置,是北宋之学的集大成者和宋学“四先生”“四子”;微观视界展示的是大程与小程的差异。这三个维度和视界既一脉相承,又各有侧重。只有将三个维度结合起来予以综合考察,才能全面体悟康有为对二程的审视、解读和评价。

第十二章　王　守　仁

在考辨中国本土文化“学术源流”的过程中，康有为关注、提及最多的国学人物除了先秦诸子，就是宋明理学家，这其中就包括王守仁。不仅如此，早年的康有为尊奉朱熹，后来由尊崇朱熹而转向膜拜陆王。伴随着思想的这一转向，康有为对王守仁倍加推崇，对王守仁思想的阐发由此展开。康有为对王守仁的关注具有自己的独特理念和视角，不仅受制于立孔教为国教的孔学观，而且与他的哲学观一脉相承。因此，康有为视界中的王守仁不仅提供了解读王守仁的别样方法，而且展示了康有为本人的王学观和孔学观。

第一节　思想来源与孔门学脉

康有为对王守仁思想的关注和诠释是在考辨中国本土文化“学术源流”的过程中进行的，并且受制于他本人的孔学观。有鉴于此，康有为关注王守仁的思想渊源和传承谱系，试图通过理论来源厘定王学与孔学的关系。这在某种程度上注定了康有为审视王守仁的初衷、视域和维度，也使他对王守仁思想的解读带有迥异于他人的独特性。

一、王守仁与孟子

康有为对王守仁的关注侧重学术传承，热衷于追溯王守仁思想的理论来源和传承谱系。与对待大多数国学人物的关注一样，康有为热衷于为王守仁寻找思想来源和传承谱系。在这方面，他将王守仁的思想源头追溯到先秦时期，为王守仁在孟子那里找到了理论来源。对此，康有为声称：“孟子之学，心学也。宋儒陆象山与明儒王阳明之学，皆出自孟子。”①依据这个说法，王守仁的思想来源于孟子，传孟子心学即证明了这一点。对于康有为来说，传承孟学不仅表明王守仁是孟子后学，而且意味着王守仁的思想属于

① 《康南海先生讲学记·古今学术源流》，《康有为全集》（第二集），中国人民大学出版社2007年版，第112页。

心学,并且是孔子后学。这是因为,“孟子,传孔子心学者也”①。这就是说,传承孟子心学既证明了王守仁的孔子后学身份,又表明了王守仁的思想属于孔子心学的传承谱系。

上述内容显示,康有为肯定王守仁传承孟子心学,这等于在肯定王守仁是孔子后学的前提下认定王守仁传孔子心学。循着这个逻辑推演下去,可以引申出康有为对王守仁思想的两个基本认识:第一,王守仁的心学与孟子心学密切相关,从根本上说则是对孔子心学的薪火相传。第二,传孟子心学注定了王守仁与传荀子之学的朱熹思想的对立。事实证明,他正是沿着这两个基本方向解读并评价王守仁的思想的。

二、王守仁与程颢、陆九渊

康有为在宋学中为王守仁寻找传承谱系,尤其是突出王守仁与程颢(大程)和陆九渊思想的渊源关系。于是,他不止一次地说道:

> 王阳明之言心学,过于大程。②
>
> 白沙、阳明未出,皆朱子之学。陈、王二人出,始讲陆学。③

依据这些说法,王守仁传承宋学中的心学一派——王守仁的心学在北宋之学中与程颢一脉相承,在南宋之学中直接沿袭陆九渊的衣钵。

对于康有为来说,与程颢、陆九渊思想的渊源关系为解读王守仁的思想提供了两条基本线索:第一,在北宋的源头是程颢、在南宋的源头是陆九渊印证了王守仁的思想属于心学,特别是继承陆九渊的思想不仅印证了王守仁的心学主旨,而且意味着与朱熹之学的对立。第二,王守仁的心学来自程颢、陆九渊,却并不只限于这两个人。更为重要的是,王守仁对心学有自己的心得,故而高于程颢,并且与陆九渊呈现出明显区别——对于前者,康有为明言王守仁的心学“过于大程”;对于后者,康有为更是一再地声称:

---

① 《康南海先生讲学记·古今学术源流》,《康有为全集》(第二集),中国人民大学出版社2007年版,第112页。

② 《南海师承记·讲宋学》,《康有为全集》(第二集),中国人民大学出版社2007年版,第253页。

③ 《南海师承记·讲明儒学派》,《康有为全集》(第二集),中国人民大学出版社2007年版,第255页。

孟子之学,其后开陆、王二派。①

王阳明提倡陆象山之学。一变而为训诂之学,一变而为义理之学。②

由此说来,陆九渊与王守仁的思想尽管都源于孟子,却又分属于两个不同的流派。正是由于这个原因,即使是承认王守仁对陆九渊的服膺和继承,康有为也不忘强调王学与陆学的不同。

三、王守仁与禅宗

在康有为的视界中,王守仁的思想虽然传孟子、程颢和陆九渊的心学而来,然而,孔门心学并非王学的唯一传承谱系。按照康有为的说法,与孔子心学一样,佛学尤其是禅宗是王学的重要来源。正因为如此,康有为认定王学并非孔门正宗。由于混入佛学,即使是王守仁对《中庸》的发挥也不得儒学之正,而是与孔子的思想渐行渐远。康有为这方面的论断不一而足,下仅举其一斑:

王阳明谓:戒慎、恐惧是工夫,不睹、不闻是本性。征以《易》之终日"朝乾夕惕",若可知阳明翻案,已入佛学。③

孔子说是以"不睹、不闻是本体,戒慎、恐惧是工夫"。王阳明谓"戒慎、恐惧是本体,不睹、不闻是工夫",入佛学。此阳明两种道理,括尽二教大义。④

康有为认为,除了孟子、程颢和陆九渊之外,王守仁的心学还有其他的理论来源。其中,佛学尤其是禅宗对王守仁的影响至关重要,甚至可以说,王守仁的心学脱胎于禅宗。这用康有为本人的话说便是:"六祖最心得处,阳明直指出来。"⑤

① 《康南海先生讲学记·儒家》,《康有为全集》(第二集),中国人民大学出版社 2007 年版,第 116 页。

② 《南海师承记·讲公羊》,《康有为全集》(第二集),中国人民大学出版社 2007 年版,第 260 页。

③ 《万木草堂口说·中庸》,《康有为全集》(第二集),中国人民大学出版社 2007 年版,第 166 页。

④ 《万木草堂口说·中庸》,《康有为全集》(第二集),中国人民大学出版社 2007 年版,第 169 页。

⑤ 《万木草堂讲义·七月初三夜讲源流》,《康有为全集》(第二集),中国人民大学出版社 2007 年版,第 289 页。

四、王守仁与宋明理学

在康有为那里,王学是作为"宋明学"的一部分出现的,故而带有"宋明学"与生俱来的两面性。具体地说,宋明理学带有双重性,既出于孔学,属于孔子学脉;又与佛学相混,属于另一种学问。他对宋明理学的这个界定和评价同样适用于王守仁。事实上,康有为对王守仁思想的阐发从两个不同角度展开:一是作为孔子学脉对儒家的传承;一是背离孔学宗旨,在与佛学的互证中"已入佛学"。

按照康有为的说法,与佛学(禅宗)的渊源关系既凸显了王守仁思想的心学属性,又表明了对孔学的背离。这主要表现在两个方面:第一,将孔子思想狭隘化。康有为指出,孔子大道本末远近大小精粗无所不赅,内外兼修,魂魄兼养。宋明理学家却将孔子大道狭隘化,朱熹使孔子"割地"(康有为术语,意为使思想狭隘化),具体表现是由于将鬼神等内容从孔学中删除,导致人们对孔子不讲鬼神、孔子之学非宗教的误解;王守仁也将孔子大道狭隘化,具体做法则是由专讲心学而不讲礼学导致的只有内圣而无外王。正是在这个意义上,康有为一再指出:

> 王阳明得之养来。①
>
> 佛氏之总旨,在难降伏其心。王阳明称去山中贼易,去心中贼难。孔子之道,内圣外王,原合表里精粗而一之。②

第二,受佛学浸染太深,王守仁的思维方式和价值旨趣由于"已入佛学"而与孔子思想相背离。在这方面,如果说传承孟子心学表明了王守仁的思想出于孔子学脉的话,那么,对《中庸》的发挥则表明王守仁的思想既出于孔学,又由于与佛学相混而非孔门正学。正是由于这个原因,在追溯王守仁的思想渊源时,除孟子之外,康有为更多地将王守仁的思想与佛学和《中庸》联系起来。例如,他关注王守仁对《中庸》思想的发挥和诠释,甚至断言王守仁所讲的致良知和张载一样从《中庸》的"明诚"而来。这用他本人的话说便是:"《正蒙·诚明篇》'诚明所知乃天德',王阳明良知之学本此。"③这就是说,康

---

① 《万木草堂讲义·七月初三夜讲源流》,《康有为全集》(第二集),中国人民大学出版社2007年版,第289页。

② 《论语注》,《康有为全集》(第六集),中国人民大学出版社2007年版,第417页。

③ 《南海师承记·讲正蒙》,《康有为全集》(第二集),中国人民大学出版社2007年版,第232页。

有为并不凸显王守仁的良知说渊源于孟子的“所不虑而知者,其良知也”(《孟子·尽心上》),尽管承认“良知即明德”①也不例外。再如,康有为指出,由于“已入佛学”,王守仁所标榜的理想人格名为儒家的圣人,实则为佛家的觉人。对此,康有为反复揭露说:

> 王阳明、罗念莽等,所谓圣人者,觉人也,非圣人也。②
>
> 王阳明、罗念庵,谓“满街皆是圣人”,以为人性本善,此非也,谓之觉人可也。③

通过对王守仁传承谱系的勾勒,康有为阐明了三个主要问题:第一,王守仁思想的内容属于心学,无论是孟子的思想还是佛学皆是王学的心学渊源。第二,对于王守仁的心学来源,禅宗代表的佛学比孟子代表的孔学更为强势。因此,康有为对王守仁思想的定性是“入佛学”。与此相一致,康有为不仅将王守仁的思想界定为心学,而且肯定王守仁的心学有心得,自成一家:“王阳明讲心学实有得。”④例如,他指出,王守仁的心学与陆九渊相关,却呈现出与陆九渊的不同。第三,康有为强调,王学多变。对此,他的总体看法是:“阳明学凡三变。”⑤

第二节 王学的弟子与传播

康有为不仅追溯了王守仁思想的理论渊源,而且跟踪了其在明代的传播影响。通过王门弟子、王学传播和王学与朱学的关系,康有为从不同维度再现王守仁在明代学术中的具体位置,较为完整地勾勒出王学的来龙去脉。

一、王学弟子

康有为提到了王守仁的诸多弟子,为人们展示了一派王门后学景象。

---

① 《万木草堂讲义·七月初三夜讲源流》,《康有为全集》(第二集),中国人民大学出版社2007年版,第289页。

② 《万木草堂口说·春秋繁露》,《康有为全集》(第二集),中国人民大学出版社2007年版,第188页。

③ 《万木草堂口说·春秋繁露》,《康有为全集》(第二集),中国人民大学出版社2007年版,第204页。

④ 《南海师承记·讲性理》,《康有为全集》(第二集),中国人民大学出版社2007年版,第233页。

⑤ 《南海师承记·讲明儒学案及国朝学案》,《康有为全集》(第二集),中国人民大学出版社2007年版,第257页。

于是,康有为连篇累牍地声称:

> 念庵讲修摄保任之学,其语录最好。传曾子戒慎恐惧之学,王门以念庵为最。①
>
> 王心斋一派以天地万物依于身,不以身依于天地万物,与阳明再辨论,始为弟子。心斋多权术,的传王学。②
>
> 《明儒学案》主张王学,推崇康斋。③
>
> 孙夏峰、李二曲皆王学。④

上述议论是康有为在讲述明儒和清儒学案时发出的,并非专门对王守仁后学的探究,故而显得凌乱且缺乏系统。通过梳理,可以得到诸多有关王门弟子的信息:第一段议论中的念庵是罗洪先之号,罗洪先私淑王守仁,提出"良知者,至善之谓也"。康有为将之视为王守仁的弟子,并且断言王门弟子以罗洪先为最。第二段议论中的心斋即泰州学派创始人——王艮之号,康有为认为王艮善于权术,确为王门后学。第三段议论中的《明儒学案》是黄宗羲的代表作,康有为认定黄宗羲提倡王学,《明儒学案》旨在为王学张目;这段议论中的康斋是陈献章之师——吴与弼之号,康有为在声称黄宗羲提倡王学的前提下断言黄宗羲推崇吴与弼,这个说法给人的感觉是,吴与弼以及陈献章亦与王学密切相关。第四段议论中的孙夏峰即孙奇逢,早年宗陆王,晚年尊朱熹;李二曲即李颙,与孙奇逢、黄宗羲并称。三人都有调和朱陆的思想倾向,孙奇峰晚年更是放弃了陆王转而推崇朱熹。尽管如此,康有为却将孙奇逢和李颙、黄宗羲一起归入王学之中,这个说法与将罗洪先归入王门尤其是说成是王门弟子之最和彰显尊程朱的吴与弼与王学的关系一样显得牵强。

康有为将罗洪先、吴与弼、孙奇峰和李颙等与王守仁思想并不密切的人说成是王门后学,表面上看扩大了王学的阵营,其实不然。一个明显的证据是,康有为对王守仁的诸多弟子如徐爱、钱德洪、欧阳德、邹守益、聂豹以及王畿等人闭口不提。事实上,这些人不仅得到王守仁的亲炙,而且比康有为

---

① 《南海师承记·讲明儒学案及国朝学案》,《康有为全集》(第二集),中国人民大学出版社2007年版,第257页。

② 《南海师承记·讲明儒学案及国朝学案》,《康有为全集》(第二集),中国人民大学出版社2007年版,第257页。

③ 《南海师承记·讲明儒学案及国朝学案》,《康有为全集》(第二集),中国人民大学出版社2007年版,第256页。

④ 《南海师承记·讲明儒学案及国朝学案》,《康有为全集》(第二集),中国人民大学出版社2007年版,第258页。

提到的王门后学更得王守仁真传。康有为之所以忽视王守仁的亲炙弟子而凸显其他人的王学谱系,受制于他对王学内容和性质的认定。这既出于凸显王守仁心学的目的,又为了印证他本人有关王学"已入佛学"。对于这一点,康有为的下列说法提供了佐证:

> 王学养魂修摄,保任养魄。①
>
> 罗念庵在金鳌洞静坐三年,白沙在阳春台三年,王阳明在龙场驿眠石棺三年,古之名人皆曾下苦功者。②
>
> 近溪论为学最精深,由菩萨乘入佛乘。③

按照康有为的说法,罗洪先、陈献章悟道三年与王守仁在龙场驿眠石棺三年属于同一性质,证明他和王守仁一样肯在心学上下苦功夫;泰州学派创始人——罗汝芳(近溪)论学精深,"由菩萨乘入佛乘",因而将王学"已入佛学"的特征发挥到了极致。

尚须澄清的是,康有为有关王守仁后学的言论是在不同场合发出的,零星而不成体系。一个不争的事实是,作为王门后学,无论他们的思想差异多大,都承袭了王守仁的心学衣钵。对此,康有为的这段话提供了注脚:"白沙于礼学甚讲求,比王学后来之放恣者迥异矣。"④从表面上看,康有为肯定陈献章特别讲求礼学,循规蹈矩,与王守仁的放达恣肆迥异其趣。深入分析可以发现,这印证了王守仁与陈献章理学的区别:王守仁秉持心学,传承了孔子之仁;陈献章则恪守礼学,传承了孔子之礼。

二、王 学 传 播

在康有为那里,诸多弟子不仅印证了王学的性质,而且表明了王守仁思想在明代的重要影响。王学的势力在嘉靖后达到顶峰,一句"嘉靖后皆王学"⑤道

① 《南海师承记·讲明儒学案及国朝学案》,《康有为全集》(第二集),中国人民大学出版社2007年版,第257页。

② 《南海师承记·讲明儒学案及国朝学案》,《康有为全集》(第二集),中国人民大学出版社2007年版,第257页。

③ 《南海师承记·讲明儒学案及国朝学案》,《康有为全集》(第二集),中国人民大学出版社2007年版,第257页。

④ 《南海师承记·讲明儒学案及国朝学案》,《康有为全集》(第二集),中国人民大学出版社2007年版,第257页。

⑤ 《南海师承记·讲明儒学案及国朝学案》,《康有为全集》(第二集),中国人民大学出版社2007年版,第257页。

出了王守仁思想在明代的辉煌。

在审视、考察王学传播过程时，康有为分别从王学的内部与外部考察了王学的分野：在王学内部，由于诸弟子对王守仁的思想予以不同发挥，致使王学产生了流派分野。这用康有为本人的话说便是："王学分江西、浙江二派。"①在王学外部，湛若水（甘泉）别开学派，与王守仁分庭抗礼。为了突出王学传播的这种外部环境，康有为反复使用"齐名""并称""另"等字眼界定湛若水与王守仁思想的关系。康有为之所以这样做，目的是凸显湛若水与王守仁的思想属于两个学派，并对两派的关系如是说：

> 湛甘泉与王阳明齐名，当时并称王、湛。②
> 甘泉另开一学派，当时称王、湛，与阳明比。③

在康有为那里，如果说湛若水别开学派与王守仁比肩表明王学在当时的思想界并非一枝独秀的话，那么，从整个明朝的学术状况来看，与王守仁势均力敌的不是湛若水而是朱熹的思想。正是在这个意义上，康有为不厌其烦地如是说：

> 元、明皆朱学。明正德之后，王阳明之学盛行，至国朝而学复昌。④
> 明嘉靖以前皆朱学，后皆王学。⑤
> 明朝学问疏陋，嘉靖以前皆朱学，嘉靖以后皆王学。⑥
> 阳明之学既衰之后，朱学复兴。⑦

---

① 《南海师承记 · 讲明儒学案及国朝学案》，《康有为全集》（第二集），中国人民大学出版社 2007 年版，第 257 页。

② 《南海师承记 · 讲明儒学案及国朝学案》，《康有为全集》（第二集），中国人民大学出版社 2007 年版，第 257 页。

③ 《南海师承记 · 讲明儒学派》，《康有为全集》（第二集），中国人民大学出版社 2007 年版，第 256 页。

④ 《万木草堂口说 · 学术源流》，《康有为全集》（第二集），中国人民大学出版社 2007 年版，第 145 页。

⑤ 《南海师承记 · 续讲国朝学派》，《康有为全集》（第二集），中国人民大学出版社 2007 年版，第 259 页。

⑥ 《南海师承记 · 讲明儒学案及国朝学案》，《康有为全集》（第二集），中国人民大学出版社 2007 年版，第 258 页。

⑦ 《万木草堂讲义 · 七月初三夜讲源流》，《康有为全集》（第二集），中国人民大学出版社 2007 年版，第 291 页。

晚明之治皆朱子之治也，晚明之学亦皆朱子之学也。①

在康有为的眼里，明朝学术在本质上表现为朱学与王学相互争席：明朝前期是朱学的天下，嘉靖以后成为王学的天下。换言之，伴随着王学的衰落，晚明再一次成为朱学的天下。

三、王守仁与朱熹

在康有为的视界中，王守仁的第一关系人与其说是陆九渊，不如说是朱熹。可以看到，无论阐释王守仁的思想还是追溯王学的传播，康有为总是提到朱熹，甚至让朱熹与王守仁如影随形。正是由于这个原因，不了解王守仁与朱熹的关系，也就无法全面把握康有为的王学观。

首先，康有为连篇累牍地对王守仁与朱熹的思想予以比较，力图从不同角度共同凸显两人思想的差异。

康有为认为，王守仁与朱熹的关系相当于孟子与荀子的关系，并沿着孟子与荀子思想对立的思路厘定王守仁与朱熹的关系。具体地说，王守仁传孟子心学而来，讲心学，重气节；朱熹传荀子礼学而来，讲变化气质，重修身。沿着这个思路，康有为指出，王守仁与朱熹的思想呈现出尊德性与道问学的区别。对此，康有为概括如下：

盖孟子重于心，荀子重于学。孟子近陆，荀子近朱。②

孟子高明，直指本心，是尊德性，陆、王近之。荀子沉潜，道问学，朱子近之。③

与上述界定相一致，康有为强调，王守仁与朱熹的关系直观地揭示了孔教在内部的争教，争教的具体表现是以心学对抗礼学。这用他本人的话说便是："王阳明以心学攻朱子。"④

值得注意的是，康有为擅长对比，对王守仁的关注也不例外。例如，他

① 《万木草堂讲义·七月初三夜讲源流》，《康有为全集》（第二集），中国人民大学出版社2007年版，第290页。

② 《南海师承记·学章》，《康有为全集》（第二集），中国人民大学出版社2007年版，第213页。

③ 《万木草堂口说·学术源流》，《康有为全集》（第二集），中国人民大学出版社2007年版，第135页。

④ 《万木草堂讲义·七月初三夜讲源流》，《康有为全集》（第二集），中国人民大学出版社2007年版，第288页。

曾经不止一次地对王守仁与陈献章的思想予以比较：

白沙不及阳明之开化。①

阳明从动字入手，白沙从静坐入手。②

在第一段议论中，康有为旨在强调，王守仁开化，陈献章保守，两人的思想呈现出明显差异。在第二段议论中，康有为则将王守仁的思想概括为动，将陈献章的思想概括为静。如果说第一段议论表明王守仁与陈献章的思想存在差异的话，那么，第二段议论则表明两人的思想截然对立——呈现出一动一静的态势。尽管如此，陈献章与王守仁的关系对于康有为来说有别于朱熹与王守仁的关系，二者之所以不可同日而语，是因为后者之间的关系并不限于思想上的差异乃至分歧，而是在根本上带有争教的性质。

其次，康有为认为，王守仁与朱熹的思想差别并不只是纯粹的理论分歧，而是相互争教。

康有为将教之传播视为争教的过程，对孔教传播过程更是做如是观。在这个前提下，他将王守仁与朱熹视为争教的关系，并沿着争教的思路审视王守仁与朱熹之间的思想差异。于是，康有为断言："王阳明攻朱子为洪水猛兽，争教之故使然也。"③正因为如此，在对王守仁思想的阐发中，康有为多次提到王守仁对朱熹的攻击：

《大学》经传之说，阳明攻之。④

朱子至阳明始生别解，聚讼百年。⑤

在这里，康有为反复列举王守仁对朱熹的攻击。就内容来说，康有为对王守仁攻击朱熹的关注聚焦《大学》的格物说而很少提及诸如知行观等方

① 《万木草堂讲义·七月初三夜讲源流》，《康有为全集》（第二集），中国人民大学出版社2007年版，第289页。

② 《万木草堂讲义·七月初三夜讲源流》，《康有为全集》（第二集），中国人民大学出版社2007年版，第289页。

③ 《万木草堂讲义·七月初三夜讲源流》，《康有为全集》（第二集），中国人民大学出版社2007年版，第289页。

④ 《南海师承记·讲宋元学派》，《康有为全集》（第二集），中国人民大学出版社2007年版，第255页。

⑤ 《南海师承记·讲格物》，《康有为全集》（第二集），中国人民大学出版社2007年版，第246页。

面的内容。在他看来,王守仁对朱熹格物说的攻击,导火索便是王守仁的格庭前之竹,深层原因则是王守仁心学只讲致良知而不讲学问和礼法。对于这个问题,康有为一而再、再而三地剖析说:

阳明曾格一竹,七日不得,遂攻朱子格物之说。①

阳明以《大学》有格物,遂格庭前一竹,七日不得通,因攻朱子。而以致良知之说为主。非之者,以为近六祖佛学。然知行合一之说最为紧切,但不讲求学问,不讲求礼法,此其疏耳。②

王阳明能良知之说,不能格物。③

事实上,康有为承认对于格物言人人殊,并且在不同场合列举了各家观点。下仅举其一斑:

后儒言格物之义纷如。王阳明:格,正也,格其不正以归于正也。欧阳崇一以"格"为"感","感而遂通也"。黄佐引《苍颉篇》:格,木长貌。巧说破碎,只增笑柄。王栢、季本、高攀龙、崔铣、毛奇龄皆改本,黎立武、董槐、叶梦鼎、车清臣、方正学、王阳明、李安溪皆主古本,则徒为纷纷,不若朱子之条理矣。④

格物谓"格,来也",康成说。阳明谓"格,正也",《说文》谓"格,木长貌,又支参,格也",皆非。惟司马公谓"格,扞也,扞格外物者",此说极是。⑤

由此可见,第一段议论在列举各家格物学说的前提下肯定众说不如朱熹讲格物有条理,其中就包括王守仁对格物的训解。第二段议论在列举王守仁训格为正的前提下肯定司马光训格为扞格,以"扞格外物"解格物可谓确诂。在这个视界中,由于朱熹不在场而王守仁在场,司马光与朱熹对格物的训诂究竟孰是孰非不得而知。可以肯定的是,康有为认为王守仁之解不

① 《南海师承记·讲宋元学派》,《康有为全集》(第二集),中国人民大学出版社 2007 年版,第 255 页。

② 《南海师承记·讲明儒学案及国朝学案》,《康有为全集》(第二集),中国人民大学出版社 2007 年版,第 257 页。

③ 《万木草堂讲义·七月初三夜讲源流》,《康有为全集》(第二集),中国人民大学出版社 2007 年版,第 289 页。

④ 《教学通义·大学下》,《康有为全集》(第一集),中国人民大学出版社 2007 年版,第 33 页。

⑤ 《南海师承记·讲宋元学派》,《康有为全集》(第二集),中国人民大学出版社 2007 年版,第 255 页。

如司马光。与这个说法颇为矛盾的是,康有为有时又认为王守仁对格物的解释与司马光的扞格相近,可谓正解。正是在这个意义上,康有为说道:"阳明又当正解,与扞格颇近。"①

如果说第一段议论表明康有为对于王守仁对朱熹格物说的批评站在了朱熹一边的话,那么,这只是问题的一个方面。问题的另一方面是,康有为有时赞同王守仁对朱熹格物说的攻击。对此,他不止一次地说道:

> 朱子聪明绝世,精力过人,物物皆尝理会,故推本于《大学》"格物"之说也。不知穷格物理,惟朱子能之。义理既研极细微,训诂既精,考据亦详,经世之法,人事之曲,词章之美,书艺之精,多才多艺,博大宏富,无一不该,二千年来未见其比者也。而以之教学者,是犹腾云之龙强跛鳖以登天,万里之雕诲鹫鸠以扶摇,其不眩惑陨裂,丧身失命,未之有也。故谓朱子格物之说非也。②
>
> 其"格物"传曰:是故《大学》始教,必使学者即凡天下之物,莫不因其已知之理而益穷之,以求至乎其极。夫天下之物无穷,一人之知有限,庄子所谓"其生也有涯,其知也无涯,以有涯求(原文为"随",见《庄子·养生主》——引者注)无涯,殆矣"。殆而求知,殆而已矣。尧、舜之知,而不遍物,圣人但为人伦之至,有所不知,原非所讳。……以圣人神力所不能,而于始入大学之十五岁童子,责其尽格物理,即使今日格一件,明日格一件,安有至极之时哉?此阳明所以来格竹之疑,而古本之争以起。③

这清楚地表明,康有为认为朱熹将格物界定为穷理,呼吁通过"今日格一件,明日格一件"(《朱子语类》卷104)来格尽天下之物立论太高,远非一般人所及。正是由于这个原因,王守仁通过格庭前之竹对朱熹的格物说产生质疑是有道理的。

至此可见,对于王守仁与朱熹之争,康有为的态度是矛盾的,心情是复杂的:就学理和学统而言,对王守仁有所肯定;就争教和道统而言,对王守仁多有微词。原因在于,康有为对王守仁思想的解读既有自己的独特视角和理念,又带有近代的视域和特征。下面两段话即体现了康有为审视王守仁思想的这种复杂乃至矛盾心理:

---

① 《南海师承记·讲格物》,《康有为全集》(第二集),中国人民大学出版社2007年版,第246页。

② 《教学通义·大学下》,《康有为全集》(第一集),中国人民大学出版社2007年版,第32页。

③ 《教学通义·大学下》,《康有为全集》(第一集),中国人民大学出版社2007年版,第32页。

墨子传道于巨子以为后，至死百余人而争之，可谓重大矣，巨子即教皇也。墨子尊天、明鬼、尚同、兼爱，无一不与耶同。使墨子而成教主，中国亦有教皇出矣。但墨子有妻而多鬼，此则不同，其道太觳。夫不言魂而尚苦行，此必不可行者也。庄子以为去于王远，岂不宜哉？夫古之为教主者，多有异术以耸人心。观佛之服大迦叶及诸梵志，皆以异术。耶苏亦然。墨子乃哲学者，王阳明亦直指本心，颇与耶同，然皆有道而无术。①

孔子开教在先，道无不包。墨子本其后学，乃自创新教，锐夺孔席以自立，所以攻难者无不至。所谓蠹生于木而自喙其木耶？挟坚苦之志，侠死之气，横厉无前，不数十年，遂与儒分领天下，真儒之劲敌也。攻儒者亦未有过墨者矣。王肃之攻康成，阳明之攻朱子，皆后起争胜之习，墨子真其类也。②

如果说秉持孔教立场是康有为审视王守仁的独特视角和理念的话，那么，他所讲的争教无论是孔教内部的朱熹与王守仁之争还是孔教外部的孔教与佛教、孔教与耶教（基督教）之争都具有全球视域，故而带有鲜明的近代特征。上述两段议论显示，与念念不忘争教的审视维度和价值旨趣相一致，康有为将王守仁与墨子一样视为有道而无术者——由于有道，故而拥有了争教的资格和资本；由于无术，故而其教不传。

与此同时，康有为认为，争教不是孔教传教的特例，而是所有教之传播都概莫能外的传播通例。正如他所讲的争教具有全球视野一样，康有为认为，墨子、王守仁在争教方面具有相同性，与两人情况类似的是全球视野中的耶教。当然，从将王守仁与墨子一起与耶稣相比来看，康有为对于王守仁与朱熹之间的争教显然是站在了朱熹一边。就全球视域内的争教来说，康有为出于以教治教的目的，大声疾呼立孔教为国教，就是为了以孔教对抗耶教的强势入侵；就中国视域内的孔教的外部争教来说，战国时期诸子纷纷创教，都是为了与孔子争教，墨子作为其中的最强悍者，是孔教外部的劲敌；就孔教的内部争教来说，朱熹是孔教的“小教王”，使孔教在埋没几千年之后赢得了天下。王守仁与朱熹争教在表面上有别于耶教与孔教的全球之争，墨教与孔教的外部之争；对孔教的败坏和消极影响在性质上与耶教、墨教无

---

① 《意大利游记》，《康有为全集》（第七集），中国人民大学出版社 2007 年版，第 398 页。

② 《孔子改制考》卷十六，《康有为全集》（第三集），中国人民大学出版社 2007 年版，第 194—195 页。

异，在强度上比后者更大。有鉴于此，王守仁与墨子的具体证据对象有别，造成的后果却如出一辙。明白了这一逻辑，也就可以理解康有为对于王守仁与朱熹争教的念念不忘以及对王守仁败坏孔教的耿耿于怀了。

第三节　王学的定位和评价

在康有为的视界中，无论王守仁渊源于孟子、对《中庸》的发挥还是混入佛学都共同指向了一个结论，那就是：王守仁之学属于心学，并且是孔子心学的代表。这是康有为对王守仁思想的基本定位，也奠定了他对王守仁的评价基调。

一、以王学证明孔子的心理学

康有为对孔子的推崇不惟体现为在诸子百家中彰显孔子的至高无上性，同时体现为在全球多元文化中凸显孔学的至高权威。康有为在面对外学、证明西学不出孔子之学的范围时，拿出的证据除了颜渊、孟子就是王守仁："心学固吾孔子旧学哉！颜子三月不违，《大学》正心，《孟子》养心，宋学尤畅斯理。当晚明之季，天下无不言心学哉！故气节昌，聪明出，阳明氏之力也。以《明儒学案》披析之，渊渊乎与《楞伽》相印矣。三藏言心，未有精微渊异如《楞伽》者也。泰西析条分理甚秩秩，其微妙玄通，去远内典矣。吾土自乾嘉时学者掊击心学，乃并自刳其心，则何以著书？何以任事？呜呼！心亦可攻乎哉？亦大异矣。日人中江原、伊藤维桢本为阳明之学，其言心理学，则纯乎泰西者。"①

与康有为的说法相印证，梁启超在自称"述康南海之言"的演讲中，将康有为所发明的孔教的要义归纳为六条，其中之一就是"孔教乃强立主义，非文弱主义"。对此，梁启超给出的解释是："孔子于《系易》也，曰：'天行健，君子以自强不息。'曰：'独立不惧。'《论语》曰：'吾未见刚者。'《中庸》言中立而不倚，强哉矫。国无道，至死不变，强哉矫。而《尚书·洪范篇》之末，叙述六极，以弱为最下。以之与凶短折疾贫并称，然则孔子六经，重强立而恶文弱，甚矣！自晋唐以后，儒者皆懦弱无气，大反孔子之旨。惟明代阳明一派，稍复本真耳，而本朝（清）考据学兴，柔弱益甚，遂至圣教扫地，国随而亡，皆由压制服从之念多，而平等自立之气灭。"②据此可知，如果说强立

① 《日本书目志》卷二，《康有为全集》（第三集），中国人民大学出版社 2007 年版，第 293 页。

② 《论支那宗教改革》，《梁启超全集》（第一册），北京出版社 1999 年版，第 265 页。

主义是孔教之要义，从六经到《论语》都倡导自强不息的话，那么，从魏晋隋唐到宋元皆盛行懦弱之风，清代考据学更是将柔弱之风推向了极致。这种风气和做法不仅使孔教之强立要义扫地，而且导致中国的种弱国亡。值得注意的是，在梁启超的表述中，除了孔子本人之外，两千年的历史上只有王守仁一派复孔子强立之真。梁启超所介绍的王守仁之强立与康有为所讲的王学重气节、能任事说的是一个意思，并且都指向了王守仁的心学。

在肯定王守仁属于孔子后学的前提下，康有为承认王守仁的心学与孔子相关，并对王守仁的心学予以肯定。例如，他断言："学者全贵有志，事所未成而光辉所照，魄力所通，自了不可当矣。孔子特立名字，而周子言名胜耻也。此语为上等人说法，专讲实务，开宋朝学问者全在此。王阳明于心学的觉有得，一面讲学，一面攻贼，一面定谋，一面答问，如此之人真可佩服。"①需要特别申明的是，即使是没有肯定王守仁的心学是对孔学的继承而是别有所传乃至属于另一种学问，康有为同样对之赞叹有加。例如，他一而再、再而三地断言：

> 言心学者必能任事，阳明辈是也。大儒能用兵者，惟阳明一人而已。②
>
> 孔融守北海，贼围城而在楼上读书。费祎将兵，来敏留与棋，而知其胜敌。谢安之见桓温及围棋事，皆有不动之学。宋明帝赐王昙首死，适与客棋，终局然后就死。澶渊之役，莱公呼卢饮酒，如此方可任事。阳明卧石棺，金正希临崖，足二分睡在外。椒山临刑，尚能作千余字家书。详细曲折，均心学足也。③
>
> 阳明在龙场与老僧对坐，又卧石棺者三年。④

这些议论足以证明，康有为并不仅仅认同孔门心学，而是对心学本身顶礼膜拜。正因为如此，是否出于孔学只是康有为判断王守仁的思想渊源和传承谱系的标准，并不代表他评价王守仁心学的全部依据和基本态度。在康有为那里，讲心学则多气节，不讲心学则气节扫地，心学与气节如影随形。

---

① 《南海师承记·讲周子通书》，《康有为全集》（第二集），中国人民大学出版社 2007 年版，第 233 页。

② 《南海师承记·讲主静出倪养心不动》，《康有为全集》（第二集），中国人民大学出版社 2007 年版，第 248 页。

③ 《南海师承记·讲主静出倪养心不动》，《康有为全集》（第二集），中国人民大学出版社 2007 年版，第 248 页。

④ 《南海师承记·讲主静出倪养心不动》，《康有为全集》（第二集），中国人民大学出版社 2007 年版，第 248 页。

对此，他以明朝与清朝的对比论证了这一点："明人学心学，故多气节，与后汉、南宋相埒。本朝气节扫地，皆不讲心学也。"①心学能任事、重气节，临危不惧，勇于担当是康有为的一贯主张，这一判断决定了他对王守仁心学的态度和对王学的基本评价。基于对王学讲气节的认定，康有为甚至将讲气节说成都说成是受到王守仁的影响。例如，康有为曾经发出了这样的断语："东林出焉，专讲气节。东林党人极盛。当时王学遍天下。"②

与康有为将王守仁的心学与气节相提并论息息相通，梁启超回忆，康有为在收徒讲学中将激励气节作为教学宗旨，以"宋明学"作为主要内容："先生以为欲任天下之事，开中国之新世界，莫亟于教育，乃归讲学于粤城。……以孔学、佛学、宋明学为体，以史学、西学为用。其教旨专在激厉气节，发扬精神，广求智慧。"③不难想象，如果说作为康有为讲学内容的"宋明学"中包括王守仁心学的话，那么，"激厉气节"的教育则决定了王守仁的思想在康有为讲学内容中占有显赫位置。

二、王学与佛学互证

康有为对王守仁的推崇与他所认定的王学的思想特质密不可分，其中既包括对王学的解读和诠释，又包括对王学的利用和创新。就王学对于康有为的意义来说，王守仁的心学直指本心，并且直接源于禅宗。康有为对佛学怀有好感，对禅宗尤为受用。可以肯定的是，王守仁的心学成为康有为思想入佛的津梁。据梁启超披露，康有为就是借助阳明学入佛、阐佛的。对此，梁启超在《南海康先生传》中如是说："先生由阳明学以入佛学，故最得力于禅宗，而以华严宗为归宿焉。其为学也，即心是佛，无得无证。以故不歆净土，不畏地狱；非惟不畏也，又常住地狱；非惟常住也，又常乐地狱，所谓历无量劫行菩萨行是也。以故日以救国救民为事，以为舍此外更无佛法。然其所以立于五浊扰扰之界而不为所动者，有一术焉，曰常惺惺，曰不昧因果。故每遇横逆困苦之境，辄自提醒曰：吾发愿固当如是，吾本弃乐而就苦，本舍净土而住地狱，本为众生迷惑烦恼，故入此世以拯之。吾但当愍众生之未觉，吾但当求法力之精进，吾何为瞋恚？吾何为退转？以此自课，神明俱

① 《南海师承记·讲明儒学案及国朝学案》，《康有为全集》(第二集)，中国人民大学出版社2007年版，第258页。

② 《万木草堂讲义·七月初三夜讲源流》，《康有为全集》(第二集)，中国人民大学出版社2007年版，第289页。

③ 《南海康先生传》，《梁启超全集》(第一册)，北京出版社1999年版，第483页。

泰,勇猛益加。先生之修养,实在于是;先生之受用,实在于是。"①依据梁启超的这个介绍和剖析,康有为的哲学属于心学范畴,从根本上说是王学与佛学相互和合的结果。康有为心学的特质在于"即心是佛",因而能够在住世救世中勇猛无畏。康有为的救世情怀和无畏行为是王学与佛学共同作用的结果,也反过来证明了他对王守仁的心学十分受用。

对于康有为的思想导向,梁启超归纳为"独好陆王",并将之说成是康有为与自己的老师——朱次琦的分歧所在。正是在这个意义上,康有为写道:"九江(朱九江,即朱次琦——引者注)之理学,以程朱为主,而间采陆王。先生则独好陆王,以为直捷明诚,活泼有用,固其所以自修及教育后进者,皆以此为鹄焉。既又潜心佛典,深有所悟,以为性理之学,不徒在躯壳界,而必探本于灵魂界。遂乃冥心孤往,探求事事物物之本原,大自大千诸天,小至微尘芥子,莫不穷究其理。常彻数日夜不卧,或打坐,或游行,仰视月星,俯听溪泉,坐对林莽,块然无俦,内观意根,外察物相,举天下之事,无得以扰其心者,殆如世尊起于菩提树下,森然有天上地下惟我独尊之概。先生一生学力,实在于是。"②在这里,梁启超不仅明言康有为"独好陆王",而且在讲王守仁的心学时讲到了佛学。不仅如此,梁启超在介绍之后加上了一个评价和总结——"先生一生学力,实在于是"。这与梁启超前面讲到康有为的王佛互证时说的"先生之修养,实在于是;先生之受用,实在于是"相印证,也淋漓尽致地凸显了王学以及王佛互证对于康有为的至关重要。梁启超的介绍印证了康有为所讲的王学与佛学在内容上具有相通性,也表明康有为由尊朱转向"独好陆王"与对佛学的推崇密切相关。

深入剖析梁启超的这个说法可以看到,就康有为对陆王心学与佛学进行整合以及康有为与朱次琦的分歧而言,是对的。对于这一点,康有为下面这段话提供了佐证:"近代大宗师,莫如朱、王,然朱学穷物理,而问学太多,流为记诵;王学指本心,而节行易耸,流于独狂,或专尚经制则少涵养,专重践履则少振拓。仆先师朱先生鉴明末、乾、嘉之弊,恶王学之猖狂,汉学之琐碎,专尚践履,兼讲世用,可谓深切矣。而从游之士,忠信愿朴者多,而发明光大者少,亦此之故。庄生所谓'其作始也简,其将毕也巨',信矣。"③表面上看,康有为对朱熹、王守仁的态度各有褒贬,既对两人都有肯定——肯定朱熹长于穷物理,王守仁长于指本心;又对朱熹、王守仁各有批评——批评

① 《南海康先生传》,《梁启超全集》(第一册),北京出版社1999年版,第487—488页。

② 《南海康先生传》,《梁启超全集》(第一册),北京出版社1999年版,第483页。

③ 《与沈刑部子培书》,《康有为全集》(第一集),中国人民大学出版社2007年版,第238页。

朱学由于学问太多而流于记诵,王学由于节易行耸而流于猖狂。从这个意义上说,康有为视界中的朱学和王学各有所长,各有所短,故而不可偏废——正如只讲朱学则"专尚经制则少涵养"一样,只讲王学则会导致"专重践履则少振拓"的弊端。值得注意的是,康有为并没有停留在对朱学和王学各打五十大板,而是着重以自己的老师——朱次琦为具体例子表明了自己对王学的偏袒。在康有为看来,由于"恶王学之猖狂"而"专尚践履,兼讲世用",朱次琦的做法尽管"可谓深切",却鲜有"发明光大者"。对于这一点,朱次琦在这种教育理念下培养出来的学生"发明光大者少"即是明证。显而易见,康有为的这些说法委婉地批评了朱次琦的做法,也表明了他对王学的偏袒。对于康有为来说,"涵养""发明光大"远比"经制"和"忠信愿朴"重要得多。对于这一点,无论是他讲学重"激厉气节"还是皈依心学都是明证。如果说"经制"是士人所学的话,那么,"涵养"、气节则是人人必修。循着这个逻辑,康有为的下面这个评价也就容易理解了:"朱子之学,为士人说法。陆子之学,人人皆可。学王学亦然。"①

三、态度评价

康有为是从尊朱转向推崇王守仁的,从这个角度看,他对王守仁的态度经历了转变。不仅如此,即使康有为在尊奉朱熹之时也并没有为了尊崇朱熹而打压王守仁。正因为如此,康有为并没有像对待与孟子争教的荀子那样对王守仁大加鞭挞。更为重要的是,康有为将对王守仁心学的继承和发挥坚持到了最后,这一点通过他 1925 年题写的"题天游学院讲室联(民国十四年)"可见一斑:"天下为一家,中国为一人。知周乎万物,仁育乎群生。"②此题联分为两部分,前部分是"天下为一家,中国为一人",明显化王守仁的"视天下犹一家,中国犹一人焉"(《王阳明全集卷 26 · 大学问》)而来;后部分是"知周乎万物,仁育乎群生",继承了王守仁以仁为世界本原的心学思想,尤其是"仁育乎群生"可以视为对王守仁提出的仁心发育万物观点的诠释。

康有为在孔教"当舍"的大同社会为王守仁保留了一席之地,王守仁便作为"影响于世界者"与"教主圣哲"合祀,迎接着来自地球人的礼赞。康有为写道:"即前古之教主圣哲,亦以大同之公理品其得失高下,而合祠以崇

① 《南海师承记 · 讲宋学》,《康有为全集》(第二集),中国人民大学出版社 2007 年版,第 253 页。

② 《题天游学院讲室联(民国十四年)》,《康有为全集》(第十二集),中国人民大学出版社 2007 年版,第 416 页。

敬之,亦有限制焉,凡其有功于人类、波及于人世大群者乃得列。若其仅有功于一国者,则虽若管仲、诸葛亮之才,摈而不得与也;若乐毅、王猛、耶律楚材、俾士麦者,则在民贼之列,当刻名而攻之,抑不足算矣。若汉武帝、光武、唐太宗,皆有文明之影响波及亚洲,与拿破仑之大倡民权为有功后世者也。自诸教主外,若老子、张道陵、周、程、朱、张、王、余、真、王阳明、袁了凡,皆有影响于世界者也。日本之亲鸾,耶教之玛丁路得,亦创新都者也。印度若羯摩、富兰那、玛努与佛及九十六道与诸杂教之祖,欧、美则近世创新诸哲,若科仑布、倍根、佛兰诗士,凡有功于民者皆可尊之。"①

总的说来,康有为的王守仁研究有一个不争的事实,那就是:他并没有集中解读王守仁思想的研究论作。在这一点上,王守仁与在康有为所牵涉的国学人物的状况相似。这一状况表明,康有为对于王守仁称不上严格意义上的研究,充其量只不过是关注而已。一个明显的证据是,康有为对王守仁思想的阐发是零星的、细碎的,许多观点无头无尾,由于不知从何谈起,往往令人不知所云。下面这段话即是如此:"王阳明:先知而后行。程子曰:未能知说甚行。后人多异之,岂知先发于董子哉!欲舍行为,舍知何所下手?"②众所周知,在知行观上,朱熹主张"论先后,知在先"(《朱子语类》卷十五),成为知先行后的主要代表。王守仁力主知行合一,并且声称自己提出知行合一旨在强调知与行在时间上不分先后、同时并进,就是针对朱熹的知先行后所导致的知行脱节的弊端有感而发的。令人不解的是,康有为在这里并没有提及朱熹的知先行后,反倒是将王守仁说成是主张知先行后的代表,并且断言这一思想滥觞于董仲舒。

---

① 《大同书》,中州古籍出版社 1998 年版,第 336 页。

② 《春秋董氏学》卷六,《康有为全集》(第二集),中国人民大学出版社 2007 年版,第 393 页。

第十三章　老子与墨子

中国近代是传统文化遭遇前所未有的空前危机的时代，也是中国人第一次全面回顾精神家园的时代。因此，在近代哲学家对中国本土文化的审视中，先秦哲学作为中国文化的源头活水成为学术热点，先秦诸子之间的关系也随之进入学术视野。就先秦诸子来说，孔子与老子和墨子、孟子与荀子以及老子与庄子的关系颇受关注，老子与墨子之间的关系显然不是近代哲学家的关注焦点。与同时代的其他哲学家不同的是，康有为反复对老子与墨子予以比较。无论康有为对两人思想之异同互见的揭示还是比较之全面多样都远非其他近代哲学家所及，也使老子与墨子的关系成为他的国学观以及孔教观的一部分，因而具有了不可忽视的重要意义。

第一节　学术归属和命运

康有为对老子与墨子的身份认定和学术归属极为相似，这使两人在康有为那里的命运绝似——时而归为孔子之学，时而与孔子争教；在前一种情况下，老子、墨子的身份都是孔子后学，并且都是得孔子大道于万一的"一曲之士"；在后一种情况下，两人作为创教者都拥有教主的身份，并且是与孔子争教最盛者。

一、老子、墨子都是孔子后学

出于推崇孔子的目的，康有为宣称"百家皆孔子之学"，进而将老子、墨子归到了孔子的麾下。康有为明确指出，老子、墨子的思想都源自孔子。康有为在判定两人为孔子后学之时拿出了自己的证据，让人感觉他的论点言之凿凿，有理有据。于是，康有为不厌其烦地声称：

老子之清虚、柔退，出于孔子；墨子兼爱，亦出孔子。①

① 《万木草堂口说·学术源流》，《康有为全集》（第二集），中国人民大学出版社 2007 年版，第 145 页。

老子之学,得孔子之一端。①

老氏之学乃孔子一体,不得谓孔子无之。②

《淮南》谓墨子学孔子之道。③

墨子内称文子,是子夏弟子,疑墨子为孔子三传弟子。④

值得注意的是,康有为在将老子、墨子归为孔子后学的前提下,一再强调两人只传孔子大道之"一端""一体",与作为孔子嫡派的孟子没有可比性,当然也无法与传孔子"性天之学"的庄子相比。沿着这个思路,康有为借庄子之口将老子、墨子贬斥为孔子道术裂而只得孔子之学于万一的"一曲之士"。正是在这个意义上,他写道:

六艺也,孔子日以教人。若夫性与天道,则孔子非其人不传。性者,人受天之神明,即知气灵魂也。天道者,鬼神死生,昼夜终始,变化之道。今庄子所传子赣之学,所谓量无穷,时无止,终始无,故物无贵贱,自贵而相贱。因大而大之,万物莫不大;因小而小之,万物莫不小;因有而有之,万物莫不有;因无而无之,万物莫不无。明天地之理,万物之情,不开人之天,而开天之天者。子赣骤闻而赞叹形容之。今以庄子传其一二,尚精美如此,子赣亲闻大道,更得其全,其精深微妙,不知如何也。此与《中庸》所称"声色化民,末也;上天之载,无声无臭,至矣!"合参之,可想像孔子性与天道之微妙矣。庄子传子赣性天之学,故其称孔子曰:古之人其备乎!配神明,醇天地,育万物,和天下,泽及百姓,明于本数,系于末度,六通四辟,小大精粗,其运无乎不在。其明而在数度者,旧法世传之,史尚多有之。其在于《诗》、《书》、《礼》、《乐》者,邹鲁之士,搢绅先生,多能明之。《诗》以道志,《书》以道事,《礼》以道行,《乐》以道和,《易》以道阴阳,《春秋》以道名分。其数散于天下,而设于中国者;百家之学,时或称而道之。天下大乱,贤圣不明,道德不一,天下多得一察焉以自好;譬如耳目鼻口,皆有所明,不能相通。犹百家

① 《万木草堂口说·学术源流》,《康有为全集》(第二集),中国人民大学出版社2007年版,第138页。

② 《南海师承记·讲宋学》,《康有为全集》(第二集),中国人民大学出版社2007年版,第252页。

③ 《万木草堂口说·诸子》,《康有为全集》(第二集),中国人民大学出版社2007年版,第175页。

④ 《万木草堂口说·诸子》,《康有为全集》(第二集),中国人民大学出版社2007年版,第177页。

众技也，皆有所长，时有所用。虽然，不该不遍，一曲之士也；判天地之美，析万物之理，察古人之全，寡能备于天地之美，称神明之容。是故内圣外王之道，闇而不明，郁而不发，天下之人，各为其所欲焉以自为方。悲夫！百家往而不反，必不合矣。后世之学者，不幸不见天地之纯，古人之大体，道术将为天下裂。按庄子所称"明而在数度者，旧法世传"，即夫子之文章可得而闻也。若性与天道，则小大精粗，无乎不在。以庄子之肆恣精奇，而抑老、墨诸子为一曲之士，尊孔子为神明圣王，称为备天地之美，称神明之容，又悲天下不闻性与天道，不得其天地之纯，各执一端，而孔子大道闇而不明，郁而不发。①

康有为的这个说法承认老子、墨子的思想来源于孔子，却强调庄子得孔子非其人不传的性与天道（"性天之学"），老子、墨子充其量只得孔子"日以教人"的六艺之传。造成这种局面的原因除了老子"只偷得半部《易经》"，墨子"只偷得半部《春秋》"之外，两人都不学《诗》也在其中。对此，康有为解释说："《春秋》之为孔子作，人皆知之。《诗》亦为孔子作，人不知也。儒者多以二学为教，盖《诗》与《春秋》尤为表里也。儒者乃循之，以教导于世，则老、墨诸子不循之以教可知也。《诗》作于文、武、周公、成、康之盛，又有商汤、伊尹、高宗，而以为衰世之造，非三代之盛，故以为非古，非孔子所作而何？"②这表明，虽然老子、墨子皆源自孔子，然而，两人的思想与庄子没有可比性，从传承源头上就注定了两人"不该不遍"的命运；至于康有为认定老子、墨子对"内圣外王之道，闇而不明，郁而不发"，则印证了康有为将两人归为孔子后学时念念不忘其只得孔子大道之"一端""一体"的说法。至此可见，康有为认定老子、墨子同为孔子后学的学术传承如出一辙，只得孔子大道于万一的地位更是别无二致。

二、"孔子争教盛者，老、墨二家"

除了同样属于孔子后学之外，康有为视界中的老子、墨子有时独立于孔学之外，成为独立创教的教主。在这个意义上，老子、墨子与孔子各创一教，思想主旨各不相同。例如，拿托古来说，"老子托黄帝，墨子托大禹。……孔子托尧、舜，则言人人殊。"③与肯定老子、墨子属于孔子后学时强调两人

① 《论语注》，《康有为全集》（第六集），中国人民大学出版社2007年版，第411—412页。

② 《孔子改制考》卷十，《康有为全集》（第三集），中国人民大学出版社2007年版，第129页。

③ 《康南海先生讲学记·古今学术源流》，《康有为全集》（第二集），中国人民大学出版社2007年版，第110页。

思想来自孔子有别，老子、墨子独立创教时，康有为特别强调两人的思想都与孔子相悖。具体地说，道有阴阳，过犹不及。孔子尚中庸，致中和，老子、墨子的具体情况有别——或者过或者不及，却一样不能中和。对此，康有为不遗余力地断言：

> 中和是孔子之大义。①
> 君子时中，孔子皆因其时而发之。②
> 反中庸之小人，指当时改制诸子。③
> 中者，孔子制度皆是，杨、墨皆不中。④

依据康有为的上述议论，孔子的思想因时而发，从不固执己见。诸子创教从根本上说都与孔子争教，故而都与时中原则背道而驰。在此基础上，他进一步指出，在与孔子争教的诸子中，老、墨两家资格最老，是孔教最主要的敌人。于是，康有为连篇累牍地声称：

> 战国与孔子争教盛者，老、墨二家。⑤
> 诸子之教，以老、墨为最老辈。⑥
> 信道最笃，莫如回之择《中庸》。守道之勇，莫如子路，故举出来。后世有述，指当时老、墨等。⑦
> 生今反古，老、墨皆是。⑧

---

① 《万木草堂讲义·七月初三夜讲源流》，《康有为全集》（第二集），中国人民大学出版社2007年版，第292页。

② 《万木草堂讲义·中庸》，《康有为全集》（第二集），中国人民大学出版社2007年版，第292页。

③ 《万木草堂口说·中庸》，《康有为全集》（第二集），中国人民大学出版社2007年版，第167页。

④ 《万木草堂口说·中庸》，《康有为全集》（第二集），中国人民大学出版社2007年版，第171页。

⑤ 《万木草堂口说·诸子》，《康有为全集》（第二集），中国人民大学出版社2007年版，第176页。

⑥ 《康南海先生讲学记·古今学术源流》，《康有为全集》（第二集），中国人民大学出版社2007年版，第105页。

⑦ 《万木草堂口说·中庸》，《康有为全集》（第二集），中国人民大学出版社2007年版，第167页。

⑧ 《万木草堂口说·中庸》，《康有为全集》（第二集），中国人民大学出版社2007年版，第168页。

按照康有为的说法，老子、墨子等人纷纷创教就是为了与孔子争席，《中庸》等经典的出现则正是针对以老子、墨子为首的战国诸子的反中庸。基于这种认识，康有为指出，墨子与老子一样反中庸，所以，孔子后学历来都以攻击两人为己任。其实，除了《中庸》之外，作为孔子门下战国"二伯"的孟子和荀子也都以老子、墨子为攻击对象，只不过是"荀称老、墨，孟称杨、墨"①而已。

这样一来，老子、墨子在康有为的视界中便拥有了两套身份：一是作为"一曲之士"的孔子后学，一是独立创教的教主。显而易见，老子、墨子时而属于孔子后学、时而独立创教的两套身份之间是矛盾的，在康有为那里却是顺理成章的。这是因为，康有为所讲的孔教有广义与狭义之分，老子、墨子的身份便取决于此：在广义的孔教中，孔教作为中国本土文化的代名词包括全部中国本土文化，老子、墨子的思想便一起被归入孔子之学；在狭义的孔教中，孔教在内容上与儒家重合，老子和墨子一起被逐出孔门，并且一起成为与孔子争教最盛者。这样一来，分属于两套孔教之中的老子与墨子的身份呈现出极大的张力。值得一提的是，老子与墨子身份的相同性隐藏着相同的审视维度或判断标准，那就是：两人与孔子或孔教的关系。这是康有为从不同角度不厌其烦地对老子和墨子加以比较的初衷，也决定了其独特的比较视角和结论。其实，正是老子、墨子与孔子、孔教的关系以及康有为独特的比较视角使老子、墨子之间具有了诸多的可比性。

不仅如此，康有为对老子、墨子身份归属的认定如出一辙，原因也别无二致。康有为思想中的两套孔子之学所产生的逻辑上的矛盾和混乱使老子、墨子的身份以及"百家""九流"的归属都成了尴尬的问题：在广义孔学的视界中，老学和墨学皆孔子之学；在狭义孔学的视界中，孔子之学与老学（道家）、墨学（墨家）是相对独立的，不是上面所说的包含关系，而是并列关系，甚至是竞争或对立关系。对于狭义的孔子之学来说，老子、墨子不仅别立学派，而且在思想旨趣上与孔子是对立的；在这个维度上，与对孔子的推崇相一致，康有为在抬高孔子的同时贬低老子和墨子，甚至对两人大加诋毁。因此，这样的话由康有为说出来并不令人感到意外：

> 老子之学，贻祸最酷。②

① 《万木草堂口说·诸子（三）》，《康有为学术文化随笔》，中国青年出版社1999年版，第28页。

② 《万木草堂口说·诸子》，《康有为全集》（第二集），中国人民大学出版社2007年版，第178页。

老子言失道而后德，失德而后仁，失仁而后义，此说最谬。①

老子险狠到极，外似仁柔，如猫之捕鼠耳。申、韩皆祖老氏也。②

老子言夫治“非以明民，将以愚之”，开始皇焚书之祸。③

在上述议论中，康有为给予老子的评价都是负面的。与此类似，康有为对墨子下面的这个评价也是在墨子不属于孔子之学的维度上发出的，并且与他对墨子的正面评价之间反差很大：“墨子专攻孔子，改三年丧为三月，改亲迎、薄葬、非乐、非命，能以死教人，悍极。”④在康有为的思想中，当老学、墨学作为孔子之学的对立面时，他对老子、墨子作如此评价是合乎逻辑的，却在客观上造成了极大的尴尬和冲突：一方面，与两人被归属于孔子之学时的评价出入太大甚至相互矛盾，这势必冲击康有为整个思想的连贯性和统一性。另一方面，这些负面评价影响到对老子、墨子本人的印象和整体评价，反过来给两人的教主——孔子带来不良影响。进而言之，康有为对老子、墨子的评价之所以相差如此悬殊，关键取决于他对两人与孔子以及孔教关系的认定。

第二节 思想内容和特点

在康有为那里，身份归属和学术命运的绝似使老子与墨子之间具有了诸多的可比性。如果说康有为对两人的学术归属以同为主的话，那么，两人的思想和教旨则以异为主——无论康有为认定两人属于孔子后学还是独立创教都是如此。

一、“老氏之学，失诸虚。墨氏之学，失诸实”

在属于孔子后学并且皆为“一曲之士”的情况下，康有为极力彰显老子、墨子思想的差异性。康有为指出，孔子之道博大精深、无所不包，只得孔学之“一体”的老子与墨子传承的内容各不相同。就经典文本来说，老子传

① 《万木草堂口说·诸子》，《康有为全集》（第二集），中国人民大学出版社2007年版，第177页。

② 《万木草堂口说·学术源流（七）》，《康有为学术文化随笔》，中国青年出版社1999年版，第13页。

③ 《万木草堂口说·诸子》，《康有为全集》（第二集），中国人民大学出版社2007年版，第177页。

④ 《万木草堂口说·学术源流》，《康有为全集》（第二集），中国人民大学出版社2007年版，第144页。

承的是《易》,墨子传承的是《春秋》。康有为声称:“老子之学,只偷得半部《易经》。墨子之学,只偷得半部《春秋》。”①进而言之,作为孔子后学的“一曲之士”,老子、墨子都不是孔学正宗——正如无论传承《易》还是《春秋》都“只偷得半部”,并且不得其大旨一样。这就是说,尽管老子、墨子在孔学中的身份和地位相同,然而,两人思想的具体内容和表现却迥然悬殊。这用康有为本人的话说便是:

> 老学游戏于孔学之中。②
> 墨者夷之言儒者之道。③

按照康有为的说法,作为与孔子争教者,老子、墨子都与孔子思想相悖,具体情况则恰好相反:或者一个过,一个不及;或者一个“失诸虚”,一个“失诸实”。总之,老子、墨子都固守一端,皆与孔子的时中相反。对此,康有为不止一次地比较说:

> 老氏之学,失诸虚。墨氏之学,失诸实。④
> 过之者,墨子也。不及者,老子、杨子诸子也。专指异教言。⑤

除此之外,康有为对老子与墨子的关系还有这样的表述:“智者,老、墨一派。愚者,申、韩一派。”⑥这个说法将老子和墨子同样归为“智者”一派,与申不害、韩非代表的“愚者”一派相反,似乎认定老子、墨子的思想是一致的而非相反的。其实不然,主要理由有二:第一,这里所讲的“智者”与“愚者”并不专指思想内容,而是侧重思维方式。第二,尽管康有为肯定老子、墨子都属于“智者”,同时指出两人的具体情况却恰好相反——如果说“老

① 《万木草堂口说·学术源流》,《康有为全集》(第二集),中国人民大学出版社 2007 年版,第 144 页。

② 《诸子一》,《南海康先生口说》,中山大学出版社 1985 年版,第 46 页。

③ 《万木草堂口说·孔子改制》,《康有为全集》(第二集),中国人民大学出版社 2007 年版,第 152 页。

④ 《康南海先生讲学记·古今学术源流》,《康有为全集》(第二集),中国人民大学出版社 2007 年版,第 110 页。

⑤ 《万木草堂口说·中庸》,《康有为全集》(第二集),中国人民大学出版社 2007 年版,第 167 页。

⑥ 《万木草堂口说·中庸》,《康有为全集》(第二集),中国人民大学出版社 2007 年版,第 174 页。

子知者过之"①的话,那么,墨子则知之不及。正是在这个前提下,康有为一面指责老子之术藏欺诈,心术极坏;一面指出墨子之术特浅薄,全是粗迹,即"儒家言命以范人心,设乐以和人志,墨氏皆非之。盖墨氏全是粗迹,毫无精义"②。在某些场合,康有为讲过老学其术浅的话。例如,他断言:"老、杨皆以攻名为义,妨其自然也。然彼欲人不争而去其名,不知人不争名而争利,其争更甚,其术亦浅矣哉。"③值得注意的是,这句话不是在老子与墨子比较的维度上发出的。更为重要的是,全面考察康有为的思想可以看出,老子是智于墨子的。这些从不同方面证明了老子与墨子思想的不同,并且,正是老子、墨子思想的不同决定了两人的不同命运。对此,康有为的概括是:"墨学战国时与孔子并,至汉,墨学衰。老学盛于魏、晋、六朝,盖墨学能行而不能传,老学能传而不能行。"④

基于上述认识,康有为特意指出,墨子比老子对孔教的威胁还要大,甚至可以说,是孔教的头号敌人。这主要可以从以下两个方面去理解:第一,"墨子弟子极盛"⑤,势力强大,影响也大。这用康有为本人的话说便是:"故诸子所称,皆儒、墨并举。与孔教争教者,墨子也。"⑥第二,老学不如墨学缜密,墨学的杀伤力更大。对于这一点,康有为专门进行了比较说明:"与孔子劲敌者莫如墨子,老子不及也。墨子条理甚密,老子工于藏拙。老子之教为我,墨子兼爱,但无差等,卒不能行,至今不灭者惟老学。"⑦

总之,在康有为那里,无论是否属于孔子后学,老子与墨子的思想都相差悬殊,故而不可同日而语。特别是在与孔子争教的前提下,老子、墨子从两个极端共同凸显、印证了孔子的时中致和、应时变通。正是在这个意义

① 《万木草堂讲义·中庸》,《康有为全集》(第二集),中国人民大学出版社 2007 年版,第 292 页。

② 《康南海先生讲学记·古今学术源流》,《康有为全集》(第二集),中国人民大学出版社 2007 年版,第 109 页。

③ 《万木草堂口说·列子》,《康有为全集》(第二集),中国人民大学出版社 2007 年版,第 207 页。

④ 《康南海先生讲学记·古今学术源流》,《康有为全集》(第二集),中国人民大学出版社 2007 年版,第 110 页。

⑤ 《万木草堂讲义·七月初三夜讲源流》,《康有为全集》(第二集),中国人民大学出版社 2007 年版,第 283 页。

⑥ 《康南海先生讲学记·古今学术源流》,《康有为全集》(第二集),中国人民大学出版社 2007 年版,第 105 页。

⑦ 《康南海先生讲学记·古今学术源流》,《康有为全集》(第二集),中国人民大学出版社 2007 年版,第 105 页。

上，康有为一再强调孔子是大医，孔子的高明之处在于根据具体病情临时发药，与老子、墨子的固守一端截然不同。

二、老、佛相混，墨、耶绝似

对于康有为来说，老子与墨子思想的具体差异形成了两人思想的理论特征，也使老学与墨学在全球多元文化的映衬下各具特色。对此，康有为的总体看法是：老、佛相混，墨、耶绝似。

首先，康有为强调，老学与佛学相似。具体地说，教为人而设，道不远人。老子却远人以为道，故而与佛教相近。

康有为宣称："孔子立法以制人者也，老、佛恐为人所制者者也。"①这一点表明，老学与佛学不是具体观念的偶然相合，而是思维方式和价值观念上的相通。正因为如此，二者的相似、相通之处比比皆是，以至于混合为一。正是在这个意义上，康有为连篇累牍地宣称：

> 老子于佛之意，亦有领会，然以守魄为主。②
>
> 佛托之于"七纬"，老子托之于"三清"。③
>
> 六朝时，尚老、庄之风未泯，六朝最好九品中正，晋朝老学盛，佛学由此兴。④
>
> 晋朝扫尽经学，专宗老、庄。至南朝宋尚词章，兼谈佛学。⑤
>
> 尽唐之世，皆古文之学，而老学、佛学亦盛行，亦为唐代一朝之风气。⑥

按照康有为的说法，老子与佛教思想的相通性从养生到托古不一而足。这奠定了二者相混的思想基础，也是佛学乘老学在中土而兴的根本原因。有鉴于此，康有为多次老、佛并提，并且将魏晋玄学和宋明理学视为老、佛思

① 《万木草堂口说·春秋繁露》，《康有为全集》（第二集），中国人民大学出版社 2007 年版，第 206 页。

② 《万木草堂口说·诸子》，《康有为全集》（第二集），中国人民大学出版社 2007 年版，第 177 页。

③ 《万木草堂口说·春秋繁露》，《康有为全集》（第二集），中国人民大学出版社 2007 年版，第 205 页。

④ 《万木草堂讲义·七月初三夜讲源流》，《康有为全集》（第二集），中国人民大学出版社 2007 年版，第 286 页。

⑤ 《万木草堂口说·学术源流》，《康有为全集》（第二集），中国人民大学出版社 2007 年版，第 144 页。

⑥ 《康南海先生讲学记·古今学术源流》，《康有为全集》（第二集），中国人民大学出版社 2007 年版，第 111 页。

想相互混合的产物。对此，康有为多次以宋明理学为例加以证明。下仅举其一斑：

> 宋儒皆从佛、老来。①
>
> 朱子之学短，左有墨学，有佛学，有老学，故攻人好名，非孔子之学。②

其次，在着力论证老、佛相混的同时，康有为突出墨、耶的一致。诚然，康有为承认墨学与佛学具有相似之处，"佛舍其类而爱其混"③便类似于墨子的兼爱。对此，康有为解释说："爱无差等，与佛氏冤亲平等相近。平等之义，但言人类平等则可，孔子所以有升平太平之说。若爱，则虽太平大同亦有差等，盖差等乃天理之自然，非人力所能强为也。父母同于路人，以路人等于父母，恩爱皆平，此岂人心所忍出乎？离于人心，背于天理，教安能行？"④从中不难看出，康有为认为墨子的兼爱无差等，与佛教的冤亲平等相类，有悖人类亲亲、爱类的本能。此外，康有为还说过："墨子之道，与佛相类，而墨子行于身前，佛氏行于身后。墨子行之速，故败之速。佛氏行之渐，故延蔓至今日。佛氏无父母妻子，故全讲虚理。墨有父母妻子，故全讲实制。"⑤尽管如此，总的说来，与"墨者夷之言儒者之道"的论点相一致，康有为更关注墨学与西学的圆融性和亲缘性，始终突出墨学与西方思想的相似、相通和相同之处。

其一，康有为强调墨学与西学相合——确切地说，西学本于墨学，墨学胜于西学。对于这一点，康有为十分重视，故而多次拿出证据加以说明和论证。下仅举其一斑：

> 墨子正开西学派。⑥

---

① 《南海师承记·讲宋学》，《康有为全集》（第二集），中国人民大学出版社 2007 年版，第 254 页。

② 《万木草堂讲义·七月初三夜讲源流》，《康有为全集》（第二集），中国人民大学出版社 2007 年版，第 288 页。

③ 《万木草堂口说·孔子改制》，《康有为全集》（第二集），中国人民大学出版社 2007 年版，第 152 页。

④ 《孟子微》，《康有为全集》（第五集），中国人民大学出版社 2007 年版，第 497 页。

⑤ 《康南海先生讲学记·古今学术源流》，《康有为全集》（第二集），中国人民大学出版社 2007 年版，第 110 页。

⑥ 《万木草堂讲义·七月初三夜讲源流》，《康有为全集》（第二集），中国人民大学出版社 2007 年版，第 283 页。

西学多本墨子。①

欧洲甚行墨学。②

西法之立影、倒影，元朝始考出，墨子已先言之。③

墨子之学，与泰西之学相似。所以邹特夫先生云：墨子之教流于泰西，其中多言“尊天”、“明鬼”之说。④

随着西学的大量东渐，中国近代文化具有了全球多元的文化视野。正是在全球化、多元化的文化视界中，康有为断言：“西学似孔、墨。”⑤对此，他以苏格拉底为例进行了具体论证：“希腊盛时，索革底言学。其学言修、齐、治、平，似孔子。约己济人，似墨子。”⑥与此类似的还有，康有为认为，仁是孔教、佛教与耶教的共同点，表明孔教与耶教是相通的，都可以归结为仁学派而非老子的不仁派。值得注意的是，在康有为那里，孔学、墨学都与西学具有相似性、相同性，具体领域却大不相同：孔学与西学的相通主要表现在自由、平等和民主等政治、经济、法律等人文、社会科学领域，墨学与西学的相通则包括自然科学和宗教等领域。这就是说，墨子的思想与西学的相似、相通是全方位的，表现在自然科学与社会科学方方面面，远非他人所能及。在康有为看来，与西学密切相关不仅成为墨学的内容，而且成为其最主要的特征：第一，就自然科学而言，墨学与西学的相通以光学、重学（力学）为代表。第二，就社会科学而言，西方人所讲的“尊天”“明鬼”之说都是墨学西传的结果，其间的相通性甚至一致性自不待言。

其二，在肯定西学源于墨子、与墨学息息相通的基础上，康有为尤其突出墨子之教与耶教（基督教）的相似性和相通性。耶教是西学的一部分，甚至可以说是西学的基本形态。因此，康有为强调墨学与西学相通便在某种程度上肯定了墨子之教与耶教的相似、相通。在这个前提下，他多次对墨子

① 《万木草堂口说·诸子》，《康有为全集》（第二集），中国人民大学出版社2007年版，第179页。

② 《万木草堂讲义·七月初三夜讲源流》，《康有为全集》（第二集），中国人民大学出版社2007年版，第284页。

③ 《万木草堂口说·诸子》，《康有为全集》（第二集），中国人民大学出版社2007年版，第180页。

④ 《康南海先生讲学记·墨家》，《康有为全集》（第二集），中国人民大学出版社2007年版，第117页。

⑤ 《万木草堂口说·诸子》，《康有为全集》（第二集），中国人民大学出版社2007年版，第180页。

⑥ 《万木草堂口说·诸子》，《康有为全集》（第二集），中国人民大学出版社2007年版，第180—181页。

与耶稣予以比较和观照,从不同角度彰显墨子与耶稣的相通性。对此,康有为不厌其烦地比较和论证说:

> 耶稣近于墨子。①
>
> 墨子颇似耶稣,能死,能救人,能俭。②
>
> 墨氏绝似耶氏,墨灭而耶昌者,地中海之故也。地中海各国环绕,急则易逃,墨氏生于中国,无地中海可逃。③
>
> 墨子传教最勇悍,其弟子死于传教者百余人。耶稣亦然。耶稣身后十三传弟子,皆死于传教。④

这就是说,墨子与耶稣人格绝似,所创之教的“能死,能救人,能俭”颇似,不怕死的勇悍传教方式更是如出一辙。

至此可见,正如老、佛是本质上相通一样,墨学与西学也不是细枝末节的偶然巧合,甚至与老、佛的相通相比有过之而无不及。依据康有为的分析,如果说老学、佛学尚分属于两家的话,那么,墨学与西学可以视为一家。这是因为,西学源于墨学,是墨学西传的结果。从这个角度看,二者具有亲缘性,源流之间存在相似、相通乃至相同也是再自然不过的事了。

进而言之,康有为承认孔教与佛教、耶教是相通的,仁便是三教的共同宗旨。在这个前提下,有一个问题应该引起重视,那就是:孔教与佛教、耶教从根本上说毕竟是三个不同的教派。在他看来,无论是老子与佛教的相混还是墨子与耶稣的绝似都超过了两人与孔子的亲密性。在老、墨与佛、耶的相通乃至相同中,康有为进一步突出了老教、墨教与孔教的对立,这用他本人的话说便是“异教”。当然,康有为承认孔子、老子、墨子各自独立创教,三人所创之教的宗旨各不相同。一言以蔽之,“儒教,孔子特立。传道立教,皆谓之儒。老之教曰道,墨之教曰侠。”⑤在这个前提下,康有为视界中

---

① 《万木草堂讲义·七月初三夜讲源流》,《康有为全集》(第二集),中国人民大学出版社2007年版,第283页。

② 《万木草堂口说·诸子》,《康有为全集》(第二集),中国人民大学出版社2007年版,第179页。

③ 《万木草堂口说·诸子(二)》,《康有为学术文化随笔》,中国青年出版社1999年版,第26页。

④ 《万木草堂口说·诸子》,《康有为全集》(第二集),中国人民大学出版社2007年版,第178页。

⑤ 《康南海先生讲学记·古今学术源流》,《康有为全集》(第二集),中国人民大学出版社2007年版,第108页。

的老、墨关系比孔、老关系或孔、墨关系更为亲近。从这个意义上说，老子、墨子思想的上述区别也是相对的，无论是汉代的酷吏还是《淮南子》的兼采老、墨都证明了这一点：

> 淮南是老学，其攻儒亦采墨学为之。①
>
> 宁成（酷吏——引者注）亦申、韩后学，故其治近郅都。然观其本传有云：致产数千金，为任侠。则宁成亦墨氏流派也。②

总之，在康有为那里，与老子、墨子的身份、地位惊人相似相映成趣的是两人思想的差异：在属于孔子后学时，"一曲之士"的地位使老子、墨子传承了孔子大道的不同内容；在与孔教争盛时，两人的思想作为有悖孔子时中的具体表现情形恰好相反；老子、墨子思想的差异在超越孔子标准的世界文化视野中更为淋漓尽致地呈现出来——老学与佛学相混，墨子与耶稣绝似。

第三节　总体评价和地位

与孔子的关系注定了康有为对老子、墨子的评价，无论肯定两人属于孔子之学时的偏而不全还是独立创教时的与孔子争教都预示了康有为对两人的否定评价。具体地说，老子、墨子思想的不同决定了康有为对两人的否定评价针对不同的特定内容，具有不同的理论侧重。

一、老子不仁，墨子甚仁

在为康有为作传时，梁启超将康有为的哲学称为"博爱派哲学"，并且进行了如是介绍和评价："先生（指康有为——引者注）之哲学，博爱派哲学也。先生之论理，以'仁'字为唯一之宗旨，以为世界之所以立，众生之所以生，家国之所以存，礼义之所以起，无一不本于仁。苟无爱力，则乾坤应时而灭矣。……故悬仁以为鹄，以衡量天下之宗教、之伦理、之政治、之学术，乃至一人之言论行事，凡合于此者谓之善良，不合于此者谓之恶劣。以故三教可以合一，孔子也，佛也，耶稣也，其立教之条目不同，而其以仁为主则一也。以故当博爱，当平等，人类皆同胞，而一国更不必论，而所亲更不必论。故先

① 《孔子改制考》卷十四，《康有为全集》（第三集），中国人民大学出版社 2007 年版，第 179 页。

② 《孔子改制考》卷六，《康有为全集》（第三集），中国人民大学出版社 2007 年版，第 77—78 页。

生之论政论学，皆发于不忍人之心。人人有不忍人之心，则其救国救天下也，欲已而不能自已。如左手有痛痒，右手从而煦之也；不然者，则麻木而已矣，不仁而已矣，其哲学之大本，盖在于是。”①根据这个介绍，康有为的哲学之所以被称为“博爱派哲学”，是因为康有为十分推崇仁——不仅将仁奉为世界万物的本原，而且宣称仁是孔教与佛教、耶教的交汇点。这就是说，“博爱派哲学”与仁学派是一个意思，表明仁对于康有为的哲学至关重要。在极力推崇仁的前提下，康有为将老子归为不仁派，将墨子归为仁学派。这意味着老子与墨子的立教宗旨截然相反。

首先，康有为将仁说成是孔教的核心和立教的宗旨，每次讲孔子之仁时总是拿老子当作反面教材和批判的靶子。这种做法甚至成了康有为的一种习惯，几乎无一例外。下仅举其一斑：

> 孔子之教，其宗旨在仁，故《论语》有“依于仁”一条。《吕氏春秋》言孔子贵仁。自老子始倡不仁之学，故其《道德经》中，天地不仁，以万物为刍狗。圣人不仁，以万姓为刍狗。其教旨与孔子大相反。故向来中国教旨只仁与不仁而已。孔教尚仁，故贵德贱刑。老子主不仁，故后学申、韩之徒贵刑贱德。……为老子之学者全是能忍，能忍便是不仁。孔子谓仁为天心从春生起，老子言天地不仁从冬杀起，生杀亦天地自然之理。西人考之，一百分中，生人直九十四分，死人直六分，生人远多于杀人，孔教则胜于老子矣。②
>
> 诸教皆有立教之根本。老子本以天地为不仁，以万物为刍狗，此老子立教之本。故列、杨传清虚之学，则专以自私。申、韩传刑名之学，则专以残贼。其根本然也。孔子本天，以天为仁人，受命于天，取仁于天。凡天施、天时、天数、天道、天志，皆归之于天。故《尸子》谓：孔子贵仁。孔子立教宗旨在此。③
>
> 凡圣人立教必有根本，老子以天地为不仁，孔子以天地为仁，此宗旨之异处。取仁于天，而仁此为道本。故《孟子》曰：道二，仁与不仁而已矣。凡百条理从此出矣。仁莫先父子，故谓尧、舜之道，孝弟而已。是以制三年丧而作《孝经》，仁莫大于爱民，所谓“孝子不匮，永锡尔类”。是以制井田而作《春秋》，《中庸》所谓“经天下之大经”，（郑注

---

① 《南海康先生传》，《梁启超全集》（第一册），北京出版社1999年版，第488页。

② 《南海师承记·讲仁字》，《康有为全集》（第二集），中国人民大学出版社2007年版，第227—228页。

③ 《春秋董氏学》卷六，《康有为全集》（第二集），中国人民大学出版社2007年版，第375页。

《春秋》也。)"立天下之大本"也。(郑注《孝经》也。)至山川、草木、昆虫、鸟兽莫不一统。太平之世,大小、远近若一。大同之治,不独亲其亲,子其子,老有所终,壮有所用,鳏寡孤独废疾者有养,则仁参天矣。后世不通孔子大道之原,自隘其道,自私为我,已遁为老学,而尚托于孔子之道,诬孔子哉!①

在这里,康有为从不同角度反复阐明了三个问题:第一,诸教皆有立教之本,孔子与老子的立教之本是截然对立的。一言以蔽之,如果说孔子以仁为立教宗旨的话,那么,老子的宗旨则是不仁。第二,立教之本的对立导致了孔教与老教的对立,最终演绎出各自不同的思想内容:如果说孔教由贵仁衍生出孝悌、井田等德治路线和民主思想的话,那么,老教的不仁便是能忍,由此推演出贵刑贱德、自私残暴。在康有为看来,孔学与老学的不同宗旨在两人的后学中进一步凸显出来。作为老子后学的申不害、韩非等人的残暴淋漓尽致地展示了老子之教的不仁本质。按照康有为的说法,申不害、韩非是老子后学,专传老子的不仁思想。康有为断言:"《老子》'天地不仁'四句,开申、韩一派。"②鉴于申不害、韩非思想的极端不仁,康有为极力排斥之。第三,孔子之教与老子之教的上述对立表明,"孔教则胜于老子"。关于这一点,康有为的证据颇多。例如,他声称:"其与儒教异处,在仁与暴,私与公。儒教最仁,老教最暴。故儒教专言德,老教专言力。儒教最公,老教最私。儒教专言民,老教专言国。言力言国,故重刑法,而战国之祸烈矣。清虚一派,盛行于晋,流于六朝,清谈黄老,高说元妙。刻薄一派,即刑也,流毒至今日,重君权、薄民命,以法绳人,故泰西言中国最残暴。"③在这个前提下可以想象,康有为是极端鄙视老子的。在他的眼中,老学的特点是暴力而非仁德,自私而非为公。对此,康有为不止一次地断言:

老子之学徒为我。④

老子之教为我。⑤

---

① 《春秋董氏学》卷六,《康有为全集》(第二集),中国人民大学出版社 2007 年版,第 389 页。

② 《万木草堂口说·诸子》,《康有为全集》(第二集),中国人民大学出版社 2007 年版,第 176 页。

③ 《康南海先生讲学记·古今学术源流》,《康有为全集》(第二集),中国人民大学出版社 2007 年版,第 108 页。

④ 《南海师承记·讲孟荀列传》,《康有为全集》(第二集),中国人民大学出版社 2007 年版,第 228 页。

⑤ 《康南海先生讲学记·古今学术源流》,《康有为全集》(第二集),中国人民大学出版社 2007 年版,第 105 页。

与此同时，康有为认为，老学重刑法，故而残暴和刻薄，而这一切都源于不仁。正因为如此，他指出："老子言失道而后德，失德而后仁，失仁而后义，此说最谬。"①在此基础上，康有为抨击老教的不仁、能忍、不诚和贵刑贱德等刑罚权术危害天下，以至于得出了"老子最坏中国，以愚民为主"②的结论。

其次，康有为肯定墨子甚仁，指出墨子在以仁为立教的宗旨上与孔子别无二致，属于仁学派即博爱派。在他看来，墨子的兼爱与孔子之仁接近，在立教宗旨上孔教、墨教并行不悖。正是在这个意义上，康有为一而再、再而三地说道：

> 墨子甚仁。③
> 不能以兼爱攻墨子，以无父攻墨子则可。④
> 《庄子》之论墨子甚么，观《天下篇》，可知其短处不在兼爱也。⑤

依据康有为的分析，墨子的思想——特别是兼爱属于仁，他也基本上赞同墨子的这一主张。不可回避的是，墨子所讲的兼爱与孔子所讲的仁毕竟是有区别的。康有为对二者区别对待，在推崇孔子之仁的同时将批判的矛头指向墨子的兼爱。康有为揭露说，墨子讲仁时主张兼爱而非差等，这使墨子所讲的仁与佛教之仁的众生平等相去无几。尽管如此，墨子的甚仁与佛教的众生平等一样被康有为归在了仁学的范围内，属于"博爱派哲学"是可以肯定的；在这一点上，墨子讲仁而与老子的不仁是截然相反的。

总之，老子、墨子思想的差异决定了康有为对两人的不同认定和评价：老子属于不仁派，墨子则属于仁学派即博爱派。在这个维度上，对于老子与墨子，康有为的结论是："老学之教为我，墨子稍胜于老。"⑥康有为一直认定

---

① 《万木草堂口说·诸子》，《康有为全集》（第二集），中国人民大学出版社2007年版，第177页。

② 《万木草堂讲义·七月初三夜讲源流》，《康有为全集》（第二集），中国人民大学出版社2007年版，第283页。

③ 《万木草堂讲义·七月初三夜讲源流》，《康有为全集》（第二集），中国人民大学出版社2007年版，第283页。

④ 《万木草堂讲义·七月初三夜讲源流》，《康有为全集》（第二集），中国人民大学出版社2007年版，第283页。

⑤ 《万木草堂口说·诸子》，《康有为全集》（第二集），中国人民大学出版社2007年版，第180页。

⑥ 《万木草堂口说·学术源流》，《康有为全集》（第二集），中国人民大学出版社2007年版，第135页。

老子为我，是有忍而非不忍，故而有悖于仁；与老子的立教宗旨有别，墨子之兼爱属仁。一方面，墨子讲仁时不讲礼。另一方面，墨子的兼爱尚同而不尚别，不可与孔子之仁相提并论，尚可归为仁之列，故而与不仁的老子之教相比"稍胜"。康有为的下面这段话直观地反映了老、墨与儒学以及与仁学派的不同关系："儒与杨、墨，其道为三，而老氏为我，儒、墨救世，则虽三而实为二焉。故在战国，儒、墨最盛，而老氏逊之，以其俱救世也。至于汉初，老氏最盛，儒学骎骎其间，而墨亡矣。盖救世之道同，而儒顺墨逆，故墨归于儒，老氏与儒相反，故后世反有存也。"①

二、老子坏人心术，墨子最苦人道

康有为既推崇仁，又推崇乐。这除了因为他认为乐是仁的具体表现之外，尚有两个重要原因：第一，《乐》是孔子的六艺之一，孔子的思想以求乐为宗旨。第二，追求快乐是人与生俱来的本能，满足人求乐的欲望是仁的具体表现。对此，康有为反复指出：

> 孔子礼乐并制，而归本于乐。盖人道以乐为主，无论如何立法，皆归于使人乐而已。故小康之制尚礼，大同之世尚乐，令普天下人人皆敦和无怨，合爱尚同，百物皆化，《礼运》以为大道之行也。②
>
> 颜子之贫如此，而乐道自娱，不以窭空为忧而改其乐。盖神明别有所悦，故体魂不足为累，境遇不能相牵，无入而不自得也。佛氏所谓地狱、天宫皆成佛土，其类此乎？故孔子再叹美之。周子令人寻孔、颜乐处。盖天人既通，别有建德之国，神明超胜，往来无碍，既不知富之可欣，亦不知贫之可忧，偶游人境，固不足为累也。③

基于这种理解，康有为将乐视为人生的价值目标和行为追求，大声疾呼"求乐免苦"。在此基础上，他将"求乐免苦"奉为判断善恶的标准，肯定善恶是由苦乐决定的。天理为人而设，使人快乐的就是善，就是仁，也就是天理。有鉴于此，梁启超将康有为的哲学说成是"主乐派哲学"。对于康有为的"主乐派哲学"，梁启超介绍说："先生之哲学，主乐派哲学也。凡仁必相爱，相爱必使人人得其所欲，而去其所恶。人之所欲者何？曰乐是也。先生

① 《孔子改制考》卷十七，《康有为全集》（第三集），中国人民大学出版社 2007 年版，第 206 页。

② 《论语注》，《康有为全集》（第六集），中国人民大学出版社 2007 年版，第 517 页。

③ 《论语注》，《康有为全集》（第六集），中国人民大学出版社 2007 年版，第 419 页。

以为快乐者众生究竟之目的，凡为乐者固以求乐，凡为苦者亦以为求乐也。耶教之杀身流血，可为极苦，然其目的在天国之乐也。佛教之苦行绝俗，可谓极苦，然其目的在涅槃之乐也。即不歆天国，不爱涅槃，而亦必其以不歆不爱为乐也。是固乐也，若夫孔教之言大同，言太平，为人间世有形之乐，又不待言矣。是故使其魂乐者，良宗教、良学问也；反是则其不良者也。使全国人民皆乐者，良政治也；反是则其不良者也。而其人民得乐之数之多寡，及其乐之大小，则为良否之差率。故各国政体之等级，千差万别，而其最良之鹄，可得而悬指也。墨子之非乐，此墨子所以不成为教主也。若非使人去苦而得乐，则宗教可无设也。”①

值得注意的是，梁启超认定墨子与康有为的“主乐派哲学”背道而驰，因而在介绍康有为的“主乐派哲学”时特意讲到了与墨子的对立。梁启超的这个评价是客观的，证明了康有为在求乐问题上对墨子的否定态度。同时应该看到，梁启超的这个介绍也是不全面的，忽视了老子与康有为的“主乐派哲学”的对立。事实上，康有为肯定求乐是人的本性，人所求之乐包括饮食、宫室等方面的物质享乐，也包括名誉、地位、求知以及关心国家大事等等精神、政治方面的享乐。在这个前提下，他指责老子、墨子都背离人与生俱来的这一欲望，违背了人的本性和本能。在违背人“求乐免苦”的本性即有悖人道上，两人是一致的。这用康有为本人的话说便是：“老氏以无为为宗旨，墨子以尚俭为宗旨，故买名誉、饰礼貌者，二氏皆攻之也。”②按照他的说法，在有悖人道方面，老子、墨子的具体情况和表现各不相同：老子不为名利，坏人心术；墨子非乐、尚俭，最苦人道。

首先，康有为指出，老子不为名利，不仅与孔子的尚名大义截然相反，而且有悖人“求乐免苦”的本性。按照康有为的说法，孔子尚名、主乐，这一切都秉持贵仁的宗旨；与不仁、能忍一脉相承，老子排斥名利，有悖人道。在康有为对老子的攻击中，排斥名是主要原因之一。对此，康有为不止一次地说道：

> 名字孔子特立，朱子攻名，杂采老、庄之说，谬矣。③
>
> 名为孔子大义，所以厉行耻而光声誉，致人道于高尚，而补刑赏所

① 《南海康先生传》，《梁启超全集》（第一册），北京出版社 1999 年版，第 488—489 页。

② 《孔子改制考》卷十四，《康有为全集》（第三集），中国人民大学出版社 2007 年版，第 178 页。

③ 《万木草堂口说 · 中庸》，《康有为全集》（第二集），中国人民大学出版社 2007 年版，第 167 页。

未及者也。故《孝经》曰:立身行道,扬名于后世,以为孝之终。《中庸》言舜,则曰:必得其名;言武王则曰:不失显名。《穀梁》曰:学成矣,而名誉不彰,友朋之过。《孟子》曰:令闻广誉施于身,不愿人之文绣。故教曰名教,理曰名理,义曰名义,言曰名言,德曰名德,儒曰名儒,士曰名士,无在而不言名。惟老庄乃戒名,曰:为善无近名,为恶无近刑。盖无出而阳柴立中央之巧也。①

循着康有为的逻辑,名是孔子思想的大义,孔子以及孔子后学都是崇尚名的。与此相反,老子及其后学——如庄子、杨朱等人都排斥名,这暴露出老子之教不仁、能忍的宗旨。在此基础上,康有为进而指出,名利相连,老子不尚名且贬损利,使其思想离乐越来越远。正是在这个意义上,康有为断言:"孔子之学无欲速,无见小利,不尚诈谋,老子则大相反。圣人贵让贱利,防人世之争原也。然饮食、宫室、衣服之用,人谁可废? 故又曰:利者,义之和也。"②这就是说,利是人生存的保障,人生便不能无利;如果无利,人生便没有了乐。从这个意义上说,老子贱利,有悖人道。更有甚者,老子和杨朱等人之所以不为名是为了明哲保身,这一点成为毒害天下的罪魁祸首。对此,康有为揭露说:"吾尝谓,老、杨之学为中国之大祸,虽有硕学高行之人,但为谨默之行,保身之谋。坐视君父之难而不顾,坐视宗亲师友之难而不恤,坐视国亡种灭而从容,自图富贵,偷生畏死,荡绝廉耻,有所少损,皆不敢近,此其为杨朱之贻毒,未有若是之甚矣。"③由此可见,名利与荣辱休戚相关,老子为了保全性命而不近名利是寡廉鲜耻、没有道德感和廉耻心的表现,这种心态在社会上的流行成为道德堕落的原因。循着这个思路,康有为指责老子之学败坏了中国人的心术。由此,他一再强调:

学术与心术相关者,老子之学最坏。④

今人心之坏,全是老学。⑤

---

① 《论语注》,《康有为全集》(第六集),中国人民大学出版社 2007 年版,第 403 页。

② 《南海师承记·讲孟荀列传》,《康有为全集》(第二集),中国人民大学出版社 2007 年版,第 228 页。

③ 《孟子微》,《康有为全集》(第五集),中国人民大学出版社 2007 年版,第 497—498 页。

④ 《南海师承记·讲辨惑》,《康有为全集》(第二集),中国人民大学出版社 2007 年版,第 247 页。

⑤ 《万木草堂口说·诸子》,《康有为全集》(第二集),中国人民大学出版社 2007 年版,第 178 页。

其次，康有为指出，墨子虽然甚仁，但是，墨子极力非乐，因而最苦人道。不仅如此，乐与非乐是孔子与墨子的根本分歧，即“孔子极讲乐。墨子不讲乐。”①其实，反对墨子的非乐思想是康有为的一贯主张，也是他批评墨子的根本原因之一。早在康有为指责墨子是孔子的死对头、处处与孔子作对之时，非乐就是证据之一。沿着这个思路，鉴于墨子的非乐原则与自己主张的“求乐免苦”南辕北辙，康有为斥之为违背人情、有悖人道，连篇累牍地从不同角度揭露非乐的错误及其造成的危害。下仅举其一斑：

> 孔子最讲乐学，故墨子特非之。②
>
> 墨子难行，由于非乐。③
>
> 墨子其生也勤，其死也俭，最苦人道。④
>
> 孔子尚中，而墨子太俭。天下惟中可以立教，偏则不可与治天下。墨子尚俭，其道太苦，其行难为，虽有兼爱之长，究不可以治万世。墨子休矣！⑤
>
> 若尚俭，则财泉滞而不流，器用窳而不精，智慧窒而不开，人生苦而不乐，官府坏而不饰，民气偷而不振，国家痿而不强。孔子尚文，非尚俭也；尚俭，则为墨学矣。后儒不善读此章（指《论语·述而》篇子曰：“奢则不孙，俭则固。与其不孙也，宁固。”——引者注），误以孔子恶奢为恶文，于是文美之物皆恶之。历史所美，皆贵俭德，中国文物遂等野蛮，则误解经义之祸也。且圣人之言，为救世之药，参术之与大黄，相反而各适所用。⑥

依据康有为的分析，墨子的非乐与尚俭密不可分，是苦人生的，在现实生活中难以推行，实行起来更会给社会、国家和人民生活造成巨大危害——

---

① 《万木草堂讲义·中庸》，《康有为全集》（第二集），中国人民大学出版社 2007 年版，第 294 页。

② 《万木草堂口说·孔子改制》，《康有为全集》（第二集），中国人民大学出版社 2007 年版，第 151 页。

③ 《万木草堂口说·孔子改制》，《康有为全集》（第二集），中国人民大学出版社 2007 年版，第 152 页。

④ 《万木草堂口说·诸子（三）》，《康有为学术文化随笔》，中国青年出版社 1999 年版，第 29 页。

⑤ 《康南海先生讲学记·通三统例》，《康有为全集》（第二集），中国人民大学出版社 2007 年版，第 124 页。

⑥ 《论语注》，《康有为全集》（第六集），中国人民大学出版社 2007 年版，第 434 页。

不仅妨碍国家的经济生产、禁锢民智,而且导致人生苦不堪言,民气、国气萎靡不振。更有甚者,非乐、尚俭而苦人道最终导致墨子之仁与孔子之仁相去甚远,其根本分歧则是孔子尚礼而别,墨子尚俭而同。

至此可见,康有为对墨子"甚仁"的揭示从两个截然不同的方向展开:一方面,康有为宣称,孔子贵仁,墨子也不例外。另一方面,他强调,墨子在讲仁时不讲礼,这使墨子之仁由于无文与孔子大不相同。在康有为看来,孔子之仁与文、礼密不可分,尚礼是孔子的宗旨,孔子制礼就是为了因人情而治。这表明,礼是孔教的核心,是用来养人致和的。墨子非礼、非乐,由于丧文、极苦而使天下不和。一言以蔽之,孔子尚别,别所以上下协调;墨子尚同,致使天下痛苦不堪——在这方面,墨子的薄葬主张即是一例。正是在这个意义上,康有为反复强调:

> 孔子制礼,以人治人,人情为田,所谓和也。若墨氏其生勤,其死也薄。反天下之心,天下不堪,则不和也。①
>
> 《礼论》"别"字亦孔子一大义,墨子尚同,孔子尚别。尚别,白也。尚同,黑也。尚别,昼也。尚同,夜也。条理极多。擅作典制,指墨子也。②

这些一再表明,墨子排斥礼乐,有悖人情,其集中表现是非乐。更有甚者,康有为认定所有宗教都以求乐为鹄的,墨子非乐有悖宗教求乐的宗旨,故而宣布墨子不得为教主。

康有为是中国近代少有的崇尚礼的启蒙思想家。礼有等贵贱、别亲疏之特点和功能,尽显宗法等级,故而被近现代哲学家所深恶痛绝。谭嗣同等人对礼的抨击令人注目,新文化运动时期甚至出现了专门针对礼的礼教革命。康有为所推崇的礼是孔子时中的表现,与仁、文和乐息息相关,也是出于养人和求乐的需要。这使礼成为康有为"主乐派哲学"的一部分,并且与"博爱派哲学"一脉相承。如果说对于"博爱派哲学",老子与墨子的情形相反——一为派外、一为派内的话,那么,两人对于"主乐派哲学"的处境则是一致的——都属于派外。当然,作为"主乐派哲学"的对手,老子、墨子的具体情况不可同日而语——老子坏心术,墨子苦人生。尽管如此,两人都违背孔子之礼,进而导致苦人生是一样的。对此,康有为解释说:"《论语》:有子

① 《万木草堂口说·孔子改制》,《康有为全集》(第二集),中国人民大学出版社 2007 年版,第 150 页。

② 《万木草堂口说·荀子》,《康有为全集》(第二集),中国人民大学出版社 2007 年版,第 185 页。

曰:礼之用,和为贵。先王之道,斯为美。《庄子》谓:墨子不与先王同,毁古之礼乐。先王即孔子,托以制礼者也。墨子以绳墨自矫,以自苦为极,无以养人之欲,无以给人之求。乖戾不和,使人忧悲,故其道大觳,其行难为,不可以为圣王之道也。老子谓:五色令人目盲;五音令人耳聋;五味令人口爽;驰骋畋猎,令人心发狂;难得之货,令人行妨。塞人之情,蔽人之欲,是乱天下也。又曰:礼者,忠信之薄,而乱之首。开魏、晋清谈放诞之风,乘谬尤甚。老、墨皆攻孔子之礼制者也。"①

三、"老学之争儒隐而久,……墨教之争儒显而大"

对于康有为来说,老子与墨子思想的仁与不仁、坏人心与苦人生说明了两人的思想具有一定的差异,不可相互混淆。这些差异决定了老子与墨子思想的传承和命运。对此,康有为的概括是:"墨子当时与孔子争教兼行,号称儒、墨。而儒学一统之后,爝火不然。盖老学尚阴,清静自私,有合乎人之性者,且自然易行。墨学太苦,庄生所谓'天下不堪,其去王远,人所难从。'故一微即灭也。"②无论老子与墨子思想的差异还是盛衰命运的悬殊都证明了老学、墨学对于孔教的威胁大不相同。对此,康有为比较、分析说:

墨翟,则《淮南子》以为孔子后学而变教自立者。墨子为三月之丧,亲戚皆同,故孟子以为无父,又谓兼爱无差等。盖父子与诸亲及路人,自有厚薄,乃天理之自然,非人为也。故孔子等五服之次,立亲亲仁民爱物之等,此因天序顺人情,亦非强为者也。杨朱之学只有《列子》略存之,然推老学可得其概。老子谓:天地不仁,以万物为刍狗。圣人不仁,以百姓为刍狗。于人不仁,故只为我而已,纵欲而已。苟可以为我纵欲,则一切不顾,无人亦无国,故孟子以为无君。当春秋、战国时,诸子并出,各自改制立法。如棘子成之尚质,原壤之旷生死、母死而歌,子桑伯子之任天、不衣冠而处,直躬之证父攘羊,丈人、接舆、沮溺、微生亩之石隐,关尹、田骈、慎到、环渊、彭咸、列御寇之清虚,李克、商君、韩非、申不害、尸佼之治术刑法,子华、詹何之道术,驺衍、驺忌、驺奭之谈天、炙毂、雕龙,宋牼之寡欲为人,子莫之执中,陈仲子、许行之苦行平等。若《荀子·非十二子篇》、《庄子·天下篇》所称,皆诸子之创教有成者也。而诸子之中与儒抗者,惟老、墨之最大。老学之争儒隐而久,

① 《孔子改制考》卷九,《康有为全集》(第三集),中国人民大学出版社2007年版,第117页。
② 《孔子改制考》卷六,《康有为全集》(第三集),中国人民大学出版社2007年版,第79页。

故韩非《解老》、《释老》以督责名术治天下，人主受之，以钳制臣民，而自私其天下。其道盖自汉至于今，为中国大毒，皆为我之私中之。……墨教之争儒显而大，《韩非子·显学篇》：天下之显学，孔、墨也。而儒分为八，墨分为三。《吕氏春秋》曰：孔、墨之弟子徒属弥满天下，充塞天下，皆以其道易于天下。其他书以孔墨、儒墨并称者，不可更仆数，此战国时传教争教之实事。①

由上可见，康有为对老子、墨子思想的比较始终以与孔子思想的关系为坐标。无论两人的思想如何差异，在与孔子思想相背这个根本问题上是一致的。这道出了康有为对老子与墨子思想反复予以比较的秘密，因为无论老子还是墨子与其他人一样都是孔子或孔教的一个注脚而已。对于这个问题，康有为的下面这段话道破了天机，说得再明白不过了："周、秦诸子宜读。各子书，虽《老子》、《管子》亦皆战国书，在孔子后，皆孔子后学。说虽相反，然以反比例明正比例，因四方而更可得中心。诸子皆改制，正可明孔子之改制也。"②

第四节 康有为视域中的老、墨关系与孔教观

上述内容显示，康有为对老子与墨子的比较是多角度的，内容涉及到方方面面。对此，人们不禁要问：康有为为什么热衷于老子与墨子比较？通过比较，康有为得出了什么结论？他的比较意义何在？

首先，在对先秦七子的审视中，康有为对老子的归属和定位与对墨子的评价最为相似。不过，由于康有为对老子、墨子的比较涉及的方面较多，加大了综合的难度，得出的结论难免相互矛盾。以老子、墨子的优劣为例，一方面，康有为借庄子之口列老子为三等、墨子为四等，而将老子置于墨子之上。这用康有为本人的话说便是："通部《庄子》皆寓言，独《天下篇》乃庄语也。读之可考周秦诸子学案，直过于《荀子·非十二子篇》。其中以孔子为宗旨，故列孔子为第一等，称圣王。其余列自己为二等，称天人。列老子为三等，称神人、至人。列墨子为四等，称圣人。"③从这个意义上说，老学优于墨学。另一方面，康有为明言墨学比老学优长，除了前面提到的老子之教为

① 《孟子微》，《康有为全集》（第五集），中国人民大学出版社 2007 年版，第 493 页。
② 《桂学答问》，《康有为全集》（第二集），中国人民大学出版社 2007 年版，第 21 页。
③ 《南海师承记·读庄子天下篇》，《康有为全集》（第二集），中国人民大学出版社 2007 年版，第 234 页。

我,墨子之教兼爱而稍胜之外,康有为在《孟子微》中继续对老子与墨子进行比较,在具体分析两人思想与孔子思想异同的基础上,得出了"就老、墨二教比",墨子"胜于老、杨远矣"的结论。康有为写道:

> 但孔子之道大而得时,《庄子》所谓:古之人其备乎?配天地,本神明,育万物,本末精粗,四通六辟,其运无乎不在。后学宗之,遂成大教。然在孟子之时,老、墨言盈天下,则其昌大之速至矣。韩昌黎疑孟子之距杨、墨,以为非二师之道本,然未考创教之由也。观《墨子·非儒篇》之攻孔子,诟詈无所不至,则孟子之距之,岂为过哉?就老、墨二教比,墨子"非攻"、"尚同",实有大同大平之义,与孔子同,胜于老、杨远矣。但倡此说于据乱世,教化未至,人道未立之时,未免太速。犹佛氏倡众生平等,不杀不淫之理于上古,亦不能行也。盖夏裘冬葛,既易其时以致病,其害政一也。凡"非攻"、"尚同"、"兼爱"之义,众生平等戒杀之心,固孔子之所有,但孔子无所不有,发现因时耳。①

除此之外,康有为指出,墨子的自然科学特长远非老子所及。于是,康有为说道:"墨子之学胜于老子,西法之立影、倒影,元朝始考出,墨子已先言之。"②在这个前提下,康有为注重墨子与西方思想——从宗教(基督教,康有为称之为耶教)到自然科学的相通性,并且明言墨学早于西学,甚至西学源于墨学。很明显,墨学这方面的内容和特长是老学不能企及的。再从"博爱派哲学"和"求乐派哲学"的角度看,康有为对老子的评价是最低的,既与"博爱派哲学"针锋相对,又有悖于"求乐派哲学"。换言之,如果说康有为对墨子亦褒(以兼爱为核心)亦贬(以非乐、尚俭为代表)的话,那么,他对老子则贬过于褒。尽管康有为对老子的养生之学心怀好感,然而,他对老子以不仁为立教宗旨的抨击则是原则性的。这一切都使康有为对老子、墨子的褒贬评价成为一个未解之谜。

进而言之,正如对墨子的褒奖兼爱与贬斥非乐是以孔子为标准展开的一样,康有为对老子的态度同样受制于对老子思想与孔子的异同认定。在这个前提下,尽管老子与墨子的优劣扑朔迷离,然而,可以肯定的是,康有为对墨子的攻击最多:第一,他指出,从历史上看,孟子、荀子和司马迁都以攻

---

① 《孟子微》,《康有为全集》(第五集),中国人民大学出版社 2007 年版,第 493 页。

② 《万木草堂口说·诸子》,《康有为全集》(第二集),中国人民大学出版社 2007 年版,第 180 页。

击墨子为己任,因为墨子之教在这些人生活的时代对孔教的危害最大,也印证了康有为的那句话:“墨教之争儒显而大”。第二,与此相联系,康有为对墨子叛孔子之道的论证最多,多次指出墨子先学于孔子而后叛孔子之道。这使墨子的思想更具有迷惑性,也成为康有为对墨子耿耿于怀的原因。这一点在康有为对老子、墨子的身份归属上即已露出端倪——除了同归为孔子之学,皆为“一曲之士”和独立创教与孔教争盛的相同经历之外,墨子比老子多了一个叛孔子之道的环节。对此,康有为指出:“《淮南子》言:墨子学孔子之道,是墨子后来叛道而自为教主也。”①这一点决定了康有为对墨子攻击最甚。

其次,为什么在康有为那里老子、墨子之间具有如此多的可比性,以至于两人的关系成为焦点话题?为什么康有为同时代的思想家却很少涉及这一问题?康有为对老子、墨子关系的热衷与对孔教的推崇密切相关,一个简单的事实是:老子与孔子一样是春秋时期的思想家,墨子生活在春秋战国之际。两人与孔子大致同时,考辨中国本土文化源流时是不可逾越的。换言之,孔子与老子、墨子的关系是康有为推崇孔子,断言“百家皆孔子之学”时无法回避的。这使老子、墨子与孔子的关系成为棘手的问题:一方面,为了推崇孔子,与“百家皆孔子之学”相对应,老子和墨子一起被归入孔子之学。为此,康有为煞费苦心地强调历史上的老子有三位,只有战国时著《道德经》的老子才是“真正的老子”。于是,便有了孔子在时间上早于老子的必然结论:

> 老子在孔子以后。②
> 老子之弟子杨朱,生当孟子时,可知孔子在老子之先。③

与此同时,康有为如法炮制,像对待老子一样将墨子的生存时间后移,说成是战国时代的人。康有为指出,墨子与孟子、杨朱等人是一辈,即“墨子为子夏后辈,杨、墨、老,孟子一辈。”④另一方面,老子、墨子与孔子的思想

① 《万木草堂口说·诸子》,《康有为全集》(第二集),中国人民大学出版社 2007 年版,第 177 页。

② 《万木草堂讲义·七月初三夜讲源流》,《康有为全集》(第二集),中国人民大学出版社 2007 年版,第 283 页。

③ 《万木草堂口说·学术源流》,《康有为全集》(第二集),中国人民大学出版社 2007 年版,第 142 页。

④ 《万木草堂口说·诸子》,《康有为全集》(第二集),中国人民大学出版社 2007 年版,第 178 页。

具有不容忽视的差异性，为了确保孔教的儒家学统，康有为将两人逐出门外。不仅如此，为了映衬孔子之道的博大精深，作为孔子的后学，老子、墨子成为“一曲之士”；作为与孔子争教者，两人一个过，一个不及，分别代表了与孔子时中对立的两个极端。这一切都表明，康有为将老子、墨子归入孔学与逐出孔门都与对孔子的推崇一脉相承，归根结底受制于他本人的孔教观。可以看到，在康有为那里，与孔子的关系使老子、墨子的命运极其相似：第一，先是归入孔子之学，后是逐出孔门。第二，在属于孔子之学时的情形和地位惊人相似——都得孔子大道于万一，皆为“一曲之士”。第三，在独立创教时，老子、墨子与孔子争教最甚。总之，在康有为那里正如将两人归为孔子之学是为了证明孔教无所不包，孔子是中国本土文化的至尊源头一样，老子与墨子思想的异同映衬了孔子思想的博大精深、无所不备。

在先秦诸子中，具有与老子、墨子类似经历的还有庄子。所不同的是，康有为强调，庄子在属于孔子后学时得孔子的“性与天道”之传，属于孔子嫡派，与孟子一起传大同、平等学说——这一点足以让老子与墨子相形见绌。在不属于孔子后学时，庄子没有像老子与墨子那样直接与孔子为敌，不构成对孔教的威胁——这使庄子避免了被孔教传人的一再攻击。有鉴于此，无论老子与庄子还是墨子与庄子都没有太多的可比性。不仅如此，在相同的经历、相似的地位使老子与墨子具有了诸多可比性的前提下，对孔子大道的不同侧重和传承则增加了两人思想的可比性。康有为的比较显示，老子与墨子的思想既有与孔子相悖的相同本质，又有特殊的具体内容，故而同异互见。这些在加大老子与墨子的比较范围的同时，也使比较的结论更为丰富、多样。这些情况都预示了老子与墨子之间的可比性是其他诸子无法比拟的。如此一来，便不难理解康有为为什么不厌其烦地对两人反复加以比较了。这与其说是康有为对老子、墨子的格外关注，不如说是为孔教辩护。从这个意义上说，康有为思想中的老、墨关系可以视为他的孔教观的一部分。

再次，如果超越康有为的孔教格局，孔子与老子、墨子之间的从属关系立刻消解，老子和墨子之间的诸多可比性也就随之消失了。这便是除了康有为之外其他近代哲学家很少对两人反复予以比较的根本原因。诚然，谭嗣同也将全部中国本土文化归为孔子之学，并且称为孔教，然而，老子与墨子的关系却没有成为他的关注焦点。这除了谭嗣同将佛教置于孔教之上，对佛教的阐释多于孔教之外，还因为他对老子与墨子采取了截然相反的态度，从根本上堵塞了两人的可比性：一方面，谭嗣同对老子持完全否定态度，尤其抨击老子的柔静思想。于是，谭嗣同一再指出：

> 李耳之术之乱中国也，柔静其易知矣。若夫力足以杀尽地球含生之类，胥天地鬼神以沦陷于不仁，而卒无一人能少知其非者，则曰“俭”。①
>
> 天行健，自动也。天鼓万物，鼓其动也。辅相裁成，奉天动也。君子之学，恒其动也。吉凶悔吝，贞夫动也。谓地不动，昧于历算者也。《易》抑阴而扶阳，则柔静之与刚动异也。夫善治天下者，亦岂不由斯道矣！夫鼎之革之，先之劳之，作之兴之，废者举之，敝者易之，饱食煖衣而逸居，则惧其沦于禽兽；乌知乎有李耳者出，言静而戒动，言柔而毁刚！②

另一方面，谭嗣同对墨子倍加推崇，不论对墨子的“任侠”之仁还是“格致”之学都持肯定态度。这样一来，老子与墨子在谭嗣同那里各不相涉：一个被贬损，一个被推崇。彼此之间并不存在可以反复比较的可比性，也就失去了比较的基础。

如果说梁启超还在老子、孔子和墨子的并提中像康有为那样将老子与墨子联系在一起的话，那么，他对三人关系的认识却发生了天翻地覆的变化。梁启超认为，老子、孔子和墨子是中国文化的“三圣”，并称为“三位大圣”。沿着这个思路，梁启超强调，中国文化都是从这三位圣人那里衍生出来的，《老孔墨以后学派概观》淋漓尽致地表达了这一思想。可以看到，无论在专门研究“三位大圣”的专著如《孔子》《老子哲学》《子墨子学说》和《墨子学案》中还是对“三位大圣”衍生的学派的阐释中，梁启超都既肯定孔学、老学和墨学拥有各自的独特内涵，又不否认其间的相通、相同之处，甚至指出春秋以后的学派都是儒、道、墨各家融合的产物。在这方面，法家便是极好的例子。尽管如此，梁启超始终是以孔学、老学和墨学三家为主体阐释中国本土文化的，在此过程中并没有着力对老子与墨子予以比较。

在近代哲学家之中，弘扬国粹的章炳麟在“整理国故”时喜欢对先秦诸子予以比较。尽管如此，他先后列为比较对象的是孟子与荀子、老子与庄子等，却始终不见对老子与墨子的比较。这些都从一个侧面证明了康有为的老子与墨子比较构成了中国近代国学史、哲学史和文化史上的独特风景，足以引起后人注视的目光。

---

① 《仁学》，《谭嗣同全集》，中华书局 1998 年版，第 321 页。

② 《仁学》，《谭嗣同全集》，中华书局 1998 年版，第 320 页。

总的说来,近代哲学家非常关注先秦诸子之间的关系,其中,成为焦点的是三种关系:第一,孔子、墨子与老子三位圣人之间的关系。康有为、谭嗣同基本上归为一派,称为孔子之学;梁启超三者并举,并称为"三圣"或"三位大圣";章炳麟虽然推崇老子、庄子,然而,他却又宣称老子源于孔子。第二,孟子与荀子的关系。梁启超甚至将关注两人之间的关系作为划分"清代"学术的标准。这个说法具有一定的合理性,因为康有为、梁启超和章炳麟都将孟子与荀子的关系纳入自己的研究视野,使之成为焦点问题。孟子和荀子的关系成为焦点问题在康有为等人那里关涉到对孔学正统的理解,在章炳麟那里又与人性善恶的解读息息相关。第三,老子与庄子的关系。康有为将庄子归为老子之学,同时又一会儿将之归为孔子之学,一会儿宣称庄子独立一派,使庄子与老子的关系微妙而复杂。更有甚者,即使被归为老子后学,由于老子学说的复杂多变,庄子或显或卑的地位又增加了老子与庄子关系的复杂性。章炳麟出于对孔教的排斥和对康有为思想的反击,将庄子归为老子后学。由此,老子与庄子思想的异同性而非学术归属的纠葛成为章炳麟探讨的中心问题。

稍加留意可以发现,康有为着力阐释的关系除了孟子与荀子之外,就是老子与墨子。一方面,他多次将老子与墨子相提并论,归为一个阵营,故而老子和墨子并提。另一方面,康有为反复辨别老子与墨子思想的异同。这使康有为视界中的老子与墨子呈现出微妙而复杂的关系,这种复杂的关系超过了老子与庄子的关系:第一,在康有为的视界中,老子和墨子的命运是最为相似的,包括庄子在内的其他人无法相比。第二,康有为的老子与墨子比较涵盖方方面面,不仅具有学术传承和身份归属的意义,而且具有思想内涵和理论宗旨的意义。进而言之,康有为的这些看法归根结底与他的孔教观一脉相承,梁启超、章炳麟推崇老子、墨子却不再关注两人之间的关系便证明了这一点。

第十四章　孟子与荀子

在先秦七子中，孟子和荀子的关系颇为微妙：一方面，两人都是作为孔子后学出现的。这使两人之间具有了其他人无可比拟的亲缘性，故而司马迁作《史记》时将二人合传。另一方面，孟子、荀子的思想具有不同的内容和侧重，尤其在对人性的看法上针锋相对——"孟子道性善"，荀子主性恶。这使两人的人性论产生了不同的社会影响，不仅导致了后人的不同评价，而且使两人在孔门中的地位及学术命运呈现出不容忽视的差异。近代哲学家利用西方的分类方法重新审视中国本土文化，梳理百家之学及其传承谱系，对孟子与荀子的关系倍加关注，致使两人的思想异同成为一个热门话题，这一点在康有为那里表现得尤为明显和突出。这不仅因为他是最早对中国本土文化进行梳理的近代启蒙思想家，而且因为其备受争议的孔教立场。

康有为的早期思想以考辨中国本土文化的"学术源流"为学术重心。作为孔教教主的他在对中国本土文化的发掘中侧重儒家思想，孟子、荀子和董仲舒等人成为康有为国学人物研究的学术重镇。康有为视界中的孟子与荀子关系维度众多，错综复杂，从经典文本、学术源流、传承方式到思想内容一应俱全。不仅如此，康有为对孟子、荀子关系的审视具有不同以往的学术视角，出于前所未有的救亡图存的理论初衷，秉持自家的孔教宗旨，展示了全新的文化心态和价值理念。

第一节　渐行渐远的命运轨迹

因大声疾呼立孔教为国教而著称于世的康有为对孔子推崇备至，宣称"'六经'皆孔子作，百家皆孔子之学。"①这使他把孔子的地位提升到了无以复加的地步，也注定了作为孔子后学的孟子和荀子在他那里备受关注。饶有趣味的是，康有为视界中的孟子与荀子具有不同的命运轨迹，两人的命运之间呈现出此消彼长的对立态势：在早年考辨"学术源流"、追溯孔学的传承谱系时，康有为确认孟子、荀子为孔门"的派"，同时奉两人为孔门"二

① 《万木草堂口说·学术源流》，《康有为全集》(第二集)，中国人民大学出版社 2007 年版，第 145 页。

伯”;伴随着康有为思想的转变,荀子的命运发生逆转,与孟子之间渐行渐远;在康有为中后期的思想中,孟子的地位一如既往,荀子则成为被贬斥的对象。

一、“孟子、荀子为孔子二伯”

在对孔子后学以及孔学传承谱系的追溯中,康有为不仅列举了孔子的亲授弟子,而且遴选了孔子的再传弟子和三传弟子。在认定孔门弟子三千,徒侣六万的基础上,康有为一再突出孟子和荀子的作用,将两人一起奉为战国时期孔门的两大正宗传人——也就是他所说的“二伯”。正是在这个意义上,康有为再三声称:

> 荀子,传孔子礼学者也。可知战国孟子、荀子为孔子二伯。①
> 孟子、荀子是孔子的派。②
> 孟、荀为孔子后学之最。③

按照康有为的说法,孔子后学至战国时分为两大派,孟子与荀子分别代表其中的一派。这表明,孟子、荀子的学术源头是一致的,两人在孔学中的地位是相同的。

首先,康有为指出,孟子和荀子的思想均源于孔子,具有相同性。正是在这个意义上,他连篇累牍地断言:

> 董、荀、孟三子之言,皆孔子大义。④
> 孟、荀言先生、后王,皆知孔子。⑤
> 孟、荀言儒,庄、列言道。⑥

---

① 《康南海先生讲学记·古今学术源流》,《康有为全集》(第二集),中国人民大学出版社2007年版,第112页。

② 《康南海先生讲学记·古今学术源流》,《康有为全集》(第二集),中国人民大学出版社2007年版,第112页。

③ 《万木草堂口说·诸子》,《康有为全集》(第二集),中国人民大学出版社2007年版,第179页。

④ 《万木草堂口说·孔子改制》,《康有为全集》(第二集),中国人民大学出版社2007年版,第151页。

⑤ 《万木草堂口说·荀子》,《康有为全集》(第二集),中国人民大学出版社2007年版,第183页。

⑥ 《南海师承记·讲文体》,《康有为全集》(第二集),中国人民大学出版社2007年版,第241页。

孟子、荀子辈义理体。①

曾子言:天无二日,民无二王,丧无二主。故孟子言定于一。荀子亦发挥定于一。②

更为重要的是,孟子、荀子都得孔子大义,可以作为孔门的标志以与庄子、列子等人对举,故而是孔门嫡系。对此,康有为强调,由于深得孔子之道的微言大义,孟子、荀子的思想甚至胜过了《论语》记载的孔子言论。这用他本人的话说便是:"孟、荀之微言最多,《论语》之微言尚少,盖《论语》随意记孔子之言,而孟、荀则有意明道也。"③据此可见,孟子、荀子在孔教中的地位以及传承孔子之道的贡献在先秦诸子中是至上的,甚至连编纂《论语》的孔子亲授弟子都无法与两人相比。

其次,康有为对孟子、荀子一视同仁,认为两人的地位和影响不分伯仲。与此相一致,他对孟子、荀子一样重视,对《孟子》《荀子》一视同仁,反对独尊孟子而贬抑荀子的做法。于是,康有为不遗余力地宣称:

后人皆知孟子为孔子学,独不知荀子为大儒,甚可慨也。④

宋儒尊《大学》、《中庸》、《孟子》,而攻荀子,则大谬。⑤

孔门后学有二大支:其一孟子也,人莫不读《孟子》而不知为《公羊》正传也;其一荀子也,《穀梁》太祖也。《孟子》之义无一不与《公羊》合。《穀梁》则申公传自荀卿,其义亦无一不相合。故当读《孟子》、《荀子》。(《孟子》无人不读,但今读法当别。)太史公以孟子、荀子同传,又称"孟子、荀卿之徒,以学显于当世",自唐以前无不二子并称。至昌黎少抑之。宋人以荀子言性恶,乃始抑荀而独尊孟。然宋儒言变化气质之性,即荀子之说,何得暗用之而显阐之?盖孟子重于心,荀子重于学。孟子近陆,荀子近朱,圣学原有此二派,不可偏废。而群经多

① 《南海师承记·讲文章源流》,《康有为全集》(第二集),中国人民大学出版社2007年版,第242页。

② 《万木草堂口说·孔子改制》,《康有为全集》(第二集),中国人民大学出版社2007年版,第147页。

③ 《南海师承记·讲史记儒林传》,《康有为全集》(第二集),中国人民大学出版社2007年版,第238页。

④ 《康南海先生讲学记·古今学术源流》,《康有为全集》(第二集),中国人民大学出版社2007年版,第112页。

⑤ 《南海师承记·讲宋元学派》,《康有为全集》(第二集),中国人民大学出版社2007年版,第255页。

传自荀子，其功尤大，亦犹群经皆注于朱子，立于学官也。二子者，孔门之门者也，舍门而遽求见孔子，不可得也。二子当并读，求其大义，贯串条分之。孔子心性之精，伦礼之大，制治之详，无不具在，且激厉学者，其语尤切，学能通此，思过半矣。《孟子》人皆读之，今但加以讲求，则但读《荀子》，数日可了。①

这就是说，孟子、荀子都是孔学正宗，《孟子》和《荀子》一样都是孔教的入门书，二者不可偏废。有鉴于此，康有为对孟子与荀子相提并论，给予两人一样的重视和对待。在这方面，除了将孟子和荀子一起称为孔门战国时的“二伯”之外，康有为还或者将两人一起誉为佛教的龙树，基督教的保罗，或者将两人分别比作佛教的马鸣与龙树。正是在这个意义上，康有为一而再、再而三地说道：

一教主之起，亦何独不然？必有魁垒雄迈、龙象蹴踏之元夫巨子为之发明布濩，而后大教盛。不惟其当时，而多得之于身后，若佛教之有龙树、基督教之有保罗是也。孔子改制创教，传于七十子，其后学散布天下，徒侣六万，于是儒分为八。而战国时，孟、荀尤以巨儒为二大宗。太史公编《孔子世家》、《弟子列传》，继以《孟子荀卿列传》，诚知学派之本末矣。②

孔子后有孟、荀，佛有马鸣、龙树。③

中国称孟、荀，即婆罗门称马鸣、龙树也。④

与对孟子、荀子一视同仁相一致，康有为极其赞同司马迁在《史记》中对孟子、荀子合传的做法。除了上述议论之外，康有为还强调：“史公以荀、孟合传，最为特识。”⑤为了突出荀子的地位，康有为甚至对司马迁在《史记》中详于孟子的做法表示不满：“史公叙《孟荀列传》，详于孟

① 《南海师承记·学章》，《康有为全集》（第二集），中国人民大学出版社 2007 年版，第 213 页。

② 《孟子微》序，《康有为全集》（第五集），中国人民大学出版社 2007 年版，第 411 页。

③ 《万木草堂口说·荀子》，《康有为全集》（第二集），中国人民大学出版社 2007 年版，第 182 页。

④ 《万木草堂口说·学术源流》，《康有为全集》（第二集），中国人民大学出版社 2007 年版，第 147 页。

⑤ 《万木草堂口说·荀子》，《康有为全集》（第二集），中国人民大学出版社 2007 年版，第 184 页。

子，以孟子能得大旨，开口便辟惠王之言利也。然荀子以儒辟墨，其功最大。”①

再次，康有为指出，孟子、荀子对秦后的中国文化产生了重要影响，对于传承孔子之学——尤其是在攻击孔教异端方面做出了巨大贡献。

为了突出孟子、荀子对中国文化的广泛影响，康有为或者声称唐以前是荀子的天下，唐以后是孟子的天下；或者断言正如孟子引领了陆王心学一样，荀子成为朱熹等人的先师。尽管康有为的具体说法或侧重并不统一，突出孟子、荀子作为孔子的正宗传人对秦后文化发生了重大影响的初衷是一致的。于是，康有为连篇累牍地宣称：

唐以前尊荀子，唐以后尊孟子。②

宋儒言学，必本于性，出孟、荀。③

孟子高明，直指本心，是尊德性，陆、王近之。荀子沉潜，道问学，朱子近之。④

孔子之后，荀、孟甚似陆、朱。荀子似朱子，孟子似陆子。⑤

至宋儒大发挥理学，分朱、陆两派。朱子沉潜，一近圣人实学，有似荀子。陆子高明，一近圣人大义，有似孟子。⑥

在康有为那里，孟子、荀子在孔门中的至尊地位与其得孔子嫡传、发挥孔子的微言大义密切相关，更与攻击异端、捍卫孔教密不可分。对于后者，康有为肯定孟子、荀子对于传播孔教起了相同作用，强调两人作为孔门护法使者的作用是相同的，在攻击异端中功不可没。例如，康有为多次肯定孟子、荀子对墨子兼爱的攻击，因为墨子竭力与孔子为难。康有为写道：“若墨氏之学，……至于‘兼爱’一义，亦出《大戴》，所谓孔子兼而无私，此二字

① 《南海师承记·讲孟荀列传》，《康有为全集》（第二集），中国人民大学出版社 2007 年版，第 229 页。

② 《万木草堂口说·荀子》，《康有为全集》（第二集），中国人民大学出版社 2007 年版，第 185 页。

③ 《万木草堂口说·中庸》，《康有为全集》（第二集），中国人民大学出版社 2007 年版，第 174 页。

④ 《万木草堂口说·学术源流》，《康有为全集》（第二集），中国人民大学出版社 2007 年版，第 135 页。

⑤ 《万木草堂口说·学术源流》，《康有为全集》（第二集），中国人民大学出版社 2007 年版，第 139 页。

⑥ 《康南海先生讲学记·古今学术源流》，《康有为全集》（第二集），中国人民大学出版社 2007 年版，第 107 页。

无可议者。孟子之攻之者，当时自有所在，二千年实无议之者。昌黎等辈，安能解此？墨子在战国，与孔子争者也，故自行改制，短丧薄葬，非儒非命，皆力与孔子为难。孟、荀为孔子后学，自当力拒之。孔子最尊父子，特传《孝经》，墨子则无差等，故以为无父，此实不可行者也。”①康有为让荀子和孟子一起来攻击墨子，是为了证明两人同样是孔门的卫道者。在这方面，荀子与孟子一样是孔门的护法使者。康有为甚至认为荀子对墨子的攻击比孟子更公允，说过“荀子攻异端最多，直过于孟子”②之类的话，同时对荀子的《荀子·解蔽》篇给予了高度评价：“《解蔽》篇称孔子为先王，又称圣王。《解蔽》篇，荀子为辟异教、崇孔子而发。”③循着这个思路，康有为肯定荀子攻击异端最有功，胜过了孟子。至此，各方面的情况一致表明，康有为对孟子、荀子一视同仁，并无任何厚此薄彼的迹象。

二、“美孟而剧荀”

综观康有为的全部思想可以发现，康有为并没有始终对孟子与荀子一视同仁，而是分别看待：一方面，康有为对待荀子的态度前后判若两人，先是奉荀学为孔门嫡传，极力推崇；后是贬荀学为孔门“孽派”（梁启超语），极力排斥。这使荀子的命运发生巨大逆转，与孟子的距离也越来越远。另一方面，与对荀子的态度和评价形成强烈反差的是，康有为对孟子的推崇矢志不渝，前后期之间并无明显变化，反而在荀子地位一落千丈的映衬下越向后期越坚定、越笃实。鉴于这种情况，梁启超评价说，康有为“美孟而剧荀”。

首先，在早期考辨中国本土文化的“学术源流”，确立孔子的至尊地位之后，康有为中期的理论重心转入对孔教内容的阐发，《孟子微》《论语注》《中庸注》《礼运注》《春秋笔削大义微言考》等便是这一思想的直接体现。在这些著作中，康有为往往撇开荀子而只将孟子与孔子联系在一起，一如既往地将孟子奉为孔门的正统传人。这样一来，荀子便失去了与孟子一样的显赫地位。至于其中的原因，可以在康有为为《孟子微》所作的序中找到蛛丝马迹：“荀卿传《礼》，孟子传《诗》、《书》及《春秋》。《礼》者，防检于外，行于当时，故仅有小康，据乱世之制，而大同以时未可，盖难言之。《春秋》

---

① 《答朱蓉生书》，《康有为全集》（第一集），中国人民大学出版社 2007 年版，第 326 页。

② 《万木草堂口说·荀子》，《康有为全集》（第二集），中国人民大学出版社 2007 年版，第 184 页。

③ 《万木草堂口说·荀子》，《康有为全集》（第二集），中国人民大学出版社 2007 年版，第 186 页。

本仁，上本天心，下该人事，故兼据乱、升平、太平三世之制。”①在这里，康有为从文本依据和思想内容两个方面相互印证，共同说明了孟子、荀子在孔子之学中的不同地位和命运：第一，从经典文本上看，孟子传承了《诗》《书》和《春秋》三部经典，并以传承《春秋》为主，荀子则只传承了《礼》。这就是说，孟子传承了多部经典，故而比荀子的思想更为全面和重要。不仅如此，六经的不同地位更是决定了孟子的地位是荀子不可企及的。按照康有为的说法，尽管六经皆出于孔子之手，其重要性却大不相同——六经以《春秋》为首，这使传《春秋》微言大义的孟子具有了荀子无可比拟的优越性。第二，从思想内容上看，不同的经典文本注定了孟子、荀子思想的不同内容，两人思想的不同内容本身就有优劣之分：作为外入之学的礼只能防检于外，行于当时，充其量只有小康、据乱世之制，而无大同、太平世之制。以《礼》为文本注定了荀子的思想以礼为主体内容，始终逃脱不了小康之学的窠臼。本于仁的《春秋》兼三世之制，孟子也由此成为孔子大同思想的传人。从这个意义上说，孟子的思想优于荀子。

基于上述认识，康有为极力提升孟子的地位，使孟子由与荀子齐名的“二伯”一跃而独自成为孔门“大伯”。有鉴于此，康有为在将孔子后学分为孟子与荀子两派的前提下，对孟子的关注、推崇和阐发远远超过了荀子。

其次，康有为视界中的孟子、荀子命运恰成反比，对孟子的“独尊”与对荀子的贬抑恰成鲜明对照——甚至可以说，正是对孟子的推崇加速了荀子地位的下滑乃至使荀子最终被边缘化。可以看到，思想转变之后，康有为对荀子的态度发生了巨大变化，以至于梁启超在将康有为复原孔教的活动划分为三个阶段时，特意指出其中的第三阶段以排斥荀子（荀学）为宗旨和特征。据梁启超披露：

> 其（指康有为——引者注）从事于孔教复原也，不可不先排斥俗学而明辨之，以拨云雾而见青天。于是其料简之次第，凡分三阶段：
>
> 第一　排斥宋学，以其仅言孔子修己之学，不明孔子救世之学也。
>
> 第二　排斥歆学，（刘歆之学）以其作伪，诬孔子，误后世也。
>
> 第三　排斥荀学（荀卿之学），以其仅传孔子小康之统，不传孔子大同之统也。……孔子立小康义以治现在之世界，立大同义以治将来之世界。所谓六通四辟，小大粗精。其运无乎不在也。小康之义，门弟子皆受之，而荀卿一派为最盛。传于两汉，立于学官；及刘歆窜入古文经，而

① 《孟子微》序，《康有为全集》（第五集），中国人民大学出版社2007年版，第411页。

荀学之统亦篡矣。宋元明儒者，别发性理，稍脱刘歆之范围，而皆不出于荀学之一小支。大同之学，门弟子受之者盖寡，子游、孟子稍得其崖略。①

梁启超的这个介绍和评价是符合康有为思想的变化轨迹的：如果说戊戌维新之前讲学授徒时期的康有为尚孟子与荀子并提，将两人并尊为孔门“二伯”的话，那么，《新学伪经考》的敌人则是刘歆，《孟子微》《论语注》等著作则在推崇孟子的同时流露出贬抑荀子的思想动向。

值得注意的是，不仅仅限于梁启超所指出的第三阶段，康有为复原孔教的第一阶段也与排斥荀子有某种内在关联。这是因为，康有为将宋儒视为“荀学之一小支”，从这个意义上说，排斥宋儒时荀子已经脱不了干系。审视康有为的思想可以发现，伴随着思想的变化，他对荀子的评价急转直下，彼此之间相去天壤。在万木草堂讲学时，康有为曾经对荀子有过至高评价，这方面的例子在这一时期屡见不鲜。例如：

荀子能通心学之本，发礼学之末。以此论之，荀子虽谓之具体可也。②

荀子之言学，最有次弟。言修身，最有条理。③

内之于己，变化气质，外之于人，开广智识。二千年学者皆荀子之学也，《解蔽篇》多言心，余篇多言礼。④

言养心，莫如《解蔽篇》。言治身，莫如《修身篇》。读《修身篇》，觉张子《东铭》浅矣。⑤

按照这些说法，荀子的思想内外兼备——内有养心，外有修身，俨然与孔子之道一般，故而称为“具体”。不仅如此，荀子之学有次第，讲修身最有条理，以至于读了荀子的《荀子·修身》篇之后，觉得张载的《东铭》也变得肤浅了。尽管康有为对宋儒的整体评价不高，然而，他却对张载倍加推崇，

① 《南海康先生传》，《梁启超全集》（第一册），北京出版社 1999 年版，第 486—487 页。

② 《万木草堂口说·荀子》，《康有为全集》（第二集），中国人民大学出版社 2007 年版，第 186 页。

③ 《万木草堂口说·荀子》，《康有为全集》（第二集），中国人民大学出版社 2007 年版，第 186 页。

④ 《万木草堂口说·荀子》，《康有为全集》（第二集），中国人民大学出版社 2007 年版，第 186 页。

⑤ 《万木草堂口说·荀子》，《康有为全集》（第二集），中国人民大学出版社 2007 年版，第 186 页。

对《正蒙》的赞誉更是无以复加。这方面的例子俯拾即是：

通宋代言义理，最精者《正蒙》一书，皆凿凿说出。①

《正蒙》为宋儒第一篇文字，精深莫如《正蒙》，博大莫如《西铭》。②

即使如此，当康有为视界中的张载遭遇荀子时，却略逊一筹，由此便不难看出康有为早年对荀子的赞誉之高了。众所周知，张载书《砭愚》《订顽》于书房的东、西牖，程颐建议改为《东铭》《西铭》，被张载收入《正蒙》中。这表明，康有为对《正蒙》的赞扬就包括《东铭》(《砭愚》)在内，对《东铭》不如《修身》篇的评价也包括《正蒙》在内。根据这个评价，荀子的思想不仅不比孟子逊色，反而在与孟子一样长于养心的同时多了一项孟子缺少的礼。事实上，讲学授徒时期的康有为承认荀子思想有较之孟子优长之处，并且拿出了具体证据。下仅举其一斑：

孟子传孔子之学粗，荀子传孔子之学精。③

荀子详言礼学，而《解蔽篇》则就心学发挥，直过于孟子。④

孟子难学，至好学荀子。言道之文，孟、荀三大家。荀子开汉调。孟子笔散浅而旧，荀子整新而深。⑤

《荀子·解蔽篇》最佳，《礼论》、《乐论》亦精。荀理较精于孟。⑥

孟子言义理不如荀子。⑦

除了肯定荀子擅长礼学，发挥心学过于孟子，并且在义理方面胜于孟子

① 《南海师承记·讲正蒙》,《康有为全集》(第二集),中国人民大学出版社 2007 年版,第 232 页。

② 《南海师承记·续讲正蒙及通书》,《康有为全集》(第二集),中国人民大学出版社 2007 年版,第 233 页。

③ 《万木草堂口说·荀子》,《康有为全集》(第二集),中国人民大学出版社 2007 年版,第 184 页。

④ 《万木草堂口说·荀子》,《康有为全集》(第二集),中国人民大学出版社 2007 年版,第 184 页。

⑤ 《万木草堂讲义·讲文源流》,《康有为全集》(第二集),中国人民大学出版社 2007 年版,第 298 页。

⑥ 《万木草堂口说·诸子》,《康有为全集》(第二集),中国人民大学出版社 2007 年版,第 179 页。

⑦ 《万木草堂讲义·讲大学》,《康有为全集》(第二集),中国人民大学出版社 2007 年版,第 301 页。

之外，康有为肯定荀子攻击异端的贡献最大，对墨子的攻击也较之孟子公允。对于荀子攻击墨子的问题，康有为不止一次地发表了自己的看法：

> 墨子不谬在兼爱，孟子主意特攻其薄葬，荀子攻墨子更妥。①
>
> 孟子攻墨，不如荀子之允。②

同样不可忽视的是，康有为对荀子的肯定集中在早期，上述引文皆出于戊戌变法之前的讲学授徒时期，只代表康有为早期的看法。在发生思想转变的中期思想中，康有为对荀子的态度发生根本性的变化，对孟子与荀子的评价也相去甚远。荀子逐渐淡出了康有为的视野而被边缘化，甚至成为孔门的异端。这时候，与早期视荀子为孔门正宗判若两人，康有为承认荀子的思想出自孔子，却斥之为旁门左道，并且指责荀子带坏了宋儒。

总之，在康有为那里，孟子始终是孔门嫡派，荀子却遭遇了先扬后抑的多舛命运。这使孟子从与荀子一起并称为孔门"二伯"变成了独为孔门"大伯"，从而拥有了荀子无可比拟的显赫地位。进而言之，康有为对孟子、荀子的不同态度与对两人思想内容的认定息息相关，同时奠定了康有为对两人的不同评价和取舍。

第二节 不惮其烦的思想比较

康有为的思想是前后变化的，无论他对孔教作何理解，孟子和荀子都是孔门后学，这一点是始终不变的。尽管如此，康有为对孟子、荀子的态度大不相同，致使两人在孔教和康有为思想中的命运相差悬殊。其实，他对孟子、荀子的态度并非一时性起、随感而发，而是建立在对两人思想进行反复比较的理性判断和审慎选择之上——无论是早期对孟子、荀子相提并论还是后期尊孟抑荀都是如此。康有为在不同时期反反复复从不同角度对孟子与荀子的思想予以比较，这方面也随之成为两人关系的主要内容之一。

一、经典文本之差

康有为认为，孔子之道远近本末大小精粗无所不备，无所不赅；三千弟

① 《万木草堂口说·诸子(三)》，《康有为学术文化随笔》，中国青年出版社 1999 年版，第 29 页。

② 《万木草堂口说·诸子(三)》，《康有为学术文化随笔》，中国青年出版社 1999 年版，第 30 页。

子，七十二贤人都是孔子的传人，他们的思想由于传承了孔子大道的不同方面而有所差异。正如老子、墨子皆“一曲之士”是因为老子只偷得半部《易》，而墨子只偷得半部《春秋》一样，孟子与荀子虽然都是孔子后学，但是，两人传承了孔子的不同经典。对此，康有为一而再、再而三地比较说：

> 荀卿传《礼》，孟子传《诗》、《书》及《春秋》。①
>
> 其（指孔子——引者注）后学，荀子传《诗》、《书》、《礼》，孟子传《春秋》，庄子传《易》，其浅深即由此而分焉。②
>
> 然孟子者，去孔子不远，得《春秋》之传，应比后儒可信也。③
>
> 《礼》出于荀，《乐》书亦然。④

在这里，康有为对孟子、荀子所传孔子文本的说法并不统一，总之不外乎两种观点：一是荀子传《诗》《书》《礼》和《乐》，孟子只传《春秋》；一是荀子只传《礼》，孟子传《诗》《书》和《春秋》。耐人寻味的是，康有为的这两种观点对于孟子传《春秋》和荀子传《礼》的认识是一致的，不同的只是将《诗》《书》或者说成是孟子所传，或者说成是荀子所传。对于康有为来说，无论《诗》《书》是否是孟子所传，只有《春秋》便足以显示孟子在经典文本上对于荀子的优势了。这是因为，按照康有为的说法，六经具有精粗、深浅之分，不可等量齐观。对此，康有为宣称：“盖《易》与《春秋》为孔子晚暮所作，《诗》、《书》、《礼》则早年所定。故《易》与《春秋》晚岁择人而传，《诗》、《书》、《礼》则早年以教弟子者。然《诗》、《书》、《礼》皆为拨乱世而作，若天人之精微，则在《易》与《春秋》。孔子之道，本末精粗，无乎不在；若求晚年定论，则以《易》、《春秋》为至也。”⑤依据这个说法，六经之中只有《易》和《春秋》是孔子晚年所作，故而传达孔子大道，孔子对二者“择人而传”。在此基础上，康有为指出，《春秋》与《易》两相比较，《春秋》更为重要，孟子所传正是《春秋》。正是在这个意义上，他写道：“孟子者，得子思升平之传；故善言孔子者，莫如孟子。孟子言禹，则曰抑洪水；言周公，则曰兼夷狄、驱猛

---

① 《孟子微》序，《康有为全集》（第五集），中国人民大学出版社 2007 年版，第 411 页。

② 《论语注》，《康有为全集》（第六集），中国人民大学出版社 2007 年版，第 430 页。

③ 《春秋笔削大义微言考》发凡，《康有为全集》（第六集），中国人民大学出版社 2007 年版，第 5 页。

④ 《万木草堂讲义·讲文源流》，《康有为全集》（第二集），中国人民大学出版社 2007 年版，第 298 页。

⑤ 《论语注》，《康有为全集》（第六集），中国人民大学出版社 2007 年版，第 429—430 页。

兽；言孔子，不举其他，但曰‘知我罪我，其惟《春秋》’，又曰‘其事则齐桓、晋文，其文则史，其义则丘窃取之’。然则六艺之中，求孔子之道者，莫如《春秋》。”①《春秋》的至关重要决定了传《春秋》使孟子具有了荀子无可比拟的地位。

更有甚者，康有为指出孔子传道有口说与经典之分，口说是孔子的微言大义，非其人不传；所有的经典即六经（《诗》《书》《礼》《乐》《易》和《春秋》，又称六艺）却“日以教人”。从这个意义上说，传承孔子的六经（六艺）十分寻常，传承孔子的微言大义则非同寻常，而孟子与荀子却恰恰分属于孔子的口传微言与六艺文本之教。康有为指出：

> 子赣曰：夫子之文章，可得而闻也；夫子之言性与天道，不可得而闻也。……文章，德之见乎外者，六艺也，孔子日以教人。若夫性与天道，则孔子非其人不传。……其在于《诗》、《书》、《礼》、《乐》者，邹鲁之士，搢绅先生，多能明之。《诗》以道志，《书》以道事，《礼》以道行，《乐》以道和，《易》以道阴阳，《春秋》以道名分。其数散于天下，而设于中国者；百家之学，时或称而道之。天下大乱，贤圣不明，道德不一，天下多得一察焉以自好；譬如耳目鼻口，皆有所明，不能相通。犹百家众技也，皆有所长，时有所用。虽然，不该不遍，一曲之士也；判天地之美，析万物之理，察古人之全，寡能备于天地之美，称神明之容。是故内圣外王之道，闇而不明，郁而不发，天下之人，各为其所欲焉以自为方。悲夫！百家往而不反，必不合矣。后世之学者，不幸不见天地之纯，古人之大体，道术将为天下裂。按庄子所称‘明而在数度者，旧法世传’，即夫子之文章可得而闻也。若性与天道，则小大精粗，无乎不在。以庄子之肆恣精奇，而抑老、墨诸子为一曲之士，尊孔子为神明圣王，称为备天地之美，称神明之容，又悲天下不闻性与天道，不得其天地之纯，各执一端，而孔子大道闇而不明，郁而不发。……《易》曰：书不尽言，言不尽意。天下之善读孔子书者，当知六经不足见孔子之全。②

按照这个说法，孟子、荀子传承经典的不同便不再重要，无论《春秋》还

① 《春秋笔削大义微言考》自序，《康有为全集》（第六集），中国人民大学出版社 2007 年版，第 3 页。

② 《论语注》，《康有为全集》（第六集），中国人民大学出版社 2007 年版，第 411—412 页。

是《礼》充其量只不过是孔子用以"日以教人"的六艺之传而已，凭此无法窥见孔子大道。"然则求孔子之道者，于六艺其可乎？子思曰：仲尼祖述尧、舜，宪章文、武，上律天时，下袭水土。譬如天地之无不持载、无不覆帱，如四时之错行，日月之代明。"①这就是说，六艺出自孔子，却只是孔子大道表层的"片段"。从这个意义上说，孟子、荀子的不同文本之别可以忽略不计。尽管如此，问题到此并没有结束，康有为强调，孔子之道有口说与经典之分，口说口耳相处，传达着孔子的微言大义，文本则以六艺为主。不仅如此，与六艺相对的口说，是非其人不传的"性与天道"（"性天之学"）。"性天之学"是孔子大道，而其传人则是孟子和庄子。这个说法与康有为认定"庄子传《易》"相印证，也使孟子和庄子一起成为孔子微言大义的正宗传人。这样一来，在孔子的正宗传人中，便没有了荀子的位置。

至此可见，在肯定孟子和荀子一样是孔子后学的前提下，通过对两人所传文本和传承方式的梳理，康有为肯定孟子在源头处便具有了荀子无法企及的优越性。康有为由孟子、荀子并举转向尊孟抑荀是出于对两人思想的差异认定，而两人思想的差异在一定程度上取决于对不同文本的传承。在这方面，孟子和荀子作为孔子后学都从孔子的六经而来，对六经的取舍却大不相同：《礼》与《春秋》《诗》《书》在孔学中的地位差异先天地决定了孟子与荀子思想的区别，《春秋》在六经中的首屈一指奠定了传承《春秋》的孟子地位的无可比拟。在此基础上，口传与传经之别更是将孟子、荀子传承文本的差异推向了极致。

二、学术谱系之别

康有为认为，孟子与荀子的思想不仅依据孔子的不同文本而来，而且拥有各自独立且泾渭分明的师承关系和学术谱系。这用康有为本人的话说便是："荀子发挥子夏之学，孟子发挥子游之学。"②这就是说，孟子、荀子的思想尽管都源于孔子，却从孔子不同的弟子处传承而来，属于不同的传承谱系。孟子师出子游，荀子师出子夏。这是康有为关于孟子、荀子师承关系和学术谱系最常见的说法。孔子亲授弟子众多，七十子各有侧重。同为贤人的子游与子夏的思想就传承了孔子思想的不同内容而有所差异，这决定了分属其后学的孟子、荀子的思想迥然不同。在孔子的亲授弟子中，康有为极

① 《春秋笔削大义微言考》自序，《康有为全集》（第六集），中国人民大学出版社 2007 年版，第 3 页。

② 《万木草堂口说·礼运》，《康有为全集》（第二集），中国人民大学出版社 2007 年版，第 160 页。

为推崇子游。这表明,作为子游的后学与作为子夏的后学地位是有差别的,孟子得子游之传即预示着得孔子真传。坚持孟子是子游后学是康有为关于孟子学术身份和传承谱系的基本观点,康有为有关这方面的论述有在孟子与荀子对比的维度上立论的,也有专门就孟子立论的。在专门就孟子立论的维度上,康有为反复强调:

> 荀子言子思出于子游,《史记》言孟子子思门人,则孟子亦传子游之学。①
>
> 言偃,孔子弟子,字子游。《荀子·非十二子篇》称:仲尼、子游为兹厚于世。以子游与仲尼并称,且以子思、孟子同出于子游。盖子游为传大同之道者,故独尊之。此盖孔门之秘宗,今大同之道幸得一传,以见孔子之真,赖是也。②

进而言之,在康有为那里,无论孟子还是荀子都并非拥有单一的传承谱系,而是拥有多重谱系。因此,康有为在肯定荀子出于子夏的同时,也为荀子找到了另外两重师承谱系:一是仲弓,一是曾子。第一,对于荀子是仲弓后学,康有为一再断言:

> 荀子多以仲尼、子弓并称。子弓即仲弓,意当时仲弓之学甚盛,于孟子见子思之学,于荀子见仲弓之学。③
>
> 《非十二子篇》言仲尼、子弓,是也,按:子弓,即仲弓也,与孔子并称,可见荀子之学出仲弓。④

在这里,康有为不止一次地肯定子弓即仲弓。大多数学者如唐代的杨倞、元代的吴莱、清代的汪中和俞樾等人都持这个观点。当然,也有学者提出荀子学于仲弓,并且都有"史"可查,似乎言之凿凿。具有戏剧性的是,康有为在这里证明荀子学于仲弓的证据是荀子的《非十二子》篇,而这正是康

① 《万木草堂口说·孟荀》,《康有为全集》(第二集),中国人民大学出版社 2007 年版,第 181 页。

② 《礼运注》,《康有为全集》(第五集),中国人民大学出版社 2007 年版,第 554 页。

③ 《万木草堂口说·孔子改制》,《康有为全集》(第二集),中国人民大学出版社 2007 年版,第 147 页。

④ 《万木草堂口说·荀子》,《康有为全集》(第二集),中国人民大学出版社 2007 年版,第 185 页。

有为在前面用来证明孟子学于子游的证据——康有为在前面说，荀子在《荀子・非十二子》篇中“子游与仲尼并称”，表明孟子对子游“独尊之”，由此推导出孟子是子游后学。康有为在这里却说荀子在《荀子・非十二子》篇中将仲弓“与孔子并称”，由此推断“荀子之学出仲弓”。第二，对于荀子学于曾子，陆乃翔、陆敦骙介绍康有为的观点说：“孔子之道，有天道，有人道。人道有大同、小康二者，惟颜子具体而尽传之。子贡传其天道，子贡传之田子方，田子方传之庄子，故言在宥而与天为徒也。有子传其大同之道于子游，子游传之子思，子思传之孟子。曾子传其人道之小康者，其后学传之荀子。”①在这里，荀子成为曾子的后学，与此相对应的是，两人将孟子的传承源头从子游处上溯到了有子。

上述内容显示，康有为给荀子找到了众多的学术源头，表明荀子具有多重的传承谱系。从表面上看，这似乎证明了荀子在孔学中的重要地位，事实并非如此。这是因为，作为荀子思想源头的仲弓在孔门弟子中并不显赫，在康有为所论的孔门“十哲”中也不见踪影。② 至于曾子，则被康有为贬斥为规模狭隘，是孔子后学中最早使孔教“割地”者。更能反映康有为对曾子的敌视态度的是，由于认定《论语》为曾子及门人所纂，康有为便对《论语》极力贬低。在这个背景下，康有为肯定荀子与曾子相关不仅不能提升荀子在孔学中的地位，反而为其指责荀子将孔教狭隘化埋下了伏笔。与此相一致，在断言荀子出于曾子的同时，康有为指出，孟子从有子、子游处传大同之道，荀子从曾子处传小康之道。尽管两人所传内容都属于人道，与庄子传承的天道不同，而大同、小康之间的高低、优劣却是显而易见、不证自明的。

与此同时，康有为也为孟子寻找到了多重传承系统。与荀子形成强烈反差的是，孟子在康有为眼中师出名门，每一层师承关系都为孟子带来了无比的荣耀。

首先，康有为极力彰显孟子与子思的传承关系。为了提升孟子的地位，康有为不惜在贬低荀子之师——曾子、子夏的前提下突出子思之学的博大精深，进而突出孟子与子思之间的学术渊源关系。

关于孟子与子思的关系，康有为的说法众多，不一而足。下仅举其一斑：

---

① 《南海先生传》，《康有为全集》（第十二集），中国人民大学出版社 2007 年版，第 457 页。

② 康先生论十哲当以颜子、曾子、有子、子游、子夏、子张、子思、孟子、荀子、董子居首。

曾、夏皆传粗学,子思能传心学。①

孟子之学出于子思,见《史记》。然比之《中庸》,理多不粹,其不及子思远矣。②

孟子受业子思之门人,有《史记》可考。子思受业曾子,无可据。子思作《中庸》,精深博大,非曾子可比,惟孟子确得子思之学。③

子思以孔学之粗者传之孟子。④

康有为的这些说法之间不是互洽的,显然不能自圆其说。尽管如此,这些言论却共同指向了一个主题:子思在孔子之学中具有至关重要的地位。因此,无论得粗还是得精,孟子得子思之学本身就显示了在孔学中无可匹敌的高贵出身和地位。与子思的密切相关使孟子借助子思在势力上压倒了荀子,也从一个侧面奠定了孟子之学的博大精深。意味深长的是,在坚持孟子是子思后学的同时,康有为一再打压曾子,不仅声称其传孔学之粗,与子思之学的精深博大绝无可比性,而且断然否认子思与曾子有学术关联。这表明,在对孟子与子思学术渊源的说明中,康有为不仅通过孟子与子思的学术关系从正面证明了孟子的高贵身份,而且通过贬低荀子之师——曾子的地位从反面提升了孟子的地位。

与上述说法略同,康有为曾经发出过如下断言:“子思、孟子传子游、有子之学者也。程子以子思为曾子门人,盖王肃伪《家语》之误。今以《中庸》、《孟子》考之,其义闳深,曾子将死之言,尚在容貌辞气颜色之间,与荀子之礼学同,其与子思、孟子异矣。”⑤由此可见,康有为在坚持孟子出于子思的同时,坚决否认孟子出于曾子,却将荀子推给了曾子。

其次,与借助子游、子思提升孟子地位的思路相一致,康有为在孔子的另一位亲授弟子——有子那里为孟子找到了传承源头,并且在有子以及子思与孟子的密切相关中证明孟子具有荀子无可比拟的身份地位。

在推崇孟子、阐发孟子思想的《孟子微》中,康有为写下了这样一段话:

---

① 《万木草堂口说·学术源流》,《康有为全集》(第二集),中国人民大学出版社 2007 年版,第 133 页。

② 《万木草堂口说·中庸》,《康有为全集》(第二集),中国人民大学出版社 2007 年版,第 170 页。

③ 《万木草堂口说·孔子改制》,《康有为全集》(第二集),中国人民大学出版社 2007 年版,第 147 页。

④ 《万木草堂口说·中庸》,《康有为全集》(第二集),中国人民大学出版社 2007 年版,第 172 页。

⑤ 《孟子微》,《康有为全集》(第五集),中国人民大学出版社 2007 年版,第 497 页。

"《论语》开章于孔子之后，即继以有子、曾子，又孔门诸弟子皆称字，虽颜子亦然，惟有子、曾子独称子。盖孔门传学二大派，而有子、曾子为巨子宗师也。自颜子之外，无如有子者，故以子夏之学，子游之礼，子张之才，尚愿事以为师，惟曾子不可，故别开学派。今观子夏、子张、子游之学，可推见有子之学矣。子游传大同之学，有子必更深，其与曾子之专言省躬寡过、规模狭隘者，盖甚远矣。后人并孟子不考，以曾子、颜子、子思、孟子为四配，而置有子于子夏、子张、子游之下，不通学派甚矣。大约颜子、子贡无所不闻，故孔子问子贡与回也孰愈，而叹性与天道。子贡传太平之学，曰：我不欲人之加诸我，吾亦欲无加诸人。人己皆平。庄子传之，故为'在宥'之说，其轨道甚远。有子传升平之学，其传在子游、子张、子夏，而子游得大同，传之子思、孟子。曾子传据乱世之学，故以省躬寡过为主，规模少狭隘矣。曾子最老寿，九十余乃卒，弟子最多，故其道最行。而有子亦早卒，其道不昌，于是孔子之学隘矣，此儒教之不幸也。"①从表面上看，康有为的这段话并不是直接推崇孟子的，而是从孔子亲授弟子的角度为有子争地位的，更确切地说，是以有子打压曾子的。值得一提的是，康有为在这里将孟子乃至孟子之师——子游上溯到了与子游一样同为孔子亲授弟子的有子，即"有子传升平之学，其传在子游、子张、子夏，而子游得大同，传之子思、孟子"。这就是说，康有为虽然坚持孟子之学得于子思、子游，但是，他却向前追溯到了有子。意味深长的是，伴随着有子与孟子的密切相关，康有为彰显有子在孔子亲授弟子中首屈一指的地位。具体地说，康有为虽然在表面上说有子与曾子各领一支，但是，他却强调有子对孔子之道无所不闻，曾子之学规模狭隘。康有为认为，有子之学在内容上远远超过了曾子，并且将独立担纲一派的孔子亲授弟子——子夏、子张和子游等人统统归到了有子的门下。这一切似乎都在说：有子就是孔子第二，其学在孔子弟子中无人能敌。在这个前提下，康有为借助有子证明了孟子的显赫地位——除了有子地位的显赫使得其真传的孟子受益匪浅之外，还有孟子与子思直接的师承关系。最能体现孟子与荀子不同地位的是，在被康有为提及的数人之中，除了孔子的亲授弟子和子思之外，只有庄子和孟子两个人，而孟子则直授于子思。至此，康有为提交的各种证据都指向孟子的嫡传身份，却始终没有荀子的影子。

至此可见，为了配合孟子地位的提升，康有为追溯了孟子之学的传承谱系：孔子—有子—子游—子思—孟子，以此证明孟子为孔子嫡传，是"得孔子之本者也""真得孔子大道之本者也"。更有甚者，如果说康有为在孟子

① 《孟子微》，《康有为全集》（第五集），中国人民大学出版社2007年版，第496页。

与荀子并举时分别为两人寻找传承谱系的话,那么,为了提升孟子的地位,康有为一再试图从各个角度在师承关系上为孟子寻找身份显赫的证据,致使孟子的地位越来越无可匹敌。

通过上述追溯和比较,康有为勾勒出孟子、荀子各自独立、互不相涉的师承关系和传承系统。这个勾勒十分重要,不仅决定了孟子、荀子思想的内容和特点,而且从源头上证明了两人思想的优劣之分,进而决定了康有为对待孟子、荀子的不同态度——从早期的孟子与荀子比较转向后来的专门为孟子"寻根"。与此同时,荀子的传承谱系不再是康有为关注的问题。

三、学术方式之殊

按照康有为的说法,孟子、荀子思想的不同除了上面提到的孟子传《春秋》,荀子传《礼》之外,还包括传承方式的区别。就对《春秋》的传承来说,孟子开辟了公羊学的传承方式,以《春秋公羊传》为主要经典;荀子开启了穀梁学的传承方式,以《春秋穀梁传》为主要经典。公羊学与穀梁学的学术传统和传承方式决定了孟子注重发挥微言大义,荀子注重考据训诂。对于这一点,康有为一而再、再而三地宣称:

> 孟子,公羊之学。荀子,穀梁之学。①
> 荀子传《穀梁》,孟子传《公羊》。②
> 孟传《公羊》,多发大义;荀传《穀梁》,而不甚发明。③

《春秋公羊传》又称《公羊春秋》,简称《公羊传》。据何休《公羊传序》、徐彦《疏》引戴宏《序》说,该书由子夏传给公羊高,公羊高的子孙口耳相传,汉景帝时由公羊寿和胡母生(子都)写定。《春秋穀梁传》又称《穀梁春秋》,简称《穀梁传》。据范宁《穀梁传序》、杨士勋《疏》说,该书由子夏传给穀梁俶,由穀梁俶写定成书。这表明,《春秋公羊传》《春秋穀梁传》都是对《春秋》的解释(即著名的《春秋》三传中的二传),并且都属于今文经学,而不同于《春秋左传》(又称《春秋左氏传》或《左传》)代表

① 《万木草堂口说·学术源流》,《康有为全集》(第二集),中国人民大学出版社 2007 年版,第 135 页。

② 《万木草堂口说·孔子改制》,《康有为全集》(第二集),中国人民大学出版社 2007 年版,第 147 页。

③ 《万木草堂口说·孔子改制》,《康有为全集》(第二集),中国人民大学出版社 2007 年版,第 151 页。

的古文经学。从这个意义上说，康有为认定荀子传《春秋穀梁传》便肯定了荀子之学与《春秋》相关，并且与孟子传承的《春秋公羊传》一样属于今文经学。正是在这个意义上，康有为特意指出："传《诗》则申公，《礼》则东海孟公，《春秋》则胡母生，皆荀子所传。孟子之后无传经，惟《韩非子·显学篇》有乐正氏之儒。"①稍加留意即可发现，这个说法与康有为一贯坚持的孟子传《春秋》、荀子传《礼》之间具有较大出入。不仅如此，《春秋公羊传》和《春秋穀梁传》都是子夏所传，这与《论语·先进》篇中"文学：子游、子夏"的记载相一致。从这个角度看，康有为肯定荀子之学出于子夏，传《春秋》有合理性，强调子游、有子是孟子之师与传《春秋》之间同样并非没有可能性。

值得注意的是，康有为是一位今文经学家，故而极力贬低古文经学；康有为更是一位公羊学家，故而不能对同样作为今文经的《春秋公羊传》与《春秋穀梁传》一视同仁。在他的视界中，正如《春秋公羊传》与《春秋穀梁传》之间呈现出一个注重义理阐发，一个执着考据、训诂一样，孟子、荀子开启并秉持着不同的学术传统。更有甚者，康有为将属于古文经学的刘歆之学说成是"不出荀学之一小支"，可以证明荀子在康有为的眼中至少离古文经学比离作为今文经的公羊学更近。对于康有为来说，不论《春秋公羊传》与《春秋穀梁传》的文本还是两者之间不同的致思方式都注定了孟子、荀子思想的不同，从而预示了两人不同的地位以及对后世的不同影响。当然，这其中还夹杂着康有为本人对今文经的痴迷与对古文经的偏见："今日之害，于学者先曰训诂，此刘歆之学派。用使学者碎义逃难，穷老尽气于小学，童年执艺，白首无成。必扫除之，使知孔子大义之学，而后学乃有用。孔子大义之学，全在今学。"②不仅如此，孟子、荀子一个公羊学、一个穀梁学在康有为那里不只具有事实意义，而且具有泾渭分明的价值区分。可以说，康有为对孟子、荀子的不同态度在一定程度上由于两人遵循公羊学与穀梁学的不同套路。也可以说，康有为对今文经与古文经相去天壤的价值旨趣最终决定了对待孟子、荀子的态度。按照康有为的看法，作为古文经学家的刘歆是荀子的后学，这表明，荀子的穀梁学与同样属于今文经学的公羊学更远，而与古文经学更近。

---

① 《万木草堂口说·荀子》，《康有为全集》（第二集），中国人民大学出版社2007年版，第182页。

② 《与朱一新论学书牍》，《康有为全集》（第一集），中国人民大学出版社2007年版，第317页。

四、思想内容之异

既然康有为不是认为荀子传承孟子之学而是断言孟子与荀子依据孔子的不同文本而来，拥有不同的师承关系，秉持不同的学术传统，那么，两人的思想呈现差异甚至迥然悬殊便在情理之中。事实正是如此，按照他的说法，由于依据的文本有别，解读经典的方式悬殊，孟子与荀子关注的问题不可同日而语，这一切都造成了两人思想内容的相去甚远。

首先，康有为指出，孟子之学以经世为主，言仁政以经营天下，属内出之学，重扩充；荀子之学以传经为主，言礼以正身，属外入之学，重践履。康有为对于孟子、荀子思想这方面差异的比较不胜其繁，比比皆是。下仅举其一斑：

> 孟子学多在德性，荀子学多在礼。①
>
> 传经之功，荀子为多，孟子多言经世。孟子言仁制，经天下者也；荀子言礼，正一身者也。孟学从内出，荀学言外入。内出，故重扩充；外入，故言践履。②
>
> 孟多言仁，荀多言礼。礼之于宾主也，动容周施中礼，自反而有礼，孟子言礼学甚浅。③
>
> 荀子以仁智并举，孟子则以仁义并举矣。④

这就是说，孟子、荀子思想的所有差异最初就隐藏在不同的文本经典之中。六经虽然都是孔子所作，但是，它们在内容上却各不相同。其中，孟子依据的《春秋》与荀子依据的《礼》在内容上相去甚远，由此导致了两人思想的不同内容和特征：深得《春秋》微言大义的孟子关注内在的德性和修养，以仁为核心；荀子的思想因循《礼》而来，以礼为核心而展开。换言之，孟子、荀子的思想表现为一德一礼、一内一外的区别，而两人思想的所有差别都可以归结为仁与礼。这便是孟子仁义并举，而荀子仁智并举的原因。

---

① 《康南海先生讲学记 · 古今学术源流》，《康有为全集》（第二集），中国人民大学出版社 2007 年版，第 106 页。

② 《万木草堂口说 · 古今学术源流》，《康有为全集》（第二集），中国人民大学出版社 2007 年版，第 136 页。

③ 《万木草堂口说 · 荀子》，《康有为全集》（第二集），中国人民大学出版社 2007 年版，第 181 页。

④ 《万木草堂口说 · 荀子》，《康有为全集》（第二集），中国人民大学出版社 2007 年版，第 184 页。

其次,康有为认为,不同的师承关系和文本传承方式对孟子、荀子思想的差异推波助澜,致使两者之间渐行渐远。

对于孟子、荀子的思想内容的差异,康有为连篇累牍地声称:

> 孟子通《诗经》,明治天下之大端。荀子则切乎人道之极。①
> 荀子发挥"自明诚",孟子发挥"自诚明"。②
> 孟言扩充,是直出。荀言变化,是曲出。③
> 荀言穷理,多奥析。孟养气,故学问少。④
> 孟子开口讲求放心,荀子开口讲劝学。⑤
> 孟子多言仁,少言礼,大同也。荀子多言礼,少言仁,小康也。⑥

按照康有为的说法,不同的传承方式注定了孟子擅长发挥微言大义,荀子则侧重传经之功。不仅如此,孟子、荀子思想的不同内容指向不同的适用范围——孟子的思想通往大同,荀子的思想囿于小康。

在对孟子、荀子思想内容进行比较的过程中,康有为在有些情况下肯定荀子之长。例如,他断言:"战国以还,称博闻勤学者,必以孔、墨为称首,而诸子不与焉,其并名如此。盖孔子、墨子皆以学问、制度胜人,诸子多空虚,非其比也。虽宜于时者,墨不如孔,而荀胜孟,朱胜陆,后人皆荀、孟并称,朱、陆对举,正与此同。观后以知前,最足胜据者矣。"⑦在这里,康有为肯定诸子之中以孔子、墨子为首,是因为两人有别于诸子的"多空虚",而"以学问、制度胜人"。与孔子、墨子与诸子的这种差异类似,荀子由于侧重外制而关注制度,故而"荀胜孟"。在这个维度上,向前追溯,如果说荀子类似于

① 《万木草堂口说·荀子》,《康有为全集》(第二集),中国人民大学出版社 2007 年版,第 183 页。
② 《万木草堂口说·中庸》,《康有为全集》(第二集),中国人民大学出版社 2007 年版,第 173 页。
③ 《万木草堂口说·荀子》,《康有为全集》(第二集),中国人民大学出版社 2007 年版,第 182 页。
④ 《万木草堂口说·荀子》,《康有为全集》(第二集),中国人民大学出版社 2007 年版,第 182 页。
⑤ 《万木草堂讲义·七月初三夜讲源流》,《康有为全集》(第二集),中国人民大学出版社 2007 年版,第 289 页。
⑥ 《万木草堂口说·礼运》,《康有为全集》(第二集),中国人民大学出版社 2007 年版,第 160 页。
⑦ 《孔子改制考》卷十八,《康有为全集》(第三集),中国人民大学出版社 2007 年版,第 218 页。

孔子、墨子的话,那么,孟子则类似于诸子;向后推延,如果说荀子类似朱熹的话,那么,孟子则与陆九渊接近。

不可否认的是,康有为在大多数情况下突出的还是孟子胜于荀子。其中,最根本也最简单的一点是,孟子、荀子对仁与礼的不同侧重决定了两人思想具有不同的时限范围。这是因为,"天下为家,言礼多而言仁少。天下为公,言仁多而言礼少"①。这就是说,康有为揭示、彰显孟子与荀子思想的差异,并根据这些差异对两人的思想予以不同的评价和取舍,致使孟子、荀子的思想拥有了迥然悬殊的学术命运。梁启超的介绍为这个判断提供了佐证,并且直观地阐明了其中的道理:

> 则大同教派之大师,庄子、孟子也。小康教派之大师,荀子也。而自秦汉以后,政治学术,皆出于荀子。故二千年皆行小康之学,而大同之统殆绝之所由也。今先将荀子全书、提其纲领,凡有四大端。
>
> 一尊君权,其徒李斯传其宗旨,行之于秦。为定法制,自汉以后。君相因而损益之,二千年所行,实秦制也。此为荀子政治之派。
>
> 二排异说,荀子有《非十二子篇》,专以攘斥异说为事,汉初传经之儒,皆出荀子,故袭用其法,日以门户水火为事。
>
> 三谨礼仪,荀子之学,不讲大义,而惟以礼仪为重,束身寡过,拘牵小节,自宋以后,儒者皆蹈袭之。
>
> 四重考据,荀子之学,专以名物、制度、训诂为重,汉兴。群经皆其所传,龂龂考据,寖成马融、郑康成一派,至本朝(清)而大受其毒,此三者为荀子学问之派。
>
> 由是观之,二千年政治,既皆出荀子矣。而所谓学术者,不外汉学、宋学两大派。而实皆出于荀子,然则二千年来,只能谓为荀学世界,不能谓之为孔学世界也。②

这段话出自《论支那宗教改革》,是梁启超的一篇演讲稿。梁启超在开头便申明自己"述康南海之言",因此,梁启超的说法也可以视为康有为的观点。

上述内容显示,康有为对孟子、荀子的比较始终侧重异,即使是在肯定

① 《万木草堂口说 · 礼运》,《康有为全集》(第二集),中国人民大学出版社2007年版,第160页。

② 《论支那宗教改革》,《梁启超全集》(第一册),北京出版社1999年版,第264页。

两人皆孔门嫡传之时，也侧重两人所依文本、学术谱系和传承方式的区别。循着这个思路，孟子、荀子思想的差异似乎成了不可逃遁的必然，接下来便是对两人差若云泥的评价，以及由此导致的孟子、荀子命运的相去天壤。难怪梁启超在将康有为所讲的孔教分为特别与普通两类，分别比喻为佛教的大乘与小乘之后，将孟子传承的由《春秋》演绎的大同之教称为高级的孔教（“特别之教”），将荀子传承的由《礼》而来的小康之教称为低级的孔教（“普通之教”）。对此，他写道：“孔门之为教，有特别普通之二者。特别者，所谓中人以上，可以语上也；普通者，所谓中人以下，不可以语上也。普通之教，曰《诗》、《书》、《礼》、《乐》，凡门弟子皆学之焉，《论语》谓之为雅言，雅者通常之称也。特别之教，曰《易》、《春秋》，非高才不能受焉，得《春秋》之传者为孟子，得《易》之传者为庄子。普通之教，谓之小康；特别之教，谓之大同。然天下中才多而高才少，故传小康者多而传大同者少。大同、小康，如佛教之大乘、小乘，因说法有权实之分，故立义往往相反。耽乐小乘者，闻大乘之义而却走。且往往执其偏见以相攻难，疑大乘之非佛说。故佛说《华严经》时，五百声闻，无一闻者，孔教亦然，大同之教，非小康弟子之所得闻。既不闻矣，则因而攻难之，故荀卿言，凡学始于诵《诗》，终于读《礼》。不知有《春秋》焉。《孟子》全书，未尝言《易》，殆不知有《易》焉。盖根器各不同，而所授亦异，无可如何也？”①

依据梁启超的说法，孟子与荀子思想的区别集中体现在四个方面：第一，在孔学中的地位不同：孟子之学是高级的，属于孔学的“特别之教”；荀子之学是低级的，属于孔学的“普通之教”。第二，文本依据不同：作为“非高才不能受”的《易》、《春秋》分别被庄子和孟子接续，荀子却因循“几门弟子皆学”的《礼》、《乐》。第三，关注内容不同：孟子、荀子对不同文本的传承是由于根器不同，《春秋》与《礼》的不同文本反过来又使两人的思想呈现出不同的层次——孟子传大同，荀子传小康；大同相当于佛教的大乘，小康相当于佛教的小乘。第四，理论旨趣不同：孟子、荀子分别传承的大同、小康思想具有权实之分，“立义往往相反”，故而相互攻击、非难。这就是说，虽然师出同门，但是，孟子与荀子的思想具有本质区别，孟子的大同之教是作为小康弟子的荀子非所“得闻”的。

梁启超的介绍和归纳基本上反映了孟子、荀子的思想在康有为视界中的差异。这表明，在康有为那里，孟子与荀子思想的不同是必然而巨大的，在各个方面体现出来。与此相联系，康有为在肯定孟子、荀子为孔门“二

① 《论支那宗教改革》，《梁启超全集》（第一册），北京出版社1999年版，第263—264页。

伯"时并没有将两人归为同一派之中，而是反复强调孟子与荀子分孔学为两派。正是在这个意义上，他一而再、再而三地断言：

孔门两大派，孟子、荀子。①

孔门自七十子后学外，至战国时，传道者有孟子、荀子，分两派。②

孔子之后儒分为八，至孟、荀遂分两大宗。③

进而言之，康有为对孟子、荀子的两派之分使两人思想的比较具有了必要性，旨在突出两人在孔教中的不同地位和作用，进而为他在对孔教内容的进一步厘清中崇孟而抑荀以及彰显孔教真义奠定了基础。

康有为对孟子、荀子的思想比较奠定了对两人思想的不同评价和取舍。可以看到，康有为对孟子、荀子的态度——不论他对孟子始终如一的推崇还是对荀子先扬后贬的巨大变化都不是随时而发的，而是根据对孟子、荀子各方面思想的比较发出的。从这个意义上说，康有为对孟子、荀子的态度是有理性支持的，可以说是经过长期理性思考之后作出的选择。

第三节　比较的内容和标准

上述内容显示，就比较的内容来说，康有为对孟子、荀子的比较从经典文本到学术谱系，再从传承方式，最后到思想内容，可谓无所不包。正因为如此，康有为对孟子、荀子的比较在近代哲学家中是最全面的，内容之丰富、视野之广博远非其他人可比。尽管如此，就比较的深度——特别是对康有为本人或近代哲学的影响而言，则非人性论莫属。据梁启超披露："启超与康有为最相反之一点，有为太有成见，启超太无成见。"④意思是说，康有为极有成见，一旦形成某种思想便不再有大的更改。就康有为与梁启超相比较而言，梁启超的说法具有一定道理，因为梁启超本人无论在政治上还是在学术上都以多变著称于世。因此，与梁启超相比，康有为自然"太有成见"。

① 《万木草堂口说·学术源流(二)》，《康有为学术文化随笔》，中国青年出版社1999年版，第5页。

② 《康南海先生讲学记·古今学术源流》，《康有为全集》(第二集)，中国人民大学出版社2007年版，第106页。

③ 《南海师承记·讲史记儒林传》，《康有为全集》(第二集)，中国人民大学出版社2007年版，第238页。

④ 《清代学术概论》，《梁启超全集》(第五册)北京出版社1999年版，第3102页。

具体到对人性的看法来说,梁启超对康有为的评价并不适用。事实是,康有为对人性的看法变化无常,较为复杂,与之纠缠在一起的还有对孟子性善说和荀子性恶论的判定以及随之而来的对孟子、荀子的不同评价。

最初,万木草堂时期的康有为曾经类似于告子,秉持人性无善无恶说,因而不厌其烦地强调人性作为先天之质不分善恶。

显而易见,康有为的下列说法都流露出这样的思想倾向:

> 性只有质,无善恶。①
> 性者,生之质也,未有善恶。②
> 性无善恶,善恶圣人所主也。③

沿着这个思路,既然性无善恶,那么,孟子宣称人性善和荀子主张人性恶都属于性有善恶之列,与康有为对人性的界定都是相左的。在这个维度上,康有为对两人的人性论都予以否定:

> 孟子言性善,是天下有生知安行无困勉也。荀子言恶,是天下有困勉无生知安行也。④
>
> 孟子言扩充,大指要直指本心。荀子则条理多,孟子主以魂言,荀子主以魄言。二者皆未备。⑤
>
> 荀子言性以魄言之,孟子言性以魂言之,皆不能备。⑥

与一内一外、一仁一礼的思想差异一脉相承,孟子、荀子在人性论上具有明显分歧:一主性善,一主性恶。侧重两人思想差异的康有为尽管承认这个尽人皆知的事实,然而,他却没有对孟子的性善说与荀子的性恶论进行价

---

① 《万木草堂口说·春秋繁露》,《康有为全集》(第二集),中国人民大学出版社 2007 年版,第 188 页。

② 《万木草堂口说·中庸》,《康有为全集》(第二集),中国人民大学出版社 2007 年版,第 166 页。

③ 《万木草堂口说·荀子》,《康有为全集》(第二集),中国人民大学出版社 2007 年版,第 186 页。

④ 《万木草堂口说·中庸》,《康有为全集》(第二集),中国人民大学出版社 2007 年版,第 175 页。

⑤ 《万木草堂口说·荀子》,《康有为全集》(第二集),中国人民大学出版社 2007 年版,第 184 页。

⑥ 《万木草堂口说·荀子》,《康有为全集》(第二集),中国人民大学出版社 2007 年版,第 186 页。

值上的区分，而是一视同仁地宣称二者“皆未备”“皆不能备”。

后来，康有为由断言人性“未有善恶”转向推崇董仲舒的人有贪仁之性的说法。随之而来的是，他断言性善、性恶、无善无恶以及有善有恶“皆粗”。

对于人性，康有为解释说：“性善性恶、无善无恶、有善有恶之说，皆粗。若言天有阴阳之施，身亦两有贪仁之性，与《白虎通》同，可谓精微之论也。《易·系辞》：一阴一阳之谓道。继之者，善也。成之者，性也。言性善者，皆述之。然《易》意阴阳之道，天也，继以善教也。成其性，人也。止之内，谓之天性，天命之谓性也，率性之谓道，修道之谓教。止之外，谓之人事，事在性外，所谓人之所继天，而成于外也。”①在这里，康有为不再将性只视为“生之质”，而是看作先天之质与后天之教两个部分的组合或二者作用的结果，进而肯定人都有贪仁之性。从这个意义上说，性恶与性善一样——“皆粗”，即主张性善的孟子与主张性恶的荀子并无区别，两人都只说对了一半。

尽管如此，在对人继天性而来的率性、修道的强调中，康有为呼吁对人性加以后天的教化，并由此而认可性恶，强调“矫揉”的荀子与“言勉强”的董仲舒在对人性的看法上胜过了孟子，荀子的人性论与孟子相比“较长”，况且“孟子但见人有恻隐辞让之心，不知人亦有残暴争夺之心也”②。由此可见，康有为在这一时期对人性的看法更倾向于荀子的性恶论，并对孟子的性善说含有微词。正是在这个前提下，康有为曾对孟子、荀子的人性论反复予以比较，明显地流露出对荀子的偏袒。于是，康有为一而再、再而三地声称：

> 荀子矫鞣，董子言勉强，极是。孟子性善之说未妥。③
>
> 荀子“性恶”之“恶”，指质朴而言。孟子之言性善未确。④
>
> 从荀子说，则天下无善人。从孟子说，则天下无恶人。荀子说似较长。⑤

---

① 《春秋董氏学》卷六，《康有为全集》（第二集），中国人民大学出版社 2007 年版，第 385 页。

② 《万木草堂口说·荀子》，《康有为全集》（第二集），中国人民大学出版社 2007 年版，第 182—183 页。

③ 《南海师承记·讲格物》，《康有为全集》（第二集），中国人民大学出版社 2007 年版，第 246 页。

④ 《康南海先生讲学记·古今学术源流》，《康有为全集》（第二集），中国人民大学出版社 2007 年版，第 106 页。

⑤ 《万木草堂口说·荀子》，《康有为全集》（第二集），中国人民大学出版社 2007 年版，第 186 页。

孟子言性善，扩充不须学问。荀子言性恶，专教人变化气质，勉强学问。论说多勉强学问工夫，天下惟中人多，可知荀学可重。①

荀子言性恶，义理未尽，总之，天下人有善有恶，然性恶多而善少，则荀子之言长而孟子短也，然皆有为而言也。②

再后来，康有为模糊人性之善恶，折衷无善无恶、性善性恶等各种人性学说。

与前面的善恶分明有所不同，康有为在《孟子微》中一反常态，对前先斥之为“粗”的性无善无恶、性善、性恶以及性三品说都给予了肯定——准确地说，给予了一样的评价。这用他本人的话说便是：“告子、荀子、董子与孟子，实无丝毫之不合，特辨名有殊，而要归则一也。”对于这一观点，康有为反复论证并解释说：

告子第一说：性犹杞柳，义犹杯棬。以人性为仁义，犹以杞柳为杯棬。即董子性如茧如卵，卵待复而为雏，茧待缫而为丝，性待教而为善之说。又曰：性比于禾，善比于米。米出禾中，而禾未可全为米也。善生性中，而性未可全为善也。善与米，人之所继天而成于外，非在天所为之内也。天之所为，有所至而止。止之内，谓之天性，止之外，谓之人事，谓之王教。王教在性外，而性不得不遂。故曰性有善质，而未能为善也。性者，天质之朴也。善者，王教之化也。无其质，则王教不能化。无其王教，则质朴不能善。荀子曰：性者，本始质朴。伪者，文理隆盛。与告子说合。盖无杞柳之质若水者，则不能为杯棬矣。孟子曰：乃若其情，可以为善，犹乃若杞柳之质，可以为杯棬。然则，告子、荀子、董子与孟子，实无丝毫之不合，特辨名有殊，而要归则一也。乃若其情，可以为善。即董子所谓“善质”。夫董子曰“善质”，既不能去其善之名，又何争于孟子哉？③

今考之《书》曰：不虞天性。又曰：节性惟日其迈。《诗》曰：俾尔弥尔性。《易》曰：一阴一阳之谓道，继之者善也，成之者性也。《中庸》曰：天命之谓性，率性之谓道。又曰：尊德性。夫曰天性、德性、尊之、率

① 《万木草堂口说·荀子》，《康有为全集》（第二集），中国人民大学出版社 2007 年版，第 182 页。

② 《万木草堂口说·荀子》，《康有为全集》（第二集），中国人民大学出版社 2007 年版，第 184 页。

③ 《孟子微》，《康有为全集》（第五集），中国人民大学出版社 2007 年版，第 430 页。

之、弥之，皆就善而言。若非善者，岂可尊之、弥之、率之？其当节、当修、当继成之者，以性虽有善质，而非至善，即荀子之说“性者，本始质朴也。伪者，文理隆盛也”。质朴者，犹粗恶未精云耳。隆盛者，弥之、节之、率之，加以文明。然则，孟、荀大概皆同，但标名曰善曰恶。此盖诸子立义之常，犹云心无二耳，后人不善体会，遂生讼端。……但孟子之言性善曰，“其情可以为善”，则仍是性可以为善、可以为不善之说耳，并非上智之由仁义行也。荀子之本始质朴，但未加文饰耳，亦非下愚之不移也。孟、荀所指，仍皆顺就中人言之也。古今学者之言孟、荀，皆闻其性善性恶而议之，不细读此二言而生驳斥，亦可异也。①

这个解释与前面的区别的实质并不在于早年偏袒的告子的无善无恶说、董仲舒的性三品说没有了明显的优势，而是在于各派观点不再或对或错，而是“要归则一”，具有明显的折衷色彩。问题的关键是，任何折衷都是不能坚持到底的，康有为对各种人性学说的折中也概莫能外。正是由于这个原因，他在肯定孟子与告子、荀子和董仲舒等人的人性思想大同小异的前提下，最终投向了孟子的性善说：一方面，康有为认为，告子、孟子、荀子和董仲舒尽管立论的角度或话语结构并不相同，如果从这个角度看，他们“辨名有殊”——或曰无善恶，或曰性善、性恶。尽管如此，他们肯定人有善质是一致的，从这个角度看，他们“要归则一”——都指向了人性之善。另一方面，康有为指出，在对待人性的问题上，孟子与告子、荀子和董仲舒大不相同，因为孟子讲求“率性而扩充”，其他人却用“檃栝”加以强制，以期克服恶。由此看来，孟子与后者一自主，一强制，彼此之间相去甚远。康有为坦言孟子的思想是针对“上根人”的，对于“粗下之人，乱世之时”不容易做到。在这个前提下，康有为仍然肯定孟子优于告子、荀子和董仲舒的人性论。对此，他解释说：“至王教之化，《大学》所谓‘止于至善’。物有等差，善亦有等差也。孟子以善质为善，亦可行也。杞柳为杯棬之说，孟子亦不能折之。但在顺而扩充，不在逆而戕贼耳。盖仁义乃人性之固有自然，若从井救人以为仁，乞醯与人以为义。则戕贼人以为仁义，如印度梵志之舍身苦行，是非人道且戕贼人矣。告子之说，在不识仁义，故孟子是以为祸仁义。若其言性，仍非大误，但譬况不若性禾善米之更精耳。孔子‘道不远人，远人不可为道’，故孟子之言性，全在率性而扩充之。如火之由一星而燎原，水之由涓滴而江河，此乃孟子独得之要，而特提妙诀以度天下者，此其所与告子、荀

① 《孟子微》，《康有为全集》（第五集），中国人民大学出版社 2007 年版，第 429—430 页。

子、董子用檃括克制之道异也。然《论语》曰'克己',佛氏降伏其心,当据乱世之生人,熏习于累生之恶业恶识,正不能不用之。如孟子以扩充普度,直捷放下,如飞瀑满流,冲沙徙石,开成江河而达于海,气势滔滔浩浩,此仍为上根人语,为太平世说,粗下之人,乱世之时,不易承当耳。然直证直任,可谓无上法门也。"①在此,康有为肯定"仁义是人性之固有自然",对于人性的原则应该是"顺而扩充,不在逆而戕贼"。显而易见,康有为对待人性的态度与告子、荀子和董仲舒以强制的办法对待人性南辕北辙,而与孟子顺应人性的思路和主旨相合。循着这个思路,康有为称赞孟子的性善说"直证直任""直养",因而"宜其光大"。不言而喻,在这个维度上,康有为对孟子与荀子人性论的态度是力挺孟子而贬低荀子,认为只有孟子的性善说才"独得之要",荀子的性恶论则与告子、董仲舒等人的观点一样与孟子的性善说"道异"。于是,康有为反复断言:

> 盖孟子以人人之性皆有善质,考验于人皆可得,但当扩充之,而不必矫揉之,故言宜养而无害。又言顺杞柳之性,以为杯棬,皆行所无事之义。盖孟子专主养魂灵,使明德常明,妙圆自在也。无暴其气,顺因其魄,使四体从令,食色不碍,所谓清明在躬,志气如神,于是阖辟舒卷,无所不可。此孟子之自得,而导人入圣之直路也。如水然,但得有源,则浩浩流去,屈曲以赴,遂成江河于以波澜灏漫,绝无涯涘矣。若荀子檃括之说,则终日筑堤以防涨溢,而河之决堤如故也。故孟子之言性,如禹之治水,专主瀹浚疏排而利导之。荀子之言性,若贾让、王景之治河,专主筑堤而迁民以防捍之。若宋贤之言理性,则本于佛氏绝欲之说,并不留贾让之游堤以留余地,于是河日涨而堤日高,甚至水底高于平地,而河决无日矣。此亦孟子之恶智者也。②
>
> 孟子以扩充性善为学,荀子以文饰质朴为学,道各不同。孟子主直养,故本原深厚,气力完实,光焰飞扬,宜其光大也。③

基于上述认识,康有为强调荀子的性恶论与孟子的性善说不是"要则归一",而是具有本质区别。按照康有为的说法,荀子为了反对孟子的性善说作《性恶》篇,并在文中提出人性恶的观点。荀子的这个观点本身就是错

① 《孟子微》,《康有为全集》(第五集),中国人民大学出版社 2007 年版,第 430—431 页。
② 《孟子微》,《康有为全集》(第五集),中国人民大学出版社 2007 年版,第 433 页。
③ 《孟子微》,《康有为全集》(第五集),中国人民大学出版社 2007 年版,第 483 页。

误的,因为断言性恶就是“以为人生皆得恶性”,“人幼小无有善也”,稷和孔子的存在本身就以事实雄辩地反驳了荀子的这一观点。正是在这个意义上,康有为写道:“孙卿有反孟子,作《性恶》之篇,以为人性恶,其善者伪也。性恶者,以为人生皆得恶性也。伪者,长大之后勉使为善也。若孙卿之言,人幼小无有善也。稷为儿,以种树为戏。孔子能行,以俎豆为弄。石生而坚,兰生而香。禀善气,长大成就,故种树之戏,为唐司马。俎豆之弄,为周圣师。禀兰石之性,故有坚香之验。夫孙卿之言,未为得实。”①

最后,康有为放弃先前的各种人性论学说,转而笃信孟子的性善说。

必须提及的是,在推崇董仲舒的人性论之时,康有为曾经对孟子的性善说表示过担忧。对此,他在写给朱蓉生的回信中坦言:“董子为嫡传孔门之学,其论性之精,得自孔子。……且如用孟子之说,世有所裨,张荀子之言,人受其害,则道以救民为归,荀子之研理虽精,且仆或不惜曲说以就孟子;然正惟从孟子之说,恐人皆任性,从荀子之说,则人皆向学,故仆愈不敢于儒先有所偏袒矣。”②尽管康有为承认荀子比孟子研理更精,并且对孟子的性善说有过种种犹豫,然而,他最终还是冒着“人皆任性”的风险,在“愈不敢于儒先有所偏袒”下偏袒了孟子。

深入剖析不难发现,康有为之所以作如是选择,除了孟子的人性论注重内发、直任之外,还有更为重要的原因,那就是:正名。在折衷无善无恶、性善性恶之时,康有为强调在判断人性善恶之前必须先正名,也就是先要匡定性善的含义。对此,康有为宣称:

> 董子固主性善者,然董子以为善质不能谓之善,必至善乃可谓善,此乃泥其名耳。《春秋繁露·深察名号篇》:或曰:性有善端,心有善质,尚安非善?应之曰:非也。茧有丝而茧非丝也,卵有雏而卵非雏也。比类率然,有何疑焉?天生民有六经,言性者不当异。然其或曰性也善,或曰性未善,则所谓善者各异意也。性有善端,动之爱父母,善于禽兽,则谓之善,此孟子之言。循三纲五纪,通八端之理,忠信而博爱,敦厚而好礼,乃可谓善,此圣人之善也。是故孔子曰:善人吾不得而见之,得见有恒者斯可矣!由是观之,圣人之所谓善,亦未易当也,非善于禽兽则谓之善也。使动其端善于禽兽则谓之善,善奚为弗见也?夫善于禽兽之未得为善也,犹知于草木而不得名知,于万民之性善于禽兽而不

① 《孟子微》,《康有为全集》(第五集),中国人民大学出版社2007年版,第428—429页。

② 《答朱蓉生先生书》,《康有为全集》(第一集),中国人民大学出版社2007年版,第330页。

得名善……质于禽兽之性,则万民之性善矣。质于人道之善,则民性弗及也。万民之性善于禽兽者,许之。圣人之所谓善者,勿许。吾质于命性者,异孟子。孟子下质于禽兽之所为,故曰性已善。吾上质于圣人之所为善,故谓性未善。善过性,圣人过善。春秋大元,故谨于正名。名非所始,如之何谓未善已善也。孔子曰:名不正则言不顺。今谓性已善,不几于无教而如其自然,又不顺于为政之道矣。且名者性之实,实者性之质,质无教之时,何遽能善?善如米,性如禾。禾虽出米,而禾未可谓米也。性虽出善,而性未可谓善也。米与善,人之继天而成于外也,非在天所为之内也。天所为,有所至而止。止之内谓之天,止之外谓之王教。王教在性外,而性不得不遂,故曰性有善质,而未能为善也。岂敢美辞,其实然也。天之所为,止于茧麻与禾。以麻为布,以茧为丝,以米为饭,以性为善,此皆圣人所继天而进也,非情性质朴之能至也,故不可谓性。正朝夕者视北辰,正嫌疑者视圣人,圣人之所名,天下以为正。今按圣人之言中,本无性善名,而有善人吾不得见之矣。使万民之性皆已能善,善人者何为不见也?观孔子言此之意,以为善难当甚,而孟子以为万民性皆能当,过矣。圣人之性不可以名性,斗筲之性又不可以名性,名性,中民之性。中民之性如茧如卵,卵待复二十日而后能为雏,茧待缫以涫汤而后能为丝,性待渐于教训而后能为善。善,教诲之所然也,非质朴之所能致也,故不谓性。性者,宜知名矣,无所待而起,生而所自有也。善而所自有,则教诲已非性也。是以米出于粟,而粟不可谓米。玉出于璞,而璞不可谓玉。善出于性,而性不可谓善。其比多在物者为然,在性者以为不然,何不通于类也?卵之性未能作雏也,茧之性未能作丝也,麻之性未能为缕也,粟之性未能为米也。《春秋》别物之理以正其名,名物必各因其真。真其义也,真其情也,乃以为名。名殒石则后其五,退飞则先其六,此皆其真也。圣人于言无所苟而已矣。性者,天质之朴也。善者,王教之化也。无其质,则王教不能化。无其王教,则质朴不能善。质而不以善性,其名不正,故不受也。董子之正名固是。①

由此可见,在必须先匡定善的内涵,然后再对人性进行善恶判断的问题上,康有为赞同董仲舒的正名主张,同意在匡定性之概念的基础上进一步探究性之本质。尽管如此,康有为只肯定董仲舒呼吁在正名的前提下匡定人

① 《孟子微》,《康有为全集》(第五集),中国人民大学出版社 2007 年版,第 427—428 页。

性善恶的方向是对的,并不认同董仲舒对待人性的具体做法。对于个中原因,康有为作出了如是解释:“董子之正名固是,但善亦有等,至善可名为善,则善质亦可名为善,但有精粗之分,而可名为善则一也。……董仲舒览孙、孟之书,作情性之说曰:天之大经,一阴一阳。人之大经,一情一性。性生于阳,情生于阴,阴气鄙,阳气仁。曰性善者,是见其阳也。谓恶者,是见其阴者也。若仲舒之言,谓孟子见其阳,孙卿见其阴也。处二家各有见,可也。不处人情性,情性有善有恶,未也。夫人性情同生于阴阳,其生于阴阳,有渥有泊。玉生于石,有纯有驳,情性于阴阳,安能纯善?仲舒之言,未能得实。……实者人性有善有恶,犹人才有高有下也。高不可下,下不可高。谓性无善恶,是谓人才无高下也。禀性受命,同一实也。故命有贵贱,性有善恶。谓性无善恶,是谓人命无贵贱也。九州田土之性,善恶不均,故有黄赤黑之别,上中下之差。水潦不同,故有清浊之流,东西南北之趋。人禀天地之性,怀五常之气,或仁或义,性术乖也。动作趋翔,或重或轻,性识诡也。面色或白或黑,身形或长或短,至老极死不可变易,天性然也。余固以孟轲言人性善者,有中人以上者也。孙卿言人性恶者,中人以下者也。杨雄言人性善恶混者,中人也。若反经合道,则可以为教,尽性之理,则未也。”①依据康有为的这个解释,善有等差,不可一概而论。正是善的等差表明了孟子的性善说与荀子的性恶论相去甚远。通过比较,孟子、荀子人性论的优劣昭然若揭,康有为倾向孟子的性善说势在必然。可以看到,在转向孟子的性善说之后,康有为对孟子的“人皆有不忍人之心”的性善说顶礼膜拜,对其予以发挥便成为《孟子微》的主要内容之一。事实上,《孟子微》中“光大”孟子性善说的句子俯拾即是,下面这段话则最为经典:“不忍人之心,仁也,电也,以太也,人人皆有之,……为万化之海,为一切根,为一切源。一核而成参天之树,一滴而成大海之水。人道之仁爱,人道之文明,人道之进化,至于太平大同,皆从此出。孟子直指出圣人用心,为儒家治教之本,霹雳震雷,大声抉发,学者宜体验而扩充矣。”②

前面提到,在折衷各种人性观点时,康有为已经流露出对孟子性善说的好感。尽管如此,康有为那时对孟子的偏袒是需要理由的,故而必须拿孟子的性善说与告子、荀子和董仲舒等人的思想反复予以比较。与此前的情形不可同日而语,康有为在笃信孟子的性善说时,推崇孟子不再需要理由:孟子所讲的性善理所当然,成为公理;孟子所讲的不忍人之心理所当然地成为

① 《孟子微》,《康有为全集》(第五集),中国人民大学出版社2007年版,第428—429页。

② 《孟子微》,《康有为全集》(第五集),中国人民大学出版社2007年版,第414页。

性善的内容。在转向人性善之后,康有为力图利用古今中外的各种思想对孟子的性善说进行阐发,其中最有代表性的便是将不忍人之心与源自西方近代自然科学的概念——以太、电和力等相提并论,以人性善与天赋人权论相互印证,进而伸张人之自主、平等权利的与生俱来。于是,他不止一次地宣称:

> 其欧人所谓以太耶?其古所谓不忍之心耶?①
>
> 人人有是四端,故人人可平等自立。②

在此基础上,康有为一面奉作为性善内容的仁、不忍人之心为宇宙本原,一面宣称仁、不忍人之心的基本内涵是源自西方近代的博爱、自主和平等。经过如此论证,博爱、自主和平等代表的近代价值理念成为仁以及性善说的基本内容,在康有为的思想中发挥着重要作用。

至此可见,康有为对人性问题的关注和看法始终围绕着孟子的性善说和荀子的性恶论展开。正因为如此,人性问题成为理解康有为视界中的孟子与荀子关系的重要依据。由此,可以得出如下结论:第一,人性善恶是康有为对孟子与荀子思想进行比较的基本内容之一。他关于这方面的论述最多,时而直接将孟子、荀子对举,或共褒共贬,或一褒一贬;时而让告子、董仲舒、刘向以及《白虎通》参与其中加大阵营,或侧重孟子、荀子之同,将两人归入同一阵营,或侧重孟子、荀子之异,将两人分为不同阵营。这些都丰富了比较的角度和内容。第二,康有为对孟子、荀子人性论的比较时间延续最长,不仅限于早期,而且延续、扩展到了中期。第三,与延续时间长密切相关,伴随着思想的不断变化,康有为对孟子、荀子人性论的评价变化最大,生动地再现了康有为思想转变的心路历程。第四,孟子、荀子对人性的不同看法在某种程度上决定了康有为对两人思想的最终取舍。继康有为之后,人性论成为近代哲学对孟子与荀子进行比较的核心话题。在这方面,章炳麟的思想便是明证。

第四节　比较的维度和意义

康有为对孟子、荀子的比较是近代哲学史上最早的,也是最全面的。因

---

① 《大同书》,中州古籍出版社 1998 年版,第 34 页。

② 《孟子微》,《康有为全集》(第五集),中国人民大学出版社 2007 年版,第 414 页。

此，他的比较无论对于孟子、荀子两人的命运，对于康有为本人还是对于中国近代思想都具有不容忽视的重要意义。

首先，康有为视界中的孟子、荀子的地位和命运取决于两人思想的差异，这一切都源于康有为对孟子、荀子的比较，归根结底与两人的思想密不可分。按照康有为的说法，孟子的思想以仁为主，是大同之制；荀子的思想以礼为主，是小康之制。这些基于经典文本的差异注定了康有为对两人的不同态度和取舍。

综合考察康有为的思想可以发现，他对荀子的高度评价和推崇只限于早期思想，对孟子的推崇却是贯穿始终的：如果说万木草堂时期的康有为尚孟子与荀子并提、将两人并尊为孔门"二伯"的话，那么，《新学伪经考》的敌人是刘歆，《春秋笔削大义微言考》（又名《春秋笔削微言大义考》）《孟子微》则是排斥荀子的；与对待荀子的态度截然不同，无论在哪个时期，康有为对孟子的崇尚都是有目共睹的，并且不放过任何机会来提升孟子的地位。与此相一致，他对孟子思想的阐释也远远多于荀子。其实，即使是在早期，康有为在思想主旨上也更倾向于孟子而不是荀子。

其次，就比较方式或评价来说，康有为并非站在中立的立场对待孟子与荀子，而是始终偏袒孟子。

就比较的领域和范围而言，康有为对孟子、荀子的比较并非限于经典文本、学术谱系、传承方式和思想内容四个方面，而是具有更为多变的视角和更为宽阔的领域。这包括对两人文风的比较以及对《孟子》《荀子》文本的比较。例如，康有为一而再、再而三地断言：

> 孟子跳荡，荀子朴实。孟子笔虚，荀子笔实。①
> 孟子高流，荀子正宗。②
> 《荀子》文佳于《孟子》，《孟子》天分高，《荀子》工夫深。③

如果说上述引文从多个角度共同展示了康有为对孟子、荀子思想的比较主要侧重差异的话，那么，与这一视角有别，下面的比较内容同样是《孟

① 《万木草堂口说·荀子》，《康有为全集》（第二集），中国人民大学出版社2007年版，第184页。

② 《万木草堂口说·荀子》，《康有为全集》（第二集），中国人民大学出版社2007年版，第183页。

③ 《万木草堂口说·荀子》，《康有为全集》（第二集），中国人民大学出版社2007年版，第183页。

子》《荀子》的话语结构和两人的思想，却侧重孟子、荀子思想的相同性：

> 孟子、荀子、管子皆以心物对举，可知物指外物。①
> 《孟》、《荀》高出《礼记》之上。②

至此为止，无论侧重孟子与荀子思想之异还是之同，康有为都没有从价值上对孟子、荀子的思想进行褒贬或取舍。在上述议论中，他对孟子、荀子的赞许同时发出，对两人的批评也同时发出。不论视角的多元还是立场的变化都使康有为对孟子、荀子的比较富于变化，比较的多角度在某种程度上决定了比较结论的多样性，康有为对荀子前后迥异的态度更增加了比较结论的多样性和多变性。因此，这种对孟子和荀子的思想"各打五十大板"只能是暂时情况，也是少数现象。事实上，康有为对孟子、荀子的比较是有固定的比较维度和标准的，这便是一以贯之的孔教立场和宗旨。正因为如此，就整体评价和价值旨趣而言，康有为对孟子的推崇是荀子无可比拟的。这一点通过他对孟子与荀子的比较表现出来，或者说，通过比较突出两人思想的差异，进而尊孟抑荀是康有为对孟子、荀子进行比较的目的之一。受制于此，就评价的标准来说，康有为对孟子、荀子的比较和取舍始终围绕着孔教观展开，对两人的态度和取舍归根结底取决于孔教观；确切地说，取决于他对孔教内涵的理解和界定。虽然康有为对孔子的推崇和对孔教的弘扬矢志不渝，但是，他对孔教内容的理解却发生着变化。这决定了康有为对先秦诸子的定位和评价随着孔教内涵的变化前后之间相去甚远。事实上，他对孟子、荀子的态度和评价也是如此，只不过是由于康有为对孟子始终倍加推崇，对荀子却先扬后抑，从而使他对孟子、荀子的评价呈现出一定的张力而已。

与独特的孔教立场和视角密不可分，无论对孟子、荀子思想的比较还是对两人的态度都注定了康有为思想的独特性，从而在思想旨趣和取舍态度上与其他近代哲学家迥异其趣：一方面，康有为对孟子、荀子的比较引起了章炳麟等人的学术兴趣，致使孟子、荀子关系成为章炳麟国学思想的主要话题之一。另一方面，相比较而言，康有为对孟子、荀子关系的审视是全方位的，无论经典文本、学术谱系、传承方式还是具体内容均以差异为主。与康

① 《南海师承记·讲格物》，《康有为全集》（第二集），中国人民大学出版社 2007 年版，第 246 页。

② 《万木草堂口说·孔子改制》，《康有为全集》（第二集），中国人民大学出版社 2007 年版，第 148 页。

有为不同，章炳麟的孟子、荀子比较范围相对较窄，比较的重心始终侧重人性论。更为明显的区别是，章炳麟对孟子、荀子的比较结论兼顾异同，而不像康有为那样侧重异。进而言之，康有为的孟子、荀子比较以差异为主是为了突出两人同出一源却分流而致，既是孔子后学，又传承了孔子的不同思想。因此，孟子与荀子的思想和地位具有高级与低级、嫡传与别派之分。正如彰显孟子、荀子的思想差异一样，康有为对待两人的态度迥然相异，这种不同态度与他的孔教观相互印证。与康有为不同，章炳麟尽管早年推崇荀子（孙卿）却没有因此而贬低孟子，对孟子、荀子的态度、评价始终不相上下。在这方面，最明显的证据是，章炳麟对孟子、荀子一性善、一性恶的人性论不是一褒一贬，而是兼有肯定和批评。

再次，就比较的意义或价值来说，康有为对孟子、荀子的比较推动了近代哲学家对两人的深入研究。

或许康有为本人也没有预料到，他的孟子、荀子比较成为具有划时代意义的事件。诚然，从理论初衷上看，康有为反复对孟子、荀子进行比较是为了通过凸显两人思想的差异，在此基础上进一步澄清孔教的内涵，维护孔教的正统。从客观后果上看，他的做法开辟了近代哲学的致思方向，成为划分中国近代学术思想史的阶段性标识。梁启超对“清代”学术历程的归纳发人深省，有助于理解康有为的孟子、荀子比较在中国近代思想史、文化史上的重要意义。现摘录如下：

> 通二百六十年间观察之，有不可思议之一理趣出焉，非人力所能为也。顺治、康熙间，承前明之遗，夏峰、梨洲、二曲诸贤，尚以王学教后辈，门生弟子遍天下，则明学实占学界第一之位置。然晚明伪王学猖狂之习，已为社会所厌倦，虽极力提倡，终不可以久存，故康熙中叶遂绝迹。时则考据家言，虽始萌芽，顾未能盛。而时主所好尚，学子所崇拜者，皆言程、朱学者流也，则宋学占学界上第一之位置。顾亭林日劝学者读注疏，为汉学之先河。其时学者渐厌宋学之空疏武断，而未能悉折衷于远古，于是借陆德明、孔冲远为向导，故六朝、三唐学实占学界上第一之位置。惠、戴学行，谓汉儒去古最近，适于为圣言通鞮象，一时靡其风，家称贾、马，人说许、郑，则东汉学占学界上第一之位置。庄、刘别兴，魏、邵继踵，谓晚出学说非真，而必溯源于西京博士之所传，于是标今文以自别于古，与乾、嘉极盛之学派挑战。抑不徒今文家然也，陈硕甫作《诗疏》，亦申毛黜郑，同为古学，而必右远古，郑学日见掊击。而治文字者，亦往往据鼎彝遗文以纠叔重，则西汉学占学界第一之位置。

乾、嘉以还，学者多雠正先秦古籍，渐可得读。二十年来，南海言孔子改制创新教，且言周秦诸子皆改制创新教，（见南海所著《孔子改制考》卷二、卷三。）于是于孔教宗门以内，有游、夏、孟、荀异同优劣之比较。……

第一期	第二期	第三期	第四期
顺康间	雍乾嘉间	道咸同间	光绪间
程朱陆王问题	汉宋问题	今古文问题	孟荀问题 孔老墨问题①

在这里，梁启超将清代学术思想的演变轨迹划分为四个阶段（“期”），强调这四个阶段具有不同的学术特点和中心话题：第一阶段热衷于程朱与陆王问题，第二阶段热衷于汉学与宋学问题，第三阶段热衷于今文经（学）与古文经（学）之争，第四阶段热衷于孟子与荀子、孔子与老子、墨子问题。可以看到，其中的第三、第四阶段在时间上与鸦片战争相对接，这一阶段是中国古代哲学向近代转型的时期。依据梁启超的这个归纳和说法，康有为引领了第三和第四期的学术转型，也就是开启了中国近代哲学的核心话题和致思方向。康有为是近代今文经大家，因其对今文经的崇尚和对古文经的拒斥成为第三期今古文之争的主要人物。至于第四期的孟子、荀子比较和老子、孔子、墨子比较是由康有为揭橥的，梁启超在讲这一时期时就是以康有为作为划分标准对“清代”学术进行梳理的。这从一个侧面证明了康有为孟子、荀子比较的重要性远远超过了他的预期和孔教范围，具有学术史的意义。

如果说侧重孟子、荀子比较是康有为的专长而无人能及的话，那么，梁启超则习惯于老子、孔子和墨子“三圣”并提。并且，康有为在不厌其烦地对孟子、荀子予以比较的同时，对老子、墨子的比较可谓连篇累牍。康有为的老子、墨子比较的重点之一——或者说，坐标便是两人与孔子的关系。从这个意义上说，孔子、老子、墨子三人之间的关系以及思想异同也是康有为思想的重心之一。与康有为极力推崇孔子，将老子、墨子归为孔子门下不同，梁启超坚称老子、孔子和墨子皆是圣人，对中国文化都具有不可抹杀和不可替代的作用，因而将三人并称为中国文化的“三圣”或“三位大圣”。尽管在老子、孔子和墨子三人的关系上与康有为的看法不同，然而，梁启超却

① 《论中国学术思想变迁之大势》，《梁启超全集》（第二册）北京出版社 1999 年版，第 617—618 页。

对康有为的致思方向给予了高度评价，肯定康有为的孟子、荀子和老子、孔子、墨子比较开启了中国近代的学术风尚，同时揭示了康有为对孟子、荀子以及对老子、孔子和墨子反复予以比较的初衷。对此，他写道："南海尊《礼运》'大同'义，谓传自子游，其衍为子思、孟子。《荀子·非十二子》篇，其非思、孟言曰：'以为仲尼、子游，为兹厚于后世。'是其证也。子夏传经，其与荀卿之渊源，见于《汉书·艺文志》。故南海谓子游受微言以传诸孟子，子夏受大义以传诸荀子：微言为太平世大同教，大义为升平世小康教。因此导入政治问题，美孟而剧荀，发明当由专制进为立宪、共和之理。其言有伦脊，先排古文以追孔子之大义，次排荀学以追孔子之微言。……南海则有所为而排之，以求达一高尚之目的也。谤者或以为是康教非孔教，顾《礼运》、《孟子》、《公羊传》之言不可得削也。就令非孔教而为康所托，其托之也，则亦于社会上有绝大关系明矣。……或又曰：南海欲言则自言之耳，何必托于孔子？夫南海之于孔子，固心悦诚服者。谓彼为托，彼不任受也。抑亦思今日国中，闻立宪、共和之论而却走者，尚占大多数；二十年前，不引征先圣最有力之学说以为奥援，安能树一壁垒，与二千年之勍敌抗耶？"①在这里，梁启超不仅道出了康有为以孔教为奥援的苦衷，而且揭示了康有为托孔教言"康教"的用心；而这一切则是通过对孟子与荀子的比较，进而"美孟而剧荀"达到的。梁启超的说法揭示了康有为推崇孔教的政治原因，也印证了康有为的孟、荀比较以孔教为标准，与现实的政治斗争息息相关。

① 《论中国学术思想变迁之大势》，《梁启超全集》（第二册）北京出版社 1999 年版，第 617—618 页。

第十五章　朱熹与陆九渊

在戊戌维新之前的十多年间，康有为在致力于著述的同时，收徒讲学。据梁启超披露，康有为“乃尽出其所学，教授弟子。以孔学、佛学、宋明学为体，以史学、西学为用”①。据此可知，孔学、佛学和“宋明学”是康有为教授弟子的主要内容。在讲“宋明学”时，康有为讲到了朱熹和陆九渊以及朱陆之争，并对两人的思想予以比较。康有为对朱熹与陆九渊的比较和评价秉持孔教立场，奠基于对宋明理学的整体审视之上。正是由于这个原因，康有为视界中的朱熹与陆九渊既呈现出康有为与同时代的其他近代哲学家迥异其趣的朱陆观，又提供了解读朱陆关系的另一种样式。

第一节　思想渊源和传承谱系

康有为对朱熹、陆九渊的比较与对两人的审视息息相关，那就是：关注朱熹、陆九渊的传承谱系。在追随、揭示两人思想渊源的过程中，康有为在极力拉近朱熹与荀子关系的同时，凸显陆九渊对孟子思想的传承。

一、朱熹的诸多传承谱系

康有为对朱熹的思想渊源十分关注，不厌其烦地从不同角度为朱熹勾勒出多重传承谱系。下仅举其一斑：

> 曾子甚能穷理，朱子似之。②
>
> 《论语》皆曾子门人所传，朱子聪明，出曾子外，而学问不能出曾子外，则《论语》限之也。③

---

① 《南海康先生传》，《梁启超全集》（第一册），北京出版社 1999 年版，第 483 页。

② 《南海师承记・讲宋元学派》，《康有为全集》（第二集），中国人民大学出版社 2007 年版，第 255 页。

③ 《南海师承记・讲明儒学案及国朝学案》，《康有为全集》（第二集），中国人民大学出版社 2007 年版，第 256 页。

程子谓:学至变化气质,方为有功。朱子与荀子近。[①]

朱子之学得自程子,程子之学得自周子。[②]

朱子待程子始集大成。[③]

程子一传罗仲素,再传李延平,三传朱子。[④]

张子、程子说理皆从高大落想。荀子言性恶,气质之性也。程子言学至变化气质方是有功。张子言形而有气质之性善。反之,则天地之性存焉。既要变化善反,非性恶而何?宋儒窃荀子而反攻荀子,不细心读书故也。朱子谓气节之说起于张、程,极有功于圣门,有补于后学,而不知荀子已先言之也。[⑤]

上述这些议论是康有为讲学过程中在不同场合、讲述不同问题时有感而发的,原本并非出于对朱熹思想渊源的集中追溯或勾勒,故而显得凌乱和枝蔓。稍加梳理可以得出三个初步认识:第一,康有为留意不同时期的众多人物与朱熹思想的渊源关系,从先秦时期的曾子、荀子到北宋时期的周敦颐、张载、二程和北宋末年的罗从彦再到南宋时期的李侗等等皆被纳入其中。至此,康有为为朱熹寻找到了多重学术源头,也相应地对朱学勾勒出相对完整的传承谱系。这从一个侧面表明了康有为对朱熹的提及之多、关注之详。例如,在肯定朱熹传二程之学的前提下,康有为进一步突出小程(程颐)对朱熹的决定影响。第二,就朱熹先秦时期的思想渊源尤其是在突出朱熹思想特点时,康有为极力彰显荀子对朱熹的影响。第三,在康有为看来,源头的丰富繁多注定了朱熹思想的兼容并蓄,众多的源头活水是成就朱熹之学博大精深的理论前提。

总之,就思想渊源和传承谱系来说,康有为为朱熹找到的渊源人物之多,传承时间之长远远超过他提到的包括陆九渊在内的其他国学人物。这是康有为对朱熹的格外关照,也奠定了他诠释朱熹思想的大方向。

---

① 《南海师承记 · 讲变化气质检摄威仪》,《康有为全集》(第二集),中国人民大学出版社 2007 年版,第 248 页。

② 《南海师承记 · 续讲正蒙及通书》,《康有为全集》(第二集),中国人民大学出版社 2007 年版,第 234 页。

③ 《南海师承记 · 讲宋学》,《康有为全集》(第二集),中国人民大学出版社 2007 年版,第 253 页。

④ 《南海师承记 · 讲宋学》,《康有为全集》(第二集),中国人民大学出版社 2007 年版,第 253 页。

⑤ 《南海师承记 · 讲正蒙》,《康有为全集》(第二集),中国人民大学出版社 2007 年版,第 232 页。

二、陆九渊的传承谱系

康有为对陆九渊传承谱系的揭示相对于朱熹而言显得单薄而单一，因为他由始至终都只关注陆九渊与孟子之间的传承关系。依据康有为的说法，陆九渊承袭了孟子的衣钵，陆学属于孟学的传承谱系。对此，他连篇累牍地宣称：

陆子颇有孟子之学。①

孟子之学，其后开陆、王二派。②

孟子之学，心学也。宋儒陆象山与明儒王阳明之学，皆出自孟子。③

在康有为那里，陆九渊的思想渊源于孟子，孟子是陆九渊思想最主要的来源乃至成为唯一的理论来源。这个判断意味着康有为是沿着阐发孟子的思路来审视和评价陆九渊的思想的，也意味着康有为视界中的陆学带有两个与生俱来的孟学印记：第一，陆学是心学。康有为申明："孟子，传孔子心学者也。荀子，传孔子礼学者也。"④既然孟子传孔子心学，陆学从孟子处得来，那么，便可以推出由传承孔子心学而来的孟子开出的陆学属于心学。事实正是如此，康有为一而再、再而三地强调：

陆子静专讲心学，得孟子之传。⑤

陆子静直指本心。⑥

陆象山直指本心。⑦

---

① 《南海师承记·讲宋元学派》，《康有为全集》（第二集），中国人民大学出版社2007年版，第255页。

② 《康南海先生讲学记·儒家》，《康有为全集》（第二集），中国人民大学出版社2007年版，第116页。

③ 《康南海先生讲学记·古今学术源流》，《康有为全集》（第二集），中国人民大学出版社2007年版，第112页。

④ 《康南海先生讲学记·古今学术源流》，《康有为全集》（第二集），中国人民大学出版社2007年版，第112页。

⑤ 《万木草堂口说·学术源流》，《康有为全集》（第二集），中国人民大学出版社2007年版，第139页。

⑥ 《万木草堂讲义·七月初三夜讲源流》，《康有为全集》（第二集），中国人民大学出版社2007年版，第288页。

⑦ 《万木草堂讲义·七月初三夜讲源流》，《康有为全集》（第二集），中国人民大学出版社2007年版，第279页。

问题到此并没有结束，正是沿着心学的思路，康有为将陆九渊的思想与以禅宗为代表的佛学联系起来，并且发出了如下断言：

> 佛氏养心之学，与儒几难分别。陆子静教学者，专讲收敛精神，朱子所攻在此。①
>
> 象山为荆门州，有到城门告状者，而象山先知，所谓至诚之道可以前知，惟静故也。②

对于康有为来说，这些言论不仅是对陆九渊思想的理论来源和意蕴内涵的概括，而且包含对陆九渊与朱熹思想差异的认定。在这方面，除了引文“朱子所攻在此”中提到的朱熹对陆九渊入禅的讥讽之外，还包括朱熹对陆九渊反对读书看法的批评等等。第二，陆学不讲变化气质。按照康有为的说法，传承孟子心学的陆学带有孟学的遗传基因，具有与孟学相同的好恶，不讲变化气质即是一例。正是在这个意义上，康有为评价说：“孟子不甚讲礼，不甚讲变化气质，专说扩充，专言心学，细针密缕，功夫尚少，与陆子相近。故陆子弟子某云：今日闻道，明日便饮酒骂人。不讲变化气质之故。惟孔子则以中和耳。”③

三、不同传承谱系视域下的朱熹与陆九渊

透过康有为对朱熹、陆九渊思想渊源的不同追溯和比较可以得出两个结论：第一，在康有为的视界中，朱熹的思想源头丰富繁多，陆九渊的理论来源相对单一。这预示了朱熹之学的博大精深，以至于使康有为的下面这个评价变得不言而喻：“孔子后所谓博大精深者，惟朱子当之。”④第二，康有为指出，朱熹、陆九渊的学术渊源泾渭分明，不惟在理论来源上没有交集，反而导致两人思想的诸多差异。康有为对朱熹与众多国学人物思想传承的彰显涉及到朱熹思想的诸多内容。对此，源于荀子、程子和张载的变化气质，源于周敦颐的“无极而太极”以及对敬的推崇等等都是明证。这些不仅呈现

① 《康南海先生讲学记·古今学术源流》，《康有为全集》（第二集），中国人民大学出版社2007年版，第111页。

② 《南海师承记·讲主静出倪养心不动》，《康有为全集》（第二集），中国人民大学出版社2007年版，第248页。

③ 《南海师承记·讲变化气质检摄威仪》，《康有为全集》（第二集），中国人民大学出版社2007年版，第248页。

④ 《南海师承记·讲宋元学派》，《康有为全集》（第二集），中国人民大学出版社2007年版，第255页。

出朱熹与陆九渊思想的差异,而且成为两人争辩的焦点。作为朱熹、陆九渊思想来源的荀子与孟子不仅思想差异巨大,而且始终处于争教之中。

对于康有为来说,朱陆关系是孟荀关系的延伸,朱熹是荀子后学,陆九渊则是孟子后学。康有为认定孟子与荀子的思想分别代表孔学的两大派,二者具有高下之分:孟子传孔子之仁和大同之学,属于公羊学的传承谱系;荀子传孔子之礼和小康之学,属于穀梁学的传承谱系。在这个维度上,朱熹、陆九渊分别传承孟学、荀学不仅表明了朱学与陆学拥有不同的传承谱系,而且预示了分别作为荀子、孟子后学的朱熹与陆九渊思想的势不两立。在这方面,康有为习惯于将陆九渊与朱熹相对举,并且循着他所揭示的孟荀关系对朱熹与陆九渊的思想予以梳理,进而对两人关系以及朱陆之争进行审视和评价①。当然,具体到思想来源上,正如突出陆九渊与孟子思想的渊源关系一样,康有为反复声称朱熹的思想脱胎于荀子,也使朱熹思想成为宋明理学"不出于荀学之一小支"②的主要证据。正是在这个意义上,康有为反复断言:

> 孔子之后,荀、孟甚似陆、朱。荀子似朱子,孟子似陆子。③
>
> 孟子,公羊之学。荀子,穀梁之学。孟子高明,直指本心,是尊德性,陆、王近之。荀子沉潜,道问学,朱子近之。④

由此不难想象,康有为对朱熹与陆九渊关系的认识和态度取决于对孟子、荀子关系的认识以及对两人的态度评价和变化;不了解康有为视界中的孟荀关系和态度变化,也就无法从根本上理解他对朱陆关系的认识、对朱陆之争的评价以及对朱熹、陆九渊的态度变化。

第二节　学术地位和思想异同

在追溯朱熹、陆九渊理论渊源的基础上,康有为进一步探究两人的学术

---

① 详见拙文《康有为关于孟子与荀子思想的比较及其意义》,《理论探索》2015 年第 1 期;《孟荀在康有为视界中的不同命运及原因》,《河北师范大学学报》2015 年第 2 期。

② 这是梁启超对康有为思想的介绍和概括,语出《南海康先生传》,详见《梁启超全集》(第一册),北京出版社 1999 年版,第 487 页。

③ 《万木草堂口说·学术源流》,《康有为全集》(第二集),中国人民大学出版社 2007 年版,第 139 页。

④ 《万木草堂口说·学术源流》,《康有为全集》(第二集),中国人民大学出版社 2007 年版,第 135 页。

地位和思想异同。对于康有为视界中的朱熹、陆九渊而言,学术渊源和传承谱系预示了两人思想的渐行渐远,学术地位和思想异同则在加剧彼此之间的理论对立的同时,进一步预示了朱陆之争的不可避免。

一、在南宋之学中的地位

朱熹、陆九渊都是南宋人,在南宋之学中的地位最能展示两人的学术地位。有鉴于此,康有为着重描述了南宋的学术状况,从中可以直观地看到朱熹、陆九渊以及朱学、陆学在南宋之学中的具体位置。

对于朱熹、陆九渊在南宋之学中的地位和影响,康有为不止一次地声称:

> 朱、张、吕、陆,南宋学派也。①
>
> 南宋之学,朱、张、吕、陆四大家。别有永嘉之学,而朱子集大成。②

通过比较可以发现,康有为的这两段议论略有差异,思想主旨却别无二致:相同之处在于,南宋时期,大儒迭出,陆九渊与朱熹、张轼和吕祖谦一起构成了“四大家”;不同之处在于,第一段议论在“四大家”之外,加上了叶适代表的永嘉之学,并在这个前提下强调朱熹是南宋之学的集大成者。

分析至此,有两个问题有待进一步澄清:第一,康有为指出,南宋时期,学派林立,蔚为大观。尽管没有提及陈亮代表的永康学派,然而,仅就他所列举的“四大家”而言,各成一派,加之叶适代表的永嘉之学就可以想见南宋之学的繁荣和学派竞争之盛。在这种情形下,陆九渊之学脱颖而出,胜于陈亮的永康之学和叶适的永嘉之学,成为四大学派之一,亦可谓南宋之学中的翘楚。康有为的这种描述表明,陆九渊是大儒、大家,陆九渊之学自成一派,在南宋之学中占有重要一席。这肯定了陆学的特色,也给予了陆九渊一定的地位。第二,深入分析可以发现,康有为对南宋之学的描述在肯定陆学地位的同时,更突出朱熹的地位。最明显的证据是,康有为的上述两段议论在“四大家”同时出现时,朱熹无一例外地排在首位,陆九渊则无一例外地置于最后。这不仅是出生前后的时间排序,更主要的则是地位上的价值排序。众所周知,康有为在此提及的南宋之学“四大家”都具有明确的生卒时

---

① 《万木草堂口说 · 学术源流》,《康有为全集》(第二集),中国人民大学出版社 2007 年版,第 139 页。

② 《万木草堂口说 · 学术源流》,《康有为全集》(第二集),中国人民大学出版社 2007 年版,第 136 页。

间，在时间上的先后顺序一目了然：朱熹（1130—1200），张栻（1133—1180），吕祖谦（1137—1181），陆九渊（1139—1193）。不难看出，康有为对于他心目中的南宋之学"四大家"的排序与四人的出生顺序相吻合。尚须提及的是，从卒年来看，朱熹应该排在最后。这就是说，即使是以生卒时间为序，康有为对"四大家"的排列也不具有唯一性。这在某种程度上印证了康有为将朱熹排在"四大家"之首难以排除偏袒之嫌。至于他的"朱子集大成"的说法则更为直白地道出了朱熹让陆九渊相形见绌的学问和地位。

二、在两宋之学中的地位

在康有为的视界中，如果说朱熹与陆九渊的地位在南宋之学中相差悬殊的话，那么，两人的地位在两宋之学中则可以用差若云泥来形容了。

综观康有为对宋代学术的描述和对朱熹、陆九渊地位的界定不难发现，陆九渊在南宋之学中作为"四大家"之一尚可以与朱熹分庭抗礼，在包括北宋的两宋之学（宋学）中却没有了与朱熹并肩而立的位置。例如，对于宋学"四大家"，康有为是这样认定的："周、程、朱、张二千年来莫之能及也。"①无论其中的"张"指北宋的张载还是南宋的张栻，有一点是确凿无疑的，那就是：在宋学"四大家"中，并不包括陆九渊，而朱熹却在其中占有一席之地。

问题到此并没有结束，对于朱熹的地位和朱学的影响，康有为还有下面的概括和评价：

> 朱子之学，二千年来皆朱学。②
> 朱子，孔子后学一小教王。③

显而易见，康有为在这里给予朱熹的评价是极高的，因为无论是"小教王"的称谓还是"二千年"的影响，都是除了孔子之外无人可及的。甚至可以说，康有为的这些说法不仅使朱熹超迈陆九渊，而且使朱熹胜过了孟子、荀子等人。

---

① 《万木草堂口说·学术源流（四）》，《康有为学术文化随笔》，中国青年出版社1999年版，第9页。

② 《万木草堂讲义·七月初三夜讲源流》，《康有为全集》（第二集），中国人民大学出版社2007年版，第287页。

③ 《万木草堂讲义·七月初三夜讲源流》，《康有为全集》（第二集），中国人民大学出版社2007年版，第288页。

进而言之,康有为肯定朱熹是南宋之学的“集大成”者,具有多重意指。对于这一点,可以从以下两个方面去理解:第一,康有为对朱熹传播孔教的功劳极为欣赏,并由此将朱熹誉为孔教的“小教王”。就势力和影响来看,朱学在南宋以及之后直到自己出现之前的数百年间一直无人能敌,朱熹自然成为南宋之学的“集大成”者,朱熹的地位让陆九渊无法望其项背。第二,康有为认为,就朱熹与陆九渊的思想来看,朱熹足以让陆九渊自叹弗如:朱熹的思想无所不包,“笼罩一切”;陆九渊的思想充其量只是偏于一隅,“不举大体”。下面两段话是从不同角度立论的,共同表达了康有为的这一思想主张:

> 仆生平于朱子之学,尝服膺焉。特儒先有短,正不必为之讳耳。朱子教人以持敬之学最美矣,而于经义何尝不反复辩论?即《诗序》之偏,亦谆谆日与吕伯恭、陈止斋言之,岂亦得责朱子舍义利、身心、时务不谈,而谈此《诗序》乎?盖学固当本末兼举,未可举一而废百,亦不能举空头之高论,抹杀一切也。朱子之学,所以笼罩一切而为大宗者,良以道器兼包,本末具举,不如陆子、止斋之伦滞在偏隅,如耳、目、鼻、口之各明一义,不举大体也。①
>
> 战国以还,称博闻勤学者,必以孔、墨为称首,而诸子不与焉,其并名如此。盖孔子、墨子皆以学问、制度胜人,诸子多空虚,非其比也。虽宜于时者,墨不如孔,而荀胜孟,朱胜陆,后人皆荀、孟并称,朱、陆对举,正与此同。观后以知前,最足胜据者矣。②

第一段议论中的“滞在偏隅,如耳、目、鼻、口之各明一义”之语,化《庄子·天下篇》而来。康有为对语出《庄子·天下》篇的“譬如耳目鼻口,皆有所明,不能相通。犹百家众技也,皆有所长,时有所用。虽然,不该不遍,一曲之士也。……是故内圣外王之道,闇而不明,郁而不发,天下之人各为其所欲焉以自为方。悲夫!百家往而不反,必不合矣!……道术将为天下裂。”等数语津津乐道,反复援引这句话来证明孔子作为教主思想无所不赅,诸子都只得孔子大道的“一端”“一体”,故而如耳、目、口、鼻各明一义一样,闇于大道。在这里,他以此语比喻朱学与陆学的关系,一面称赞朱熹之

① 《与朱一新论学书牍》,《康有为全集》(第一集),中国人民大学出版社2007年版,第315页。

② 《孔子改制考》卷十八,《康有为全集》(第三集),中国人民大学出版社2007年版,第218页。

学“本末具举”，一面贬斥陆九渊之学“如耳、目、鼻、口之各明一义，不举大体也”，将崇朱贬陆之情推向了极致。第二段议论的“朱胜陆”印证了第一段议论的观点，不仅表明了尊朱抑陆的态度，而且在追本溯源中印证了朱熹、陆九渊思想的泾渭分明和优劣悬殊。

透过康有为的上述分析，陆九渊与朱熹思想的不同乃至分歧是必然的，因为两人思想的差异在理论来源上就已经注定了。可以作为佐证的是，康有为反复断言：

> 传《诗》则申公，《礼》则东海孟公，《春秋》则胡母生，皆荀子所传。孟子之后无传经，惟《韩非子·显学篇》有乐正氏之儒。宋朱、陆二派亦然，象山弟子著录数千人，而后学不甚光大。朱子之后，彬彬济济。可知学之不可以已也。①
>
> 盖孟子重于心，荀子重于学。孟子近陆，荀子近朱，圣学原有此二派，不可偏废。而群经多传自荀子，其功尤大，亦犹群经皆注于朱子，立于学官也。②

依据康有为的说法，陆九渊与朱熹的分歧源于孟子与荀子的分歧，荀子的“其功尤大”似乎预示着朱熹远非陆九渊可以比拟的势力和影响。

与此同时，在康有为看来，朱熹、陆九渊的学术地位与两人的思想异同密不可分。在从不同角度共同呈现朱熹、陆九渊学术地位的基础上，他具体概括了朱熹与陆九渊思想的不同。一言以蔽之，朱熹重学，即道问学；陆九渊重心，即尊德性。除此之外，康有为还从其他角度剖析朱熹与陆九渊思想的差异。这除了前面提到的康有为认定朱熹注重变化气质、陆九渊不讲变化气质之外，还涉及更多内容。例如，康有为曾经用“沉潜”与“高明”概括朱熹与陆九渊思想的特质，并在这个意义上如是说：“至宋儒大发挥理学，分朱、陆两派。朱子沉潜，一近圣人实学，有似荀子。陆子高明，一近圣人大义，有似孟子。要之，教人以实学为上，故朱子后学，成材较多，而明儒一代学问，皆宗陆子。”③

---

① 《万木草堂口说·荀子》，《康有为全集》（第二集），中国人民大学出版社 2007 年版，第 182 页。

② 《南海师承记·学章》，《康有为全集》（第二集），中国人民大学出版社 2007 年版，第 213 页。

③ 《康南海先生讲学记·古今学术源流》，《康有为全集》（第二集），中国人民大学出版社 2007 年版，第 107 页。

经过康有为的上述解读和阐释,朱熹与陆九渊的思想无论"相反""角立"还是"分道扬镳"都直观地呈现出来,朱陆之争也随之成为预料之中的事了。

第三节 朱陆之争及其评价

总的说来,康有为对于朱熹、陆九渊的比较不仅关注两人的传承谱系和思想内容,而且关注两人思想的分歧和辩论。在此过程中,无论朱熹、陆九渊围绕"无极而太极"展开的有无之争还是包括读书态度在内的格物之争均被康有为纳入视野。

一、对朱陆之争的侧重

朱熹与陆九渊之争是影响深远的学术公案,康有为对两人关系的厘定和思想的比较自然不可回避这个问题。更为重要的是,康有为对争教问题津津乐道,朱熹与陆九渊之间的争论既为他提供了绝佳注脚,又成为他论证孔教内部争教的有力证据。

深谙中国哲学史、思想史的人都知道,朱熹与陆九渊之间的争论具有三个显著特点:第一,持续时间长,前后之间大争论就是三个回合。第二,辩论内容广,从无极而太极的形而上学到尊德性与道问学的为学之道再到泛观博览与简洁直接的读书之方无所不及。第三,牵涉人员多。除了陆九渊一方并非陆九渊一人之外,还有作为中间人的吕祖谦等人参与其中。在这个前提下可以看到,康有为对于朱熹、陆九渊之间的争论在人物上没有提及陆氏兄弟和吕祖谦,在内容上侧重两人之间的有无之争。不仅如此,对于朱熹与陆九渊之间的有无之争,康有为从周敦颐讲起。原因在于,康有为认定全部宋学都源于周子之学,朱熹、陆九渊围绕"无极而太极"而来的有无之争便发端于周敦颐。

众所周知,周敦颐是"北宋五子"之一,作《太极图说》用二百五十余字对"太极图"予以说明。康有为并不赞同周敦颐在太极之上加一个无极的做法,并据此抨击周敦颐的思想与老佛相混,而非孔门正统。尽管如此,这并不妨碍他将周敦颐奉为宋学之开山,对周敦颐的推崇之情溢于言表。从宋学开于周敦颐的角度来看,康有为视界中的朱熹、陆九渊之学都应该以周敦颐为开山。问题的关键是,这只是抽象的,具体到每一位宋儒来说,康有为的认识并不相同。相比较而言,他更注重朱熹与周敦颐之间的思想传承关系。正因为如此,康有为在论证周敦颐是宋学开山的过程中提及陆九渊对周敦颐的讥讽,既在具体的维度上进一步厘清了朱学、陆学的学脉,又预示了朱陆之争的不可避免。对于前者,康有为认为,正如全部宋代学问皆开于周敦颐,受周敦颐发挥诚字的影响一样,朱熹、陆九渊的思想不仅与《中庸》密不可分,而且发挥了至诚之说。对于后者,康有为认为,周敦颐好言有无,陆九渊则认定周敦颐的做法已入老学,故而讥讽之;与陆九渊的态度恰好相反,朱熹对周敦颐的有无之说倍加推崇,不仅将理、道与无相提并论,在理气观、道器观上贯彻其有无观;而且对"无极而太极"予以阐发,用以论证作为世界本原的天理。基于上述认识,康有为得出结论:无极与太极的关系是朱陆之争的主要内容,其中包含对有无关系尤其是对无的态度问题。与对有无问题的乐此不疲相比,康有为对于朱熹与陆九渊其他方面的争论涉及不多。这从一个侧面反映了康有为的兴趣所在,同时也在一定程度上框定了他对两人争论的立场和评价。

二、对朱陆之争的看法

康有为不仅对朱熹与陆九渊之间的学术争论津津乐道,而且发表了自己的看法。

从致思方向来看,康有为将朱陆之争置于全球多元的视野之内,并且提升到争教的高度予以审视和理解。于是,他断言:"夫天下古今,远暨欧、亚之学,得本者攻末,语粗者忘精。印度哲学之宗,欧土物质之极,盖寡能相兼、鲜能相下者。吾国朱、陆之互攻,汉、宋之争辨,亦其例也。"①康有为秉持保教保国保种的救亡路线,故而为立孔教为国教而奔走呼号。在这个前提下,他关注孔教的传播问题,对传教、争教的话题乐此不疲。依据康有为的分析和总结,无论孔教、佛教还是耶教(基督教)的传教过程从根本上说都是一个争教的过程。争教是传教的主要途径。验诸万国,莫不如此。就中国而论,争教的传统由来已久;战国时诸子纷纷创教,就是为了与孔子争席。就孔教而论,从外部来看,孟子力辟杨朱和墨子,表明了孔教与老教、墨教的争教;从内部来看,孔子亲授弟子即已分为两派,孟子、荀子同为孔门战国时期的"二伯",两人的分歧预示着孔教内部的争教正式拉开。沿着这个思路,康有为认定朱熹与陆九渊之间的争论不出争教范畴,并且作为孔教的内部之争,滥觞于孟荀之争。

在此基础上,康有为对朱陆之争发表了自己的看法。就康有为关注的无极与太极来说,朱熹推崇无,并且赞同周敦颐的"无极而太极"。陆九渊

① 《孟子微》序,《康有为全集》(第五集),中国人民大学出版社 2007 年版,第 411 页。

认为,推崇无便混入老学,并且极力反对无极之说。沿着这个思路,陆九渊讽刺朱熹等人在太极之上加一无极的做法无异于屋上架屋,床上叠床,极为荒唐可笑——"岂宜以'无极'字加之太极之上","正是叠床上之床,架屋下之屋"(《与朱元晦》)。对于无极太极之争,康有为对朱熹、陆九渊的观点均不认可,故而持中立立场。他指出:"极不得作中字解,若陆子言中,非也。极上不得加无字,若朱子之言无极,亦非也。无极乃老氏之学。"①对于朱熹与陆九渊之间的格物之争,他显然偏袒朱熹一方。康有为说道:"致知即读书。朱子鉴于六祖之蔽,欲人读书,故解格物许多委曲,故避陆子而为。"②

在此基础上尚须提及的是,康有为对朱熹、陆九渊的比较及其评价与他本人的思想转变息息相关,乃至互为表里。例如,在凸显朱陆之争的过程中,康有为提到了朱熹对陆九渊的推崇。他说:"当时程门弟子遍天下,而朱子谓'南渡以来,八字着脚者,惟某与陆子静',是朱甚推尊陆子也。"③在这里,康有为只讲朱熹对陆九渊的推尊而绝口不谈陆九渊对朱熹的推尊,背后的潜台词是:陆九渊的思想比朱熹略胜一筹。这个评价印证了他已经由早年的尊朱转向了推崇陆王。对于康有为的下面这段话,也可以作如是观:"孔子之学无欲速,无见小利,不尚诈谋,老子则大相反。圣人贵让贱利,防人世之争原也。然饮食、宫室、衣服之用,人谁可废?故又曰:利者,义之和也。若专求利而不顾义,君子弗贵也。朱子请陆子静讲'君子喻于义,小人喻于利'一章,学者为之悚然,汗流浃背。孟子每发一义,必霹雳粉碎。"④表面上看,康有为在此由孔子、孟子的义利观讲起,赞叹孟子所发义利之辨振聋发聩,"霹雳粉碎"。深入分析不难想象,尽管康有为不是直接从陆九渊讲起的,试想,又是谁对孔孟义利之辨的阐发独有心得,令人"悚然"?唯陆九渊能之!更为重要的是,朱熹也在"汗流浃背"之列,即是出于对陆九渊所讲内容的认同和折服。从这个角度看,无论康有为所讲的朱熹对陆九渊的推崇还是对陆九渊讲学的认同,似乎都展示了朱熹对陆九渊的肯定评价,同时也从一个侧面证明了朱熹、陆九渊思想的一致性。

---

① 《南海师承记·讲宋学》,《康有为全集》(第二集),中国人民大学出版社2007年版,第253页。

② 《万木草堂讲义·讲大学》,《康有为全集》(第二集),中国人民大学出版社2007年版,第301页。

③ 《康南海先生讲学记·古今学术源流》,《康有为全集》(第二集),中国人民大学出版社2007年版,第112页。

④ 《南海师承记·讲孟荀列传》,《康有为全集》(第二集),中国人民大学出版社2007年版,第228页。

值得注意的是，尽管康有为承认朱熹、陆九渊思想的一致性，甚至在某种情形下肯定朱熹对陆九渊思想的认同，然而，总的说来，康有为视界中的朱熹与陆九渊的思想以差异乃至对立为主。对于康有为来说，朱熹与陆九渊思想的差异和对立意味着朱陆之争的必然性，并且决定了对待两人的不同偏袒和取舍。具体地说，康有为的老师朱次琦笃尊朱熹，康有为早年受其老师的影响而对朱熹顶礼膜拜。尤其是在19世纪90年代收徒讲学之前，康有为最为推崇的国学人物非朱熹莫属。后来，康有为与朱次琦的思想渐行渐远，随着转向心学而开始推崇陆王，对朱熹的热情也随之锐减。这直观地展示了朱熹、陆九渊在康有为那里的命运呈现出此消彼长的态势，也反过来印证了两人的思想在康有为的视界中以差异为主。尽管如此，不可否认的是，无论康有为对朱熹的关注程度还是整体评价都是陆九渊无法比拟的。可以看到，与对朱熹的津津乐道相比，康有为对陆九渊的提及和思想阐发既称不上多，又称不上深或广。康有为并没有研究陆九渊的相关著作或专题论文，却有专门诠释朱熹思想的《尊朱》《中和说》等论文。至于康有为颁发给朱熹的"小教王"称号和"孔子之后一人而已"等评价，则更是令陆九渊自叹弗如。

第四节　朱陆比较及其得失

上述内容显示，在康有为视界中的朱熹与陆九渊，无论理论来源、传承谱系还是学术地位、思想内容均相去甚远。这既印证了两人思想的"相反""角立"乃至"分道扬镳"，又表明了朱陆之争的不可避免。在这个前提下应该看到，康有为的朱陆比较是在"宋明学"的视域内进行的，并且是他本人的孔教观的一部分。正是由于这个原因，只有沿着"宋明学"以及孔教观的思路进一步思考，才能从整体上把握康有为的朱陆比较，从而深刻体悟其意义。

一、比较的双重意义

对于康有为来说，朱熹与陆九渊的思想差异既有相对意义，又有绝对意义。

一方面，正如康有为在讲"宋明学"时涉及朱熹尤其是陆九渊一样，无论朱学还是陆学在康有为那里主要都是作为"宋明学"的一部分出现的。正因为如此，朱熹、陆九渊的思想都带有"宋明学"的共同特征，因而呈现出诸多相似性、一致性。具体地说，康有为对于宋明理学的总体评价是，与佛老混、苦人生而不是孔门正学。正是在这个意义上，他反复强调："周、程、朱、张二千年来莫之能及也，其学为孔子传人，然尚非嫡派耳。"①"宋儒自是一种学问，非孔子全体也。"②显而易见，康有为的上述评价是对整个"宋明学"发出的，既适合朱熹，又适合陆九渊——或者说，朱熹与陆九渊的思想在这些方面别无二致。这些可以视为两人思想的共同点。这表明，康有为所讲的朱熹、陆九渊思想的差异是在"宋明学"这个大背景下发出的，故而是相对的。更有甚者，与整个"宋明学"的相同之处相比，康有为对朱熹与陆九渊思想差异的探讨却显得微不足道。

另一方面，朱熹、陆九渊思想的分歧有别于两人与其他康有为提及的国学人物以及宋明学人物——如朱熹与周敦颐、张栻或者陆九渊与王守仁之间的思想差异。例如，对于朱熹与周敦颐、张栻的关系，康有为不止一次地如是说：

> 周子主静立人极。又朱子主敬，自见两派。③
> 南轩与朱子近而穷理，博学不如朱子。④

由此可见，康有为肯定朱熹与周敦颐的思想呈现出明显差异，一个主敬，一个主静；朱熹与张栻的思想在格物方面相近——这也使两人与陆九渊的思想大不相同，朱熹的博学胜于张栻——这与陆九渊偏于一隅不如朱熹的思想博大精深表面上看并无本质区别。其实不然，秘密在于：无论是朱熹与周敦颐的差异还是朱熹与张栻的不同都不具有争教的性质。由于康有为将朱陆之争抬到了争教的高度，朱熹与陆九渊思想的差异乃至争论也就具有了非同寻常的意义。

康有为不仅具有孔教情结，断言"百家皆孔子之学"；而且将孔教的传播过程视为一个力辟异端、争教护教的过程。在这个前提下，他将朱陆之争提到争教的高度来进行审视和评价，尽管承认朱熹与陆九渊的争教属于孔教的内部之争，故而有别于孔教与他教的外部之争，然而，康有为借助朱熹、

---

① 《万木草堂口说·学术源流(四)》，《康有为学术文化随笔》，中国青年出版社 1999 年版，第 9 页。

② 《万木草堂口说·中庸》，《康有为全集》(第二集)，中国人民大学出版社 2007 年版，第 173 页。

③ 《南海师承记·讲明儒学案及国朝学案》，《康有为全集》(第二集)，中国人民大学出版社 2007 年版，第 257 页。

④ 《南海师承记·讲宋元学派》，《康有为全集》(第二集)，中国人民大学出版社 2007 年版，第 255 页。

陆九渊在朱陆之争中的相互攻击道出了彼此对孔子大道的偏离——朱熹入老，陆九渊入佛等。

二、令人困惑的比较结论

就康有为对朱熹、陆九渊思想的比较和评价来说，有一点是不争的事实，那就是：康有为无论对朱熹还是对陆九渊的思想均没有专门著作。具体地说，对于朱熹，康有为早年作有《尊朱》《中和说》两篇短文。至于陆九渊的思想，康有为甚至没有进行过专门探讨。这些情况共同证明，康有为对朱熹、陆九渊的思想比较缺乏深入系统。或许与对两人的思想均无深入研究有关，康有为无论是对朱熹、陆九渊的思想内容还是态度评价都难免前后矛盾，相互牴牾。

了解思想是进行评价、予以定位的前提和依据，缺乏思想依据的评价或者流于玄想，或者陷入矛盾之中。康有为对朱熹、陆九渊思想的比较和评价正是这样。以朱熹、陆九渊的弟子为例，康有为对方孝孺等人的身份归属含糊不清，无端地增加了对朱熹与陆九渊关系的矛盾认识。例如，康有为曾经宣称："宋濂为义理文章大宗，方孝孺为其高弟子，是为朱学正宗。朱学有文信国、方正学，更见朱学之光。"①这里提到的宋濂（1310—1381）是明代理学家，不止一次地宣称：

> 天地一太极也，吾心一太极也，风雨雷霆皆心中所具。（《宋文宪公全集》卷八）
>
> 天下之物孰为大？曰心为大。……天地之所以位，由此心也；万物之所以育，由此心也。……心一立，四海国家可以治，心不立，则不足以存一身。（《凝道记》）

由此可见，尽管宋濂具有调和朱陆的思想倾向，然而，他却更接近陆九渊，在哲学上秉承与孟子、陆九渊一脉相承的心学。不仅如此，宋濂与陆九渊一样推崇孟子，将孟子的养气说运用到文学、美学领域，提出了"为文必在养气"（《文原》）的观点。这些表明，如果非要对宋濂进行身份归属，在朱熹与陆九渊之间选择宋濂思想的传承谱系的话，那么，则须说宋濂是陆九渊的后学，宋学是对陆九渊思想的薪火相传。令人迷惑的是，为了突出朱学的

---

① 《南海师承记·讲明儒学派》，《康有为全集》（第二集），中国人民大学出版社 2007 年版，第 255 页。

影响,康有为却将宋濂归入朱学。更有甚者,被康有为在这里与宋濂一起归入朱学的还有宋濂的高足——方孝孺以及文信国等人,而方孝孺则早已被康有为言之凿凿地归入了陆学。至此,方孝孺究竟属于朱学还是属于陆学变得扑朔迷离起来。更令人匪夷所思的是,康有为发出了这样的断语:“二陆、二张宗朱学。”①这一说法将康有为对朱陆关系的矛盾认识推向了极致,也瓦解了他本人先前关于朱陆之争以及两人思想差异的种种说法。

以朱熹与陆九渊思想的高低优劣为例,康有为一会儿肯定陆学高于朱学,一会儿肯定朱学胜于陆学。在他的视界中,如果说不同的传承谱系在某种程度上决定了朱熹、陆九渊之间的思想差异的话,那么,不同的思想特点则反过来进一步凸显、加大了两人思想的差异,致使朱学与陆学分别适合不同的人群。对此,康有为总结为一句话,那就是:“朱子之学,为士人说法。陆子之学,人人皆可。”②这句话表面上看是肯定朱学、陆学各有自己的受众,其实不然。稍加剖析即可发现,康有为在这里一面肯定朱学适用于士大夫阶层,一面肯定陆学适用于所有人,即“人人皆可”。从逻辑上讲,陆学适合的“人人”之中应该包括朱学所适应的“士人”,同时还应该包括朱学之外者。这就是说,从“人人届可”的角度说,陆学拥有比朱学更广泛的受众。这等于肯定了陆学的普适性和影响力远非朱学所及。与这一评价截然相反,康有为不止一次地明确指出朱学胜于陆学,其中就包括朱学比陆学具有更广泛的普适性。下仅举其一斑:

> 朱学善于陆,包陆在内。③
> 朱子能正陆子之偏。④

在这里,康有为认为朱学包括陆学,并且强调朱学能够矫正陆学之偏。至于朱学如何“包”陆学、如何“正”陆学,他并未作任何具体解释或说明。可以肯定的是,康有为的说法肯定了朱学高于陆学。并且,按照通常的理解,这样的朱学应该比陆学拥有更广泛的受众,而不是像康有为上面所说的

---

① 《南海师承记·讲明儒学案及国朝学案》,《康有为全集》(第二集),中国人民大学出版社2007年版,第258页。

② 《南海师承记·讲宋学》,《康有为全集》(第二集),中国人民大学出版社2007年版,第253页。

③ 《南海师承记·讲宋学》,《康有为全集》(第二集),中国人民大学出版社2007年版,第254页。

④ 《南海师承记·讲宋学》,《康有为全集》(第二集),中国人民大学出版社2007年版,第254页。

那样——陆学“人人皆可”,而朱学却只适于士大夫。康有为对于朱学与陆学关系的矛盾评价让人产生迷惑。更为致命的是,与康有为提及的所有国学人物一样,他对朱熹、陆九渊的这些比较和评价大多是在没有具体情境的状况下发出的,因为太抽象,往往让人不知所云。

就康有为的本意来说,他的议论以及评价或许并不在朱熹与陆九渊的比较本身。尽管如此,特殊的孔教情结和价值旨趣却使康有为关注孔教在宋明时期的传承,并且对朱熹与陆九渊的思想予以比较。这在近代哲学家中并不多见,因而意义非凡。原因在于,除了特殊的孔教立场和视域使康有为的朱陆比较极富创见之外,单就比较本身而言已属创新之举了。

第十六章　孔子与释迦

无论从哪个角度看，孔子都当仁不让地成为康有为最为推崇和关注的国学人物。康有为不仅给予孔子其他国学人物无法企及的至高地位，而且以孔子为中心审视、梳理众多国学人物的身份归属和传承谱系。这使康有为热衷于孔子与其他国学人物的比较，借此评定孔子后学以及孔学的正统与异端——孔子与老子、孔子与墨子的比较和孔子与孟子、孔子与荀子的关系即是如此。事实上，康有为对孔子的比较并不限于中国本土文化的视域之内，而是拥有全球多元的文化视野。可以看到，康有为多次将孔子与释迦牟尼、耶稣和柏拉图直接联系在一起，并且对孔子与释迦、孔子与耶稣进行比较。其中，康有为对孔子与释迦的比较意义尤为重大，既牵涉孔子与释迦的创教宗旨、价值诉求，又牵涉孔教与佛教的相互关系、优劣得失。有鉴于此，透视康有为眼中的孔子与释迦，有助于直观感受康有为对孔子与释迦以及孔教与佛教的态度和评价，同时有助于深刻把握康有为的宗教理念和意趣诉求。

第一节　孔子与释迦相似颇多

在康有为看来，孔子与释迦相似点颇为。因此，他对孔子与释迦的比较以相同、相似为主。康有为指出，孔子与释迦身份相同，都是创教的教主。作为创教的教主，孔子创立了孔教，释迦创立了佛教。

一、救世的创教宗旨

康有为指出，孔子与释迦处于同一时代，并且进行了具体考证。他说道："佛生于穆王三年，又或云周庄王十七年。佛生先于孔子数十年。"①康有为旨在强调，处于同一时代的孔子和释迦所面临的处境相同，创教的目的和宗旨也相同，那就是：都以除患至乐为目的。于是，康有为断言："佛氏

---

① 《万木草堂口说·学术源流》，《康有为全集》（第二集），中国人民大学出版社2007年版，第142页。

'三藏'但欲除烦恼,孔子'六经'但以除民患。"[①]这就是说,无论孔子还是释迦之所以创教,是当时的形势所迫,从根本上说都以为人解除烦恼、苦难为目标。拿孔子来说,正是鉴于当时的列国相争、生民多艰,所以才改制创教的。这用康有为本人的话说便是:"孔子感列国之争,哀生民之艰,于是发奋改制。"[②]这些共同证明,孔子、释迦拥有相同的行为目标和价值诉求,也决定了孔教、佛教皆以救世为究竟。

肯定孔子与释迦创教皆以救世为初衷表明,康有为提倡的孔教热衷于救世。正是在救世的意义上,梁启超称康有为所讲的孔教为"兼善主义",并且将康有为提倡的孔教的行为方式与佛教的菩萨行相互类比。对此,梁启超解释说:"孔教乃兼善主义,非独善主义。佛为一大事出世,说法四十九年,皆为度众生也。若非为众生,则从菩提树起,即入涅槃可矣。孔子之立教行道,亦为救民也。故曰:'天下有道。丘不与易也。'其意正如佛说所谓我不入地狱,谁入地狱之意也。故佛法以慈悲为第一义,孔教以仁慈为第一义。孔子曰:'苟志于仁矣,无恶也。'故孔子为救民故,乃至日日屈身,以干谒当时诸侯卿相,欲藉手以变革弊政,进斯民于文明幸福也。当时厌世主义一派颇盛,如楚狂长沮桀溺荷蒉丈人晨门微生亩之徒,皆攻难孔子。此等皆所谓声闻外道法也,而孔子则所谓行菩萨行也。"[③]

二、托古的传教手法

在康有为的视界中,孔子和释迦创教的宗旨相同,连创教、传教的手法也如出一辙——都以"托古"为手段。进而言之,孔子、释迦之所以都选择以"托古"为手段来创教、传教,出于同样的原因和同样的考虑。对此,康有为解释说,迫于环境,孔子、释迦的有些教义无法直言而只能"假托",以微言大义的形式隐晦地表达出来,并且通过"口说"的方式进行传承和传播。正是由于这个原因,孔子、释迦都寄希望于"口说",孔教与佛教的思想表达和传播方式别无二致——都有口说与经典之分。康有为对孔教思想的阐发历来从经典与口说两个方向展开:一面断言"六经皆孔子作",将以《春秋》为首的六经而不是四书或《论语》奉为孔教的核心经典,进而呼吁以六经而不是以四书为基本经典解读孔子思想;一面指出作"六经(他有时称六艺)"皆粗迹,只有"择人而传"的口说隐藏着孔子思想的微言大义,故而是孔子

---

① 《春秋董氏学》卷六,《康有为全集》(第二集),中国人民大学出版社 2007 年版,第 408 页。

② 《万木草堂口说·学术源流》,《康有为全集》(第二集),中国人民大学出版社 2007 年版,第 145 页。

③ 《论支那宗教改革》,《梁启超全集》(第一册),北京出版社 1999 年版,第 265 页。

的高级之学。对于佛教,康有为强调,正如孔教有口说一样,佛教也有口说,“咒”就是佛教的口说。于是,他得出了如下结论:

以佛之聪明,尚托于七佛。安有七佛之事哉?孔子之托古,亦此意耳。①

“咒”,即佛之口说。②

经过康有为的论证,孔教和佛教无论托古的手段还是口说的传教方式都完全相同。孔教、佛教既然在后两方面完全相同,也证明了二者都寓含微言大义。依据康有为的说法,孔子、释迦无论采取托古的手段还是口说的传承方式都是为了将自己的教义隐藏起来,只有破译其中的密码才能解读其微言大义。

三、变通的教义教旨

在康有为的视界中,相同的创教宗旨和手法决定了孔子、释迦所创之教带有与生俱来的相似性,这意味着孔教和佛教具有相同的特点。就康有为的具体论证来说,最突出的是,孔子和释迦在救世时都如大医一般依据病情临时发药。沿着这个思路,他进一步强调,无论环境的复杂还是世事的多变都决定了孔教、佛教不可能恪守成法或固执一端,而必须注重变通。对于这一点,康有为一而再、再而三地断言:

孔子创义,皆有三数以待变通。医者制方,犹能预制数方以待病之变,圣人是大医王而不能乎?③

凡至人之所思,固不可测矣,而况孔子乎?圣人之治,如大医然,但因病而发药耳,病无穷而方亦无穷,大同小康,不过神人之一二方哉。④

佛是大医,主教者自当因病发药。⑤

① 《万木草堂口说·孔子改制》,《康有为全集》(第二集),中国人民大学出版社2007年版,第151页。

② 《万木草堂口说·春秋繁露》,《康有为全集》(第二集),中国人民大学出版社2007年版,第205页。

③ 《春秋董氏学》卷五,《康有为全集》(第二集),中国人民大学出版社2007年版,第370页。

④ 《礼运注》叙,《康有为全集》(第五集),中国人民大学出版社2007年版,第554页。

⑤ 《与朱一新论学书牍》,《康有为全集》(第一集),中国人民大学出版社2007年版,第314—315页。

康有为的上述说法旨在申明,孔子和释迦都以救世为目标,所创之教的教义都针对现实社会的忧患有感而发。这意味着两人的教义必然也必须根据具体情况的不同而随时随地现身说法。这就是说,孔教与佛教一样根据信徒的觉悟程度或理解能力而变换传教的内容,同时采取相应的传教方法。这决定了孔子和释迦的教义不是泥于一隅、局于一时,而是远近本末大小精粗无所不包,过去、现在和未来三世贯通,并行不悖。在这方面,正如孔教有小康、大同以备万世一样,佛教有小乘、大乘针对不同根器的众生。对此,康有为连篇累牍地解释说:

> 夫本末精粗,平世拨乱,小康大同,皆大道所兼有。若其行之,惟其时宜。故曰万物并育而不相背,四时错行,日月并明,惟溥博渊泉而时出之。此天地所以为大,而孔子所以为神圣也。……故佛乘有大小,根器有上下。孔子则曰:中人以上,可以语上。中人以下,不可以语上也。……然则精粗本末,皆不可缺,而亦不能相轻也。如东西墙之相反而相须以成屋也,如水火、舟车、冰炭之相反而相资以成用也。①
>
> 《礼》谓:威仪、文章、智仁,为行政立教之道。庄礼为行政立教之方,有内而无外,有本而无末,道终不完。故孔子之道本末精粗,其运无所不在,此所以育万物而为神明圣王也。佛亦有八万四千威仪,乃成大教。盖动民必在外貌,故有智仁之妙,尽美矣,无威仪文章以动人,终未尽善也。②
>
> 孔子之道,本神明,贯天地,育万物,广大精微,本末精粗,无所不有。即其粗迹,如升平、太平之世,大同之道,亦欲尽人而教告之。然精义妙道,亦惟根性至上之人能闻之,否亦须中人以上乃能领受。苟非其人,则闻之惊骇,轻泄微言,反为无益。或未至其时而妄行,未至其地而躐等,更滋大害,且为永戒,虽精义妙道,反因流弊而后不敢行。若以天人之故而告愚人,则诲之谆谆,而听之藐藐,终日言而无闻。佛与诸大菩萨言,而初学菩萨无闻,可证此也。③

依据康有为的上述解释,孔教与佛教的教义都由于注重变通而圆融无碍,二者之间的圆融无碍是必然的。教义的圆融无碍意味着对他教的包容,

---

① 《孟子微》序,《康有为全集》(第五集),中国人民大学出版社 2007 年版,第 411 页。
② 《论语注》,《康有为全集》(第六集),中国人民大学出版社 2007 年版,第 508 页。
③ 《论语注》,《康有为全集》(第六集),中国人民大学出版社 2007 年版,第 421 页。

当一圆融无碍之教与另一圆融无碍之教相遇时，二者教义的相近、相通可想而知，由此便不难理解孔教与佛教的关系了。在这里，有一个细节值得注意，康有为讲孔教与佛教关系时总是孔教在先、佛教在后。这种表述方式隐藏着深意：第一，孔子在前流露出康有为对孔教的推崇，这一点与他对二教关系的关注集中在推崇孔教之时相对应。第二，康有为推崇孔教却要拉上佛教，既是为了通过与佛教的联合增大孔教与耶教分庭抗礼的力量，又是为了以佛教的宗教属性印证孔教的宗教性。

与康有为一再突出孔教与佛教的圆融无碍相印证，梁启超在自称"述康南海之言"的《论支那宗教改革》中与康有为本人一样不惮其烦地对康有为所讲的孔教与佛教相互比附。例如，梁启超将孔教的大同思想喻为佛教的大乘之教，特别是比作华严宗，进而奉为孔教中的高级之教。再如，梁启超将孔教的小康思想比作佛教的小乘之教，称为孔教中的普通之教。如此等等，不一而足。基于这种认识，梁启超在演讲中不止一次地如是说：

> 孔门之为教，有特别普通之二者。特别者，所谓中人以上，可以语上也；普通者，所谓中人以下，不可以语上也。普通之教，曰《诗》、《书》、《礼》、《乐》，凡门弟子皆学之焉，《论语》谓之为雅言，雅者通常之称也。特别之教，曰《易》、《春秋》，非高才不能受焉，得《春秋》之传者为孟子，得《易》之传者为庄子。普通之教，谓之小康；特别之教，谓之大同。然天下中才多而高才少，故传小康者多而传大同者少。大同、小康，如佛教之大乘、小乘，因说法有权实之分，故立义往往相反。耽乐小乘者，闻大乘之义而却走。且往往执其偏见以相攻难，疑大乘之非佛说。故佛说《华严经》时，五百声闻，无一闻者，孔教亦然，大同之教，非小康弟子之所得闻。……盖根器各不同，而所授亦异，无可如何也？①
>
> 佛之大乘法，可以容一切，故华严法界，事事无碍，事理无碍，孔子之大同教，亦可以容一切，故《中庸》谓万物并育而不相害，道并行而不相悖，惟其不相悖也，故无妨并行。如三世之义，据乱之与升平，升平之与太平，其法制多相反背，而《春秋》并容纳之，不以反背为伤者，盖世运既有种种之差别，则法制各适其宜，自当有种种不同也。如佛之说法，因众生根器有差别，故法亦种种不同，而其实法则皆同也。苟通乎

① 《论支那宗教改革》，《梁启超全集》（第一册），北京出版社1999年版，第263—264页。

> 此义，则必无门户水火之争，必无贱彼贵我之患。此大同教之规模所以广大也。①

梁启超对康有为孔教的转述即“述”存在误差②，然而，大体内容和基本方向却是对的。因此，透过梁启超对康有为孔教观的介绍和解读，可以直观感受康有为视界中孔子、释迦所创之教在教义上的相近相通。

四、依傍政治的盛衰命运

在从教义内部揭示孔教、佛教一致性的同时，康有为还从外部氛围、社会背景入手剖析孔子、释迦所创之教的共通之处，强调孔子、释迦的命运与国家的政治环境和政策支持密切相关；并由此展开联想，探究孔教、佛教的传承以及盛衰消息。下仅举其一斑：

> 孔学行于天下，自汉武始。孔子之有汉武帝，犹佛之有阿唷大王。③
>
> 孔子后有孟、荀，佛有马鸣、龙树；孔教后有汉武立十四博士，佛后有阿育大天王立四万八千塔。诸家盛衰，颇为暗合。④

依据康有为的分析，孔教、佛教的传播和命运与国家的社会环境和政治环境密切相关，得到国家的支持是孔教、佛教得以传承的前提保障，也使两教作为国家之教、之学成为国教、“国学”，并因而拥有了主导地位。为了证明这一点，康有为将汉武帝视为孔子后学，将阿育王（康有为有时写作“呵唷大天王”）说成是释迦牟尼的弟子。这用康有为本人的话说便是：“呵唷大天王是佛第八传弟子，与始皇同时。”⑤

与此同时，孔子、释迦的思想都是在力辟异教中发扬光大的。这有赖于民众的拥戴，特别是得益于后学、信徒的力辟异端的传法和护法。康有为进而指出，国教、“国学”的地位以及徒众的爱戴使孔子、释迦作为教主拥有了

---

① 《论支那宗教改革》，《梁启超全集》（第一册），北京出版社 1999 年版，第 265—266 页。

② 《论梁启超对康有为孔教思想的介绍、评价和误读》，《孔子研究》2015 年第 1 期。

③ 《南海师承记·讲史记两汉儒林传》，《康有为全集》（第二集），中国人民大学出版社 2007 年版，第 238 页。

④ 《万木草堂口说·荀子》，《康有为全集》（第二集），中国人民大学出版社 2007 年版，第 182 页。

⑤ 《万木草堂口说·学术源流》，《康有为全集》（第二集），中国人民大学出版社 2007 年版，第 143 页。

“王”的地位和殊荣，也使两人所创立的孔教和佛教对后世产生了无法估量的影响。在这方面，孔子是无冕之素王，正如释迦是法王一样。于是，康有为一再声称：

> 人只知孔子为素王，不知孔子为文王也。或文或质，孔子兼之。王者，天下归往之谓。圣人，天下所归往，非王而何？犹佛称为法王云尔。①
>
> 盖天下归往谓之王，今天下所归往者，莫如孔子。佛称法王，耶称天主，盖教主皆为人王也，天下同之。②

在康有为的视界中，受到天下人的“归往”就是“王”，无论孔子还是释迦对于“王”都是实至名归。孔子文质兼备，因而得到天下人的拥戴。事实上，孔子既是素王，又是文王，同时与释迦是法王一样。当然，无论素王、文王还是法王，总之都是王。

除此之外，康有为还曾经对孔子、释迦以及后学的传教过程和孔教、佛教的盛衰轨迹进行比较，力图说明二教的传播过程是力辟异端、护法传道的过程，二教的广泛影响是与异端争教的胜利。正是在这个意义上，康有为不止一次地说道：

> 是时诸子并兴，而儒与杨、墨三教最大，学者互相出入。兼爱甚，则厌而思静，故必归杨。为我甚，则天良时发，故归于儒。有教无类，来者不拒，不必问所从来。其道广大，乃可以化异道而归一，其或门墙自高，责其既往，适以自隘其教而已，故孟子非之。佛氏之起，皆招梵志，此传教之大要也。③
>
> 大地之运，草昧既开，二千余年至周末时，而文明日兴，民智日辟。在印度，则有婆罗门九十六道。凡地教、水教、火教、风教、方教、时教、声教、色教、因教、明教、能教、所教、执教，其后为四大教，自优波尼沙土时，则弭曼萨作法诠义，知识诠义，发声常住之说。吠檀多、商羯磨发宇宙心理，轮回解脱之说。至僧佉为数论师，发神我结合，重习轮回之说。尼夜耶发精神活动，解脱苦乐，业因正知之说。时论师为明身体之活

① 《春秋董氏学》卷五，《康有为全集》（第二集），中国人民大学出版社 2007 年版，第 366 页。
② 《孟子微》，《康有为全集》（第五集），中国人民大学出版社 2007 年版，第 415 页。
③ 《孟子微》，《康有为全集》（第五集），中国人民大学出版社 2007 年版，第 498 页。

动，轮回之解脱说。吠陀发轮回说。迦那陀为卫世师，发原子之入会，因缘之关系，同异性和合之说。摩拏发精神报应，轮回解脱之说。耆那则与佛尤近。数论、时论、尼犍、耆那，佛氏号四大外道而辟之，若孟子之辟杨、墨矣。耆那教至今犹在印度，其徒二十五万人，若佛教几绝无人，但不传教入中土，故人不知之，此犹孔子一统，而老学犹存矣。①

借助以上四个方面，康有为旨在证明，孔子和释迦医治世界的"大医"身份相同，临时发药的医治方针相同，所创教义的无所不包如出一辙，教主的地位更是别无二致。这些从不同维度共同展示了孔教与佛教的相似性、相通性乃至相同性。

五、所创之教的息息相通

上述内容显示，康有为认为，孔子、释迦所创的教义具有无法否认的相同之处。对于这一点，从创教的宗旨、传教的手段、教义的特点到教统的兴衰等等都是明证。康有为着重指出，孔子、释迦所创之教的相似、相通表现在各个领域和方面，因而俯拾即是。下面的议论从不同角度反复凸显了这一点：

佛学除人伦外，其余道理与孔子合。②

孔子以元统天，与佛氏之言三十六天无异。③

《论语》曰：闻一以知十。一为数始，十为数终。物生而有象，象而后有滋，滋而后有数。凡物皆有大统，一为之始。必有条理，十为之终。一之与十，终而复始，道尽是矣。华严说法，必以十真暗合也。孔子系万物而统之元，以立其一。又散元以为天地、阴阳、五行与人，以之共十，而后万物生焉。此孔子大道之统也。十端之义，后世不闻矣，夫则孔子之道毁矣。（天之为道，广微高远，不可得而测。而圣人以与人并列为一端。皆元统之，乃极奇之论。真与佛氏之三十三天与人并为轮回等。盖圣心广微，含运太元，则天地乃为元中细物，亦与人同耳。）④

① 《孟子微》，《康有为全集》（第五集），中国人民大学出版社2007年版，第493—494页。

② 《万木草堂口说·荀子》，《康有为全集》（第二集），中国人民大学出版社2007年版，第182页。

③ 《万木草堂口说·春秋繁露》，《康有为全集》（第二集），中国人民大学出版社2007年版，第205页。

④ 《春秋董氏学》卷六，《康有为全集》（第二集），中国人民大学出版社2007年版，第373页。

孔门贵思,佛氏贵想。孔子言貌、言视听,佛氏言声色香味触发。①

康有为肯定孔子、释迦所创之教除了人伦之外,在其他方面都相契合。这是康有为对孔教、佛教异同的总体概括:一方面,康有为肯定孔教、佛教在人伦方面南辕北辙,理由是孔教顺人之情,佛教逆人之情,并沿着这个思路将孔教归为阳教,将佛教归为阴教。另一方面,只要不牵涉人伦,孔教与佛教的教义在康有为的眼中大都契合。就他上述议论所涉及的内容来看,孔子"以元统天",就是佛之三十六天;孔子以十为大数,声称阴阳、五行衍生万物更是与佛教的四大、轮回思想相合;孔子贵思,释迦重想,这使两者都重魂——当然,孔子魂魄兼养,而释迦则只养魂。在康有为的眼中,孔子的思想无论在宇宙本体、思维方式还是立言宗旨上都与释迦别无二致,孔教与佛教之间存在诸多契合之处。下面的说法则以田骈、慎到为中介证明了这一点:"田骈、慎到与孔子相近,亦与佛学相近。"②

更为重要的是,康有为宣称宗教言灵魂、讲死后之事,并沿着这个思路厘定孔教与佛教的关系。于是,他一再断言:

孔子以五行灾异治君,使有所畏也。佛言地狱即此意。③

外国无不重祭祀,盖祭祀乃人道所不可废。外国祭师能通鬼神之语,即太古巫之义也。凡向来主祭之人甚重,如孔子号乾坤之子,孔子之义以仁为主,故有王者无外之义。天主教以天国诱人,与佛教之天堂同。④

依据康有为的分析,孔子以五行灾异治君与佛教的地狱之说无异,至于孔子所讲的祭祀、鬼神之说则与佛教所讲的天堂一般。对于这一点,康有为专门解释说:"古者君权太重,故孔子以天临之,以灾警之,所以制君权,令人君不敢纵肆。故五行灾异,犹佛氏之地狱,皆圣人不得已之苦心,所谓权也。若天下为公、选贤与能之世,及宪法已立、人君不得独专之时,亦不必言

① 《南海师承记·讲周子通书》,《康有为全集》(第二集),中国人民大学出版社 2007 年版,第 233 页。

② 《万木草堂口说·诸子》,《康有为全集》(第二集),中国人民大学出版社 2007 年版,第 180 页。

③ 《万木草堂口说·春秋繁露》,《康有为全集》(第二集),中国人民大学出版社 2007 年版,第 206 页。

④ 《南海师承记·讲公羊兼列朝制度》,《康有为全集》(第二集),中国人民大学出版社 2007 年版,第 230 页。

灾异矣。孔子为圣之时,夏葛冬裘,随时立法,不必泥也。"①天堂、地狱与过去、未来密不可分,作为对人类的终极关怀对于宗教不可或缺。对于急于证明孔教是宗教,并且为了立孔教为国教奔走呼号的康有为来说,将天堂、地狱以及过去、现在和未来三世纳入孔教之中至关重要,而这一切是通过将它们统统说成是孔教与佛教的相同之处完成的。为了充分证明孔子、释迦都讲天堂、地狱,康有为在佛教讲三世(过去、现在和未来)的前提下,将之与孔子所讲的三统、三世(据乱世、升平世、太平世)混为一谈,并进而反复强调孔子与释迦都讲过去、现在和未来之间的三世轮回。对此,康有为一再宣称:

> 佛学有三世。②
>
> 孔子有三统、三世,儒与佛同。③

问题到此并没有结束,与断言孔子与释迦皆言三世轮回一脉相承,康有为确信孔子创立的孔教与释迦创立的佛教一样注重因果报应。因果报应是印度原始佛教的基本教义,由于众所周知,自然不必赘言,康有为所要做的是论证或解释孔子的因果报应思想。对于孔教的因果报应思想表现在何处,康有为如是说:"其理虽玄冥,而电气魂知相引相感,其来极远,皆有所因。虽迟速有时,错综不同,而为善必报,大德必受命。不于一世、二世、三世、四世、五世、六世而报之,亦必于十、百、千、万世而受之。至于报时,前因尽发。故合而算之,大德亦无不受命,大恶无不受报者。孔子立数圣人为标,以令人之日积德孝,而远恶祸也。"④

除此之外,康有为还将孔子所讲的"百世可知"与因果报应联系起来,为自己的观点提供辩护。《论语》中有孔子关于"百世可知"的记载,原文如下:

> 子张问:"十世可知也?"子曰:"殷因于夏礼,所损益可知也。周因于

① 《春秋笔削大义微言考》,《康有为全集》(第六集),中国人民大学出版社 2007 年版,第 184 页。

② 《万木草堂讲义·七月初三夜讲源流》,《康有为全集》(第二集),中国人民大学出版社 2007 年版,第 283 页。

③ 《万木草堂讲义·七月初三夜讲源流》,《康有为全集》(第二集),中国人民大学出版社 2007 年版,第 288 页。

④ 《中庸注》,《康有为全集》(第五集),中国人民大学出版社 2007 年版,第 377 页。

殷礼,所损益可知也。其或继周者,虽百世可知也。"(《论语·为政》)

一目了然,这段记载反映了孔子损益的历史观,与佛教所讲的过去、现在和未来三世尤其是因果报应毫不相干。康有为却根据这段记载借题发挥说,孔子不只讲"一世、二世、三世、四世、五世、六世",而是"必于十、百、千、万世"。孔子之所以这样做,用意是强调因果报应不限"一世、二世、三世、四世、五世、六世"而"必于十、百、千、万世"。事实上,孔子立教旨在督人向善而恶祸,这一切的前提便是笃信善恶皆有报应。经过康有为的诠释,因果报应演绎为孔教的题中应有之义。这样一来,因果报应就不再是释迦教义的专属教义,而是成了孔子、释迦教义的共识。

综上所述,康有为认为,孔子与释迦的贡献和影响是相当的。这集中体现在以下两个方面:第一,就在本国的地位而论,如果说孔子是中国的人文标志的话,那么,释迦则是印度的文化象征。第二,就对世界的影响而论,孔子和释迦的势力平分秋色。这用康有为本人的话说便是:"外国名号,俱出印度。日本、安南、高丽,皆孔子范围。"①基于这种认识,康有为习惯于对孔子与释迦相提并论。例如,他不止一次地宣称:

印度以佛纪年,欧洲以耶稣纪年,中国纪元起于孔子。②
自古至今,以地而论,则中国与印度;以人而论,则儒与佛。③

进而言之,康有为视界中的孔子和释迦之所以都拥有如此巨大而深远的影响,是因为两人的思想相互契合,孔教与佛教圆融无碍。

第二节 孔教与佛教圆融无碍

康有为对孔教的推崇尽人皆知,对佛教的好感同样持久而强烈。更为重要的是,康有为对佛教的推挹不仅像梁启超所披露的那样因为崇尚"信仰自由",而"常持三圣一体诸教平等之论";而且因为康有为确信佛教与孔

① 《万木草堂口说·春秋繁露》,《康有为全集》(第二集),中国人民大学出版社 2007 年版,第 203 页。

② 《万木草堂口说·诸子》,《康有为全集》(第二集),中国人民大学出版社 2007 年版,第 177 页。

③ 《万木草堂口说·学术源流》,《康有为全集》(第二集),中国人民大学出版社 2007 年版,第 133 页。

教在诸多方面不惟不相抵触,反而圆融无碍。事实上,康有为对孔教与佛教的圆融无碍进行了多角度、全方位的分析和论证。在他的思想中,孔教与佛教的相通、相似乃至相同之处在诸多方面显示出来。

一、孔门弟子亲佛

康有为将孔子、释迦誉为无冕之王,不仅是因为两人信徒众多,而且是因为两人的后继者布道护法。正因为如此,孔教、佛教的教义相通反过来印证了两人的相似。事实正是如此,康有为在将孔子与释迦相提并论的前提下,多次将孔子后学与释迦弟子相比附。在这方面,康有为曾经将有子比作禅宗南宗的慧能,将曾子比作禅宗北宗的神秀,并将孟子、荀子比作马鸣、龙树等等。下面的例子在康有为的思想中绝非个案:

> 盖孔门之后,儒虽分八,而本始实分二宗。譬之禅家,有子广大如慧能,曾子谨严若神秀也。①
>
> 盖曾子之真实心地,刻苦工夫,自为笃信好学者,然其所得品诣在善信之间,于佛法中为神秀。②
>
> 中国称孟、荀,即婆罗门称马鸣、龙树也。③

循着康有为的逻辑,孔子与释迦教义的相通预示了孔子后学思想的亲佛性。正因为如此,作为孔子后学,先秦诸子、"汉代第一纯儒"董仲舒均与佛学相通,宋明理学家更是与佛教打成一片。

1. 先秦诸子的思想近佛

在康有为那里,孔子与释迦思想的圆融无碍先天地注定了孔子后学与佛教思想的相似相通,也使作为孔子后学的先秦诸子的思想与佛教的相合相通成为顺理成章的事。对于这一点,康有为多次从不同角度予以论证和比附。下仅举其一斑:

> 颜子之贫如此,而乐道自娱,不以窭空为忧而改其乐。盖神明别有所悦,故体魂不足为累,境遇不能相牵,无入而不自得也。佛氏所谓地

① 《论语注》,《康有为全集》(第六集),中国人民大学出版社 2007 年版,第 381 页。
② 《论语注》,《康有为全集》(第六集),中国人民大学出版社 2007 年版,第 437 页。
③ 《万木草堂口说·学术源流》,《康有为全集》(第二集),中国人民大学出版社 2007 年版,第 147 页。

狱、天官皆成佛土,其类此乎?故孔子再叹美之。①

庄子曰"知其无可奈何而安之若命",释氏之坚忍证阿那含者也。孟子曰"顺受其正",罗汉之随喜顺受也。子思之无入不自得,菩萨之地狱天官皆成佛土也。释氏舍弃一切,弃家学道,以出烦恼,而生天成佛者。然孔子于明伦教物,实倡此义,令天下人人乐其境遇,不复苦恼,此度人之大仁也。孔子:天下有道,丘不与易。此则但以救世为愿。是故入于贫贱患难,故入于夷狄恶世,不止素位,又出于自得之上者矣。然富贵贫贱、夷狄患难之因,有造之者。②

需要说明的是,尽管康有为认定属于孔子后学的先秦诸子皆近佛,然而,他讲得最多的还是孟子、庄子和列子③等人的思想与佛相近。如果说孟子的思想只是与佛学暗合的话,那么,庄子、列子的思想则可谓是与佛学息息相通——两人也由此被康有为称为"中国之佛"。以庄子为例,康有为不遗余力地凸显庄子与佛学思想的高度契合,甚至将二者混为一谈。正是在这个意义上,康有为一而再、再而三地声称:

其(指庄子——引者注)言虚室生白,即佛氏十方世界见大光明。④

《齐物论》之与接为构,日与心斗,即《楞伽》之识浪。⑤

昙首乐药之类,亦有得于庄学。⑥

庄子之学,入乎《人间世》,直出佛氏之外。其言"火尽而薪存"(《庄子·养生主》有"指穷于为薪,火传也,不知其尽也"之语,似乎应该简化为薪尽而火传。康有为反复援引这句话,都将之说成是"火尽

① 《论语注》,《康有为全集》(第六集),中国人民大学出版社 2007 年版,第 419 页。

② 《中庸注》,《康有为全集》(第五集),中国人民大学出版社 2007 年版,第 375 页。

③ 康有为认为,庄子、列子都是孔子后学。例如,他一而再、再而三地宣称:"列子亦是孔子后学,其《力命篇》发之最明。"(《孟子微》,《康有为全集》(第五集),中国人民大学出版社 2007 年版,第 434 页)"庄、列多言至理,能知天地之大,且多与西人之说合,当为孔子后学,但兼老学耳。"(《万木草堂口说·诸子(二)》,《康有为学术文化随笔》,中国青年出版社 1999 年版,第 25 页)"庄、列多言至理,能知天地之大,当为孔子后学,微有老学耳。"(《万木草堂口说·诸子》,《康有为全集》(第二集),中国人民大学出版社 2007 年版,第 177 页)。

④ 《万木草堂口说·诸子(三)》,《康有为学术文化随笔》,中国青年出版社 1999 年版,第 30 页。

⑤ 《万木草堂口说·诸子(三)》,《康有为学术文化随笔》,中国青年出版社 1999 年版,第 30 页。

⑥ 《万木草堂口说·诸子》,《康有为全集》(第二集),中国人民大学出版社 2007 年版,第 179 页。

而薪存”或“火尽而薪存”，下句的“火灭薪传”也属于这种情况），即佛氏轮回之说。[①]

庄子发挥佛氏轮回之说，如火灭薪传、虫臂鼠肝之类。[②]

鉴于庄子思想与佛学的息息相通，康有为在有些情况下直接将庄子与佛相对接，甚至将庄子视为佛。例如，康有为说道：“庄子直一佛来，极聪明人。”[③]

对于康有为来说，列子在与佛教相通上与庄子相比有过之而无不及。正因为如此，康有为特别强调列子与佛学思想的密切关联。很显然，康有为的下列说法都是在这个维度上立论的：

《列子》云：安知死于此，不复生于彼乎？即佛氏轮回之说。[④]

列子者，中国之佛也。[⑤]

康有为并不否认孔子、老子和庄子等人的思想与佛教思想具有相通之处，然而，他却极力彰显列子与佛教思想的内在关联。这就是说，康有为认为，在与佛学思想相通这一点上，列子的思想极为典型，故而将列子称为“中国之佛”。在这个前提下，康有为反复声称：

梦幻泡影之说，《列子·周穆王篇》发之甚透。《庄子》观化，《列子》尽幻，其说已到瞿昙八地（即乔达摩·悉达多的佛教八谛说——引者注），但未至其究竟耳。[⑥]

《列子》空虚，与《庄子》近，《列子》者，中国之佛也。[⑦]

---

① 《万木草堂口说·诸子》，《康有为全集》（第二集），中国人民大学出版社 2007 年版，第 180 页。

② 《万木草堂口说·学术源流》，《康有为全集》（第二集），中国人民大学出版社 2007 年版，第 144 页。

③ 《万木草堂讲义·七月初三夜讲源流》，《康有为全集》（第二集），中国人民大学出版社 2007 年版，第 283 页。

④ 《万木草堂口说·诸子》，《康有为全集》（第二集），中国人民大学出版社 2007 年版，第 180 页。

⑤ 《万木草堂口说·诸子（三）》，《康有为学术文化随笔》，中国青年出版社 1999 年版，第 29 页。

⑥ 《万木草堂口说·列子》，《康有为全集》（第二集），中国人民大学出版社 2007 年版，第 207 页。

⑦ 《万木草堂口说·诸子》，《康有为全集》（第二集），中国人民大学出版社 2007 年版，第 179 页。

尚须进一步澄清的是，康有为给予列子、庄子老子后学、孔子后学以及兼老孔等多重身份。因此，康有为关于两人近佛的说法即使不是在特意强调属于孔子后学的前提下发出的，也不排斥列子、庄子属于孔学的可能性。更何况康有为关于列子、庄子近佛的许多说法就是在两人属于孔子后学的前提下发出的。

2. 孔门巨擘亲佛

如果说列子、庄子的身份在康有为那里具有多重性，两人思想的近佛尚不能充分证明孔子后学近佛的话，那么，孟子、荀子和董仲舒与佛教思想的关系则将康有为对于孔门后学近佛的观点表达得淋漓尽致。这是因为，康有为给予三人的唯一身份是孔子后学，孟子和董仲舒更是被视为孔子正传。有鉴于此，彰显孟子、董仲舒与佛教的相近性对于证明孔子以及孔门后学与释迦思想相近具有特殊意义。

按照康有为的说法，孟子和荀子的思想均与佛学相通，这对于证明孔子后学近佛至关重要。这是因为，孟子和荀子是孔门战国时期的“二伯”。两人的思想都带有亲佛基因，有力证明了孔教与佛教的相通。有鉴于此，荀子的思想便被康有为拿来证明儒佛的相通：“或谓‘六经’无真字，谓出佛经，真未读《荀子》耳。”①当然，就孟子与荀子的比较而言，康有为讲得最多的还是孟子与佛教的相同契合。在康有为看来，孟子所讲的心就是佛教所讲的佛，而孟子所讲的性善说与佛教所讲的佛性别无二致。更有甚者，正是孟子思想与佛学的高度契合使孟子在宋明理学中大行其道，因为宋明理学家入佛，尤其笃好与孟子心学高度契合的直指本心。康有为对此津津乐道，并连篇累牍地加以渲染。下仅举其一斑：

> 孟子用六祖之法，直指本心，即心是佛也。②
> 宋儒之学，皆本禅学，即孟子心学。③
> 宋学皆兼禅学，即本于孟子之心学，亦圣人所有，未可厚非也。④
> 佛言性善，宋人惑之，故特提出孟子。⑤

① 《万木草堂口说·荀子》，《康有为全集》（第二集），中国人民大学出版社 2007 年版，第 183 页。

② 《万木草堂口说·孟荀》，《康有为全集》（第二集），中国人民大学出版社 2007 年版，第 182 页。

③ 《万木草堂口说·学术源流》，《康有为全集》（第二集），中国人民大学出版社 2007 年版，第 136 页。

④ 《康南海先生讲学记·古今学术源流》，《康有为全集》（第二集），中国人民大学出版社 2007 年版，第 107 页。

⑤ 《万木草堂口说·学术源流（四）》，《康有为学术文化随笔》，中国青年出版社 1999 年版，第 11 页。

> 孟子性善之说，所以大行于宋儒者，皆由佛氏之故。盖宋儒佛学大行，专言即心即佛，与孟子性善暗合，乃反求之儒家，得性善之说，乃极力发明之。又得《中庸》"天命谓性"，故亦极尊《中庸》。然既以性善立说，则性恶在所必攻，此孟子所以得运二千年，荀子所以失运二千年也。①

众所周知，康有为十分推重孟子，所提倡的孔教也以孟子思想为蓝本之一。在康有为的视界中，始终是孔子嫡传的孟子思想与佛教思想密切相关。与此同时，在康有为所提倡的孔教中，也吸纳了佛学的要素。康有为对孔子、孟子与佛学的相互比附既证明了康有为所推崇的孔教与佛教在教义上的圆融无碍，又证明了二者在渊源上的内在关联。有鉴于此，在康有为看来，孟子与佛学思想的相互契合证明了孔教与佛教的相互贯通，也因而成为孔教与佛教思想契合的组成部分。

康有为认为，董仲舒的思想与佛教具有内在联系。依据康有为在《春秋董氏学》中的说法，董仲舒通过对孔子"以元统天"思想的诠释发挥孔子的微言大义，而这也正是董仲舒思想与华严宗的妙合之处。于是，康有为写道："岂知元为万物之本，人与天同本，于元犹波涛与沤同起于海，人与天实同起也。然天地自元而分别为有形象之物矣。人之性命虽变化于天道，实不知几经百千万变化而来，其神气之本，由于元。溯其未分，则在天地之前矣。人之所以最贵而先天者，在参天地为十端，在此也。精奥之论，盖孔子口说，至董生发之深博，与华严性海同。幸出自董生，若出自后儒，则以为剿佛氏之说矣。（尝窃愤儒生只能割地，佛言魂，耶言天，皆孔子所固有，不必因其同而自绝也。理本大同，哲人同具，否则人有宫室、饮食，而吾亦将绝食露处矣。）"②康有为对董仲舒推崇备至，尤其是在早期思想中不止一次地强调董仲舒在孔教中的地位超过了孟子和荀子，进而将董仲舒誉为孔后第一人。正是由于这个原因，康有为对董仲舒思想与佛教的内在联系的彰显证明了汉儒与佛教的息息相通，也从思想内容上证明了孔教与佛教的相近性。

康有为认定，"百家皆孔子之学"。尽管孔子后学人数众多，孟子、荀子和董仲舒无疑具有显赫地位。循着这个思路可以想象，三人的思想特质和倾向对于孔门后学具有决定性的影响。三人思想无一例外地近佛，意味着

---

① 《万木草堂口说·孟荀》，《康有为全集》（第二集），中国人民大学出版社 2007 年版，第 181 页。

② 《春秋董氏学》卷六，《康有为全集》（第二集），中国人民大学出版社 2007 年版，第 373—374 页。

孔门后学与佛教的相近相通绝非个案,而是带有普遍性。

3. 宋明理学"入佛"

在康有为那里,孔子后学的思想都与佛学相近,孟子、荀子和董仲舒的思想如此,宋明理学家的思想也不例外。其中,孟子与佛教的密切相关使孟学在宋明理学中盛行从一个侧面印证了宋明理学亲佛。

康有为一再强调,宋明理学受佛教浸染最深,乃至使用"入佛"来概括、界定宋明理学与佛学的关系。对于这一点,宋明理学家对《中庸》的解释是极好的例子。在佛教诸派之中,禅宗对宋明理学的影响最大。基于这种理解,康有为一而再、再而三地声称:

> 唐、宋两代皆六祖派。①
> 宋士大夫晚节皆依佛。宋儒皆从佛、老来。②
> 宋儒皆从佛书来。③
> 宋儒言《大学》最有功。言《中庸》、《系辞》已入佛理。④

值得注意的是,康有为对宋明理学家近佛的论证是多方面的,除了前面提到的受孟子影响之外,最主要的原因是直接受到佛教的浸染——在这方面,康有为判定宋明理学与佛老混,这意味着佛学和老学一样是宋明理学的主要理论来源和构成要素。如果说受孟子影响表明儒学与佛学相互熏染的话,那么,康有为判断宋明理学近佛则旨在表明宋明理学已经不是孔学的正宗或嫡传。

二、儒、释相通

康有为视界中的孔教具有广义与狭义之分:广义的孔教囊括包括儒学在内的诸子百家,泛指全部中国本土文化;狭义的孔教则基本上与儒学范畴相当,并不包括道家、墨家在内。康有为不仅认定广义的孔教与佛教圆融无碍,而且认定狭义的孔教即儒家思想或儒学与佛学也圆融无碍。

---

① 《万木草堂讲义·七月初三夜讲源流》,《康有为全集》(第二集),中国人民大学出版社2007年版,第288页。

② 《南海师承记·讲宋学》,《康有为全集》(第二集),中国人民大学出版社2007年版,第254页。

③ 《南海师承记·讲宋学》,《康有为全集》(第二集),中国人民大学出版社2007年版,第254页。

④ 《南海师承记·讲格物》,《康有为全集》(第二集),中国人民大学出版社2007年版,第245页。

在康有为那里,孔子以及身为儒家的孔子后学如孟子、董仲舒和宋明理学家的思想与佛教的相似、相通从个案的角度证明了儒学与佛学思想的相近性。除此之外,儒学与佛学的相通、相近还表现在诸多方面,这方面的例子不胜枚举。对此,康有为连篇累牍地申明:

佛氏地、水、火、风,即儒家之五行。①

佛氏养心之学,与儒几难分别。②

佛家门前设四大人,就是为格物处。③

修身在正其心者,专讲变化气质,一部《金刚经》发此。④

佛言"寂寂断见闻,荡荡心无着",即"不睹、不闻"也。⑤

地狱、天官皆成佛土,佛法至精者,至于无择。此章(指《中庸》——引者注)包得佛理在内。⑥

《中庸》一书,先言效验,后说道理,可比佛氏一部《法华经》。⑦

《中庸》文章,为一部《法华经》。⑧

《易》言直方火,不习无不利,即佛所谓十方世界。⑨

数名十,十而百,百而千,以至于万、亿、兆、京、陔、秭、壤、沟、涧、正、载、极,皆以十进。《易》之推数以阴阳,闻一知二之义也;《华严》之推理以十,闻一知十之义也,孔子皆已包之。⑩

---

① 《万木草堂口说·礼运》,《康有为全集》(第二集),中国人民大学出版社 2007 年版,第 160 页。

② 《康南海先生讲学记·古今学术源流》,《康有为全集》(第二集),中国人民大学出版社 2007 年版,第 111 页。

③ 《万木草堂讲义·讲大学》,《康有为全集》(第二集),中国人民大学出版社 2007 年版,第 301 页。

④ 《万木草堂讲义·讲大学》,《康有为全集》(第二集),中国人民大学出版社 2007 年版,第 301 页。

⑤ 《万木草堂口说·中庸》,《康有为全集》(第二集),中国人民大学出版社 2007 年版,第 174 页。

⑥ 《万木草堂口说·中庸》,《康有为全集》(第二集),中国人民大学出版社 2007 年版,第 167 页。

⑦ 《万木草堂口说·中庸》,《康有为全集》(第二集),中国人民大学出版社 2007 年版,第 169 页。

⑧ 《万木草堂口说·中庸》,《康有为全集》(第二集),中国人民大学出版社 2007 年版,第 175 页。

⑨ 《万木草堂口说·中庸》,《康有为全集》(第二集),中国人民大学出版社 2007 年版,第 174 页。

⑩ 《论语注》,《康有为全集》(第六集),中国人民大学出版社 2007 年版,第 410 页。

《华严经》与《四书》、"六经"比较,无不相同。①

这就是说,无论在哲学思想、修养方法还是文本经典上,佛学都与儒学相去无几,以至于几难分辨。就康有为的具体论证来看,可以大致归纳为以下几个方面:第一,在世界观上,佛教所讲的四大就是儒家所讲的五行。第二,在修养上,佛学、儒学都注重养心。康有为特意强调,佛学也以自己的方式讲求格物。第三,在经典上,佛教的诸多经典与儒家大旨相同。例如,《大学》讲修身、正心、诚意的八条目就是一部《金刚经》,《法华经》则不啻为梵文的《中庸》,《华严经》与四书、六经相似,与《易》的相似、相通之处更是比比皆是。

与此同时,正因为认定佛教与儒教是相通的,康有为往往以佛释儒,对两者的比附随处可见。例如,他在解读《中庸》时说道:"以佛释儒书,'天命之谓性',洁净法身也。'率性之谓道',圆满报身也。'修道之谓教',百千万亿化身也。'不睹、不闻是本体,戒慎、恐惧是工夫',即佛氏所谓'时时勤拂拭,莫使惹尘埃'也。'戒慎、恐慎是本体,不睹、不闻是工夫',即佛氏所谓'本来无一物,何处惹尘埃'也。"②

通过上述分析、论证,康有为得出结论:孔教与佛教在许多方面都是相合相通的。之所以会有如此多的相通甚至相同之处,是因为二者在立言宗旨上别无二致。立教的宗旨对于教义提纲挈领,孔教与佛教的宗旨相同,两者的教义相互涵摄。具体地说,仁便是孔教与佛教的共同宗旨:一方面,康有为一再强调,仁是孔教的宗旨,以至于孔子的所有思想和宗旨都可以概括为一个仁字。正是在这个意义上,他再三断言:

该孔子学问只一仁字。③

孔子之教,其宗旨在仁,故《论语》有"依于仁"一条。《吕氏春秋》言孔子贵仁。……孔教尚仁,故贵德贱刑。④

《尸子》曰:孔子本仁。凡圣人立教必有根本,老子以天地为不仁,

① 《南海师承记·讲明儒学案及国朝学案》,《康有为全集》(第二集),中国人民大学出版社2007年版,第257页。

② 《万木草堂口说·中庸》,《康有为全集》(第二集),中国人民大学出版社2007年版,第169页。

③ 《南海师承记·讲孝弟任恤宣教同体饥溺》,《康有为全集》(第二集),中国人民大学出版社2007年版,第250页。

④ 《南海师承记·讲仁字》,《康有为全集》(第二集),中国人民大学出版社2007年版,第227页。

孔子以天地为仁，此宗旨之异处。取仁于天，而仁此为道本。故《孟子》曰：道二，仁与不仁而已矣。凡百条理从此出矣。仁莫先父子，故谓尧、舜之道，孝弟而已。是以制三年丧而作《孝经》，仁莫大于爱民，所谓"孝子不匮，永锡尔类"。是以制井田而作《春秋》，《中庸》所谓"经天下之大经"，（郑注《春秋》也。）"立天下之大本"也。（郑注《孝经》也。）至山川、草木、昆虫、鸟兽莫不一统。太平之世，大小、远近若一。大同之治，不独亲其亲，子其子，老有所终，壮有所用，鳏寡孤独废疾者有养，则仁参天矣。①

依据这个说法，仁是孔教的宗旨，并且体现了孔教与老教的根本对立。另一方面，康有为并没有将仁视为孔教所独有，而是在宣称"中古之世，以仁为教主"的前提下，肯定佛教也以仁为"教主"。事实上，康有为不惟认为佛教在以仁为宗旨上与孔教别无二致，甚至还特意指出"能仁"是佛号。正是在这个意义上，康有为断言："圣人以仁为主，即佛家亦是。能仁者，佛号也。"②康有为不仅认为孔教、佛教皆以仁为宗旨，而且在建构以仁为宗旨的孔教时借鉴了佛教的思想要素。有鉴于此，梁启超将康有为的哲学称为"博爱派哲学"，同时注意到了其中的佛教渊源。于是，梁启超这样写道："先生之哲学，博爱派哲学也。先生之论理，以'仁'字为唯一之宗旨，以为世界之所以立，众生之所以生，家国之所以存，礼义之所以起，无一不本于仁。苟无爱力，则乾坤应时而灭矣。……故悬仁以为鹄，以衡量天下之宗教、之伦理、之政治、之学术，乃至一人之言论行事，凡合于此者谓之善良，不合于此者谓之恶劣。以故三教可以合一，孔子也，佛也，耶稣也，其立教之条目不同，而其以仁为主则一也。"③

对于康有为来说，由于有了仁这个共同的宗旨，孔教和佛教对一些重大问题的认识都是一致的，主乐、进化便是如此。例如，人的本性是"求乐免苦"，追求快乐、免除痛苦不仅是个人的行为追求和天赋权利，而且是包括孔教、佛教在内的各种宗教的共同宗旨。在引导人"求乐免苦"上，孔教和佛教的主张别无二致，因为这一点是从二者的共同宗旨——仁中演绎出来的。鉴于康有为对"求乐免苦"的执著，梁启超称康有为的哲学是"主乐派哲学"，并且给予了如下介绍和评价："先生之哲学，主乐派哲学也。凡仁必

① 《春秋董氏学》卷六，《康有为全集》（第二集），中国人民大学出版社 2007 年版，第 389 页。

② 《南海师承记·讲孝弟任恤宣教同体饥溺》，《康有为全集》（第二集），中国人民大学出版社 2007 年版，第 250 页。

③ 《南海康先生传》，《梁启超全集》（第一册），北京出版社 1999 年版，第 488 页。

相爱,相爱必使人人得其所欲,而去其所恶。人之所欲者何？曰乐是也。先生以为快乐者众生究竟之目的,凡为乐者固以求乐,凡为苦者亦以为求乐也。耶教之杀身流血,可为极苦,然其目的在天国之乐也。佛教之苦行绝俗,可谓极苦,然其目的在涅槃之乐也。即不歆天国,不爱涅槃,而亦必其以不歆不爱为乐也。是固乐也,若夫孔教之言大同,言太平,为人间世有形之乐,又不待言矣。是故使其魂乐者,良宗教、良学问也;反是则其不良者也。使全国人民皆乐者,良政治也;反是则其不良者也。而其人民得乐之数之多寡,及其乐之大小,则为良否之差率。故各国政体之等级,千差万别,而其最良之鹄,可得而悬指也。墨子之非乐,此墨子所以不成为教主也。若非使人去苦而得乐,则宗教可无设也。而先生之言乐,与近世西儒所倡功利主义,谓人人各求其私利者有异。先生之论,凡常人乐凡俗之乐,而大人不可不乐高尚之乐。使人人皆安于俗乐,则世界之大乐真乐者,终不可得。夫所谓高尚之乐者何也？即常自苦以乐人是也。以故其自治及教学者,恒以乐天知命为宗旨。尝言曰:凡圣贤豪杰之救世任事,亦不过自纵其救世任事之欲而已。故必视救世任事如纵欲,然后可谓之至诚,可谓之真人物。是先生哲学之要领,无论律人律己,入世间出世间,皆以此为最终之目的,首尾相应,盛水不漏者也。"①梁启超的说法不仅印证了孔教与佛教在追求快乐上的一致性——在这方面,孔教、佛教与标举"非乐"的墨教截然相反;而且表明二者对乐的理解如出一辙,都以"常自苦以乐人"的"高尚之乐"为乐——在这方面,孔教、佛教追求的"大乐真乐"与耶教的个人解脱相去甚远。再如,孔教和佛教在对世界进化的看法上出奇一致,康有为判定孔子和释迦都讲三世轮回即证明了这一点。

更为重要的是,鉴于孔教、佛教在立言宗旨和思想旨趣上的一致性乃至相同性,康有为所推崇的孔教吸收了佛教的成分。可以看到,康有为对孔教的阐发很大一部分是在禅宗中加入了孟子的思想要素——不止是禅宗,华严宗与禅宗一样成为孔教的思想要素。康有为不仅每每强调孔教与佛教相似相通、圆融无碍,而且对二者相提并论,尤其是三番五次地将孔教比喻为佛教的华严宗。例如,康有为曾经如是说:

> 孔子作经,皆寓微言,如华严之藏,滴水可现大海。故一端之旨,类推引伸,六通四辟而不可穷,如《春秋》之三世,《易》之卦变,横亘六合而不可尽。既然矣,若《诗》尤善为喻者,其触譬无穷,不止四始五际之

① 《南海康先生传》,《梁启超全集》(第一册),北京出版社 1999 年版,第 488—489 页。

密寓微旨也。孔子固云：举一隅不以三隅反，则不复。子赣善悟，孔子许以言《诗》。然则后世之泥一二训诂文字以求《诗》者，必不足与言《诗》矣；泥一二文字经典以求孔子者，必不足与知孔子矣。①

故孔子之言，圆通无碍，如《大华严》学者，无泥守之，而触类引伸之。孔子不云乎？“举一隅不以三隅反，则不复也。”泥一隅者，是孔子所不教者矣。②

正因为康有为每每将孔教与佛教的华严宗相提并论，所以，梁启超在概括并评价康有为的观点时，最终得出了如下结论：“孔教者佛法之华严宗也。”③对于这一点，梁启超在《南海康先生传》中多次解释并论证说：

若夫《大易》，则所谓以元统天，天人相与之学也。孔子之教育，与佛说华严宗相同：众生同原于性海，舍众生亦无性海；世界原具含于法界，舍世界亦无法界。故孔子教育之大旨，多言世间事，而少言出世间事，以世间与出世间，非一非二也。虽然，亦有本焉。为寻常根性人说法，则可使由之而不使知之；若上等根性者，必当予以无上之智慧，乃能养其无上之愿力。故孔子系《易》，以明魂学，使人知区区躯壳，不过偶然幻现于世间，无可爱惜，无可留恋，因能生大勇猛，以舍身而救天下。④

先生之于佛学也，纯得力大乘，而以华严宗为归。华严奥义，在于法界究竟圆满极乐。先生乃求其何者为圆满，何者为极乐。以为弃世界而寻法界，必不得为圆满；在世苦而出世乐，必不得为极乐，故务于世间造法界焉。又以为躯壳虽属小事，如幻如泡，然为灵魂所寄，故不度躯壳，则灵魂常为所困。若使躯壳无缺憾，则解脱进步，事半功倍。以是原本佛说舍世界外无法界一语，以专肆力于造世界。先生常言：孔教者佛法之华严宗也。何以故？以其专言世界，不言法界，庄严世界，即所以庄严法界也。佛言当令一切众生皆成佛。夫众生根器，既已不齐，而所处之境遇，所受之教育，又千差万别，欲使之悉成佛，难矣。先生以为众生固不易言，若有已受人身者，能使之处同等之境遇，受同等之教育，则其根器亦渐次平等，可以同时悉成佛道。此所以苦思力索，而冥

① 《论语注》，《康有为全集》（第六集），中国人民大学出版社 2007 年版，第 386 页。
② 《论语注》，《康有为全集》（第六集），中国人民大学出版社 2007 年版，第 382 页。
③ 《南海康先生传》，《梁启超全集》（第一册），北京出版社 1999 年版，第 495 页。
④ 《南海康先生传》，《梁启超全集》（第一册），北京出版社 1999 年版，第 487 页。

造此大同之制也。若其实行,则世间与法界,岂其远哉!①

事实证明,梁启超深谙师道。他的介绍印证了康有为将孔教与华严宗相互比附的做法,同时道出了康有为推崇华严宗的更多奥秘。事实上,康有为不仅将孔教视为佛教的华严宗,而且以宣扬圆融无碍的华严宗为榜样建构自己的思想体系。由于能够对现实与未来兼顾而并行不悖,各种思想要素可以在康有为那里兼容并蓄而圆融无碍。正由于得力于华严宗,康有为的学说层层推进,盛水不漏。康有为的弟子——陆乃翔、陆敦骙在为康有为作传时,也突出了康有为思想的这一特点。两人写道:“先生深得乎孔子三世之学,以时有寒暑,地有水陆,世有据乱、升平、太平;寒暑易则裘葛易,水陆易则舟车易,乱世平世易则道法皆易。故时各有可,地各有宜,位各有当,义理无定,随其时地而变通之,在此则是,在彼则非,在昔则宜,在今则否,而后之视今,亦犹今之视昔,自是而相非,皆谬也。故先生盖备万法而审时地而行之。其古今诸哲持一方之沦、独至之说者,先生视之,皆以为寒俭困陋,仅有及肩之室而无万千之广厦,仅有章身之服而无四季之衣者。先生常言:吾备四季衣服焉。盖先生之道,圆满无漏,变化适时,深得于佛之华严,孔子之时中,而从容造之。万法毕说,而未尝说;万相毕现,而未尝现。”②至于康有为最得意的弟子——梁启超更是在介绍康有为的学说时多次称赞其思想盛水不漏,这个评价的前提是认为康有为不仅深谙华严宗的圆融无碍,而且将之运用到炉火纯青的地步。

第三节 “惟佛与孔子相反”

在肯定孔教与佛教相似、相通的同时,康有为彰显二者之间的差异,甚至声称“惟佛与孔子相反”③。这就是说,他肯定孔教与佛教之间存在差异,甚至认定二者之间的差异是原则性的,故而用了“相反”两个字以示差别巨大。康有为认为,孔教与佛教的不同集中体现在以下三个方面,这三个方面共同证明,孔教与佛教之间存在不容忽视的差异,在有些方面甚至是对立的。

---

① 《南海康先生传》,《梁启超全集》(第一册),北京出版社 1999 年版,第 494—495 页。

② 《南海先生传》,《康有为全集》(第十二集),中国人民大学出版社 2007 年版,第 470 页。

③ 《万木草堂口说 · 中庸》,《康有为全集》(第二集),中国人民大学出版社 2007 年版,第 169 页。

一、"魂魄兼养"与"专重神魂"

康有为认为,人的存在包括身与心两部分,养生应该既养身又养心。这就是形神兼养。他进而指出,孔子形神兼养,堪称养生的典范;佛教只养神(心)而不养身,是"有内而无外"。对此,康有为一针见血地指出:"佛氏专治心,有内而无外也。"①可以肯定的是,康有为对佛教注重内心的修养即养心、养内是认可的,批判集中在佛教不养外即不养形魄。应该说,他对佛教的这一评价与对佛教重视养魂的认识一脉相承,养魂而不养魄也成为康有为对佛教的基本评价。

尚须进一步澄清的是,养魂、追求神魂之乐是康有为求乐的一部分——在这个意义上,佛教并没有错;甚至可以说,康有为本人也注重养魂,并将重魂、养魂说成是孔教的题中应有之义。鉴于这种情况,梁启超归纳了康有为孔教观的六个特征,其中的一个特征就是重魂。他说道:"孔教者,重魂主义,非爱身主义。"②梁启超的这个概括是否准确姑且不论,康有为所讲的孔教包括重魂则是毋庸置疑的。问题的关键是,康有为指出只养魂是不够的,在养魂的同时还必须养魄。这就是说,佛教的错误不是注重养魂,而是只养魂而不养魄,也就是在重视养内(心、魂)时忘掉了养外(形、魄)。换言之,康有为注重养魂并不忽视养魄、养形,他所追求的"求乐免苦"之乐既有读书、了解天下大事和参政议政等方面的神魂之乐,又有饮食、宫室等方面的生理、身体或物质之乐。有鉴于此,康有为始终坚持形神兼养,并且将之说成是孔教的基本教义,甚至是孔教有别于包括佛教在内的其他宗教的独特优长之处。与此相联系,康有为尽管赞同佛教重魂、养内,然而,他并不认可佛教只停留于此;而是揭露佛教专注养心的内在修养而忽视外在的践履——特别是忽视养魄。

康有为进而抨击说,佛教由于只养魂而不养魄,最终导致"有内而无外"。这表明,佛教在养生的宗旨和方法上与孔教的身心兼养背道而驰。正是在这个意义上,康有为再三断言:

> 盖人之生也,有神魂体魄。专重神魂者,以身为传舍,不爱其身,若佛、耶、回皆是也;专重魄者,载魄抱一,以求长生,若老学、道家是也;专

① 《万木草堂口说·中庸》,《康有为全集》(第二集),中国人民大学出版社2007年版,第173页。

② 《南海康先生传》,《梁启超全集》(第一册),北京出版社1999年版,第486页。

重体者，战兢守身，启手启足，若曾子是也；三者各有所偏。孔子则性命交修，魂魄并养，合乎人道，备极完粹。①

佛氏之总旨，在难降伏其心。王阳明称去山中贼易，去心中贼难。孔子之道，内圣外王，原合表里精粗而一之。②

老子专讲养魂，近佛也。③

在康有为的视界中，孔教之外的其他宗教养生都不完备，如耶教即基督教、伊斯兰教即康有为所讲的回教、马哈麻教等都只养魂，道教只养魄等；只有孔教形神兼养，这也使形神兼养、魂魄并重成为孔教的独有特征和有别于其他宗教的优长之处。在此基础上，康有为指出，孔教的“魂魄并养”、内外兼修与佛教的“专重神魂”、“有内而无外”表现在方方面面，并且着重通过如下两个方面的论证深入阐释了二教的区别。

首先，康有为指出，孔教与佛教的养生理念和内容迥异其趣。一言以蔽之，由于“性命交修，魂魄兼养”，孔教在追求内圣的同时追求外王；由于“专重神魂”，佛教“有内而无外”，故而不热心世事。

康有为宣称：“孔子曰：气也者，神之盛也。魂也者，鬼之盛也。合鬼与神，教之至也。因物之精制为之，极明命鬼神，以为黔首，则百众以畏，万民以服，孔子意也。佛氏专言鬼，耶氏专言神，孔子兼言鬼神，而盛称其德。”④在康有为看来，魄作为人之形体直指人生和现实层面，魂则与鬼神密切相关；由于只养魂而不养魄，佛教与耶教（基督教）一样专言鬼神而不言人生。这表明，佛教在本质上是鬼道而不是人道。在这方面，与养魂兼养魄一脉相承，孔子并重鬼神和体魄，“性命交修”。这证明了孔教是人道完备的表现，也印证了孔教在本质上是人道教而不是鬼教。

与此同时，为了突出孔子魂魄兼养、鬼神并重，康有为在断言“‘六经’皆孔子作”的前提下，指出《易》是孔子晚年所作，侧重天道而详言死生鬼神。基于这种认识，康有为专门批判宋明理学家“大割孔地”。由此，“大割孔地”（简称“割地”）成为康有为对宋明理学家以及孔子后学的基本评价，“割地”也成为康有为独创的哲学术语。“割地”的意思是说，由于作为孔子后学的宋明理学家将孔子原来所讲的鬼神方面的内容从孔教中割除，而使

① 《论语注》，《康有为全集》（第六集），中国人民大学出版社 2007 年版，第 436 页。

② 《论语注》，《康有为全集》（第六集），中国人民大学出版社 2007 年版，第 417 页。

③ 《万木草堂口说·诸子》，《康有为全集》（第二集），中国人民大学出版社 2007 年版，第 176 页。

④ 《中庸注》，《康有为全集》（第五集），中国人民大学出版社 2007 年版，第 376 页。

孔教的范围变得越来越狭隘。针对这种情况，康有为强调："《易》曰：原始反终，故知死生之说。精气为物，游魂为变，故知鬼神之情状。又曰：通乎昼夜之道而知。原始反终，通乎昼夜，言轮回也。死于此者复生于彼，人死为鬼，复生为人，皆轮回为之。若能知生所自来，即知死所归去；若能尽人事，即能尽鬼事。孔子发轮回游变之理至精，语至元妙超脱，或言孔子不言死后者，大愚也。尽人之事者，顺受其正，素位自得，则魂魄不坏，即能轮回无碍无尽；尽鬼之事者，修精气炼魂魄，存元神保灵魂也。若弃人事而专为此，则拘守保任，先有滞碍，不能轮回矣。盖万千轮回无时可免，以为人故只尽人事，即身超度，自证自悟，而后可从事魂灵。知生者能知生所自来，即已闻道不死，故朝闻道、夕死可也。孔子之道无不有，死生鬼神，《易》理至详，而后人以佛言即避去，必大割孔地而后止，千古大愚无有如此，今附正之。"①按照康有为的说法，孔教讲鬼神、重养魂，这是判断孔教是宗教的基础，也是孔教与佛教的相同之处。孔教有别于佛教之处在于，并不局限于鬼神，而是在讲鬼神的同时关注人生，在养魂的同时追求养魄，在注重内圣的同时追求外王。与孔教相反，佛教在养魂（康有为有时称之为养内）时不养魄（康有为有时称之为养外），以至于"尽弃其身，专养其魂"②。

其次，在康有为看来，"魂魄兼养"与"重神魂"造成孔教与佛教在是否养魄上的根本对立演绎出对人欲的不同对待，并最终导致人生追求的迥异。一言以蔽之，孔教养魄，因而注重体魄之乐；佛教只养魂，因而灭绝人欲。

康有为认为，人的食味、别声、被色与生俱来，既是人之本性的一部分，也是人情之所乐。孔教的一切教义都因循人的本性而来，目的是满足人求乐的需要，故而将这些纳入其中。对此，康有为不止一次地断言：

> 道不离人，故圣人一切皆因人情以为教。③
>
> 孔子以人有阴阳、仁义、智慧、文理、食味、别声、被色，故所制之礼，悉因人性情也，所谓道不远人。④

康有为强调，由于"尽弃其身"，佛教视人欲为毒蛇猛兽，让人灭绝所有的欲望。这是"远人"的表现。沿着这个思路，他在揭露佛教"远人"以

① 《论语注》，《康有为全集》（第六集），中国人民大学出版社 2007 年版，第 465—466 页。

② 《万木草堂口说·诸子》，《康有为全集》（第二集），中国人民大学出版社 2007 年版，第 179 页。

③ 《礼运注》，《康有为全集》（第五集），中国人民大学出版社 2007 年版，第 567 页。

④ 《礼运注》，《康有为全集》（第五集），中国人民大学出版社 2007 年版，第 563 页。

为教的同时，指出宋明理学家的绝欲主张即源于此。对此，康有为反复揭露说：

佛以四大为四蛇，六根为六贼。遗教经视欲如大怨贼、毒蛇猛虎。①

宋儒言理深，然深之至，则入于佛，绝欲则“远人”也。②

在此基础上，康有为指出，道不远人，由于绝欲远人而逆天道，佛教与孔教背道而驰。于是，康有为一而再、再而三地断言：

孔子非不能为佛教，谓其远人，故不为也。③

孔子立法以制人者也，老、佛恐为人所制者者也。④

通天下之理不外一交而已。君与臣交，兄与弟交，夫与妇交，朋与友交，人与物交。佛之四大六根，老于声色之欲，皆欲绝之，我孔子则节之而已。⑤

按照康有为的说法，欲望、求乐是人的天性，也是人与生俱来的权利。作为人的天赋权利，名、乐都在人所追求的快乐之内，满足它们是人“求乐免苦”的需要。佛教将人的这些快乐之源统统摈弃掉，是违背人之常情的。与此同时，他声称“因人情以为教”是孔教的出发点，更是孔教所具有而佛教不可企及的优长之处。

二、“爱其同类”与“舍其类而爱其混”

康有为认为，仁的基本内涵是博爱，孔教与佛教都以仁为宗旨，故而都讲博爱。无论对天堂的向往还是爱及众生都证明作为孔教、佛教共同宗旨的仁就是博爱。对此，他一再宣称：

---

① 《南海师承记·讲格物》，《康有为全集》（第二集），中国人民大学出版社2007年版，第246页。

② 《万木草堂口说·中庸》，《康有为全集》（第二集），中国人民大学出版社2007年版，第167页。

③ 《万木草堂口说·中庸》，《康有为全集》（第二集），中国人民大学出版社2007年版，第171页。

④ 《万木草堂口说·春秋繁露》，《康有为全集》（第二集），中国人民大学出版社2007年版，第206页。

⑤ 《南海师承记·讲正蒙》，《康有为全集》（第二集），中国人民大学出版社2007年版，第232页。

孔子之鲁，即佛之西天。①

孔子治及草木，与佛氏治及众生同义。②

在肯定孔教、佛教皆以仁为宗旨，都讲博爱的前提下，康有为强调，孔教与佛教所讲的博爱具有本质区别，不可对二者等量齐观。至于具体区别在何处，他的回答是："孔子之义在立差等，全从差等出。佛法平等，即无义也。"③这就是说，孔教之仁内涵着义，致使仁义都成为博爱的题中应有之义；佛教之仁与义无涉，致使博爱执着于平等。

康有为进而指出，孔教之仁的差等与佛教之仁的"冤亲平等"之别与两教的一顺人情、一逆人情一脉相承。这用他本人的话说便是："爱无差等，与佛氏冤亲平等相近。平等之义，但言人类平等则可，孔子所以有升平太平之说。若爱，则虽太平大同亦有差等，盖差等乃天理之自然，非人力所能强为也。父母同于路人，以路人等于父母，恩爱皆平，此岂人心所忍出乎？离于人心，背于天理，教安能行？"④在康有为看来，孔教的爱之差等不仅显示了对父母之爱与对路人之爱的区别，而且注定了仁以"爱类"为极限。佛教的爱无差等不仅抹杀父母与路人的差别，而且抹杀人类与众生的差别。至此，康有为将佛教所讲的仁归结为"佛舍其类而爱其混者"⑤。他一面肯定佛教以仁为宗旨，乃至"能仁"是佛号；一面指责佛教宣扬众生平等，众生平等表明佛教爱众生而不是"爱类"，由于"舍其类而爱"，最终混淆了对人类的爱与对众生的爱。基于这种认识，康有为对佛教的"舍其类而爱"含有微词，宣称"孔教与佛教极相反"就是在这个维度上发出的："佛与孔子极相反，然后能立。圣爱其同类，不同类者杀之可也，若同类者不得杀也。此圣人大义。"⑥由此看来，由于"爱类"与"舍其类"导致孔教与佛教"极相反"，这方面的区别是根本性的。因此，康有为对之十分重视，反复予以比较和说明。

---

① 《万木草堂口说·春秋繁露》，《康有为全集》（第二集），中国人民大学出版社2007年版，第187页。

② 《万木草堂口说·春秋繁露》，《康有为全集》（第二集），中国人民大学出版社2007年版，第205页。

③ 《万木草堂口说·春秋繁露》，《康有为全集》（第二集），中国人民大学出版社2007年版，第187页。

④ 《孟子微》，《康有为全集》（第五集），中国人民大学出版社2007年版，第497页。

⑤ 《万木草堂口说·孔子改制》，《康有为全集》（第二集），中国人民大学出版社2007年版，第152页。

⑥ 《万木草堂口说·春秋繁露》，《康有为全集》（第二集），中国人民大学出版社2007年版，第188页。

在康有为的视界中,仁与知(康有为有时称之为智)相互诠释和规定:如果说仁的内涵是爱的话,那么,知则选择了爱的对象和差分。在这个问题上,老子有知而无仁,以不仁为教宗固然不对;佛教有仁而无知,对人与众生一视同仁最终同样陷入荒谬。这表明,对于爱而言,仁与智一个都不能少。基于这种认识,康有为强调,类是孔子思想之大义,爱人类是仁的基本原则,是否"爱类"是判断仁与不仁的标准。对此,康有为反复断言:

能爱类者谓之仁,不爱类者谓之不仁。①

类者,孔子一大义。圣人之杀禽兽者,为其不同类也。虮虱生于人,而人不爱之,子则爱焉,同类不同类之别也。故圣人之仁以爱人类为主。……盖圣人之仁,虽极广博,而亦有界限也。②

这就是说,尽管爱是仁的内容,然而,爱或不爱并非仁之本质,仁的本质是"爱类"。"爱类"是判断仁的标准,作为孔教大义彰显了孔教与佛教的根本区别。这些都证明,尽管孔教与佛教一样以仁为宗旨,然而,由于一个"爱类",一个"舍其类",二者所讲的仁具有不容忽视的本质区别。康有为多次试图从不同角度阐明其中的道理,下仅举其一斑:

孔子多言仁智,孟子多言仁义,然禽兽所以异于人者,为其不智也,故莫急哉!然知而不仁,则不肯下手,如老氏之取巧。仁而不知,则慈悲舍身,如佛氏之众生平等。二言管天下之道术矣。孔子之仁,专以爱人类为主;其智,专以除人害为先。此孔子大道之管辖也。③

不救人则非仁,救人则丧己,仁者当此事属两难。天下事如此类甚多,是非不易定,从违甚难决。盖仁者日事悲悯以救众生,既救人则难于自全,故佛氏有舍身饲鹰虎者。既已为仁,势必至此。惟孔子抉天心握圣权,乃能断之。孔子以人己同气,义当救人。然必能救己,而后能救人。若先失己,人安能救?必在井上,乃能救井下之人,若从在井中,同毙何益?仁者虽切于救人,而不私其身,然不如是之愚也,不可陷,不可罔。仁者之先,尚有学焉,故曰:好仁不好学,其蔽也愚。以仁为主,当以智为役;若但仁而不学,亦不可行也。佛、耶为高而难行,孔子贵中

① 《大同书》,中州古籍出版社 1998 年版,第 349 页。
② 《春秋董氏学》卷六,《康有为全集》(第二集),中国人民大学出版社 2007 年版,第 383 页。
③ 《春秋董氏学》卷六,《康有为全集》(第二集),中国人民大学出版社 2007 年版,第 393 页。

而可行。孔子与佛、耶之异在此，学者可留心参之。①

循着这个思路，康有为在肯定六经、四书所讲的内容与佛教无不相同时，特意加上了人伦的不同。他说道："《华严经》与《四书》、'六经'比较，无不相同，但人伦一事不同耳。"②这表明，正是"爱类"与舍类的区别导致了孔教与佛教人伦关系和处世态度的截然不同，并且关乎二者的命运。对此，康有为不止一次地解释说：

佛氏不能行于印度，不能灭婆罗门。西藏之僧亦食肉。圣人之道必要可行，佛不能行，是以佛不如儒。佛号能仁，圣人言大生广生，佛言众生。程子谓：佛逆天。其说甚是。③

至理精言，凡不可乎人情者，必不能大行。佛说微妙，而不能尽人从之，儒术以人治人，故人人可从。④

如此说来，康有为认为，"爱类"是一个不可轻视的大问题，不仅展示了孔教有别于其他宗教的本质特征，而且导致了孔教与佛教一爱类、一舍类的根本对立。接下来的问题是，正如对佛教的"有内而无外"持否定态度一样，对于佛教的"舍其类而爱其混"，康有为同样站在了孔教一边。他批评佛教爱众生不以爱人类为主，爱人类不以爱父母为先是"远人"的表现，甚至是不合人性的"逆天"之举。

总之，通过"有内而无外"和"舍其类而爱其混"两个方面，康有为比较了孔教与佛教的优劣。透过这两方面，他展示了孔教的根本特征，同时也剖析了佛教的本质，进而得出了"佛不如儒"的结论。意味深长的是，康有为揭露"佛逆天"，并且一再重申佛教由于"远人"而难以实行，故而"必不能大行"。他指出，"逆天""远人"使佛教不能行于印度，却没有明确肯定其不能行于中国。究而言之，对于佛教是否可行，康有为的做法是：尽管指出佛教与孔教大义相反，然而，他并没有对孔教与佛教取一弃一。

---

① 《论语注》，《康有为全集》（第六集），中国人民大学出版社 2007 年版，第 423 页。

② 《南海师承记 · 讲明儒学案及国朝学案》，《康有为全集》（第二集），中国人民大学出版社 2007 年版，第 257 页。

③ 《南海师承记 · 续讲正蒙及通书》，《康有为全集》（第二集），中国人民大学出版社 2007 年版，第 234 页。

④ 《孔子改制考》卷五，《康有为全集》（第三集），中国人民大学出版社 2007 年版，第 62 页。

三、“顺人之情”与“逆人之情”

康有为具有泛宗教情结，这意味着他所涉猎的宗教种类繁多，甚至包罗万象。正是在这个意义上，康有为断言：“天地之理，惟有阴阳之义无不尽也，治教亦然。今天下之教多矣：于中国有孔教，二帝、三皇所传之教也；于印度有佛教，自创之教也；于欧洲有耶稣；于回部有马哈麻，自余旁通异教，不可悉数。然余谓教有二而已。其立国家，治人民，皆有君臣、父子、夫妇、兄弟之伦，士、农、工、商之业，鬼、神、巫、祝之俗，诗、书、礼、乐之教，蔬、果、鱼、肉之食，皆孔氏之教也，伏羲、神农、黄帝、尧、舜所传也。凡地球内之国，靡能外之。其戒肉不食，戒妻不娶，朝夕膜拜其教祖，绝四民之业，拒四术之学，去鬼神之治，出乎人情者，皆佛氏之教也。耶稣、马哈麻、一切杂教皆从此出也。圣人之教，顺人之情，阳教也；佛氏之教，逆人之情，阴教也。故曰：理惟有阴阳而已。”①

康有为在这里宣称，正如理有阴阳一样，教亦分阴阳。他将五花八门的宗教一分为二，划分为阳教与阴教两个阵营，并将孔教归为阳教，而将佛教归为阴教。于是，康有为接着写道：“然则此二教者，谁是谁非，谁胜谁负也？曰：言不可以若是也。方不能有东而无西也，位不能有左而无右也，色不能有白而无黑也。四时无上下，以当令为宜；八音无是非，以谐节为美。孔子之伦学民俗，天理自然者也，其始作也；佛教之去伦绝欲，人学之极致者也，其卒也。孔教多于天，佛教多于人；孔教率其始，佛教率其终；孔教出于顺，佛教出于逆；孔教极积累，佛教极顿至；孔教极自然，佛教极光大。无孔教之开物成务于始，则佛教无所成名也。狗子无佛性，禽兽无知识、无烦恼，佛可不出。人治盛则烦恼多，佛乃名焉，故舍孔无佛教也。佛以仁柔教民，民将复愚，愚则圣人出焉，孔教复起矣，故始终皆不能外孔教也。然天有毁也，地有裂也，世有绝也，界有劫也，国有亡也，家有裂也，人有折也，皆不能外佛教也，故佛至大也。是二教者终始相乘，有无相生，东西上下，迭相为经也。当其时则盛，穷其变则革，智人观其通，而择所从，或尊或辟，非愚则蒙者也。此二教非独地球相乘也，凡众星有知之类，莫不同之；非徒众星为然也，凡诸天莫不同之也。相乘相生，而无有止绝者也。”②由此可见，康有为明言教之阴阳与理之阴阳类似，判断教之阴阳的标准是顺因人情。由于认定佛教“逆人之情”、孔教“顺人之情”，他将“逆人之情”的佛教称为阴教，

① 《康子内外篇》，《康有为全集》（第一集），中国人民大学出版社2007年版，第103页。

② 《康子内外篇》，《康有为全集》（第一集），中国人民大学出版社2007年版，第103页。

而将“顺人之情”的孔教称为阳教。“顺人之情”表明，孔教在本质上是人道教，具体表现是肯定人欲，满足人的生理欲望和物质追求。“逆人之情”表明，佛教有悖人道，违背血缘亲情和灭绝人欲都是其具体表现。显而易见，在对人情的顺逆上，康有为力挺孔教而拒斥佛教。

值得注意的是，康有为沿着“理有阴阳”的逻辑将孔教与佛教定位为一阳教、一阴教，以此彰显两教的差异，也由此拉开了两教之间的距离。尽管如此，他并没有一味坚持贵阳贱阴的原则，而是将阳教与阴教界定为既相差分又相依存的关系。在教有阴阳的视界中，正如理有阴阳、阴与阳对于理都不可或缺一样，阳教与阴教相互对待。这注定了孔教与佛教都具有存在的合理性，并且相互依赖：“舍孔无佛教”，孔教也“不能外佛教”；二者“相乘相生”，不能独立于地球。这样一来，与其摈弃佛教，不如使孔教在与佛教的相贯相通中“相乘相生”。依照康有为一贯津津乐道的华严宗圆融无碍的信条，孔教与佛教尽管一阳一阴截然相反，却可以相反相成而圆融无碍——孔教指示现在，佛教指向未来，二者同时并存、并行不悖。循着这个思路，在肯定孔教与佛教相近、相通的基础上，康有为基于孔教立场对佛教进行改造，进而将佛教的某些思想要素纳入到孔教之中。

更有甚者，康有为“孔教率其始，佛教率其终”的说法使孔教的前景岌岌可危，却使佛教的前途充满希望。这句话似乎在说：孔教是现世的，充其量只是当下可行；佛教则指向未来，拥有孔教无法比拟的美好明天。如果说这是谶语或预言的话，那么，这一切都在康有为设想的大同社会中应验了。甚至连康有为所极力批判的佛教“舍其类而爱其混”的众生平等也成为大同社会“戒杀生”后“始于男女平等，终于众生平等”的“大平等”。一方面，可以肯定，康有为魂牵梦萦的大同社会与孔、佛相关。对于大同社会，他描述说：“孔子之太平世，佛之莲花世界，列子之甔甀山，达尔文之乌托邦，实境而非空想焉。”[①]这表明，大同社会与孔子并非毫无关系，大同社会并没有将孔子“驱逐出境”。不仅如此，康有为之所以推崇孔子尤其是《春秋》，主要目的之一便是以公羊三世说论证太平盛世即大同社会是人类历史的最高阶段，故而必然实现。另一方面，孔教在康有为那里只是救中国即将人类从据乱世超渡到太平世的工具，进入大同社会之后，孔教自然没有了存在的价值和必要，故而“当舍”。

在呼吁立孔教为国教的康有为那里，孔教与耶教、回教（即伊斯兰教，康有为有时称之为马哈麻教）根本就不属于同一层次，孔教对于耶教和回

① 《大同书》，中州古籍出版社1998年版，第106页。

教总是高高在上的。正是由于这个原因，他很少对孔教与耶教、回教进行比较，因为孔教与后者并没有形成真正的较量。在《大同书》中，康有为却将孔教与耶教、回教相提并论，置于道教（仙教）、佛教的对立面。不仅如此，与耶教、回教的命运一样，孔教也在大同社会中退出了历史舞台而被舍弃掉了。与此相一致，大同社会尊奉的"神圣"囊括东方西方、科技人文，佛教、耶教、道教和孔教中人尽在其中。与仙神、养生相关的老子、张道陵和作为孔子后学的宋明理学家尚且名列其中，却偏偏没有了孔子的位置。此外，康有为的一句"岸已登矣，筏（指孔教——引者注）亦当舍"淋漓尽致地表达了对孔教的决绝态度。对于大同社会的尊崇神圣和信仰状况，康有为不止一次地展望说：

即前古之教主圣哲，亦以大同之公理品其得失高下，而合祠以崇敬之，亦有限制焉，凡其有功于人类、波及于人世大群者乃得列。若其仅有功于一国者，则虽若管仲、诸葛亮之才，摈而不得与也；若乐毅、王猛、耶律楚材、俾士麦者，则在民贼之列，当刻名而攻之，抑不足算矣。若汉武帝、光武、唐太宗，皆有文明之影响波及亚洲，与拿破仑之大倡民权为有功后世者也。自诸教主外，若老子、张道陵、周、程、朱、张、王、佘、真、王阳明、袁了凡，皆有影响于世界者也。日本之亲鸾，耶教之玛丁路得，亦创新都者也。印度若羯摩、富兰那、玛努与佛及九十六道与诸杂教之祖，欧、美则近世创新诸哲，若科仑布、倍根、佛兰诗士，凡有功于民者皆可尊之。①

耶教以尊天爱人为诲善，以悔罪末断为悚恶。太平之世，自能爱人，自能无罪。知天演之自然，则天不尊；知无量众魂之难立待于空虚，则不信末日之断。耶稣之教，至大同则灭矣。回教言国，言君臣、夫妇之纲统，一入大同即灭，虽有魂学，皆称天而行，粗浅不足征信，其灭更先。大同太平，则孔子之志也。至于是时，孔子三世之说已尽行，惟《易》之阴阳消息，可传而不显矣。盖病已除矣，无所用药；岸已登矣，筏亦当舍。故大同之世，惟神仙与佛学二者大行。盖大同者，世间法之极，而仙学者，长生不死，尤世间法之极也；佛学者，不生不灭，不离乎世而出乎世间，尤出乎大同之外也。至是则去乎人境而入乎仙、佛之境，于是仙、佛之学方始矣。仙学太粗，其微言奥理无多，令人醉心者有限；若佛学之博大精微，至于言语道断，心行路绝，虽有圣哲，无所措手，其

① 《大同书》，中州古籍出版社 1998 年版，第 336 页。

所包容尤为深远。况又有五胜、三明之妙术，神通运用，更为灵奇。故大同之后，始为仙学，后为佛学，下智为仙学，上智为佛学。①

在《大同书》中，康有为对包括孔教、佛教在内的各色宗教的未来命运一一进行了明确的交代。届时，孔教与耶教、回教已经绝迹，与孔教的前途命运形成强烈反差的是，道教、佛教在未来社会极盛，乃至成为大同之人的人生追求，并且是大同社会"极乐"的主要内容。对此，康有为畅想并描述道："养形之极，则又有好新奇者，专养神魂，以去轮回而游无极，至于不生、不灭、不增、不减焉。神仙之后，佛学又兴，其极也，则有乘光、骑电、御气，而出吾地而入他星者，此又为大同之极致而人智之一新也。然有专精修道，入山屏人，谢绝世事者，只许四十岁后为之。以人为公政府所教养二十年，非己所得私有，须作工二十年报之，乃听自由，亦以虑人皆学仙、佛，则无人执事作工，而文明之事业将退化也。"②不难看出，大同社会之人惟以仙、佛之道为鹄的，此外心无旁骛。其实，心仪仙、佛是康有为的一贯旨趣，早在他屏居西山之时，即已经开始。对此，他在自传中写道："以西樵山水幽胜，可习静，正月遂入樵山，居白云洞，专讲道、佛之书，养神明，弃渣滓。"③依据这个披露，康有为从一开始就对仙、佛表现出极大的好感，只是由于救世的目的才依靠孔教。既然如此，远离了政治的纷扰或消解了救亡图存的初衷之后，仙、佛在大同社会大行其道也就不足为奇了。康有为特别指出，在仙道之后，佛道盛行。这是因为，与肤浅的仙道相比，佛教更为精微，也更为长久，是大同之人最后的心理归宿和精神依托。

至此，康有为对孔教与佛教的态度发生了一百八十度的大逆转，由力挺孔教转向对佛教顶礼膜拜，最终将孔教淘汰出局，并且摒弃所有宗教，而使佛教成为唯一的赢家。康有为在《大同书》中对佛教的情有独钟非同寻常，因为即使是在力挺孔教时，他也没有因为推崇孔教而怠慢其他宗教，更没有用孔教替代佛教。当时的情形是，康有为一面呼吁立孔教为国教，一面主张宗教宽容——不仅给诸教保留一席之地，而且再三肯定佛教与他提倡的孔教在诸多方面相合相通，圆融无碍。与此形成强烈反差的是，在《大同书》所描写的大同社会中，佛教的盛行却成为独尊；而佛教得以独尊的前提则是康有为对佛教之外所有宗教的舍弃——即便是他曾经为之奔走呼号的孔教

---

① 《大同书》，中州古籍出版社 1998 年版，第 365 页。

② 《大同书》，中州古籍出版社 1998 年版，第 365 页。

③ 《我史》，《康有为全集》（第五集），中国人民大学出版社 2007 年版，第 62 页。

亦不例外。这从一个侧面印证了康有为对待孔教的决绝态度,也将他的孔佛观的矛盾推向了极致。

第四节 孔佛关系的困惑及争议

上述内容显示,康有为对孔教与佛教的比较分为同与异两个方面,而两个方面之间呈现出巨大反差乃至相互矛盾。在论证孔教与佛教之同的过程中,他极力声称两教在诸多方面相通相合,圆融无碍,以至于连创教初衷和立教宗旨都别无二致。令人难以置信的是,在论证孔教与佛教之异的过程中,康有为反复突出二教之间的差异性,甚至扬言"惟佛与孔子相反""佛与孔子极相反"。"相反""极相反"的说法使孔教与佛教之间的差异升级为对立,表明二教的思想截然相反或关系势不两立。康有为对孔教和佛教关系的界定异同之间反差极大甚至相互矛盾,因而超出了常人的理解。对此,人们不禁要问:孔教与佛教之间既圆融无碍又截然相反如何可能?换言之,既然孔教与佛教可以圆融无碍,甚至连立言宗旨都如出一辙,那么,二教之间何来"相反"之说?反过来,既然孔教与佛教截然相反,那么,吸收佛教光大孔教又如何可能?即便可能,是否会因此使孔教变得面目全非?

一、孔教与佛教关系的矛盾

在康有为那里,孔教与佛教的关系既有同又有异,而无论异同比较还是异同结论都不仅是一种事实,而且是一种价值。就康有为而言,如果说孔教与佛教之同证明了二教之间的圆融性的话,那么,孔教与佛教之异则证明了二教之间是有优劣之分的。对于孔教与佛教的优劣之分,康有为的态度和做法是矛盾的。

一方面,康有为在对孔教与佛教的比较过程中突出二者之间的差异,最终站在了孔教一边——无论他揭露佛教"有内而无外"还是"舍其类而爱其混"都暴露了佛教的致命缺陷,同时也证明了佛教不如孔教。因此,康有为一再申明自己的孔教立场,并且在行动上为立孔教为国教而奔走呼号。这用梁启超的话说就是:"先生谓宜立教务部,以提倡孔教。非以此为他教敌也,统一国民之精神,于是乎在。今日未到智慧平等之世,则宗教万不可缺。诸教虽各有所长,然按历史,因民性,必当以孔教治中国。"①与此同时,出于救亡图存和"以孔教治中国"的立言宗旨,康有为认定孔教高于佛教。在这

① 《南海康先生传》,《梁启超全集》(第一册),北京出版社1999年版,第496页。

个维度上，尽管他承认孔教与佛教是“相乘相生”的关系，然而，他毕竟认定孔教是阳教，是现世法门。因此，康有为将孔教奉为救世法宝，孔教也因此成为他拯救中国的“第一著手”。与此相一致，康有为对孔教与佛教差异的比较从三个方面展开，三个方面的比较共同指向了同一个结论，那就是：孔教高于佛教。由此不难发现，康有为对孔教与佛教的比较最终演绎成对孔教的推崇和对佛教缺陷的揭露。这种局面的出现与其说取决于他的孔教立场，毋宁说出于救亡图存的现实需要。

另一方面，康有为对孔教之外的宗教多有关注，对佛教以及耶教、道教等宗教更是兴趣盎然。对于康有为既兼采佛耶又独尊孔教的心态和做法，梁启超进行了这样的介绍和分析：“先生于耶教，亦独有所见。以为耶教言灵魂界之事，其圆满不如佛；言人间世之事，其精备不如孔子。然其所长者，在直捷，在专纯。单标一义，深切著明，曰人类同胞也，曰人类平等也，皆上原于真理，而下切于实用，于救众生最有效焉，佛氏所谓不二法门也。虽然，先生之布教于中国也，专以孔教，不以佛、耶，非有所吐弃，实民俗历史之关系，不得不然也。”[①]在这里，梁启超明言康有为“专以孔教”“布教于中国”是“不得不然”，实属无奈之举。梁启超的言外之意是，如果不是现实环境所迫，如果顺着康有为的本意，结局可能是另一种情形。与梁启超侧重从政治目的和现实需要的角度解释康有为对孔教与佛教关系的定位以及态度略有不同，陆乃翔、陆敦骙则从心理趋向和思想旨趣入手探究了康有为对孔教的推崇，对于理解康有为视界中的孔佛关系同样颇有启发。现摘录如下：“先生之于宗教，盖性有近也，自其少读孔、佛、耶、回、婆罗门之书，游观祠庙，俯仰已深感之矣，其后游历考求尤深。先生以为民智方幼稚，不可遽去迷信也，故无论其从与不从，皆以为有益于世而不非之。其所得于佛学深证，华严称其智，耶稣爱人如己、舍身救世称其仁，于摩诃末仗剑行教称其勇。然先生尚仁者也，故于摩诃末有不满焉。其谓佛言诸天无量世界，仁及众生，轨道最大，千年后必大行之，但论太高不能行；耶尊天合地，平等人类，不及于物，故今最盛，而轨道小于佛，然过于回矣。然先生以耶氏尊天爱人，道直捷矣，然言魂灵不如佛之精微，言世法不如孔之详备。佛之道博大精微矣，然言出世法为多，不如孔子言世法之周详也。且二教者皆于中国历史风俗不宜，而孔子之道最仁最精最大；故先生之布教于中国，以孔子为宗也。”[②]由此可见，尽管与梁启超的立论角度并不相同，然而，陆乃翔、陆敦骙

---

① 《南海康先生传》，《梁启超全集》（第一册），北京出版社 1999 年版，第 488 页。

② 《南海先生传》，《康有为全集》（第十二集），中国人民大学出版社 2007 年版，第 457 页。

得出的结论与梁启超惊人一致，那就是：康有为“布教于中国，以孔子为宗”，并且，康有为推崇孔教有被迫的成分。对于这个结论，陆乃翔、陆敦骙给出的理由是：康有为认定佛教之仁“轨道最大，千年后必大行之”，只是因为中国的情况——“民智方幼稚”，为救中国计，才“以孔子为宗”。如此说来，康有为提倡孔教只不过是权宜之计，姑且为之而已。

诸多弟子的介绍共同披露了康有为心理上的矛盾和行动上的困境：一方面，出于救亡图存的目的，他一再呼吁立孔教为国教。另一方面，康有为对孔教的推崇只是出于政治原因和社会背景“不得不然”。从这个意义上说，孔教充其量只是他的政治手段，并不是康有为的追求目标，并且与他个人的宗教信仰无关。更为重要的是，在价值认定和心理趋向上，康有为更倾向于佛教。如果没有了救亡图存的羁绊，他自然会投向倾慕已久的佛教或道教。对于这一点，康有为描写太平盛世的《大同书》和他的最后一部著作——《诸天讲》都是明证。《大同书》宣布孔教“当舍”，却让佛教、道教大行其道。《诸天讲》中不再讲孔教，佛教、道教依然是其中的主角。这些充分展示了康有为对待佛教的态度，是理解他的孔教观和孔教与佛教关系的重要依据。

二、孔教与佛教关系的争议

康有为立孔教为国教的呼吁以及对待孔教与佛教关系的矛盾心理和行为在当时就引发了诸多争议，更是成为当下儒学是否是宗教争论之滥觞。对于康有为来说，立孔教为国教是拯救中国的具体方案，孔教不仅具有思想启蒙的理论意义，而且肩负着救亡图存的现实使命。循着这个逻辑，他将拯救中国的希望寄托于凭借保教（孔教）来保国保种。出于保教计，康有为本能地排斥包括佛教在内的其他宗教而尊奉孔教。这体现在孔教与佛教的关系上便是，康有为先是借助比较突出孔教与佛教的差异乃至对立，接下来便声称孔教高于佛教。

进而言之，康有为的孔教观之所以引起争议不仅在于孔教概念本身的模糊性和他试图通过保教来保国保种，而且在于康有为对孔教与佛教关系的界定。例如，鉴于康有为的孔教中容纳了包括佛教和耶教在内的诸多非儒要素，有人便指责康有为表面上以孔教相标榜，实质上是假借孔教之名。针对康有为的这种言行不一，时人讥讽康有为所提倡的孔教“貌孔夷心”。意思是说，康有为所提倡的孔教不是“孔教”而是“康教”。

值得注意的是，“貌孔夷心”的指责源于叶德辉的“其貌则孔也，其心则夷也”，却不应该仅仅视为保守派对康有为的攻击。事实上，即使是康有为的弟子梁启超也认同这种评价，并且直接称康有为所讲的孔教是“康教”。例如，梁启超写道：

> 谤者或以为是康教非孔教，顾《礼运》、《孟子》、《公羊传》之言不可得削也。就令非孔教而为康所托，其托之也，则亦于社会上有绝大关系明矣。夫在今日，虽以小学校之学僮，固莫不口英、美之政体，手卢、孟之著书矣。二十年前，昌言之者谁耶？知之者或多，昌之者惟一。或又曰：南海欲言则自言之耳，何必托于孔子？夫南海之于孔子，固心悦诚服者。谓彼为托，彼不任受也。抑亦思今日国中，闻立宪、共和之论而却走者，尚占大多数；二十年前，不引征先圣最有力之学说以为奥援，安能树一壁垒，与二千年之勍敌抗耶？孟子曰：知人论世。乌可以今而例昔也！鄙人非阿其所好，顾以为今后之学界，对于南海，总当表谢意，此公言也。今之青年，能译读南海所未读之新书，能受习南海所未受之学说，固也；顾其所发明，所心得，吾犹未知视南海何如。以吾所见南海所著之《大同书》，其渊眇繁赜之理想，恐尚非今之青年所能几也。……藉曰过之也，亦地位所宜然。二十年后后辈之视我等，亦犹我等视二十年之前辈也。不然，今日日本之学生，任举一人，其所稗贩之学说，岂不多于福泽喻吉耶？非吾敬南海而欲强国人以敬南海，即吾于南海之说，其不肯苟同者，固往往有焉矣，顾其惠我以思想界之感化者，则乌可忘也！①

显而易见，梁启超在此的用意不是揭露康有为将孔教变成了“康教”，而是为康有为辩护。尽管如此，他这样做的前提则是承认康有为提倡的孔教实质上与孔教相距甚远，只是借孔子之名表达了自己的主张和诉求而已。正因为如此，康有为所提倡的孔教就是“康教”——“就令非孔教而为康所托”，只不过是“其托之也，则亦于社会上有绝大关系明矣”。由此可见，梁启超所澄清的只是康有为以假借孔教之名讲“康教”的“非得已”，具有现实考量和社会需要的原因，而不是为康有为孔教的“貌孔夷心”辩护。在后来的《清代学术概论》中，梁启超坚持了康有为以孔教之名行“康教”之实的观点，并且公开亮出了自己的反对态度。此时的梁启超不仅揭露康有为表面上提倡孔教，推崇孔子和儒学，实质上则对包括佛教在内的非孔思想暗度陈仓，而且对康有为的这种做法极为不满。其实，梁启超不是对康有为接纳佛

① 《论中国学术思想变迁之大势》，《梁启超全集》（第二册）北京出版社 1999 年版，第 617 页。

教不满,而是对康有为既援佛入儒,又不敢公开这一点特别是不敢承认自己的思想创新不满。依据梁启超的分析,康有为的这种做法不容小觑,从根本上说出于依傍心理,是缺少精神自由和人格独立的表现。在梁启超看来,这是原则问题,并因此而与康有为分道扬镳。据梁启超在《清代学术概论》中披露:"中国思想之痼疾,确在'好依傍'与'名实混淆'。若援佛入儒也,若好造伪书也,皆原本于此等精神。以清儒论,颜元几于墨矣,而必自谓出孔子;戴震全属西洋思想,而必自谓出孔子;康有为之大同,空前创获,而必自谓出孔子。及至孔子之改制,何为必托古?诸子何为皆托古?则亦依傍混淆也已。此病根不拔,则思想终无独立自由之望,启超盖于此三致意焉。然持论既屡与其师不合,康、梁学派遂分。"①

综上所述,出于救亡图存和立孔教为国教的现实考量,康有为奉孔子为教主,并将包括诸子百家在内的中国本土文化归结为孔学(孔子之学)一家,统称为孔教。出于"援佛入儒"的需要,康有为对佛教予以阐发,并给予佛教一定程度的地位,体现在孔佛关系上便是肯定孔教与佛教圆融无碍、并行不悖;出于推崇孔教的需要,康有为贬低佛教,体现在孔佛关系上便是强调孔教高于佛教。这样一来,康有为对佛教的评价以及对佛教与孔教关系的认定皆陷入不可自拔的矛盾之中。

尽管在当时就引起非议,甚至遭到来自各方面的攻击,然而,康有为的孔教观并没有就此销声匿迹。在五四新文化运动时期,康有为的孔教观作为被批判的靶子依然是备受关注,之后一直对后世产生重要影响。康有为视界中的孔教与佛教的关系尤其是对他孔教与佛教圆融无碍的论证弥合了儒家思想与宗教之间的界线,当下方兴未艾的儒学是否是宗教的争论与康有为具有直接的内在联系。无论对康有为对孔教与佛教关系的厘定以及他的孔教观作何评价,有一点是可以肯定的,那就是:正如将仁说成是孔教、佛教与耶教的共同宗旨一样,康有为强调孔教与佛教相通,并且利用佛教阐释孔教,初衷是应对以耶教为代表的西方文化的强势入侵,肩负着救亡图存与思想启蒙的双重使命,同时也是对中国本土文化进行内容转换和创新的初步尝试。尽管康有为的具体观点有值得商榷之处,甚至存在诸多无法克服的理论误区,然而,他的致思方向则是值得肯定的。无论对孔教还是对传统文化的创新都需要借鉴他山之石,只有同情地理解世界文化,才能在各美其美、美美与共中既挺立中华文化精神,又融入世界文化之中。这是康有为对孔教与佛教关系的界定留给后人的最深刻的启示。

---

① 《清代学术概论》,《梁启超全集》(第五册)北京出版社 1999 年版,第 3101 页。

第十七章　结　　语

如果说国学人物研究是康有为国学研究的一部分的话，那么，康有为的国学研究则是中国近代国学研究的一部分。作为中国近代国学研究的一部分，康有为的国学研究既带有与同时代人的一致性和近代国学的共性，又带有迥异于他人的个性。透视康有为国学理念和人物研究的得与失，无论对于深刻理解康有为的国学思想还是全面把握近代国学都是必要的。

一、意　　义

中国近代是备受西方列强蹂躏的时代，更是中国人同仇敌忾、奋起御侮的时代。康有为是国学家，同时也是叱咤风云的政治家和著名的启蒙思想家。集国学家、政治家和启蒙思想家于一身使康有为的学术研究与中国近代的社会需要和政治斗争密不可分，也使他的政治主张和哲学思想拥有了坚实的国学根基。

首先，康有为的国学研究有别于学问家的纯学术研究，主要表现便是紧扣时代脉搏，围绕着中国近代社会的政治斗争展开，直接服务于救亡图存与思想启蒙的时代召唤和现实需要。也正是由于这个原因，他选择了拥有经世致用传统、擅长发挥微言大义的今文经学作为国学研究的立场和方法。凭借这套立场和方法，康有为成为近代著名的公羊学大家，甚至有人将他誉为中国历史上的最后一位公羊学大师。无论这种评价和称谓是否恰当，有一点是可以肯定的，那就是：康有为的国学研究包括国学理念、人物研究和经典解读在内都是运用公羊学的范式进行的，不仅具有学问的维度，而且具有政治的维度。换言之，中国近代特殊的历史背景、文化语境和现实需要决定了康有为的国学研究肩负思想启蒙与救亡图存的双重使命，救亡图存必须挺立中国人的精神信仰，凝聚民族精神、为中华民族寻找统一精神家园的历史使命和立言宗旨促使他的国学研究将目光投向对中国本土文化"学术源流"的考辨，并在此过程中聚焦先秦，将孔子奉为中国文化的形象代言人；思想启蒙必须对中国本土文化进行诠释，全球多元的文化语境则促使他吸收西方文化，对以孔学为代表的中国固有之学进行内容转换和创新。

有些学者将康有为的国学人物研究尤其是先秦诸子研究视为明清之际诸子学复兴的延续，从直接的理论渊源和学术风气来说，具有一定道理；从本质上说，则并非如此。原因在于，从表层上看，康有为的国学人物研究包括先秦诸子，却不限于先秦诸子；从深层上看，康有为的国学人物研究受制于他的国学理念，从根本上说是为国学理念服务的。换言之，对于康有为来说，国学人物研究并非目的，只不过是印证国学理念的手段而已。这决定了他的国学人物研究并不是为研究人物而进行人物研究，研究哪个人物并不重要，重要的是哪个人物能够符合他的国学理念。有鉴于此，康有为对国学人物的选择不必限于先秦诸子，也不可能只限于先秦诸子。事实上，康有为的人物研究为了国学理念的需要，“就地取材”，古今中外来者不拒。除了人物的时间跨度与先前的诸子学复兴不可同日而语之外，康有为对包括先秦诸子在内的国学人物研究与从前的诸子学研究具有更为本质的区别。

其一，在视域上，从前的诸子学研究基本上都是在中国固有之学的视域内进行的，康有为对于国学人物的研究则具有全球视野。因此，他对包括先秦诸子在内的国学人物的身份定位或思想阐发往往与西方的人物相提并论。例如，对于孔子和墨子，康有为拿古希腊的苏格拉底与两人相提并论，声称“希腊盛时，索革底言学。其学言修、齐、治、平，似孔子。约己济人，似墨子”①。再如，康有为将孟子、陈仲子、杨朱和朱熹等人与佛教的龙树、马鸣，基督教（耶教）的保罗以及古希腊的伊壁鸠鲁、芝诺、苏格拉底、柏拉图和亚里士多德等众多的西方人物联系起来，并且不止一次地发出了如下断语：

> 盖孔子为创教之发始，孟子为孔子后学之大宗也。如佛之有龙树、马鸣，耶之有保罗，索格底之有恶士滔图矣。②
>
> 地傲皆内士以苦行名于世，若陈仲子。爱比去路以纵身欲穷天理，若杨朱。仁诺主明理行善，安命守道，与朱子近。及索格底出，则为道德之宗。其弟子伯拉多，再传亚利士滔图，皆守其说。而亚利士滔图兼及物理学，而攻诡辨之教，怀疑之教，与孟子略同矣。③

上述议论带有即兴发挥的性质，虽然只是一笔带过，但是，康有为审视国学人物的背景之广、视野之宽由此可见一斑。很显然，康有为将中国人物

① 《万木草堂口说·诸子》，《康有为全集》（第二集），中国人民大学出版社 2007 年版，第 180—181 页。

② 《孟子微》，《康有为全集》（第五集），中国人民大学出版社 2007 年版，第 425 页。

③ 《孟子微》，《康有为全集》（第五集），中国人民大学出版社 2007 年版，第 494 页。

与西方人物并提或者为了思想阐发,或者为了身份定位,或者为了说明地位影响无论出于哪种目的,无论属于哪种情形都拥有包括乾嘉之学在内的诸子学研究所没有的视域、视角和维度。

其二,在方法上,康有为对国学人物思想的阐发以西学为参照,借鉴、吸收西学来挖掘、诠释众多国学人物的思想。于是,孔子宣扬自由、平等、博爱、进化和民主,墨子讲自然科学,西方的基督教是墨教的西传,子思、庄子讲进化论等论断接踵而至。下仅举其一斑:

孔子最重报施,礼无不管,故《礼》言“凡非吊丧,非见国君,无不答拜”者,此平等之义也。①

孔子制作,专重变易,故特立三统。能知此,而后可以读孔书。②

墨子《上经》、《下经》从光学、算学、重学起。③

墨子正开西学派。④

庄子谓天在内,天在外,甚奇,直与西人所讲微生物之说合。⑤

赫君(赫胥黎——引者注)发天演之微言,达生(达尔文——引者注)创物化之新理。哲学既昌,耶教上帝造人之说遂坠。他日大教之倒以区区生物之理,此破落之所关,亦至巨哉。二生之说,在欧土为新发明,然鄙人二十余年未读一字西书,穷推物化,皆在天人自然之推排,而人力抗天自为之,已与暗合,与门人多发之。故于二生但觉合同而化,惟我后起,既非剿袭,亦不相师。惟二生之即物穷理发挥既透,亦无劳鄙人之多言也。东海西海,心同理同,只有契合昭融而已。然子思曰,天之生物,必因其材而笃焉;栽者培之,倾者复之。赫生天演之义也。庄子曰,程生马,马生人;万物皆出于机,入于机。达生物生人之说也,吾华先哲其先发于三千年矣。何异焉!⑥

---

① 《万木草堂口说·学术源流》,《康有为全集》(第二集),中国人民大学出版社2007年版,第134页。

② 《万木草堂口说·学术源流》,《康有为全集》(第二集),中国人民大学出版社2007年版,第134页。

③ 《南海师承记·讲孟荀列传》,《康有为全集》(第二集),中国人民大学出版社2007年版,第229页。

④ 《万木草堂讲义·七月初三夜讲源流》,《康有为全集》(第二集),中国人民大学出版社2007年版,第283页。

⑤ 《万木草堂口说·中庸》,《康有为全集》(第二集),中国人民大学出版社2007年版,第175页。

⑥ 《英国游记》,《康有为全集》(第八集),中国人民大学出版社2007年版,第23页。

其三，在宗旨上，康有为以众多国学人物为中介和载体，借助西学为国学注入自由、平等、民主和进化等内容，以此推动中国本土文化的内容转换和现代转型。这一点是包括乾嘉学派在内的诸子学研究闻所未闻的。

康有为国学人物研究的这三个方面是近代国学的基本特征和共性，既是与古代思想家的不同点，也是与严复、谭嗣同、梁启超和章炳麟等近代国学家的相同点。

其次，康有为的国学人物研究与国学理念一脉相承，旨在对中国本土文化尤其是诸子百家予以整合。

从《庄子·天下》篇开始，古代思想家习惯于对中国学术分家立派。在“道术将为天下裂”的前提下，《庄子·天下》篇将当时的学术分为“墨翟、禽滑厘”“宋钘、尹文”“彭蒙、田骈、慎到”“关尹、老聃”“庄周”“惠施”代表的六个独立体系。由此，对中国本土文化的分家别派、分门别类之风一发而不可收，《荀子·非十二子》《吕氏春秋·不二》《淮南子·要略》，尽管具体分法略有差异，侧重于分的致思方向和价值意趣却如出一辙。司马谈在《论六家之要指》中明确提出了六家之说，这里的六家分别是阴阳家、儒家、墨家、名家、法家和道德家。之后，九流、十家、百家之说纷纷登场，对中国学术的划分也越分越细。三教不仅对外恪守各家学统、道统，而且内部宗派森严。一言以蔽之，如果说古代国学包括乾嘉之学在内都侧重中国学术之分的话，那么，康有为则热衷于合。这个合既是为了凸显中华民族的统一精神，又是为了更好地为中国文化代言。

可以看到，康有为对弥合诸子百家之间的界限乐此不疲，而他用以整合诸子百家的称谓和理念便是孔教、孔子之教、孔子之学、孔学，四者在他那里异名而同实。当康有为以孔学代表中国文化时，对内意味着以孔学对诸子百家即中华民族的本土文化予以整合，对外则意味着以孔教与耶教代表的西方文化分庭抗礼。这种做法本身就是中华民族身份认同、自我认同和文化认同的觉醒，在外敌当前、凝聚民族精神的近代更是具有重拾民族自信心和自尊心的意义。正是由于这个原因，严复、梁启超等人尽管并没有像康有为那样将诸子百家归为孔学一家，然而，两人却在将先秦诸子分别视为六家、三家的前提下或者断言中国重道而西方重术，或者宣称中国追求知行合一、知情意合一，西方则重智——总之，都在反思中国本土文化中诸子百家的学术共性，以此为中国人寻找统一的精神家园。由此反观康有为的做法可以发现，一方面，他将中国本土文化统称为孔教，无论教学相混还是孔教的称谓本身都有待商榷。另一方面，康有为以孔子为中国文化代言具有合理性，正如当下以孔子学院为中国形象或中国文化代言一样。

再次，康有为的国学人物研究具有不可忽视的方法论意义。秉持立孔教为国教的宗旨，康有为的人物研究旨在提升孔子的权威。这使他将尽可能多的人物归到孔子麾下，并对以先秦为重心的众多人物予以身份归属和思想解读。于是，许多长期被忽视的人物如杨朱、列子等被康有为纳入研究视野，并由此引起其他近代思想家对这些人物的兴趣和关注。这极大地推动了近代诸子学的复兴，杨朱、列子、惠施和公孙龙等人都是其中的受益者。更为重要的是，康有为的国学人物研究具有自己未曾想到的思想解放的意义。诚如梁启超所言，康有为的本意是为了提升孔子的权威，而他进行孔子与老子、墨子比较本身就已经在"夷孔子于诸子之列"。对此，梁启超在《清代学术概论》中这样写道："虽极力推挹孔子，然既谓孔子之创学派与诸子之创学派，同一动机，同一目的，同一手段，则已夷孔子于诸子之列。所谓'别黑白定一尊'之观念，全然解放，导人以比较的研究。"①

除此之外，正如大声疾呼以教治教、立孔教为国教是为了重拾中国人的自尊心、自信心一样，康有为的国学研究旨在进行中国人的民族认同、文化认同和身份认同。为中国人寻找精神家园的初衷令他对作为中国学术源头的先秦时期兴趣盎然，为了辨明中国学术的渊源关系，康有为反复对先秦诸子的身份归属和传承谱系予以探究，同时追踪他们在汉唐、宋元明清时期的薪火相传。这一致思方向和探究方法使康有为的国学研究以孔教为核心理念，以不同国学人物为个案，拼接出一部从先秦到汉唐再到宋元明清的孔教传播史，亦即康有为视界中的国学史。从另一个角度看，这不啻为一部完整的中国哲学史。有鉴于此，中国最早的中国哲学史书写不是 1919 年胡适的《中国哲学史大纲》或之后冯友兰的中国哲学史三部曲，甚至不是 1916 年谢无量的《中国哲学史》，而是康有为在戊戌维新前通过考辨"学术源流"，以先秦、汉唐、宋元明清等各个时期的众多国学人物拼接起来的中国哲学史。在这部另类的中国哲学史中，既有中国哲学的理念，又有对国学发展的不同分期；不同时期之间既泾渭分明，又相互贯通。这部中国哲学史拥有统一的灵魂，并将众多人等整合起来，既开中国哲学史书写之先河，又提供了解读中国哲学史的一种样式。

二、特　　点

与同时代人的相同性印证了康有为国学理念以及国学研究的时代性和现实性，凸显了近代国学与古代国学的不同。在这个前提下必须看到，康有

① 《清代学术概论》，《梁启超全集》（第五册）北京出版社 1999 年版，第 3098 页。

为的国学理念和国学研究个性鲜明,拥有迥异于其他近代哲学家的特点和特征。

首先,康有为的国学理念和国学研究具有特殊的立场和目的,故而与同时代的其他哲学家不可同日而语。

其中,特殊立场指康有为秉持公羊学的立场,宣称"'六经'皆孔子作,百家皆孔子之学";特殊目的指康有为以教治教,大声疾呼立孔教为国教。这些先天地决定了康有为的国学理念和人物研究在中国近代特色鲜明、独树一帜,甚至被近代国学家群起而攻之:第一,在对国学人物的选择和侧重上,康有为肯定、推崇的国学人物以孔子亲授弟子、再传弟子、子思、孟子和董仲舒为主,这些人是清一色的儒家。谭嗣同对于国学人物的选择集中体现在《仁学》中,除了以经典形式呈现的"《易》、《春秋公羊传》、《论语》、《礼记》、《孟子》、《庄子》、《墨子》、《史记》"之外,还有以人物方式呈现的"陶渊明、周茂叔、张横渠、陆子静、王阳明、王船山、黄梨洲"①。显而易见,他推崇的国学人物除了作为儒家的孔子、孟子外,更多的是墨子、庄子代表的非儒人物。梁启超、章炳麟对人物的选择除了先秦就是明清之际,对明清之际早期启蒙思想家的顶礼膜拜表明他们的启蒙思想与谭嗣同等人一样与明清之际一脉相承。就先秦而言,梁启超将老子、墨子与孔子并誉为"三圣"或"三位大圣",章炳麟则首推庄子。就孔子与老子、墨子的关系而言,章炳麟的名言是:"墨子之学,诚有不逮孔、老者,其道德则非孔、老所敢窥视也。"②无论是老子在学问上的胜出还是墨子在道德上的超迈老孔都使孔子成为最后的甘拜下风者。一言以蔽之,如果说梁启超推崇的是老学、孔学和墨学三家而非孔学一家的话,那么,章炳麟则在九流十家中极力排斥儒家。第二,在对人物的态度和评价上,儒家情结决定了康有为以孔教、儒学为价值坐标来厘定众多国学人物的身份和关系,将老子、墨子说成是孔子后学,并且对两人大加贬损即是如此。严复、谭嗣同、梁启超和章炳麟或推崇道家或痛诋儒学或并不反对孔子、儒学而反对孔教或抨击孔子且排斥儒学,无论哪种做法,都有别于康有为在将孔子与儒学联为一体的前提下以提升孔子为手段而对儒家的情有独钟。

其次,国学人物研究在康有为国学研究中占有相当比重,意义非凡。作为他的国学研究不可或缺的重要组成部分,国学人物研究影响着康有为的国学研究的特色。

---

① 《仁学》,《谭嗣同全集》,中华书局1998年版,第293页。

② 《诸子学略说》,《章太炎政论选集》(上册)中华书局1977年版,第295页。

其一,在国学人物的数量选择上,康有为提及的国学人物之多足以令严复、谭嗣同或章炳麟等人相形见绌,对国学人物的整体布局和全面统筹远非梁启超可以企及。正如康有为的国学研究始终围绕着立孔教为国教的宗旨展开一样,为了证明孔教是中国的国教,孔子是中国的教主,他极力渲染孔学的势力和影响,提到的国学人物越多则越能凸显孔子的地位。在这方面,孔门的七十二贤人远远不够,除了孔子的弟子三千,康有为又加上了一个"徒侣六万"。"徒侣六万"对于孔子如此重要,以至于康有为煞费苦心地搜罗各种典籍,从不同角度一而再、再而三地印证这一点。下仅举其一斑:

> 孔子之学,门人七十,弟子三千,徒侣六万。①
>
> 《史记》谓通六艺者七十二人。孔子传之七十二弟子,弟子传之三千门人,门人传之六万徒侣。②
>
> 传经之学,子夏最多。孔子徒侣六万,见《穆子长集》。《吕览》谓,荀卿之徒著书布天下。③

在康有为那里,"徒侣六万"对于孔子至关重要,这是他对孔子"徒侣六万"津津乐道的原因。由此不难想象,需要多么多的国学人物来证明这一点,康有为提及的国学人物就有多么多了。

其二,在国学人物的诠释方式上,人物的共同身份和康有为人物研究的不变目标相互作用,共同指向一个结果,那就是:康有为对人物不是进行孤立或独立的个案研究,而是统一在孔子麾下,根据孔教来整体布局——无论他对人物的身份定位、思想解读还是态度评价都概莫能外。这种审视维度和诠释方式极大地拉开了康有为的国学人物研究与其他近代哲学家之间的距离。例如,谭嗣同与康有为一样以孔学整合诸子百家,却没有像康有为那样明确将老子、墨子说成是孔子后学,也没有执着于诸子的身份归属和传承谱系。再如,梁启超不仅提及的国学经典远远超过康有为,关注的国学人物也特别多。甚至可以说,康有为提及的人物在数量上足以令康有为汗颜,所

① 《康南海先生讲学记·儒家》,《康有为全集》(第二集),中国人民大学出版社 2007 年版,第 116 页。

② 《万木草堂口说·孔子改制》,《康有为全集》(第二集),中国人民大学出版社 2007 年版,第 148 页。

③ 《万木草堂口说·学术源流》,《康有为全集》(第二集),中国人民大学出版社 2007 年版,第 144 页。

提及的国学人物在数量上也足以与康有为比肩。下列一组数字可以从一个侧面展示梁启超视界中的人物之众:《中国之武士道》人物众多,仅在章节出现的人物就有 72 人;《又佛教与西域》中列出“东来诸僧”72 人,并且标出国籍;《中国印度之交通》中列出“西行求法”之人有名有姓者 105 人,佚名者 82 人——每人之后有籍贯、年代和事略,比康有为对许多国学人物的探究还要详尽;《佛经之翻译》中,列出了 50 余人的翻译队伍;《论中国学术思想变迁之大势》中出现人物数百人,这些人物都可谓国学人物;《老孔墨以后学派概观》最后专门附有“先秦诸子表”,对 84 位先秦诸子的国籍、学派和著述等情况予以辨明,其中尚不包括管子、子产、孙武和申不害等人。尽管如此,梁启超并没有像康有为那样对众多人物予以探究——既然并不像康有为那样关注他们的身份归属和传承谱系,当然也就谈不上像康有为那样进行人物比较了。至于严复和章炳麟的国学理念和研究,一个脱胎于司马谈的六家之分,一个沿袭刘歆的古文经学,与康有为之间的距离更可谓相去霄壤了。

其三,在国学人物的时间分布上,康有为国学视界中的人物分布侧重先秦,以先秦和宋明两个时期为重镇。相比较而言,他对汉唐和明清之际的国学人物提及不多。

对先秦诸子(周秦诸子)乐此不疲是近代哲学家的共同喜好,背后隐藏着诸多深层原因:第一,寻找精神家园的需要。近代是中国的多事之秋,对精神家园的守望比以往任何时期都显得必要而强烈。精神家园与学术源头关系密切,正是寻找精神家园、进行身份认同的需要促使近代国学家将周秦视为中国人的精神家园。第二,周秦诸子代表了中国文化的辉煌,足以傲视全球:从内部看,先秦时期,中国学术一派繁荣景象,学派林立,百家争鸣;从外部看,先秦时期正处于人类文明的“轴心时代”,中国的先秦诸子之学成为人类文明的一部分。总之,以先秦诸子观之,中国文化不惟不落后,反而走在了世界文明的前列。在这个意义上,先秦时期的诸子之学可以让中国人具有家园感,对于增强中国人的自信心和自尊心也大有裨益。第三,由于同处“轴心时代”,周秦诸子与古希腊和佛教兴起在时间上大致同时。康有为本人意识到了这一点,声称“通地球政教、文字,不出四大域。地球诸教,皆起于春秋时”①。严复、梁启超对此多有表述,梁启超甚至将中国的先秦七子与古希腊的七子相提并论。中国、印度和古希腊文化在时间上的共时

① 《万木草堂口说·学术源流》,《康有为全集》(第二集),中国人民大学出版社 2007 年版,第 141 页。

性既使先秦诸子的思想与佛学、西学之间具有了可比性，又有助于彼此之间相互诠释。可以看到，近代国学家不仅对先秦诸子之学与佛学、西学的比较兴趣盎然，而且热衷于借助后者对前者予以思想挖掘和发挥，以此推动中国固有之学的时代转换和内容创新。正是由于这些原因，不惟康有为，无论严复、谭嗣同、梁启超还是章炳麟都将目光聚焦先秦，先秦诸子也随之成为其中最亮丽的风景。

接下来的问题是，如果说关注先秦诸子是近代哲学家的共识，体现了康有为与同时代人的一致性的话，那么，对其他时期的国学人物的偏袒和取舍则显示了康有为与同时代人的差异性。一个明显的例子是，除了先秦诸子之外，康有为提及最多、赞誉最高的是宋明理学家。无论他对"北宋五子"的称赞，对朱熹、陆九渊、王守仁以及对南宋诸子如吕祖谦、陈亮、叶适和张栻的反复辨明都在近代哲学家中显得卓尔不群。相比之下，明清之际的众多人物如黄宗羲、顾炎武和王夫之等人则受到了严复、谭嗣同、梁启超和章炳麟等人的一致推崇和普遍关注，而这些人却没有引起康有为的足够兴趣，有些甚至入不了他的法眼。如果说先秦是康有为与其他近代哲学家的共同关注的话，那么，除先秦外，康有为的另一焦点则是宋明而非明清之际——从严复、谭嗣同、梁启超到章炳麟共同关注明清之际。谭嗣同对黄宗羲、王夫之的奉若神明，梁启超对众多明清之际人物的系统探究和反复研发，章炳麟对顾炎武等人的五体投地使明清之际早期启蒙思想家在近代哲学中成为显赫一族，他们的思想也成为近代哲学重要的理论来源。在这方面，值得大书特书的是梁启超。抛开《清代学术概论》《中国近三百年学术史》对明清之际人物的提及不谈，仅就专门论述，梁启超就有《明清之交中国思想界及其代表人物》《黄梨洲朱舜水乞师日本辩》《戴东原生日二百年纪念会缘起》《戴东原先生传》《戴东原哲学》《戴东原著述纂校书目考》《戴东原图书馆缘起》《颜李学派与现代教育思潮》等等流传于世。与此形成强烈对比的是，历来关注国学人物的康有为却没有像其他近代哲学家那样给予明清之际早期启蒙思想家以高度关注。诚然，康有为在讲学时讲到过"国朝学案"方面的内容，在讲述"学术源流"时也对明清之际的国学人物多有提及。例如，他不止一次地说道：

本朝四大家顾、黄、孙、李皆未遇。二曲、船山，李二曲高士。学者最要切己。王船山五十年不剃头，二十八岁失国，非常之气节。今尊顾亭林，以其考据也。不尊船山，以其心学也。亭林亦天下豪杰。本朝古音、金石出于亭林，音学为自得。《亭林文集》甚美。《日知录》内激论甚多，此矫枉过正。……梨洲大发《明夷待访录》，本朝一人而已。梨洲为本朝之宗。梨洲之学至后不甚光。①

纪晓岚言经学极谬。②

对于明清之际的人物，康有为不仅不止一次地提到了朱舜水，而且由于自己与朱舜水相同的东渡经历，在对朱舜水自感多了几分亲切的同时，对朱舜水传播儒学的功绩大加赞扬。例如，康有为在诗中赞曰："儒学东流二百年，派支盛大溯河先。生王难比死士垅，日本千秋思大贤。上续王仁传论语，隐同箕子访明夷。先生浮海能传教，却望神州应大悲。孔子已无丁祭拜，学风扫地丧斯文。我游印度佛教绝，一线儒传或赖君。德川儒业世昌丰，楠社看碑访落红。十五年来重避地，每怀舜水庶高风。未随裙屐拜遗碑，仅自图文寄梦思。它日海云访水户，先从阡墓植松枝。"③

需要说明的是，明清之际的人物并非康有为关注的重点，恰好相反，他对先秦、宋明人物的关注显然远远超过了明清之际的国学人物。仅以《南海师承记》的记载为例，其中就有《讲宋学》《讲周子通书》《讲宋元学派》《讲明儒学派》《讲明儒学案及国朝学案》。一目了然，康有为的讲授侧重宋元明，而以宋学为主，宋明在其中的位置和比重是明清之际（"国朝"）望尘莫及的。此外，康有为给予董仲舒、刘歆的关注度远在其他近代哲学家之上，被康有为誉为"孔子之后一人"的董仲舒甚至很少被其他近代哲学家所提及。

其四，在国学人物的身份归属上，与以教治教的目的一脉相承，受制于立孔教为国教、以孔子对抗耶稣的共同目标，康有为将先秦时期的诸子百家皆归为孔子之学一家，对先秦、汉唐、宋元明清等不同时期的人物也以是否出于孔门为标准予以审视和梳理。具体地说，在国学人物的态度评价上，受制于儒家情结，康有为对国学人物的身份归属以是否为孔子后学为标准，对国学人物身份归属的定位和传承谱系的勾勒以是否为孔学嫡传为标准，对国学人物的态度评价以有功于孔教的传播或有功于对孔教的发明为标准。

---

① 《万木草堂讲义·七月初三夜讲源流》，《康有为全集》（第二集），中国人民大学出版社2007年版，第290—291页。

② 《万木草堂讲义·七月初三夜讲源流》，《康有为全集》（第二集），中国人民大学出版社2007年版，第291页。

③ 《明末朱舜水先生避地日本，德川儒学之盛自此传焉。今二百五十年，德川公国顺举改碑祭，名侯士夫集而行礼者四百余人。吾在须磨不能预盛典，寄松树植墓前，附以五诗以寄思仰》，《康有为全集》（第十二集），中国人民大学出版社2007年版，第367页。

康有为特意强调："孔子弟子，不以富贵为事，专以传教为事。"①

康有为的上述做法是特立独行的，也远远拉开了与同时代哲学家之间的距离。在国学研究的内容上，严复、章炳麟不以国学人物研究为主要内容，也不以身份归属作为国学人物研究的维度或内容。梁启超在老子、孔子和墨子同为"三位大圣"的前提下，对"三圣"的后学予以追溯，将众多国学人物分别归入老学、孔学和墨学之中。在此过程中，尽管牵涉身份归属和传承谱系问题，然而，这些并不是梁启超考虑的重点，甚至国学人物研究在他整个的国学思想中远敌不上经典研究的分量。正因为如此，梁启超最喜欢做的是一再为国人开具国学书目单，而不是撰写国学人物志。就梁启超对于国学书目的关注和解读而言，无论《国学入门书要目及其读法》还是《要籍解题及其读法》都堪称经典。康有为对于国学人物身份归属的关注非同寻常，这一点通过与谭嗣同的比较可以看得更加清楚：在将诸子百家归结为孔子之学上，谭嗣同与康有为走得最近，并与康有为一样将无所不包的孔学分为两大支。尽管如此，这只是问题的一个方面，问题的另一方面是，谭嗣同对于国学人物的侧重和态度与康有为大不相同，其中的最大区别并不在于谭嗣同将康有为视界中的孔学两大支的代表人物由孟子与荀子改成了庄子与孟子，而在于不再像康有为那样凸显争教主题。与此相一致，谭嗣同不再像康有为那样将孔子后学划分为泾渭分明甚至势不两立的两大阵营，也不再像康有为那样在孔教内部、外部不厌其烦地将孔教的传播过程演绎为时时处于你死我活之中的争教过程。

三、误　区

康有为围绕着立孔教为国教的宗旨展开的人物研究受制于他的国学观，也受制于他的孔教观。特殊的立言宗旨和理论视域使康有为的国学观、孔教观带有无法克服的致命缺陷，也决定了他对包括先秦诸子在内的国学人物研究不论选择侧重、身份归属还是思想诠释、态度评价都带有与生俱来的偏见，终究逃不脱明显而固执的理论误区。

首先，出于立孔教为国教的需要，康有为将先秦时期的诸子百家都归结为孔子之学一家，并且依据立孔教为国教的需要和对孔教的界定来梳理先秦诸子以及汉唐、宋明时期的所有国学人物的身份归属、思想关系。

康有为的这一做法引起了以孔子与老子、墨子关系为首的先秦诸子关

① 《万木草堂口说·学术源流》，《康有为全集》（第二集），中国人民大学出版社 2007 年版，第 145 页。

系的混乱和矛盾。例如,对于孔子与老子、墨子的关系,康有为一会儿说老子、墨子是孔子后学;一会儿又说老子、墨子与孔子争教。于是,孔子与老子、墨子的关系以及孔教与老教、墨教即孔学与老学、墨学的关系变得扑朔迷离起来,并由此导致更大的困惑,直指对全部中国固有之学的把握。对此,人们不禁要问:囊括诸子百家的中国固有之学即国学究竟是孔教一家还是孔教与老教、墨教三分天下?再如,对于孔子与战国诸子的关系,康有为一会儿宣称百家皆孔子之学,包括老子、墨子[①]在内的先秦诸子都是孔子后学,一会儿又说战国诸子纷纷创教,就是为了与孔子争教。康有为的"出尔反尔"使战国诸子到底是孔子后学还是与孔子争教者亦随之成了问题。对此,人们不禁疑窦丛生:孔子与战国诸子究竟是何关系?这一关系直接影响着对战国诸子身份的认定,同时直指孔子的身份问题。

其次,与众多国学人物的关系混乱密切相关的是,康有为对国学人物的选择侧重存在严重偏颇。强烈的功利性和目的性使他对国学人物的关注和评价时时陷入过度偏袒与过度鞭挞两个极端,难以保证公允和公正。

就对国学人物的侧重而言,与提到众多先秦诸子形成强烈反差的是,康有为对某些先秦时期的国学人物闭口不谈或者重视不够,主观好恶和偏袒极为明显。这方面的典型例子,则非孙子和屈原莫属。

孙子有时特指孙武,这里合指孙武和孙膑。孙武(约公元前545——约公元前470),又称吴孙子,所著兵法后世流传下来十三篇,又称《孙子十三篇》。孙膑(约公元前380——约公元前320)是孙武的后世孙,又称齐孙子,著《孙膑兵法》。据《韩非子·五蠹》记载:"境内皆言兵,藏孙、吴之书者家有之。"由此,可以想象孙武以及兵家典籍在先秦时期的影响之大。鉴于孙武在当时的广泛影响,今人杨义甚至提出了"春秋三始"之说。作为"春秋三始"的,除了老子和孔子,就是孙武,可见杨义给予孙武的地位之高。杨义如此立论的根据是:老子作道德五千言,开道家之宗;孔子聚徒讲学,开儒家之宗;孙武以《孙子兵法》见吴王阖闾,开兵家之宗[②]。无论"春秋三始"之说能否成立,杨义的这一提法本身就从一个侧面证明了孙武在先秦学中的不可或缺或对于中国文化的重要影响,也注定了作为孙武后人的孙膑在国学人物中即使不像先秦七子那样受到热捧,至少应该占有重要一席。遍议先秦诸子的康有为偶尔提到了孙武(吴孙子),也不止一次地

① 康有为将两人的生存时间后移,都说成是战国时人,并且与孟子是同辈。这用他本人的话说便是:"墨子为子夏后辈,杨、墨、老,孟子一辈。"(《万木草堂口说·诸子》,《康有为全集》(第二集),中国人民大学出版社2007年版,第178页)

② 《光明日报》2014年2月24日,《光明讲坛》版。

提到了《孙子》(《吴孙子》)一书。尽管如此,康有为不惟没有给予孙武或《孙子》以充分重视,反而不忘加以鞭挞。例如,康有为一而再、再而三地声称:

> 兵家出于老子。①
>
> 武后令武士读《孙子》十三篇。②
>
> 吴孙子,子夏弟子,最不孝,其母死,不奔丧。《吴孙子》一篇,见《武备志·吴子》。③

康有为所说的"吴孙子"即孙武,又称孙武子,所著兵法称为《孙子》《吴孙子》《吴孙子兵法》《孙子兵法》《孙子十三篇》等。《孙子兵法》保留下来的就有十三篇,不知是有心还是无意,康有为却只称"《吴孙子》一篇"。更有甚者,康有为指责孙武"最不孝",这些与他断言以不仁为立教宗旨的老子开出兵家一样都表露出对孙武的敌意。至于孙膑,在康有为那里的处境则更惨,始终都没有露面的机会。

就对国学人物的评价而言,在康有为那里,过度偏袒意味着关注度的失衡,具体表现为对许多国学人物或者过度膜拜,或者重视不够。抛开汉唐时期的董仲舒,就先秦诸子而言,如果说康有为过度膜拜的典型是孔子、孟子的话,那么,重视不够方面的例子则非屈原莫属。对于先秦七子,最普遍的观点是指孔子、老子、墨子、孟子、庄子、荀子和韩非子。不过,这并非唯一版本,上面提到的"春秋三始"之说似乎要为孙武在先秦七子中争取一席之地。此外,文怀沙更直接地提供了先秦七子的另一个版本,西施和屈原榜上有名。这种提法是否公允属另一问题,重要的是这种观点的提出本身就说明了一个问题,那就是:屈原作为中国第一位"实名"诗人对于中国文学的影响不可低估,理应受到足够的重视和尊敬。到了康有为那里,屈原的文学成就被抹杀,屈原本人也变得黯淡无光。

诚然,康有为在讲"赋学""诗赋家"时提到了屈原,他的说法却耐人寻味:

---

① 《南海康先生讲学记·兵家》,《康有为全集》(第二集),中国人民大学出版社 2007 年版,第 119 页。

② 《南海康先生讲学记·古今学术源流》,《康有为全集》(第二集),中国人民大学出版社 2007 年版,第 106 页。

③ 《南海康先生讲学记·兵家》,《康有为全集》(第二集),中国人民大学出版社 2007 年版,第 119 页。

赋学开自《荀子》,《离骚》继之。①

赋之源流见于《周礼》与《毛诗》,荀子之《赋篇》最古,次屈原之《离骚》。②

《荀子》书中有《成相》篇和《赋》篇,《成相》篇共五十六章,分为三篇,实际上是三首赋。今行本《荀子》的《成相》篇与《赋》篇前后相连,《成相》篇在前,接下来便是《赋》篇。《赋》篇包括礼、知(智)、云、蚕、针(箴)五个赋。这五个赋各描写一种事物,末尾点出谜底。每个赋的前半部是接近于诗的谜语,句式较为整练;后半部句式较为散文化,类似于《楚辞·卜居》的猜测之辞。《赋》篇末尾是一首诗和一首歌,与前面五个赋的风格迥然不同。赋指"不歌而诵"的文体,酝酿于先秦,正式滥觞于《荀子》。把赋作为一种文体始于《荀子·赋》篇,《荀子》中《成相》篇的三首赋与《赋》篇的五首赋和"佹诗""小歌"一起被《汉书·艺文志·诗赋略》统称为《孙卿赋十篇》。赋鼎盛于两汉,司马相如是汉代"四大赋家"(司马相如、扬雄、班固和张衡)之首,自然或这样或那样地受到荀子的影响。至于《荀子》的《赋》篇五赋后半部分的解谜之语,则与《楚辞》尤其是其中的《卜居》具有高度的相似性。其实,班固在《汉书·艺文志·诗赋略》中通过诗与赋的关系已经道出了荀子(孙卿)与屈原、司马相如之间的传承关系。从这个意义上说,康有为肯定屈原之《楚辞》与《荀子》之《赋》之间的关系并非没有道理。问题的关键是,康有为将荀子(前313—前238)置于屈原(前340—前278)之前,断言荀子是赋学开山,屈原步其后尘,这不免让人大跌眼镜。或许是意识到了两人生卒时间的先后问题,康有为提出了"赋之体本于《骚》,其名本于《荀子》"③的观点,强调赋之文体开于屈原的《离骚》,对其命名则始于《荀子》。这等于肯定了屈原的诗赋贡献。尽管如此,他接下来的这段话无疑又将屈原打入了万劫不复的深渊:"古人之赋有三体:一曰文赋,《高唐》、《神女》是也。二曰答问之赋,《西京》、《东京》、《上林》是也,此为最古之赋。三曰咏物赋,如荀子之《云赋》,《文选》之《琴赋》是也。后来文赋分两体,一排赋,《京殿》、《苑猎》之类。一古排赋中之文赋也。"④据此可见,康有为在讲赋时,将屈原完全排除在外。

① 《康南海先生讲学记·诗赋家》,《康有为全集》(第二集),中国人民大学出版社2007年版,第118页。

② 《万木草堂口说·赋学》,《康有为全集》(第二集),中国人民大学出版社2007年版,第199页。

③ 《万木草堂口说·赋学》,《康有为全集》(第二集),中国人民大学出版社2007年版,第199页。

④ 《万木草堂口说·赋学》,《康有为全集》(第二集),中国人民大学出版社2007年版,第199页。

值得提及的是,康有为曾经作诗赞扬屈原,并对《离骚》中抒发的忧国之情予以表彰。诗云:"中原大雅销亡尽,流入天南得正声。试问诗骚选何作?屈原家父最芳馨。褒姒灭周天丧乱,《离骚》忧国语涕洟。银河手挽无多泪,应识幽思托选诗。"①尽管如此,应该看到,这种情形在他那里是不多见的。换言之,推崇屈原其人其诗对于康有为来说并非"常态"。显而易见,康有为视界中的屈原或者说康有为给予屈原的关注和地位与屈原原本的身份极不相称。事实上,康有为对屈原的关注不仅与屈原的地位相差悬殊,而且与康有为对先秦诸子的关注相比也反差极大,即便是与司马相如相比亦明显不足。

对于与屈原一样作为文学家的西汉时期的司马相如,康有为不厌其烦地说道:

> 孟子、荀子辈义理体。司马相如辈词章体。②
>
> 孟子至董子义理体,司马相如辈词章体。③
>
> 《墨子》以《经上》、《经下》为奏议之宗。司马相如词赋之宗。汉人文章,承孔子《礼记》之余。④
>
> 扬子云、柳子厚善于摹仿相如,昌黎善于创造。⑤

第一、第二段议论显示,在讲述"文章源流"时,康有为将孟子、荀子和董仲舒之文章归为义理体,将司马相如之文章归为词章体,压根就没有提及屈原之文章。如果说这两段话是就"文章"议论的,并不包括诗词赋的话,那么,第三段议论则显示,即使专门讲"词赋",康有为也没有把屈原放在眼里。可以看到,康有为的做法是,将司马相如奉为"词赋之宗",而没有提到开创楚辞的屈原。第四段议论显示,康有为肯定司马相如对东汉、唐代文学的重要影响,断言扬雄、柳宗元接续了司马相如的衣钵,并且提到了与柳宗

① 《题菽园孝廉〈选诗图〉》,《康有为全集》(第十二集),中国人民大学出版社 2007 年版,第 204 页。

② 《南海师承记·讲文章源流》,《康有为全集》(第二集),中国人民大学出版社 2007 年版,第 242 页。

③ 《万木草堂口说·文章源流》,《康有为全集》(第二集),中国人民大学出版社 2007 年版,第 194 页。

④ 《万木草堂口说·文章源流》,《康有为全集》(第二集),中国人民大学出版社 2007 年版,第 194 页。

⑤ 《万木草堂口说·文章源流》,《康有为全集》(第二集),中国人民大学出版社 2007 年版,第 194 页。

元一样是“唐宋八大家”的韩愈，同样没有提及屈原。之所以会出现上述情况，归根结底取决于康有为视界中的屈原与孔子的关系。具体地说，康有为凸显司马相如之赋与荀子——尤其是《荀子·成相》篇之间的继承关系，这使司马相如成为孔子后学，司马相如在汉赋领域的影响也证明了孔子的魅力。康有为虽然明言屈原是孔子后学，但是，他并没有提到屈原的思想而是凸显屈原的行为。对于这一点，康有为将屈原归为澹台灭明一派即是明证。澹台灭明其人出自《论语》，仅一见。《论语》对他的记载如下：

> 子游为武城宰。子曰：“女得人焉耳乎?”曰：“有澹台灭明者，行不由径。非公事，未尝至于偃之室也。”(《论语·雍也》)

据此可知，澹台灭明是子游手下，子游对他的评价是，此人走路不走小路，不因公事不到自己的屋里来。在这个背景下，回过头来看康有为对屈原的归属尤显意味深长。康有为说道：“子夏其学最大，经学全是子夏传出来，传《春秋》、传《书》虽不著，然亦兼通之。陈良、屈原皆澹台灭明派。子思是子游之学派。《礼运》为子游之学派。”①在这里，康有为将孔子亲授弟子划分为三派，子夏、澹台灭明与子游各属一派。对于这三派，康有为夸赞子夏其学宏大，传《春秋》《尚书》；子游开出子思代表的思孟学派，并且传《礼运》。唯独澹台灭明，既无传经之功，又无发挥微言大义之学。在这个前提下，康有为将屈原与陈良相提并论，一起归入澹台灭明一派，对屈原的关注和评价由此可见端倪。这是因为，康有为对屈原的归属没有因为澹台灭明与子游的关系(至少两人相识、属于上下级)而将屈原归入子游一派，而是将之与澹台灭明单独列为一派，故而使屈原与作为孔子亲授弟子的子夏、子游隔离起来。这等于让屈原与子夏的文学和子游的学说相抗衡，同时也宣布了屈原与两人的文学、思想并无内在关联。康有为的做法旨在表明，屈原的思想与擅长文学的子夏和作为正学的子游无关。当然，在这种情况下，康有为也不可能将屈原的文学贡献纳入视野，因为这方面的代表有子夏在。

分析至此不难发现，如果说康有为讳言孙子是因为认定兵家是不祥之物、兵家的思想与作为孔教宗旨的仁背道而驰，故而对兵家敬而远之②的

① 《万木草堂讲义·七月初三夜讲源流》，《康有为全集》(第二集)，中国人民大学出版社2007年版，第282页。

② 康有为提及过吴起，将之说成是孔子后学。

话，那么，康有为对屈原的轻视同样受制于他的孔教观，也把他对先秦诸子选择的主观性、随意性发挥得淋漓尽致。

就先秦诸子之外的国学人物来说，康有为同样是本着与孔教相关的原则予以取舍的。以汉唐时期为例，他所讲的汉唐学始终将目光投向董仲舒、司马迁与刘歆、韩愈等极少数人，这些人的共同点是与他所讲的孔教相关，共同使命是呈现孔教在汉唐的传播状况；其中，董仲舒和司马迁是护教、传教的功臣，刘歆和韩愈则是败坏孔教的罪人。除此之外，康有为对汉唐时期的诸多重要人物不是语焉不详，就是避而不谈，这方面的例子从王弼、裴頠、张湛、欧阳建到僧肇、刘禹锡等等，总之可以列出一长串的名字。以宋明时期为例，康有为对宋明学的总体评价不高，理由是："周、程、朱、张二千年来莫之能及也，其学为孔子传人，然尚非嫡派耳。"①在这里，他先是断言宋明理学家是孔子后学，接着抨击他们的思想混入佛老而非孔子嫡传。康有为肯定宋明学是孔子后学旨在彰显孔教在宋明时期的薪火相传，证明孔教是中国的国教；强调宋明学非孔子正宗旨在证明中国几千年传承的并非孔教之真教旨而是将孔子大道狭隘化的荀学，因为刘歆之学（歆学）不过是荀学之一小支，宋明学则不出歆学之一小支。这样一来，借助汉唐和宋明时期的国学人物，康有为"直观"地呈现了孔教的传播状况——既为孔教争地位，使之当仁不让地成为中国的国教；又为孔教正名，强调孔教放诸四海而皆准，是荀子、刘歆和朱熹等人破坏了孔教，使孔子的微言大义闇而不发，致使几千年的孔教传播异化为荀学世界、朱学世界而非孔学世界。更为重要的是，凭借对汉唐、宋明人物的梳理和点评，康有为不仅提升了孔教的地位，而且指明了中国的出路——恢复孔教之真教旨，立孔教为国教。综观康有为的思想可以看到，这一动机贯穿他对从先秦到宋明人物的选择侧重和态度评价，甚至左右着他的国学人物研究的致思方向、主体内容、价值旨趣和理论特色。这是因为，康有为的先秦学、汉唐学和宋明学研究是借助众多的国学人物进行的，对国学人物的选择取舍、思想解读和态度评价是其中最直观也最重要的内容。

再次，康有为是以国学家尤其是发挥微言大义的公羊学家的立场、视角和方法进行研究的，这决定了他审视国学，并选择国学人物的做法是，以国学理念取舍、裁剪国学人物。因此，无论康有为对国学人物的选择取舍、身份归属还是思想解读、态度评价都是国学理念先行，以国学理念带动经验，

① 《万木草堂口说·学术源流（四）》，《康有为学术文化随笔》，中国青年出版社1999年版，第9页。

甚至是以国学理念取代实证。换言之,康有为不是基于所要研究的国学人物的第一手资料去解读这一人物的思想,然后由众多国学人物串起历史,整合出国学理念;而是让具体而鲜活的国学人物服务于抽象的国学理念,在以论代史中根据自己的好恶和需要随意取舍、裁剪国学人物。他这样做的最终结果是,以国学理念取代实证,以理念取舍人物。基于这一致思方向和研究范式,康有为的国学人物研究不是注重经典文本,而是着重发挥微言大义。在这方面,康有为对孔子的形象定位和思想阐发如此,对其他国学人物如法炮制。既然不是论从史出,而是一切全凭"发明",那么,康有为的结论石破天惊也就不令人感到意外了。例如,他反复发出这样的断言:

> 孔子至今二千九百余年。①
> 墨子为子夏后辈,杨、墨、老,孟子一辈。②

至于康有为得出的结论的漏洞百出、前后矛盾似乎成了家常便饭。例如,"'六经'皆孔子作"是康有为的主要观点,甚至是他证明孔子是教主的理论前提。不仅如此,在肯定六经皆出自孔子之手的同时,康有为又宣称:"文王之文,传于周公。周公之文,传于孔子。"③于是,六经究竟出自何人之手便成了悬而未决的谜题,正如孔子与老子、墨子的关系究竟是教主与后学还是相互争教者一样始终是一大谜团。

与国学人物研究的情形类似,国学理念的偏颇注定了康有为的国学经典研究具有与生俱来并且无法克服的理论误区。一个明显的证据是,康有为著有《春秋董氏学》《春秋笔削大义微言考》《孟子微》《论语注》《中庸注》《礼运注》《大学注》等著作,是对《春秋繁露》《春秋》《孟子》《论语》《中庸》《礼记》《大学》等经典的诠释。对此,有两点需要进一步澄清:第一,康有为解读国学经典的方式是热衷于发挥大义,存在明显的过度诠释以及由此而来的误读现象。因此,诠释经典并不能证明康有为对国学人物的阐发依据国学经典而来。第二,康有为对国学经典的解读基本上属于儒家经典,以儒家经典代表全部国学经典与他以儒代孔即囊括诸子百家的孔教一样是站不

① 《万木草堂口说·学术源流》,《康有为全集》(第二集),中国人民大学出版社 2007 年版,第 143 页。

② 《万木草堂口说·诸子》,《康有为全集》(第二集),中国人民大学出版社 2007 年版,第 178 页。

③ 《南海康先生讲学记·易》,《康有为全集》(第二集),中国人民大学出版社 2007 年版,第 113 页。

住脚的,存在着明显的以偏概全之嫌。即使是发挥微言大义,康有为对众多国学人物的关注尚只停留在关注层面,而缺少必要的文本研究。一个明显的证据是,康有为很少对于国学人物的专门研究,《尊朱》《中和说》《读庄子天下篇》是对朱熹思想和《庄子·天下》篇的阐发,却只是小短文。康有为并没有像梁启超那样推出《王荆公》《南海康先生传》《李鸿章》(《中国四十年大事记》)《张博望班定远合传》《黄帝以后第一伟人赵武灵王传》《明季第一重要人物袁崇焕传》《管子传》《中国殖民八大伟人传》《祖国大航海家郑和传》《老子哲学》《孔子》《子墨子学说》《墨子学案》《情圣杜甫》《陶渊明》《屈原研究》等以国学人物或国学人物思想为题的研究。《春秋董氏学》是对《春秋繁露》的编排,既算不上是对《春秋繁露》的文本解读,亦算不上是对董仲舒的人物研究。诚然,康有为著有《孟子微》,然而,正如他自己所说,选择《孟子》进行发微,是因为"举中国之百亿万群书,莫如《孟子》矣"①。这就是说,《孟子微》发挥的是《孟子》这部书而不是孟子这个人的思想。不仅如此,就康有为对《孟子》这部书的发微而言,在康有为那里是作为四书的一部分出现的——之所以要发微《孟子》,是因为孟子对于孔子大道无所不窥,并且离孔子年代较近。因此,借助《孟子》可以窥见孔子的微言大义,进而对孔子大道登堂入室。

上述内容显示,无论从哪个角度看,都不可对康有为的国学研究和国学理念做纯粹学术的理解,抛开贯穿始终的强烈而执着的立孔教为国教的政治目的和现实意图不谈,仅就研究的方法和结论的公正而言,亦可作如是观。康有为的包括国学理念在内的国学人物研究将公羊学发挥微言大义的传统运用到了登峰造极的地步,也由此决定了他对国学人物的研究永远都不可能成为"写真集"。可以看到,康有为对国学人物的身份勾勒和思想阐发是素描而非真正意义上的画像——对孔子的热切关注和奉若神明决定了康有为聚焦孔子、孟子、荀子、董仲舒和朱熹等极少数国学人物,对于与孔子无关的国学人物充其量只能是匆匆一瞥而非驻足凝眸。更有甚者,对实证研究的轻蔑和对国学经典的过度诠释预示了康有为即便是对国学人物的素描也只能是漫画而决不可能是标准像。漫画是康有为的国学人物研究所采取的必然形式乃至唯一形式,之所以采取漫画的形式,除了他对于国学人物缺少实证研究而难以深入带来的无法达到精准、清晰这个"技术上"的原因之外,还有一个更深层的原因——康有为作人物画原本要表达的是意象而

① 《孟子微》新民丛报本序,《康有为全集》(第五集),中国人民大学出版社2007年版,第412—413页。

非写实。借助尽可能多的国学人物渲染意象,把孔子从人打造成神是康有为不改的初衷。这一初衷表明,从康有为提笔作画开始,就注定了他画出来的是写意画而非写实画。更为致命的是,康有为的意是胸中之意,早在为众人画像之前就已经存于胸中。因此,康有为对国学人物的写意不是取决于他所画的每个人的特点而是取决于对孔教的理解和孔教的需要。由于始终以孔教为画谱为众多国学人物画像,康有为画出的人物像难以逃脱"不像本人"的宿命窠臼,由各个时期的众多国学人物共同拼接起来的中国哲学史、文化史和思想史也只能是"戏说"而非"正史"。这是因为,以经典文本为首的第一手资料是哲学史、文化史、思想史以及相关国学人物研究的基础,离开坚实的第一手资料,一切研究以及结论都将成为无稽之谈。由于对经典的过度诠释,康有为对国学人物的定位和解读以论代史,由此拼接、组合出来的中国哲学史、文化史和思想史亦是如此。正是由于这个原因,通过康有为的国学研究和人物图像研究他的思想创新可,以此理解这些国学人物以及中国哲学史、文化史和思想史则不可。

主要参考文献

1. 康有为:《康有为全集》(共 12 集),姜义华、张荣华编校,中国人民大学出版社 2007 年版。

2. 康有为:《康有为全集》(第一集),上海古籍出版社 1987 年版。

3. 康有为:《大同书》,中州古籍出版社 1998 年版。

4.《南海康先生口说》,吴熙钊、邓中好校点,中山大学出版社 1985 年版。

5.《康有为学术文化随笔》,董士伟编,中国青年出版社 1999 年版。

6.《十三经》,吴哲楣主编,国际文化公司 1995 年版。

7.《春秋公羊传译注》,王维堤、唐书文撰,上海古籍出版社 2007 年版。

8.《春秋穀梁传译注》,承载撰,上海古籍出版社 2006 年版。

9.《左传》,蒋冀骋标点,岳麓书社 1993 年版。

10.《诗经译注》,周振甫注,中华书局 2005 年版。

11.《尚书译注》,李民、王健注,中华书局 2000 年版。

12.《周易译注》,周振甫注,中华书局 2001 年版。

13.《礼记译注》,杨天宇撰,上海古籍出版社 1997 年版。

14.《礼记正义》,十三经疏本,中华书局 1980 年版。

15.《论语译注,》杨伯峻注,中华书局 1980 年版。

16.《论语注疏》,十三经疏本,中华书局 1980 年版。

17.《老子正诂》,高亨著,中华书局 1959 年版。

18.《老子校释》,朱谦之撰,中华书局 2000 年版。

19.《墨子》,墨翟著,毕沅校注,吴旭民标点,上海古籍出版社 1995 年版。

20.《孟子译注》,杨伯峻注,中华书局 1960 年版。

21.《孟子注疏》,十三经疏本,中华书局 1980 年版。

22.《管子》,李山注解,中华书局 2009 年版。

23.《庄子浅注》,庄子注,曹础基注,中华书局 1982 年版。

24.《荀子集解》,王先谦解,诸子集成本,中华书局 1996 年版。

25.《列子集释》,杨伯峻撰,中华书局 1979 年版。

26.《淮南子译注》,陈广忠注译,吉林文史出版社 1993 年版。

27. 董仲舒:《春秋繁露义证》,苏舆撰,钟哲校点,中华书局 1996 年版。

28. 司马迁:《史记》,李全华标点,岳麓书社 1994 年版。

29. 班固:《汉书》,岳麓书社 2008 年版。

30. 王充:《论衡》,上海人民出版社 1974 年版。

31. 葛洪:《抱朴子内篇校释》,王明撰,中华书局 2002 年版。

32.《韩昌黎文集校注》,韩愈撰,马其昶校注,马茂元整理,上海古籍出版社 1986 年版。

33.《新唐书》(全二十册),欧阳修、宋祁撰,中华书局 1975 年版。

34.《周敦颐集》,中华书局 2010 年版。

35.《邵雍集》,中华书局 2010 年版。

36.《张载集》,中华书局 2006 年版。

37.《二程集》,中华书局 2004 年版。

38.《朱子全书》(共二十七册),上海古籍出版社、安徽教育出版社 2002 年版。

39.《陆九渊集》,钟哲点校,中华书局 1980 年版。

40.《王阳明全集》,吴光、钱明、董平、姚延福编校,上海古籍出版社 1992 年版。

41.《洋务运动》(一、二、八)(中国近代史资料丛刊),中国史学会编,上海人民出版社 1961 年版。

42.《戊戌变法》(全四册),中国史学会主编,上海人民出版社 2000 年版。

43.《辛亥革命前十年间时论选集》(第 1、2 卷),张枬、王忍之编,三联书店 1960、1963 年版。

44.《谭嗣同全集》(增订本),蔡尚思、方行编,中华书局 1998 年版。

45.《梁启超全集》(共 10 册),张品兴等主编,北京出版社 1999 年版。

46.《严复集》(共 5 册),王栻主编,中华书局 1986 年版。

47.《国学概论》,章太炎讲演,曹聚仁整理,上海古籍出版社 2007 年版。

48. 章太炎:《国故论衡》,上海古籍出版社 2003 年版。

49.《章太炎政论选集》(上下册),汤志钧编,中华书局 1977 年版。

50.《章太炎全集》(1—6),上海人民出版社 1982—1986 年版。

51.《章太炎选集》,朱维铮、姜义华编注,上海人民出版社 1981 年版。

52.《坛经校释》,慧能著,郭朋校释,中华书局 2007 年版。

53.《华严经今译》,张新民等注释,中国社会科学出版社 2007 年版。

54.《西方哲学原著选读》(上下卷),北京大学哲学系编译,商务印书馆 1984 年版。

55.《十六——十八世纪西欧各国哲学》,北京大学哲学系编译,商务印书馆 1975 年版。

56. 侯外庐主编:《中国古代社会史论》,河北教育出版社 2002 年版。

57. 龚书铎主编:《中国社会通史》(全八册),陕西教育出版社 1996 年版。

58. 李泽厚:《中国近代思想史论》,生活·读书·新知三联书店 2009 年版。

59. 王尔敏:《中国近代思想史论》,社会科学文献出版社 2003 年版。

60. 冯契:《中国近代哲学的革命进程》,华东师范大学出版社 1997 年版。

61. 侯外庐主编:《中国近代哲学史》,人民出版社 1978 年版。

62. 牟钟鉴、张践主编:《中国宗教通史》(上下卷),中国社会科学出版社 2007 年版。

63. 方立天:《中国佛教与传统文化》,长春出版社 2007 年版。

64. 冒从虎、张庆荣、王勤田主编:《欧洲哲学通史》(上下卷),南开大学出版社2008年版。

65. 全增嘏主编:《西方哲学史》(上下册),上海人民出版社2007年版。

66. 罗检秋:《近代诸子学与文化思潮》,中国社会科学出版社1998年版。

67. 汤志钧:《康有为与戊戌变法》,中华书局1984年版。

68. 魏义霞:《中国近代国学研究》,生活·读书·新知三联书店2013年版。

69. 魏义霞:《康有为先秦七子研究》,人民出版社2017年版。

后　　记

康有为是叱咤风云的政治家，更是学问淹博的学问家。他的学问融贯中西，却以国学为母版。与此同时，康有为的学问以大胆创新、独辟蹊径而令世人瞩目。作为近代的国学家，他的国学研究理念、经典与人物三位一体，国学人物研究在其中不可或缺。作为戊戌变法的领袖，康有为的国学研究既肩负着救亡图存与思想启蒙的历史使命，又围绕着立孔教为国教这个中心展开。他对国学人物的审视、解读和评价既拥有全球多元的文化视野，又由于淋漓尽致的微言大义而带有鲜明的康氏范式。正是由于这个原因，康有为的国学人物研究对于把握康有为的思想意义非常，并且妙趣横生。在他的视界中，人物与人物之间不是零散的而是相互关联的，共同组成了一个“有机”整体。透过康有为的国学人物研究，不仅可以直观感受康有为思想的儒家立场和学术底色，而且可以深刻领悟他的学术旨归和价值诉求。

《康有为国学人物研究》是对康有为国学人物研究之研究，国学人物与国学理念、国学经典一样是康有为国学研究的一部分。作为公羊学家，康有为对国学人物的解读目的明确，新意迭出。作为学问家，康有为对“百家皆孔子之学”的论证牵涉诸多国学人物。由于之前出版了《康有为先秦七子研究》，为了避免重复，本书没有收入作为先秦七子的孔子、老子、墨子、孟子、庄子、荀子和韩非。考虑到孔子、老子、墨子、孟子和荀子的重要性特别是康有为对他们的青睐有加，书中将他们通过比较的方式置于个案之后。就人物个案而言，由于字数问题，出版时删除了康有为关注的一些国学人物，如告子、司马迁、朱熹和陆九渊等。就书中现有的内容而言，涵盖了从先秦到汉唐再到宋明在内的国学人物，大致呈现了康有为的中国国学史、哲学史和学术史。

《康有为国学人物研究》所依据的文本以全集为主，相关人物如谭嗣同、梁启超均是如此。需要说明的是，就康有为的文献来说，以中国人民大学出版社 2007 年版的《康有为全集》为基本文本，此外还采用了以下四种文本：《康有为全集》（第一集），上海古籍出版社 1987 年版；《大同书》，中州古籍出版社 1998 年版；《南海康先生口说》，中山大学出版社 1985 年版；《康有为学术文化随笔》，中国青年出版社 1999 年版。在以中国人民大学出版社 2007 年版的《康有为全集》为基本文本的前提下之所以还保留上海古籍出版社的《康有为全集》(第一集),是因为书中引用的一段话在中国人民大学出版社版的全集中没有找到。至于《大同书》,《康有为国学人物研究》所引用的原文均出于此书而不是出自《康有为全集》。众所周知,《大同书》具有多个版本,不同版本的内容稍有差异。中州古籍出版社版的《大同书》与中国人民大学出版社版的《康有为全集》收录的《大同书》内容之间具有很大的不同,前书中的某些话在后者中阙如。例如,中州古籍出版社1998年版的《大同书》中有这样一段话:“然虽有神圣,尊之亦有限制,以免教主合一,人民复受其范围,则睿思不出而复愚矣。即前古之教主圣哲,亦以大同之公理品其得失高下,而合祠以崇敬之,亦有限制焉,凡其有功于人类、波及于人世大群者乃得列。若其仅有功于一国者,则虽若管仲、诸葛亮之才,摈而不得与也;若乐毅、王猛、耶律楚材、俾士麦者,则在民贼之列,当刻名而攻之,抑不足算矣。若汉武帝、光武、唐太宗,皆有文明之影响波及亚洲,与拿破仑之大倡民权为有功后世者也。自诸教主外,若老子、张道陵、周、程、朱、张、王、佘、真、王阳明、袁了凡,皆有影响于世界者也。日本之亲鸾,耶教之玛丁路得,亦创新都者也。印度若羯摩、富兰那、玛努与佛及九十六道与诸杂教之祖,欧、美则近世创新诸哲,若科仑布、倍根、佛兰诗士,凡有功于民者皆可尊之。”中国人民大学出版社2007年版的《康有为全集》中的《大同书》收录了这段话,文字与前者略有不同。更大的区别在于,《康有为全集》只到“印度若羯摩、富兰那”,以下则注明“[阙如]”(《大同书》,《康有为全集》(第七集),中国人民大学出版社2007年版,第178页)。至于《南海康先生口说》和《康有为学术文化随笔》则并非康有为的著作,而是弟子对康有为讲课的记录。每个人的记载略有差异,有时意思区别很大,而现在又无法确定到底哪一种记载更接近康有为的本意,故而只好兼而取之。当然,《康有为国学人物研究》所引用的这两本书中的内容都是没有被收入中国人民大学出版社2007年版的《康有为全集》的。

《康有为国学人物研究》是我担任首席专家的国家社科基金项目的阶段性成果,能在人民出版社出版我深感荣幸。在此,我对贵社对我的信任支持和杜文丽编辑的辛勤付出表示衷心的谢忱!至于书中的舛误、谫陋,则期待就教于方家。

魏义霞

2023年11月16日

责任编辑:杜文丽
版式设计:姚　菲

图书在版编目(CIP)数据

康有为国学人物研究/魏义霞 著. —北京:人民出版社,2023.12
(国家社科基金后期资助项目)
ISBN 978-7-01-026260-4

Ⅰ.①康…　Ⅱ.①魏…　Ⅲ.①康有为(1858-1927)-国学-思想评论
Ⅳ.①B258.5

中国国家版本馆 CIP 数据核字(2023)第 256232 号

康有为国学人物研究
KANGYOUWEI GUOXUE RENWU YANJIU

魏义霞　著

人民出版社 出版发行
(100706　北京市东城区隆福寺街 99 号)

北京九州迅驰传媒文化有限公司印刷　新华书店经销

2023 年 12 月第 1 版　2023 年 12 月北京第 1 次印刷
开本:710 毫米×1000 毫米 1/16　印张:27.75
字数:465 千字

ISBN 978-7-01-026260-4　定价:125.00 元

邮购地址 100706　北京市东城区隆福寺街 99 号
人民东方图书销售中心　电话 (010)65250042　65289539